당대 변문

唐代變文

중국 백화소설과 희곡의 발생에 끼친 불교의 공헌에 관한 연구

지은이 |

빅터 메이어(Victor H. Mair)는 1943년생으로 미국 펜실베이니아대학 동아시아 언어 문명학부 중국어 문학 전공 교수이다. 하버드대학에서 돈황 변문에 관한 논문으로 박사학위를 받은 후, 전 세계의 그림-이야기 공연, 중국과 인도의 문화 교류, 중앙아시아 고대 문화 등으로 관심의 분야를 점차 넓혀갔다. 항상 동서 문화 교류의 관점을 연구의 중심축으로 삼아 다양한 주제를 다루어왔으며, 지금도 세계 곳곳을 누비며 연구 활동에 매진하고 있다. 대표 저서로 『당대 변문 *T'ang Transformation Texts*』, 『그림과 공연 *Painting and Performance*』(한국어판 근간), 『타림의 미라 : 고대 중국 그리고 서구에서 온 최초 사람들에 대한 수수께끼 *The Tarim Mummies*: Ancient China and the Mystery of the Earliest Peoples from the West』(J. P. Mallory와 공저), 『차의 진짜 역사 *The True History of Tea*』(Erling Hoh와 공저) 등이 있으며, 『콜롬비아대학판 중국 문학사 *The Columbia History of Chinese Literature*』, 『고대 세계의 접촉과 교류 *Contact And Exchange in the Ancient World*』 등을 편찬했다.

옮긴이 |

정광훈(鄭廣薰, Jung Kwanghun)은 1973년생으로 한국외대 중국어과를 졸업하고 북경대학 중문과 박사과정을 수료했다. 돈황 변문의 연행방식과 구술성에 관한 연구로 석사학위를 받았으며, 지금은 통속서사와 문인 서사를 포괄한 당대(唐代) 스토리텔링 전통을 주제로 박사논문을 집필 중이다. 주요 논문과 역서로 『돈황본 「한금호화본」의 두루마리 제작방식과 문학적 특징(敦煌本〈韓擒虎話本〉的寫卷製作方式和文學特點)』, 『중국문화사전』, 『맹자 교양강의』 등이 있다.

전홍철(全弘哲, Chun Hongchul)은 1960년생으로 한국외대 중국어과를 졸업하고, 동 대학원에서 돈황 강창문학 연구로 박사학위를 받았으며, 현재 우석대 유통통상학부 교수로 재직 중이다. 중국 남경대학, 남경사대, 산동사대 특별 초빙 교수를 지냈으며, 돈황학과 중국 문화에 대한 글을 쓰고 있다. 주요 논문과 저서로는 「동아시아적 소설론의 모색」, 「돈황 강창문학의 희곡적 성격」, 「중국 민간문학의 문학사적 자리」, 『돈황 강창문학의 이해』, 『돈황과 동아시아문학』 등이 있다.

정병윤(鄭炳潤, Jung Byungyoon)은 1966년생으로 한국외대 중국어과를 졸업하고, 중국 남경대학에서 「돈황강창문학 중 불교고사류 작품연구(敦煌講唱文學中佛教故事類作品之硏究)」로 박사학위를 받았다. 현재 한국외대와 우석대에서 중국 고전시와 중국문화 관련 강의를 하고 있다. 주요 논저로는 『돈황의 전설』, 「韓人과 고대 돈황인과의 접촉에 관한 고찰」, 「돈황석굴과 유불도 삼교의 만남」, 「돈황변문과 불교의 중국화과정」 등이 있다.

당대 변문 중국 백화소설과 희곡의 발생에 끼친 불교의 공헌에 관한 연구

초판 인쇄 2012년 5월 10일 **초판 발행** 2012년 5월 20일
지은이 빅터 메이어 **옮긴이** 정광훈 · 전홍철 · 정병윤 **펴낸이** 박성모 **펴낸곳** 소명출판 **출판등록** 제13-522호
주소 서울시 서초구 서초동 1621-18 란빌딩 1층
전화 02-585-7840 **팩스** 02-585-7848 **전자우편** somyong@korea.com **홈페이지** www.somyong.co.kr

값 31,000원

ISBN 978-89-5626-598-8 93820

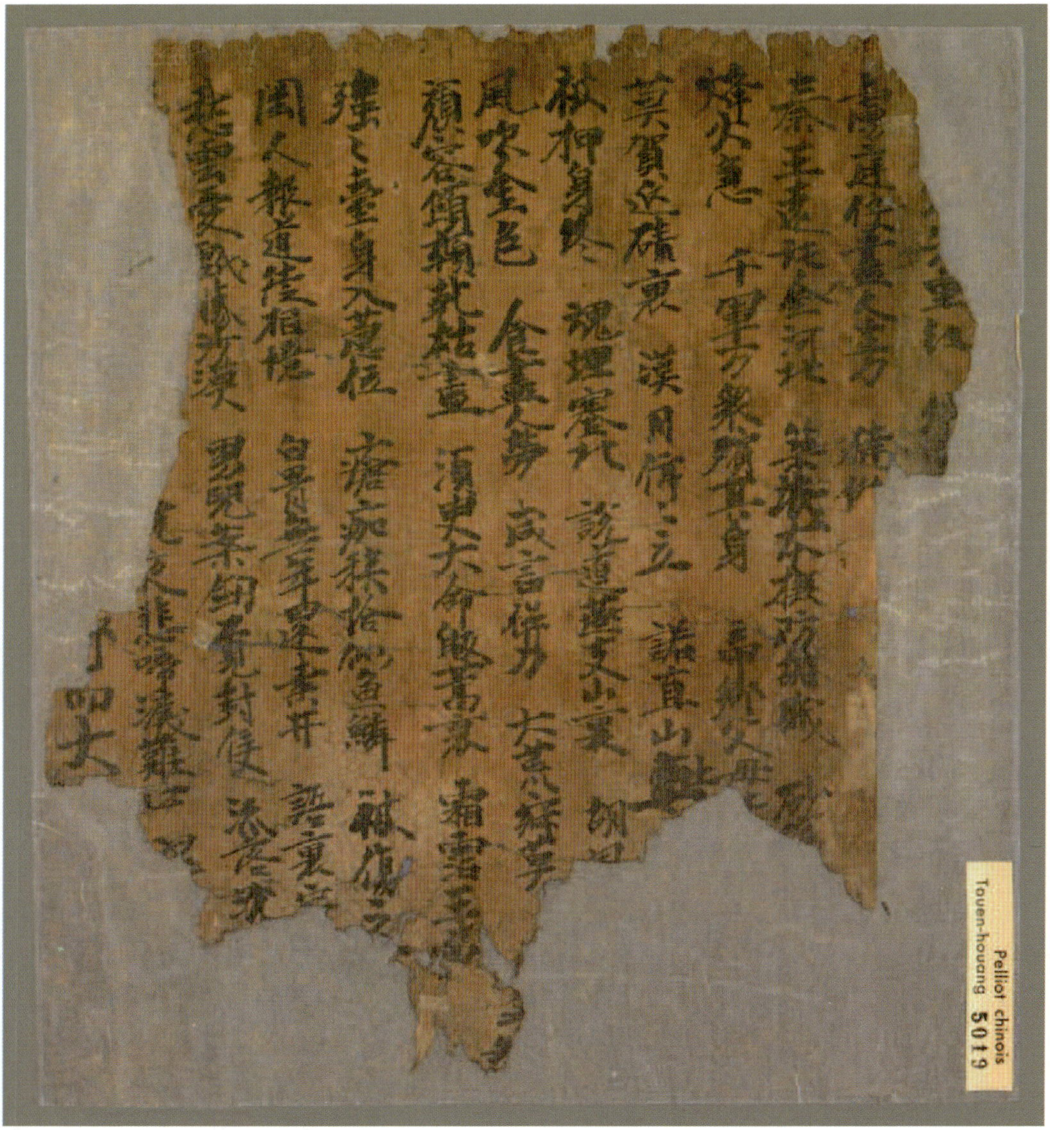

맹강녀고사 사본(앞면) 사본번호 P5019, 프랑스국립도서관 소장, 크기 22×25㎝ | Bibliothèque nationale de France (BnF)

사본의 앞면에는 맹강녀고사로 추정되는 내용이 적혀 있고, 뒷면에는 관련 장면이 그림으로 묘사되어 있다. 자세한 설명은 제4장 참고.

맹강녀고사 사본(뒷면) Bibliothèque nationale de France (BnF)

당대 변문

唐代變文

중국 백화소설과 희곡의 발생에 끼친 불교의 공헌에 관한 연구

T'ang Transformation Texts

A Study of the Buddhist Contribution to the Rise of Vernacular Fiction and Drama in China

빅터 메이어 지음 | 정광훈·전홍철·정병윤 옮김

소명출판

한국어판 서문

빅터 메이어

『당대(唐代) 변문(變文)』 한국어판 서문을 쓰게 되어 매우 기쁘다. 또 중국문학과 돈황학, 더 나아가 다른 분야를 연구하는 한국의 연구자들이 이제 나의 책을 직접 모국어로 읽을 수 있게 되어 매우 흐뭇하게 생각한다. 이제 한국의 독자들은 『당대 변문』을 이전에 비해 훨씬 쉽게 접할 수 있을 것이다.

『당대 변문』의 한국어판을 이야기하기 전에, 나는 몇 가지 문제점들을 간략히 언급하고자 한다. 그것은 다름 아닌 한국 문화와 관련이 있는 현재 나의 연구 활동에 대해서이다. 나는 한국의 문자, 즉 한글의 우아함과 정확성에 깊은 감동을 받은 바 있다. 여기에는 일반 국민들이 글을 읽고 쓰는 데 있어 한글이 큰 힘이 되어주었기 때문이기도 하다. (이것은 돈황의 통속적인 글쓰기와 닮은 점이 있다) 결과적으로 나는 그런 한글의 창제와 발전을 장려한 세종대왕을 대단히 존경한다. 나는 또한 판소리와 한국의 전통 민속공연에도 관심을 가지고 있다. 생동하는 활력이 그 속에 담겨 있어서이기도 하지만, 그것들이 중국의 대중적인 전통과 간접적으로 연관되어 있고, 또한 한국의 대중적인 불교문학의 다양한 장르에 속한다고 믿고 있기 때문이다.

최근 돈황학과 관련된 나의 가장 큰 연구프로젝트는 『중고한어(中古漢語)사전』 편찬 작업이다. 나의 이 프로젝트는 사천대학과 북경대학에 있다가 지금은 홍콩교육대학(香港教育學院)에 재직 중인 주칭즈

(朱慶之) 교수와 공동으로 작업하고 있다. 이 작업이 시작된 지 약 15년이 흘렀는데 앞으로 2~3년이면 마칠 수 있을 것으로 기대하고 있다. 이 프로젝트가 완성되면 이 사전은 돈황문학을 연구하는 사람과 초기 중고시기 및 중고시기의 문학 연구에 종사하는 모든 사람들에게 가치 있는 자산이 될 것이다.

내가 『당대 변문』을 쓴지 20년이 훨씬 지났다. 그동안 중국학, 특히 불교학과 돈황 속문학 연구에서 많은 발전이 있었다. 한 예로, 우리는 지금 '국제 돈황 프로젝트(IDP)'의 놀랄만한 자료들을 온라인으로 열람할 수 있는 것을 들 수 있다. 덕분에 전 세계의 모든 연구자들은 돈황 사본이 소장되어 있는 주요 보관소들로 여행을 떠나고 IDP팀이 직접 작업하고 있는 사본들을 '거의 실제로' 손에 쥘 수 있게 되었다. 또한 돈황 속문학에 대한 연구 역시 『당대 변문』 이후로 커다란 진전을 보였다. 가장 중요한 업적 가운데 하나는 황정(黃征)과 장용천(張涌泉) 선생이 편집한 『돈황변문교주(敦煌變文校注)』(중화서국, 1997)이다. 이것은 참고 자료에 대한 비판적인 판단과 합리적이고도 박식한 해설 측면에서 왕중민(王重民) 등이 편집한 『돈황변문집』(북경 인민문학출판사, 1957)을 크게 능가한다.

오랜 세월 동안 돈황학이 다방면에서 엄청난 발전을 이루었음에도 불구하고 『당대 변문』이 여전히 주목을 받고 있음은 나를 놀라게 한다. 『당대 변문』의 이 같은 건재함은 나를 즐겁게 할 뿐만 아니라 한국어 번역본의 출간을 의미 있는 일로 만들었다. 『당대 변문』을 한국어로 번역하는 일은 분명 많은 노력을 요하는 어려운 작업이었을 것이다. 그러나 나는 그것이 결코 헛수고는 아닐 것이라 확신하다. 사실 『당대 변문』은 제기되어야 할 필요성이 큰 논제들을 여전히 간직하고 있다. 나를 실망시켰던 사실 하나는, 내가 『당대 변문』에서 변문과 강경문, 압좌문, 인연, 연기 등의 차이점을 매우 확실하게 밝혔음에도 불구하고, 많은 학자들이 각종 논문이나 연구서, 정기간행물에서 여전히 이러한 장르 모두를 변문으로 통칭하고 있다는 점이다. 이 점에서 『당대 변문』이 주는 메시지는 내가 이 책을 쓰던 당시만큼 오늘날에도 신선하게 다가올 수 있을 것이다. 많은 시간과 공력을 들인 나의 이 책이 한국어로 번역 출판되는 것을 기뻐하는 까닭도 여기에 있다.

마지막으로, 『당대 변문』을 한국의 독자들에게 소개하기 위해 많은 노력과 정성을 쏟았을 전홍철, 정광훈, 정병윤 세 분의 번역자에게 감사드린다.

추천의 글

빅터 메이어 교수는 미국의 저명한 돈황문학 연구가이다. 특히 그는 돈황문학 가운데서도 중요한 비중을 점하고 있는 변문(變文)에 관한 연구에서 탁월한 업적을 쌓아가고 있는 희유의 석학이다. 이번에 그의 역작 『당대 변문』의 한국어 역본 출간은 변문을 비롯한 돈황문학에 관한 한국 학계의 이해와 연구의 지평을 넓히는 데 크게 기여하리라고 믿어 의심치 않는다.

비전공자인 필자가 역본에 '추천의 글'을 쓴다는 것이 분명 분수를 넘는 일이여서 망설이다가 일독하고 나서는 다음과 같은 천견이나마 독자들과 공유하고 싶은 일념에서 어설프나마 감히 이 글을 쓰게 된다.

알다시피, '변(變)'자의 뜻에서부터 시작해 변문 전반에 관한 학계의 이론(異論)은 자못 분분하며, 아직도 진행형이다. 물론, 메이어 교수의 이 발군의 역작이 70여 년간 이어온 그 숱한 이론에 종지부를 찍었다고는 말할 수 없겠지만, 풍부한 자료에 바탕해 변문의 정의와 장르 및 형식, 그리고 기록과 연행에 이르기까지 변문 전반에 관해 나름의 탁월한 규범적 논리를 제시하고 있다. 그의 심오한 실증적 연구는 변문에 관한 포괄적 이해를 도모할 수 있게 할 뿐만 아니라, 변문연구를 한 차원 높게 끌어올렸다고 평가할 법하다.

이 역작에서 특히 필자의 공감을 불러일으킨 것은 고전 연구에서 교류사적 시야와 일맥상통하는 공시적(共時的) 시각을 도입한 점이다. 대저 중국학자들은 내재적(內在的) 관점에서 변문의 출현이나 연혁을 통시적(通時的)으로만 해석하다보니 견강부회를 면할 수가 없게 된다. 이에 반해 저자는 변문의 의미에서부터 연원과 출현연대, 변용과정에 이르기까지 다분히 불교의 공시적 전입과 연관 지어 접근한다. 그런가 하면 변문의 연행과 기록문제에서는 인도네시아의 달랑과 한국의 꼭두각시까지를 원용(援用)한다. 그의 합리적인 논리는 처처에서 정곡을 찌른다. 중국 희곡이 진행될 때 주요 시점마다에서 반복 출현하는 '개(介)'와 '과(科)'는 자세를 뜻하는 산스크리트어 'karana'에서 유래되었다는 메이어 교수의 주장은 언필칭 탁견이다. 원래 인류문명은 전개과정에서 시·공을 초월해 서로가 주고받으며 얽히는 법이다. 이 점에 착안한 저자의 비범한 식견은 고전 연구자들에게 넓은 외연적 세계에로의 개안을 촉구한다. 우리의 '처용설화'나 '춘향전' 같은 민족고전 연구에 한 가닥 불빛을 비춰준다고 한들 과언일까.

이와 더불어 독자들, 특히 학인들과 공유코자 하는 것은 이 역작을 통해 메이어 교수가 보여준 학문연구의 전범(典範)이다. 무릇 학문이라면 '술이작(述而作)'여야 한다. 즉 선인의 학설이나 이론을 서술해 밝힐 뿐만 아니라(傳舊), 새로운 것을 창작(創新)해야 한다. 또한 학문에 성공하려면 한 우물을 파야 한다(學問成於穿一井). 필자가 굳이 이 책을 '역작'이라고 높이 평가하는 것은 바로 이 두 가지 학문연구의 기본과 통리가 튼실하게 갖춰져 있기 때문이다. 이것 말고도 저자의 학자적 겸허함은 또 하나의 수범으로 돋보인다. 메이어 교수는 '술'의 이모저모에서 기존 학설이나 주장에 대한 학문적 지적과 비판을 엄밀하게 가하면서 "나의 관점이 주목 받기를 바란다"는 겸구(謙句)를 거듭할 뿐, 타방에 대한 폄하나 일방적 아집 같은 것은 찾아볼 수 없다.

한 가지 부언할 것은 이 역작을 일독하는 과정에서 필자의 심회를 자아낸 것은 북경대학시절에 모셨던 두 은사와의 만남이다. 저자는 지셴린(季羡林) 교수님과 저우이량(周一良) 교수님의 관련 논지들을 요긴목에서 인용하고 있다. 지 교수님은 학부주임(학장)으로서 필자의 진로에 방향타적 지침을 주신 은사이시고, 주 교수님은 아시아지 역사를 강의해 주신 은사였다. 두 은사님에 관해서는 추억의 글을 남긴 바가 있다. 메이어 교수와 필자, 우리 모두는 사자상승(師資相承)의 공동 수혜자임을 자부하게 된다. 선학의 학덕을 이어받고 기리는 것은 후학의 할 바 도리일 것이다.

종횡무진으로 많은 원전을 갈무리하고 있는 이 역작을 번역한다는 것은 실로 녹록찮은 작업이었을 것이다. 오로지 학문적 가치와 귀함을 헤아려 이 어려운 작업을 훌륭하게 수행한 정광훈 · 전홍철 · 정병윤 세 분 역자님들께 깊은 감사의 말씀을 드린다.

끝으로, 이토록 값진 역작으로 변문을 비롯한 돈황문학 연구에 큰 족적을 남기고 학문연구의 바람직한 좌표를 세워주신 메이어 교수님께 경의를 표하면서, 더 많은 학문적 성취를 진심으로 축원하는 바이다. 아울러 지난해 12월 초 '국제돈황프로젝트 서울센터(IDP Seoul)' 출범식에서의 짧은 만남이 우리들 간의 학문적 교류로 이어지기를 기대하는 바이다.

한국문명교류연구소장

정수일

2011년 3월 25일

옮긴이의 말

'변문(變文)'은 지금으로부터 약 100여 년 전에 중국 돈황 막고굴(莫高窟)에서 발견된 당대(唐代)의 통속 서사문학 자료들을 편의상 하나로 뭉뚱그린 개념이다. 대부분이 두루마리 형태인 이 변문 자료들은 현재 영국, 프랑스, 러시아, 중국 등지에 흩어진 채 소장되어 있다. 그 중에는 후대 백화소설의 원형이라 부를 만한 것도 있고, 희곡적 성격이 다분한 것도 있으며, 산문과 운문이 섞인 것, 혹은 순전히 산문이나 운문으로만 된 것도 있다. 내용 역시 역사 고사, 불경 고사, 전쟁 영웅 고사, 동물 우언 등으로 매우 다양하다. 이 두루마리들에 '변문'이라는 이름을 붙인 이유는 그 중 몇몇 작품의 실제 제목이 '변' 혹은 '변문'이라는 용어로 끝나기 때문이다. 그러나 형식과 내용 모두에서 확실한 공통점을 찾을 수 없는 이 두루마리들을 '변문'이라는 하나의 용어로 일괄할 수 있는지에 대해서는 지금도 의견이 갈린다. 앞에서 '편의상 하나로 뭉뚱그린 개념'이라고 쓴 이유도 바로 이 때문이다. 중국문학사에서 변문이 중요한 이유는 송대(宋代)에 들어 통속 서사문학의 창작과 보급이 급증하는 이유를 설명해줄 수 있는 바로 전 시대의 실존 자료이기 때문이다. 마치 퍼즐의 한 조각처럼 중국문학사의 빈 부분을 훌륭하게 메워주고 있는 것이다. 만약 변문이 발견되지 않았다면 우리는 송대부터 본격적으로 등장하는 장편 백화서사의 전신(前身)에 대해 극소수의 방계 자료를 통해 오직 짐작으로만 그 모습을 유추했을 것이다.

변문은 송나라가 개창하고 얼마 지나지 않아 다른 수많은 두루마리 사본과 함께 지금은 장경동(藏經洞)이라 이름을 붙인 한 석굴에 차곡차곡 쌓였다. 이 사본들의 절대다수는 불교와 관련된 내용이지만, 이것들을 왜 그곳에 쌓아놓았는지 그리고 왜 석굴 전체를 감쪽같이 막아버렸는지에 대해서는 누구도 확실한 답을 내놓지 못하고 있다. 혹자는 당시 맹위를 떨치던 서하(西夏)족의 급습에 부랴부랴 귀중한 경전 자료들을 안전한 곳에 숨겨놓은 것이라 하고, 혹자는 정반대로 이 자료들이 이미 쓸모가 없어진 쓰레기에 불과하다고 말한다. 인쇄술이 본격적으로 발달하면서 두루마리 사본은 쓸모가 없어져 폐기되었고, 굳이 이 폐기물을 남겨 놓은 이유는 불경을 함부로 훼손하지 않는 종교적 전통 때문이라는 것이다. 보존의 대상이었는지 폐기의 대상이었는지에 대해서는 여전히 고찰이 필요하겠지만, 어쨌든 이것들이 사회적으로든 문학적으로든 당시에는 상당히 보편적으로 쓰인 자료였음은 분명한 것 같다. 따라서 그것의 마지막 모습이 무엇이었는지에 방점을 두기보다는 그것이 원래 어떤 가치를 지니고 있었는지에 대해 고민하는 것이 자료에 대한 올바른 접근 방법이 아닐까 한다.

근 1천 년 만에 세상 밖으로 나온 변문은 그전에는 볼 수 없던 참신한 형식과 문학사적 가치로 인해 많은 학자들의 관심을 끌었다. 노신(魯迅)은 『중국소설사략(中國小說史略)』에서 백화로 쓴 이야기가 송대 이전에 이미 있었다는 증거로 돈황에서 발견된 「당태종입명기(唐太宗入冥記)」, 「추호소설(秋胡小說)」 등의 작품을 들었다. 정진탁(鄭振鐸)은 자신의 중국문학사 저작들에서 항상 변문을 독립된 하나의 장으로 설명할 만큼 관심과 조예가 깊었으며, 이후 주소량(周紹良), 손해제(孫楷第), 관덕동(關德棟) 등의 유명 학자들도 변문을 주제로 심도 깊은 논문을 남겼다. 그와 함께 작품집의 출판도 뒤를 이었다. 왕중민(王重民), 왕경숙(王慶菽) 등이 편찬한 『돈황변문집』(인민문학출판사, 1957)은 변문 전편을 실은 첫 작품집으로 지금도 연구자들을 위한 원문 자료로 자주 쓰이고 있다. 반중규(潘重規)는 유럽에 소장되어 있는 변문 사본을 직접 본 후 『돈황변문집』의 많은 오류들을 수정하고 작품의 분류와 체계를 새로 정하여 『돈황변문집신서(新書)』(대만 중국문화대학 중문연구소 돈황학연구회, 1984)라는 제목으로 또 다른 변문집을 출판했다. 이후 항초(項楚)가 돈황 고사의 출전과 관련 이야기를 중심으로 주석을 붙인 『돈황변문선주(選注)』(파촉서사, 1987; 개정증보판, 중화서국, 2006)를, 황정(黃征)과 장용천(張涌泉)이 그동안의 주석에 대한 교정과 함께 음운학, 문자학 방면의 연구 성과를 더해 『돈황변문교주(校注)』(중화서국, 1997)를 출판하였다.

변문은 서구의 한학자들에게도 큰 관심의 대상이었다. 영국의 중국학자이자 지금까지 가장 뛰어난 중국 문학 번역가로 알려져 있는 아서 웨일리(Arthur Waley)는 돈황에서 발견된 24편의 이야기들을 묶어 『돈황의 민가와 이야기 : 선집』(*Ballads and Stories from Tun-huang : An Anthology*, George Allen and Unwin Ltd, London, 1960)을 출판했다. 『돈황변문집』을 저본으로 한 이 선집은 돈황 변문의 최초 영역 단행본이라는 점에서 의미가 크다. 서구의 돈황 변문 연구에 본격적으로 물꼬를 튼 학자는 유진 에오양(Eugene Eoyang)이다. 그는 1971년에 발표한 박사학위 논문 「입말 : 변문의 구술 스토리텔링」("Word of Mouth : Oral Storytelling in the Pien-wen", Indiana University)에서 구연의 측면에서 변문의 의미를 논하고 '변' 혹은 '변문'이라는 표제가 붙은 일곱 작품을 대상으로 변문 구술연행자들의 특성, 변문의 독서물로의 발전 과정 등에 대해 논했다.

유진 에오양의 뒤를 이어 등장한 서구의 대표적 돈황 문학 학자가 바로 빅터 메이어(Victor H. Mair)이다. 그는 변문의 영역본과 전문 연구서, 돈황 사본 목록을 함께 출판함으로써 더 깊고 방대한 연구 성과를 세상에 내놓았다. 이 책『당대 변문』이 바로 저자가 20여 년에 걸친 돈황 변문 연구를 집대성한 책이다. 서문에서 저자는 1967년 세 권의 영문판 중국문학사를 읽으면서 '돈황 변문의 기원'에 관한 문제가 중국문학 연구에서 대단히 중요하면서도 미해결의 과제로 남아있음을 알게 되어 이 과제에 흥미를 갖게 되었다고 밝혔다. 중국학자들이 1900년대 초반부터 관심을 가졌으면서도 여전히 해결하지 못한 문제들을 새로운 시각에서 보겠다는 것이 바로 연구의 출발점이었다. 저자의 이러한 문제의식은 변문의 구성 요소, 연행자, 초사자, 연행 방식, 통속 소설 및 희곡과의 관계 등에 관한 질문으로 이어지며, 부제에서도 드러나듯이 이들 질문에 답하기 위해서는 우선 변문의 생산과 발전에 대한 불교의 근본적인 역할을 간과해서는 안 된다는 점을 강조한다. 각 장의 주요 내용은 다음과 같다.

1장에서는 돈황의 지리적 배경, 사본의 보존과 발굴 경위, 수량 등 일반적인 사항을 소개한다. 저자는 지리적 위치, 탕구트족의 갑작스런 침입, 빈틈없는 밀폐 공간, 불교 성지로서의 역할, 종이와 비단을 보존하기에 이상적이었던 모든 요소들을 통해 볼 때, 돈황에 사본이 보관된 것은 결코 우연이 아니라고 주장한다. 1장의 부록인 '사천(四川)과의 관계'에서는 돈황과 사천이 하나의 통합된 문화권이었으며, 인도의 문화적 요소들이 중앙아시아를 거치지 않고 사천을 통해 돈황으로 직접 스며들어갔을 것이라고 주장한다. 이후 주장하게 될 인도 불교문학의 영향에 대한 근거를 마련하기 위해 돈황과 인도의 지리적 연계성을 미리 밝힌 것이다.

2장에서는 변문의 정의와 분류 방법에 대해 논한다. 저자는 '불곡(佛曲)', '창문(唱文)', '강창문(講唱文)', '연기(緣起)', '속강(俗講)', '전(轉)', '창(唱)' 등의 부정확하고 포괄적인 용어를 변문과 동일시할 수 없으며, '강경문(講經文)', '사문(詞文)', '연기(緣起)', '부(賦)', '기(記)', '화(話)', '전(傳)', '화본(話本)' 등을 변문의 하위범주로 보는 것은 가치 없는 인식일 뿐이라고 주장한다. 저자는 지금까지 논의된 변문에 대한 정의가 최소한 다섯 가지로 나뉘며, 이로 인해 변문의 전체 수량을 규정하는 문제에 있어서도 다섯 가지 의견이 존재한다고 본다. 이 중에서 '넓은 의미의 변문의 정의'를 따를 경우 분류 자체가 무의미하게 된다고 보며, 실제에 적용될 수 있는 유일한 변문의 정의는 '좁은 의미의 정의'라고 말한다. 이 정의에 따르면, 현존하는 변문 사본의 총수는 20종을 넘지 않는다. 이 사본들에는 '변' 혹은 '변문'이라는 표제가 드러나 있으며, 표제가 없더라도 표제가 있는 작품들 대부분에 보이는 형식적 특징을 갖추고 있는 사본들이 포함된다. 이 범주의 작품들로는 「목련변문(目連變文)」, 「항마변문(降魔變文)」, 「한장왕릉변(漢將王陵變)」, 「왕소군고사(王昭君故事)」, 「이릉고사(李陵故事)」, 「장의조고사(張議潮故事)」, 「장회심고사(張淮深故事)」의 일곱 작품(사본은 20건)이 있으며, 이들은 독특한 운문 앞 공식구, 그림 이야기서술과의 연관성, 산운조합 형식, 7언체 운문, 백화 언어의 사용이라는 특징을 가지고 있다. 반면, 「빈파사라왕후궁채녀공덕의공양탑생천인연변(頻婆娑羅王后宮綵女功德意供養塔生天因緣變)」, 「순자변(舜子變)」, 「유가태자변(劉家太子變)」, 「팔상변(八相變)」, 「파마변(破魔變)」의 다섯 작품(사본은 8건)은 제목에 '변'이라는 글자가 들어있지만 그 외의 공통된 특징은 없는 작품들이다. 이렇게 볼 때 저자는 표제의 용어에 얽매이기보다는 작품의 형식에 입각한 변문 분류에 중점을 두었다고 할 수 있다. 형식적으로 전혀 유사성이 없는 작품들을 모두 변문으로 규정한 기존의 분류법들을 비판하면서 변문의 고유한 형식을 찾으려 한 것이다. 그러나 저자는 위의 두 번째 경우처럼 '변' 혹은 '변문'이라는 제목이 있는 작품들의 형식이 일치하지 않는 점에 대해서는 명확한 해석을 내리지 못하고 있으며, 대신 위의 작품군 중 첫 번째 그룹에 해당하는 작품을 변문의 '기능상 정의'라는 새로운 이름으로 분류한다. 그리고 이 정의에 근거하여 흔히 변문으로 분류되기도 하는 맹강녀(孟姜女), 오자서(伍子胥), 동영(董永), 태자성도(太子成道) 고사 등은 변문으로 분류할 수 없다고 보며, 강경문, 연기, 압좌문 등도 변문과는 다른 독립된 장르로 보아야 한다고 주장한다.

3장에서는 '변'자와 '변문'의 의미에 대해 논한다. 이는 변문의 성격을 규정하기 위해 꼭 필요한 논의이다. 저자는 '변'을 '바뀜(산문에서 산운조합 형식으로, 구술 텍스트에서 기록 텍스트로)'의 의미로 보는 견해를 지나치게 단순한 해석으로 보고 언어학적 근거가 없다는 이유로 반대한다. 아울러 이야기를 알기 쉽게 다시 한 번 바꾼 것이라는 정진탁의 주장과 불경을 통속화하여 속강으로 바꿀 목적으로 쓴 것이라는 주장에 대해서도 문헌학적 근거가 박약하고 속강과 변문은 서로 다른 두 존재일 뿐이라는 이유로 반대한다. 그리고 운문과 산문의 교차 형식이라는 점에서 '변'을 썼다는 주장에 대해서는 '변'에 교차의 의미는 없다고 반박하며, '변'이 궁극적으로는 인도의 불교 예술 형식을 중국식으로 '바꾼 것'이라는 주장 역시 근거 없는 견강부회라고 주장한다. 그 대신 저자는 '변'과 그림과의 기본적인 연관성을 인식해야 한다고 말하면서, '변'을 장면(scene)의 의미로 보는 폴 드미에빌(Paul Demiéville)의 견해가 가장 설득력이 있다고 본다. 저자에 따르면 불교가 들어오기 전의 '변'은 '무(無)에서 유(有)로의 변화'를 의미하지 않았으며, 여기에 현실과의 비연속성 혹은 단절의 의미는 결코 내포되지 않았다. 저자는 '변'에 초자연적인 '변형(transformation)' 혹은 '변용' 그리고 더 나아가 '기이한(strange)'이라는 의미가 더해진 것은 불교가 유입된 이후이며, 변문의 '변' 역시 이러한 의미로 보아야 한다고 주장한다. 이를 종합하면 결국 저자는 '변문'을 초자연적인 신변(神變)을 내용으로 하여 장면 혹은 그림을 단위로 구성된 작품으로 판단하는 것이다. 저자의 주장처럼 변문이 장면을 단위로 구성된다는 점에는 의심의 여지가 없다. 그러나 불교적 내용이 아닌 변문 작품도 다수이며, 더구나 이들 작품이 초자연적인 신변을 내용으로 하고 있지도 않다는 점은 여전히 의문으로 남는다. 사실 저자가 변문이라고 규정한 작품 중 「목련변문」과 「항마변문」을 제외하면 불교적 내용이거나 초자연적 신변의 모습이 들어있는 변문은 없다. 이 문제에 대해 그는 모든 변문이 불교적 주제를 띠고 있는 것은 아니라고 해서 '변'자가 인도 불교에서 기원했음을 부인할 수는 없다고 주장한다. 그리고 인도 불교의 모습으로 변문이 시작되었지만 점차 이 형식이 비불교적 이야기를 할 때에도 쓰일 수 있게 되었고, 그 형식은 이후에도 계속 남았지만 불교적 색채를 지닌 이름은 거의 쓰이지 않게 되었다고 말한다. 저자가 주장한 '변'의 의미는 불교적 의미, 혹은 초자연적 신변의 의미에 중점을 두었으며, 이는 내용적 측면에서 '변'의 의미를 본 것이라 할 수 있다. 그러나 변문의 형식이 비불교적 색채를 이야기할 때에도 쓰일 수 있게 되었다는 저자의 주장에서 이 '변'의 의미와 변문의 내용에 관한 언급은 빠져 있다. 좀 더 설득력 있는 주장을 위해서는 '변'의 불교적 의미 외에 '변문' 형식의 고착 현상, 내용적 의미의 '변'이 형식적 의미의 '변'으로 쓰이게 된 경위 등으로 논의를 확장해가야 할 것이다.

4장에서는 2장에서 언급한 변문의 기본적 형식인 운문 앞 공식구, 산운조합 형식, 그림과의 연관성 등에 대해 상세한 설명을 더한다. 저자는 가장 기본적인 운문 앞 공식구인 '~處, 若爲陳說'이 인도의 구연 예술인 파르 바카노의 운문 앞 공식구와 유사하다고 소개한 후, 돈황 벽화의 많은 비문과 사본들에 서사의 한 장면 혹은 지점을 의미하는 '~處'가 표시되어 있음을 밝힌다. 그리고 이 '~處'가 '~지점에서', '~한 때'라는 시공간적 의미를 함께 지니고 있다고 보면서, 시간적 의미가 짙게 풍기는 '~時, 有何言語' 역시 변문 앞 공식구로 쓰이고 있는 점이 이를 뒷받침한다고 주장한다. 이러한 운문 앞 공식구가 구술성의 직접적 증거가 될 수 있는지에 대해서는 그렇게 간주하기 힘들다고 말한다. 공식구가 세련된 형태로 지나치게 잘 지켜지고 있다는 점이 오히려 본래의 구술과는 상당히 떨어져 있는 것으로 보이게 한다는 의미이다. 즉 이미 규칙화되었다는 사실 자체가 즉흥적인 구술성보다는 문학적인 규범성을 보여준다는 것이다. 변문의 두 번째 기본적 특징은 산운조합의 배열 방식이다. 중국의 산운조합 형식이 어디에서 왔는가에 대해, 저자는 불교가 소개되기 전의 중국에서는 이 형식이 존재하지 않았으며 산운조합 형식으로 된 산스크리트어 경전의 유입과 그것의 한역(漢譯) 과정에서야 이 형식이 갖추어졌다고 주장한다. 변문의 특징 중 세 번째는 그림과의 밀접한 연관성이다. 저자는 변문이 민간에서 구술로 전해오는 동안 그림의 사용이 필수적이었으며, 사리불과 노도차의 법투 장면이 그려진 두루마리(사본번호 P4524)가 변문과 그림 사이의 유기적 관계에 대한 가장 중요한 자료라고 주장한다. 이 그림과의 연관성 문제는 대단히 흥미로운 연구 주제라 저자는 『그림과 공연(*Painting and Performance*)』이라는 또 다른 저작에서 세계 각국의 그림 스토리텔링을 소개하며 이에 대해 논했다.

5장에서는 이들 세 가지 주제와 함께 변문이 어느 정도 구술적 기원을 가지고 있는가와 변문이 기록된 이유 등에 대해 논한다. 저자는 변의 공연자들이 텍스트에 의존하지 않았을 것이며 자신의 고유한 영역을 침범하지 못하도록 하기 위해 공연물 전체를 기록의 형태로 남기지는 않았을 것이라 판단한다. 아울러 공연의 내용과 형식을 처음부터 끝까지 본 따 기록한 사람은 연행자가 아닌 상업적, 종교적인 목적을 가진 필사자들이었으며, 이들은 시험에 합격하지 못한 채 민간의 이야기서술에 매혹된 속세의 학생이나 지방 지식인들이 대부분이었다고 말한다. 저자는 민간의 전문 예인들과 정식 불명(佛名)을 가지고 있지 않은 속세의 신도들이 공연의 주체였을 것이며, 실제 승려가 공연했다는 믿을만한 증거는 없다고 말한다.

6장에서는 변 혹은 변문을 언급한 자료를 소개하면서 변 공연의 근거와 공연 방식을 유추하고 있다. 당대 시인 길사로(吉師老)의 시를 통해서는 세속의 여성 예인 1인이 공연을 했고 그가 바로 사천 출신이라는 점에 주목한다. 또 825년 소주(蘇州)에서 백거이(白居易)와 장호(張祜)가 나눴던 재담에 '목련변'이 언급되어 있다는 사실은 변이 그 이전부터 중국의 많은 지역에서 안정적으로 소비되어 왔음을 증명한다고 본다. 이 외에도 그는 「고력사외전(高力士外傳)」, 『태평광기(太平廣記)』 등의 기록을 통해 변 공연을 위한 상설무대의 존재와 그에 대한 당시의 비판적 시선 등에 대해 논한다.

『당대 변문』의 가장 중요한 학술적 가치는 역시 문화 교류의 시각에서 변문을 논했다는 것이다. 지금도 남아 있는 인도의 공연 형식과 변 공연의 유사성, 불교문학의 산운조합 형식, 어원학적으로 살펴본 '변'의 의미, 문화적 경유지로서의 사천의 역할 등이 모두 이러한 시각에서 비롯된 논의들이다. 변문과 인도 문학의 관계는 상달(向達), 주일량(周一良) 등의 학자들에 의해 그전에도 이미 논의된 바가 있지만, 인도 공연문학과 변문의 요소들을 비교해가며 둘의 밀접한 관계를 이끌어낸 공은 빅터 메이어 교수에게 돌려도 무방하다. 실제로 얼마 전 타계한 중국－인도 문화교류 연구의 대가 계선림(季羡林)은 인도와 중국 서사문학의 관계에 대해서는 자기보다 메이어 교수의 연구 성과를 참고하는 것이 낫다고 밝힐 정도로 그를 높이 평가했다. 풍부한 상상력과 환상을 자랑하는 인도 문학이 당대의 통속서사인 변문에 내용과 형식 모두에서 결정적 영향을 미치고, 이것이 다시 송대 이후 장편 서사의 밑거름이 되었다는 빅터 메이어의 주장은 중국문학사에서 깊이 고민해야 할 문제이다. 번역본에서 『당대 변문』 원본에는 포함되지 않은 저자의 또 다른 논문 「당오대(唐五代) 변문이 후대 중국 통속문학에 미친 공헌」을 부록으로 더한 이유도 바로 이 때문이다. 독자들은 이 논문을 통해 중국 통속 서사문학의 창작과 발전에서 변문이 어떤 역할을 했는지 그 흐름을 파악할 수 있을 것이다.

『당대 변문』의 한국어 번역은 10년 전으로 거슬러 올라간다. 당시 번역을 결심한 이유는 이 책이 중국소설사에서 중요한 부분을 차지하는 변문의 개설서로 손색이 없고 나아가 기존의 학자들이 보지 못했던 새로운 문제들까지 제기해준다고 판단했기 때문이다. 그래서 2001년 3월호부터 『중국소설연구회보』(한국중국소설학회 편)에 분기마다 한 장씩, 총 7회에 걸쳐 참고문헌과 색인을 제외한 『당대 변문』 전문을 우선 실었다. 이후 번역문이 실린 회보를 빅터 메이어 교수에게 직접 보내 번역 사실을 알리고 출판 허락을 받았다. 그러나 전문 학술 서적을 기꺼이 출판해줄 수 있는 출판사가 있을까 지레 걱정하고 여기에 역자들의 개인 사정까지 겹쳐 정식 출판은 차일피일 미뤄지게 되었다. 그러던 중 2003년 말부터 한국학술진흥재단(현 한국연구재단) 동서양명저번역사업의 하나로 『돈황변문교주』의 역주 작업을 우리 세 역자가 함께 맡게 되었고, 이 작업의 최종 심사가 통과된 후 작품 번역 위주인 『돈황변문교주』를 보충할 만한 해설서로 이 『당대 변문』을 함께 출판하자고 의견을 모았다. 이후 역자들은 기존의 번역문을 처음부터 다시 보며 교정하고 역주, 참고문헌, 색인 작업을 새롭게 진행했다. 그렇게 중간의 공백과 곡절을 거쳐 근 10년 만에 『당대 변문』의 한국어 번역본이 다시 중국문학 연구자와 독자들에게 모습을 보이게 된 것이다.

출판을 본격적으로 준비하면서 많은 분들의 도움을 받았다. 우선 '추천의 글'로 부족한 번역을 빛내 주신 정수일 선생님께 감사의 말씀을 전한다. 선생님의 학문하는 자세와 삶 그리고 우보천리(牛步千里)의 가르침은 잊지 않아야 할 깨우침으로 후학들에게 다가온다. 불어와 독어 자료 번역에 도움을 주신 전남대 장춘석 선생님께도 감사의 말씀을 전한다. 우리의 능력 밖이라며 한탄하고 있을 때 힘을 주신 터라 그 도움이 더욱 깊게 느껴진다. 번역서 앞쪽에는 독자들의 이해를 돕기 위해 몇 점의 돈황 사본 이미지를 넣었다. 귀중한 자료를 제공해주신 프랑스국립도서관(BnF : Bibliothèque nationale de France) 복제부, 그리고 이 과정에서 도움을 주신 국제둔황프로젝트(IDP : International Dunhuang Project) 서울 본부에 깊은 감사를 드린다. 다듬어지지 않은 원고를 회보에 실어 연구자들이 먼저 접할 수 있도록 해준 한국중국소설학회에 감사의 마음을 전한다. 그때의 시작이 없었다면 지금의 결실 또한 없었을 것이다.

끝으로 출판 가능성에 대한 우리의 걱정을 흔쾌히 기우로 만들어 주신 소명출판에 깊은 감사를 드린다. 책이 출판되지 않았다면 우리는 저자에게 그리고 우리 스스로에게 한 약속을 어기는 꼴이 되었을 것이다.

지금도 세계 곳곳을 누비며 연구에 매진 중인 빅터 메이어 선생님께 진심으로 경의를 표하며, 우리의 번역이 선생님의 역작에 누가 되지 않기를 간절히 기원한다.

2011년 겨울

역자 일동

누구와도 견줄 수 없는 중국학자,
폴 펠리오(Paul Pelliot)를 기념하며

……비평가들은 무시하고 학자들은 거의 관심을 기울이지 않는 그림-이야기는 항상 글로 쓴 문학보다 훨씬 큰 영향을 미쳐왔다.
더 많은 사람들이 책보다는 그림을 볼 것이며, 더구나 그림-이야기는 아이들과 낮은 계층의 사람들, 즉 가장 쉽게 잘못된 방향으로 이끌릴 수 있고 그래서 가장 개선이 필요한 두 집단에 주로 호소한다.

Rodolphe Töpffer,
"Essays on Physiognomy"(1845)
Tr. by E. Wiese, *Enter the Comics*, p.3

서문

이 책을 저술하기 위한 연구는 라이밍(Lai Ming), 우츠 리우(Wu-chi Liu), 천쇼우이(Ch'en Shou-yi)가 집필한 세 권의 영문판 중국문학사[1]를 읽었던 1967년 가을에 시작되었다. 나는 이 문학사들을 통해 돈황 변문(敦煌變文)의 기원에 대한 문제가 중국문학 연구에서 대단히 중요함에도 불구하고 여태껏 해결되지 못하고 있다는 인상을 강하게 받았다. 돈황 변문이 후대 중국 속문학의 발전에 있어 특별한 중요성을 갖는 텍스트임은 분명하다. 폴 드미에빌(Paul Demiéville)에 따르면,[2] 돈황 사본의 발견은 "몇 가지 면에서 오늘날 중국문화에 가장 풍성하면서도 중요한 공헌을 한 중국 백화(白話)문학의 기원을 수세기 앞당겨 놓았다." 하지만 나는 이 텍스트들이 어디서 유래했는지 혹은 어떻게 발생했는지에 대해 누구도 확실히 알고 있지 못하다는 사실에 상당히 당황하게 되었다. 지금도 변문 자료의 범위와 장르상의 형식적 특성에 대해서는 어떠한 합의도 되어 있지 않다. 더욱 혼란스러운 건 '변(變)'이라는 용어 자체의 의미에 대해서도 확실히 결론을 내지 못했다는 사실이다. 나는 변문과 관련된 이와 같은 미해결 과제들에 흥미를 느껴 향후

1 【역자주】 Lai Ming, 『중국문학사(*A History of Chinese Literature*)』, New York : John Day, 1964; Liu Wu-chi, 『중국문학개론(*An Introduction to Chinese Literature*)』, Bloomington and London : University of Indiana Press, 1966; Ch'en Shou-yi, 『중국문학 : 역사적 소개(*Chinese literature : A Historical Introduction*)』, New York : Ronald Press, 1961.

2 『돈황 사본(*Tun-huang Texts*)』, 186쪽 참고.

10년 이상 내 연구의 초점을 바로 여기에 두기로 결심했었다.

나의 연구에서 본격적으로 다룰 문제는 다음과 같은 것들이다. 변문의 기원과 여러 가지 구성 요소들 — 산운조합 형식, 그림과의 연관성, 운문을 이끄는 공식구 등 — 은 무엇인가? '변'의 의미는 무엇인가? '변'의 연행자는 누구이며 어떤 방식으로 연행되었는가? 누가 변문을 썼으며 왜 썼는가? 현존하는 변문은 얼마나 되는가? 변문은 이후의 통속소설 및 희곡의 발전과 어떠한 관련이 있는가?

이 책은 바로 이런 문제에 답하였다. 그리고 독자들은 이 책을 읽는 동안 이런 모든 문제에 있어 불교가 근본적인 역할을 했다는 사실이 간과되어서는 안 됨을 금방 알게 될 것이다. 사실 이들 주제에 내가 계속 관심을 가져온 이유 중 하나는 쥐르체(E. Zürcher)가 자신의 저서 『불교의 중국 정복 : 중고시대 중국의 불교 수용과 전파(*The Buddhist Conquest of China : The Spread and Adaption of Buddhist in Early Medieval China*)』의 서문에 썼던(xiii쪽) 다음과 같은 도전적 언급에 답하기 위해서다.

> 외국에서 온 *문학적*[3] 영향의 매개물로서의 불교가 중국 속문학에 끼친 미증유의 충격에 대해 좀 더 주의를 기울일 필요가 있다. 이 분야에 있어, 성공적인 침투 사례들—예를 들어, 상투적인 불교문학적 표현의 수용, '산운조합' 형식의 최초 발생, '교화적 이야기' 장르의 풍부한 불교적 기원— 은 침투 받지 않았던 사례들만큼이나 주목할 필요가 있다. 침투 받지 않은 사례들은 불교문학의 패턴들이 (서사시, 운을 맞추지 않은 운문, 구어 표현과 같은) 창조적 반응을 불러일으키는 데 실패한 경우이다.

3 【역자주】 본문의 이탤릭체 강조는 모두 저자가 한 것이다.

그러나 불교가 변문의 발전에 커다란 영향을 끼쳤을 가능성은 지난 반세기 동안 이데올로기, 정치, 애국주의 등 여러 가지 이유로 인해 많은 학자들의 저술에서 자주 비판을 받았다. 따라서 중국인의 사고와 삶에 대한 불교의 역할과 관련하여 비판적인 학자들이 제기했던 몇 가지 문제들에 대해 답할 필요가 있다. 우리의 목적은 중국에 미친 불교의 영향에 대해 항상 '균형 잡힌 시각'을 갖고자 하는 것이지, 이 외래 종교에 지나치게 많은 의미를 부여하려는 것도 반대로 다양한 문화적 환경에서 작용했을 그 신비로운 위력을 과소평가하려는 것도 아니다.

불교 전통으로부터의 직접적 차용과 간접적 차용이라는 두 가지 차용방식을 서로 구분하는 것이 문학사가의 임무겠지만, 이 양자는 모두 불교적 영향의 구성 요소가 된다. 만당(晩唐) 시기까지 불교는 중국의 일반 대중들에게 완전히 동화되어 그 외래적 기원이 종종 의식되지 않기도 하였다. 이러한 사실은 민간문학에서 주제와 형식의 기원을 추적하려는 문학사가들의 작업을 대단히 힘들게 한다. 따라서 나는 주의 깊은 연구를 통해 가능한 한 명확하게 사실을 밝히도록 노력할 것이다.

이 책의 독자는 아마도 불교도보다는 중문학도일 가능성이 크기 때문에, 이 독자들이 불학(佛學)에 대한 기본 지식을 갖추고 있을 것 같지는 않다. 따라서 중국 불교에 익숙지 못한 사람들의 이해를 돕기 위해 불교의 연구자들에게는 뻔한 내용이 강조된 부분도 있을 것이다. 그리고 불교에 대한 나의 짧은 지식으로 인해 유감스럽게도 설명이 부족한 부분이 생길지도 모른다.

'변(變)'이 과연 무엇이고 무엇을 의미하는가에 대한 문제는 중국어 자료에만 국한하여 연구했던 학자들에 의해서는 풀리지 않았다. 나는 이 문제가 티베트어, 위구르어, 산스크리트어 및 그 밖의 다른 언어 자료들을 살펴보지 않고는 결코 해결될 수 없을 것으로 보았다. 그래서 나는 몇몇 비중국어 자료 속으로 과감히 뛰어들었다. 내가 내 자신의 노력에 대한 보상을 충분히 받았는지의 여부는 다른 사람들이 판단해 줄 것이다. 나는 다만 '변'의 의미와 역사를 이해해야할 필요성이 상당히 절박했기 때문에 그렇게 한 것일 뿐이다. 순수한 중국학 관련 독자들이 시간을 허비하지 않도록, 이 책에서 비중국어 자료는 최소한의 분량만 참고할 것이다. 호기심이 고조된 독자들은 이 책에서 스치고만 지나가는 많은 주제에 대해 좀 더 철저한 설명을 하고 있는 나의 저서『그림과 공연 : 중국의 그림 이야기구술, 인도에서의 기원 및 그 외 지역의 유사형태(*Painting and Performance : Chinese Picture Recitation, Its Indian Genesis, and Analogues Elsewhere*)』로 초대하고자 한다.

잘 알지도 못하는 분야를 함부로 침범하는 나의 무모함은 수많은 사람들의 아낌없는 도움으로 그 부담을 덜 수 있었다. 위구르어 텍스트와 관련된 내 질문에 신속하고도 전문가다운 답변을 아끼지 않았던 시내시 테킨(Şinasi Tekin)에게 깊은 감사를 표한다. 아멧 에빈(Ahmet Evin), 에리카 길슨(Erika Gilson), 마가렛 피어리(Margaret Feary), 프랜시스 크리브(Francis Cleaves)와 송기중(Ki Joong Song)은 알타이어 분야에서 도움을 주었다. 또 송기중씨는 내가 한국어 자료를 찾으려 할 때 너무나 친절히 대해 주었다. 중국어 판본에서 가지고 온 여러 단락들에 대해 인내심을 가지고 해당 티베트어 경전을 찾아준 얀 바바로(Jan Nattier-Barbaro)에게도 깊은 감사를 드린다. 나의 가까운 친구이자 전 동료인 마사토시 나가토미는 내 요구대로 난해한 티베트어 텍스트를 상세하게 해석해 주었으며, 산스크리트어와 불교 자료 해석의 오류에 대해 시종 예리한 관점을 유지하였다. 루도 로처(Ludo Rocher)는 인도학과 관계된 모든 분야에서 자신의 폭넓은 전문지식을 제공해 주었으며, 피터 게프케(Peter Gaeffke)는 자신의 광범위한 학식을 기꺼이 나누어주었다. 바쁜 대학원 공부에도 불구하고 스콧 크리머(Scott Cremer)는 인도의 언어, 문학, 철학에 대한 나의 질문에 항상 답변해 주었고, 히로시 구마모토는 코탄어(Khotanese) 자료들에 대한 전문적 지도를 해 주었다. 데이비드 우츠(David Utz)와 윌마 헤스턴(Wilma Heston)은 소그드어와 마니교 자료 중 몇몇 부분을 교정해 주었다. 이 부분들에 결함이 있다면 그것은 전적으로 이들의 고견을 충분히 따르지 못한 내 능력의 부족 탓이다. 찰스 베너잇(Charles Benoit)은 한남(漢喃, Sino-Vietnamese)어에 대한 몇 가지 질문에 대해 충실한 답을 해 주었다.

이전의 내 연구생들로서, 참고도서의 중국어와 일본어 목록 대부분을 조회해 준 해리 카프란(Harry Kaplan)과 마사토 니시무라 그리고 여타 목록들의 조회에 도움을 주었던 하이디 메이어(Heidi Mair)와 제임스 두들리(James Dudley)에게 감사의 뜻을 표한다. 많은 호의를 베풀어 준 미라 미헬리치(Mira Mihelich)에게도 역시 감사를 표해야겠다. 또한 나는 국립 대만대학(臺灣大學) 증영의(曾永義) 교수와 산동대학(山東大學) 관덕동(關德棟) 교수와 함께 중국 민간문학에 대해 나눴던 대화를 통해 많은 것을 얻을 수 있었다.

최근에야 만나기 시작했지만, 내게 이 연구에 몸담고자 하는 마음을 불러일으켜 주었던 일본 학자들의 헌신적인 작업에 깊은 존경심과 경외감을 느끼고 있다. 민간 불교미술 및 불교문학과 관련된 위대한 일본 연구자들로는 나바 토시사다(那波利貞), 가와구치 히사오(川口久雄), 가나오카 쇼코(金岡照光), 이리야 요시타카(入矢義高), 아키야마 테루카즈(秋山光和), 후지에다 아키라(藤枝晃), 그리고 우메츠 지로(梅津次郎)가 있다.

내가 가장 존경했던 또 한 명의 학자인 양리엔션(Lien-shen Yang)은 내게 큰 격려가 된 충고를 아끼지 않았다. 양 교수는 몸이 좋지 않았음에도 불구하고 책표지의 아름다운 글자를 기꺼이 써 주셨다.

지독히도 어지러운 수고본을 작업이 가능하도록 초벌 타이프 형태로 바꿔 준 데니스 메이어(Denis Mair)와 앤드류 존스(Andrew Jones)에게도 진심으로 감사의 말을 전한다. 그들의 도움이 없었다면, 그 이후의 네 차례에 걸친 문서 타이핑은 절대 불가능했을 것이다. 또 프로렌스 트레페던(Florence Trefethen)에게서 편집상의 전문적인 지도를 받은 것은 대단한 행운이었다. 그는 마지막 출판 단계 내내 책을 살펴 봐 주었다. 앤 청(Ann Cheng)은 색인의 편집과 교정을 기꺼이 자진해서 해주었다.

나는 이 기회를 빌어 원고료를 지원해 준 'Harvard Graduate Society'와 최종 원고를 인쇄하는 데 지원을 해 준 'University of Pennsylvania Committee on Faculty Grants and Awards', 그리고 내가 이 오랜 연구를 무사히 끝마칠 수 있도록 해 준 'American Council of Learned Societies'의 아낌없는 지원에 감사를 드린다. 이 협회는 'National Endowment for the Humanities'에서 일부 재정 지원을 받고 있다.

연구 과정에서 여러 도서관들이 중요한 자료들을 제공해 주었다. 특히 수많은 돈황 사본들의 마이크로필름과 사진들을 이용할 수 있게 해 준 영국 국립도서관과 프랑스 국립도서관의 관계자들에게 감사를 드린다. 믿기지 않을 정도로 선명한 「항마변문(降魔變文)」 복사 사진을 보내 준 의회도서관에도 역시 감사의 뜻을 표해야겠다. 중국 및 한국 파트의 수석 사서인 로버트 둔(Robert Dunn)은 내 질문에 신속하고도 철저한 답변을 해 주었다. 영국 도서관의 동양 사본 및 영인(影印) 서적부 보조 관리인 하워드 넬슨(Howard Nelson)은 그곳의 몇몇 돈황 사본들을 살펴볼 수 있게 해 주었다. 1981년의 여행과 연구에서 코넬 대학 도서관, 영국 국립도서관, 프랑스 국립도서관, 레닌그라드 소재(소련 과학아카데미) 아시아 민족연구소의 문서 보관실, 북경 국립도서관, 북경대학 도서관의 관계자들이 보여준 환대와 지원에도 깊은 감사를 드린다. 나는 또 돈황 사본의 마이크로필름을 대량으로 구입할 수 있게 해 준 인디애나 대학의 유진 에오양(Eugene Eoyang)과 닉 코스(Nick Koss)에게도 감사의 뜻을 전해야 한다. 펜실베이니아 대학 도서관 동아시아 파트의 낸시 청(Nancy Cheng)과 그 직원들은 내 질문에 신속하고 효과적인 답변을 해 주었다. 내가 누구보다도 가장 큰 빚을 지고 있는 사람들은 유진 우(Eugene Wu), 조지 포터(George Potter), 래이 룸(Ray Lum), 데보라 화이트(Deborah White), 치엔 호(Ch'ien Ho), 고(故) 래리 에설(Larry Edsall), 주바오랑(Pao-liang Chu), 데이시 후(Daisy Hu), 김승하(Sungha Kim), 린 백(Rin Paik), 유키코 프루어드(Yukiko Pluard), 그리고 도시유키 아오키를 포함한 하버드 옌칭 연구소의 직원들이다. 그들의 수고가 없었다면 이 연구는 시작도 못했을 것이며, 그들의 도움이 없었다면 이 연구는 절대 마무리되지 못했을 것이다.

나는 또 이 연구 논문이 아직 초본 형태였을 때 여러 단계의 교정을 통해 유용한 의견을 아낌없이 주었던 피엣 반 더 룬(Piet van der Loon), 글렌 두드브릿지(Glen Dudbridge), 왕(C. K. Wang), 데이비드 폴라드(David Pollard), 그레햄(A. C. Graham), 티모시 버렛(Timothy Barrett) 그리고 휘테커(K. P. K. Whitaker)에게도 감사의 뜻을 전하고 싶다. 특히 자질, 신뢰성, 겸손함을 일관되게 역설했던 패트릭 하난(Patrick Hanan)에게 감사를 드린다. 늘 쉽사리 받아들일 수 있는 것은 아니었지만, 그의 '엄한' 충고는 좀 더 양질의 책을 만드는 데 크나큰 도움이 되었다. 크고 작은 모든 과실에 대한 책임은 당연히 내 자신에게 있다.

마지막으로 이 연구는 내 아내 리징(Li-ching)과 아들 토마스의 도움과 이해가 없었다면 불가능했을 것이다. 그리고 늘 그랬듯이 오하이오에 있는 내 가족들이 주는 격려와 자극은 이 연구가 완성되는 데 없어서는 안 되는 것들이었다.

| 차 례 |

영문판 일러두기

문제의 용어인 '변(變)'을 이 책에서는 'transformation'으로 번역한다. 관련 용어인 '변문(變文)', '변상(變相)', '변현(變現)'은 각각 'transformation text', 'transformation tableau', 'transformation representation' 또는 'manifestation'으로 번역한다. '변(transformation)'이 단독으로 'performance(공연)', 'text(문서)' 또는 'tableau(그림)'의 의미로 쓰일 수도 있는데, 이 때의 의미는 문맥에 따라 결정되어야 할 것이다. 이러한 번역들의 타당성에 대해서는 이 책의 몇몇 장, 특히 제3장에서 상세히 밝힐 것이다. 이 용어들을 원문 그대로 옮겨 적기만 한 경우는, 대부분의 학자들이 이해하고 있는 광의의 또는 분명치 않은 해석을 가리키는 것으로 보면 되며, 잘못된 설명일 경우에도 이런 식으로 옮겨 적었다. 그리고 번역어들은 협의의 의미로—제2장에서 설명—쓰려고 할 때 도입될 것이다.

위구르어, 코탄어, 티베트어처럼 번역 체계가 아직 미숙한 언어는 내가 언급했던 여러 권위자들의 의견이 서로 충돌되는 경우도 있다. 그래서 혼동의 여지가 있는 경우에는 반드시 둘 다를 언급하였다.

별다른 표시가 없는 경우 역대 왕조사에서의 인용은 개명서점(開明書店)판을 따랐다. 축약 형식의 참고문헌 목록은 주석 앞에 실었다.

번역판 일러두기

- 외국어 인명과 지명은 최대한 해당 국가의 발음에 가깝게 표기했으며 중국어의 경우에는 시대를 막론하고 모두 우리말 한자음으로 표기했다.
- 본문에 나와 있는 이탤릭체와 물음표, 강조를 위한 글자 표시는 모두 저자의 것이다.
- 본문에 수시로 등장하는 돈황 사본 번호에서 'P'는 프랑스국립도서관 소장본을, 'S'는 영국국립도서관 소장본을 가리킨다. 'P'와 'S'는 20세기 초에 돈황 사본을 프랑스와 영국으로 가져간 폴 펠리오(Paul Pelliot)와 오렐 스타인(Aurel Stein)의 성에서 따온 것이다.

새로운 발견

1988년 10월 1일 나는 중국의 난주(蘭州)에 머물고 있었다. 이때는 이 책의 조판 교정본이 이미 내게 우송되고 있던 시기였다. 당시 나는 소련과 중국 영토 내에 있던 중앙아시아의 고고학 관련 유적지와 박물관을 한 달 동안 돌아본 후 미국으로 돌아가는 길이었다. 그곳 감숙성(甘肅省) 박물관에서 나는 이 책에 대단히 중요한 돈황 출토 그림을 한 점 발견하였기에 늦게나마 그 그림에 대한 간략한 설명을 덧붙이고자 한다.

뛰어난 솜씨로 아름답게 채색된 이 그림에는 〈불설보부모은중경변(佛說報父母恩重經變)〉이라는 제목이 기록되어 있다. 그리고 그림의 아래쪽 중간 부분에 있는 긴 비문(碑文)에는 북송(北宋) 순화(淳化) 3년(992)이라는 연대가 적혀 있으며, 비문 위쪽으로는 경전에서 따온 글이 적혀 있다.

가장 먼저 눈에 들어오는 것은 수행 보살들로 둘러싸인 부처가 결가부좌를 한 채 가운데에 앉아 있는 모습이 담긴 만다라 형상 그리고 그림 윗부분을 따라 한 줄로 늘어선 보살들이다. 하지만 좀 더 자세히 살펴보면, 중앙에 있는 사람들 양편으로 해당 경전의 에피소드들을 묘사해 놓은 수많은 장면들이 그려져 있음을 알 수 있다. 또 이들 장면 하나 하나에는 장면들의 내용을 구분해 주는 비문이 적혀 있으며, 이 비문들은 한 결 같이 이야기의 한 시점을 의미하는 '時(~때)'자로 끝을 맺고 있다. 오른쪽 아래 귀퉁이에는 봉헌하는 한 승려의 모습이 보인다.

박물관 관계자들은 그림 원본은 장서실에 보관되어 있다고 했다. 바쁜 일정으로 인해 나는 대형 컬러사진으로만 그 그림을 보았지만, 그 정도로도 나는 이 그림이 민간 불교문학에 조예가 깊은 학자들 뿐 아니라 미술사학자들에게도 충분한 연구가치가 있음을 확신했다. 우선 우리는 그 그림이 '변상(變相, transformation tableau)'이 아닌 '변(變, transformation)'으로 불렸다는 것에 주목해야 한다. 이는 중국 역사에 있어 '변'에 대한 가장 나중의 언급들 중 한 예가 된다. 그림의 도안 형식에 관한 연구, 묘사된 여러 장면에 대한 감정, 당대와 송대의 여타 그림들과의 비교, 293~295쪽에서 논의할 현장(玄奘) 전기의 모호한 기록과의 연관성, 165~166쪽에서 설명할 카라코토 발견 삽도 불경과의 관계, 여타 돈황 사본들과의 비교를 통한 내용 분석, 그리고 비문, 경전에서 따 온 구절, 장면의 표제에 대한 번역 등에 대해서는 좀 더 철저한 연구를 요한다. 그러나 이러한 작업이 진행되기 전이라 하더라도, 우리는 이 〈불설보부모은중경변〉이 중국문학사와 중국미술사에 있어 대단히 중요한 자료라고 분명히 말할 수 있다.

교정을 마친 원고를 출판사로 돌려보내기 1주일 전인 1988년 11월 4일이었다. 이날 테리 클리만(Terry Kleeman)이 중국으로부터 받은 책 속의 한 단락이 내 주의를 끌었다. 『오군지(吳郡志)』라는 제목의 이 책(江蘇古籍出版社, 1986년판)은 송대의 유명 작가인 범성대(范成大, 1126~1193)가 4년에 걸쳐 완성한 저작이다. 도가(道家) 사원에 관한 내용을 다루고 있는 제30권의 첫 단락에는 다음과 같은 기록이 있다(454쪽).

> 장주현(長州縣) 서남쪽의 천경관(天慶觀)은 당 개원 연간(713.12.22~742.2.9)에 지어졌다. 병화(兵火)가 있기 전, 이 건물은 대단히 크고 화려하였다. 소홍

16년(1146)에 군수 왕환(王喚)은 회랑 두 채를 다시 지어 그 벽에 〈영보도인경 변상〉[1]을 그리게 했다. 그는 산과 숲, 사람, 망루, 꽃과 나무를 그리는 화공들을 불러 모았다. 화공들은 각자의 기예에 전문적인 사람들이라 그에 따라 일이 맡겨졌다. 작품은 대단히 세밀하고 뛰어났다.

天慶觀, 在長洲縣西南, 卽唐開元觀也. 兵火前, 棟宇最爲宏麗. 紹興十六年, 郡守王喚, 重作西廊, 畵靈寶度人經變相. 召畵史工山林人物樓櫓花木各專一技者, 分任其事. 極其工緻.

여러 가지 측면에서 이 기록은 가치가 있다. 우선, 이 글은 당시 그 지역 출신 인물이 쓴 것으로 믿을 만하다. 또 공동 작업을 통한 그림 그리기와 관련된 중요 사항들을 알려주고 있다. 그리고 무엇보다도 이 글은 도교도들이 변상을 종교의 일부분으로 받아들였으며, 이들이 남송 때까지도 이러한 작품에 대해 적극적 지원을 했다는 증거를 분명히 보여주고 있다.

---

1 이 중요 자료에 대한 세부 연구는 마이클 스트릭만(Michel Strickmann), 「최장 도교 경전(The Longest Taoist Scripture)」, *History of Religions* 17.1 : 334~354, 1977.8 참고.

제1장

돈황敦煌과 사본寫本

중국 감숙성(甘肅省) 서북부의 돈황시로부터 동남쪽 10마일 남짓 되는 곳에 명사산(鳴沙山)[1]이라는 산이 있다. 명사산 산비탈 아래로는 삼계사(三界寺)라는 절이 있고, 그 옆쪽으로는 '막고굴(莫高窟)' — 흔히 '천불동(千佛洞)'으로 알려져 있다 — 이라 불리는 거대한 석굴들이 늘어서 있다. 본 연구의 주요 대상이 된 사본들은 바로 이곳에서 발견되었다. 이 동굴은 1907년 5월에는 오렐 스타인(Aurel Stein)이 그리고 1908년 2월에는 폴 펠리오(Paul Pelliot)가 방문하였다. 두 사람은 돈황에서 수천 점의 사본을 발견하여 각각 대영 박물관과 파리 국립도서관으로 가져갔으며, 그 사본들은 현재 두 박물관에 보관되어 있다. 이 두 곳은 세계에서 가장 중요한 돈황 사본의 양대 소장처라 할 수 있으며, 러시아와 중국에도 상당수의 사본이 있다. 또 좀 더 적은 양의 사본들이 대만과 일본의 도서관에 소장되어 있으며, 그 외 몇몇 나라의 개인 소장가들과 기관들도 약간의 사본을 보관하고 있다.[2]

---

1 영어로는 'Whistling Sand Hill' 혹은 'Whispering Sand Hill'이라고 한다.

2 현존 사본의 개략적인 수량에 대해서는, 졸고, 『세속의 학생들과 통속 기록서사물의 제작 : 돈황 사본 목록(*Lay Students and the Making of Written Vernacular Narrative : An Inventory of*

돈황 출토 사본의 발견, 반출, 분산에 얽힌 이야기는 대단히 흥미진진하고 복잡한 사건들의 연속이라 다른 자리에서 전문적으로 다룰 필요가 있다.[3] 본 연구를 위해서는 돈황 및 그곳에서 발견된 사본들에 대한 어느 정도의 개괄이 필요할 것으로 보인다.

우선 중국과의 관계라는 측면에서 볼 때, 많은 사람들이 흔히 말하는 것처럼 돈황을 고립된 지역으로 보는 것은 옳지 않다. 사실 돈황은 ― 더 넓은 세계와의 관계에서 보면 ― 대단히 국제적인 도시였다. 심지어는 돈황 ― 고음(古音)으로는 '*d'uən-ɣuang*' ― 이라는 이름 자체도 그 의미가 아직 밝혀지지 않은 외국어 단어의 번역이며, 그리스어로는 '*Θροανα*', 소그드어로는 '*ϑruwān*' 혹은 '*δruwan*(δrw''n)'에 해당한다.[4] 최근 베일리(Bailey)는 이 명칭이 이란어 '*druvāna*(튼튼하고 안전한 장소, 요새)'에서 유래했을 수도 있다고 주장하였다.[5] 한대(漢代)

Tun-huang Manuscripts)』(이하 『목록(*Inventory*)』으로 약칭)의 첫 번째 부록을 참고하기 바란다. 1981년 여름 내가 처음으로 돈황을 방문했을 때, 막고굴 연구소 소장이었던 상서홍(常書鴻)은 1945년 보수 공사를 할 때 새로운 사본이 몇 점 더 발견되었다고 일러주었다. 이 사본들은 약 300건이고 그 중 86개가 두루마리이다. 모두가 경전인 이 사본들은 현재 막고굴 연구소에 보관되어 있다. 이 사본들은 17굴(돈황연구소 순번)에 숨겨져 있던 대량의 사본들이 발견되기 전, 그 굴을 관리했던 왕도사(王道士)가 토지보살의 배에 넣고 봉인해 놓았던 것들이다. 상서홍은 이 점을 사본들이 돈황의 한 장소에 국한되지 않고 다른 곳에도 보존되어 있음을 입증하는 증거로 보고 있다.

3 돈황 사본의 발견, 보존, 중요성에 관한 개괄은, 데니스 트위체트(Denis Twitchett), 『7~10세기 중국 사회사 : 돈황 문서와 그 함의(*Chinese Social History from the Seventh to Tenth Centuries : The Tun-huang Documents and Their Implications*)』를 참고.

4 이 명칭에 대한 많은 연구를 인용하고 있는 파올로 다피나(Paolo Daffinà)의 「휘성에서의 여행(L'Itinerario di Hui Shêng)」 부록 1(259~260쪽), 특히 260쪽 주4 참고. 토하라어 기원설을 주장한 베일리(H. W. Bailey)의 「토하라(Ttaugara)」, 893쪽, 그리고 이케다 온(池田溫)의 「돈황, 동아시아세계의 변모(敦煌, 東アジア世界の變貌)」, 194쪽 참고. 가바인(von Gabain)은 자신의 저서 『중앙아시아 연구 입문(Einführung in die Zentralasienkunde)』에서 'Droana'를 돈황의 명칭으로 여기고 있다.

5 해럴드 베일리(Harold Bailey), 「고대 이란어 코탄에 등장하는 사카 문명(The Culture of Sakas in Ancient Iranian Khotan)」, 20쪽, 주46. 2세기의 응소(應劭)와 같은 중국 주석가들이 돈황을 글자 그대로 '돈은 크다, 황은 성대하다(敦, 大也; 煌, 盛也).' 『한서(漢書)』 28권,

이전 발음에서 복원된 이 명칭의 송기음(送氣音)은 본래 첫 연속 자음 내의 'r'을 대체할 의도로 쓰였을 가능성도 있다.[6]

돈황은 번화한 국제적 공동체이자 문화적, 상업적 교류가 활발한 교차로였다.[7] 또 수도 장안(長安)과의 밀접한 관계 속에서 상인들뿐만 아니라 행정 관리 및 종교인들도 빈번히 찾아오고 있었다.[8] 행정적으로 돈황은 당(唐) 왕조에 속한 군(郡)이 아니라 그 자체가 하나의 현(縣)이었으며, 또 사주(沙州)의 소재지 기능을 하기도 하였다.[9]

B.425쪽 c 등의 의미로 해석하려 한 것은 6세기의 반(反)불교론자였던 순제(荀濟)가 '佛(佛陀[고어로는 b'iuət-d'â] 즉 '붓다')'의 의미를 '괴장(乖長 : 그릇된, 반대의)'이라고 주장한 것과 마찬가지로(『대정신수대장경(大正新修大藏經)』 52[2031].129b) 단지 민간의 어원설일 뿐이라고 보아야 한다. 좀 더 최근에 풍승균(馮承鈞)은 고대 희랍의 지리서에 보이는 'Daxata'가 돈황을 말하는 것일 수 있다고 주장하였다(『서역지명(西域地名)』, 23쪽). 나는 이 이름을 『프톨레미(Ptolemy)』(6.16.8)에서 찾을 수 있었다. 그러나 희랍 지리학 측량법에 따른 이곳의 위치는 174°/39°40'으로, 『프톨레미』에서 174°40'/47°40'에 위치한 것으로 본 'Throana'보다 훨씬 더 남쪽이며, 정확히는 174°40'/47°40'에서 우리는 그의 지도상 돈황의 위치를 찾을 수 있을 것이다. 더구나 이 이름('Daxata')의 마지막 두 음절을 보면, (풍승균의 주장에도 불구하고) 이는 '돈황'의 어원에 대한 근거로는 적당치 않음을 알 수 있다.

6 그러나 존 브로(John Brough)는 「아랴 수라의 자타카 말라에 대한 모의 한역(漢譯)(The Chinese Pseudo-Translation of Ārya-Śūra's Jātaka-mālā)」, 82쪽에서 'r'을 중국어 이름의 'n'으로 바꾸었다.

7 예를 들어 코탄을 언급하고 있는 돈황 사본에는 다음과 같은 것들이 있다. S5659, S6551v, P2022, P2647, P2812, P2826, P2889, P3151, P3184v, P3397, P5535, F191, D1502b, D1265, D1457, D2143, D2149v, D1074. 그리고 위구르를 언급하고 있는 사본을 몇 개만 예로 들면 P2992v, P3016v, P3028, P3077v 등이 있다. 위구르어, 코탄어, 티베트어 문서 각각은 한문(漢文)과 함께 조합된 형식으로 나타나고 있다.

8 돈황 사본에서는 중국의 여러 지역과 잦은 접촉이 있었음을 보여주는 많은 증거들을 찾아볼 수 있다. 예를 들어 PK6836(서기 630년 초사), S523, S3870은 장안에서 가져온 경전들이고, S996은 서기 479년 낙양(洛陽)에서 초사된 경전이다. 그리고 S2140은 장안에서 가지고 온 불교 저작의 목록이고, S8101 역시 장안에서 가지고 온 역서(曆書)이며, P3629는 복건(福建) 지역에서 가지고 온 서신이다.

9 드미에빌(Demieville) 역, 『라사의 종교회의 8세기 인도와 중국 불교 교리 사이의 논쟁(*Le concile de Lhasa-Une controverse sur le quiétisme entre Bouddhistes de l'Inde et la China au VIII siècle de l'ère chrétienne*)』, 308쪽 주석. 돈황의 지리와 역사에 관한 개요는 가나오카 쇼코(金岡照光), 『돈황의 문학(敦煌の文學)』, 제1장(3~23쪽) 참고. 또 변문이 쓰여졌던 당시 돈황의 역사에 대해서는 쿠게브스키프(L. I. Čuguevskiĭ), 『8~10세기의 돈황(*Touen-houang du VIIIe au Xe*

돈황을 방문한 조셉 니담(Joseph Needham)은 천불동의 벽화에 감동하여 다음과 같은 평을 했다. "여기(돈황의 벽화)에는 서양인의 모습뿐만 아니라 갈색 심지어는 붉은색 머리칼 그리고 파란색 혹은 녹색 눈동자를 가진 승려와 속인들도 흔히 보이는데, 이는 그 시대의 국제성을 반영하는 것이다."[10] 이 말에 한마디 더 보충한다면, 돈황의 벽화들은 그 지역의 국제성 역시 반영하고 있다는 사실일 것이다.

수많은 유명 불경 역자들과 순례자들이 역사적으로 중요한 시기에 돈황에 머물렀었다. 법현(法顯)은 돈황에서부터 불교 성지로의 여정을 시작했다. 또 현장(玄奘)은 인도에서 돌아오는 길에 현종(玄宗)의 칙령을 기다리면서 이곳에 머물렀다. 법호(法護, 230~308)는 돈황에서 태어나 '돈황 보살'로 알려져 있으며, 쿠마라지바(鳩摩羅什)는 장안으로 떠나기 전 돈황에 잠시 머문 적이 있다. 페르시아, 박트리아, 인도, 소그디아, 코탄 그리고 그 외 수많은 지역 출신의 불교 승려들은 자신의 문서와 전언들을 가지고 수도나 그 외의 주요 지역으로 진출하기 전, 중국 땅에 잘 적응할 수 있도록 돈황에서 먼저 일정 기간을 보내곤 했다.

티베트의 점령 기간 때처럼 교류가 중단되었던 몇몇 시기를 제외하고는,[11] 한(漢)에서 당(唐)까지의 대부분 시기에 돈황은 중국의 여타 지역과 지속적인 교류를 해 왔다. 그래서 이 기간 동안 미술과 문학 방

---

siècle)』 참고.

10 『중국의 과학과 문명(*Science and Civilisation in China*)』 I, 126쪽.

11 돈황은 781년에 티베트에게 점령되었다가 848년 장의조(張議潮)에 의해 그들의 통치로부터 벗어나게 된다. 후지에다 아키라(藤枝晃), 「투루판 지배시기의 돈황(吐蕃支配期の敦煌)」, 199쪽 참고. 돈황사의 세부 연표는, 요지무라 슈키(吉村修基) 외, 「돈황불교사연표(敦煌佛敎史年表)」 참고. 쉽게 접할 수 있는 돈황 관련 연대기 자료는, 가나오카 쇼코(金岡照光), 「돈황의 민중－그 생활과 사상(敦煌の民衆－その生活と思想)」, 359~365쪽; 로나타스(A. Róna-tas), 「돈황 출토물의 연대에 관한 개략(A Brief Note on the Chronology of the Tun-huang collections)」 역시 참고.

면의 영향은 쌍방향으로 진행되었다. 예를 들어 운변(雲辯, 951년 사망)이라는 한 유명한 승려는 장안에서 기생들을 위해 시를 써주는 동시에 그의 개인 문서들이 발견된 돈황에서 일종의 대중 강연인 속강을 개최하여 큰 호응을 얻었다.[12] 또 유명한 성지인 오대산(五臺山 : 산서(山西) 북동쪽에 위치)[13]의 벽화가 돈황의 벽화에도 흔히 보이고 있는데,[14] 이는 성지의 순례자들이 이 두 지역과 중국의 기타 지역을 오가며 여행했음을 시사한다.

지리적으로 돈황은 투르키스탄과 서아시아로 향하는 남북 무역로들이 타클라마칸 사막의 가장자리를 따라 펼쳐진 감숙성 서쪽의 요충지에 위치해 있다.[15] 실크로드의 지맥(支脈)인 이 남북로들은 타림분지를 둘러싼 채로 돈황에서 그리 멀지 않은 옥문관(玉門關)에서 서로 만나게 된다. 중국에 양분을 제공해주는 외부 세계로부터 많은 것을 집어삼키는 까닭에 돈황이 중국의 '목구멍'으로 불리는 것은 전혀 놀라운 일이 아니다. 『수서(隋書)』「배구전(裴矩傳)」에서는 『서역도기(西域圖記)』의 서문을 인용하여 아래와 같이 돈황의 지리적, 전략적 위치에 대하여 묘사하고 있다.

> 돈황에서 출발하여 서해에 이르는 길은 모두 셋이 있으며, …… 이들 세 길에 있는 여러 나라들은 남북을 이어주는 각자의 길을 또한 가지고 있다. 동녀국[16]과 남파라문국 등은 이들 길이 가는 바에 따라 여러 곳에 다다를 수 있

---

12 그의 유언이 S4427에 보인다. 운변(雲辯)에 대해서는 가나오카 쇼코(金岡照光), 「돈황의 민중—그 생활과 사상(敦煌の民衆—その生活と思想)」, 167쪽 참고.

13 Pañcaśirsa 또는 Pañcaśikha.

14 숙백(宿白), 「돈황 막고굴 속의 오대산도(敦煌莫高窟中的五臺山圖)」 중 특히 53~54쪽 참고.

15 리차드 앨드리치(Richard Aldrich), 『돈황 : 당대 감숙 지역의 번영(*Tun-haang : The Rise of the Kansu Port in the T'ang Dynasty*)』 참고.

다. 따라서 이오(Hami), 고창(Karakhojo), 선선(Navapa, Pidjan)이 모두 서역으로 가는 관문임을 알 수 있다. 이들은 모두 그 목구멍의 위치인 돈황에서 한 데 모이게 된다.[17]

發自敦煌, 至于西海, 凡爲三道, …… 其三道諸國, 亦各自有路, 南北交通. 其東女國, 南波羅門國等, 並隨其所往, 諸處得達. 故知伊吾, 高昌, 鄯善, 並西域之門戶也. 總湊敦煌, 是其咽喉之地.

그루세(Grousset)는 예술적 모티프와 기법의 돈황 지역으로의 전수에 관하여 다음과 같은 적절한 설명을 하고 있다. "인도의 전통을 포함하거나 혹은 인도의 불교를 거친 그리스 불교와 이란 불교의 전통을 함유한 채로 모든 중앙아시아적 영향의 절정이 돈황에서 발견된다."[18] 돈황에서 발견된 사본의 언어들(중국어, 산스크리트어, 티베트어, 시리아어, 위구르어, 소그드어, 코탄어, 토하라어 등)은 돈황의 국제적인 모습을 잘 보여준다. 사실 돈황은 동서양의 거대한 만남의 장이었던 것이다.

일본 학자들은 단순히 낭만적이고 이국적인 사막 지역이라는 이유뿐만 아니라, 서양과 동양의 문명 사이 그리고 문학을 포함한 모든 형태의 중국 예술과 불교 간의 관계를 이어주는 연결고리가 될 수 있다는 점에서 더욱 돈황에 매료되어 왔다. 많은 일본인들은 돈황을 자국 문화의 핵심 요소들이 형성되었던 도가니로 바라본다.[19] 최근에는 이

---

16 『북사(北史)』에서는 같은 구절을 기록하면서 '안국(安國 : '女' 대신 '安')'으로 쓰고 있다. 중화서국(中華書局)판, 1389쪽. 【역자주】 실제 중화서국판에는 「수서(隋書) · 배구전(裴矩傳)」과 마찬가지로 '여국(女國)'으로 되어 있다.

17 중화서국판, 1579~1580쪽; 개명서점(開明書店)판, 67.2507b.

18 『중국의 예술과 문화(*Chinese Art and Culture*)』, 221쪽.

19 예를 들어, 가나오카 쇼코(金岡照光), 「돈황의 민중-그 생활과 사상(敦煌の民衆-その生活と思想)」, 29쪽; 나카노 미요코(中野美代子), 『돈황 모노가타리(敦煌物語)』; 그리고

노우에 야스시(Inoue Yasushi)가 쓴 돈황에 관한 베스트셀러가 나왔을 정도이다.

사본이 보존된 것을 일종의 기적으로 간주할 수도 있겠지만, 이 사본들이 돈황에 보관되어 있었던 건 결코 우연이 아니다. 이곳은 불교 성지로서의 오랜 역사를 가지고 있었으며 중국의 다른 어느 지역보다도 불교의 생성지와 가까웠다. 지리적 위치, 탕구트의 급작스런 침입, 빈틈없이 밀폐된 공간, 사본을 수집하고 보관했던 경건한 불교 성지, 적합한 기후 등과 같은 종이와 비단을 보존하기에 이상적이었던 모든 요소들로 인해 돈황 사본들은 보존될 수 있었다. 따라서 나는 앞으로 '변(變)'이 중국 전역에서 연행되었음을 밝힐 것이지만, 기록된 변문이 왜 다른 곳이 아닌 돈황에서 발견되었는지에 대해서도 충분히 납득할 수 있다.

사본이 발견된 정확한 날짜는 아직 알려지지 않고 있지만, 어쨌든 세기가 바뀔 무렵에 발견된 것만은 확실하다. 지금까지 제시된 날짜는 모두 1899년 초여름과 1900년 초여름 사이에 산재하고 있는데 이는 신중히 고려해 볼 가치가 있다.[20] 발견에 얽힌 스토리는[21] 막고굴

가와구치 히사오(川口久雄)의 여러 논문들을 참고.

20 부진륜(傅振倫), 「돈황 천불동 발견의 경과(敦煌千佛洞文物發現的經過)」 참고.

21 유진 에오양은 「돈황 변문의 역사적 상황(The Historical Context for the Tun-huang pien-wen)」에서 사본의 발견과 관련된 많은 자료들을 연표 형식으로 편리하게 정리해두고 있다. 스타인이 직접 쓴 기록은 『세린디아 : 중앙아시아 및 중국 서부 탐험기(Serindia : Detailed Report of Explorations in Central Asia and Western China)』 II, xxi～xxii 그리고 『카세이 사막 유적(Ruins of Desert Cathay)』 I, 166～194, 211～219쪽 특히 217～218쪽을 참고. 펠리오의 설명은 자신의 논문인 「감숙에서 발견된 중세 도서관(Une bibliothèque médiévale retrouvée au Kan-Sou)」을 참고. 사본의 발견에 대해서는 가나오카 쇼코(金岡照光), 『돈황의 문학(敦煌の文學)』, 제2장(24～45쪽)과 「돈황의 민중—그 생활과 사상(敦煌の民衆—その生活と思想)」, 23～24쪽, 56～63쪽; 간다 기치로(神田喜一郎), 『돈황학 50년(敦煌學五十年)』 역시 참고.

에 거주하면서 관리인을 자임했던 왕원록(王圓籙)이라는 도사(道士)가 163굴 — 펠리오 번호, 장대천(張大千) 151번, 돈황연구소 16번, 사암(史岩) 401번 — 입구 오른쪽 벽의 틈새에서 바람이 새어나오는 것을 감지한 후 그곳의 먼지를 제거하면서 시작된다. 벽돌로 쌓여 있던 벽이 허물어지자 바로 그 옆방(돈황연구소의 분류에 따르면 17굴)에 있던 사본 더미가 모습을 드러낸다. 가나오카 쇼코의 기록에 따르면 그것은 실제로는 '폐지 더미'였다.[22] 스타인은 대단히 어지럽게 널려 있는 사본들을 보고서 크게 놀랐다.[23] 이는 왕도사가 손을 댔기 때문일지도 모른다. 그러나 스타인과 펠리오의 보고서를 보면, 사본들은 원래부터 급히 저장된 모습이었고 왕씨는 대부분을 그대로 방치해 두었다는 인상을 받게 된다. 이 사본들은 침입자들의 손에 넘어가지 못하도록 그 굴에 둔 것으로 보인다.

사본의 발견 날짜와 마찬가지로 이 석굴이 언제 폐쇄되었는지에 대해서도 아직 명확한 결론이 나있지 않은 상태이다. 그렇지만 대부분의 전문가들은 서하(西夏, 탕구트)의 침략 시기인 AD 1035년이나 1036년에 폐쇄되었다는 의견에 동의하고 있다.[24] 사본의 연대 중 가

---

22 『돈황의 문학(敦煌の文學)』, 67쪽.

23 『고대 중앙아시아의 흔적 : 아시아의 가장 깊은 곳과 중국 북서부에 대한 세 차례의 탐사기록(*On Ancient Central-Asian Tracks : Brief Narrative of Three Expeditions in Innermost Asia and North-western China*)』, 203·205·206쪽.

24 펠리오, 「감숙에서 발견된 중세 도서관」, 506쪽; 소영휘(蘇瑩輝), 「발흑성에서 출토된 서하 시기의 사본 불교게명 두루마리 – 돈황석실의 봉쇄연대를 함께 논함(跋黑城所出西夏時寫本佛教偈名卷子 – 兼論敦煌石室封閉年代)」; 세키(Saeki), 『중국의 네스토리우스교 관련 기록과 유물(*The Nestorian Documents and Relics in China*)』, 253쪽. 탕구트의 침략에 큰 비중을 두려 하지 않는 학자들은 목판인쇄 및 실로 묶는 방식의 책이 발전하면서 손으로 쓴 두루마리가 버려졌다는 의견을 보이고 있다. 일본 학자들에게 일반적으로 인정되고 있는 이러한 설명에 따르면, 이 두 가지 신기술이 훨씬 더 안전성이 있고 사용하기 편했기 때문에 필사본 두루마리는 폐기 처분되었다는 것이다.

장 늦은 것은 11세기 초반 이전이다. 그리고 서하가 여러 해 동안 돈황을 점령했음에도 서하어로 기록된 사본은 단 하나도 발견되지 않았다. 한편 가장 이른 사본은 그 연대가 406년으로 거슬러 올라간다.[25] 그리고 석굴 자체는 4세기 중반 이후에야 파여지기 시작한다.[26]

현존하는 돈황 사본의 총수는 2만에서 4만 건 사이로 추정된다. 그러나 러시아에 소장되어 있는 사본의 양이 어느 정도이고 그 출처가 어딘지 아직 모르기 때문에 현시점에서 정확한 숫자를 파악하려는 시도는 별 의미가 없다. 멘쉬코프(Men'shikov)에 따르면,[27] 올덴부르그(S. F. Ol'denburg)가 발견한 러시아 소장 돈황 사본은 1만에서 1만 2천 건 사이이다. 하지만 이 계산은 기타 중앙아시아 지역들의 사본이 포함되어 있다는 점 그리고 하나의 사본이 여러 부분으로 나누어진 경우도 있다는 점으로 볼 때 다소 높게 부풀려졌을 것으로 보인다. 어쨌든 러시아 소장 사본의 전체 목록은 아직 어느 나라의 언어로도 발표되지 않았기 때문에 이 사본들의 세부 특징과 수량을 밝히는 것은 여전히 쉽지 않은 작업이다.[28] 그리고 중국에 남아있는 8천 건 이상의 사

25 스타인, 앞의 책, 821쪽 주2a에 보이는 라이오넬 길(Lionel Gile)의 주장.

26 그루세는 첫 번째 석굴이 파여진 시기를 366년으로 보고 있으며 대부분의 학자들은 353년에 파여지기 시작했다고 주장한다. 그루세, 앞의 책, 222쪽.

27 「소련 과학원 아시아 민족연구소 소장 돈황 한문 사본 목록(Opisanie Kitaiskikh Rukopisei)」 서문, *Dun'-khuanskogo fonda*, 5쪽과 「고대 중국의 기록 유적에 관한 연구(Izuchenie Drevnekitaiskikh Pis'menn'ikh Pamyatnikov)」, 59쪽.

28 1981년 여름 레닌그라드를 방문했을 때, 소련 과학아카데미 아시아 민족연구소의 도서관 관계자들은 소장 돈황 사본들을 볼 수 있게 해 주었다. 수백 건의 사본들을 살펴볼 수 있게 해 주신 그분들에게 진심으로 감사의 말을 전하고 싶다. 멘쉬코프 교수는 「소련 과학원 아시아 민족연구소 소장 돈황 한문 사본 목록」에 포함되어 있지 않은 3천 가지 사본에 대한 초벌 목록과 추가된 4천 가지 사본의 임시 색인을 이용할 수 있게 해주었다. 이 두 가지 자료는 그와 그의 동료들이 마련한 것이었다. 【역자주】 빅터 메이어가 이 연구를 진행하던 당시와 달리 지금은 각국의 많은 돈황 사본들이 사진 자료로 출판되어 있다. 러시아 소장 돈황의 사진 자료 역시 전부는 아니지만 이미 출판이 된 상태이다. 참고로 지금까지 중국과

본은 아직까지도 제대로 목록화되어 있지 않은 상태이다.[29] 사본의 총수를 결정하는 어려움은, 여러 예에서 보이듯이 한 가지 사본이 따로 떨어져 어느 부분은 영국에 또 다른 부분은 중국에 있다는 사실로 인해 더욱 복잡해진다.

사회사 학자들과 문학사가들에게 가장 의미 있는 돈황 사본은 — 비록 이 두 가지의 사본들이 대량으로 발견되긴 했지만 — 정부의 공식문서들도 진귀한 불교 경전들도 아니다. 이들에게 중요한 것은 바로 짤막한 기록들, 대충 갈겨쓴 메모, 계약서, 목록, 하급 관료가 남긴 몇몇 기록들, 사원의 운영과 관련된 기록들, 정기적인 모임 통지문, 규약문, 통속문학과 고전문학의 초본들, 글자 교본, 점몽 관련 소책자 등이다.[30] 여러 가지 종잇조각들을 함께 붙여서 하나의 두루마리를

대만에서 출판된 각국의 돈황 사본 영인 자료집은 다음과 같다.
『돈황보장(敦煌寶藏)』, 黃永武 主編, 臺北 : 新文豐出版公司, 民國72~75(1983~1986). 영국, 프랑스, 중국 소장 돈황 자료 영인; 『영국 소장 돈황 문헌(英藏敦煌文獻)』(漢文 불경 이외 부분), 中國社會科學院歷史研究所等 編, 四川人民出版社, 1992; 『러시아 과학원 동방연구소 상트페테르부르크 분소 소장 돈황 문헌(俄羅斯科學院東方研究所聖彼德堡分所藏敦煌文獻)』, 러시아 과학원 동방연구소 상트페테르부르크 분소, 러시아 과학출판사 동방문학부, 上海古籍出版社 편, [러]멘쉬코프, [중]전백성(錢伯城) 주편, 上海古籍出版社, 러시아 과학출판사 동방문학부 출판, 1992; 『프랑스 국가도서관 소장 돈황 서역 문헌(法國國家圖書館藏敦煌西域文獻)』, 上海古籍出版社, 프랑스 국가도서관 편, 上海古籍出版社, 1994; 『중국 국가도서관 소장 돈황 유서(中國國家圖書館藏敦煌遺書)』, 中國國家圖書館 編, 江蘇古籍出版社, 1999; 『국가도서관 소장 돈황 유서(國家圖書館藏敦煌遺書)』, 中國國家圖書館 編, 北京圖書館出版社, 2005; 『천진시 예술박물관 소장 돈황 문헌(天津市藝術博物館藏敦煌文獻)』, 上海古籍出版社, 天津市藝術博物館 編, 上海古籍出版社, 1996; 『상해도서관 소장 돈황 투르판 문헌(上海圖書館藏敦煌吐魯番文獻), 上海圖書館, 上海古籍出版社 編, 上海古籍出版社, 1999; 『북경대학도서관 소장 돈황 문헌(北京大學圖書館藏敦煌文獻)』, 北京大學圖書館, 上海古籍出版社 編, 上海古籍出版社, 1995.

29 1981년 여름 중국을 방문하는 동안, 북경 국립도서관의 관계자는 선본부(善本部)에 소장되어 있는 돈황 사본들의 해제목록을 만들 계획이라고 일러주었다. 나는 북경대학도서관에서도 소장 사본들에 대한 같은 계획을 들었다. 두 도서관에서는 내가 요청한 모든 사본들을 볼 수 있게 해 주었다.

30 이 사본들에 대한 개괄적 소개로는, 후지에다 아키라(Fujieda Akira)의 「돈황 사본 – 개괄

만들었을 수도 있기 때문에, 여기에는 경전, 규약문, 가사 등의 구절이 포함될 수 있다. 일상의 사소한 일들과 관계되는 많은 사본들은 당오대(唐五代) 중국 보통 사람들의 일상생활을 엿볼 수 있는 기회를 제공해 주므로 이 사본들이 오늘날 우리들에게 훨씬 더 높은 가치로 다가오는 것이다.

그 값어치를 논하기 힘든 돈황의 많은 자료들 중에서 민간문학 연구자들에게 가장 큰 가치가 있는 것은 '변문(變文, transformation texts)'이라고 칭해지는 문서들이다. 스타인과 펠리오가 발견하고 가노 나오키(狩野直喜)가 학계에 소개한 지[31] 70여 년이 흐르는 동안 이 변문에 대한 연구는 갖가지 모습을 보여 왔다. 세계 곳곳으로 흩어져 있는 사본으로 인해 온전히 갖추어진 모습으로 변문을 연구하기에는 상당한 어려움이 따랐다. 그러나 사본이 여기저기 흩어져있는 것보다 훨씬 더 심각한 것은 이 텍스트들의 성격과 의미에 대한 중국문학 연구자들 사이의 인식이 전혀 통일되어 있지 않다는 점이다. 따라서 이 책의 첫 번째 목표는 변문 자료의 전체 범위를 밝히는 것이고, 두 번째 목표는 변문의 역사와 함께 그 장르를 정의해내는 것이다.

(The Tunhuang Manuscripts－A General Description)」, *Zinbun* 및 「돈황 사본(The Tun-huang Manuscripts)」, *Essays on the Sources for Chinese History*를 추천하고 싶다.

31 「지나 속문학사의 재료(支那俗文學史の材料)」.

|부록|

사천(四川)과의 관계

사천 지역에서 만들어진 문서들이 돈황에서 다량 발견되었다는 사실은[1] 당대(唐代)에 중국 서부 끝에 위치한 두 지역 사이의 왕래가 대단히 빈번했음을 증명한다. 돈황 문화가 부분적으로 사천 쪽으로 향하고 있었다는 것은 몇몇 사본의 고찰을 통해 입증될 수 있다. 예를 들어 「유마힐경강경문(維摩詰經講經文)」의 사본 중 하나(P2292)는 사천에서 기록되어 돈황으로 옮겨진 것으로 보인다.[2] 당대의 '소학 교본'[3]인

---

1 진조룡(陳祚龍), 「중세 돈황과 성도 사이의 교통노선(中世敦煌與成都之間的交通路線) — 돈황산책 1(敦煌散策之一)」, 80~83쪽과 상달(向達)의 「당대 불곡을 논함(論唐代佛曲)」, 11587쪽 b 참고. 내 생각으로는 인도에 기원을 두는 몇 가지 요소들이 중앙아시아를 거치지 않고 사천에서 돈황으로 바로 스며들어갔을 것으로 보인다. 사천과 감숙의 여행기인 창 이(Chang Yi)의 『사천 서부와 동인도: 초기 중국—인도 관계 연구(*West Szechwan and East India : Studies in Early Sino —Indian Relations*)』와 미얀마, 운남, 사천을 거쳐 섬서에까지 미쳤던 인도와의 초기 교류에 대한 기록인 천 치엔(Chen Chien)의 『운남과 미얀마를 거쳐 사천으로부터 인도까지의 고대 통로에 대한 사전 조사(*Preliminary Research on the Ancient Passage to India from Szechwan via Yunnan and Burma*)』를 참고. 이 길은 당대에 특히 번성했었다. 당대 사천지역의 민간불교에 대해서는 후지이 키요시(藤井清)의 「당대 촉지방에 있어서의 서민과 불교(唐代蜀地方に於ける庶民と佛教)」를 참고. 사천 성도 지구의 문화사에 대해서는 나바 토시사다(那波利貞)의 「문화사상으로 본 사천성 성도(文化史上より觀察する四川省成都)」를 참고.

2 133쪽(번역본 258쪽)에서 이 사본의 간기(刊記에) 대해 언급한 것을 참고. 눈여겨볼 문제는 『돈황변문집』(618쪽 12행)의 편자와 『돈황변문집신서』의 편자는 '서천(西川, 현재 사천 소재)'이라고 읽은 것을 가나오카 쇼코는 '서주(西州, 현재 신강 소재)'라고 읽고 있다는 것이다(『돈황의 문학(敦煌の文學)』, 181쪽). 이 중에서 나는 『돈황변문집』과 『돈황변문집신서』의 의견에 동의한다(『*Inventory*』, 항목 15). 사천 지역의 동부와 서부를 가리키는 '동천(東川)'과 '서촉(西蜀)'을 명확히 언급하고 있는 『돈황변문집』, 420쪽 3행과 비교. 사천에서 기원했

P2721의 여덟 번째 줄에는 "'삼천'은 무엇을 일컫는가(何名三川)?"라고 묻자 "진천, 낙천, 촉천이지요(秦川, 洛川, 蜀川)"라고 답하는 내용이 있다. 중국의 역사지리학을 잘 알고 있는 사람에게는 이 대답이 다소 이상하게 느껴질 것이다. 왜냐하면 중국 전역에서 볼 때 '삼천(三川)'은 늘 서안 부근이나 중원의 지형적 특성을 말하는 것이기 때문이다. 그러나 여기서 열거한 '삼천'은 대체로 감숙 동부, 섬서 중부, 사천 북부를 아우르고 있기 때문에 돈황과 사천 지역을 잘 알고 있는 사람에게만 의미가 있을 것이다. 이 '삼천'은 많은 돈황 사본들에서 언급되고 있으며, 내가 '유역(流域, catchment basin)'이라고 칭하고자 하는 지역의 구성요소가 된다.[4]

도사(道士) 섭정능(葉淨能)에 관한 돈황 고사는 사천에 대한 언급으로 가득하다(『돈황변문집(敦煌變文集)』, 223쪽 이하). 『돈황 민간 서사(Tun-huang Popular Narratives)』 서문에서 나는 특히 오자서고사(伍子胥故事)를 들어 사천과의 관련성을 비교적 상세하게 다루었다. 『돈황변문

거나 또는 그 지역과 관계있는 돈황 사본들에는 S5444(간기의 연대는 906년), S4540.1(905년), S5534(905년), S5451(906년), S5541.1, S5669(906년), S5965(905년), S6737(926년) – 이 사본들은 과가(過家)가 사천 서쪽[西川]에서 32권으로 인쇄했던 「금강반야바라밀다경(金剛般若波羅蜜多經)」을 손으로 필사한 것들이다 – 과 검남도(劍南道)의 서천(西川) 성도(成都)에 살고 있던 번상(樊賞)의 가족들이 인쇄한 달력인 스타인 소장본 중 문서번호 10번 사본이 있다. 그밖에 PK6499, PK2062v, S6836, S8100, P2003, P2094, P2249v, P2292, P2816, P2876(943), P3381.1(943), P3493(943), P3649(사천 소재 세 강의 이름이 등장), P3671, D700, D2776, San262, D11051Bv(?) 역시 참고하기 바란다.

3 나바 토시사다(那波利貞), 「당초본잡초고(唐鈔本雜抄攷)」, 226쪽 참고.

4 이 점이 돈황의 주민들이 다른 지역, 좀 더 동쪽으로는 오대산(五臺山), 장안(長安), 한국 같은 지역들과 직접적인 접촉이 있었음을 부인하는 것은 아니다. 돈황이 멀리 떨어져 있는 [절강의] 온주(溫州)와 어느 정도 접촉하고 있었을 것이라는 점은 대단히 흥미롭다. 「참회멸죄금광명경전(懺悔滅罪金光明經傳)」 사본(S4487)은 장거도(張居道)라고 하는 온주(溫州)의 관리와 관계가 있는데, 이는 시사하는 바가 대단히 크다. 왜냐하면 온주는 인도의 영향이 바다를 통해 중국으로 들어올 때 가장 중요한 해안 거점이었던 것으로 잘 알려져 있기 때문이다.

집』만 보더라도 사천은 여러 차례 언급되고 있다(예를 들어, 267쪽 11행, 420쪽 3행, 422쪽 8행).

사천에 대한 언급은 돈황 사본에서 산발적으로 발견되는 '글자 교습서(習字書)'들에서도 빈번하게 보인다. 예컨대, P2249v의 세로줄 한 줄은 "성도부의 자비로우신 승려들, 장천 — 티베트, 사천? — 에 여래께서 임하심을 찬술하네(成都府大慈沙門, 藏川述讚如來臨)"라고 읽힌다. 이 기록 뒤로 이어지고 있는 습자글에는 『태공가교(太公家教)』와 『개몽요훈(開蒙要訓)』과 같은 소학 교본의 내용도 포함되어 있으며 왕범지(王梵志)의 서간집도 언급되어 있다.[5]

돈황-사천 지역을 문화적 응집 지역으로 인식하는 것은 미술사와 문학사의 여러 문제들을 해결하는데 도움이 될 것이다. 예를 들어 현존하는 최초의 사(詞)가 창작된 곳이 바로 이 두 지역이다. 또 사천 대족(大足)의 서사 조상(彫像)과 천불동 서사 벽화 사이의 유사성에 대해서는 좀 더 면밀히 연구할 가치가 있다. 중국 동남부 지역에 대한 에버하드(Eberhard)의 연구를 제외하면 중국의 지방 문화에 대한 연구는 이제 막 첫 걸음을 뗀 정도의 단계에 있다.

5 이제 막 글자를 배웠거나 글자를 제대로 알지 못하는 사람에게 있어 글자를 연습하는 매력과 필요성은 충분히 이해될 수 있다. 하버드 대학에서는 손으로 쓴 피영희 극본의 표지 안쪽 첫 페이지를 소장하고 있는데, 여기에 적혀 있는 일련의 습자들은 이와 유사한 돈황 사본들의 습자 형식을 떠오르게 한다(るる 등). 하버드 엔칭 도서관 목록번호 T5722/4622, 제23, 「차적계(借狄髻)」.

제2장

변문의 자료 및 관련 장르

우리가 중점적으로 해야 할 것은 변문 자료의 범위를 정하는 일이다. 이를 위해서는 먼저 변문을 당대(唐代)에 유행했던 다른 돈황 출토 민간문학과 구분해야 한다.

돈황문학 연구의 혼잡한 상황은 한 학자의 변문 동의어 리스트 — '불곡(佛曲)', '창문(唱文)', '강창문(講唱文)', '연기(緣起)', '속강(俗講)', '전(轉)', '창(唱)' — 에 그대로 드러난다.[1] 이들 용어 중 당대의 문학 장르에 대한 당시의 명칭으로 인정될 수 있는 것이 절반도 안 된다는 사실은 제쳐두더라도, 이 용어들 모두는 결코 변문과 동일한 것을 의미한다고 말할 수 없다. 하지만 지금도 이렇듯 부정확하고 광범위한 의미로 이 용어를 사용하고 있는 상황이다.

실제와는 맞지 않는 변문의 또 다른 분류법은 '강경문(講經文)', '사문(詞文)', '연[기](緣[起])', '부(賦)', '기(記)', '화(話)', '전(傳)', '화본(話本)'이 그 하위 범주라는 주장이다![2] 논리가 완전히 무시된 — 하나의 그룹으

1 카지 테츠조(加地哲定), 「속문학으로서의 불교문학(俗文學としての佛敎文學)」, 102~103쪽.

2 위천총(尉天聰), 「당대 속강과 변문(唐代的俗講與變文)」, 12쪽. 진국녕(陳國寧)의 『돈황 벽화 불상도 연구(敦煌壁畫佛像圖研究)』 29쪽에서도 '연기(緣起)'와 '압좌문(押座文)' 등

로 묶어버리는 — 이 관점은 위 형식 중 몇몇이 돈황 출토 민간문학의 유형이 되고 대부분 불교의 영향을 받은 것이라는 사실 외에 또 다른 어떤 관련성을 가지고 있다고 주장한다. 이러한 인식은 문학사 연구에 있어서 거의 가치가 없는 인식일 뿐이다.

이와 같은 용어상의 난점이 생기게 된 주요 원인 중 하나는 단지 돈황에서 출토되었다는 이유 하나 만으로 다른 많은 민간문학 장르들을 변문의 범주 내에 포함시켜버리는 경향이 학자들에게 있어왔기 때문이다. 이러한 경향은 당오대(唐五代) 시기 돈황에는 풍부하고 다채로운 문학 형식이 존재하고 있었다는 사실을 무시한다. 돈황에서 발견된 모든 그림을 변상(變相)[3]이라고 부르는 것이 의미가 없는 것과 마찬가지로, 변문이라는 이름 아래에 모든 형식들을 한 덩어리로 묶어버리는 것 역시 아무런 의미가 없다. 우리가 당면한 과제는 실질적인 고찰을 통해 여타의 돈황 민간문학과 구분 지을 수 있는 변문만의 독특한 특징을 확정짓는 것이다. 이 과제가 완수되기 전에는, 그리고 다양한 돈황 문학 장르의 명칭 문제가 이렇게 혼란 상태에 놓여있는 한, 각 장르들 사이의 상호 관계를 의미 있게 논할 수는 없을 것이다.

돈황문학 연구자들은 얼마나 많은 변문이 현존하고 있는가라는 기본적인 문제에서도 일치된 의견을 전혀 찾지 못하고 있다. 임이북(任二北)은 근 1백 종의 변문이 있다고 주장하며,[4] 가나오카 쇼코(金岡照光)는 100～130종이, 주소량(周紹良)은 127종이 현존하고 있다고 주장한다.[5] 『돈황변문집』의 편집자들은 일러두기에서 『수신기(搜神記)』와

을 변문의 형식으로 보고 있다.

3 변상에 대한 상세한 논의는, 나의 논문 「변상의 기록(Records of Transformation Tableaux)」을 참고.

4 임반당(任半塘), 『당희농(唐戲弄)』, 51쪽.

「효자전(孝子傳)」에 변문의 원시 자료가 포함되어 있다고 주장한다.[6] 그리고 이 주장에는 『돈황변문집』에 76가지 제목으로 실려 있는 여타의 사본 177종이 어떤 의미에 있어서는 변문 그 자체가 된다는 주장이 내포되어 있다. 최근에 한 학자는 영국박물관에만 총 8,102종의 변문이 있다고 주장했다.[7] 그는 변문을 '돈황에서 발굴된 모든 사본'으로 규정했음에 틀림없다. 이렇게 무차별적으로 광범위하게 포괄해버리는 변문의 성격 규정은 결국 아무런 쓸모도 의미도 없게 된다. 이러한 기본적인 문제가 분명해지기 전까지 — 변문이 80, 8백, 8천 종이 있든 — 이 주제에 대한 합리적인 논의는 거의 불가능하다.

변문이 용어상의 난점에 깊이 빠져든 것에 대해 불만을 터뜨렸던 첫 번째 학자는 1955년에 관련 논문을 발표했던 우메츠 지로(梅津次郎)일 것이다.[8] 기존에 출판된 자료들의 불충분함으로 인해 연구를 시작하면서 많은 장애를 겪기도 했지만, 우메츠 지로는 돈황 연구에 있어 여러 가지 귀중한 공헌을 하였다. 그 중 가장 중요한 것은, 제목이 붙어있지 않은 돈황 텍스트는 그림과의 명백한 관련성 같은 기본적인 특성이 나타나지 않는 한 변문으로 명명되어서는 안 된다는 주장이다. 이보다 10여 년 전, 상달(向達)은 「당대속강고(唐代俗講考)」에서 이미 강경문의 기본적인 성격을 특징짓고, 또 변문과 압좌문(押座文)은

---

5 이 두 가지 의견에 대해서는, 가나오카 쇼코(金岡照光), 『목련변문(目連變文)』, 133쪽과 139쪽 주2 참고.

6 『돈황변문집』, 편집자들은 이와 같이 약간의 신중함을 보여준 반면, 토치오 다케시(栃尾武)는 「돈황변문 '효자전'과 '순자변'의 비교(敦煌變文孝子傳と舜子變の比較)」 9쪽에서 「변문수신기(變文搜神記)」라는 불가사의한 명칭을 계속 고집하고 있다.

7 양영기(梁營基), 「변상과 삽도화본(變相與插圖話本)」, 8쪽.

8 우메츠 지로(梅津次郎), 「변과 변문(變と變文) — 그림풀이의 회화사적 고찰(繪解の繪畵史的考察)」 2. 【역자주】 '에토키(繪解)'는 그림 풀이로 진행하는 일본의 전통 연희이다.

본질상 서로 다르게 보아야한다는 주장을 분명히 했다. 하지만 불행히도 이러한 순조로운 출발은 그 사이 몇 년 동안 아무런 주목을 끌지 못했던 것으로 보인다.

그러나 좀 더 최근의 몇몇 학자들은 이 문제에 대해 점점 더 날카로운 인식을 보여주고 있다. 그 중에서도 특히 주소량(周紹良)은 다양한 당대 민간문학 장르에 대해 좀 더 명확한 윤곽을 그릴 것을 요구하였다.[9] 예를 들어 그는 돈황본 「오자서고사(伍子胥故事)」를 변문으로 간주해서는 안 된다고 주장한다.[10] 비록 그가 이렇게 주장하는 근거가 「오자서고사」 및 이와 유사한 텍스트를 변문으로 명명할 수 없다는 내 나름의 논리적 근거와는 다르지만, 나는 이야기가 흔히 장르에 맞춰져버리는 폐해를 비난한 점에서 그의 의견에 진심으로 동의한다. 허드리코바(Hrdličkova) 역시 이러한 폐해에 주의를 기울였다. "무엇보다도 먼저, 많은 돈황의 문서들 중에서 어떤 것들이 실제 변문으로 불릴 수 있는가에 대해 아직 명확하게 결론이 나지 않았으며, 또 이러한 문학 장르의 정확하고 철저한 정의가 지금까지도 공식화되어있지 않은 상태이다."[11]

장백잠(蔣伯潛)은 변문이 어떤 것을 의미하는지는 알 수 없으며, 또 변문이 당오대 시기에 통상적으로 인식되고 있었던 용어였는지를 확정지을 자료 역시 부재한다는 극단적 관점을 취하고 있다.[12] 실제 상황

---

9 주소량(周紹良), 「당대 민간문학을 논함(談唐代民間文學)」.

10 위의 글, 77쪽. 【역자주】 여기서 '오자서고사(伍子胥故事)'는 여러 변문집에서 '오자서변문'으로 소개된 작품을 말한다.

11 「돈황변문과 관련된 몇 가지 질문(Some Questions Connected with Tun-huang pien-wen)」, 212쪽.

12 「변문으로부터 대고·보권·탄사까지(從變文到大鼓寶卷與彈詞)」, 『소설과 희곡(小說與戲劇)』, 91쪽.

이 그렇게 비관적인 것은 아니지만, 장백잠의 이런 조심스러운 태도는 변문이라는 용어의 남용을 막을 수 있다는 점에서 환영을 받는다.

「한금호고사(韓擒虎故事)」(S2144)를 예로 들어 돈황문학 연구가 빠져 있는 혼란의 양상을 살펴보자. 『돈황변문집』에 이 작품을 실어놓은 부분과 학자들이 일반적으로 논의하는 내용을 보면, 이 작품이 변문의 한 유형으로 간주되고 있음을 알 수 있다. 사본에 아무런 제목도 남겨져 있지 않음에도 불구하고, 이 이야기는 보통 「한금호화본(韓擒虎話本)」[13]이라고 칭해진다. 이 작품을 화본으로 부르는 것은 불행한 일이다. 그것은 우선 '화본'이라는 용어 자체가 중국 민간문학 연구에서 사용하는 명칭 중 가장 문제가 많은 용어라는 점, 그리고 두 번째로 문제의 이야기를 화본으로 부르는 것에 어떠한 의미가 내포되어 있건 간에, 여기에는 화본이라는 이름으로 불렸던 송원(宋元)시대 백화소설 작품들과의 장르적 연관성이 가정된다는 점 때문이다. 이러한 가정은 의심의 여지가 너무 많기 때문에 논의할 가치가 거의 없다. 그러나 「한금호고사(韓擒虎故事)」를 어떻게 화본으로 부르게 되었는지는 상당히 흥미로운 문제이다. 사실 이렇게 명명한 논거는 상당히 명백하다. 이 작품의 끝부분에는 다음과 같은 기록이 있다. "그림책이 끝났으므로, 더 이상 베껴 쓰지 않는다(畵本既終, 並無抄略)."[14] 이 말은 그림책 끝부분에 이르러 초사자가 더 이상 쓰지 않기로 결정했음을 의미한다. 초사자가 말하고 있는 이야기에 수반되는 그림들은 — 『겐지모

13 『돈황변문집』, 196~206쪽.

14 이 구는 "초사를 하면서 빠뜨린 부분이 없다" 또는 "약탈당한 일은 없었다"는 것을 말한다고 볼 수도 있다. 그러나 사본 자체에 분명히 그림이 그려져 있지 않으며 (즉, 이는 분명 따로 떨어진 두루마리나 책자가 있다는 것이다) 또 나는 '略'을 '錄'이 잘못 쓰인 것으로 보기 때문에 위와 같이 해석을 하였다.

노가타리(源氏物語)』에서 우콘과 나카노키미가 우키후네를 위로하는 장면을 묘사한 것처럼[15] — 분명 다른 책자 안에 있었을 가능성이 가장 농후하며, 혹은 그보다 가능성은 적지만 초사자가 보고 작업 중이던 텍스트의 페이지 상단 부분에 있었을 수도 있다. 따라서 돈황본「한금호고사(韓擒虎故事)」를 변문 또는 화본으로 규정지을 근거는 없다.

현대의 몇몇 학자들이 돈황의 다양한 문학작품들을 명명하면서 저지른 부주의는 — 현종(玄宗)이 지은 것으로 보이는 끝 부분의 송찬시(頌讚詩)만 제외하면 — 완전한 산문으로 된 작품(장령(張令)과 방사 섭정능(葉淨能)에 관한 이야기, S6836, 『돈황변문집』, 216~228쪽)을 '시(詩)'라고 칭해버린 사실에서 명백히 드러난다. 사본의 꼬리제목인「섭정능시(葉淨能詩)」가 고사의 끝 부분에 있는 시를 말하고 있을 뿐이라는 것은 분명한 사실이다. 이 작품이 『돈황변문집』에 포함된 것은 이 작품 역시 변문으로 간주되고 있음을 넌지시 시사하지만 이러한 주장을 구체적으로 증명하기는 불가능하다. 『돈황변문집』의 다른 많은 작품들의 사정도 이와 마찬가지이나 나는 그것들 하나하나를 논하지는 않겠다. 우리가 해야 할 일은 하나하나 사례별로 따져가며 특정 텍스트를 제외시키는 것이 아니라 어떤 작품이 변문으로 분류되는지를 결정할 수 있는 명확한 기준을 마련하는 것이다.

이러한 명칭 문제를 공략하기 위해서는, 현재 변문에 대한 정의가 최소한 다섯 가지가 있으며 이로 인해 변문의 전체 수량에 대해서도 다섯 가지 의견이 있다는 사실을 먼저 인식해야 한다. 이들 다섯 가지 정의를 나는 '가장 좁은 의미의 정의', '좁은 의미의 정의', '넓은 의미의 정의', '가장 넓은 의미의 정의', '무의미하게 넓은 의미의 정의'로 부를

15 4장 끝 부분(주석 109번 이하) 참고.

것이다. 맨 마지막 정의부터 시작해보면, 이는 돈황에서 출토된 모든 사본들을 포함시키는 정의라고 말할 수 있다. 더 이상의 수고를 덜기 위해 우리는 먼저 이 정의부터 영원히 배제시켜야 할 것이다!

변문의 '가장 넓은 의미의 정의'에는 돈황에서 발견된 비종교적, 비경전적, 비기록물적인[16] 문서들 전부가 포함된다. 간단히 말해, 이러한 정의로 구분할 경우에는 모든 민간문학 작품을 변문으로 간주해야 한다. 여기에는 산문이든 운문이든 또는 그 둘의 조합 형식이든 그리고 서사 형식이든 묘사 형식이든 혹은 서정시풍이든 전혀 상관이 없이 모두 포함된다. 이러한 정의 방식에는 그럴듯한 정당성이 없으며 또 이 정의에 집착하는 것은 중국 민간문학의 과학적 연구에 커다란 방해가 될 것이므로 이 정의 역시 배제되어야 한다.

변문의 '넓은 의미의 정의'는 과거의 여러 저명한 학자들이 찬동했던 정의이기 때문에 세심한 고찰을 통해 비판해가야 할 것이다. 변문의 넓은 의미의 정의에는 전체가 운문으로 된 작품까지[17] 망라한 돈황의 모든 민간 서사문학이 포함된다. 여기에는 압좌문(押座文), 강경문(講經文), 연기(緣起)와 같은 민간의 종교적 작품들, 그리고 어떤 경우에는 송(頌), 찬(讚), 곡(曲)까지 더해진다. 임이북(任二北)은 돈황곡(敦煌曲)에 대한 자신의 연구저서 전체에 걸쳐, 다양하게 조합되거나 연결되어 있는 운문에 변과 변문이라는 용어를 아무렇게나 갖다 붙이고 있다. 놀라운 것은 임이북이 위와 같은 용어 사용의 어려움을 다음과 같이 인식하고 있었으면서도 그 용어를 가져다 썼다는 것이다.

---

16 내가 여기서 '기록물'이라고 한 것은 차용증서, 채무증서, 계약서, 등록증, 재산목록 등을 의미한다.

17 예를 들면, 동영(董永)에 관한 서사시(S2204.『돈황변문집』, 109~113쪽), 계포(季布)에 관한 운문고사(P3697 및 기타 사본.『돈황변문집』, 51~71쪽) 등.

"변문의 정의는 아직 명확하지 않다. 내 의견은 그 용어를 하나의 문체로 보고 직접 접근해도 무방하다는 것이다. 고사를 이야기하는 어떤 형식도 서로 다른 각종 사체(辭體)와 설백(說白)이 전체적으로 조합되어 있으며, 이렇게 해서 강창자(講唱者)에게 제공되는 것들은 모두 변문으로 볼 수 있다."[18] 계속해서 임이북은 압좌문(押座文)이나 연기(緣起)처럼 자신이 생각하기에 변문이라는 명칭을 붙일 수 있는 돈황문학 장르들을 열거하고 있다. 임이북의 입장에서 볼 때, 변문은 기본적인 문학형식(體)이며 이 형식은 많은 응용형태(用)를 가지고 있다. 그는, 만약 변문의 범위를 제목에 그 용어가 드러나 있는 작품에만 한정한다면 이는 "지나치게 제한적으로 만들어버리는 오류를 분명히 범하는 것"이라고 독자들에게 경고한다. 그러나 나는 위와 같은 한정이 반드시 어떤 위험을 야기할 것이라고 생각지는 않으며, 특히 우리가 임이북의 무비판적 태도에서 기인하는 큰 혼란에 직면하게 될 때는 더 그런 생각이 들 것이다. 운문이든 산문이든 또는 그 둘 사이의 조합이든, 돈황의 모든 서사문학을 포괄하는 변문의 정의에 무슨 가치가 있겠는가?[19]

넓은 의미의 정의 — 사실 많은 관점들이 이 정의 방식에 속한다 — 에 근거하면, 현존 변문 작품의 수량은 60~135종 사이이다.[20] 수량의 상한선과 하한선이 이처럼 큰 차이를 보인다는 사실 자체가 이러한 정의는 신뢰할 수가 없으며 결국은 중국 민간문학 연구에 있어 만족스럽지 못한 정의임을 보여준다. 변문의 넓은 의미의 정의와 관련

18 『돈황곡초탐(敦煌曲初探)』, 300쪽.

19 임이북의 서문, 3쪽 참고.

20 제목이 아닌 각각의 사본에 근거한다면 거의 180종이 된다. 임이북이 받아들이고 있는 많은 운문형식까지 포함한다면 그 수는 최소한 2~3배 정도로 늘어날 것이다.

하여 인식해야 할 한 가지 사항은, 문학 연구에 대한 하나의 도구로서의 이 정의가 어느 정도 제한적으로 쓰이고 있긴 하지만, 이 정의는 순수하게 현대 학자들이 습관적으로 쓰는 정의일 뿐 당오대 시기의 실제 쓰임과는 아무런 관계가 없다는 것이다.

결국 유일하게 실제에 적용될 수 있는 것으로 보이는 변문의 좁은 의미의 정의는 당시 이 용어를 썼던 사람들이 이를 어떻게 인식했는지를 알기 위한 시도에서 비롯된 결과이다.

이 좁은 의미의 정의에 따르면 현존 변문 사본의 총 수는 20종을 넘지 않는다.[21] 그리고 그 내용은 본 장의 다음 부분 및 제3장에서 상세하게 설명할 것이다. 이들 텍스트의 대부분은 사본에 특별히 '변(變)' 또는 '변문(變文)'이라는 표제가 쓰여 있다.[22] 변 또는 변문이라는 표제가 쓰여 있지 않은 몇몇 사본들이 포함된 것은 이 사본들이 변과 변문을 제목으로 하고 있는 대부분의 작품들이 가지고 있는 형식적 특징들을 갖추고 있기 때문이다. 돈황 문학작품들 중에는 제목에 변이라는 용어가 있으면서도 그 형식적 특성들을 갖추고 있지 않은 작품들이 몇몇 있다. 변문의 '가장 좁은 의미의 정의'에는 이러한 작품들이 포함되지 않을 것이다. 여전히 좁긴 하지만 그래도 이보다는 좀 더 넓

---

21 이 숫자는 같은 텍스트의 여러 필사본을 서로 다른 변으로 볼 것인지 아닌지에 따라 달라진다. '좁은 의미의 정의'에 근거한 사본 목록은 이 장의 중간 부분을 참고.

22 목록은 가나오카 쇼코(金岡照光), 「'변(變)'이라는 용어에 대하여(On the Word 'Pien')」와 백화문(白化文)의 「무엇이 변문인가(什麽是變文)」에 대한 나의 번역본 참고. 이 장과 『목록(*Inventory*)』에서 나는 변과 변문이라는 제목이 있는 모든 작품들을 다루고 있다. 돈황의 특별한 기록 텍스트와 관련하여, 당대(唐代)에 일치된 모습으로 쓰이고 있는 이 두 가지 명칭(변과 변문)을 구분하려는 시도는 수포로 돌아갈 운명에 처해 있다. 그러나 뒤의 명칭이 기록된 텍스트와 관계되었을 경우에만 쓰이는 데 반해, 앞의 명칭은 구술 공연, 예술적 표현, 그리고 그들의 영감으로 작용하는 신현(神現)과 관련되어서도 쓰일 수 있다는 점은 분명한 사실이다.

은 의미의 정의에는 이 작품들이 포함될 것이다. 그러나 변이라는 용어가 제목에 없다면 이 정의에 포함되지 않을 것이다.

전체 돈황 민간문학 텍스트 중에 변문의 특징을 가장 뚜렷하게 가지고 있는 것은 대목건련(大目乾連)이 지옥에서 어머니를 구하는 내용의 변문이다. 이 텍스트는 여러 가지 사본을 가지고 있으며, 대부분의 사본들에는 해당 작품이 변문임을 나타내주는 표제가 쓰여 있다. 다음은 관련 사본 및 표제의 목록이다.

S2614 대목건련명간구모변문병도일권병서(大目乾連冥間救母變文幷圖一卷幷序)[머리제목][23]

대목건련변문일권(大目犍連變文一卷)[꼬리제목]

P3017 대목건련명간구모변문일권병서(大目乾連冥間救母變文一卷幷序)[머리제목]

P2319 대목건련명간구모변문일권(大目乾連冥間救母變文一卷)[머리제목]

대목건련변문일권(大目犍連變文一卷)[꼬리제목]

P3485 목련변문(目連變文)[머리제목]

PK876 대목건련변문일권(大目犍連變文一卷)[꼬리제목]

변문이 가지고 있는 특징적인 운문 앞 공식구[24]가 없고, 또 여러 면에서 이례적 특징을 지니고 있는 「팔상변(八相變)」(PK3024)과 「파마변문(破魔變文)」(P2187)[25]을 더욱 닮아 있다는 점에서 볼 때, PK2496의 「대목

23 이 제목에 대한 논의는 100쪽(번역본 206쪽) 이하를 참고.
24 제4장과 『돈황 민간서사(*Tun-huang Popular Narratives*)』의 부록에서 상세히 논의.
25 이들 텍스트에 대한 논의는 25~26쪽(번역본 76쪽) 참고.

건련고사(大目乾連故事)」(『돈황변문집』, 756~759쪽, 『돈황변문집신서』 735~738쪽)는 좁은 의미의 변문으로 칭할 수 없을 것이다.

대목건련과 관련된 위의 변문들을 주의 깊게 살펴보면 독특하면서도 일관되게 쓰이고 있는 어떤 특징들이 드러나는데, 그 주요 특징들로는 독특한 운문 소개(또는 운문 앞) 공식구, 에피소드식의 서사 진행, 일치되는 언어, 그림과의 내재적 혹은 외재적 관계, 그리고 산운조합 형식이 있다. 나는 이후의 장들에서 이러한 특징들 각각에 대해 상세한 논의를 할 것이다.

S5437과 이전에는 소순미(邵洵美)의 소유였던 북경대학 소장 사본은 둘 다 '한장왕릉변(漢將王陵變)'이라는 머리제목을 가지고 있다. 소책자인 P3627(=P3867)의 표지에도 같은 제목이 보인다. 한 걸음 더 나아가 P3627.2에는 다음과 같은 간기(刊記)가 적혀 있다: "한 8년, 초가 멸하고 한이 흥할 때의 왕릉(과 그 업적)에 대한 변 일포. 천복 4년 8월 16일 공목관 염물성[26]이 씀(漢八年楚滅漢興王陵變一鋪. 天福四年八月十六日孔目官閻物成寫記)." 이 텍스트에는 운문 앞 공식구가 있다.

또 하나의 확실한 예로는 항마(降魔) 이야기 — S5511과 호적(胡適)이 소유하고 있던 사본(이 두 사본은 본래 하나의 사본이었다) — 를 들 수 있다. 이 사본은 독특한 서사 전개, 운문과 산문의 비례, 운문 앞 공식구, 일치되는 언어 등의 특징을 지니고 있다. 이 사본의 머리제목과 꼬리제목이 모두 '항마변문일권(降魔變文一卷)'으로 되어 있는 반면 S4398v의 머리제목은 '항마변일권(降魔變一卷)'으로 되어 있는 것을 통해, 기

26 '물(物)'자로 한 행이 끝나고 '성(成)'으로 다음 행이 시작된다. 따라서 — 그럴 가능성은 거의 없는 듯하지만 — '성(成)'을 『돈황변문집』, 편집자들과 내가 본 것처럼 사람의 이름자가 아닌 사본을 다 완성했음을 의미하는 것으로도 볼 수 있다.

록된 변문과 관련하여 변과 변문은 서로 바꿔 쓸 수 있었음을 알 수 있다.[27] 자일스(Giles)는 S4398v의 표제가 그 내용과 무관한 것 같다고 말한다.[28] 이것은 사본에 도입 부분만 남아 있고, 이 부분만으로는 이야기의 주된 내용을 확실히 파악하기 힘들기 때문이다.

돈황의 왕소군(王昭君) 산운조합 서사(P2553)는 머리제목과 꼬리제목이 모두 없으면서도 위에서 말한 변문의 형식상 특징들을 갖추고 있다. 이 작품은 표현된 언어 및 산문과 운문의 비율이 제목 또는 간기에 '변문'이라는 용어를 쓰고 있는 텍스트들과 완전히 일치하고 있을 뿐 아니라, 운문 앞 공식구 — 『돈황변문집』, 100쪽 15행에는 '처약위(處若爲)'로 잘못 기록되어 있으며, 실제 사본은 '처약위진설(處若爲陳說)'로 되어 있다 — 까지 갖추고 있다. 그러나 이 작품을 읽으면서 더욱 분명하게 드러나는 증거는 — 그림 두루마리인 듯한 — 둘 이상의 두루마리가 함께 갖추어져 있었음을 명확하게 말해주는 '상권입포필, 차입하권(上卷立鋪畢, 此入下卷)'이라는 기록이다. 여기서 '첫 번째 두루마리'와 '두 번째 두루마리'가 문자로 된 텍스트 자체를 의미할 수는 없다. 왜냐하면 문자로 기록된 두루마리는 분명히 하나의 두루마리이기 때문이다. 물론 '포(鋪)'는 하나의 그림 또는 일련의 그림들을 셀 때 흔히 사용하는 '~점'에 해당되는 용어이다. 위의 기록을 통해 우리는 첫 번째 그림 두루마리에는 아마 한 장면 이상이 표현되어 있었을 것이라고 추론할 수 있다. 왜냐하면, 텍스트를 보면 이 부분 앞쪽으로 한 가지 이상의 에피소드식 사건이 일어나고 있기 때문이다. 또 그림 두루마리에 대한 다른 언급은 없이 위 기록 다음으로는 다섯 가지 사

27 몰론, 이에 선행하는 구술연행이 '변문(變文)'이라 불렸으리라고는 생각하지 않는다.
28 『장서목록(*Catalogue*)』, 248쪽.

건이 벌어지고 있다. 따라서 두 번째 두루마리에는 최소한 다섯 장면이 표현되어 있었을 것이라고 가정할 수 있다. 덧붙여 말해둘 것은 여기에서 그림이 사용되었다는 점이 텍스트가 개인적인 독서가 아닌 공연을 위해 의도되었음을 증명해주지는 않는다는 것이다. 우리는 『겐지모노가타리(源氏物語)』를 통해 문자로 된 텍스트에 딸린 그림책이 따로 있었음을 알 수 있다. 그림을 언급한 것은 독자에게 모의 상황을 전달해주려는 전체적인 시도의 하나로 해석될 수도 있다.[29]

북경도서관에 소장되어 있는 돈황 이릉(李陵) 이야기에는 제목이 남아있지 않다. 그러나 사용된 언어가 비슷한 점, 특히 표제나 간기에 변문이라는 용어를 쓰고 있는 대부분의 텍스트와 형식적 유사성을 띠고 있는 점에서 볼 때, 이 작품은 확실히 '변문'이라 칭할 수 있을 것이다. 장의조(張議潮) 이야기(P2962)와 장회심(張淮深) 이야기(P3451) 역시 이러한 범주에 속한다.

다음은 가장 좁은 의미의 정의에 부합되는 변문 작품들이다.

1. 「대목건련명간구모변문(大目乾連冥間救母變文)」 S2614-296(뒤는 나의 『목록(Inventory)』 번호이다), P3107-84, P2319-18, P3485-129, PK876-555, P4988v-223, S3704-319, PK3789-563, PK4085-565. 『돈황변문집』, 714~744쪽, 『돈황변문집신서』, 685~716쪽.

이 변(變)의 근거가 된 자료는 「불설우란분경(佛說盂蘭盆經)」으로, 이 경전의 진위 여부는 지금도 의문시되고 있다. 즉, 인도의 불경을 번역한 것이 아닌 '위조된' 경전일 수도 있다는 것이다. 이 경전을 연구한 이와모토 유타

29 이러한 개념에 대한 논의는 120~121쪽(번역본 208~209쪽) 참고.

카(岩本裕)는 이 경전이 중앙아시아에서 기원한 것으로 본다.

이 변문은 목련이 장사를 위해 여행을 떠난 것부터 시작한다. 여행에서 돌아온 지 얼마 되지 않아 목련은 어머니가 세상을 떠난다. 삼년상을 마친 후 목련은 승려가 된다. 고된 수련을 거쳐 그는 아라한(阿羅漢)의 과위(果位)에 이르게 되고 부처의 초월적인 법력에 힘입어 저승으로 가서 죽은 아버지를 만날 수 있게 된다. 어머니의 행방을 물어보았으나, 살아생전에 탐욕을 바라고 승려를 멸시한 대가로 어머니는 이미 지옥으로 보내졌음을 알게 된다.

다시 부처의 도움에 힘입어 목련은 지옥으로 그의 어머니를 찾아 나선다. 지옥의 수문장들인 갖가지 마귀와 괴물과 용감하게 맞서면서 여러 가지 참혹한 형벌과 고통들을 목격한 후 목련은 어머니가 아비지옥(阿鼻地獄)에 있음을 알게 된다. 하지만 그는 그의 어머니가 이렇게 지옥 중에서도 가장 엄혹한 곳에 갇혀 있다는 것을 알고서도 곧바로 어머니를 볼 수는 없다. 왜냐하면 지옥의 문은 범인(凡人)들에게는 굳게 닫혀있기 때문이다.

목련은 다시 한 번 부처에게 도움을 청한다. 그래서 그는 아비지옥의 문을 쳐서 열 수 있는 봉을 받게 된다. 문 안으로 들어서자마자 어머니를 찾아 감옥의 방을 한 칸 한 칸 살펴, 일곱 번째 방에 이르러 참혹한 형벌을 받고 있는 어머니를 발견하게 된다. 목련은 몹시 가슴아파하며 어머니의 죄를 대신 받을 것을 청하지만, 옥주(獄主)는 이를 허락해주지 않는다.

또 다시 목련은 지옥에 떨어진 모든 사람들을 석방시켜달라는 말을 직접 해 줄 것을 부처에게 간청한다. 그러나 목련의 어머니는 죄과가 너무나 컸기 때문에 아귀(餓鬼)가 되고 만다. 목련은 왕사성(王舍城)으로 가서 구걸을 하여 어머니께 음식을 주지만 음식을 막 먹으려 할 때 탐욕으로 인해 돌연 화염이 일고 만다. 항하(恒河)에서 물을 가져와 갈증을 풀어주려고 했을 때도 역시 마찬가지 일이 벌어진다.

목련은 다시 한 번 부처에게로 돌아와 도움을 청한다. 부처는 그에게 7월 15일 왕사성의 한 불탑 앞에 서서 아귀의 영령들에게 공물을 바치라고 알려준다. 이렇게 해야만 그들의 배고픔이 잠시 사라지기 때문이다. 목련은 부처의 가르침을 그대로 따르지만, 아귀들에게 주는 음식을 먹은 어머니를 만나지는 못한다.

결국 부처에게 다시 돌아간 목련은 어머니가 왕사성(王舍城)의 한 흑구(黑狗)가 되었다는 말을 듣는다. 어머니와 다시 만날 수 있는 유일한 방법은 7일 밤낮 동안 경전을 읊으면서 그 성에 있는 한 불탑 앞에 서 있는 것뿐이었다. 목련은 이 방법을 그대로 따르고 그의 어머니는 결국 인간으로 다시 돌아와 극락의 즐거움을 맛볼 수 있게 된다.

2. 「항마변문(降魔變文)」 S5511-375와 593, S4398v-339, P4524-207. 『돈황변문집』, 361~389쪽, 『돈황변문집신서』, 113~141쪽.

이 변문은 사리불(舍利弗)과 육사(六師)의 우두머리인 노도차(勞度差)간의 법투(法鬪)를 묘사하고 있다. 이 작품은 중국의 승려가 코탄에서 모은 자료에 근거하여 편찬한 「현우경(賢愚經)」 제10권의 이야기에 기초한 것이다.

인도에 사위국(舍衛國)이라는 큰 왕국이 하나 있는데, 그 왕국의 재상인 수달다(須達多)는 불교의 삼보를 신봉하지 않는다. 그는 아직 결혼하지 않은 아들이 하나 있어 적당한 신부를 찾기 위해 다른 나라로 사신을 파견한다. 사신은 어느 지방에 이르러 음식을 구걸하고 있는 불제자 아난(阿難)을 보게 된다. 바로 그 때, 아난이 구걸하고 있는 집에서 한 아리따운 소녀가 뛰어 나와 공손하게 예를 표한다. 사신은 이웃집에 물어보고서 그녀가 재상 호미(護彌)의 딸임을 알게 된다.

이후, 혼사를 준비하기 위해 수달다가 친히 그곳으로 왔을 때 그는 독실한 신도인 호미를 만나면서 불교의 지고무상(至高無上)함을 깨닫게 된다. 부처는 제자인 사리불(舍利弗)에게 수달다와 함께 사위국으로 돌아가도록 한다. 그 이유는 그곳에 사원을 지어 부처가 불법을 전하러 올 수 있게 하려고 했기 때문이다. 사리불과 수달다는 사원을 지을 적당한 곳을 열심히 찾아보나 마음에 드는 장소가 눈에 보이지 않는다. 그러던 어느 날, 그들은 성의 남쪽을 지나면서 대단히 맑고 고요한 곳을 한 군데 발견하게 된다. 그러나 불행히도 그 땅은 태자(太子)의 소유였다. 수달다는 태자에게 가서 그 땅을 팔 것을 요구한다. 태자가 그 땅을 팔려하지 않자 수달다는 그 땅에 귀신이 출몰한다고 속여 땅을 팔게 한다. 태자는 사는 사람이 모든 땅을 금으로 덮어 준다는 조건이면 계약을 하겠다고 한다. 수달다는 땅을 사는 사람으로 모습을 바꾸어 정원을 바치도록 태자를 몇 차례 설득한다.

정원에서 돌아오는 길에 수달다와 태자는 외도(外道)인 육사(六師)들과 맞닥뜨리게 된다. 그들은 태자가 불교의 영향을 받은 것에 당황해하며 수달다가 하는 일이 왕국에 해를 끼치는 음모라고 왕에게 호소한다. 왕은 수달다와 태자를 자신에게 데려오도록 한다. 수달다가 이 기회를 이용하여 부처를 찬양하자 왕은 부처가 육사와 겨룰 수 있는지를 묻는다. 수달다는 부처의 제자들 중 가장 능력이 모자라는 제자로도 그들을 대적할 수 있다고 대답한다.

그러자 왕은 사리불과 육사의 우두머리인 노도차 간의 법투를 허락하면서, 만약 노도차가 이기면 수달다는 목숨을 잃게 될 것이고, 만약 사리불이 이기면 자신은 불법에 귀의하겠노라고 선언한다. 이후 작자는 사리불과 노도차간의 싸움을 흥미진진하고 생동적으로 묘사한다.

노도차는 여섯 차례에 걸쳐 온 힘을 다해 자신의 모습을 바꾸며 싸우고도 사리불을 대적해내지 못하자 결국 패배를 인정한다. 이야기는 부처의 무상(無上)한 힘을 인정한 육사를 포함하여 모든 사람들이 행복해하는 모습으로 끝을 맺는다.

3. 「한장왕릉변(漢將王陵變)」 S5437-367, P3627(P3667)-147, 『목록』 590과 599. 『돈황변문집』, 36~47쪽, 『돈황변문집신서』, 875~886쪽.

이 이야기는 『한서(漢書)』 제40권 「왕릉전」에 실린 320자 정도의 짧은 기록을 기초로 하고 있다. 변문의 저자는 본래의 이야기를 거의 5배 정도로 늘려 놓았다.

변문은 항우(項羽)의 초군(楚軍)이 어떻게 유방(劉邦)의 한군(漢軍)을 계속해서 패배시켰는지에 대한 이야기에서 시작한다. 싸움에서 계속 패하자 유방의 부장(部將)인 왕릉과 관영(灌嬰)은 적진의 기습을 허락해 줄 것을 청한다. 이렇게 해서 그들은 소규모의 병력을 이끌고 가서 어둠을 틈타 초군 5만을 죽이고 20만에게 상해를 입힌다. 항우는 크게 노하여 책사들에게 보복할 계획을 세우도록 하고, 결국 종리말(鍾離末)의 계책을 받아들여 왕릉의 고향인 수주(綏州)의 차성촌(茶城村)으로 가서 왕릉을 잡되 혹시 왕릉을 찾지 못하면 그 어미를 잡아오도록 명령을 내린다.

이렇게 하여 왕릉의 어머니는 초나라 진영으로 잡혀오게 되고, 항우는 그녀에게 아들을 불러들이라 하나 그녀는 거절한다. 그래서 왕릉의 어머니는 갖은 고초를 받게 된다. 이 때, 유방은 사신 한 명을 파견하여 왕릉과 관영의 습격을 받은 이후 항우가 어떤 반응을 보이고 있는지 살펴보려 한다. 그 사신의 역을 맡은 노관(盧綰)이라는 신하는 초의 진영으로 가서 왕릉의 어머니가 그곳에 잡혀있다는 사실을 알게 된다. 그는 한의 진영으로 돌아와서 이 사실을 유방과 왕릉에게 차례로 알려준다. 왕릉은 노관과 함께 초의 진영으로 가서 어머니를 구할 수 있게 해달라고 청한다.

두 진영의 경계에 이르러 왕릉은 노관에게 초의 진영으로 먼저 가서 살펴보도록 한다. 왕릉의 어머니는 노관이 돌아왔다는 소식을 듣고서 왕릉 역시 곧 올 것이라고 걱정한다. 그래서 그녀는 아들을 불러들일 편지를 쓰겠노라고 거짓으로 약속한다. 항우는 대단히 기뻐하며 그녀의 요구대로 자신의 검을 건네준다. 그녀는 아들이 좀 더 확실히 믿을 수 있도록 자신의 머리카락을 잘라 편지에 함께 넣겠다고 한 것이다. 칼을 받자마자 그녀는 아들이 한왕(漢王)에게 충성을 다할 수 있도록 스스로 목을 베 자결한다.

노관이 왕릉에게 어머니의 사망소식을 알려주자 왕릉은 헤아릴 수 없는 슬픔에 잠긴다. 유방은 왕릉 모친의 순결한 죽음을 애도하며 성대한 제례(祭禮)를 치르도록 명한다.

4. 「왕소군변문(王昭君變文)」 P2553-30. 『돈황변문집』, 98~107쪽, 『돈황변문집신서』, 911~920쪽.

이 이야기는 널리 퍼져있던 민간고사로 『한서』 제9권의 내용을 기초로 하고 있다. 왕소군에 관한 슬픈 이야기는 변문으로 기록되기 이전이나 이후의 시, 소설, 희곡에서 늘 다루어져 온 내용이다. 이 고사의 변문 형식은 역사전설로부터 원명(元明) 희곡으로의 발전에 있어 중요한 위치를 점하고 있다.

이 변문의 첫 번째 두루마리는 왕소군이 강화(講和)의 조건으로 흉노족 선우(單于)에게 시집을 가는 내용으로부터 시작한다. 선우는 그녀에게 많은 관심을 보이며 그녀를 즐겁게 해 줄 수 있다고 생각하는 모든 일들을 하지만 그녀는 자신의 고향만을 애타게 그리워한다.

두 번째 두루마리는 왕소군이 계속해서 눈물을 흘리자 선우가 함께 사냥을 가자고 하는 장면에서 시작된다. 산 위에 올라 먼 곳을 바라보자 그녀는 다시 고향이 그리워진다. 이렇게 해서 그녀는 병에 걸리고 다시는 회복되지 못한다. 그녀는 선우에게 자신의 죽음을 한왕(漢王)께 알려달라고 청한다. 선우는 그녀의 바람대로 해주면서 큰 슬픔에 잠긴 채 그녀를 땅에 묻는다.

5. 「이릉변문(李陵變文)」『목록』 587. 『돈황변문집』, 85~96쪽, 『돈황변문집신서』, 893~904쪽.

이 이야기는 궁극적으로는 『사기(史記)』 제109권과 『한서』 제54권의 잘 알려진 역사 고사에서 기원한다. 이릉이 흉노족에게 투항한 사건은 돈황의 작가들이 가장 좋아하는 화제였기 때문에, 이 내용은 변문이 아닌 다른 형식으로도 쓰여졌다(예를 들면, 『돈황변문집』, 848~850쪽).

상대가 불가능한 적을 맞아 완강하게 저항을 한 후 이릉은 결국 흉노에게 항복할 수밖에 없게 된다. 더 이상의 저항이 불가하다고 판단한 이릉은 살아남은 병사들에게 한(漢)으로 돌아가라고 말한다. 그러면서 자신은 온 힘을 다하여 대항했고, 여전히 충정은 그대로이며, 오랑캐의 침입을 반드시 막을 것임을 황제와 이릉의 어머니에게 알려달라고 말한다. 그러나 이릉 자신은 차마 한의 황제를 뵐 수 없다고 한다. 그의 부하는 군량과 무기가 다 고갈된 상태에서 20배나 되는 군대에게 패한 것은 수치스러운 일이 아니라고 설득한다. 더구나 그는 엄청난 수의 흉노족을 물리치고 난 후에 패한 것이다. 하지만 이와 같은 부하의 설득에도 불구하고 이릉은 자신을 이미 황제 앞에 설 수 없게 된 사람으로 본다. 적의 수중에 떨어지지 않도록 귀중품들과 깃발을 땅에 묻은 후, 그는 한의 황제에게 충성을 다하리라는 맹세를 한다.

적군이 들이닥치고 이릉은 선우의 막사로 압송된다. 이릉은 한의 황제에 대한 충성을 버리고 자신의 충정을 바꾸겠노라고 선언한다. 선우는 흉노 땅으로 침입해 들어온 이유로 이릉을 꾸짖으며, 먼 곳으로 쫓겨나 양을 기르고 있는 소무(蘇武)의 비타협적 태도를 언급한다. 선우는 한조와 흉노 사이의 역사적 관계를 간략히 설명해 준다. 이 단락 및 텍스트의 다른 몇몇 부분에서 저자는 당조(唐朝)와 동돌궐(東突厥)의 관계에 대한 내용들을 함께 뒤섞고 있다. 이릉은 입에 발린 말로 흉노족의 선우에게 충성을 표한다. 이릉의 겸손함과 용감함에 감명을 받은 선우는 그를 자신의 책사(策士)로 임명하면서 흉노의 옷으로 갈아입힌다.

생존한 이릉의 군사 1천 명 중 4백 명만이 한의 조정으로 복귀한다. 황제는 이릉이 사로잡혔을 것이라 짐작하고서 사가(史家)인 사마천(司馬遷)과 이릉의 아내 그리고 그의 어머니를 부른다. 그는 사마천에게 아내와 어머니의 안색을 살펴 이릉이 살아있는지 죽었는지를 알아보도록 명한다. 사마천은 그들의 얼굴을 보고서 얼굴에 죽음의 기운이 없으며 따라서 이릉은 흉노족들 사이에서 아직 살아있다고 알려준다. 황제는 자신의 부장이 흉노족에게 투항한 것에 크게 노하며 이릉의 어머니와 아내를 사형에 처하도록 명한다. 사마천은 이릉의 할아버지인 이광(李廣)의 전공을 상기시키면서 자신의 목숨을 보증으로 하여 두 사람을 용서해주기를 간절히 청한다. 이렇게 해서 황제는 이릉의 처와 어머니를 풀어준다.

다음 해, 한(漢)은 이릉과 소무를 구하기 위해 공손오(公孫敖)에게 5만 군사를 주어 출정시킨다. 왕년에 흉노에게 패배를 당했던 장수 이서(李緖)는 선우에게 병법을 가르쳐 공손오의 군사를 패퇴시킨다. 공손오가 흉노족에게 전술을 가르친 이가 누구인지 묻자 이서는 다른 사람이 아닌 바로 이릉이라고 대답한다. 공손오가 황제에게 이릉 때문에 패하게 되었다고 보고하자 황제는 대노한다. 그는 사마천에게 궁형을 내리고 이릉의 처와 어머니는 저자에서 참형에 처하도록 명한다. 이런 부당한 형벌에 아파하며 해와 달은 빛을 잃고 나뭇가지들은 잘리고 꺾인다.

이듬해, 한의 조정에서는 왕진조(王進朝)를 흉노에 파견하여 이릉이 아직 살아있는지를 살피도록 한다. 이릉은 어머니가 돌아가셨다는 소문이 사실임을 말하고 있는 왕진조의 편지를 받고서 비탄에 잠긴다. 왕진조를 만난 자리에서 그는 비록 흉노에 투항하긴 했지만 자신의 마음은 여전히 한의 황제에 대한 충정으로 가득하다고 말한다. 왕진조는 이해를 하면서도 그의 고통을 덜어줄 방법은 없었다. 이릉은 자신의 의지와는 달리 흉노에 투항한 것과 항상 한으로 돌아갈 방도를 찾아왔다는 사실을 계속해서 강조한다. 황제가 자신을 져버렸다는 이릉의 탄식이 이어지면서 변문은 끝이 난다.[30]

6. 「장의조변문(張議潮變文)」 P2962-70. 『돈황변문집』, 114~117쪽, 『돈황변문집신서』, 931~936쪽.

당시 그 지역의 영웅적 인물에 관한 이야기로, 현재 잔결된 채 전해지고 있는 사본에는 돈황 지역에서 토번족(吐蕃族)들을 쫓아내는 내용이 기록되어 있다.

이 텍스트의 독특한 특성은 전쟁 장면에 대한 생동적 묘사에 있다. 도망가

30 이 작품은 잘 알려져 있지 않아서 다소 길게 내용을 요약하였다.

는 토번 병사들을 추격하고 승리를 거둔 후 다시 돈황으로 돌아오는 장의조 군대의 모습이 생동적으로 묘사되어 있다는 것이다. 그리고 또 856년에 장의조의 군대가 이주(伊州) 지역을 침략한 회골족(回鶻族)과 토곡혼족(吐谷渾族)을 물리치는 장면 역시 그려져 있으며, 마지막으로 당조에서 회골지역으로 파견한 사신 일행이 회골족의 습격을 받는 사건이 묘사되어 있다. 이 습격을 피해 도망쳐 온 사람이 이 일을 보고하자, 장의조는 습격을 한 회골족들을 쫓을 준비를 한다. 그러나 출병하기 전 857년 8월 5일에 회골족이 다시 이주를 공격했다는 소식이 전해진다. 텍스트는 여기서 끊겨 있다.

7. 「장회심변문(張淮深變文)」 P3451-126. 『돈황변문집』, 121~127쪽, 『돈황변문집신서』 941~947쪽.

당시 그 지역의 영웅적 인물에 관한 또 하나의 이야기로, 장의조의 조카이자 그를 이어 '귀의군(歸義軍)'을 맡았던 장회심(張淮深)의 업적에 대해 썼다. 「장의조변문」과 마찬가지로 이 변문 역시 한군(漢軍)의 전투정신과 용맹함을 강조하고 있다.

이야기는 장회심이 돈황 부근의 여러 토번족과 회골족들을 정복하는 전공을 세웠다는 것으로부터 시작된다. 황제는 장회심이 한의 영향력을 넓히는 데 기여한 공로로 상당히 높은 관직의 세 관리를 포함한 9명의 사절단을 파견하여 그의 업적을 치하한다. 장회심은 황제의 축하 서신을 읽고서 동쪽으로 고개를 돌려 도성을 향해 감격의 눈물을 흘린다. 도성에서 온 사신들과 함께 장회심은 현종(玄宗 : 712~756 재위)의 초상에 참배를 한다. 돈황은 100년 이상 동안 중원 땅과 단절되어 있었지만 그 지역의 한족 관리는 이 초상을 충성의 증거로 보존하고 있었던 것이다. 사신들은 '오랑캐족'의 바다 한 복판에서도 한족(漢族)의 문화가 여전히 보존되어 있었음을 확인하고 깊이 감동한다.

며칠 동안의 축하연이 끝나고 사신은 수도로 돌아가야 했다. 그러나 사신들이 그 지역을 떠나자마자 회골족들이 다시 반란을 일으킨다. 그들은 서동해반(西桐海畔)－「장의조변문」에서도 격전지로 언급되고 있음－이라는 돈황 서쪽의 호숫가에 개미떼처럼 모여들었고, 장회심은 그들이 한족을 노략질할 준비를 하고 있는 것으로 생각한다. 그는 신속하고 결단력 있는 군사행동으로 어떤 사건도 미리 막으리라 결심한다. 정예부대로 회골족을 물리친 후 장회심은 의기양양하게 돈황으로 돌아온다. 하서주랑(河西走廊)이 다시 당조의 영향권 아래 들어가도록 공헌한 장회심을 찬양하면서 텍스트는 끝이 난다.

제목에 '변(變)'이라는 용어가 포함되어 있으면서도 위에서 언급한 작품들의 형식적 특성들을 가지고 있지 않은 작품 중에 「빈파사라왕후궁채녀공덕의공양탑생천인연변(頻婆沙羅王后宮[31]綵女功德意供養塔生天因緣[32]變)」이 있다. 『돈황변문집』, 764~769쪽에 실린 이 작품은 사실 여러 사본이 합해진 모습이다. 제목과 앞쪽 1/3은 S3491v-314에서 가져온 것이고, 가운데 1/3은 잔결되어 있으며, 마지막 1/3은 P3051-79에서 가져온 것이다. 이 텍스트에는 짚고 넘어가야 할 몇 가지 독특한 특징이 있다. 첫째, 같은 범주에 속하는 또 하나의 텍스트인 「파

31 텍스트에는(『돈황변문집』, 768쪽 15행, 769쪽 2행) 후(后)[=후(後)]가 빠져있다. 『돈황변문집』, 765쪽 6행에서 본 이야기를 시작하기 전에 '내궁(內宮)'에 대해 언급하고 있다.

32 Nidāna 또는 hetupratyaya.

마변(破魔變)」과 동일한 압좌문(押座文)으로 시작한다. 둘째, 압좌문 및 당시의 권력자를 찬송하는 짧은 산문을 마친 후 변 또는 변문이라는 언급은 전혀 없이 '공덕의공양탑생천연(功德意供養塔生天緣)'[33]이라는 축약 형태로 제목을 반복하고 있다. 셋째, 특징적인 운문 앞 공식구가 단 한 번만 보인다(『돈황변문집』, 767쪽 12행). 넷째, 앞쪽 1/3 부분에 있는 운문은 6언과 7언의 조합으로 되어 있는 반면, 뒤쪽 1/3 부분에 있는 운문은 5언과 7언 — 좁은 의미의 변문에서 일반적으로 보이는 형식 — 으로 되어 있다. 다섯째, 뒷부분보다 앞부분이 구술 서사에서 비롯된 흔적이 더 적게 나타난다. 이 모든 특징들에 근거하여, 나는 이 작품을 — 확실히 『돈황변문집』의 편집자들이 모아놓은 것처럼 — '섞인' 또는 '혼합된' 변문으로 보고자 한다. 심지어 (P3051에서 끌어온) 뒤쪽 1/3 부분에는 변문의 일반적 특징이 전혀 보이지 않는다.

순자(舜子)의 지극한 효(孝)를 내용으로 하는 돈황 고사는 두 수의 짧은 시만 제외하면[34] 전체가 산문으로 쓰여 있다. 단순히 운문 부분이 생략된 것일 뿐이라고 가정하지 않는 한,[35] 이 텍스트는 산운조합 형식을 본질적 특성으로 하는 변 또는 변문의 정의에 있어 의문점을 갖게 만든다. S4654-354와 P2721-52 두 사본 중 첫 번째 사본에는 '순자변일권(舜子變一卷)'이라는 머리제목이, 두 번째 사본에는 '순자지효변일권(舜子至孝變一卷)'이라는 꼬리제목이 있다. 역시 이 작품에는 운문 앞 공식구가 없으며 또 그림의 존재를 알려주는 함축적 또는 표면적 언급도 없다. 사용된 언어와 스타일은 내가 위에서 살펴 온 작품

33 Nidāna 또는 pratyaya.

34 이 두 수의 시가 효자에 관한 돈황사본을 모아놓은 텍스트에 그대로 보인다는 점은 주목할 만 하다(『돈황변문집』, 902쪽 6~10행).

35 백화문(白化文), 「무엇이 변문인가(什麽是變文)?」, 512~513쪽 참고.

들보다는 추호고사(秋胡故事)나 혜원고사(惠遠故事) — 이 고사는 사본[S2073-283]에서 '여산원공화(廬山遠公話)'라 칭해지고 있다 — 와 같이 전체가 산문서사로 된 작품들을 더 닮아있다.[36] 이 텍스트는 변문과는 상당히 다른 모습을 취하고 있기 때문에, 우리는 이 작품의 제목이 잘못 붙은 것이거나 '변'이라는 용어가 엄격하게 쓰이지 않았음을 시사하는 예로 볼 수 있다.[37]

P3645-150과 S5547-382 사본에는 '전한유가태자전(前漢劉家太子傳)'이라는 머리제목이 있다. P3645에서는 이 제목이 나중에 다시 등장한다.[38] 서한(西漢)이 왕망(王莽)의 손에 넘어가는 것과 관련된 사건들을 산문으로만 이야기하고 있는 점에서 볼 때 이 작품을 '전(傳)'이라고 이름 붙인 것은 타당하다. 그러나 P3645는 몇 가지 부수적인 관련 일화들을[39] 서술한 후에 '변(變)'임을 나타내는 '유가태자변일권(劉家太子變一卷)'이라는 꼬리제목[40]을 달고 있다. 여기서도 역시 우리는 엄격하지 않은 용어의 사용을 분명히 볼 수 있다.[41]

---

36 몇몇 운문이 포함되어 있는 소위「사사만어화(師師謾語話)」(S4327-337)라는 작품과 비교해 볼 것. 그러나 이 제목은 작품의 내용에서 끄집어낸 것일 뿐 텍스트의 처음이나 끝 부분에 기록되어 있는 제목은 아니다.『목록(*Inventory*)』, 337항 참고.

37 이보다는 타당성이 떨어지는 해석이긴 하지만, 순자고사 작품의 제목에 있는 '변'이 '놀라움, 기적'의 의미로 쓰인 것이라는 해석도 가능할 것이다. 이 해석에 따르면, 변(變)은 순자가 계모의 악랄한 음모에서 벗어나는 신기(神奇)한 방법과(『돈황변문집』, 131쪽 7~8행, 132쪽 5행('화(化)'자를 쓴 것에 주의), 133쪽 1행('변(變)'자를 쓴 것에 주의), 133쪽 6~7행) 눈 먼 아버지를 치료하는 놀라운 방법을 말하면서 쓰인 용어가 된다.

38 『목록(*Inventory*)』, 150항 참고.

39 에오양(Eoyang)은『입말 : 변문의 이야기 구술(*Word of Mouth : Oral Storytelling in the Pien-wen*)』, 91~114쪽에서 이 일화들과 본래 이야기의 관련성을 폭넓게 추론하고 있다.

40 그러나 사본 자체는 여기서 끝나지 않는다.

41 순자(舜子)에 관한 변과 마찬가지로 이 짧은 이야기 역시 신기한 일들로 가득 차 있다(『돈황변문집』, 160쪽 7~8행, 161쪽 6행, 161쪽 7~10행, 161쪽 12행). 이 점 역시 겉으로 보기에 이례적인 듯한 '변(變)'의 쓰임을 해명해 줄 수도 있다.

이러한 유형에 속하는 또 하나의 텍스트로 부처 생애의 팔상(八相)[42]을 다루고 있는 텍스트를 들 수 있다. PK3024-560의 뒷면에는 '팔상변(八相變)'이라는 세 글자가 쓰여 있다(본문은 서로 다른 필체로 보이는 글자로 앞면에 쓰여 있다). 『돈황변문집』 편집자들이 따로 확언을 했음에도 불구하고(『돈황변문집』, 342쪽 교기 1), 나는 두루마리의 뒷면에 홀로 쓰여 있는 이 제목의 진위여부에 의심을 갖고 있다.[43] 작품의 제목을 논의하면서 저자 자신은 '변(變)'이라고 말하고 있지 않은 점에 주목해야 한다(『돈황변문집』, 342쪽 5행). 다소 애매하게 쓰여 있는 기록은 다음과 같다. "내가 방금 여래팔상에 대해 말했으나 석 달[44] 동안 그 근원을 다하지 못하였다. 대략 그 표제명으로 주제를 밝히고 주된 요지를 보여주었다(况[45]說如來八相,[46] 三秋未盡根原, 略以標名, 開題示目)." 이 뒤에는 텍스트가 전달되는 특정 시간에 대한 다음과 같은 언급이 분명히 적혀 있다. "이제 태양이 서쪽으로 기울었습니다, 오랫동안 앉아 있었으니 차후를 기약할 때입니다(今具日光西下, 座久迎時)." 문서 뒷면에 쓰인 세 글자를 앞의 본문과 동시에 쓰인 것으로 간주한다 하더라도, 우리는 이 텍스트가 일반적이지 않은 변 장르의 한 특징을 보

42 『산스크리트어와 영어 동의어, 산스크리트-팔리어 색인을 포함한 중국 불교용어 사전(*A Dictionary of Chinese Buddhist Terms with Sanskrit and English Equivalents and a Sanscrit-Pali Index*)』, 38쪽.

43 『목록(Inventory)』, 241항에서 오자서고사(伍子胥故事)에 대해 위와 같은 제목을 논의한 부분 참고.

44 석 달(3개월)? 【역자주】 빅터 메이어는 '삼추(三秋)'를 3개월로 해석했으나 이는 오역이다. 삼추(三秋)는 세 번의 가을이 지날 정도의 오랜 기간을 뜻하기에 바로 잡는다. 『시경(詩經)·왕풍(王風)·채갈(采葛)』에 "하루 보지 못했는데 마치 삼추가 된 듯하다(一日不見, 如三秋兮)"라는 구절이 있다. 여기서 삼추(三秋)는 9개월을 뜻한다. 그 이유는 일추(一秋)가 3개월을 가리키기 때문이다. 또 삼추(三秋)는 3년을 뜻하는 경우도 있다. 따라서 삼추(三秋)는 그냥 '오랫동안'으로 번역함이 좋을 듯하다.

45 장예홍(蔣禮鴻), 『돈황변문자의통석(敦煌變文字義通釋)』, 177~178쪽 참고.

46 이 '여래팔상(如來八相)'이 하나의 제목으로 해석될 수 있는가에 대해서는 확실치 않다.

여주고 있다고 말할 수밖에 없다. 짧게 축약하여 기록한 「목련변문」(P2319)과 마찬가지로, 이 텍스트는 '운운(云云)'이라는 공식 표현을 자주 쓰고 있다. 이 사본 역시 산운조합의 형식으로 되어 있긴 하지만 운문 부분은 대단히 짧게 줄인 듯한 인상을 준다. 이 텍스트에서 흔히 쓰이고 있는 운문 앞 공식구는 "이 때에 이르러, 무슨 말을 했을까(當爾之時, 道何言語)?" 또는 "이 때에 이르러(當爾之時)"이다. 이 점은 이 텍스트가 위에서 첫 번째로 언급했던 변문 리스트보다는 아바다나(avadāna, 譬喩)와 니다나(nidāna, 緣起)[47]에 더 가깝다는 것을 말해준다.

소위 PK3024 「팔상변(八相變)」과 유사한 작품으로 P2187-11의 「파마변일권(破魔變一卷)」(꼬리제목)이 있다. 이 작품의 머리제목은 '항마변압좌문(降魔變[48]押座文)'으로 되어 있다. 그런데 이 머리제목은 그다지 염두에 둘 필요는 없다. 왜냐하면 머리제목은 작품의 주요 부분이 아닌 도입 부분만을 가리키고 있기 때문이다.[49] 운문 부분은 그다지 축약된 형태는 아니지만 역시 '운운(云云)'이라는 표현을 가끔씩 쓰고 있다. 마찬가지로 여기에 통상적으로 쓰이고 있는 운문 앞 공식구 "이 때에 이르러, 무슨 말을 했을까(當爾之時, 道何言語)?"는 여기서 약간 변형된 형태로 나타난다. 이 작품의 가장 흥미로운 특징은 극적 방식과 서사적 방식이 함께 섞여 있는 형식을 띠고 있다는 것이다. 다른 한편, 이 작품에는 마치 극의 대본으로 쓰기 위해 의도된 것처럼 '여도(女道)'나 '불도(佛道)'와 같은 명칭이 직접적인 대화 앞에 자주 쓰이고 있으며, 또 이야기꾼의 역을 맡은 인물의 목소리가 산문 부분에서 명백히 드러나 있다.[50]

---

47 『목록(*Inventory*)』의 서론 부분에서 논의.

48 『돈황변문집』, 편집자들은 '변(變)' 다음에 '신(神)'자를 잘못 끼워 넣었다(344쪽 2행과 355쪽 주1).

49 이 도입부분에 대한 논의는 『목록(*Inventory*)』, 11항 참고.

따라서 변문 자료를 조사하면서 두 가지 그룹으로 텍스트를 나눌 수 있을 것으로 보인다. 첫 번째 그룹인 일곱 텍스트들(사본은 20권)은 다음과 같은 요소들, 즉 독특한 운문 앞 공식구, 그림 이야기 서술과의 관련성,[51] 산운조합 형식, 7언체 운문, 통속화된 언어 등을 포함하고 있는 좀 더 엄격하거나 또는 좀 더 좁은 의미의 정의에 들어맞는 텍스트들이다. 그리고 두 번째 그룹인 다섯 텍스트들(사본은 8권)은 위의 요소들 중 하나 혹은 그 이상을 갖추고 있지 못한 텍스트들이다. 동시에, 다섯 텍스트들 각각의 사본들 중 최소한 한 사본에는 '변' 또는 '변문'이라는 제목이 쓰여 있다. 물론 이들 제목의 대부분은 사본에서 기록된 위치 그리고 두 가지 제목이 있다는 것 또는 그 외 몇 가지 이유들로 인해 여전히 미심쩍은 부분을 남기고 있다. 첫 번째 그룹은 일관적이고 분명한 반면, 두 번째 그룹은 (비록 문제가 되는 부분이 있긴 하지만) '변' 또는 '변문'이라는 꼬리표가 붙어 있다는 것 외의 공통된 특징은 보이지 않는 텍스트들로 구성되어 있다. 이러한 상황과 이용할 수 있는 자료

---

50 이 두 작품(「팔상변(八相變)」과 「파마변(破魔變)」) 제목에서의 '변'이라는 용어 역시 문학 형식보다는 작품 내에 기록된 초자연적인 사건들을 말하는 것일 가능성이 있다. 이러한 사건들은 물론 전자에서도 보이기는 하지만(예를 들어, 『돈황변문집』, 333쪽 9행 이하) 특히 후자의 텍스트에서 분명히 보이고 있으며(『돈황변문집』, 349쪽 2행 이하, 352쪽 14행 이하, 353쪽 7행 이하), 사실 불교 교리에서는 이 세상 어느 곳에도 임할 수 있는 부처를 일련의 '변(變)'이라고 인식한다. 따라서 논의 중인 몇몇 특정 텍스트의 제목 속 '변(變)'자를 공식적이고 일반적인 명칭보다는 그 자체의 이야기에 등장하는 '특수하거나' '기이한' 사건들을 가리키는 것으로 볼 수도 있는 것이다. 이러한 가능성은 순자(舜子)에 관한 고사와 전한 유가태자(前漢劉家太子)에 관한 고사에서 더욱 농후하다. 빈파라왕후궁채녀(頻婆羅王後宮綵女) 고사의 제목에 대해 말한다면, 그 중의 '변(變)'을 작품 속에서 젊은 여인이 실제로 모습을 바꾸는 것을 언급한다고 볼 수도 있다. '특수하거나 기이한 사건'의 의미로서의 '변(變)'과, '변화'라는 일반적 의미에서의 '변(變)' 사이의 확실한 구분선은 없다. 왜냐하면 이 두 가지 쓰임 모두 궁극적으로는 동일한 불교의 개념에서 파생된 것이기 때문이다(이에 대해서는 다음 장에서 상세하게 논의).

51 변(變)과 그림과의 관련성은 4장과 6장에서 충분히 논의될 것이다.

들의 한계를 고려할 때, 가장 안전한 방법이라고 할 수 있는 것은 첫 번째 그룹에 해당되는 좁은 의미의 작품들을 변문에 대한 기능상 정의를 구성하는 작품들로 보는 것이다. '변문'이라는 용어가 하나 또는 그 이상의 근거로 인해 좀 더 광범위하게 적용될 수 있다고 주장한다 하더라도, 좁은 의미의 정의는 설명과 분석에 있어 유용한 도구가 된다.

위의 기능상 정의를 따른다면, 이제 '변문'이라고 잘못 이름이 지어진 다른 많은 텍스트들로 눈을 돌릴 수 있다. 돈황 동영고사(董永故事)(S2204)는 거의 전체가 7언의 운문으로 쓰여 있다.[52] 『돈황변문집』, 편집자들은 앞 뒤 연결이 되지 않는 부분(예를 들면, 『돈황변문집』, 111쪽 2~3행)이 있는 것으로 볼 때, 이 텍스트는 본래 산운조합 서사에서 산문 부분이 떨어져 나간 형태라고 주장한다(『돈황변문집』, 113쪽 교기1). 사용된 언어 역시 기능상 정의에 맞아떨어지는 작품들의 운문 부분과 유사하다. 그러나 이 사본은 그림과의 연관성을 보여주거나 — 함축적이든 혹은 다른 방식으로든 — 그림에 대한 언급을 하지 않고 있기 때문에 — 현 상태로는 — 확실히 '변문'이라고 칭할 수는 없다.

특징적인 운문 앞 공식구가 없고, 운문 부분은 7언체가 아니고, 비교적 세련된 형식을 띠고 있고, 산문 부분의 비율이 더 높고(예를 들어, 『돈황변문집』, 17쪽 1행~19쪽 5행 및 25쪽 5행에서 끝까지 이어지는 긴 부분), 문학적인 은유의 수법이 자주 보인다는 점에서 볼 때(『돈황 민간서사(*Tun-huang Popular Narratives*)』의 주석을 참고), 위의 기능상 정의에 따라 돈황본 오자서고사(P3213-100, S6331-428, S328-241, P2794-56)는 '변문'으로서의 자격을 박탈당하게 된다.[53]

52 두영도(杜穎陶) 편, 『동영침향합집(董永沉香合集)』(1957, 상해)의 동영고사(董永故事)에서는 엽장(揲將)(『돈황변문집』, 111쪽 13행)을 채장하(採將下)로 쓰고 있다(5~7쪽).

맹강녀(孟姜女)에 관한 돈황 산운조합 고사(P5039-231)는 머리제목과 꼬리제목 모두 남아있지 않으며 문체, 풍격, 형식 및 어조로 볼 때 오자서고사에 가까운 작품이다.

유방(劉邦)에게 욕을 해서 잡히게 되는 계포(季布)에 관한 고사는 『돈황변문집』, 편집자들이 '전문(傳文)'이라고 이름을 붙이고 있지만 실제로는 '사문(詞文)'으로 칭하는 것이 더 적합할 것으로 보인다. 『돈황변문집』의 편집자들이 이렇게 이름을 붙인 것은 — 비록 어떤 곳에서도 밝히고 있지는 않지만 — 아마 「착계포전문일권(捉季布傳文一卷)」이라는 머리제목이 붙어 있는 S5441-370 사본 때문일 것이다. S5439-368은 「계포가일권(季布歌一卷)」과 「계포가(季布歌)」라는 꼬리제목이 붙은 소책자이다. 이 점에서만 본다면, 작품은 산운조합의 서사가 아닌 노래(歌)임이 분명해진다. 몇몇 사본들에서는 당시의 제목을 사문(詞文)으로 쓰고 있다(S2056v-282[머리제목], P3386-118[꼬리제목], P3697-157[부제(副題)] 등. 『돈황변문집』, 51쪽 2행과 71쪽 5행 참고). 작품 끝 부분(『돈황변문집』, 71쪽 4행)에서 저자는 실제로 자기 자신을 '사인(詞人)'으로 칭하고 있다. 위와 같이 당시 이 작품을 '사문(詞文)'의 장르에 속하는 것으로 칭하고 있고 또 작품 전체를 운문(전체가 7언체)[54]으로 쓴 점에서 볼 때, 이 텍스트를 '변문(變文)'으로 정의할 수 있는 근거는 거의 없다.

'변문'으로 잘못 인식되고 있는 또 다른 작품들로는 다음과 같은 것들이 있다. P3496-132와 PK8579-585의 태자성도고사(太子成道故事) — 주로 운문으로 되어 있으나 첫 부분은 '게(偈)'를 소개할 때 쓰는 '이

53 최근 중국에서 출판된 중국소설사의 저자들 역시 오자서고사(伍子胥故事)를 변문으로 보고 있지 않다. 그들은 오자서고사(伍子胥故事)를 '초기의 화본(話本)에 가까운' 것으로 보고 있다. 북경대학 중문과 편, 『중국소설사(中國小說史)』, 57쪽 참고.

54 『돈황변문집』, 69쪽 14행은 예외이나, 83쪽 교기 168을 참고.

시(爾時)'로 시작하는 산문으로 되어 있다 — 와 S4480-345, S4128-330, S4633-352, S3096(전체가 산문, 『돈황변문집』, 320쪽 이하)에 있는 동일한 고사의 다른 부분;[55] 전생의 죄로 인해 자신의 시체를 때리는 아귀(餓鬼)를 대단히 강렬하게 표현하고 있는 PK833(『돈황변문집』, 761~762쪽); '有何言語'라는 공식구와 관련이 있는 구절인 '道個甚言語也'를 두 번 쓰고 있으며(『돈황변문집』, 814쪽 10행, 815쪽 1행), 강자(講者)가 청중들에게 '내일 종소리가 들리면 일찍 들으러 오시오(明日聞鐘早聽來)'라는 권유의 말을 하면서 끝을 맺고 있는 P3128-87 잔결 사본; 병과 죽음에 관한 도가(道家)적 내용의 작품인 S4327-337 잔결 사본(『돈황변문집』, 817쪽); 전체가 산문으로 되어 있으며 '선혜(善惠)'라는 승려에 관해 이야기하고 있는 S3050-308(『돈황변문집』, 819~820쪽).[56]

'변문'으로 혼동되어 왔던 다른 몇몇 돈황문학 장르가 있다. 그 중에서 가장 중요한 것은 강경문(講經文)이다. 나는 다른 곳에서 이 두 장르를 구분해야 하는 필요성과 그 의미에 대해 논한 적이 있다.[57] 둘 중

55 잘못 제목이 붙여진 위 '변문'과 '태자성도경일권(太子成道經壹卷)(『돈황변문집』, 296쪽 11행)'이라는 제목을 가진 P2999-75는 서로 비교해볼 가치가 있다. 위의 사본들과 관련되어 있는 텍스트인 P4626-351은 실제로는 압좌문(押座文)이다(『돈황변문집』, 287쪽 13행, 301쪽 교기1, 823, 830쪽 참고).

56 러시아 소장 돈황사본 목록에서 '변문'의 범주에 넣고 있는 25편의 텍스트 중 협의의 정의에 근거하여 변문이라는 이름으로 불릴 수 있는 작품은 하나도 없다. 멘쉬코프(Men'shikov), 『소련 과학원 아시아 민족연구소 소장 돈황 한문 사본 목록』 I, 579~585쪽(1470~1482번)과 II, 499~506쪽(2861~2872번) 참고. 그러나 러시아, 중국 또는 개인적으로 소장하고 있는 사본들 중 확실히 공개가 되지 않아서 내가 모르고 있을 다른 진짜 변문이 있을 수 있다. 내가 알고 있는 현존 변문은 이 장에서 모두 나열하였다. 새로 발견된 변문 자료에 대해서는 『목록(*Inventory*)』, 599항과 메이어(Mair), 「새롭게 확인된 '왕릉변' 잔결 사본(A Newly Identified Fragment of the 'Transformation on Wang Ling')」 참고.

57 예를 들어 『목록(*Inventory*)』, 5쪽; 「중국 강경문의 구술 및 기술적 측면(Oral and Written Aspects of Chinese Sutra Lectures(chiang-ching-wen))」.

어떤 것도 다른 하나에 종속되는 것으로 간주되어서는 안 된다. 그 둘은 완전히 다른 형식을 가지고 있을 뿐 아니라 그 사회적 배경 및 연행 상황 역시 완전히 다르다.

최소한 한 사본(P2193-12)에서는 「목련연기(目連緣起)」라는 제목이 나타나고 있다는 점에서 볼 때, '연기(緣起)'라고 알려진 돈황 민간 종교문학의 장르적 특징은 명확해질 수 있다. 연기는 변문보다 교훈적인 성격이 더 명백하며 운문 앞 공식구는 가지고 있지 않다. 소영휘(蘇瑩輝)는 변문을 연기가 확대된 형식이라고 주장하면서도 이를 뒷받침할 수 있는 증거는 보여주지 않고 있다.[58] '연기'는 '조건적인 발생', '조건이 되는 원인', '상호 의존적인 발생', '조건 지어진 상호 발생(에 관한 이야기)'을 의미하며, 산스크리트어 프라티탸 사무트파나(pratītya-samutpanna), 프라티탸 사무트파다(pratītya-samutpāda), 프라탸야우드 브하바(pratyayaud-bhava)를 중국어로 옮긴 것이다. 문학 장르로 본다면, 이들 텍스트들은 아바다나(avadāna)와 니다나(nidāna)[59]로 칭하는 것이 좀 더 적합하다.

「목련연기」(P2193)의 마지막 부분을 통해, 우리는 이러한 민간 종교 서사가 강경(講經)을 하기 하루 전에 행해졌음을 알게 된다.

> 오늘 당신께 이 일을 베풀어 말하였으니,
>
> 내일 아침 일찍 와서 진짜 경전을 들으십시오.
>
> 今日爲君宣此事, 明朝早來聽眞經.[60]

58 『돈황학개요(敦煌學概要)』, 55쪽.

59 사건이나 어떤 일들을 야기하는 원인. 『야마구치 박사 회갑 기념 인도학 불교학 논총(山口博士還曆記念印度學佛教學論叢)』에 실린 쇼손 미야모토(Shoson Miyamoto)의 「프라티탸 사무트파다의 재평가(A Reappraisal of Pratītya-samutpāda)」 참고. 6세기 초반부터, 불교에 관한 논저의 서문은 '연기(緣起)' 혹은 '인연(因緣)'이라 불려졌다. 문학 장르에서 보면, 이는 대부분 '창시자(創始者) 혹은 성자(聖者)에 관한 전설'을 의미하게 된다.

이와 같은 해석은 '아바다나' 또는 '니다나'라는 제목이 붙어 있지 않은 또 다른 작품의 끝 부분을 통해 다시 한 번 확인된다.

> 합장하여 섬돌 앞에서 게송(偈頌)을 할 것이니,
> 내일 아침 종소리 들리면 일찍 와서 들으십시오.
> 合掌階前領取偈, 明日聞鐘早聽來.[61]

다음 날 아침 강경자(講經者)는 본 강경을 하기 전에 압좌문을 읽으면서 다음과 같은 말을 했을 것이다.

> 오늘 아침 깊고 심오한 경전 말씀 전하니,
> 오로지 자비심이 이곳에 이르기를 바라나이다.
> 청중들은 경을 듣고 죄를 없애소서.
> 今晨擬說此甚深經, 唯願慈悲來至此, 聽衆聞經願罪消滅.[62]

'연(緣)'이라는 제목을 가지고 있으며, 변문보다는 연기와 유사하면서도 강경문과 좀 더 닮은꼴인 사본 「환희국왕연(歡喜國王緣)」(꼬리제목. 『돈황변문집』, 780쪽 14행)이 있다(나진옥(羅振玉)이 소장했던 잔본과 P3375v-115로 나뉨). 이 텍스트에서 운문 부분을 표시하면서 사용한 음악 기호—'음(吟)', '측(側)', '단(斷)' 등—[63]가 「유마힐경강경문(維摩詰經講經

60 『돈황변문집』, 712쪽 13행.
61 『돈황변문집』, 816쪽 2행.
62 『돈황변문집』, 824쪽 11행.
63 P3375와 상해박물관(上海博物館) 소장의 두 사본을 참고. 그 중 하나에는 위의 표기가 붉은 글씨로 되어 있다.

文)」(나진옥(羅振玉)이 소장했던 사본 588호, 『돈황변문집』, 634쪽 이하) 중 하나에서도 마찬가지로 등장하고 있다는 점은 주목할 만하다.

동일한 음악 기호 혹은 운율 부호가 「추음일본(秋吟一本)」에서도 보인다. 서사적이기보다는 묘사적 성격이 좀 더 진한 이 작품에서 산문 부분은 작은 부분을 차지하고 있다. 이들 부호가 갖고 있을 중요성과 관련하여, 이 작품에는 '게(偈)'와 '찬(讚)'에 대한 언급이 계속 반복되며 이 작품이 범음(梵音)으로 찬불(讚佛)한 사본의 바로 뒤에 온다는 점에 주의를 기울여야 한다.[64] 따라서 이러한 부호들은 인도의 찬송문을 한역(漢譯)하면서 썼던 모종의 표현방식이라고 가정할 수 있다. 돈황 민간종교 텍스트에는 '범음(梵音)', '범어(梵語)', '범운(梵云)'을 정중하게 언급한 부분이 자주 보인다(예를 들어, 『돈황변문집』, 504쪽 7행, 605쪽 2행, 646쪽 2행, 652쪽 4행 등). 불교 공동체에서는 이를 신성한 언어로 간주하고서 그 성조를 모방하려 했음을 여기저기서 찾아볼 수 있다.[65]

강경의 부분 부분들이 노래로 불려졌음은 의심의 여지가 없다. '실달태자수도인연(悉達太子修道因緣)'이라는 제목을 가진 류코코(龍谷)대학 소장 사본 021.1-26.1이 좋은 예가 된다.[66] 속강의 음악적 특성과 관련하여 다음의 기록이 흡사 일련의 지시문처럼 텍스트의 나머지 부분과 따로 떨어져 있다는 점은 흥미롭다.

> 무릇 강론에서는 법사가 악관(樂官)처럼 곡사(曲詞)에 쓰일 악조(樂調)를 조율해야 한다. 방금 강설한 것은 「실달태자수압좌문(悉達太子修押座文)」

64 『돈황변문집』, 813쪽 교기 1과 『목록(*Inventory*)』 144항 참고.

65 위와 같은 모습은 당시(唐詩)에도 흔히 보인다.

66 나바 토시사다(那波利貞), 「실달태자수도인연해설(悉達太子修道因緣解說)」; 『서역문화연구(西域文化硏究)』 I, 240c 참고.

이었다. 이제 법사가 그 의미를 어떻게 해설하는지 보자.

凡因講論, 法師便似樂官一般, 每事須有調置曲詞. 適來先說者是「悉達太子修押座文」, 且看法師解說義段.[67]

「불설아미타강경문(佛說阿彌陀講經文)」(P2955-69)의 다음 부분을 통해 강경자의 조수가 가지고 있던 음악적 재능을 엿볼 수 있다.

높은 도덕을 지닌 도강도리(都講闍梨),[68] 맑고 단아한 음률로 구성지게 노래하네. 궁상(宮商)의 감미로운 리듬 제대로 펼쳐, 고아한 목소리로 [경전의 다음 쪽을] 창(唱)할 것일세.

都講闍梨道德高, 音律淸冷能宛轉, 好韻宮商申雅調, 高著聲音唱將來.[69]

변문의 선조가 되는 구술 양식들의 운문 부분 역시 연행 과정에서 가창되었을 가능성에 주의를 기울일 필요가 있다. 아시아의 다른 지역에서 보이는 유사 형식과 변문이 이후 역사적으로 어떻게 발전했는가에 대한 연구에서 나온 모든 증거들이 이와 같은 결론을 뒷받침해 준다. 변문의 운문 부분에서 전형적으로 보이는 7언체가 전사(塡詞)나 음절 반복 등의 방법을 통해 곡(曲)과 사(詞)에서 가창되었음은 잘 알려진 사실이다.[70]

---

67 이와 동일한 기록이 S3711v-320 도입부분에도 보인다. 나는 번역을 하면서 이 사본 역시 참고하였다.

68 『돈황변문집』, 697쪽 5행과 비교.

69 『돈황변문집』, 481쪽 4~5행; 『돈황변문집』, 484쪽 4행과 비교. 강경(講經) 시 사용한 음악에 대한 또 다른 증거는 『돈황변문집』, 485쪽 11, 15, 16행; 482쪽 2행 '음(吟)'; 484쪽 5행 '차하창경(此下唱經)' 그리고 이와 대비되는 483쪽 6행 '차하백도(此下白道)' 참고.

70 이 점은 5언체, 10언체 그리고 다른 길이의 운문에도 적용되지만 7언체보다는 그 정도가 덜

변(變), 연(緣), 인연(因緣), 연기(緣起)로 명명된 다양한 민간 불교문학 장르들 사이의 관계를 이해할 수 있는 중요한 텍스트가 있다. 그것은 바로 부처를 독실하게 믿은 덕분에 아름다운 여인으로 모습이 바뀌게 된 한 추녀(醜女)에 관한 이야기를 기록한 사본들(S4511-347, P3048-78, S2114v-286, P3592-139, P2945v-68)이다. 형식적으로 볼 때, 『돈황변문집』, 편집자들이 모아놓은 이 텍스트(『돈황변문집』, 787~800쪽)는 위에서 언급한 소위 「팔상변(八相變)」 및 「파마변(破魔變)」과 대단히 닮아 있다. 또 세 가지 텍스트는 "이 때에 이르러, 무슨 말을 했을까(當爾之時, 道何言語)?"와 축약형식인 '운운(云云)'을 운문 앞 공식구로 쓰고 있다. 산문과 운문의 비율 그리고 서사 스타일 역시 유사하다. S4511은 머리제목이 '금강추녀인연일본(金剛醜女因緣一本)'이고, S2114는 '추녀금강연(醜女金剛緣)', P3048은 '추녀연기(醜女緣起)'이다. 이는 『백연경(百緣經)』과 『잡보장경(雜寶藏經)』에 있는 이야기로서, 이들 경전에는 각각 '파사닉왕추녀연(波斯匿王醜女緣)'과 '추녀뢰제연(醜女賴提緣)'이라는 제목으로 되어 있다.[71] 그러나 이곳에서의 '연'은 문학적 용어라기보다는 종교 교리상의 용어로 보는 것이 타당하다. 따라서 우리는 '연'이라고 불린 돈황 고사들은 인연을 다루는 대승불교 경전의 (은유적이고 설명적인) 아바다나(avadāna)와 니다나(nidāna) 문학을 그 원류로 하는 것이며, 돈

하다. 존 비숍(John Bishop)은 자신의 논문 「당시(唐詩)의 운율적 요소(Prosodic Elements in T'ang Poetry)」에서 운문을 노래하는 기술에 대해서 이렇게 설명하기도 했다. "(…)성조의 패턴을 분명히 드러냄으로써 시(詩)를 노래로 음창(吟唱)할 수 있는 기술을 갖게 되는 것으로 보이며, 각 글자의 성조를 강조하면, 비록 제한적이긴 하지만 정확한 선율을 만들어낼 수 있다."

71 『현우경(賢愚經)』에서는 이 이야기를 '파사닉왕여금강(波斯匿王女金剛)'이라 칭하고 있다. 이들 명칭은 모두 『돈황변문집』, 801쪽 교기 1을 참고. 나종도(羅宗濤), 『돈황 강경문 연구(敦煌講經文研究)』, 322~332쪽 역시 참고.

황에서는 이 용어 자체가 문학 용어로 점차 고정이 되어 갔다고 이해할 수 있다. '변'의 종교적, 문학적 의미 사이의 관계 역시 이와 비슷한 모습을 보이고 있다는 점은 이 '변'이라는 용어가 중국 민간 대중불교의 환경에서 어떻게 작용하고 있는지를 알고자 할 때 귀중한 근거가 된다.

돈황본 추녀 고사에서 주의할 필요가 있는 마지막 사항은 P3048의 끝부분에 쓰여 있는 '위에서 말한 추변은(上來所說醜變)'이라는 여섯 글자이다. 문법적으로 보면 이 여섯 글자는 불완전하며 문서는 여기서 끊어져 있다. 따라서 여기서의 '변(變)' 자는 장르를 나타내는 용어로 해석할 수 없다. 그보다는 오히려 글자 그대로 추녀가 아름다운 여인으로 신비하게 변화되었음을 의미한다고 보는 것이 타당하다(『돈황변문집』, 789쪽 1행 이하).

마지막으로 논의해야 할 돈황 민간문학 범주는 압좌문(押座文, 'seat-settling text')[72]이다. S2440-293에는 6개의 서로 다른 압좌문이 포함되어 있으며, 이들 중 대부분은 자신이 압좌문임을 분명히 보여주는 제목을 가지고 있다. 이들 모두는 장차 그날 강연할 불경 제목을 노래할 것임을 경건하게 제시하는 구절로 끝을 맺고 있다. 따라서 압좌문은 경전의 강연이 주된 내용이었을 종교 의식에서 의식이 시작되기

72 이 용어에 대한 나의 번역(seat-settling text)은 상달(向達)이 「당대속강고(唐代俗講考)」 305쪽에서 설명한 해석을 참고한 것이다. 그러나 나는 상달(向達)의 "모든 압좌문은 대체로 불경 전체를 간추린 것(所有押座文, 大都隱括全經)"이라는 관점에 동의하지 않는다. 또 손해제(孫楷第)는 『당대속강궤범(唐代俗講軌範)』(52쪽 참고)에서 압좌문을 해석하며 "압은 진압의 압이고, 좌는 사방 좌석의 좌이다(押者卽是鎭壓之壓, 座卽四座之座)"라고 풀이했다. 가나오카 쇼코(金岡照光)의 「압좌고(押座考)」와 카지 테츠조(加地哲定)의 『속문학으로서의 불교문학(俗文學としての佛教文學)』(119쪽)에서의 언급을 비교해 보면, 카지 테츠조가 S4417-340 — 일종의 속강의식(俗講儀式) — 을 인용하면서 "압좌 강설을 완료했다(說押座了)"는 완료형 어미를 사용한 점이 눈에 띈다.

전 부르는 일종의 찬송시(讚頌詩)로 기능했다고 보는 것이 정확하다. 이들 텍스트의 구술적 특성은 '거듭 말할 것(重述, 『돈황변문집』, 830쪽 15행)', '보살불자를 염송할 것(念菩薩佛子, 『돈황변문집』, 829쪽 4행)' 등과 같은 지시어들을 통해 분명히 볼 수 있다. 동일한 특징과 목적을 가진 '압좌문'이라는 제목의 텍스트들이 대단히 많이 존재한다는 점은 이 장르가 당대 민간 불교문학에서 하나의 고정된, 독립된 형식으로 간주되어야 하며 '변문'의 한 지류로 볼 수는 없다는 주장의 적절한 근거가 된다.

|부록|

연대(年代) 문제

간기(刊記)가 쓰여 있는 변문 사본의 대부분은 오대(五代) 시기로 거슬러 올라간다. 그러나 비교적 늦은 시기를 보여주는 이들 간기는 대부분 텍스트를 복사했던 시기를 나타내고 있을 뿐이어서 다양한 변 자체가 최초로 지어진 시기와는 무관하다. 내부적인 근거를 통해 볼 때, 최초의 변문은 현종(玄宗) 재위 시대(712~756)까지 거슬러 올라갈 수 있다.[1] 이제 나는 돈황 통속서사 작품들의 연대에 대한 몇몇 증거를 제시하고자 한다. 이들 중 몇몇 작품은 좁은 의미의 또는 좀 더 넓은 의미의 정의에 따르더라도 변문으로 간주할 수 없는 것들이다. 그럼에도 불구하고 이들 작품은 변문과 유사한 점이 있거나 또는 변문과 자주 혼동되어 왔기 때문에 연대 문제에 포함시켜 논의할 것이다.

돈황 오자서고사(伍子胥故事)에서 성부현(城父縣)이란 지명(地名)을 언급한 구절, 즉 "지금의 성부현이 이곳이다(今城父縣是也)"에 근거하여 사해평(謝海平)은 이 텍스트의 연대를 676년에서 712년 사이로 보았다.[2] 이 지명이 사용되었던 실제 기간은 위의 기간보다 훨씬 긴 636년에서 884년까지이다(『독사방여기요(讀史方輿紀要)』에 근거). 그러나 이

1 나의 『돈황 민간서사(*Tun-huang Popular Narratives*)』, 서문 참고. 진관승(陳觀勝, Kenneth Ch'en)의 『중국에서의 불교 : 역사적 고찰(*Buddhism in China : A Historical Survey*)』, 289쪽과 비교.

2 『강사류 변문 연구(講史性之變文研究)』, 2쪽, 34쪽.

고사를 8세기 초반의 작품으로 보는 또 다른 근거들이 있다.[3] 이 고사의 최초 판본 내용에는 이 시기가 그대로 적용되겠지만, 이 작품은 훨씬 더 세련된 문체를 띠고 있다는 점에서 볼 때 그 시기를 9세기 후반이나 10세기로 정해야 할 것으로 보인다.[4] 그래서 나는 — 현존하는 — 오자서고사가 당말(唐末)에 기록되었다고 보는 유수업(劉修業)의 관점에 동의한다.[5] 이 작품의 문체는 보통의 변문보다 문학적 색채가 한층 농후하여 마치 무슨 전기(傳奇)를 읽는 것처럼 느껴진다.

현존하는 「순자지효변문(舜子至孝變文)」의 복사본은 오대(五代) 시기에 기록되었지만 작품의 창작연대는 당대(唐代)였던 것으로 보인다. 이는 이야기 안에서 순자가 읽었다고 말하는 책들의 목록을 통해 어느 정도 추론할 수 있다. 그 목록은 당대(唐代)의 고전 교육과정에 부합된다. 돈황 추호고사(秋胡故事)와 관련해서도 같은 결론이 도출될 수 있다.

간기에는 944년이라고 표시되어 있지만, 「파마변(破魔變)」(P2187)은 후량(後梁)(907~923) 대에 최초로 기록되었음에 틀림없다. 우리는 이 점을 『돈황변문집』, 354쪽 13행의 왕조를 언급한 부분을 통해 추론해 낼 수 있다.

시사(時事)적 성격을 분명히 띠고 있다는 점과 작품 내부에 드러난 증거를 통해, 장회심(張淮深)과 장의조(張議潮)에 관한 변문은 그 창작 시기를 각각 대략 856년[6]과 862년에서 얼마 지나지 않은 시기(874년과

---

3 나의 『돈황 민간서사(*Tun-huang Popular Narratives*)』, 서문 참고.

4 돈황 오자서고사의 출처에 대한 상세한 연구는, 사해평(謝海平), 『강사류 변문 연구(講史性之變文硏究)』, 9~34쪽 참고.

5 왕중민(王重民), 『돈황고적서록(敦煌古籍叙錄)』, 336쪽에서 참고. 유수업(劉修業)의 논문 「돈황본 오자서변문 연구(敦煌本伍子胥變文之硏究)」 역시 참고.

6 사해평(謝海平)은 「장의조변문」의 연대를 856~873년 사이로 보고 있다. 『강사류 변문 연

880년 사이로 보임)로 볼 수 있다.[7]

왕소군이 흉노의 선우에게 보내진 해가 기원전 33년이고[8] 죽은 해가 기원전 25년이기 때문에 「왕소군변문」은 그 창작 시기를 대략 775년 정도로 쉽게 규정할 수 있다. 이 텍스트에는 그 때 이후로 800년의 세월이 흘렀다는 기록이 있다(『돈황변문집』, 105쪽 13행).[9] 이 기록이 대강의 수치를 나타낸 것임을 감안해도 돈황 고사에 대한 상당히 정확한 시기를 보여주고 있음은 분명하다. 「왕소군변문」에는 수당(隋唐) 시기에 쓰였던 도시와 지역의 이름도 포함되어 있다. 그리고 작품에서 묘사된 돌궐과의 관계는 당대 초기의 역사적 사실과는 상당한 차이가 있다.

니콜라스(Nicole Vandier-Nicolas)에 따르면, 사리불(舍利弗)과 노도차(勞度差)의 법투(法鬪)에 관한 그림 두루마리(P4524, 책 앞쪽의 사진 자료 참고)는 시기가 8세기 또는 9세기로 거슬러 올라간다.[10] 이 관점은 우리가 예상한 이 변 두루마리의 성행 시기와 일치한다.

관심 있는 독자는 다양한 형식의 17가지 돈황문학 텍스트의 연대에 대해 상세한 논의를 하고 있는 나종도(羅宗濤)의 『돈황 강경변문 연구(敦煌講經變文硏究)』 5장을 참고해야 할 것이다. 가나오카 쇼코(今岡照光)는 『돈황 출토 한문문학문헌 분류목록과 해설(敦煌出土漢文文學文獻分類目錄附解說)』에서 이 목록에서 언급한 사본들 중 연대를 추정할 수 있는 사본들 각자에 대해 기초적인 정보를 제공하고 있다. 돈황 텍

구(講史性之變文硏究)』, 3쪽. 「장의조변문」과 관련된 역사적 자료에 대해서는, 위의 책, 81~88쪽 참고.

7 「장회심변문」의 시기와 관련된 몇몇 증거는, 『돈황변문집』, 128쪽 교기 1 참고.

8 『한서(漢書)』, 北京 : 中華書局, 3,803쪽 참고.

9 네모토 마코토(根本誠), 「왕소군변문의 성립 연대 고찰(王昭君變文の成立年代考)」과 비교.

10 『사리불과 육사의 법투(*Śāriputra et les six maîtres d'erreur*)』, 1쪽.

스트를 연구하는 사람들은 창작 연대와 복사 연대는 완전히 다른 문제라는 것을 항상 염두에 두어야 한다. 확실히 결론지을 수 있는 연대의 대부분은 복사한 연대이다. 문학사적인 면에서 볼 때는 창작 시기가 확정짓긴 힘들지만 훨씬 더 중요한 문제이다.

일반적으로, 좁은 의미의 정의에 포함되는 변문들은 8세기 1/4분기와 9세기 3/4분기 사이에 창작된 것으로 확실히 말할 수 있다. 좀 더 넓은 의미에 포함되는 작품들과 관련 텍스트들은 이 기간을 앞뒤로 약 반세기 정도 늘려놓을 것이다. 이들 두 부류의 현존 사본들은 대부분 오대(五代) 시기에 복사되었다(대략 10세기 전반).

제3장

'변문變文'이라는 용어의 의미

변문(變文)에서 '변(變)' 자의 의미는 장르적 특징에 관한 서술과는 달리 중국 문학 연구에 있어 가장 다루기 힘든 문제 중 하나이며, 여기에는 이 문제에 대해 연구하는 학자들의 수만큼이나 다양한 해석이 존재한다. 더구나 이 문제는 앞 장에서 설명했던 변문 자료의 범위와 관련된 혼란으로 인해 한층 더 어려워진다.

'변' 자의 의미에 대한 다양한 학술적 견해 전부를 체계적으로 다시 살펴볼 필요는 없다. 왜냐하면 가나오카 쇼코(金岡照光),[1] 허드리코바(Hrdričova),[2] 랑시오띠(Lanciotti)[3]가 이미 전문적으로 이 작업을 수행했기 때문이다. 그러나 나는 변문의 특성과 관련되어 널리 퍼져있는 잘못된 인식을 분명히 밝히기 위해 가나오카, 허드리코바, 랑시오띠가 깊이 다루지 않은 해석들에 특히 주의를 기울이면서 대표적인 의견 몇 가지를 언급하고자 한다. 아래의 다양한 해석들을 언급하고 논의하는 이유는 위 학자들의 작업을 과소평가하려는 것이 아니라 초기

1 「'변(變)' 자에 관하여(On the Word '*Pien*')」.

2 「돈황 변문에 관한 몇 가지 문제(Some Questions Connected with Tun-huang pien-wen)」.

3 「변문이라는 용어에 대한 몇 가지 의견들(Alcune osservazioni terminologiche sui bianwen)」.

의 학자들이 훑어보지 않았던 관점들을 분명히 해 두려는 것임을 먼저 강조하고 싶다. '변문'이라는 용어의 의미는 대단히 난해한 문제임에 틀림없기 때문에, 이전의 학술적 관점을 충분히 고찰해야 만족스러운 해답을 얻을 수 있을 것이다.

'변'의 의미에 대한 일반적인 해석 중 하나는 이 용어가 산문에서 산운조합 형식으로의 '바뀜(change)'과 관련된다는 해석이다.[4] 그러나 이는 지나치게 단순화된 해석으로 볼 수 있다. 이와 마찬가지의 관점에 속하면서도 좀 더 독특한 해석으로는 "구술 텍스트에서 기록 텍스트로 '바뀌었기(變)' 때문에 '바뀐 텍스트(變文)'라 불렀다"는 주장을 들 수 있다.[5] 또 어떤 학자는 이 '바뀜'이 완전히 반대의 방향으로 진행된다고 보면서, 변문을 기록된 이야기가 '구술화된 것'이라고 주장한다.[6] 그러나 이를 뒷받침하는 언어학적 근거는 없다. 이와 관련된 또 하나의 견해는 변문이 어느 한 문학 형식(예를 들어 불교 경전 또는 역사 기록)에서 다른 형식 — 산운조합(散韻組合)의 설창체(說唱體) — 으로의 '바뀜'을 의미하기 때문에 그러한 이름을 가지게 되었다는 주장이다.[7] 또 정통 불교 경전이 속강(俗講)으로 바뀌었기 때문에 변문이라고 불렀다는 주장도 있다.[8] 마찬가지로, 이 의견에 따르면 변상(變相) 역시 그림

---

4 이 주장은 노간(勞榦)의 「돈황 및 돈황의 새로운 사료(敦煌及敦煌的新史料)」 52쪽과 소영휘(蘇瑩輝)의 『돈황논집(敦煌論集)』 46~47쪽에서 거의 같은 말([它是]從散文變化而來[的]所以就稱爲變文)로 언급되고 있다. 그러나 노간은 경전(經典) 또는 고문(古文)에서 보통의 사람들에게 좀 더 쉽게 접근할 수 있는 어떤 것으로 '변형되어' 왔기 때문에 변문이라고 불렀다는 앞 단락의 주장으로 인해 스스로 논리적 모순에 빠지게 된다. '변(變)'이 이처럼 동일한 시대에 서로 다른 두 가지 개념을 가지고 있었다고는 생각하기 힘들다.

5 양가락(楊家駱), 『소설과 강창문학(小說與講唱文學)』 I, 7쪽.

6 유진 에오양(Engene Eoyang), 『입말 : 변문의 이야기 구술(*Word of Mouth : Oral Storytelling in the Pien-wen*)』, 50쪽 이하와 167쪽, 212쪽 참고.

7 주소량(周紹良), 「당대 민간문학에 대해 논함(談唐代民間文學)」, 75쪽.

8 관덕동(關德棟), 「변문에 대해 논함(談變文)」, 199쪽, 201쪽.

으로 바뀐 경전이 된다.

위 주장을 통해 우리는 가장 흔히 마주치게 되는 변문에 대한 해석 —'통속화(通俗化)'라는 의미 — 으로 이끌리게 된다. 정진탁(鄭振鐸)은 이 해석을 제안한 첫 번째 학자였다. 『삽도본 중국문학사(揷圖本中國文學史)』에서 그는 "변문의 의미는 '연의(演義)'와 거의 차이가 없다. 즉 고전의 이야기를 사람들이 알기 쉽도록 다시 한 번 연설(演說)하고 변화시킨 것이다"라고 주장했다.[9] 이는 '변(變)'을 '변경(變更)'으로 본 자신의 이전 해석을 반복한 것일 뿐이다.[10] 이렇게 되면 변상은 경전을 통속화시키기 위해 그림으로 바꾼 형식이라는 결론을 얻을 수 있다. 그러나 그는 다른 글에서 변문은 변화하고 교차되는 문체를 가리키며 강경문(講經文)은 그 하위 범주라는 말을 함으로써 위와는 사뭇 다른 주장을 펼친다.[11]

정진탁의 관점은 이 문제에 대해 연구한 대부분의 학자들에 의해 받아들여져 왔다.[12] 이 관점이 가져올 수 있는 혼란은 "변문은 불경을 통속화하여 속강으로 바꿀(變) 목적으로 쓴 것이며, 이것이 바로 '변(變)' 자의 정의이다"라는 말에서[13] 여실히 드러난다. 그러나 변문과 속강은 서로 다른 두 가지 존재일 뿐, 둘 중 하나가 다른 하나의 일부

---

9 『삽도본 중국문학사(揷圖本中國文學史)』, 449쪽; 야보르스키(Jaworski), 「고대 중국 통속문학에 대한 노트(Notes sur l'ancienne littérature populaire en Chine)」, 184쪽 참고.

10 『중국속문학사(中國俗文學史)』 I, 190쪽.

11 『삽도본 중국문학사(揷圖本中國文學史)』, 451쪽.

12 예를 들어, 후지노 이와토모(藤野岩友), 『중국의 문학과 예속(中國の文學と禮俗)』, 164쪽; 양음심(陽蔭深), 『중국속문학개론(中國俗文學概論)』, 93쪽. 구진경(邱鎮京)의 『돈황변문술론(敦煌變文述論)』 19쪽에 보이는 "변문은 바로 불경 혹은 중국 본토 고사의 원문을 다시 바꾸어, 더 보충하고 부연하여 통속적이고 생동적인 속강으로 바꾼 것이다."(『사해(辭海)』, 2,709쪽에서 거의 그대로 옮긴 것)라는 진술은 이 관점에 대한 전형적인 해석이다.

13 사유량(史惟亮), 『음악이 역사에서 증거를 찾다(音樂向歷史求證)』, 18쪽. 맹요(孟瑤)와 양종진(楊宗珍) 역시 『중국소설사(中國小說史)』 I, 110쪽에서 이와 유사한 해석을 하고 있다.

분이 될 수 있다고 보기는 힘들다.

경전으로부터 '연변(演變)'되었기 때문에 '변문'이라 불렸다는 해석[14] 역시 문헌학적 근거가 박약하고 지나치게 모호한 이유로 받아들여질 수 없다. 이와 관련된 — 그러나 대단히 이해하기 힘든 — 한 견해는 변문이 '텍스트의 변체(文的變體)'를 의미한다는 주장이다.[15]

'변문(變文)'이라는 이름은 "운문과 산문의 교차 형식으로 구성되어 있기 때문인 것으로 보인다"는 주장도 있지만,[16] 이 주장은 '변(變)' 자체에 '교차'의 의미가 전혀 없다는 점에서 받아들여질 수 없다.

한 연구자는 '변(變)'이 궁극적으로는 인도의 불교 예술 형식이 중국식으로 '바뀐 것'을 의미한다는 견강부회적인 주장을 하고 있다.[17] 이렇게 해서 그는 '변(變)'이 북위(北魏)에서 처음 시작되었다는 주장을 하게 되지만, 이를 입증할 근거는 없다.[18]

'변문(變文)'이라는 용어를 외국어로 번역하면서 정확하게 설명해내지 못하는 사람들이 있는데, 나는 이들을 '모호한 유파'라고 부를 것이다. 이 모호한 유파의 한 학자는 "글자 그대로 이 한자어는 기록된

---

14 왕패륜(王沛綸), 『희곡사전(戲曲辭典)』, 641쪽.

15 곡회(谷懷), 「대중문예와 구어시—'변문'으로부터 설부를 논함(大衆文藝與口語詩—從'變文'談到說部)」, 13쪽.

16 베르네르 에히호른(Werner Eichhorn), 『중국문명(*Chinese Civilization*)』, New York : Praeger, 1969, 224쪽.

17 카지 테츠조(加地哲定), 「속문학으로서의 불교문학(俗文學としての佛教文學)」, 105쪽.

18 적절한 중국 자료로 세심한 연구를 했던 하또리 카즈히코(服部克彦)는 특히 외래의 영향을 받은 북위 시대의 노래, 음악, 기예, 춤, 각종 요술 및 마술을 언급하고 있다. 그러나 그는 어떤 곳에서도 그림 이야기 서술 또는 변(變)에 대해서는 언급하고 있지 않다. 『북위 낙양의 사회와 문화(北魏洛陽の社會と文化)』, 특히 2부 문화편(文化編) 제1장 「북위 낙양에 있어서의 궁정백희와 그 예능(北魏洛陽における宮庭百戲とその藝)」, 143~187쪽; 3부 「북위 낙양의 불교와 문화(北魏洛陽の佛教と文化)」 제5장 「북위 낙양에 있어서의 불교와 오락예능(北魏洛陽における佛教と娛樂藝能)」, 232~283쪽; 『속 북위 낙양의 사회와 문화(續北魏洛陽の社會と文化)』 참고.

불교 경전의 이야기를 약간 변형시켜 말한다는 의미의 '변화된 구성 혹은 쓰기(changed composition or writing)'로 풀이된다"고 주장한다.[19] 이 학자는 또 변문을 '뒤바뀐 판본(reversed version)'이라고도 칭하고 있다.[20] 또 다른 학자는 "이들 당대(唐代)의 텍스트가 바로 소위 '변문'으로, 이는 변화된 텍스트, 즉 구어로 표현된 문언 텍스트를 말한다"고 주장한다.[21]

변문의 의미를 가장 혁신적으로 해석하고자 한 학자는 나종도(羅宗濤)이다.[22] 그는 'variation(變奏)' 또는 'modification(變音)'으로 거칠게 해석할 수 있는 육조(六朝)의 음악 및 시가 용어에서 변문의 의미가 도출된 것으로 보았다.[23] 나종도는 이 용어의 기원을 중국 본토에서 찾겠

---

19 천쇼우이(Ch'en Shou-yi), 『중국문학 : 역사적 전래(*Chinese Literature : A Historical Introduction*)』, 323쪽. 브라운(Brown) 역시 「경전에서 변문까지 : '정사(精舍)를 짓는 수달다'와 「항마변문(降魔變文)」에 관한 연구(From Sutra to *Pien-wen* : A Study of 'Sudatta Erects a Monastery' and the *Hsiang-mo Pien-wen*)」, 71쪽에서 이 의견에 동의하고 있다.

20 Ch'en Shou-yi, 앞의 책, 182쪽.

21 거티 칼그렌(Gerty Kallgren), 「『주희전서(朱熹全書)』에 나타난 송대(宋代) 중국어 백화 연구(Studies in Sung Time Colloquial Chinese as Revealed in Chu Hsi's Ts'üanshu)」, 6쪽.

22 「변가, 변상과 변문(變歌變相與變文)」, 75쪽.

23 나와 대화했던 루란 피앤(Rulan Pian)은 '변(變)'자가 '실현(realization)' 또는 '표현(rendering)'의 의미로 번역될 수 있는 음악 용어 — 일변(一變) — 에도 보인다고 말했다. 아델레 리켓(Adele Rickett)은 『시경(詩經)』에 대한 평(評)에서 '정(正)' 즉 '성세(盛世)를 반영한 시'와 대조되는 개념으로 '변(變)'이 쓰였다는 사실을 상기시켜 주었다. 제임스 리우(James Liu, 劉若愚), 『중국 문학이론(*Chinese Theories of Literature*)』, 64~65쪽, 120쪽 참고. 후한(後漢) 때까지 '변(變)'에 이와 같은 폄하(貶下)의 의미가 없었다는 것은 흥미로운 사실이다. 마우린 로버트슨(Maureen Robertson), 「예술의 시대별 분류와 전통 중국문학사에 있어 변화의 패턴들(Periodization in the Arts and Patterns of Change in Traditional Chinese Literary History)」, 8쪽 참고. 음악 용어 또는 문학비평에서의 '변(變)'과 불교에서의 '변(變)' 및 '변상(變相)' 사이에는 상당히 동떨어진 관계만을 가정할 수 있을 뿐이다.

'변문(變文)'이라는 두 글자는 유협(劉勰, AD 465~522)의 『문심조룡(文心雕龍)』 제29장 시작 부분에 차례로 보인다. 「통변(通變)」이라는 제목의 제29장에 대해서는 페렌크 토케이(Ferenc Tökei)가 『3~6세기 중국의 장르이론 : 유협의 시론(*Genre Theory in the 3rd-6th Centuries : Liu Hsieh's Theory on Poetic Genres*)』, 135~163쪽에서 상세히 연구하였다. 유협은 그 자신이 불교 신도였으며 『문심조룡』에는 불교의 본체론 사상이 여러 부분에서 보인다. 석

다는 의도로 이처럼 기묘한 해석을 내놓았다. 그러나 그의 논의에는 몇 가지 결함이 있는데, 그 중 하나는 설사 이 용어가 육조의 음악 용어라 하더라도 이 점이 인도의 영향을 받지 않았다는 주장의 근거가 될 수는 없다는 점이다. 최소한 우리는 그 기원이 분명치 않다는 점을 인정해야 할 것이다. 둘째, 나종도는 두 명칭이 동일한 형태소를 쓰고 있다는 것 외에는 '변가(變歌, modified song)'와 '변문(變文)' 사이에서 어떤 설득력 있는 관련성도 도출해내고 있지 못하다. 주일량(周一良)은 이러한 민요 전통에서의 변가와 변문 사이에 역사적으로 어떤 관련성이 있을 가능성은 없다고 주장하였다.[24] 증영의(曾永義)는 한 평론에서 나종도의 의견에 대해 좀 더 강한 회의를 드러냈다.[25]

나종도처럼 확신을 가지고 말하진 않았지만, 상달(向達)은 그보다 앞서서 이와 유사한 주장을 하였다.[26] 상달이 자신의 주장을 뒷받침

루(石壘)가 『문심조룡 원도와 불도의소증(文心雕龍原道與佛道義疏證)』에서 주장한 것처럼 이 책에는 불교철학적 토대를 뒷받침해주는 많은 근거들이 포함되어 있다. 제18장의 '반야(般若)'에 대한 언급이 그 예이다. 그러나 엄밀히 말해서 유협의 '변(變)'에 대한 이해는 고전적인 이해로서 『역경(易經)』「계사전(系辭傳)」의 용법에 직접적인 기초를 두고 있는 것이다. 따라서 그가 '변문지수(變文之數)' — 한 문학작품을 [그 문체의] [독립적인] 여러 이문(異文)들로 표현해내는 예술/기술 — 라고 말했을 때, 여기에는 인도(印度)적인 의미의 완전히 새로운 변환(變幻)적 창조에 대한 물음은 없으며, 단지 이전에 실재하고 있던 것의 수정에 대한 물음만이 있을 뿐이다. 이는 당시처럼 늦은 시기에도 중국에서는 '변(變)'의 불교적 개념이 일반적인 수준으로 인식되었을 것이라는 우리의 예상과 일치한다. '공(空)'이나 '열반(涅槃)' 등과 같은 그 밖의 불교적 개념들은 유사한 도교적 개념 — 무(無), 도(道)로의 귀의 등 — 이 있었기 때문에 좀 더 쉽게 이해될 수 있었던 것으로 보인다. 이를 통해 우리는 당대(唐代) 및 많은 경우 그 이후까지도 중국인들이 왜 계속해서 불교의 '변(變)'을 '괴이(怪異)(strange)'로 해석했는지에 대한 이유를 알 수 있다. 당대(唐代)의 문학비평가인 사공도(司空圖, 837~908) 역시 「혜생에게 보내는 서신(與惠生書)」에서 '변(變)'과 '문(文)'이라는 두 글자를 나란히 쓰고 있다. 그러나 문맥을 살펴보면, 사실 그는 '문질의 변화(變文質)'에 대해 논하고 있을 뿐 변문은 언급하지 않고 있음을 알 수 있다. 『흠정전당문(欽定全唐文)』, 163책, 807권 6a. 이 부분은 앤드류 존스(Andrew Jones)가 알려주었다.

24 「「당대속강고」를 읽고(讀唐代俗講考)」, 381쪽.

25 「변문의 제목명, 구조, 연원에 관하여(關於變文的題名, 結構和淵源)」, 196~197쪽, 214~215쪽.

26 「당대속강고(唐代俗講考)」, 310~312쪽.

하기 위해 인용한 시와 민가들은 모두 음악적 의미에서 '변(變)' 자를 사용하고 있다(예를 들어, 『악부시집(樂府詩集)』에 실린 「자야변(子夜變)」과 「관문변(觀聞變)」). 이들은 내용의 측면이든 구성의 측면이든 지금까지 알려져 있는 어떤 변문과도 닮아있지 않다. 사실상 상달이 언급한 특정 작품들 대부분은 5언 절구의 형식을 갖추고 있을 뿐이다. 육조의 변가와 당대의 불교 변문 사이에 어떤 의미심장한 진화론적 관계가 있다고 보기는 힘들다.

새로운 자료를 근거로 하여 최근 소련의 두 학자는 순전히 중국적 의미에서 '변문(變文)'이라는 용어에 대해 다시 한번 논의하였다.[27] 그들은 사마상여(司馬相如)의 「천자유렵부(天子遊獵賦)」에 보이는 '거허(距虛)'라는 단어에 대한 곽박(郭璞, 276～324)의 주석을 인용하고 있다. 주석은 다음과 같다. "'거허'는 '공공'과 같은 의미이며, 이들은 서로 바꾸어 쓸 수 있는 별개의 어휘이다(距虛卽蛩蛩, 變文互言耳)."[28] 여기에 쓰인 '변문(變文)'이 당대 민간문학 텍스트의 제목에 사용된 '변문(變文)'과 아무런 관계가 없다는 것은 분명하다. 에거미(N. Egami)의 해석은 곽박의 주석에 쓰인 용어가 이와는 완전히 다른 방식으로 기능하고 있음을 잘 보여준다. 뒤에 언급하겠지만, 변문과 변상의 의미는 '변(變)'의 불교적 뉘앙스를 고려해야만 충분히 이해될 수 있다.

사와다 미즈호(澤田瑞穗)는 '변(變)'을 본생담(本生談) 즉 붓다의 전생에 관한 이야기와 관계가 있는 것으로 보았다.[29] 그가 내세우는 근거

27 제로코프세프(A. N. Zhelokhovtsev)와 크롤(Yu L. Krol), 「변문이라는 용어의 어원학적 의미(Ob Etimologii I Znachenii Termina Byanven)」, 특히 141～142쪽.

28 『결제, 도도, 그리고 탄혜, 흉노의 기이한 가축들(The K'uai-t'i[駃騠], the T'ao-yü[騊駼], and the Tan-hsi[驒騱], the Strange Domestic Animals of the Hsiung-nu[匈奴])』, 113～114쪽.

29 『지옥변(地獄變)』, 150쪽.

는 붓다가 전생에서 여러 차례의 '변화(changes)'를 겪었기 때문이라는 것이다. 나는 이와 같은 양자 간의 관련성은 정당하지만, 이를 '변(變)' 자의 의미에 대한 해석으로 받아들일 수는 없다고 생각한다.

어떤 한 연구자는 변문을 '사원(寺院)의 송시(頌詩)와 염송문(念誦文)'이라 부르고 있다.[30] 그러나 이는 변문을 종교적인 기구와 너무 밀접하게 관련시킨다는 점에서 올바르지 못한 견해이다. 또 어떤 학자는 변문을 '불교 서사시'라고 불렀지만,[31] 변문은 시가 아니라는 점에서 이는 완전히 잘못된 주장이 된다.

불어와 영어 저작 모두에서 변문은 흔히 'chantefables(講唱)'로 칭해져 왔는데,[32] 사실 이는 '변(變)' 자의 본의를 번역한 것이 아니라 서사 방식을 말한 것이다. 그러나 이렇듯 통상적으로 쓰이는 용어에도 많은 잘못된 점이 있기 때문에, 우리는 변문을 정의할 때 이 용어가 타당하게 쓰일 수 있는지 다음과 같은 문제점을 살펴보아야 한다. 첫째, 중국문학에는 'chantefables'로 칭할 수 있는 장르가 변문 이외에도 상당히 많다. 둘째, 비교문학자들이 운문과 산문이 교차하는 모든 작품을 정의하면서 이 표현을 썼다고 하더라도, 본래 이 불어 단어는 유일하게 『오카생과 니콜레트(Aucassin et Nicolette)』[33]의 경우에만 온전하게

30 창(H. C. Chang), 『중국문학 : 민간의 소설과 희곡(*Chinese Literature : Popular Fiction and Drama*)』, 23쪽.

31 소홍(邵紅), 『돈황 석실 강경문 연구(敦煌石室講經文硏究)』, 영문 요약본 1쪽.

32 예를 들어, 진조룡(陳祚龍)(Chen Tsu-lung), 『오진(悟眞, 816~895)의 생애와 저작 : 돈황의 역사 문화적 공헌(La vie et les oeuvres de Wou-tchen(816~895 : Contribution à l'histoire culturelle de Touen-houang)』, 57쪽; 리리첸(Li-li Chen), 「변문 강창과 오카생과 니콜레트(Pien-wen Cnatefable and Aucassin et Nicolette)」.

33 【역자주】 오카생과 니콜레트(Aucassin-Nicolette) : 13세기 초반 프랑스의 모험 이야기. 백작 가문의 오카생과 사라센 소녀 니콜레트가 온갖 고난을 극복하고 사랑을 이룬다는 이야기로, 운문의 노래 부분과 산문의 이야기 부분이 교대로 나타나는 형식이다. 작자와 연대는 알 수 없다.

적용된다. 셋째, 'chantefable'이라는 용어는 '변(變)'의 의미론적 내용을 전혀 보여주지 못한다. 넷째, 이 용어는 문학 장르의 발전 단계에 있어 변문이 차지하는 부분에 대한 어떤 인식도 전달해주지 못한다. 따라서 우리는 이 모든 결점들을 극복할 수 있는 영어 동의어를 찾는 데 심혈을 기울여야 할 것이다.

펠리오(Paul Pelliot)는 변문의 의미에 대해 상당히 신중한 태도를 보이고 있다. 그의 주장을 인용하면 다음과 같다.

> 나는 변문이 '변경된 텍스트(altered texts)'라는 데 회의를 가진다. 변(變)과 불교 경전의 에피소드들을 그려놓은 '장면들'을 의미하는 변상(變相), 그리고 'hengō[hensō]'라는 일본어의 의미를 비교해 보라. 이 용어의 불교적 쓰임은 가장 오래된 용법이며, 이는 영원한 진리의 무상한 측면으로서의 '에피소드들'에 적용될 수 있을 것이다. 그러나 나는 이 관점에 대해 어떤 긍정적인 견해도 표방할 준비가 되어 있지 않다. 문학에서, 변(變)은 결국 서면어와 통속어 혹은 산문과 운문의 혼합을 의미하는, 이야기의 문학적 형식을 의미할 수 있지 않을까? '변경된(altered)'은 오해의 소산으로 보인다. '바뀌는 텍스트(changing text)'라는 용어를 쓸 수는 없을까?[34]

펠리오는 변(變)을 '[산문과 운문 부분 사이에서] 바뀌는(altering)'의 의미로 잘못 보고 있는 학자들과 동일한 의견 쪽에 서 있었던 것처럼 보인다.

변문을 '사건의 텍스트(incident-text)'로 본 웨일리(Waley)의 해석은,[35]

---

34 프루섹(Průšek)의 「중국 통속소설의 시초에 관한 연구(Researches into the Beginnings of the Popular Chinese Novel)」, 104쪽 주1에서 인용.

35 『돈황의 민가와 고사 : 선집(*Ballads and Stories from Tun-huang : An Anthology*)』, 246쪽.

비록 고사의 내용 쪽에 주목할 수 있게 한다는 점에서는 도움이 된다 할지라도, 앞으로 내가 제시할 이 용어의 강한 불교적 함의에 대해서는 거의 설명해주지 못한다는 점에서 적절치 못한 해석이 된다.

드 비쎄르(De Visser)는 〈정토변상(淨土變相)〉을 '[아미타불] 정토(淨土)의 상(相)(Phases of [Amitābha's] Pure Land)'으로 번역했다.[36] 좀 더 최근에 크럼프(Crunmp)는 변(變)은 '에피소드(episodes)', 변문(變文)은 '에피소드 텍스트(episodes texts)'로 풀이했다.[37] 비쎄르와 크럼프의 해석은 관련 그림과 텍스트의 서사적 성격을 어느 정도 보여주고는 있지만, 내가 생각하는 변의 실제 의미론적 내용에 대해서는 말하지 못하고 있다.

유검화(兪劍華)는 『역대명화기(歷代名畵記)』 주석에서 "불경 속 고사를 그림으로 그린 것을 '변(變)'이라 한다"고 주장했다.[38] 같은 책에 대한 에이커(Acker)의 주석에는 좀 더 확실한 언급이 있다.

> '변(變)', '변상(變相)', '경변(經變)'이라는 용어들은 모두 특정 붓다의 낙원, 특정 지옥 또는 〈유마힐고사(維摩詰故事)〉와 같은 경전에 묘사된 특정 사건이나 이야기를 그린 그림들을 칭하며, 이 모든 것들은 전 우주를 상징하는 심원한 만다라와 대비된다. 그리고 이 만다라의 다양한 붓다와 신성(神聖)들은 서로 다른 존재의 측면들을 상징한다.[39]

---

36 『일본의 고대 불교: 7, 8세기의 경전과 의식 및 이후의 역사(*Ancient Buddhism in Japan: Sūtras and Ceremonies in Use in the Seventh and Eighth Centuries A.D. and Their History in Later Times*)』 I, 328쪽.

37 「중국 중세기 통속문학의 주제에 관한 조망(Dans un écran de radar: un thème de la littérature vulgaire du Moyen Âge chinois)」, 482쪽 이하.

38 『역대명화기(歷代名畵記)』, 60쪽.

39 『중국 회화에 관한 당대와 그 이전의 몇 가지 텍스트들(*Some T'ang and Pre T'ang Texts on Chinese Paintings*)』 I, 257쪽, 주3.

위 내용은 '변(變)'이 서사의 순간이나 지점 또는 일련된 서사의 순간이나 지점들에 대한 재현 — 구술이나 그림 또는 조각에 상관없이 — 이라는 나의 주장과 기본적으로 같은 선상에 있다.

"변문은 변상을 위한 텍스트이다"[40]라는 정의는 그 자체로서는 옳은 설명이다. 그러나 이 설명이 구술된 변과 기록된 변[문] 사이에 차별이 있음을 말해주지는 않는다. 그리고 이러한 에두르는 방식의 정의는 '변(變)'자 자체의 불교적 내력에 대해서도 전혀 알려주지 못한다.

나는 '변(變)'을 '장면(scene)'의 의미로 보는 폴 드미에빌(Paul Demiéville)의 해석이 변문에 대한 가장 설득력 있는 해석 중 하나라고 생각한다. 이 해석은 변문('장면의 글', text of a scene)과 변상('장면의 상[들]', figure[s] of a scene)[41] 모두에 직접 적용될 수 있다는 큰 이점이 있으며, 이는 '변(變)'자에 대한 어떤 해석에서도 필수적으로 요구되는 사항이다. 드미에빌의 해석은 또 의미론적 내용에 있어서 대단히 '시각적인' 특징을 가지고 있기 때문에 변문과 변상 모두에게 대단히 잘 들어맞는다. 이 해석의 유일한 결점은, 빠뜨려서는 안 될 불교적 함의에 대해서는 전해주지 못하고 있다는 것이다.

---

40 주일량(周一良), 「「당대속강고」를 읽고(讀唐代俗講考)」, 380～381쪽. 다나카 이치마츠(田中一松), 『회권물(繪卷物)』, 3쪽과 관덕동(關德棟), 「'변' 자의 유래에 대한 간략한 해설(略說變字的來源)」, 2쪽에서도 역시 이 의견에 동의하고 있다.

41 『돈황 문서(Tun-huang Texts)』, 186쪽. 이에 대한 불어 동의어는 『중국 통속문학의 시작(*Les débuts de la littérature en Chinois vulgaire*)』, 569쪽에서 볼 수 있다: 'les 'scènes'', 'les 'scènes' littéraires', 그리고 'les 'scènes' figurées'. 드미에빌이 자신의 평론 「레닌그라드 소장 돈황 한문 문헌(Manuscripts chinois de Touen-houang à Leningrad)」, 373쪽, 주1에서 이 주제에 대해 언급한 내용 역시 도움이 된다. 지금까지 이 문제에 대한 가장 설득력 있는 해석일 것으로 보이는, 변의 의미에 대한 드미에빌의 상세한 언급은 멘쉬코프와 조그라프(Zograf)의 『보은변문(*Byan'ven' o Vozdayanii za Milosti*)』, 166～169쪽에 대한 평론에서 찾을 수 있다. 네치트게스(Knetchtges)는 제너(Jenner)에 대한 평론인 「낙양의 기억(Memories of Loyang)」, 348쪽에서 이들의 의견에 동의하고 있다.

중국어 자료에 능통한 위구르 학자 안네마리에 가바인(Annemarie von Gabain)은 변문과 변상이 중앙아시아에서 기원했다고 주장한다(이 주장에 타당성이 있다는 것은 뒤에서 보게 될 것이다). 그녀는 이 두 용어를 독일어로 각각 '변화 이야기(Verwandlungsgeschichten)'와 '변화의 표현(Darstellung der Verwandlungen)'으로 정확하게 번역하고 있다.[42]

오노 겐미오(小野玄妙)는 이미 7년 여 전에 미술과 연관을 시켜 '변(變)'의 의미에 대한 가치 있는 논의를 하였다.[43] 이후의 학자들 중에 그의 연구를 참고한 사람은 거의 없는 듯하다. 나바 토시사다(那波利貞)는 '변(變)' — 이 용어가 좀 더 자주 쓰임 — 또는 '변문(變文)'은 노래로 불리거나 이야기되었던 그림을 길게 늘여 기록한 것이었다고 주장한[44] 첫 번째 학자일 것이다. 이 발견은 변문 연구에 있어서 하나의 돌파구를 의미한다. 왜냐하면, 이후 4장과 6장에서 보게 될 것처럼, 그림과의 기본적 연관성을 인식하지 않고서는 변(變)의 본질을 이해할 수 없기 때문이다. 우메츠 지로(梅津次郎)는 이러한 관련성을 대단히 설득력 있게 입증하여 그 이론적 토대를 마련해주었다. 변(變)을 "그림과 같이 어떤 구체적 형상으로 표현되는 이야기"[45]를 의미하는 불교 용어로 보는 그의 해석은 드미에빌의 주장과 거의 동일한 장점과 결점을 가지고 있다. 시칩존(施蟄存) 역시 변(變)은 '국화(國畵)(중국[?] 그림)'를 의미하며 몇몇 외국 용어를 옮긴 것임에 틀림없다는 주장을 하면서[46] 대체로 타당한 방향으로 나아갔다.

---

42 『중앙아시아연구 입문(*Einführung in die Zentralasienkunde*)』, 76쪽.

43 『불교 미술과 그 역사(佛教の美術及で歷史)』, 866쪽 이하.

44 「속강과 변문(俗講と變文)」, 427・429쪽.

45 「변과 변문－에토키의 회화사적 고찰(變と變文－繪解の繪畫史的考察)」, 224쪽.

46 상달(向達)의 「「속강고」에 관하여 몇 마디 덧붙여 재론함(關於俗講考再說幾句話附記)」에서 인용.

변문의 의미를 '변상지문(變相之文, 변상에 대한 [해설]글)'의 축약형이라고 보는 의견이 있다.[47] 이 의견은 변문과 변상 사이의 본질적 관계를 조명한다는 점에서 상당히 시사적이다. 그러나 이는 다음과 같은 두 가지 이유로 인해 적절치 못한 해석이 된다. 즉, '변상지문(變相之文)'이라는 명칭은 당시의 자료에서 전혀 확인이 되고 있지 않으며, 사실 현존하는 어떤 변문도 변상의 구두(口頭) 해설에 사용할 목적으로 쓰여진 것이라고 증명할 수는 없다는 것이다.[48] 현존 증거들을 통해 볼 때 변문은 주로 개인적인 독서를 위해 쓰여졌음을 알 수 있다. 앞으로 보게 되겠지만, 변문과 변상 사이의 관계는 '변상지문(變相之文)'이라는 위의 설명보다 훨씬 더 복잡한 양상을 띠고 있다.

한 걸음 물러나, 모치즈키 신쿄(望月信亨)에 따르면[49] 변상은 '변현지상(變現之相, 변화를 통해 나타난 상)'[50]을 의미한다. 나는 당대(唐代)의 자료에서 이런 식으로 정의한 것을 보진 못했지만, 이 관점은 용어의 의미를 해석하는데 있어 효과적 접근 방법이 된다. 변상의 본래 의미 — 현상(現像)을 변화, 개변, 전화시키는 — 에 대한 산스크리트어 동의어는 'vipariṇata'이며, 티베트어 동의어는 'rnam par gyur ba'이다.[51] '[초자연적] 변화의 [예술적] 표현'이라는 의미에서의 변상은 파생적이면서도 좀 더 특수하게 쓰인 것이다.

---

47 주일량(周一良), 『돈황벽화와 불경(敦煌壁畵與佛經)』, 105쪽.

48 나의 「변상의 기록(Records of Transformation Tableaux(*pien-hsiang*))」을 참고.

49 모치즈키 신쿄(望月信亨), 『불교대사전(佛教大辭典)』, 5.4534c-4535a.

50 또는 '변화를 통해 나타난 특징적 표시 또는 독특한 표지(nimittam 또는 lakṣaṇa)', '변(變)'을 불교적 내용의 그림표현이라고 본 최초의 자료들에는 위 주장에 대한 믿을만한 근거들이 있다. 나의 「변상의 기록(Records of Transformation Tableaux(*pien-hsiang*)」 참고.

51 'rnam pq(r)'에 대한 산스크리트어 동의어는 'ākāra(밖으로 드러난 모습, 모양, 형식)'이다. 티베트어 'čós-skui rnám-par.gyúr-ba(희미한 형식으로 나타남)'와 비교. 야쉬케(Jäschke), 『티베트어-영어 사전(*Tibetan-English Dictionary*)』, 313쪽 b, 5번 참고.

많은 학자들이 '변(變)'을 '변화(transformation)'가 아닌 '기이한(strange)'으로 해석하려 했다. 손해제(孫楷第)는 「변문잡식을 읽고(讀變文雜識)」라는 글의 도입 부분에서[52] — 대부분 육조(六朝)로부터 송대(宋代)에 걸친 문헌에서 — '변' 자가 출현한 양상을 소개하고 있는데, 여기에 쓰인 '변'은 확실히 '기이한, 색다른, 보통이 아닌(strange, unusual, extraordinary)'의 의미를 가지고 있다. 그는 이 의미가 '변문(變文)'과 '변상(變相)'라는 용어에서의 '변' 자의 의미라고 결론지었다. 제임스 리우(劉若愚)는 손해제의 견해를 따라 변문을 '색다른 [이야기의] 텍스트(texts of [tales of] the unusual)'로 보았다.[53] 유대걸(劉大杰) 역시 이 용어에 대해 마찬가지의 견해를 보여주고 있다. 그는 "변문(變文)은 간략히 '변'으로 칭해진다. '변'은 '기이한'을 의미하기 때문에 변문은 기이한 이야기를 강창(講唱)한다는 의미이다"[54]라고 주장한다. 그리고 프루섹은 변문을 '기이한 사건과 관련된 텍스트(texts relating strange incidents)'[55]라고 번역하면서 역시 이 관점에 동의하고 있다.

불교 고사집인 『법원주림(法苑珠林)』의 많은 기이한 고사들에는 '～변(變)', '～변화(變化)', '～신변(神變)'이라는 제목이 붙어있다.[56] 이 고사들 중 몇몇은 간보(干寶, 318년 전후 활동)의 『수신기(搜神記)』 같은 고사집에서 끄집어 온 것들이지만 『수신기』의 고사에는 '변(變)' 자로 된

52 「변문잡식을 읽고(讀變文雜識)」, 『창주집(滄州集)』, 61～64쪽.

53 『중국의 협객(*The Chinese Knight-Errant*)』, 100쪽, 210～211쪽.

54 「변문의 유래(變文的來源)」, 『중국문학발전사(中國文學發展史)』 II권, 395쪽.

55 「중국 민간문학의 시초 : 도심지－민간소설의 요람(The Beginnings of Popular Chinese Literature : Urban Centers－The Cradle of Popular Fiction)」, 262쪽. 여기서 프루섹은 위의 주 51에 보이는 손해제의 해석을 따른 것으로 보인다. 이전에 프루섹은 변문을 '변화된 텍스트(changed texts)'로 말하면서 펠리오의 의견을 따랐었다. 「송대(宋代) 불경과 종교 고사의 설화인(The Narrators of Buddhist Scriptures and Religious Tales in the Sung Period)」, 378쪽 참고.

56 『대정신수대장경(大正新修大藏經)』(2122), 53.530a－533a와 769a 참고.

제목이 없다. 『법원주림』이 668년에 도세(道世)가 편찬한 고사집이라는 점에서 볼 때, 당대(唐代) 초기 중국 작가들은 '기이한 사건' — 좀 더 분명히 말하면 '초자연적 변형(supernatural transformation)' — 이라는 의미의 '변'에 점차 익숙해져가고 있었던 것으로 보인다.

'변(變)'이 '기이한(strange)'이라는 의미로 쓰인 것은 불교가 들어온 이후인 것으로 보인다. 즉 불교가 중국으로 들어오기 전까지는 이러한 용례를 찾아볼 수 없다는 것이다.[57] 하지만 좀 더 강한 불교적 색채를 배제한 상태로 변문은 단순히 '기이한 텍스트(strange text)'를 의미한다거나 변상은 단지 '기이한 상(相, strange appearance)'을 의미한다고 공언하기 이전에 우리는 이 문제에 대해 좀 더 철저한 분석을 할 필요가 있다.

우선 '색다른(unusual)' 또는 '기이한(strange)'이라는 의미의 '변(變)' 자가 불교적 의미인 '변형(transformation)'으로부터 용어의 범위가 확장된 것임을 인식할 필요가 있다. 당시 세속의 중국인들이 불교 용어의 전문적인 용례에서 비춰지는 좀 더 세련된 측면들이 아닌 육조 중반까지 대중들에게 널리 퍼져있던 불교의 기본 개념에만 익숙했다는 점을 볼 때, 초자연적인 '변형' 또는 '변용(nirmāṇa, pariṇāma, vikāra, vikṛti 등)'이 '기이한' 어떤 것으로 해석될 소지는 충분했던 것으로 보인다. 불교가 들어오기 이전 중국과 인도에 존재했던 대단히 상이한 철학적 전제들을 고려하면 이

---

57 손해제(孫楷第)는 『사기(史記)』 「범휴전(范雎傳)」의 한 부분을 잘못 인용하고 있다. 손해제 자신이 인정한 것처럼, "關東有何變?"은 "관동에 무슨 일이 일어났는가(즉 그곳에 무슨 변화가 있는가)?"를 의미할 뿐이다. 이 경우 '기이함'이라는 의미는 전혀 들어갈 필요가 없다. 당대의 평자들이 해석한 것처럼 반고(班固, 32~92)의 『백호통의(白虎通義)』(『국학기본총서(國學基本叢書)』, A.D. 79, 6종 221쪽)와 장형(張衡)(78~139)의 『서경부(西京賦)』(『문선(文選)』 2권, A.D. 107, 5쪽 b)와 같은 1세기 후반의 작품들에서 '변(變)'이 정말로 '奇'의 의미로 쓰였는지는 의심스럽다. 불교의 영향 하에서 이 단어의 의미가 진화하는 모습을 볼 때, 이렇게 이른 시기에는 '변(變)'이 '색다른(unusual)'이라는 의미 이상의 어떤 의미를 가지고 있었을 것 같지는 않다.

러한 견해는 더욱 설득력이 있게 된다.[58] 불교 철학에서 '변(變)'은 인식의 현실화와 실재화, 그리고 더 나아가 창조적인 정신 작용 혹은 마법까지도 의미할 수 있다. 우리는 세계를 인식하는 동시에 그 세계를 창조하는 것이다. 이러한 외래의 개념에 직면하여 많은 중국인들이 이 '변(變)'을 '기이한'으로 인식한 것은 전혀 놀라운 일이 아니다. 당대(唐代) 『속고승전(續高僧傳)』에는 양대(梁代, 502~556)의 귀신에 관한 별난 이야기인 「작제변현(作諸變現)」 편이 실려 있다. 여기서는 귀신들이 변현(變現)하는 것을 '괴변(怪變, strange transformation)'으로 칭하기도 한다.[59]

불교가 들어오기 전, 중국 고문에서 '변(變)' 자는 '변화', '진화', '운동', '수정', '변환', '차이', '변이', 그리고 이들 의미에서 파생된 '사건', '동란', '일식(월식)', '반란' 등의 의미로 쓰였다.[60] 이 글자에 '[초자연적인] 변환(變幻)'의 의미가 더해지고, 다시 '기이한 [사건]'이라는 의미가 파생된 것은 중국에 불교가 들어온 이후였다. 이제 불교의 목적에 부합하도록 '변(變)' 자가 어떻게 적용되었는지를 알아보기 위해, 이 글자의 역사에 대해 간략히 살펴보기로 하자.

갑골문이나 청동기의 명문(銘文)에서는 발견되지 않은 것으로 볼 때, 이 '변(變)' 자는 비교적 늦은 시기에 만들어진 것으로 보인다. "그 필획(筆劃)의 의미는 불명확하지만, 여기에는 두 다발의 비단이 포함

58 메이어(Mair), 「중국 문학의 서사혁명 : 존재론적 전제(The Narrative Revolution in Chinese Literature : Ontological Presuppositions)」 참고.

59 『대정신수대장경(大正新修大藏經)』(2060)50.658a. 『대정신수대장경(大正新修大藏經)』(2064)50.974와 비교.

60 제임스 레게(James Legge)의 『중국 고전(*The Chinese Classics*)』 각 권의 뒤편에 실린 어휘표를 참고. 『중화대자전(中華大字典)』에서는 '변(變)'에 대해 28가지의 의미를 쓰고 있으며, 그 중 두 가지 의미만이(8번과 13번) 불교적 영향을 어느 정도 보여주고 있다. 그러나 둘 중 어떤 것도 변문 또는 변상의 '변'에 대한 설명으로는 적합하지 않다. 『중화대자전(中華大字典)』, 2375쪽 3행~2376쪽 1행 참고.

되어 있다. 허신(許愼)은 자신의 어원(語源)사전인 『설문해자(說文解字)』(A.D. 100)에서 이 글자가 방직(紡織) 또는 방사(紡糸)처럼 '질서가 있도록 함(使有秩序)'을 의미한다고 주장하였다. 그리고 손으로 막대를 쥐고 있는 모습을 보여주는 글자의 아랫부분은 운동과 동작을 뜻한다."[61] 이 글자에 '무질서' 즉, '규칙으로부터의 변동'의 의미가 내포되어 있다는 점에서 허신의 해석은 대단히 흥미롭다. 그러나 기원전 320년경의 석각 명문에 처음 등장하는 모습을 통해 이 글자의 어원을 이해하려는 것은 무익한 시도이다. 왜냐하면, 그 때도 그리고 지금도 이 글자의 위쪽 부분은 본래의 음가를 지니고 있기 때문이다[62]

맨프레드 포커트(Manfred Porkert)에 따르면, 불교가 들어오기 이전 '변(變)' 자의 용법은 다음과 같았다.

> '화(化)'는 근본적이고 본질적인 변화—일종의 변질(transformation)—를 의미한다. 그러나 외부의, 순간적인, 또는 외관상의 변화를 의미하는 '변(變)'도 역시 자주 눈에 띈다. 이러한 특징을 보여주는 대표적인 구절을 『관자(管子)』 49/270[63]에서 볼 수 있다 : "성인은 시간과 더불어 변하지만 화하지는 않는다.(聖人與時變而不化)"는 구절을 통해 이번에는 『황제내경소문(黃帝內經素問)』 66/583[64]의 "만물이 생기는 것을 '화'라 하고, 사물이 극에 이르는 것을 '변'이라 한다(物生謂之化, 物極謂之變)"라는 구절을 이해할 수 있게 된

61 조셉 니덤(Joseph Needham), 『중국의 과학과 문명(*Science and Civilisation in China*)』 II, 220쪽 주7.

62 칼그렌(Kalgren), 『한문전 해성계열(漢文典 諧聲系列, *Grammata Serica Recensa*)』, 178쪽 *blwân, *bli̯wan, *mlxan, *slwan, *pli̯an.

63 『관자(管子)』 49/270, 北京 : 中華書局, 1954.

64 『황제내경소문(黃帝內經素問)』, 『의부전록(醫部全錄)』판, 인민위생출판사(人民衛生出版社), 1956.

다. '변(變)'과 '화(化)'는 상보적인 반의어[원문 그대로 인용]의 개념을 제시하는 것으로 보인다. 음양(陰陽)이 변동과 변화의 부모(父母)로 불리는 위 『황제내경소문(黃帝內經素問)』 66/583의 구절에서 합성어 '변화(變化)'는 유사어를 합쳐 놓은 것으로 이해될 수 있으며, 따라서 'changes'로 번역될 수 있다. 그러나 다른 한편으로, 음(陰)/양(陽)과 변(變)/화(化) 사이의 평행적 관계는 변(變)과 화(化)가 각각 분극화되는 두 가지 행위의 측면 – 반복적, 활동적인 측면으로서의 변(變)과 완성적, 구조적 측면으로서의 화(化) – 으로 인식될 수 있음을 보여준다.[65]

조셉 니담은 또 '변화, 변동, 그리고 관련성(Change, Transformation, and Relativity)'에 대한 장편의 논문을 썼는데,[66] 이에 따르면 "위 두 용어 사이에는 명확한 경계선이 없다."

어떤 경우에 있어서는 불교 유입 이전의 '변(變)'을 '[질적 변동으로 이끌어지는] 변화(change [leading to transformation])'로 해석할 수 있을 것이다. 『역경(易經)』의 한 부분을 예로 들어보자.

고로 물과 불이 서로 한 사물에 함께 이바지하고, 천둥과 바람이 서로를 어그러뜨리지 않으며, 산과 못은 기를 통한다. 이렇게 해서 변화하게 되고, 만물이 이루어지게 되는 것이다.[67]

故水火不相逮, 雷風不相悖, 山澤通氣, 然後能變化, 旣成萬物也.

---

65 『중국 의학의 이론적 기초: 조화의 시스템(*The Theoretical Foundations of Chinese Medicine: Systems of Correspondence*)』, 15~16쪽.

66 『중국의 과학과 문명』 II, 74쪽 이하. 인용문은 74쪽.

67 제임스 레게(James Legge) 역, Z. D. Sung 편, 『역경(易經)(*The Text of Yi King*)』, 345쪽.

내가 아는 한 불교 유입 이전의 '변(變)' 개념이 '무(無)에서 유(有)로의 변화'를 의미하거나 혹은 이러한 의미를 내포하는 경우는 없었으며, 또 이 용어가 '마법과 같은 신비한 창조력'을 의미하는 경우 역시 본 적이 없다. 그보다 이 용어는 대부분 존재 혹은 사물의 한 상태에서 다른 상태로의 변화, 즉 어떤 것이 다른 것으로 '됨(become)'을 의미하고 있다. 불교 유입 이전의 '변(變)'에는 니르마나(nirmāṇa)의 본질인 현실과의 비연속성 혹은 단절 — 환상(幻想) — 의 의미가 결코 내포되어 있지 않다. 고대 중국 철학은 비연속적인 변형의 개념에 대해 강한 거부감을 드러내었으며, 실제로 공손룡자(公孫龍子)는 「통변론(通變論)」이라는 장에서 실재하는 것들과 그 구성 부분들의 변형 가능성을 논박하려는 시도에 심혈을 기울이고 있다.[68]

공연 예술로서의 '변(變)'이 중국 본토에서 기원했다고 보는 사람들은 누구도 '변(變)' 자가 마술과 극의 맥락에서 등장하고 있는 『한서(漢書)』의 한 단락[69]을 언급해서는 안 된다. 이 단락은 위대한 서역 탐험가인 장건(張騫)의 전기에 있는 부분으로, 이는 중앙아시아의 오락물을 언급하는 것일 가능성이 농후하다. 훌세베(Hulsewé)와 로베(Loewe)는 여기서의 '변(變)' 자가 '극의 장면, 동작(theatrical scene, act)'으로 번역될 수 있다고 주장한다.[70] 그러나 해당 자료를 면밀히 살펴보면 그보다는 다음의 번역이 더 타당함을 알 수 있다 : "[매] 해마다 [그들은] 각저희와 기이한 극을 다양한 형태들로 늘려갔다(increased the varieties)(角氐奇戲歲增變)." 이는 불교가 들어오기 이전의 '변(變)' 자의 의미 범위를

68 방박(龐樸) 편, 『공손룡자연구(公孫龍子硏究)』, 26쪽 이하.

69 『한서(漢書)』, 61권, 510쪽 b.

70 『중앙아시아에서의 중국 : 초기 단계 : 125 B.C.-A.D. 23(*China in Central Asia : The Early Stage : 125 B.C. -A.D. 23*)』, 222쪽과 주852.

벗어나지 않는 번역이다. 어떤 상태로부터 다른 상태로의 변화를 다루는 중국 고전의 어떤 부분을 보더라도, 아래에 인용한 『장자(莊子)』의 한 부분과 같은 점진적인 진화의 연속성이 늘 존재하고 있다.

각종 사물은 각기 생겨난 기틀이 있다. 물을 만나면 물때가 되고, 물과 흙의 경계에 있게 되면 푸른 이끼가 되며, 언덕 위에 나면 질경이가 된다. 질경이가 썩은 흙을 만나면 오족이 된다. 뿌리는 굼벵이가 되며, 그 잎새는 나비가 된다. 나비는 변화하여 벌레가 되는데, 아궁이 밑에 생겨날 때에는 매미 껍질 같은데 그 이름을 구철이라 한다. 이 구철이 천 날이 지나면 변화하여 새가 되는데, 그 이름을 건여골이라 한다. 건여골이 뱉는 침이 사미라는 벌레가 되고, 사미는 식혜가 된다. 이노라는 벌레는 식혜에서 생겨난다. 황황이라는 벌레는 구유에서 생겨나고, 구유는 무예에서 생겨나며, 무예는 부권에서 생겨난다고 한다. 양해라는 풀은 죽순이 나지 않는 오래된 대와 합치어서 청녕이란 벌레를 낳는데, 청녕이 표범을 낳고, 표범이 말을 낳고, 말이 사람을 낳기도 한다는 것이다. 그리고 사람은 또 변화의 오묘한 기틀로 들어가 변화한다. 만물은 모두 변화의 기틀에서 생겨나서, 모두가 변화의 기틀로 돌아가게 되는 것이다.

種有幾, 得水則爲繼, 得水土之際則爲䵷蠙之衣, 生於陵屯則爲陵. 陵舄得鬱棲則爲烏足, 烏足之根爲蠐螬, 其葉爲胡蝶. 胡蝶胥也化而爲虫, 生於竈下, 其狀若脫, 其名爲鴝掇, 鴝掇千日爲鳥, 其名爲乾余骨. 乾余骨之沫爲斯彌, 斯彌爲食醯. 頤輅生乎食醯, 黃軦生乎九猷, 瞀芮生乎腐蠸. 羊奚比乎不箰久竹生青寧, 青寧生程, 程生馬, 馬生人. 人又反入於機. 萬物皆出於機, 皆入於機.[71]

71 왓슨(Watson), 195~196쪽; 『장자색인(莊子索引)(*A Concordance to Chuang Tzu*)』, 47~48쪽

한편, 불교 유입 이후의 신유학자들은 변화 과정에 있어서의 불연속성이라는 개념을 명백히 인식하고 있었다. 주희(朱熹, 1130~1200)는 '변(變)'과 '화(化)'의 차이에 대해 여러 차례 언급하면서 이 문제에 대해 확실한 태도를 표했다. 그는 '화(化)'를 점진적 변화로, '변(變)'을 비약적 변화로 보았다.[72]

불교에도 강한 애착을 보였던 당대(唐代)의 한 작가는 '변상(變相)'이라는 용어 속의 '변(變)' 자의 의미에 천착하였다. 그는 바로 「급사중 두소가 죽은 동생인 고 부마도위를 위해 효의사 부도에 그린 서방 아미타불 변상에 대한 찬문과 그 서문(給事中竇紹爲亡弟故駙馬都尉于孝義寺浮圖畵西方阿彌陀變讚幷序)」을 지은 시인 왕유(王維)(701~761)이다.[73]

(18.41~46)의 중문(中文)부분. 이자벨라 로비넷(Isabella Robinet)의 「도교에 있어 사자(死者)로부터의 변형과 해방(Metamorphoses and Deliverance from the Corpse in Taoism)」은 존재론적으로 볼 때 초기 도교에서 '변화'의 개념은 결코 불연속적이지 않았다는 나의 관점을 철저하게 입증해주고 있다. 왕징(Wang Jing)은 『돌의 신화 : 고대 중국의 돌에 관한 지식과 세 가지 고전소설의 상호텍스트성 연구(*The Mythology of Stone : A Study of Intertextuality of Ancient Chinese Stonelore and Three Classic Novels*)』, 제2장 〈여와(女媧)와 돌(Nü-kua and Stone)〉에서 '화(化)'를 통해 사물을 창조해내는 여와의 능력을 언급한 고대의 몇몇 기록들을 모아 놓고 있다. 여기에 인용된 모든 기록들은 한(漢)대에 가필된 것이며, 이 중 어떤 것도 인도적 요소와 전혀 섞이지 않았다고 말할 수는 없다. 설사 이러한 인도적 영향을 배제한다 할지라도, 여기 묘사된 변화들은 불교의 '변'으로 구체화되는, 공(空) 또는 마음으로부터의 니르마나(nirmāṇa)와 같은 그러한 변화는 아니다.

72 예를 들어, 『주자어류(朱子語類)』, 75권 9쪽 b의 "화는 점점 옮겨가는 것이고, 끊어지는 곳―즉, 점점 변화하는 것이 무언가 다른 것으로 될 때(주희가 장면 표지인 '처(處)'를 쓴 것에 유의)―이 바로 변이다(化是漸漸移將去, 裁斷處便是變)" 구절 참고. 무명의 저자가 한 불교 텍스트에 대해 비평을 내린 P2940과도 비교해보는 것이 필요하다. 여기서는 '변역(變易)'이라는 용어를 "변은 고쳐서 변하는 것이고, 역은 옮기어 바뀌는 것이다(變者改變, 易者移易)"라고 풀이하고 있다. 무상(無上)의 깨달음에 대한 중국 최초의 불교 텍스트인 D48은 '변화(變化)'를 "변화란 하늘과 땅의 항상 그러함이다(變化者天地之常)"라는 말로 정의하고 있다.

73 『왕우승집전주(王右丞集箋注)』, 375~378쪽. 이 기록은 요종이(饒宗頤)의 「섬변으로부터 변문과 그림의 관계를 논함(從睒變論變文與圖繪之關係)」, 635쪽에서 처음으로 인용되었다. 이외에 왕유는 또 「서방변화찬병서(西方變畵讚幷序)」라는 글도 지었다. 『왕우승집전주(王右丞集箋注)』, 367~372쪽.

왕유는 자신이 '변' 자의 난해하고도 통상적이지 않은 용례를 다루고 있다는 것을 인식했음에 틀림없다. 왜냐하면 그는 거의 찬문(讚文)보다 4배나 긴 서문에서 이 용어에 대한 논의를 시작하고 있기 때문이다. 그의 해석은 자세하게 살펴볼 필요가 있다.

왕유는 『역경(易經)』 속의 다음 구절 즉 "[(현인은) 이(理)와 기(氣)가 결합하여 어떻게 사물을 형성하는지], 떠돌아다니는 [또는 사라지는] 혼이 [어떻게] [구조의] 변화를 만들어내는지(游婚爲變) [인식한다]"[74]를 인용하며 논의를 시작하고, 뒤이어 한대(漢代) 초원왕(楚元王)의 것으로 판명된 『역경(易經)』의 「전(傳)」 가운데 "혼의 기운은 가지 않는 곳이 없다(魂氣則無不之)"[75]라는 구절도 인용한다. 이를 통해 왕유는 "신명이 갱생[76]됨을 진실로 알겠구나(固知神明更生矣)"라는 결론을 내린 후 "도[77]로 보충하면 오묘한 몸으로 변하여[78] 낙토로 가게 된다(輔之以道, 則變爲妙身, 之於樂土)"는 보충 설명을 덧붙이고 있다. 그리고 찬문에서 왕유는 "변화에 의지해 옮기면서(憑化而遷)", "다시 태어남[79]은 그치질 않는다(轉身不息)"고 말한다. 결국, 이는 망자(亡者)가 "육취[80]에서 벗어나기

---

74 레게(Legge)의 『역경(易經)(및 부록) : 중국 원전 영역(*The Text of Yi King(and Its Appendixes) : Chinese Original with English Translation*)』을 약간 수정하여 번역. 왕유는 위의 네 한자만 인용하고 있다. 이 부분에 대해 당대 또는 그 외 『역경(易經)』 평자들의 주석을 언급할 필요는 없다. 왜냐하면 그들 역시 왕유처럼 변상(變相) 또는 변문(變文)에서의 '변(變)'에 대한 논의는 하지 않았기 때문이다.

75 『한서(漢書)』 「초원왕전(楚元王傳)」, 452쪽 c. 이 부분은 다시 『예기(禮記)』의 기록으로 거슬러 올라갈 수 있다: "뼈와 살이 흙으로 다시 돌아가는 것은 운명이다. 만약 혼의 기운이라면 가지 못하는 곳이 없다, 가지 못하는 곳이 없다(骨肉復歸於土, 命也. 若魂氣則無不之也, 無不之也)." 『십삼경주소(十三經注疏) · 예기(禮記)』, 10.19b(195쪽 a).

76 Paunar-bhaviki.

77 도: 道, mārga.

78 「묘신체(妙身體)」 mūrtimat(肉身)와 비교.

79 Āśraya-parivṛtti.

80 '육취(六趣)'는 중생들이 성과(聖果)를 얻기 전에 반드시 거쳐야 하는 지옥(地獄), 아귀(餓

를(將免六趣)" 바라는 것이다.

사실 왕유는 '변(變)'을 윤회의 주기(saṃsāra-parivartana)와 관련시키면서, 아미타 정토를 정신 존재의 안정 상태로 들어가는 마지막 변형에 이르러 더 이상 윤회와 육취의 변동에 종속되지 않을 수 있는 곳으로 간주하고 있다. 그러나 애석하게도 이 해석은 서방정토에 대한 그림을 나타내고 있음에 분명한 찬문 제목의 '변(變)[=변상(變相)]'의 용법에 대해 만족스럽게 설명하지 못하고 그렇게 할 수도 없다. 이와 유사한 그림을 가리키는 표현들로는 〈정토변상(淨土變相)〉, 〈서방정토변상(西方淨土變相)〉, 〈정토만다라(淨土曼荼羅)〉, 〈정토장엄변(淨土莊嚴變)〉 등이 있다. 왕유는 (불교 관련 문헌을 포함한) 중국 문헌에 대해 방대한 지식을 가지고 있었음에도 불구하고, '변화의 장면 혹은 그림(transformation scene or tableau)'[81]이라는 의미를 지닌 '변' 자의 기본 개념을 이해할 수 있는 철학적 소양은 갖추지 못했던 듯하다. 때문에 그는 『역경』의 한 구절과 전통적 주석을 부적절하게 인용한 끝에 '변' 자가 윤회전세(輪廻轉世)의 길이란 결론을 내렸다. 왕유의 해석에 근거한다면, 서역정토 같은 정토는 "붓다에 의해 변현된 것(謂佛所變)"임을 뜻하는 기본적인 사항조차 이해할 수 없을 것이다.

변문(變文)과 변상(變相)에 쓰인 것과 동일한 의미로 쓰인 '변(變)' 자

鬼), 축생(畜生), 수라(修羅), 인간(人間), 천상(天上)의 여섯 가지 윤회를 말한다.

81 그림제목에 나타난 '변(變)'의 의미에 대한 상세한 설명은, 나의 「변상(變相)의 기록(Records of Transformation Tableaux(pien-hsiang))」을 참고. 왕유가 산스크리트어 용어를 직접 다룰 수 없었다는 것은 놀라운 일이 아니다. 반 굴릭(van Gulik)이 『시담 : 중국 일본의 산스크리트어 연구사에 관한 논설(*Siddham : An Essay on the History of Sanskrit Studies in China and Japan*)』에서 강하게 주장한 것처럼, 학식이 뛰어난 중국의 승려들조차도(인도에 가본 적이 있었던 극소수를 제외하고) 인도어를 잘 알지 못하였다. 산스크리트어와 팔리어의 번역은 대부분 인도 또는 중앙아시아의 승려들에 의해 전문적으로 행해졌다. 그리고 이들은 보통 최종 원고에 대한 책임을 맡았을 중국 동료들과 함께 일을 했다.

가 불교 유입 이전의 고전에서 보이지 않는다면, 이 글자의 의미론적 개념을 이해하는 데 도움을 줄 수 있는 적절한 용법이 있는지를 알아보기 위해서 불교 자료를 직접 조사하는 쪽으로 방향을 틀 수 밖에 없다. 자신의 견해에 대한 근거를 밝히지는 않았지만, 리우춘런(Liu Ts'un-yan, 柳存仁)은 자신은 "'변문(變文)'이라는 용어의 '변(變)' 자를 '신변(神變)' 혹은 사람들에게 두려움을 주는 기적에서 보여지는 초자연적 힘"으로 본다는 주장을 했다.[82] '변(變)'은 불교의 신변을 의미하는 것임에 틀림없다는 위와 같은 주장으로 인해, 케네스 천(Kenneth Ch'en, 陳觀勝)은 '변(變)'을 '기적적인 사건에 관한 텍스트(texts of marvelous events)'[83]로 부르게 된다.[84] 변문을 '[이러저러한] 기적적 사건들을 묘사한 서사(a narrative depicting the marvelous incident of [such and such])'라고 정의한 리리천(Lili Ch'en, 陳荔荔) 역시 같은 해석을 받아들이고 있는 것으로 보인다.[85] 그리고 웨일리 역시 변문을 '기적에 관한 저작(wonder-writings)'이라고 칭하면서[86] 이러한 해석을 받아들였던 것으로 보인다.

주소량(周紹良)[87]과 주일량(周一良)[88] 역시 '변문(變文)'에서의 '변(變)'

82 『두 곳의 런던 도서관에 있는 중국 민간소설(*Chinese Popular Fiction in Two London Libraries*)』, 20쪽. 노무라 야소(野村輝昌)를 포함한 그 외의 학자들은 「돈황 변문에 나타난 제바달다품의 형태(敦煌變文に見る提婆品の形態)」, 308쪽에서 '변(變)'이 근본적으로 '신변(神變)'의 의미임을 받아들였지만, 내가 아는 바로는 이 중 어느 누구도 구체적인 텍스트를 언급하면서 이러한 해석을 주장하지는 않았다.

83 신변지문(神變之文)을 영역한 듯하다.

84 『불교의 중국적 변용(*The Chinese Transformation of Buddhism*)』, 25, 252쪽; 『중국에서의 불교 : 역사적 고찰(*Buddhism in China : A Historical Survey*)』, 287～290쪽; 「중국 불교에서의 효순(孝順)(Filial Piety in Chinese Buddhism)」, 91쪽. 쿼리츠 웨일즈(H. G. Quaritch Wales) 역시 『중국과 동남아시아의 인도화(*The Indianization of China and of South-East Asia*)』, 83쪽에서 같은 해석을 하고 있다.

85 「변문의 강창과 오카생과 니콜레트(Pien-wen Chatefable and Aucassin et Nicolette)」, 256쪽 주5.

86 베이슬 그레이(Basil Gray)의 『돈황의 불교 벽화(*Buddhist Cave Paintings at Tun-huang*)』, 14쪽에 붙인 서문.

이 '신변(神變)(miraculous transformation)'을 의미한다고 인식하였다. 그 중 주소량의 주장을 인용하면 다음과 같다 : "'변문(變文)'은 속인들을 이끌어주고 중생들을 교화시키기 위해 불경 중의 신변 고사를 취해서 글로 부연한 것이다(變文者, 剌取佛經中神變故事而敷衍成文, 俾使導俗化衆也)."[89] 계속해서 그는 경전에서 신변 고사를 가져다가 그림으로 그린 것을 '변상(變相)'이라 하며, 그것을 문학적 형식으로 표현한 것을 '변문(變文)'이라 부른다고 말한다. 변문 중의 비(非)불교고사에 대해서 주소량은, 이것은 불교적 내용의 변문을 모방한 것이기 때문에 불교적 내용의 변문과 같은 형식을 띠고 있다는 주장을 한다. 나는 이 분석이 기본적으로는 정당하다고 생각하지만, '신변(神變)'이란 소재의 근원을 불교 작품으로 제한할 필요는 없다. 왜냐하면 개인적인 종교적 체험 속에서도 이러한 것들을 발견할 수 있기 때문이다. 부운자(傅芸子)는 좀 더 구체적으로 '변(變)'을 붓다가 "설법을 하면서 쓰는 기적 같은 변형(說法神變)"과 관련짓고 있는데,[90] 이 '설법신변(說法神變)'은 경전에서 대단히 빈번하게 등장한다.

'신변(神變)'은 산스크리트어 프라티하랴(prātihārya. 가짜, 환각, 환상, 마법, 마술, 무술(巫術)),[91] 르디(ṛddhi. 초자연적 혹은 마술적 힘),[92] 비쿠르바나

87 『돈황변문휘록(敦煌變文彙錄)』, x쪽.

88 「「당대속강고」를 읽고(讀唐代俗講考)」, 381~383쪽. 손해제(孫楷第) 역시 이 문제에 관한 이후의 한 진술에서 '변문(變文)'의 '변(變)'이 '신변(神變)'에서 나온 것임을 인정했던 것으로 보인다. 『돈황변문논문록(敦煌變文論文錄)』, 239쪽 이하의 「변문을 읽고: 두 가지 문제(讀變文二則)」을 참고.

89 『돈황변문휘록(敦煌變文彙錄)』, 서문, x~xi쪽.

90 「파마변문에 관하여-런던 족본의 발견(關於破魔變文-倫敦足本之發見)」, 13쪽.

91 『불교의 산스크리트 합성어(*Buddhist Hybrid Sanskrit*)』, 392쪽 b. 나카무라 하지메(中村元)는 『불교어대사전(佛教語大辭典)』, 1215쪽 b에서 'prātihārya'-중국어로 '변화(變化)' 또는 '변현(變現)'이라고 쓸 수도 있음-를 변형되어 나타나는 것이라고 말한다. 이는 붓다가 중생들을 감화시키기 위해 그들의 정신을 쏙 빠지게 만드는 기적들을 말한다.

(vikurvaṇa. 다양한 모습으로 변할 수 있는 능력)[93] 등에 대한 번역어로 쓰일 수 있다. '신변시도(神變示導, ṛddhi-prātihārya)'와 '신변상(神變相, mahā-nimittaṃ-prātihāryam)'에도 주의를 기울여야 할 것이다. 위의 표현들과 관련된 중국 불교 용어로는 다음과 같은 것들이 있다.

> **신통**(神通) ṛddhi, ṛddhi-sampad, abhijñā(초월적 지식); **신통력**(神通力) vikurvā, vikurvaṇa(-prātihārya), nirmita-adhiṣṭhāna-abhisamaya, ṛddhi-bala[불교의 산스크리트 합성어], ṛddhyānubhāvena(기적적인 힘을 통해); **신통변화**(神通變化) ṛddhi-vikurvita, vikurvāṇa; **변화신통**(變化神通) nirmāṇa-ṛddhi(초자연적 변형의 힘. 『대정신수대장경(大正新修大藏經)』[3]1.157a 참고)[94]

'신변(神變)'이라는 용어로 통합될 수 있는 다양한 산스크리트어 조상어에 대한 인식 여부와는 상관없이, 이 용어가 중국 불교에서 어떤 의미로 쓰였는지는 대단히 명확하다. 기본적으로 이 용어는 붓다나 보살이 중생들을 교화하기 위해 보여주었던 기적적인 변화 — 즉, 변현(變現) 또는 현시(顯示) — 를 의미하고 있다. 이러한 변화는 변현(變現)의 능력이 있는 깨달은 자가 자신의 능력을 인상적으로 보여주는 것, 그리고 이를 통해 그 광경을 보는 사람들이 가르침을 받을 수 있도록 하는 효과적 장치일 뿐 아니라, 지혜가 충만한 자들에게는 모든 존

92 『불교의 산스크리트 합성어(*Buddhist Hybrid Sanskrit*)』, 151쪽.

93 나카무라 하지메(中村元), 795쪽 bc와 모치즈키 신쿄(望月信亨), 2090쪽 b~2091쪽 a.

94 뒷부분에서 당대의 불교와 마니교의 관계 그리고 이것이 그림 이야기서술에 미쳤을 수 있는 영향에 대해 논의할 때, 우리는 마니교가 불교의 변환(變幻) 관념에서 많은 것을 빌려왔음을 명심해야 한다. 예를 들어, 샤바네스(Chavannes)와 펠리오(Pelliot), 「중국에서 발견된 마니교 규약(Un traité manichéen retrouvé en Chine)」, 608쪽, col.3~11과 553쪽 : "grâce à sa pénétration surnaturelle, product par transfoumation la liberté d'être invisible ou visible."(신통(神通)[abhijñā]변화은현자재(變化隱現自在).

재에 환상적 본성이 분명히 있음을 확인시켜주는 것이 된다. 만약 깨달은 자가 별다른 수고 없이 그러한 기적적인 — 하지만 비현실적인 — 존재를 생산해낼 수 있다면, 직접적으로 인식이 됨으로 인해 말로 표현할 필요가 없는 존재론적 함의가 여기서 도출되는 것이다.

이러한 초자연적 힘을 가진 사람들이 흔히 하는 마술은 몸 밖으로 물과 불을 뿜어내면서 공중에 떴다가 그 위에서 빙빙 도는 것이다. 이는 「항마변문(降魔變文)」에서 노도차(勞度差)를 무찌른 이후 사리불(舍利弗)이 보여준 모습과 똑 같다. 이런 힘을 가진 사람들은 꽃비를 내려주기도 하고 대지를 진동시키기도 하고 번개를 치기도 하고 먼 곳을 밝게 비춰주기도 한다. 또 신변을 행하는 사람은 『서유기(西遊記)』에서 천신(天神)들과 싸우는 손오공처럼 자신의 모습을 무수히 많은 존재로 바꿀 수도 있다. 그리고 이러한 행위의 대부분이 샤먼의 의식에서도 행해진다는 것 역시 언급되어야 할 것이다. 이 점은 이후에 '변(變)'을 연행했던 사람들의 사회적 지위와 정체성에 대한 논의를 할 때 중요한 역할을 할 것이다.

공중으로 떠서 여러 가지로 변현하는 모습을 보여준다는 것은 불교문학에서 흔히 볼 수 있는 모티프이다. 예를 들어 『아육왕경(阿育王經, Aśokarāja-sūtra)』[95]에는 다음과 같은 기록이 보인다. "신력[96]을 사용하여, 아왕[97]이 공중으로 날아오르는 것처럼 순식간에 그 승려는 쇠솥에서 나와 공중으로 올라서 18변을 보여주었다(是時比丘則以神力於一念頃, 從鐵鑊出身陞虛空, 譬如鵝王飛騰空中現十八變)." 그리고 『천신비

95 상가바라(Saṅghavara, (梁) 僧伽婆羅) 역(譯). 『대정신수대장경(大正新修大藏經)』(2043) 50. 134b.

96 Ṛddhy(-abhisaṃskāra); anubhāva; prabhāva; abhijñāna.

97 Rāja-haṃsa.

유경(天神譬喩經)』의 스바가타(svagata, 善來) 스토리에서도 역시 〈십팔변(十八變)〉에 대한 언급이 있다. 이 〈십팔변(十八變)〉은 민간 문학 뿐 아니라 불교 경전에서도 흔히 보이기 때문에 불교에서 말하는 신변력(神變力)의 개념에 대한 이해도를 높이기 위해서는 이에 대해 좀 더 세부적인 고찰이 필요하다. 케네스 천은 〈십팔변(十八變)〉에 대한 산스크리트어와 한자 동의어, 그리고 영어 해석을 아래와 같이 제시하고 있다.[98]

1. kampana : 진동(振動). 어떤 사물, 심지어는 세계까지도 움직일 수 있는 능력
2. jvalana : 치연(熾然). 몸에서 불을 뿜는 능력
3. spharana : 유포(流布). 헤아릴 수 없는 세상을 비출 수 있는 빛을 뿜는 능력
4. vidarśana : 시현(示現). 모든 가티(gatis)[지각 있는 존재의 상태], 붓다, 보살, 그리고 제신(諸神)을 현현(顯現)시키는 능력
5. anyathī-bhavakaranṇa : 전변(轉變). 사물의 본성을 다른 어떤 것으로 변화시키는 능력
6. gamanāgamana : 왕래(往來). 벽, 산, 물, 하늘 등을 거쳐 어디든지 갈 수 있는 능력
7. samkṣepa : 권(卷). 모든 것, 심지어는 히말라야산조차도 아주 작게 말아 버릴 수 있는 능력
8. prathana : 서(舒). 작은 사물을 거대하게 만드는 능력

---

98 「산스크리트어, 팔리어, 티베트어, 중국어판 『천신비유경』의 스바가타 스토리에 대한 연구(A Study of the Svāgata Story in the Divyāvadāna in its Sanskrit, Pāli, Tibetan, and Chinese Versions)」, *Harvard Journal of Asiatic Studies*, 298~299쪽 주233. 오기하라 운라이(荻原運來)의 『유가사지론-보살지(瑜伽師地論-菩薩地) Bodhisattvabhūmi : A Statement of Whole Course of the Bodhisattva(Being Fifteenth Section of Yogācārabhūmi)』, 58~63쪽과 『대정신수대장경(大正新修大藏經)』(1579)30.491c~493 참고.

9. sarva-rūpakāya-praveśana : 중상입신(衆像入身). 사람들, 산 혹은 대지를 몸 안에 쌓아두는 능력
10. sabhāgatopasankrānti : 동류왕취(同類往趣). 형태, 외관, 목소리를 모방하여 어떤 무리 안으로 들어가, 그들에게 설교를 한 후 사라지는 능력
11. āvirbhāva : 현(顯). 몸을 천 배로 크게 만드는 능력
12. tirobhāva : 은(隱). 사라지는 능력
13. vaśitva-karaṇa : 소작자재(所作自在). 살아있는 창조물들을 자신의 의지 아래 두는 능력
14. para-ṛddhyabhibhava : 제타신통(制他神通). 자신보다 낮은 수준의 신통력을 조절하는 능력
15. pratibhānadāna : 능시변재(能施辯才). 중생들이 표현을 잘 하도록 해주는 능력
16. smṛti-dāna : 능시억념(能施憶念). 정법(正法)을 잊은 이들에게 다시 그것을 기억하도록 해주는 능력
17. sukha-dāna : 능시안락(能施安樂). 청중들에게 즐거움을 주는 능력
18. raśmi-pramokṣana : 방대광명(放大光明). 세상의 모든 창조물들에게 빛을 발해주는 능력

위 리스트에서 열거한 것처럼 신변의 힘은 대단히 다양하다. 승려로부터 위와 같은 능력과 그 외의 기적적인 힘을 처음으로 보는 것은 대단히 자극적인 경험임에 틀림없다.

불교 교리에 있어 존재의 환상적 변현이라는 개념의 중요성은 『대정신수대장경(大正新修大藏經)』의 몇몇 단락에 대한 언급으로 쉽게 인식할 수 있다. 「사자월불본생경(師子月佛本生經)」(A.D.350~431 사이에 익

명으로 번역됨)에는 붓다가 비구와 보살들을 데리고 있었던 왕사성(王舍城)에서 일어난 한 이야기가 기록되어 있다.[99] 이 비구들 중 바스미트라(世友)라는 한 비구는 대나무 동산을 돌면서 원숭이처럼 장난을 치고 그 때마다 종을 들고서 "나라(naṭa)희를 공연한다(作那羅戲)." 그는 사람들이 모이면 더 높이 나무에 올라 그 나무 꼭대기에서 원숭이 울음소리로 8만 4천 마리의 금 원숭이를 불러 모아 "다양한 변현을 보여주면서(作種種變現)" 청중들을 만족시킨다. 붓다는 이 모든 행위들을 용인할 뿐 아니라 심지어 격려해주기까지 한다. 왜냐하면 이를 통해 청중들이 자신의 가르침을 좀 더 잘 받아들일 수 있는 분위기가 마련되기 때문이다.

불교 서적에서는 교리 전파 시의 마술의 효과에 대한 기록을 흔히 찾아볼 수 있다. 「천신비유경(天神譬喩經)」에는 "마술적인 힘은 중생들의 마음을 금세 사로잡을 수 있다"[100]는 말이 있다. 기적적인 일 역시 흔들리는 영혼의 믿음을 바로잡아주는 데 효과적이다. 이는 「묘법연화경(妙法蓮華經)」의 한 왕에 대한 이야기[101]로 증명이 된다. 왕의 두 아들 정장(淨藏)과 정안(淨眼)은 아버지가 이단의 교의에서 빠져 나올 수 있도록 "갖가지 신변을 보여준다(現種種神變)."

신앙심, 신변, 그리고 이와 관련된 예술은 율종(律宗)의 창시자 도선(道宣, 596~667)의 『석가방지(釋迦方志)』에 실린 한 일화에서 한데 묶여진다. "옛날 가난한 두 사람이 있었다. 그들은 불상 그림 하나에 각자

---

99 『대정신수대장경(大正新修大藏經)』(176)3.443c.

100 코웰(Cowell), 닐(Neil) 편, 192쪽 1.8, 313쪽 1.15의 "ācu prithagjanasya riddhir āvarjanakarī", 133쪽 1.9의 "ācu prithagjanāvarjanakarī riddhir." 케네스 천(Kenneth Ch'en, 陳觀勝)의 『중국 불교의 변천(*The Chinese Transformation of Buddhism*)』 272쪽에 인용됨.

101 『대정신수대장경(大正新修大藏經)』(262)9.60a.

금화 하나씩을 보시하였다. [훗날 불상이 완성된 후] 신변을 보여 달라고 청하자 불상이 그 자리에서 가슴을 드러내고 발을 드러내며 둘로 나뉘었다가 다시 하나로 합쳐졌다(昔有二貧人, 各施一金錢共畫一像, 請現神變. 像卽現胸現止, 分爲兩身, 下合爲一)."[102]

한 신도는 관음(觀音)의 현시를 목격한 자신의 경험을 다음과 같이 묘사하고 있다.

> 갖가지 신성(神聖)한 진리를 밝히기 위해, 관음보살은 진실로 일련의 신통한 변화를 부려 자신의 모습을 드러내 우리들의 눈을 휘둥그레지게 했다. 그녀는 십일면관음(十一面觀音), 천수관음(千手觀音), 마두관음(馬頭觀音), 여의수관음(如意輪觀音), 준지관음(准胝觀音), 성관음(聖觀音)으로 모습을 바꾸었다. 뭐라고 형용하기 힘든 이 많은 변현(變現)들은 남성적이기도 여성적이기도 하고 공포스럽기도 장엄하기도 하였는데, 이는 마치 아이들의 만화경에서 그림이 바뀌어 가는 것처럼 하나가 다른 하나의 형상으로 섞여 들어가는 모습이었다.[103]

위 인용문에 보이는 시각적 비유는 특히 더 주목할 만하다.

'변형을 통한 마술(conjuration through transformation)'이 '변(變)'의 의미들 중 하나라는 것은 의심의 여지가 없다. 심지어 오늘날에도 사람들은 흔히 마술 공연을 '변희법(變戲法)'이라고 부른다.[104] 『석가보(釋迦譜)』에

102 『대정신수대장경(大正新修大藏經)』(2088)51.954c~955a.

103 블로펠드(Blofeld), 『자비의 보살: 관음의 신비로운 전통(*Bodhisattva of Compassion : the Mystical Tradition of Kuan-Yin*)』, 139~140쪽. 블로펠드의 중국어 및 산스크리트어 전사(轉寫)는 표준화되어 있지 않다.

104 왕계란(汪季蘭), 『중국 민간예술의 어제와 오늘(中國民間藝術的今昔)』, 196쪽 이하.

는 마술로 그 모습이 바뀐 나무에 관한 이야기가 있는데, "이렇게 바꾼 것은 노도차(勞度差)가 그렇게 한 것이다(此變乃勞度差作)"라고 했다.[105] 이와 유사한 문구가 「항마변문(降魔變文)」에도 보인다는 점은 대단히 중요하다.[106] 한걸음 더 나아가 우리는 위와 같은 맥락에서의 '변(變)'은 '신변(神變)'을 의미한다는 것을 논증할 수 있다. 이와 동일한 고사의 동일한 제재(마술에 관한 것)를 다루고 있는 『법원주림(法苑珠林)』의 한 대목에서는 다음과 같은 기록을 볼 수 있다 : "이 때 사리불과 노도차는 각각 신변을 보여주었다(時舍利弗与勞度差各現神變)."[107] 이 경우 중국 불교에서 쓰이는 '변(變)'자는 '무언가를 나타내 보이는' 혹은 '어떤 하나에서 다른 어떤 것을 만들어내는'의 의미가 된다. 이 의미를 같은 의미의 표현인 '변작(變作)'[108], '변화(變化)', '변현(變現)'[109] 등과도 비교해보기 바란다.

---

105 『대정신수대장경(大正新修大藏經)』(2040)50.65b. 이 작품은 승우(僧佑, 482~518 시기에 주로 활동)가 쓴 것이다. 같은 쪽에는 '변(變)'을 '현(現)'하는 것에 대한 언급이 있으며, 노도차(勞度差)는 '환술(幻術)'에 능한 것으로 말해지고 있다. 같은 작품의 또 다른 부분(『대정신수대장경(大正新修大藏經)』 50.81c)에서는 "현악기를 연주하는 한 맹인 연주자가 대단히 뛰어난 능력을 가지고 있음(備六十四伎變弄殊絶)"을 말하고 있다. '육십사기변(六十四伎變)'에 대한 언급은 승우의 시대에 '변(變)'에 이미 '기예' 또는 '재주'의 의미가 있었음을 시사한다.

106 『돈황변문집』, 383쪽 13행과 15행, 386쪽 16행, 388쪽 5행 등.

107 『대정신수대장경(大正新修大藏經)』(2122)53.592a.

108 이 용어는 산스크리트어 'nir-'의 정확한 해석으로 '변화를 만들어내다[변화를 통해서 명시해주다]'의 의미이다. 나카무라 하지메(中村元), 1215쪽 c.

109 프라티하랴(Prātihārya) : '변형을 통해서 명시하다.' 변현(變現)을 다루고 있는 불교 용어들 ─변(變), 상(相), 현(現), 변현(變現)─은 모두 로버트 엘스워스(Robert Hatfield Ellsworth)가 수집한 사본(New York)에서도 볼 수 있다. 당대(唐代)의 것으로 보이는 이 사본이 어떤 것인지는 아직 확실히 증명되어 있지 않다. 『로버트 엘스워스가 수집한 중국과 한국의 경전 사본 전시(*An Exhibition of Chinese and Korean Sūtra Manuscripts from the Collection of Robert Hatfield Ellsworth*)』(Hong Kong : Fine Arts Department, University of Hong Kong, 1987), 46쪽 주33 참고.

P4524 그림 두루마리의 주제인 기원(祇園)의 설립과 사리불과 노도차 간의 법투(法鬪)는 돈황 벽화에서 가장 흔히 볼 수 있는 주제 중 하나이다(책 앞쪽의 사진 자료 참고).[110] 이 벽화들 중에서 가장 오래된 것은 서천불동(西千佛洞) 9번 석굴의 벽화로 6세기 중반의 것이다. 이 벽화는 9~10세기 혹은 그보다 약간 이후로 거슬러 올라가는 만불협(萬佛峽)[111] 부근에서도 보인다.[112] 위의 법투와 관련된 경전상의 기록은 「근본설일체유부비내야파승사(根本說一切有部毗奈耶破僧事)」(『대정신수대장경(大正新修大藏經)』[1450]24. 141a이하), 「중허마가제경(衆許摩訶帝經)」(『대정신수대장경(大正新修大藏經)』[191]3. 968ab), 「현우경(賢愚經)」(『대정신수대장경(大正新修大藏經)』[202]4. 418b-420c)에 보인다(팔리어 경전에는 전혀 보이지 않음). 이 경전의 기록을 돈황 벽화 및 민간문학의 기록들과 함께 비교해 보면 민간문학의 기록에 어느 정도의 개작과 확대가 더해졌음을 알 수 있다.[113]

「중허마가제경(衆許摩訶帝經)」에 기록된 사리불과 노도차 간의 법투에서 노도차는 "내가 신통을 보여주겠노라(我現神通)"고 외친다.[114] 이는 신변(神變)과 신통(神通)이 어느 정도 동의어가 될 수 있음을 의미

---

110 석굴 번호(펠리오 번호) 8, 138, 74, 63, 118, 52, 167, 149번. 레로이 데이비슨(J. Leroy Davidson), 『중국 미술에서의 「묘법연화경(妙法蓮華經)」 — 1000년까지의 불교 미술 연구(The Lotus Sutra in Chinese Art — A Study in Buddhist Art to the Year 1000)』, 91쪽과 도판 36~37 참고.

111 『서역문화 연구(西域文化硏究)』 III, 도판 245(동굴 2).

112 르네 그루세(René Grousset), 『중국의 예술과 문화(*Chinese Art and Culture*)』, 230쪽 참고. 김유낙(金維諾)의 「돈황벽화 기원기도 고찰(敦煌壁畵祇園記圖考)」은 이들 장면을 묘사하고 있는 돈황과 그 주변 19개 석굴의 목록 전체를 소개하고 있다.

113 S4527.2는 사리불이 바람을 일으켜 노도차의 천개(天蓋)를 날려버리는 장면을 포함한 여러 사건들의 목록이다. 『돈황유서 총목 색인(敦煌遺書總目索引)』의 편집자들은 196쪽에 이 목록을 포함시키면서 몇 가지 실수를 범했다. 2, 4, 6번째 줄에서 '시(時)'는 쉼표 앞에 와야 한다. 4째 줄의 '도(道)' 다음에는 '선인(仙人)' 두 글자가 빠져 있다. 6째 줄에는 '풍(風)'자가 빠져 있다. 그리고 마지막 줄에서는 '入'자가 '수(水)'자 다음에 더해져야 한다.

114 『대정신수대장경(大正新修大藏經)』(191)3.968a.

한다.

아래에 길게 인용한 「현우경(賢愚經)」의 일부를 통해 '마법'과 '환상적인 현현(顯現)'이라는 의미로서의 '변(變)'의 불교적 의미에 대해 좀 더 깊이 이해할 수 있을 것이다.

> 육사(六師)들 중에 노도차라고 하는 한 제자가 있었다. 그는 환술(幻術)을 잘 알아 많은 사람들 앞에서 주문(呪文)[115]으로 나무 한 그루를 만들어 저절로 커지게 하였다. 그 나무의 그림자는 모인 사람들을 덮었고, 가지와 잎은 울창하고 무성하였으며, 꽃과 열매는 각각 달랐다. 사람들은 모두들 말했다. "이 변형(變)은 바로 노도차가 그렇게 만든(作) 것이야." 이 때, 사리불이 신통력으로(以神通力作) 회오리바람을 불게 하여, 그 나무뿌리를 뽑아 땅에 쓰러뜨려 작은 먼지로 잘게 부숴 버렸다. 사람들은 모두들 말했다. "사리불이 이겼어. 이제 노도차는 상대가 되지 않아."
>
> 또 다시 주문을 외워 연못을 만들었다. 그 연못은 4면이 모두 칠보(七寶)[116]로 되어 있었고, 연못 가운데로는 갖가지 꽃이 자라고 있었다. 사람들이 모두 말했다. "이것은 노도차가 만들어 낸(所作) 것이야." 이 때, 사리불은 여섯 상아를 가진 거대한 흰 코끼리 한 마리를 마술로 만들어냈다(化作). 그 상아 하나하나에는 일곱 송이의 연꽃이 있었고 그 꽃 하나하나에는 옥녀가 있었다. 코끼리가 천천히 연못가로 가서 물을 들이키자 연못은 금세 사라져버렸다. 사람들은 모두들 말했다. "사리불이 이겼어. 노도차는 상대가 되지 않아."
>
> 또 다시 산을 만들었는데(作), 그 산은 칠보로 장엄하게 장식되어 있었고, 샘과 연못 그리고 꽃과 열매가 무성한 수목들이 있었다. 사람들은 모두들 말

115 Dhārāni 또는 mantra.

116 Sapta ratna.

했다. "이것은 노도차가 만든(作) 것이야." 이 때, 사리불이 곧 금강역사(金剛力士)를 마술로 만들어냈다(化作). 금강역사가 금강몽둥이[117]를 가지고 멀리서 산을 가리키자, 산은 곧 흔적도 남기지 않고 부서져 버렸다. 사람들은 모두들 말했다. "사리불이 이겼어. 노도차는 그만 못해."

또 다시 10개의 머리를 가진 용의 몸을 만들었다. 용이 하늘에서 갖가지 보석을 비처럼 내리고, 번개와 우레가 땅을 진동하자 사람들은 크게 놀랐다. 사람들은 모두 말했다. "이것은 노도차가 만들어 낸(作) 것이야." 이 때, 사리불은 금시조왕(金翅鳥王)[118]을 마술로 만들어내어, 그 용을 베고 찢어 삼켜버렸다. 사람들은 모두들 말했다. "사리불이 이겼다. 노도차는 상대가 되지 않아."

다시 또 소 한 마리를 만들어냈는데, 키가 크고 몸은 거대했으며, 튼튼하게 살이 찌고 힘이 대단히 좋았다. 큰 다리와 날카로운 뿔로 땅을 파고 크게 포효하면서 앞으로 돌진해왔다. 이 때, 사리불은 사자왕(獅子王)을 마술로 만들어내어 그것을 갈라 찢어 먹어버렸다. 사람들은 말했다. "사리불이 이겼어, 노도차는 그만 못해."

다시 자신의 몸을 바꾸어 야차귀(夜叉鬼)로 만들었다(變其身作). 그 형체는 장대했으며, 머리에는 불이 타올랐으며, 눈은 피처럼 붉었으며, 네 이빨은 길고 날카로웠으며, 입으로는 불을 뿜으면서 뛰어오르고 내달렸다. 이 때, 사리불은 스스로 그 몸을 비사문왕(毘沙門王)으로 만들었다(自化其身作). 야차는 두려워하며 즉각 뒤로 물러서려 했으나, 사면에 불이 일어나 갈 곳이 없었고, 오직 사리불 옆쪽으로만 불이 없이 시원했다. 야차는 즉시 굴복하고 오체(五體)를 땅에 던지며[119] 목숨을 살려줄 것을 애타게 바랐다. 굴욕의 마음이 생기자 불은 곧 사그라들었다. 사람들은 모두들 외쳤다. "사리

117 Vajra.

118 garuḍa.

119 두 무릎, 두 팔꿈치, 머리를 땅에 대는 것.

불이 이겼어. 노도차는 그의 상대가 되지 않아."

이 때, 사리불이 몸을 허공으로 올리더니 걷고, 서고, 앉고, 누울 때의 네 가지 위의(威儀)를 보여주었다. 몸 위로는 물이 나오고, 몸 아래로는 불이 나왔으며, 동쪽에서 가라앉았다가 서쪽에서 솟아오르고, 서쪽에서 가라앉았다가 동쪽에서 솟아오르고, 북쪽에서 가라앉았다가 남쪽에서 솟아오르고, 남쪽에서 가라앉았다가 북쪽에서 솟아올랐다. 혹은 큰 몸으로 나타나 하늘을 가득 메우기도 하고, 또 다시 작은 몸으로 나타나 하나의 몸을 백 천만 억 개의 몸으로 나누었다가 다시 하나의 몸으로 합하기도 하였다. 하늘에 있다가 갑자기 땅에 있기도 하였는데, 땅을 밟는 것은 마치 물을 밟는 듯하였고 물을 밟는 것은 땅을 밟는 듯하였다. 이 변형(變)을 만드는(作) 일을 마치고서 다시 신족(神足)을 밟으면서[120] 본래의 자리에 앉았다. 모여 있던 사람들은 그의 신력을 보고서 모두들 기뻐하였다. 이 때, 사리불은 바로 설법을 시작하였다.[121]

大師衆中, 有一弟子, 名勞度差. 善知幻術, 於大衆前咒作一樹, 自然長大, 蔭覆衆會, 枝葉鬱茂, 花果各異. 衆人咸言, 此變乃是勞度差作. 時舍利弗, 便以神力, 作旋嵐風, 吹拔樹根, 倒著於地, 碎爲微塵. 衆人皆言, 舍利弗勝, 今勞度差便爲不如.

又復咒作一池, 其注四面, 皆以七寶, 池水之中, 生種種華. 衆人咸言, 是勞度差之所作也. 時舍利弗, 化作一大六牙白象, 其一牙上, 有七蓮花, 一一花上, 有七玉女, 其象徐庠, 往詣池邊, 並含其水, 池卽時滅. 衆人悉言, 舍利弗勝, 勞度差不如.

復作一山, 七寶莊嚴, 泉池樹木, 花果茂盛. 衆人咸言, 此是勞度差作. 時舍利弗, 卽便化作金剛力士, 以金剛杵, 遙用指之, 山卽破壞, 無有遺余. 衆會皆

---

120 섭(攝)→섭(躡). 신족(神足)은 ṛddhipāda 또는 ṛddhi-sākṣāt-kriyā를 상징한다.

121 「현우경(賢愚經)」, 『대정신수대장경(大正新修大藏經)』(202)4.420b.

言, 舍利弗勝, 勞度差不如.

復作一龍身, 有十頭, 會於虛空中, 雨種種寶, 雷電振地, 驚動大衆. 衆人咸言, 此亦勞度差作. 時舍利弗, 便化作一金翅鳥王, 擘裂噉之. 衆人皆言, 舍利弗勝, 勞度差不如.

復作一牛, 身體高大, 肥壯多力, 麤脚利用, 爬地大吼, 奔突來前. 時舍利弗, 化作師子王, 分裂食之. 衆人言曰, 舍利弗勝, 勞度差不如.

復變其身, 作夜叉鬼, 形體長大, 頭上火燃, 目赤如血, 四牙長利, 口自出火, 騰躍奔赴. 時舍利弗, 自化其身, 作毘沙門王. 夜叉恐怖, 卽欲退走, 四面火起, 無有去處, 唯舍利弗邊, 涼冷無火, 卽時屈伏, 五體投地求哀脫命, 辱心已生, 火卽還滅. 衆咸唱言, 舍利弗勝, 勞度差不如.

時舍利弗, 身昇虛空, 現四威儀, 行住坐臥, 身上出水, 身下出火, 東沒西踊, 西沒東踊, 北沒南踊, 南沒北踊, 或現大身, 滿虛空中, 而復現小, 成分一身, 作百千萬億身, 還合爲一身, 於虛空中, 忽然在地, 履地如水, 履水如地, 作是變已, 還攝神足, 坐其本座. 時會大衆, 見其神力, 咸悔歡喜. 時舍利弗, 卽爲說法.

위의 글을 통해 우리는 사리불이 만들어낸 모든 기변(奇變)들이 종교적 설법을 위한 서두로 쓰이고 있음을 알 수 있다. 인용된 것과 같은 좀 더 민간적인 텍스트이든 혹은 「묘법연화경(妙法蓮華經)」처럼 좀 더 세련된 형식의 텍스트이든, 이는 불교 텍스트에서 흔히 볼 수 있는 현상이다.

외도(外道)와 사리불 간의 법투는 「근본설일체유부비나야파승사(根本說一切有部毘奈耶破僧事)」에도 묘사되어 있다. 다행히 이 경전의 산스크리트어 원본이 지금까지 남아 있어서, 우리는 신변(神變) 묘사와 관련된 언어 유형에 대한 몇 가지 사실을 알 수 있다. 의정(義淨, 635~713)이 번역한 이 경전의 중국어본에는 "外道化爲七頭龍王. 舍利弗化爲大金翅鳥. 從空飛下食龍而去(『대정신수대장경(大正新修大藏經)』[1450]24.140c)"라는 구절이 있으며, 이에 해당하는 산스크리트어는 "tena śataśīrṣo nāgo nirmitaḥ; āyuṣmatā śāriputreṇa garuḍa nirmitaḥ, yenāsāvapahṛtaḥ"이다.[122] 중국어와 산스크리트어 텍스트 양자 모두가 전달하고 있는 의미는 외도가 일곱 개의 머리를 가진 용을 만들어냈고, 이 용은 사리불이 만든 거대한 새에 의해 잡아먹혔다는 것이다. 산스크리트어 기록에서 가장 중요한 단어는 'nirmita'로서, 이 용어는 중국어에서의 '화(化)[작(作)/위(爲)]'처럼 반복해서 나타나고 있다. 『불교의 산스크리트어 혼합어(Buddhist Hybrid Sanskrit)』에 따르면, 'nirmita'는 '마술[적 변화]을 통해 만드는'[123]이라는 의미를 가지고 있는 'nirminati'의 수동태 과거분사이며, 산스크리트어 $\sqrt{\text{nir-mā}}$어근 까지 거슬러 올라간다.[124] '화(化)[작(作)/위(爲)]'는 '변형을 통해 만들어진' 혹은 '그들 자신을 변형시킨'이라는 의미가 될 수 있다. 사리불 관련 변문 텍스트에서는 이에 해당되는 용어가 '화출(化出)'로 나타나고 있으며, 나는 이를 'conjure up(마술로 불러내다)'로 일관되게 번역하였다. 글자 그대로 보자면 이 용어는 '변형해내다', 즉 '변형을 통해 만들어내다'의 의미가 된다. 중국어 경전과 변문 모두에서 사리불과 노도차의 변형적 생산 혹은 창조를 언급할 때는 '신변(神變)', '신통변현

---

122 라니에로 그놀리(Raniero Gnoli) 편, 『길기트의 「파승사(破僧事)」 사본: 「근본설일체유부비나야(根本說一切有部毘奈耶)」의 17번째 마지막 부분(*The Gilgit Manuscript of the Saṅghabhedavastu : Being the 17th Last Section of the Vinaya of the Mūlasarvāstivādin*)』, 174~177쪽. 같은 법투를 묘사하고 있는 「현우경(賢愚經)」의 일부(앞에서 번역한 부분) 참고.

123 에드거튼(Edgerton), 『불교의 산스크리트어 합성어(*Buddhist Hybrid Sanskrit*)』, 320쪽 b 참고.

124 메이어(Mair), 「중국 문학의 서사혁명 : 존재론적 전제(The Narrative Revolution in Chinese Literature : Ontological Presuppositions)」 참고.

(神通變現)', 또는 그냥 '변(變)'이라는 용어를 쓰고 있다.

「묘법연화경(妙法蓮華經)」의 설법에 앞서 붓다는 깊은 명상에 잠긴 채 여러 가지 기적 같은 환상을 보여준다. 이 모습을 본 미륵보살은 다음과 같이 말한다. "여래께서 보여주시는 기적은 그 얼마나 위대한가!(Mahānimittaṃ prātihāryaṃ batedaṃ tithāgatina kṛtam)"[125] 「묘법연화경」을 중국어로 번역한 사람들이 어떻게 이 문장을 해석하고 있는지를 보는 것은 흥미로운 일이다. 286년에 이 경전을 「정법화경(正法華經)」이라고 번역했던 다르마라크사(竺法護, 223~300)는 이 문장을 "이제 세존여래께서 진실되고 올바른 깨달음에 이르셨네(今者世尊如來眞等正覺)"라고 번역하였다.[126] 406년에 이 경전을 「묘법연화경(妙法蓮華經)」이라고 번역했던 쿠마라지바(鳩摩羅什, 344~413)는 "이제 세존께서 신변의 모습을 보여주시네[127](今者世尊現神變相)"[128]라고 이 문장을 풀이하고 있다. 601년에 중국어로 번역한 다르마굽타(達摩笈多)와 야나굽타(闍那崛多)는 이 경전을 「전품묘법연화경(添品妙法蓮華經)」이라 칭했으며, 해당 행은 쿠마라지바의 번역을 그대로 따랐다.[129] 이들 번역과 그 외 번역들의 연대를 서로 비교하여 내릴 수 있는 결론은, 'prātihārya'란 말은 '변(變)'이 이 단어를 충분히 수용할 수 있을 만큼 의미가 확장되

---

125 컨(Kern), 난지오(Nanjio) 편, 8쪽. 원진(元稹)의 시(詩) 「대운사 20운(大雲寺二十韻)」 중 한 행은 경전의 해설과 정신적 현현(顯現) 사이의 밀접한 관계를 보여주고 있다: "경을 듣자 신변이 보였으며, 게를 말하자 새들이 분분히 모여들었다(聽經神變見, 說偈鳥紛紜)(『원씨장경집(元氏長慶集)』, 13권, 6쪽 b)."

126 『대정신수대장경(大正新修大藏經)』(263)9.63c.

127 가토(Katō) 외역, 『세 가지 「묘법연화경」』, 34쪽. 허비츠(Hurvitz)는 쿠마라지바의 「묘법연화경」을 번역하면서(『*Scriptures of the Lotus Blossom of the Fine Dharma*』, 4쪽) 위 문장을 "이제 (…) 세존께서는 이 비범한 상을 보여주시네"로 풀이한다.

128 『대정신수대장경(大正新修大藏經)』(262)9.2b.

129 『대정신수대장경(大正新修大藏經)』(264)9.135c.

기 전까지는 중국어에서 쉽사리 표현하기 힘든 개념이었다는 것이다.

「묘법연화경」의 또 다른 부분은 변환(變幻)의 개념을 극 공연의 개념과 함께 보여주고 있다는 점에서 면밀히 살펴볼 가치가 있다. 붓다는 문수사리에게 마하살타(摩訶薩埵, mahāsattva)로서의 마땅한 행실에 대해 설명을 하고 있다. 이 설명에서는 그가 반드시 피해야 할 사람들의 유형이 나오는데, 여기에는 싸움꾼, 돼지고기를 파는 사람, 가금(家禽)을 파는 사람, 사슴 사냥꾼, 백정, 연기하는 사람, 춤꾼 등이 포함된다.[130] 여기서 마지막 두 유형에 대한 산스크리트 합성어 표현은 'naṭa nṛttakān'[131] — '어떤 것을 [극적으로] 표현하다, 공연하다, 춤추다'의 의미인 √nat와 '무대에서 연기를 하다, 재현하다, 춤추다'의 의미인 √nṛt에서 온 말 — 이다.[132] 쿠마라지바는 이 용어를 '那羅等種種變現之戱'라고 번역하고 있으며,[133] 이 번역을 글자 그대로 영역하면 "naṭa(나라)[那羅, 즉 춤꾼/연기자] 등[에 의해 공연되는]의 갖가지 변현(變現) 공연들(various kinds of transformational manifestation performances [put on by] naṭas [that is, dancers/actors], and so forth)"이 될 것이다.[134] 쿠마라지바는 'nṛtta'가 'prātihārya'와 유사한 어떤 것을 의미한다고 보았음에 틀림없다. 왜냐하면 그는 'prātihārya'를 번역할 때 통상적으로 쓰이는 '변현(變現)'을

130 컨(Kern) 역, 『사다르마 푼다리카 또는 묘법연화(*Saddharma-Puṇḍarīka or the Lotus of the True Law*)』, 263쪽.

131 컨(Kern) · 난지오(Nanjio) 편, 276쪽 6행.

132 모니에르 윌리엄스(Monier-Williams), 『산스크리트어-영어사전(*A Sanskrit-English Dictionary*)』, 525쪽 bc, 568쪽 bc.

133 『대정신수대장경(大正新修大藏經)』(262)9.37a. 다르마굽타와 야마굽타의 번역은 쿠마라지바를 그대로 따르고 있다(『대정신수대장경(大正新修大藏經)』(264)9.171c). 그보다 앞서 다르마라크샤는 이를 "노래하는 사람들, 연기하는 사람들과는 같은 곳에 모이지 않는다(不與歌樂遊戱衆會同處)"라고 의역하고 있다(『대정신수대장경(大正新修大藏經)』(263)9.107b).

134 앞의 세 글자와 뒤의 여섯 글자의 관계에 대해서는 몇 가지 문제점이 있다. 나는 이를 소유격으로 본다.

'nṛtta'에 대한 번역어로 쓰고 있기 때문이다. 『불교의 산스크리트어 합성어(Buddhist Hybrid Sanskrit)』에서도 역시 연기(acting)는 흔히 신비한 색채를 띠는 것으로 여겨지고 있다.[135] 『번역명의대집(飜譯名義大集)』에서는(no. 2837) 'māyādayaḥ(māyā[환상] 등)'라는 제목 아래에 'naṭaraṅgaḥ'라는 표현을 써넣고 있다. 이 표현은, 글자 그대로의 의미는 '극의 무대(theatrical stage)'이지만, 흔히 사람들을 현혹시키는 환상적 특징을 나타낼 때 사용된다. 예를 들어 우리는 『대승집보살학론(大乘集菩薩學論)』에서 보살의 말은 '허황된 말' 혹은 글자 그대로는 '무대의 언어(na naṭaraṅga-vacanaḥ)'가 되어서는 안 된다는 기록을 읽을 수 있다.[136] 사실상 'naṭa'와 'nṛtta'가 거의 동일한 것을 의미한다는 점에 비추어 볼 때, 쿠마라지바의 번역은 산스크리트어 용어의 함축 의미를 표현하려는 주해(註解)적 성격으로 기능하고 있으며, 따라서 본래 의미 이상의 어떤 것을 말하고 있는 것으로 보인다. 그러나 어쨌든 중국의 불교 텍스트에서 변현(變現)과 극 공연이 서로 관계를 맺어왔다는 사실은 상당히 의미심장하다. 이 점은 중국-인도 극서사의 성격에 대한 직접적 관련성을 내포하고 있다.[137]

『낙양가람기(洛陽伽藍記)』에는 신변(神變)을 통해 이교도들을 개종시키는 내용의 흥미로운 이야기가 있다.[138] 세랭디아의 한 상인이 코

135 『불교의 산스크리트어 합성어(Buddhist Hybrid Sanskrit)』, 289쪽 a.

136 벤달(Bendall) 편, 『대승집보살학론(大乘集菩薩學論)(Çikshāsamuccaya)』, 126쪽 3~4행; 벤달, 로우즈(Rouse) 역, 『산티데바 편. 초기 대승경전을 중심으로 한 『대승집보살학론(大乘集菩薩學論)』: 불교교리 개설(Śikshā-samuccaya : A Compendium of Buddhist Doctrine, compiled by Sāntideva, Chiefly from Earlier Mahāyāna Sūtras)』, 125쪽.

137 메이어(Mair), 「중국문학에서 산운조합 구술서사에 보이는 불교 전통(The Buddhist Tradition of Prosimetric Oral Narrative in Chinese Literature)」 참고.

138 양현지(楊衒之), 『낙양가람기 교주(洛陽伽藍記校注)』, 271쪽; 『중간 낙양가람기(重刊洛陽伽藍記)』, 5권 39쪽 b~40쪽 a; 이리야 요시타카(入矢義高) 역, 『낙양가람기, 수경주 초

탄의 왕 앞에 바이로카나라는 승려를 데리고 간다. 그 승려가 붓다에게 제자인 라훌라를 그곳으로 보내줄 것을 요구하자, 라훌라는 공중에서 자신의 모습을 붓다의 모습으로 바꾼다. 왕은 깊은 감명을 받고서 즉시 개종을 하고, 사원을 지어 그 안에 라훌라의 상을 그려놓는다.

『서유기(西遊記)』에는 후대의 민간 불교전통이 대단히 극적이고 놀라운 특징을 지닌 신변에서 어떻게 즐거움을 찾았는지 보여주는 부분이 있다.

> 오공(悟公)은 그것[139]의 흉맹(凶猛)스러운 모습을 보고서 신외신법(身外身法)을 사용하였다. 그는 머리카락을 한 가닥 뽑아 입 속에 넣고 잘게 부순 후 하늘에 대고 뿜어내면서 '변(變)'이라고 외쳤다. 그러자 그 조각들은 몇 백 개의 작은 원숭이로 변하여 주위에 몰려들었다. 본래 누구든지 신선의 몸을 얻으면 자신의 영혼을 투사하여 모습을 바꾸고 갖가지 기적을 만들어낼 수 있는 것이다. 도를 깨친 이래로 이 원숭이는 8만 4천 가닥의 머리카락 각각을 자기가 원하는 어떤 것으로도 변하게 할 수 있었다.[140]

인도에서는 [영험(靈驗)하다는 이유로] 아난다[阿難]를 가장 아끼는 것과는 달리, 중국에서 붓다의 제자 중 가장 잘 알려진 인물은 [지혜를 소지하고 있는] 사리불(舍利弗, 사리푸트라)과 [마술적 능력을 가지고 있는] 목련(目連, 마우드갈랴야나나)이다. 또 중국 민간불교 전통에서는 사리불이

(洛陽伽藍記水經注抄)』, 97쪽 ab; 제너(Jenner) 역, 『낙양의 기억 : 양현지(楊衒之)와 잃어버린 수도(*Memories of Loyang : Yang Hsüan-chih and the Lost Capital*(493-634))』, 257쪽.

139 소위 '혼세마왕(混世魔王).'

140 오승은(吳承恩), 『서유기(西遊記)』 1권, 2회 22쪽; 웨일리(Waley) 역, 30쪽; 앤서니 위(Anthony Yu) 역, 1권 97쪽. 오승은, 4회 43쪽 ; 웨일리, 49쪽 ; 앤서니 위, 128쪽 ; 오승은, 7회 71쪽 ; 웨일리, 73쪽 ; 앤서니 위, 169쪽 역시 참고.

흔히 마법을 부리는 사람으로 묘사되기도 했지만 그보다는 목련이 훨씬 더 인기가 높았다. 중국에서 목련이 광범위하게 인기를 누렸던 이유는 그의 이야기에 중국 고유의 충효(忠孝)에 관한 교훈이 잘 드러나고 있다는 사실 이외에도 그가 마술사들의 수호신으로 기능했기 때문이라는 것도 들 수 있다. 대중들을 위해서는 교리 강연보다는 시각적 효과가 훨씬 더 설득력이 있었다.

모든 변문이 불교적 주제를 띠고 있는 것은 아니라고 해서 '변(變)' 자의 인도 불교적 기원을 의심할 수는 없을 것이다. 불교적 기원을 의심하지 않는 것은 "중국에서 변문은 그 자신만의 역사를 가지고 있다"는 노골적인 주장을 무시하기 위함이다. 변문은 인도 불교적 모습으로 시작했지만 점차 세속화되어 갔다. 여기서 말하는 세속화는, 첫째, 변문의 형식이 비불교적 이야기를 할 때에도 쓰일 수 있게 되었고, 둘째, 그 형식은 여전히 남아있었음에도 불구하고 불교적 색채를 띤 명칭은 거의 쓰이지 않게 되었다는 의미에서의 세속화이다.[141] 변문의 불교적 기원은 명백하기 때문에, 우리는 인도어에 '변문'과 정확히 들어맞는 용어가 있는지를 살펴보아야 할 것이다.

변문(變文)의 '변(變)'이 산스크리트어 'pariṇāma'에 대한 중국어 동의어라는 허드리코바의 주장[142]은 전혀 터무니없는 의견이 아니다. 'pariṇāma'는 중국어로 보통 '변화' 혹은 '진화'를 의미하는 '전변(轉變)'으로 번역된다. 그리고 비유적으로는 현실화된 느낌, 감정, 의도 혹은

141 메이어(Mair), 「중국문학에서 산운조합 구술 서사에 보이는 불교 전통(The Buddhist Tradition of Prosimetric Oral Narrative in Chinese Literature)」 참고.

142 「돈황변문과 관련된 몇 가지 질문(Some Questions Connected with Tun-huang pien-wen)」, 222쪽. 가나오카 쇼코(金岡照光)의 「'변(變)'자에 관하여(On the Word 'Pien')」 21쪽에서도 역시 이 주장을 수용하고 있는 것으로 보인다. 그러나 변(變)이 '스스로 변하는' 어떤 것 또는 '일시적인' 존재와 관련된다는 그의 설명은 설득력이 부족하다.

생각을 의미한다.[143] 철학에서 이 용어는 하나의 조건 혹은 발전 단계에서 다른 곳으로 이동하는 것을 말한다. 이는 모든 것들은 본질적으로 현실적이지도 비현실적이지도 않은 채 오직 마음의 움직임에 좌우된다고 주장하는 법상(法相) 혹은 유식(唯識)의 가르침에 있어 본질적 요소가 된다. 결국 우리는 'pariṇāma'를 변문과 변상에서의 '변(變)'의 동의어로 보아서는 안 된다. 왜냐하면, 이 용어의 실제 의미에는 '어떤 환상 또는 상(相)을 만들어내는', '마술로 현시하는', '신적 존재의 현시' 등의 의미들, 즉 변문과 변상에서의 '변(變)'의 의미들은 전혀 포함되어 있지 않기 때문이다.

관덕동(關德棟)은 '변(變)'이 '만다라(maṇḍala)'를 음역한 것이라고 주장하였다.[144] 변문을 '만다라 텍스트(Mandala texts)'라고 번역한 돌비(Dolby)의 의견 역시 주목할 만하다.[145] 이 학자는 관덕동의 해석을 받아들인 것으로 보인다. 관덕동은 나가사와 키쿠야(長澤規矩也)의 언급 — "변문은 본래 만다라의 명문(銘文)을 해석한 것이라고들 한다"[146] — 과 같은 이전의 주장들 때문에 '변'과 만다라의 동일성을 주장하게 된 것으로 보인다. 시오노야 온(塩谷溫) 역시 '변'이 불교 용어일 것이라고 주장하면서, 한 걸음 더 나아가 변상은 만다라와 유사한 것이며 변문은 만다라에 수반되는 해설과 유사한 것이라는 주장을 하였다.[147] 그러나 이들 중 어느 누구도 구체적 자료 혹은 명문을 언급하면서 변과 만다라의 동일성을 증명하고 있진 않다. 더구나 이 주장을 반박할 수 있는

143 인갈스(Ingalls), 『산스크리트 시와 산스크리트 시학(*Sanskrit Poetry and Sanskrit Poetics*)』, 11쪽.
144 「'변' 자의 유래에 대한 간략한 해설(略說變字的來源)」, 2~3쪽.
145 『중국희곡사(*A History of Chinese Drama*)』, 11쪽.
146 「학술과 문학(學術と文學)」, 246쪽 b~247쪽 a.
147 『지나문학개론(支那文學槪論)』, 357쪽.

많은 직접적 증거들이 현존하고 있다.

'문(文)'과 '상(相)' 그리고 그 외의 글자들과도 함께 조합된다는 사실로 볼 때, 지금 우리가 다루고 있는 '변(變)' 자는 음역(音譯)보다는 의미를 나타내기 위해 쓰이고 있음이 분명하다. 그리고 설사 '변(變)' 자가 예외적으로 음역을 위해 쓰인다 하더라도, 동시에 그것이 어떤 의미를 전달하기 위해서도 쓰이는 일은 결코 없을 것이다.[148] 그러나 '변(變)' 자가 의미 전달을 위해 쓰이고 있었다는 가정 하에서 판단하건대, 불교 용어에서 이 글자는 이미 초자연적 변형과 관련 있는 산스크리트어 용어들에 대한 번역어로 확실히 굳어져 있었다. '변(變)' 자가 만다라의 근본 의미인 순환성을 뜻하는 것으로도 쓰였으리라는 가정은 거의 불가능하다. 그리고 결정적으로, 중국어에는 만다라에 대한 여러 가지 다른 번역어들이 실재하고 있다. 예를 들면, 만다라(曼荼羅), 만타라(蔓陀囉), 만다라(滿茶邏) 등. 사실상 '변(變)' 자와 같은 전혀 무관한 글자가 '만다라 문(曼陀羅文, maṇḍala text)과 '만다라 상(曼陀羅相, maṇḍala tableau)'의 경우에만 쓰였을 리는 없다.

앞에서 제시한 변(變)과 만다라 간의 동질성을 논할 때, 중국 불교 미술에서 이 두 용어는 크게 다른 두 가지 존재를 의미한다는 점 역시 반드시 짚고 넘어가야 할 사항이다. 미술사학자들은 이 두 용어를 어느 정도 혼용해왔다. 그러나 당대(唐代)의 문헌을 자세히 살펴보면[149] 중국의 불교도 저자들은 보통 이 두 용어를 구분하는 경향이 있었음

148 나는 순음 'p'와 'm'이 상호 전환된다는 관덕동의 주장에 대해 반대하지는 않음을 미리 말해둔다.

149 예를 들어, 나의 「변상의 기록(Records of Transformation Tableaux(*pien-hsiang*))」에서의 연구. 본 논문의 4장과 6장에서는 변(變)이 회화(繪畵)적인 표현을 가리킬 수 있다는 것 그리고 변상(變相)은 'transformation tableau'로 번역하는 것이 옳음을 주장할 것이다.

을 알 수 있다. 물론, '만다라'와 '변상'이라는 두 용어는 사실상 서로서로에게 통합되기 때문에, 이 두 용어 사이의 구분선이 뚜렷하게 그어질 수 있다고 기대하긴 힘들다. 두 가지 중 '만다라' 쪽은 헌신, 숭배, 의식, 명상과 좀 더 관계가 깊고, '변' 쪽은 — 하나이든 혹은 연속된 것이든 — 서사적 에피소드에 대한 그림과 좀 더 관계가 깊다. 어떤 그림은 이 양자의 요소를 모두 포괄하여 두 가지 기능을 어느 정도 함께 수행할 수도 있을 것이다. 본래 만다라는 정신적 깨달음을 얻을 수 있도록 종교적 삼매(三昧) 상태를 이끌어주는 지방, 지역, 위치, 장소 혹은 사물을 의미한다. 산스크리트어 '보디만다라(bodhimaṇḍala)'에 대한 중국어 번역인 '도장(道場)('way-arena', 'bema'와 비교)'은 이 의미를 가장 잘 표현해주고 있다. 한편 종교상의 '변(變)'은 본래 설교적 의미를 담고 있는 어떤 한 장면 또는 사건 — 좀 더 흔하게는, 일련의 장면 또는 사건들 — 을 묘사할 목적으로 그려진 것이다. 따라서 우리는 변(變)과 만다라를 혼동해서도 동일시해서도 안 된다.

그러므로 우리는 어떤 의미에서 '변(變)'을 "서사적 맥락 내에서의 신(神)의 현시(顯示), 현현(顯現), 또는 현실화(現實化)"라고 생각해볼 수 있다. 이렇게 되면 '변(變)'은 만다라와 질적으로 구분될 뿐 아니라, 신성의 상징일 뿐인 있는 그대로의 '상(像)'[pratirūpa, pratirūpaka 등] 또는 '구(軀)'와도 구분이 된다. 아마 서사적 맥락에서 종교적인 '변(變)' 이야기꾼은 신 또는 신들을 출현시킬 수 있는 사람으로 생각되었을 것이다. 어쨌든, 그와 유사한 사람들인 인도네시아의 달랑(dalang)과 라자스탄의 보포(bhopo)는 분명 그러한 능력을 가지고 있는 것으로 보인다.[150]

중국 불교의 '변(變)'에 대한 산스크리트 조상어를 논함에 있어, 지금

150 메이어(Mair), 『그림과 공연(*painting and Performance*)』, 4장, 5장 참고.

단계에서는 서로 다른 여러 언어에서 나타나는 불교 용어의 동일화와 관련된 일반적 내용으로 화제를 돌릴 필요가 있다. 레가메이(Régamey)가 명백히 주장한 것처럼, 설사 같은 텍스트의 같은 단락에 해당되는 부분일지라도 그 부분의 산스크리트어, 티베트어, 중국어 용어들을 동일시하는 것은 상당히 위험한 일이다. 레가메이의 주장은 이렇다. "서로 대응하는 두 단락에서 한 문장 내에 서로 상응하는 표현이 보일 때에는, 여기에 쓰인 용어들의 본래의 의미에 공통된 부분이 거의 없을 때에도 이 표현들은 동일한 것으로 기록된다. 이러한 모순은 자의적인 불교 번역의 결과이자 중국어에 고정된 불교 용어가 없었다는 증거로 해석된다. 반면 이러한 모순들은 고의적으로 또는 단순히 역자가 잘못 해석해서 생기는 경우가 대단히 흔하다."[151] 중국 불교의 번역 텍스트와 산스크리트어 원전 사이에 정확한 1 : 1 대응은 거의 없다. 반면 티베트어 번역 텍스트와 산스크리트어 원전에 대해서는 근사(近似)한 일치 관계가 나타날 가능성이 비교적 높다. 브로우(Brough)는 「'보살본생만론(菩薩本生鬘論)'의 잘못된 한문 번역(The Chinese Pseudo Translation of Árya-Śūra's Jātaka-mālā)」에서 경문(經文) 전체를 완전히 잘못 이해해서 오역을 한 대표적 예를 들고 있다. 설사 중국어 번역을 검증할 수 있는 산스크리트 원문 그리고 이 원문에 대단히 충실한 티베트어 번역이 있을지라도 그 용어들 사이의 동일성은 신중하게 그리고 가설로서 제안되어야 한다. 사실 중국어에는 어느 정도 고정된 불교 용어가 존재하고 있었지만, 이 용어들로 말하자면 당연히 중국어가 먼저였고 산스크리트어는 2차적인 것일 뿐이었다. 여러 시대를 거쳐 이 용어가 끊임없이 변화해가면서 자연히 동일한 산스크리트어 용어 또

151 『바드라마야카라바카라나(*Bhadramāyākāravyākaraṇa*)』, 11쪽.

는 개념이 몇 개의 중국어 표현들로 번역되었을 것이다.

중국 불교 용어와 산스크리트어 용어 사이의 관계는 결코 간단한 문제가 아니다. 어떤 경우에는 둘 사이에 동일성이 있을 수도 있다. 예를 들어, 아반타라(阿槃陀羅)와 avāntara(중개, 仲介)가 그렇다. 또 어떤 경우에는 하나의 산스크리트어가 서로 다른 여러 가지 중국어 표현들로 번역되기도 한다. 예를 들어, 항타게(恒他揭) [또는 얼(櫱)] 다(多), 다타(多陀)[또는 타(他)]아가도(阿伽度)[또는 타(陀) 또는 타(駄)], 항관(恒闥)[또는 살(薩)]아갈(阿竭), 답답갈달(荅荅葛達), 항타의다(恒佗議多), 다타아가타(多他阿伽陀)[야(耶)], 여래(如來)와 Tathagata['이렇게 해서', 붓다의 별칭 중 하나]가 그렇다. 사실 중국의 몇몇 불교 용어는 거의 동의어나 다름없는 몇몇 산스크리트어들을 합쳐놓은 것일 수도 있다. 예를 들어, 성(性)과 svabhāva, prakṛti, pradhāna 등이 그렇다. 그리고 많은 중국의 불교 용어들은 그에 상응하는 산스크리트어를 가지고 있지 않다. 선종(禪宗)의 공안(公案)이 그런 예이다. 나는 예술 혹은 문학 장르로서의 '변(變)'은 이 중 끝에서 두 번째에 해당된다고 생각한다. 즉, '변(變)'에는 그에 해당하는 명확한 산스크리트 조상어들이 있지만, 이 '변(變)'은 어떤 한 가지 산스크리트 단어 혹은 용어와 동일하지는 않다는 것이다.

'[변형의 또는 초자연적 사건의 또는 신성의] 그림'과 흡사한 의미로 쓰인 '변(變)' 자가 보이는 극소수의 중국 불교경전 중 하나로 「근본설일체유부비나야잡사(根本說一切有部毘奈耶雜事)」(『대정신수대장경(大正新修大藏經)』 제24책, 1451호)가 있다. 703년에 의정(義淨)은 자신이 인도로부터 가지고 온 사본을 토대로 하여 이 경전 전체를 번역하였다.[152] 여

152 『대정신수대장경(大正新修大藏經)』(2154)55.567c, '개원록(開元錄)'을 참고.

기서 '변(變)'이 언급된 중요 단락은[153] 다음과 같이 요약된다 : 기원을 다 지은 다음 급고장자(給孤長者)는 아름다운 그림들로 이 건물을 장식해야겠다고 생각했다. 그래서 그는 붓다에게 의견을 물으러 갔다. 붓다는 그에게 그 자신이 하고 싶은 대로 따르라고 말해주었다. 이렇게 해서, 그는 그림에 필요한 재료들을 모아서 화공들에게 함께 그림을 그리도록 했다. 그러나 화공들이 무엇을 그리고 어디에 그려야 하느냐고 묻자, 급고장자는 자신은 그것을 모르며 그 일은 붓다에게 다시 여쭈어보는 것이 낫겠다고 대답했다. 붓다는 그림의 주제와 위치를 상세하게 설명해 주었다.

이 경문에서 두 번 등장하는 '변(變)' 자는 그 의미가 '[그림으로 표현된] 초자연적인 사건(들)'인 것으로 보인다. 그림을 말하는 것으로 짐작되는 첫 번째 것은 '대신통변(大神通變)'[154]이라 칭해지고 있다. 산스크리트어로 된 「근본설일체유부비나야잡사(根本說一切有部毘奈耶雜事)」의 파편적 기록들이 대단히 많음에도 불구하고,[155] 불행히도 이 단락에 해당되는 기록은 전혀 남아있지 않다.[156] 그러나 9세기 초엽의 티베트어판[157]은 현존 산스크리트어 경문의 파편적 기록들 바로 다음에 이어

153 『대정신수대장경(大正新修大藏經)』(1451, 17권)24.283ab.

154 '신통(神通)'은 보통 산스크리트어 ṛddhi[-sampad]와 티베트어 'rdsu ḥphrul'의 번역어로 쓰인다. 나카무라 하지메(中村元), 『불교어대사전(佛教語大辭典)』, 794쪽 b 참고. '대신변(大神變)'에 대한 가장 상세한 설명은, '대신변(大神變)'의 다양한 유형들을 다루고 있는 「대보적경(大寶積經)」의 해당부분을 참고(『대정신수대장경(大正新修大藏經)』(310)11. 492b~501b).

155 나리나크샤 두트(Nalinaksha Dutt)가 편찬한 『길기트 사본(*Gilgit Manuscripts*)』 각 권을 참고.

156 아키라 유야마(Akira Yuyama), 『산스크리트어 불교문학의 체계적 개괄(*Systematische Übersicht über die buddhistische Sanskrit-Literatur/A Systematic Survey of Buddhist Sanskrit Literature*)』, 24~28쪽.

157 Vidyākaraprabha, Dharmaśrīprabha, Dhar-'byor 역, 『*'Dul-ba phran-tshegs-kyi gźi*』(*Derge* text no.6).

지는 부분이라 본래의 경전에서 빠진 부분을 메울 수 있는 부분으로 보인다.[158] 여기서 '대신통변(大神通變)'에 대한 티베트어 변역은 '大 chohphrul'[159]로 되어 있으며, 이는 산스크리트어 'prātihārya(prātihāra와 비교, '마법사')'와 'ṛddhi'에 대한 표준 번역어이다.[160] 두 번째 '변(變)'은 '지옥변(地獄變)'이라는 용어에서 등장한다. 이 중국어 표현은 지옥(산스크리트어 naraka[에서의 고통])의 변[현](變[現], 산스크리트어 prātihārya)을 의미한다. 뜻밖에도 이에 해당되는 티베트어 경문은 '지옥의 가족', 즉 지옥의 일을 주관하는 '가계(家系)' 또는 '위계(位階)'를 의미하는 'dmyal-baḥai-rabs'이다.[161] 현존하는 자료들을 근거로 중국어와 티베트어 경문 중에서 어떤 것이 더 산스크리트어 원전에 정확히 부합되는지를 결정할 수는 없다. 중요한 것은 궁극적으로는 산스크리트어 원전에서 도출되었을 중

---

158 두트(Dutt), 『길기트 사본(*Gilgit Manuscripts*)』, III권, part2, iii쪽과 보겔(Vogel), 『육사(六師)의 가르침 : 티베트어 「근본설일체유부비나야(根本說一切有部毘奈耶)」의 프라브라야바스투에 따라(*The Teachings of the Six Heretics : According to the Pravrajyāvastu of the tibetan Mūlasarvāstivāda Vinaya*)』, 4쪽. 보겔은 고문서학적 증거를 통해 「근본설일체유부비나야(根本說一切有部毘奈耶)」의 길기트 사본에서 연대가 가장 늦은 부분은 6세기의 굽타 문자로 기록되었음을 알 수 있다고 주장한다. 그리고 연대가 가장 이른 부분은 쿠사나의 카니스카 왕(78~103? 재위)이 언급되어 있는 342쪽 a에 보인다(Dutt, 『*Gilgit Manuscripts*』, III권, part1, 2~3쪽 참고). 바샴(Basham), 「카니스카의 연대에 대한 논고(Papers on the Date of Kaniṣka)」, 432~435쪽과 비교.

159 Vol. *tha*, 225쪽 b.3.

160 다스(Das), 『티베트어-영어 사전, 산스크리트어 동의어 병기(*A Tibetan-English Dictionary with Sanskrit Synonym*)』, 426쪽 b : ṛdsu-ḥphrul-gyi cho-ḥphrul[ṛddhiprātihārya] 'magical and miraculous exhibitions'와 야쉬케(Jäschke), 『티베트어-영어 사전(*Tibetan-English Dictionary*)』, 161쪽 b; 'magical trick, jugglery' 참고. 'śaubhika'에 대한 나의 논의와 비교(『그림과 공연(*Painting and Performance*)』, 제1장)를 참고.

161 Derge, text no.6, Vol. tha, 225b.5. Das, 1169쪽 b와 야쉬케, 524쪽 b~525쪽 a 참고. 마사토시 나가토미(Masatoshi Nagatomi)는 키워드인 'rabs'가 '연속, 발전, 세대; 한 가족 또는 범주의 구성성분'을 의미할 수 있다고 설명해 줌으로써 이 용어에 대한 나의 이해를 더욱 확실하게 해 주었다(1982년 4월 22일의 대화). 따라서 우리는 'dmyal-baḥai-rabs'를 '지옥의 범주에 속하는 것' 또는 '지옥의/지옥에 대한 전통에 속하는 것'라고 번역할 수 있다. 이 용어를 영어로 가장 유사하게 표현한다면 'Account of Hell'—중국어로는 '지옥전(地獄傳)'—이 될 것이다.

국 경전 속의 '변(變)' 자가 '초자연적 사건(들)[의 그림 표현]'이라는 의미로 쓰인 것일 수 있음을 확인했다는 것이다.

중국어로 된 텍스트의 인용을 통해 주일량(周一良)은 위의 용법이 '변(變)'에 대한 일반적인 중국어 용법으로 쓰인 것 같지는 않다고 주장하면서, 여기에는 산스크리트어 조상어가 있음을 주장하고 있다.[162] 그가 조상어일 가능성이 있다고 보는 용어는 'citra(그림, 畵)'이다. 이는 가치 있는 주장이긴 하지만 어원학적으로도 문서학적으로도 정당화될 수 없는 주장이기도 하다. 'Citra'에는 다음과 같은 의미도 포함되어 있으며, 나는 이하에서 이 의미들을 고정적인 중국어 번역과 함께 소개하고자 한다 : '가지각색의(種種)' [부동(不同)], 잡류(雜類), 잡식(雜飾), '기이한(有殊)', '놀라운(稀奇, 妙色)'. 아래의 합성어들 역시 'citra'를 중국어로 번역할 때 일반적으로 쓰는 유형이다 : citra-kāra('화가[畵師]'), citra-kara('화공'[畵工]), citra-gṛha 또는 citra-śālā('화실[畵室]'), citra-darśana('다채로운 법을 보이는[現見種種法]'), citra-paṭa 또는 citra-paṭṭa('그림 그리기[采畵]', 화상[畵像], 금[錦]).[163] 내가 아는 한 'citra'는 결코 '변(變)'으로 번역된 적이 없다.

오효영(吳曉鈴) 역시 주일량과 비슷한 관점을 보여주고 있다. 오효영은 '변(變)'에 대한 산스크리트어 동의어로 'vicitra(가지각색의, 빛나는)'를 제시하고 있다.[164] 그는 'vicitra'가 '기이한', '초자연적인'이라는 의미를 포함한다고 주장한다. 실제로 이는 정당한 주장이긴 하지만, 나는 이 용어가 '초자연적인/변형의 [사건(들)/신성(들)]'이라는 의미맥락 속에서 사용된다고 확언할 수는 없다. 중국 불교에서의 '변(變)'의 의

---

162 「「당대속강고」를 읽고(讀唐代俗講考)」, 382쪽.
163 모니에르 윌리엄스(Monier-Williams), 396~397쪽과 오기하라 운라이[荻原雲來], 472~473쪽.
164 「「속강고」에 관하여도 몇 마디 말함—상각명 선생에게서 정답을 구하며(關於俗講考也說幾句話上下—就正於向覺明先生)」.

미와 어울리기 위해서는 'vicitra'가 위와 같은 의미 맥락 속에서 사용되어야 한다.

「근본설일체유부비나야(根本說一切有部毘奈耶)」에 대한 주일량의 또 다른 흥미로운 주장은, 이 경문에서 '상(像)'과 '변(變)'은 동시에 언급되고 있기 때문에 이 두 가지는 구분되어야 한다는 것이다: "보통 '상(像)'의 주체는 사람이고, '변(變)'의 주체는 에피소드 [원문 그대로 하면 '사(事)']이다."[165] 이 의견은 본질적으로 '변(變)' 자는 서사적 특성을 포함하고 있다는 나의 주장[166]과 대단히 잘 들어맞는다.

내가 본 팔리어 경전 중 기원정사(祈園精舍)의 설립과 장식을 가장 길게 묘사한 단락은 「소품(小品, Cullavagga)」 6.4.10에서 볼 수 있다:

> 이 때, 주인인 급고독(給孤獨) 장자는 "이 기타태자(祇陀太子)는 탁월하면서 명망이 있는 사람이야. 이렇게 명망 있는 사람의 교의와 계율은 분명 대단히 영험하겠지."라고 생각하고서 기타태자에게 자신이 소유하고 있던 공터를 바쳤다. 기타태자는 공터에 큰 집(koṭṭhaka)[167]을 지었다. 주인인 급고독 장자는 묵을 곳을 짓고, 방들 (…) 정자 (…) 접대할 곳 (…) 화방(火房) (…) 가축 막사 (…) 변소 (…) 함께 맨발로 걸음을 걸을 곳 (…) 함께 맨발로 걸음을 걸을 곳 위의 방 (…) 우물 (…) 우물 옆의 방 (…) 욕실 (…) 욕실 옆의 방 (…) 연화지(蓮花池)를 지었고, 창고를 지었다.[168]

---

165 「「속강고」에 관하여 다시 몇 마디 말함(關於俗講考再說幾句話)」.

166 특히 제4장을 참고.

167 호너(Horner)의 주3에서는 "koṭṭhaka는 고정된 의미가 없는 단어이다"라고 했다. 그녀는 koṭṭhaka가 입구에 문(또는 창고)이 있는 7층의 긴 집을 의미하는 것으로 보면서 「소품」을 인용하고 있다. 다카쿠스(Takakusu)와 나가이(Nagai) 편, 『사만타파나이카: 「율장(律藏)」에 대한 부다고사의 해설(Samantapāsādikā : Buddhaghosa's Commentary on the Vinnaya Piṭaka)』, VI, 1221쪽. 타밀어로 koṭṭhaka는 '현관' 또는 '닫집 같은 건축물'을 의미한다.

어느 곳에도 그림에 대한 언급은 없다. 따라서 위 인용문에 근거하여 '변(變)'에 해당하는 인도어 동의어를 찾아낼 수는 없다. 「근본설일체유부비나야(根本說一切有部毘奈耶)」의 기록은 경전 속의 전설이 후대에 전해지면서 변이되고 확대된 특징을 보여주고 있다.

불교에서 'caraṇa citra('마음대로', '자유자재로', 또는 '즉석에서 그린 그림')'가 벽화로 발전할 수 있는 모든 가능성에 대한 논의를 하면서 바루아(Barua)는 「천비(天譬, Divyāvadāna)」의 한 전설을 인용하고 있는데,[169] 나는 이 전설을 「근본설일체유부비나야(根本說一切有部毘奈耶)」의 중국어판에서도 찾을 수 있었다.[170] 붓다는 다른 제자들도 목련과 같은 훌륭한 포교자가 되도록 하기 위해서는 그들이 묵는 사원에 그림들을 붙여놓아야 한다고 말한다. 포교를 할 때 목련 자신이 그림을 사용했는지 그렇지 않았는지가 궁금해질 수 있다. 어쨌든 그가 어떤 상(像)을 현시(現示)할 수 있는 능력을 가지고 있었음은 분명하다. 왜냐하면 그는 붓다의 제자들 중 마술적 힘에서 가장 탁월한(神通第一) 인물이었기 때문이다.

인간의 다섯 운명, 즉 아귀(餓鬼), 축생(畜生), 수라(修羅), 천상(天上), 인간(人間)을 현시(現示)해주면서, 다섯 부분으로 나뉘어진 법륜을 [죽림사] 입구에서 보여주어야 한다. 가장 아래 부분에서는 아귀, 축생, 수라를 보여주어야 하고, 그 위쪽에서는 천상과 인간 그리고 4대 부주(部洲) — 승신주(勝

168 호너 역, 『계율서[율장(律藏)](*The Book of the Discipline(Vinayapīṭaka)*)』 V, 223쪽; 올덴버그(Oldenburg) 편, 『율장(律藏)(*The Vinaya Piṭakaṃ*)』 II, 159쪽. 포스볼(Fausbøll) 편, 『본생담(The Jātaka)』 I, 92~93쪽; 리스 데이비스(T. W. Rhys Davids) 역, 『본생담(*Buddhist Birth Stories*)』 I, 131~132쪽의 다소 거친 묘사와 비교.

169 『바후트 1책, 설화자로서의 돌(Barhut. Book 1, Stone as a Story-Teller)』, 92~93쪽.

170 『대정신수대장경(大正新修大藏經)』(1442)23.811ab.

身洲), 서우화주(西牛貨洲), 북구노주(北俱盧洲), 염부제주(閻浮提洲) - 를 보여주어야 한다. 중간 부분에서는 불상, 열반의 원, 미물(微物), 우물의 두레박끈으로 표현되는 상승과 추락의 마지막 과정 뿐 아니라 욕정, 증오, 미혹됨 - 비둘기로 표현되는 욕정, 독사로 표현되는 증오, 멧돼지로 표현되는 미혹됨 - 역시 보여주어야 한다. 그리고 이 모든 것들은 붓다의 법륜에 둘러싸여 있으면서 12부분으로 나뉘어져 앞뒤로 회전해야 한다. 이는 반드시 사람들을 위의 운명에 따르도록 하는 서로 다른 구체적 사례를 가지고 재현해야 한다. 법륜에는 세상 사람들을 재촉하는 다음과 같은 운문 2구가 반드시 새겨져 있어야 한다.

> 세상 사람들이여, 어서 와서 붓다의 가르침을 들으시길.
> 코끼리가 초옥(草屋)을 밟는 것처럼, 그토록 쉽게 죽음을 물리칠 것이니.[171]

산스크리트어 텍스트에서의 'kārayitayam' 또는 'kartavyā' — 글자 그대로의 의미는 '무엇을 해야 할 것인가?'이며, 바루아는 이를 '재현된(represented)', '보여진(shown)' 등으로 번역하고 있다 — 는 중국어 '화(畵, 그리다)'로 번역되어 있다. 그리고 확실함을 더하기 위해 중국어본에서는 '상(像, image)', '상(相, appearance)', '형(形, form)'을 무리하게 쓰고 있지만, 산스크리트어본에는 이와 유사한 표현들은 전혀 쓰고 있지 않다. '변(變)' 자가 '변형의 (재현)'이라는 의미로 쓰인 「근본설일체유부비나야잡사(根本說一切有部毘奈耶雜事)」의 기원정사 장식과 대단히 유사함에도 불구하고, 위의 인용문에서 '변(變)' 자는 전혀 보이지 않는다.

광범위한 고찰을 해보았지만 나는 어떤 인도어에서도 — 고대어이

171 코웰(Cowell) · 네일(Neil) 편, 300~301쪽.

든 현대어이든 — 중국어의 '변문(變文)'에 정확히 상응하는 표현을 찾을 수 없었다. '변(變)'이 분명 '(회화적) 표현'이라는 의미에서의 '변형[적인 현시(現示)]'을 의미한다 하더라도, 이것은 'śaubhika', 'yamapaṭa', 'maṅkha', 또는 그림 이야기 서술에 대한 그 외의 많은 인도어 중 어떤 것과도 동일하지 않다.[172] 따라서, 내가 다다르게 된 결론은 중국어가 이들 신비한 변영(變影, transformational shadows)과 만나면서 그들 스스로의 표현을 만들어냈다는 것이다. 그러나 이를 위해 그들은 이미 nirmāṇa, prātihārya 및 이와 관련된 개념들에 대한 번역어로 굳어진 그럴듯한 유래를 가진 불교 용어를 선택했다. 이전의 고전 기록에서 쓰이던 용법에서 확실히 벗어나 있는 중국 불교용어로서의 '변(變)'은 인도의 많은 불교 개념들이 합성된 것으로 보인다. 우리는 이 글자가 어떤 하나의 산스크리트 용어와 정확히 일치한다고 말해서는 안 된다. 중앙아시아를 거쳐 불교가 이동했다는 것은 중국에 전해지는 용어들이 그곳에 남아있던 모종의 언어들과 섞이게 될 소지가 많았음을 의미한다.[173] 따라서 변문은 상호문화적 관계가 구체화된 형식이다. 즉 단순히 인도어도 중국어도 아니지만, 역설적으로 말하면 인도어이기도 하고 중국어이기도 하다는 것이다.

'변문(變文)'과 '변상(變相)'이라는 용어에서의 '변(變)'이 '변형(transformation)'을 의미한다는 것을 확실히 했기 때문에, 이제 나는 이들 두 가지 문학 장르와 미술 장르를 좀 더 큰 맥락 안에서 설명하기 위해 변형의 불교적 개념에 대한 일반적 논의를 계속 이어갈 것이다. 불교철

172 메이어(Mair), 『그림과 공연(*Painting and Performance*)』, 1장 참고.
173 위의 책, 2장.

학에 전혀 익숙하지 않은 사람들에게 여기서 언급하는 변형의 개념은 선율의 단순한 착상(idea)으로 시작하여 그것을 공연에서 실현시키는(actualize) 음악적 의미의 '표현(realization)'으로 특징지어질 수 있을 것이다. 마찬가지로 불교철학에서 마음은 무언가를 상상해내어 인식을 통해 그것을 (환상적) 존재로 이끌어간다.

탄트라교의 마술 음(音) 사용에 대한 콘즈(Conze)의 분석은 시각화—'변(變)' 공연에서 달성하려 했던 시도—가 어떻게 그림을 통해 표현되고 있는지를 이해하는 데 도움이 된다.

> 각 단어는 음절로 나뉠 수 있으며, 탄트라에 따르면 서로 다른 음절은 서로 다른 영혼의 힘 또는 신성과 대응할 뿐 아니라 하나의 음절 또는 글자도 신성을 변현하는 데 쓰일 수 있기 때문에, 어떤 의미에서 이는 밀알이 자신 안에 식물 전체를 포함하고 있는 것과 마찬가지로 그 신성의 '맹아'라 불릴 수 있다. 만약 누군가가 첫 단계로서 사유의 집중을 통해 자기 자신을 공(空)과 융화시킬 수 있다면, 공으로부터 전체 현상 세계를 변현해낼 수 있을 것이라는 가정이 전혀 논리에 어긋나지 않는 가정이 될 것이다. 모종의 음—AM, HUM, SVAHA와 같은—을 통해 실제로 누구든지 공(空)으로부터 신성을 창조한다.[174]

이렇게 뛰어난 솜씨를 발휘할 수 있는 능력은 모든 현상적 존재는 하나의 환상에 불과하다는 인도적 기본 관념을 전제로 한다. 모든 다르마의 환상적 성질에 대한 불교적 이해를 가장 잘 보여주고 있는 것으로는 「현환사수기(賢幻師授記, Bhadramāyākāravyākaraṇa)」, 즉 「환상을 부르는 바드라와 관련된 예언」을 들 수 있다. 이 텍스트의 티베

174 『불교 : 그 본질과 발전(*Buddhism : Its Essence and Development*)』, 18쪽 b.

트어 간기에 언급된 번역자인 지나미트라 프라냐바르마(Jinamitra Prajñāvarma)와 예세스데(Ye-śes-sde)는 모두 9세기에 활동한 인물들이다.[175] 레가메이는 이 텍스트를 '산스크리트어 판본'이라 부르고 있다.[176] 이 작품에 대한 현존 중국어 번역본은 두 가지가 있으며, 아래의 주석에서 나는 이 두 번역본을 각각 Ch.1과 Ch.2로 부를 것이다. 다르마라크사(266~300에 걸쳐 활동)가 번역한 것으로 보이는 첫 번째 텍스트는 「불설환사인현경(佛說幻士仁賢經)」이라 불린다.[177] 이 번역본은 본래의 경전을 이해하려 할 때 일반적으로 선호되고 있지만, 잘못된 부분이 자주 보이는 텍스트이다. 두 번째 중국어 번역본은 693~713년 사이에 보리류지(菩提流支)에 의해 완성된 것으로 「수환사발타라기회(授幻師跋陀羅記會)」라 불리고 있다.[178] 이 번역본은 전체적으로 간결하면서도 때로는 대단히 지적인 해석을 제공해주고 있다. 그리고 이 불교 전설은 팔리어와 코탄어 판본도 현존하고 있다.[179]

「현환사수기(賢幻師授記)」는 『대정신수대장경(大正新修大藏經)』의 「보관보살(寶冠菩薩)(Ratnakūṭa)」 부분에 포함되어 있는 「대보적경(大寶積經)」 49회 중 제21회이다. 이 작품은 서로 상대방을 개종시키기 위해 바드라(Bhadra)라고 하는 유명한 마술사와 붓다가 신력(神力)을 다투는 장면을 묘사한 것이다. 바드라는 쓰레기 더미 위에 화려한 장식

---

175 레가메이(Régamey), 12쪽.

176 위의 책, 7쪽.

177 『대정신수대장경(大正新修大藏經)』(324)12.31a~37a.

178 『대정신수대장경(大正新修大藏經)』(310[21])11.486b~492b.

179 레우만(Leumann), 『불교 북아리안[새]어 교의시(佛教北亞利安[塞]語教義詩, *Das nordarische(sakische) Lehrgedicht des Buddhismus*)』, 2장과 에머릭(Emmerick), 『잠바스타의 책 : 불교관련 코탄어 시(*The Book of Zambasta : A Khotanese Poem on Buddhism*)』, 2장 참고.

들을 갖추어놓은 성대한 연회에 붓다를 부른다. 붓다는 우선 훨씬 더 화려한 정원을 만들고 사크라(帝釋天)가 이끄는 3만의 신이 참석하는 연회를 열어 바드라를 물리친 후, 다음으로는 바드라가 잘못을 깨닫고서도 자신의 환상적 창조물을 거두어들일 수 없도록 함으로써 세상은 하나의 환상에 불과하다는 가르침을 펼칠 기회를 잡는다.

바드라! 모든 존재의 환희(upabhoga)와 이익(parihoga)은 업(業)의 환력(幻力, karmamāyā)으로 만들어지는 것이며, 이 비구들은 다르마의 환력(dharmamāyā)으로 만들어지느니라. 나는 지혜의 환력(jñānamāyā)으로 창조되며, 3백만 세계를 포함하고 있는 우주는 모든 생산(abhiniṣpatti, abhinirvṛtti)의 환력으로 창조되느니라. 그리고 일체의 실재(sarve dharmāḥ)는 복잡한 인연(pratyayasaṃbhara)의 환력으로 창조되느니라.[180]

결국 바드라는 모든 것은 '보편적인 환상'일 뿐임을 철저하게 믿게 된다.[181] 세상을 환상 또는 마술사의 장난으로 보는 것은 「가라라마

180 레가메이(Régamey), 70~71쪽, §18. 중국어판 1과 2에서는 마술과 관련된 이들 단어들을 모두 '환(幻)'의 여러 가지 형태로 번역하고 있다.

181 레가메이(Régamy), 100쪽. 아래에서 나는 이 연구에 도움이 될 것으로 보이는 「현환사수기(賢幻師授記)」의 몇몇 행을 그에 상응하는 중국어판본과 함께 열거하고자 한다.
자신이 '초자연적 능력을 지녔다고(55쪽§1, 4행)' 말하는 붓다에 관한 묘사. Ch 2 '得大神通變現自在.'
붓다에게 부여된 각종 神力(prātihārya)(57쪽§3, 12~13행). Ch 1에서는 이들 신력을 '變化'로, Ch 2에서는 '神變'으로 칭하고 있다.
붓다는 '[자신이 가진] 마법의 정수'를 말한다; 티베트어 sgyu-ma'i chos-ñid=산스크리트어 māyādharmatā(65쪽§9, 19행). Ch 1 '幻法'; Ch 2 '幻術之法.'
보살 Prabhāvyūha가 말하다 : '[모든 것은] 마음속의 마술과 같은 空(72쪽§25, 3행)' Ch 1 所有幻亦空, Ch 2 皆幻心所爲.
'이러한 변화' vyūha(72쪽§24, 2~3행). Ch 1(312c)에서는 의외로 '莊嚴'이 아닌 '此化'로 쓰고 있다. 바드라는 붓다의 '변현'을 본 사람이 어떻게 교화를 생각하지 않을 수 있겠느냐고

경(迦羅羅摩經, Kālakārāma Sutta)」에서 좀 더 긴 우화로 반복된다.[182]

세상의 참된 본질에 대해 철저히 깨달은 사람은 많은 인상적 능력들을 소유하고 있다. 높은 수준의 명상에 다다른 사람들이 할 수 있었던 다양한 마술적 힘의 예를 보여주기 위해, 나는 부다고사(Buddhaghoṣa)의 「청정도론(淸淨道論)」Visuddhimagga(xii)에서 다음의 기록들을 인용하고자 한다.

1. 한결같은 결단성의 마력.
   - a. 그는 하나에서 여러 개로도 여러 개에서 하나로도 될 수 있다.
   - b. 그는 형체를 나타낼 수도 숨길 수도 있다.
   - c. 그는 마치 허공을 통과하는 것처럼 벽, 성벽, 또는 언덕을 아무런 장애 없이 지나갈 수 있다.
   - d. 그는 지하로 내려갔다가 다시 밖으로 나올 수 있다.
   - e. 그는 조금도 빠지지 않고 물 위를 걸을 수 있다.
   - f. 그는 바람을 타는 새처럼 다리를 포갠 채 하늘을 떠다닐 수 있다.
   - g. 태양과 달처럼 강력하고 무거운 것일지라도 그는 손으로 잡아 깨뜨릴 수 있다.

묻는다(77쪽§41); 티베트어 rnam par 'phrul-ba 'di-'dra(33쪽); Ch 2 神變.
'이러한 변화를 창조해내었다(66쪽§12, 1행).'; 티베트어 bkod-pa[vyūha] de-lta-bur sprul(25쪽). Ch 1 作是化已; Ch 2 化作是已.
'창조하였다(67쪽§12, 7행)'; 티베트어 mnan-par sprul-to(26쪽). Ch 1 化作; Ch 2 變現. '창조하다'에 대응하는 단어들은 티베트어 단락 다음에 몇 번 등장한다. 중국어로 이들은 앞에 말했던 두 가지 표현으로 번역되고 있다. 중국 불교에서 '변(變)'과 '화(化)'가 창조의 의미를 내포하고 있음은 분명하다.

182 비쿠 나나난다(Bhikkhu Ñāṇananda), 『불교적 관점에서의 마음의 마력 : 「가라라마경(迦羅羅摩經)」에 대한 해석(*The Magic of the Mind in Buddhist Perspective : An Exposition of the Kālakārāma Sutta*)』.

h. 브라흐마의 세계처럼 먼 곳까지도 그의 몸이 두루 미치게 할 수 있는 힘을 가지고 있다.

2. 변현(變現)의 힘.

3. 사유에 따라 육신을 만들 수 있는 능력.[183]

물론 붓다 자신은 이러한 능력들을 소유한 것으로 여겨지고 있다. 콘쯔에 따르면 :

> 이미 소승 불교에서 붓다는 자기 자신의 모습을 변환(變幻)시키는 비범한 능력이 있는 것으로 간주되었다. 그래서 그가 구걸을 하러 다닐 때 '서불(瑞佛, nimitta-Buddha)'은 다른 곳에서 설교를 하였다. 힌두교의 신 역시 이러한 능력을 가졌다. 그래서 우리는『장부(長部, Digha Nikaya)』에서 브라흐마 사함파티가 '33인의 신들'이 모인 곳에 나타나면서 그 자신을 어느 한 육신으로 변현(變現)한다는 내용을 볼 수 있다. "왜냐하면 그의 본래 모습은 이 신들이 차마 보기 힘든 모습이기 때문이다."[184]

초자연적 변현과 관계되는 많은 인도어들이 '변(變)'자의 여러 조합 형태로 한역(漢譯)되었다는 것은 의미심장하다. 이러한 의미맥락에 밀접하게 연관된 단어들로는 '변화(變化, nirmāṇa, 'transformation')', '변현(變現, prātihārya, 'manifestation')', '변상(變相, vipariṇata, 'changed aspect')', '신변(神變, prātihārya 또는 vikurvita, 'spiritual/supernatural transformation/manifestation)', 단순히 '변(變, vikṛti 또는 vyakta, 'something manifested through transformation')',

---

183 콘쯔(Conze) 역,『불경(Buddhist Scriptures)』, 122~129쪽. 라모떼(Lamotte),『*Le traité di la grande vertu de sagesse de Nāgārjuna*(大智度論, *Mahāprajñāpāramitāśāstra*)』와 비교.

184 『불교 : 그 본질과 발전(Buddhism : Its Essence and Development)』, 172쪽.

그리고 중국 불교적 표현인 '변환(變幻, *nirmāṇa-māyā[?], 'transformational illusion')'이 있다.[185]

중국문학에서 변(變)과 환(幻)이 궁극적으로 하나의 단일한 표현으로 조합된 것은 전혀 놀라운 일이 아니다. 명대 작가인 왕광온(王光蘊)의 「강심탑등부(江心塔燈賦)」[186]에는, 등불이 "환상적 변화를 통해 형형색색[187]의 영혼을 보여주고 갖가지 화려한 무늬[188]를 내뿜으며 높이 날아오른다(神五色於變幻, 噓七寶而騫騰)"[189]는 구절이 있다. 이들 구절은 붓다의 현시 뿐 아니라 맑고 투명한 이미지들, 번개, 무지개, 반짝이는 불빛, 그림자, 반사광 및 그 밖의 시각적 현상들로 가득 찬 기록의 한 가운데에 끼워져 있다. 이러한 이미지와 관념들의 혼합은 인도의 영향을 받은 아시아 전역의 여타 종교 문학과 매우 흡사하다.

변현(變現)의 개념은 불교 사상 곳곳에서 만날 수 있기 때문에 아무리 강조해도 지나치지 않다. 우리는 『묘법연화경(妙法蓮華經)』에서 석가모니에 의한 "기도굴산(耆闍崛山)에서의 세 가지 변(삼변토전(三變土田)" 즉 "세상의 드러냄, 그 세상의 광활한 확대, 그리고 그보다 훨씬

185 위 용어 및 관련 용어들에 대한 좀 더 상세한 논의는, 나의 「중국문학의 서사혁명 : 존재론적 전제(The Narrative Revolution in Chinese Literature : Ontological Presuppositions)」와 본 장의 49쪽(번역본 108쪽) 이하를 참고.

186 사찰은 860~873년 사이에 절강성(浙江省)의 온주(溫州) 근처에 세워졌다.

187 글자그대로는 '오색(五色)의', 산스크리트어로는 pañca-varṇa, pañca kāma, pañca rūpa 등. 불교에서 오색은 다양한 상징적 의미를 가지고 있다(『산스크리트어와 영어 동의어, 산스크리트-팔리어 색인 포함 중국 불교용어 사전(*A Dictionary of Chinese Buddhist Terms with Sanskrit and English Equivalents and a Sanscrit-Pali Index*)』, 125쪽 b).

188 글자 그대로는 '칠보(七寶)', 산스크리트어로는 sapta ratna(『산스크리트어와 영어 동의어, 산스크리트-팔리어 색인 포함 중국 불교용어 사전(*A Dictionary of Chinese Buddhist Terms with Sanskrit and English Equivalents and a Sanscrit-Pali Index*)』, 11쪽 b~12쪽 a)

189 진원룡(陳元龍) 편, 『어정역대부휘(御定歷代賦彙)』 II, 1481쪽 a(106.29a~30b).

더 광활한 확대"를 보게 된다. 이러한 이유 그리고 이와 유사한 이유들로 인해 붓다는 때때로 '위대한 환술사(幻術師)'라 여겨지기도 한다. 그리고 또 누군가는 그에 관한 고사를 가장 위대하게 묘사되는 이야기 공연이라고 말할 수도 있을 것이다. 그리고 때로 그는 순전히 유희 또는 장난(vikrīḍita, 遊戲[神通] 또는 神變)을 위해 위와 같이 하는 것으로도 보인다. 사실, 진여(眞如)의 변형은 대단히 무제한적이어서 상상하기가 힘들 정도이다(acintyapariṇāminī, 不思議變). 불법을 전파할 목적으로 그는 어떠한 화신(化身)의 모습(nirmāṇa-kāya, 化身 또는 變化身 또는 應化身, '삼신[trikāya, 三身]' 중 세 번째)도 보여줄 수가 있다.

환상적인 변형과 관련된 산스크리트어에서의 개념의 복합체를 대표하기 위해 중국과 티베트의 불교도들이 공히 어원적으로 일치하는 단어를 선택했다는 것은 그냥 지나칠 사안이 아니다. 사이먼(Simon)이 지적한 대로,[190] 이는 곧 티베트어 'sprul(마술을 부리다[즉, 환술을 보여주다], 바꾸다)'과 중국어 'biann(變)'[191]이 본질적으로 같은 단어임을 말하는 것이다.

'변'의 개념과 관련 있는 티베트어 용어들에 대한 롤프 스타인(Rolf Stein)의 분석[192]은 환상과 창조의 관계를 이해하는 데 도움이 된다. 그는 복합명사인 'rju-'phrul'[193](여기서 riu는 rjun '꿈'과 관련됨), 'čho-'phrul

---

190 「고대 티베트어의 마지막 두 연속자음(Two Final Consonant Clusters in Archaic Tibetan)」, 88쪽. 두 용어의 동일어족 관계는 티베트어의 독특한 철자법으로 인해 모호해진다.

191 칼그렌 버나드(Karlgren Bernard), 『한문전(漢文典, *Grammata Serica Recensa*)』, 67쪽 주178, o : *plian/pjän-.

192 「티베트어 복합어 의미론(Un ensemble sémantique tibétain)」, 특히 418쪽과 같은 쪽의 주21, 그리고 421～422쪽을 참고.

193 스타인은 이 표현을 마술적인, 초자연적인, 환상적인 창조의 의미를 내포하고 있는 중국어 '조화(造化)'와 비교하고 있다. 'rju-'phrul'에 대한 좀 더 자세한 언급은, 다스(Das), 『티베트어-영어 사전, 산스크리트어 동의어 병기(*A Tibetan-English Dictionary with Sanskrit Synonym*)』,

(čho의 의미는 불확실하지만 아마 불러들임 혹은 생산과 관련이 있을 것으로 보인다)', 'sgyu-'phrul(=산스크리트어 māyā 또는 '환상')'을 언급한다.[194] 이들 복합 명사에 있어 공통적으로 들어있는 인자는 명사 혹은 형용사로도 쓰이는 ''phrul(마술적/초자연적/변형의 능력[을 가진])'이다. ''phrul'의 사역형은 'sprul([주체 자신 혹은 어떤 사물 혹은 어떤 사람을] [다른 어떤 것]으로 바꾸다; 발산하다; [실재에 상응하는] 형상 또는 환상을 만들어내다)'이다. 대단히 의미심장한 것은 티베트어 'sprul'이 위의 모든 경우에서 중국어 '변'과 정확히 일치하는 의미를 갖는다는 것이다! 롤프 스타인은 이들 두 중국－티베트어계에서 'sprul'과 '변'은 동등한 것으로 간주되어야 하고, 어원학적으로 서로 관련이 있다는 월터 사이먼의 주장을 한층 더 자세히 서술하고 있다.[195] 이 두 용어는 불교가 들어오기 이전에도 거의 동일한 함의를 갖고 있었으며, 더욱 흥미로운 것은 이 두 용어가 티베트어와 중국어에서 사실상 동일한 의미를 지닌 용어로 조합될 때에도 쓰였다는 점이다. 예를 들어, 'sprul-sku'와 '변화신(變化身)'은 모두 'nirmāṇa-kāya(변신, 變身)'을 의미한다.

1058쪽 b～1059쪽 a와 야쉬케(Jäschke), 『티베트어-영어 사전(Tibetan-English Dictionary)』, 360쪽 ab, 468쪽 b～469쪽 a 참고.

194 에머릭(Emmerick)의 『코탄어와 관련된 티베트어 텍스트(*Tibetan Texts Concerning Khotan*)』에서 우리는 '기적'이라는 의미에서의 cho-'phrul(예를 들어, 6쪽)과 rju-'phrul(예를 들어, 52쪽)을 자주 보게 된다. 그러나 우리에게 훨씬 더 흥미로운 것은 sprul-pahi가 보인다는 것이다(87쪽[3번 등장], 산스크리트어 nirmita. sprul-ba['(～으로) 변형되는', '(～처럼) 기적적으로 등장하는', Emmerick, 138쪽 참고] 및 sprul-pa '환영, 변형'과 비교).

195 417쪽 주21. 이 주석에 더해 나는 변문 및 변상과 관계가 있을 것으로 보이는 또 하나의 티베트어 용어에 관심을 갖고자 한다. P1293v(티베트어)에는 사리불변(舍利弗變)의 몇몇 장면들이 기록되어 있다. 이 티베트어 기록에는 ''vyen'이라는 용어가 세 번 등장한다. 요종이(饒宗頤) 외, 『돈황백화(敦煌白畵, *Peintures monochromes de Dunhuang, Dunhuang Baihua*)』, 38쪽에서 이마에다 요시로(今枝由郎)가 옮겨 적은 것을 따름. 비록 그 의미는 아직 확실하지 않지만, 이 용어는 아마도 중국어를 전사한 것으로 보인다. 이 용어가 '변(變)'에 대한 중고(中古)시기의 전사가 아닐까?

실제적 존재가 없는 그림자 혹은 영상의 개념을 의미하는 산스크리트어 'pratibimba(image)'에 대응하는 몇몇 중국어 용어들이 있다. 구체적으로 말하면 '영상(影像, 그림자 이미지)', '경상(鏡像, 거울 속 이미지)', '색상(色像, 형상의 이미지[rūpa])'이다. 그리고 이와 관련된 또 다른 두 가지 표현은 '영현(影現, 그림자의 현현 또는 현시, 즉 일시적인 붓다)'과 '영당(影堂, 이미지, 그림, 또는 숭배의 대상이 있는 당)'이다. 이들 표현 모두에서 우리는 신성의 그림자, 현현, 재현 사이의 연계를 보게 된다.

여러 글자에서 반사 혹은 희미한 불빛을 의미하는 부수인 '彡'이 '변(變)' 자에 대한 중고시대 — 육조(六朝)에서 요(遼)까지 — 의 몇몇 필법에 보인다는 사실은 대단히 시사하는 바가 크다. 내가 여러 자료들[196]에서 뽑은 이러한 '변(變)' 자의 이체(異體)로는 彔彡, 貞彡(=彔彡 또는 彭), 豸彡, 彰이 있다. 변상과 변문이 유행하던 시기와 대체로 일치하는 시기 동안 몇몇 사람들은 변을 시각적 혹은 광학적 현상으로 이해했던 것으로 보인다. 이보다 훨씬 더 흥미로운 것은, 의미는 알려져 있지 않은 '彡'을 부수로 하는 두 글자 — 彬[음은 方未切]와 彩[음은 부(浮)와 동일] — 가 틀림없이 붓다와 어느 정도의 관련성이 있을 것으로 보인다는 점이다. 왜냐하면 이 두 글자에서 소리를 표현하는 부분이 붓다의 이름에 대한 음을 중국어로 옮길 때 쓰였기 때문이다.

다음에 열거하는 소그드어 단어들(마니교에 기원을 두는 3~4 단어만 제외하고는 모두 불교 텍스트에서 가져옴) 역시 변현(變現)과 시각적 현상 사이

196 고야왕(顧野王), 『옥편(玉篇)』, 5.6a; 행균(行均), 『용감수감(龍龕手鑑)』, 1.64b; 한도소(韓道昭), 『오음유취사성편해(五音類聚四聲篇海)』, 10.2ab. 『강희자전(康熙字典)』과 모로하시 테츠지(諸橋轍次), 『대한화사전(大漢和辭典)』 역시 참고. 이 중 요대(遼代) 승려 행균(行均)의 저작은 희귀한 불교 용어들을 설명하고 있는 점에서 특히 중요하다. 『그림과 공연(*Painting and Performance*)』의 서문 및 주석들에서 논한 '변(變)'과 시각적 현상 사이의 역사적 관계에 대한 나의 논의를 참고.

의 밀접한 관계를 보여주고 있다: pδ'yškyn 또는 pδ'štkyn('분명한', '자발적으로 나타나다'), pδ'yš('나타나다', '보여주다'), 'ndyš-('보여주다'), 'nδysn('반사'), fδys('시각'), βδ'yp(')('비춤, 빛'), 'βδ'ys('출현, 환영[幻影], 시각'. '그림자, 실루엣, 형상, 이미지'에 대한 산스크리트어 'chaya'와 동일한 의미인 중국어 '影'을 번역하면서 사용; 파르티아어 'bdys-['보여주다']와 비교; prɣšnh, nɣšnh, 'ɣšnyrk와 흡사; 후자는 중세 페르시아어에서 nīšān['신호, 표시']으로 번역. 산스크리트어 lakṣaṇa 또는 nimitta의 의미로 '상[相]'과 비교),[197] 'βδ'ymtyh('변형', '마술'. 중국어 '현화[現化, 변형을 통한 출현], '응화[應化, 반응으로 나타난 변형], '여환[如幻, 환상과 같은], 그리고 물론 '變化'로도 적절하게 표현될 수 있는 산스크리트어 'nirmita'의 의미를 가진 중국어 '化'에 대한 번역어로 쓰임). 중국에서 '변'이 유행하던 때와 거의 같은 시기에 소그드어로 된 불교 용어 역시 유행하였다.

여타 다른 민족의 그림자극(shadow-play) 전통을 비교 논의할 때, 우리는 중국어 '변(變)'의 모든 뉘앙스들을 명심해 두어야 한다. 예를 들어, 그림자극을 의미하는 초기 아라비아어인 'sha'waḏa'는 불교의 '변'과 대단히 흡사한 다음과 같은 의미들을 갖고 있다. '매혹; 극의 일종; 요술 또는 날랜 손재주; 어떤 사물을 본래의 모습이 아닌 다른 어떤 것으로 보이게 함; 실체를 가지고 있지 않은 사람을 보여줌; 가짜를 진짜 모습으로 보이게 함.'[198] 이들 의미는 불교의 '변'을 생각나게 할 뿐 아니라 '변'의 존재론적 배경에 자리 잡고 있는 인도어

197 맥켄지(D. N. MacKenzie), 『영국 박물관의 소그드어 불교 텍스트(*The Buddhist Sogdian Texts of the British Library*)』; 헤닝(Henning), 『*Sogdica*』, 17, 21쪽; 맥켄지, 『소그드어 '인연경(因緣經)'(*The 'Sūtra of the Causes and Effects of Actions' in Sogdian*)』, 28~29쪽(11.500과 502), 64쪽; 이리아 게르쉐비치(Ilya Gershevitch), 『마니교의 소그드어 문법(*A Grammar of Manichean Sogdian*)』, 86쪽(주549); 벤베니스테(Benveniste)와 벨러(Weller)의 연구; 소그드어와 같은 의미를 지닌 한자(漢字)들에 대한 나의 조사.

198 레인(Lane), 『아라비아어-영어 사전(*An Arabic-English Lexicon*)』, I책, part4, 1559쪽 a.

'māyā'의 개념을 훨씬 더 강하게 상기시켜준다. '그림자극'과 '마등(魔灯, magic lantern)'에 대한 또 다른 아라비아어인 'khayāl'이 본래는 '상상력, 그림자, 유령'을 의미한다는 것 역시 흥미로운 사실이다.[199] 그림 이야기 서술이 인도, 인도네시아, 중국 및 기타 지역의 그림자극과 꼭두각시극으로 발전하는 모습을 연구하면 환상, 변형 및 창조적 상상력 사이에 존재하는 위와 같은 근본적인 근친성과 유사성이 머리에 떠오를 것이다.[200]

중국에서 환상적 변형 및 시각적 현상들과[201] (정부에 의해) 금지되거나 의심을 받았던 민간 종교 운동들과의 관계는 수대(隋代)까지 거슬러 올라간다.

> 대업 9년(613), 황제(수 양제[隋煬帝])는 고양(高陽)[202]에 있었다. 그곳에는 환술(幻術)을 잘 하는 당현(唐縣)[203] 출신의 송자현(宋子賢)이라는 사람이 있었다. 매일 밤 누대에는 광명이 비춰졌고, 변형을 통해 그는 붓다의 형상[204]을 만들어낼 수 있었으며(能變作佛形), 그 자신을 '미륵이 세상에 나타난 모습'[205]이라 칭하였다. 그는 또 큰 거울을 당 위에 걸고 백지 위에 뱀, 짐

199 야콥(Jacob), 「그림자극의 역사(Zur Geschichte des Schattenspiels)」, 234쪽. 여기서 야콥은 콰트레메르(Quatremère)가 번역한 마크리쯔(al-Maqrīzī)의 『이집트 술탄 맘루크의 역사(*Histoire des Sultans Mamlouks, de l'Égypts*)』 I, 152~153쪽의 각주를 인용하고 있다. 레인, 앞의 책, I권, part2, 835쪽과 메틴(Metin And), 『카라고즈 : 터키의 그림자극(*Karagöz : Turkish Shadow Theatre*)』, 22쪽 참고.

200 메이어(Mair), 『그림과 공연(*Painting and Performance*)』, 3장 도입 부분 참고.

201 내가 변과 시각 사이의 밀접한 관계에 대해 연구한 것들 중에, 「후대 중국 민간문학에 대한 변문의 공헌(The Contributions of Transformation Texts(*pien-wen*) to Later Chinese Popular Literature)」의 그림자극에 대한 논의 그리고 『그림과 공연(*Painting and Performance*)』의 각 부분, 특히 인도네시아에 관한 장을 참고.

202 하북(河北) 소재.

203 역시 하북(河北) 소재.

204 '붓다'의 형상은 나중에 마니교의 각 파들에 의해서도 숭배된다.

승, 그리고 사람의 모습을 그리기도 하였다. 사람들이 와서 존경의 예를 표하려 하면, 그는 그 거울을 옆으로 돌려 내생(來生)[206]의 모습을 보여주었다. 종이 위의 뱀 모습이 비춰지기라도 하면, 송자현은 갑자기 "이것이 바로 죄업(罪業)이니 다시 예를 갖춰 염불해야 합니다"라고 말하곤 했다.

(大業)九年, 帝在高陽. 唐縣人宋子賢, 善爲幻術. 每夜, 樓上有光明, 能變作佛形, 自称彌勒出世. 又懸大鏡於堂上, 紙素上畵爲蛇爲獸及人形. 有人來禮謁者, 轉側其鏡. 遣觀來生形像. 或映見紙上蛇形, 子賢輒告云, "此罪業也, 當更禮念."[207]

계속해서 『수서(隋書)』는 이러한 시각적 속임수를 중심으로 하는 신앙을 통해 송자현이 어떻게 자신의 추종자들을 황제에 반대하는 음모에 가담하도록 했는지를 기록하고 있다.[208] 그러나 그의 계획은 누설이 되고 반역자들을 진압하기 위한 관군이 파병된다. 관군들은 우선 송자현이 자신을 방어하기 위해 마법으로 만들어 낸 상상의 불구덩이를 통과해야만 했다.

유가적 편견과 왜곡의 기미가 보임에도 불구하고, 이 기록을 통해 우리는 흔히 말하는 '변현(變現)'의 위력을 엿볼 수 있다. 이 기록은 또 변환(變幻)에 의존하여 사람들을 불러 모았던 초기 종교 운동의 사회적 위상을 어렴풋이 보여주고 있다. 정부에서 이런 운동들을 진압할 방법을 찾고, (보통 정부 조직의 일부이거나 — 반불교도들에 의한 광범위한 박해

205 미륵출세(彌勒出世), 산스크리트어로는 Maitreya-utpāda.

206 산스크리트어 paunar-bhaviki 또는 팔리어 pubbenivāsa.

207 【역자주】 원문의 번역은 빅터 메이어의 영문 번역을 최대한 따랐다. 그리고 빅터 메이어의 원문 번역에는 마지막 네 글자 '當更禮念'에 대한 번역이 빠져 있다.

208 『수서(隋書)』, 23권, 2417쪽 c.

시기를 제외하고 — 최소한 정부 조직의 주변에 있었던) 정통 불교도들이 이런 모든 행위와 자기 자신은 무관함을 보여주기 위해 분투했다는 것은 전혀 놀라운 사실이 아니다. 제6장의 후반부에서 보게 되겠지만, '변(變)'과 관련된 위의 모든 측면들은 마니교와 관련되어 나타나고 있다.

제4장
변문의 형식, 공식구, 특징

제2장에서 우리는 얼마나 많은 변문이 현존하고 있는가에 대한 문제를 살펴보았다. 그리고 이 문제에 대한 검토는 다른 형태의 돈황 민간문학과 변문을 구분 짓는 문제까지 포함하여 진행하였으며, 이를 통해 운문 앞 공식구, 산운조합 형식 그리고 그림과의 필연적인 연관성 등 변문만이 가지고 있는 독특한 형식까지 언급하였다. 이 장에서는 위와 같은 형식과 그 기능에 대해 좀 더 상세하게 설명하고자 한다.

변문에서 운문을 이끌어 내는 가장 기본적인 공식구는 "~이 일어난 곳[을 잠시 보십시오]. 어떻게 이야기를 할까요? [且看][1] ~處, 若爲[2]陳[說]?"[3]로 볼 수 있을 것이다. 이 공식구에 대한 연구를 시작할 때 가장 효과적인 방법은 이곳에 쓰인 '처(處)'라는 글자의 어원에 대한 논의로부터 시작하는 것이다. 나는 파르 바카노(paṛ vǎcaṇo)로 알려진 인도의

1 공식구의 이 부분에 대해서는,『돈황변문집(敦煌變文集)』, 90쪽 4행, 373쪽 4행 등을 참고.
2 '약위(若爲)'가 당대(唐代) 구어에서 의문형으로 쓰인 점에 대해서는 나카무라 하지메(中村元)의『불교어대사전(佛教語大辭典)』, 1055쪽 a참고.
3 한자로 쓴 문구 중 대괄호를 한 부분은, 항상 보이는 것은 아니지만 일반적으로 포함되어 있는 부분이다. 나는『돈황 민간서사(*Tunhuang Popular Narratives*)』의 부록에서 이 공식구의 다양한 형태를 소개하였다.

그림－이야기 서술 장르에 사실상 동일한 공식구가 존재한다는 최근의 발견에 대한 언급으로 내 논의를 시작하려고 한다. 인도의 이 전통은 아직도 실재하고 있는 구연 예술이기 때문에, 그 공식구는 변문에서와 같이 엄격한 규칙성을 띠고 있지는 않으며 또 그렇게 표준화된 형태의 공식구도 아니다. 몇 가지 공통된 원형(原型)을 통해 나타난 변문과 파르 바카노 운문 앞 공식구의 유사성은, 이 공식구들이 사실상 매우 흡사한 방식으로 동일한 목적과 기능을 수행한다는 것, 그리고 두 형식은 거의 확실히 상호간의 관련성이 있음을 시사해주고 있다.[4]

운문을 이끄는 공식구에서 '처(處)'라는 글자가 사용된 것은 각 장면이 어떤 내용인지를 알려주는 그림 속 비문(碑文) 제목과 관계가 있음을 많은 근거를 통해 증명할 수 있다. 가와구치 히사오(川口久雄)는 돈황 벽화에서 서사적 성격을 지닌 제목의 끝 부분에 '처(處)' 자가 쓰인 몇 가지 경우를 언급한 적이 있다. 그는 돈황 제102굴(펠리오 번호. 돈황연구소 76호)의 동쪽 벽에 그려져 있는 부처의 생애에 관한 벽화에서 두 가지 비문을 기록해 두었다[5] : "태자가 설산에서 머리를 깎는 부분(太子雪山落髮處)"과 "니연하에서 목욕하는 부분(泥連[→蓮?]河澡浴處)." 나는 1981년 돈황을 탐사하던 중 같은 동굴의 동쪽 벽 오른쪽 위 부분에서 다음과 같은 비문을 필사하였다.

---

4 이 발견은 대단히 중요한 것이기 때문에, 이와 관련하여 나는 『그림과 공연(*Painting and Performance*)』 제5장에서 인도학적인 근거를 가지고 세부적으로 연구를 하였다. 주요 논점들에 대한 개략은 이 장 끝 부분에 있는 「인도 가설에 대한 노트(Note on the Indian Hypothesis)」에서 볼 수 있다.

5 『화엄연기의 설화(華嚴緣起の說話)』, 20쪽 a. 가와구치 히사오는 이 벽화를 '팔상성도변상(八相成道變相)'이라고 주장했지만, 필자가 방문하는 동안 이 제목은 보이지 않았다.

희련하(熙蓮河)에서 목욕하는 부분

熙連河澡浴處 (가와구치의 두 번째 비문과 같은 것인 듯함)

태자(太子)가 6년 동안 고행(苦行)하는 부분

太子六年苦行處

태자(太子)가 설산(雪山)에서 머리를 자르는 부분

太子雪山落髮處(가와구치의 첫 번째 비문과 같은 것)

다섯 형제를 교화(敎化)하는 부분

敎化昆季五人處

태자(太子)가 밤중에 성(城)을 넘다[넘는 부분]

太子夜半逾城 ('처(處)'가 없다)

나는 또 제17굴(펠리오 번호. 돈황연구소 배정 방식으로는 156호. 만당 때의 석굴)의 북쪽 벽 왼쪽 아래의 구석 부분에서 '날면서 우는 부분(飛鳴處)'라는 세 글자를 발견했다.[6] 제117굴(돈황연구소 61호. 송대의 그림)의 서쪽 벽에는 문수(文殊)보살의 오대산(五臺山)에서의 기적과 관련된 그림이 그려져 있다. 그 비문 중 하나는 "황금 다리로 변신하여 나타난 부분(化金橋現處)"으로 판독이 된다.[7]

---

6 장광직(張光直)은 몇 년 전에 자신도 같은 비문을 보았다고 필자에게 말한 적이 있다.

7 같은 굴 북쪽 벽 부처 생애의 일화들을 보여주는 부분 아래에는 필자가 이야기한 공식구의 용례와 단지 겉으로만 유사할 뿐인 비문이 있다: "저 산기슭에서 평정처를 찾았다(於彼山麓求平正處)" 그리고 그 옆으로는 비슷한 비문이 또 하나 있다: "고요함을 구하고자 하니

제108굴(돈황연구소. 만당(晩唐)[?]) 통로의 천장 벽화에는 다음과 같은 비문이 있다 : "이는 백제산에서 연법사가 은거하는 부분이다(此是百梯山延法師隱處)."[8] '백제산(百梯山)'이 쓰인 것으로 보아 여기서의 '처(處)'를 연법사(延法師)가 실제 은거했던 장소라는 의미로 규정지을 수는 없을 것이다. 즉 '처(處)'는 분명히 좀 더 추상적인 의미로 쓰이고 있다는 것이다. 이러한 경우에 있어서 '처(處)'의 목적은 진행되는 이야기 속의 어떤 한 사건을 가리키기 위한 것임을 바로 알 수 있다.

돈황 사본 P3317을 통해, 위와 같이 서사의 지점에 대한 표시로 기능하고 있는 '처(處)'를 확인할 수 있다. 이 사본은 「불본행경집경제삼권이하연기간자목호(佛本行經集經第三卷已[以]下緣起簡子目号)」에 기초한 부처 생애에서의 118개 사건을 목록화한 것이다. 대략 10자 정도의 길이로 된 짧은 문구들 각각은 모두 '처(處)' 자로 끝을 맺고 있다. 이 문구들은 부처의 생애를 다룬 변상(變相) 위의 비문 또는 부처의 생애를 다룬 변문에서 운문 앞 공식구의 앞부분에 쓰기에 적당했을 것이다. 이 문구들은 보통의 평범한 필적으로 쓰여 있다.

S6320은 비사문(毗沙門)과 누략차(樓略叉)에 대한 찬양을 내용으로 한 기록이 쓰여진 긴 종잇조각으로서, 역시 '처(處)' 자로 끝을 맺고 있다. 이는 아마도 그림, 조각상 또는 임시로 만든 제단(祭壇)에 붙이는 표찰이었던 것으로 보인다.

'다라니경(陀羅尼經)'이라는 제목이 쓰여진 강소(江蘇) 지역의 1104

문득 어느 한 곳이 보였다(欲求寂靜忽見處)" 이 두 가지 모두 지금 논의 중인 공식구의 의미로 사용되는 '처(處)'의 예가 될 수는 없다. 여기에서는 글자 그대로 지리적인 위치를 나타내고 있는 것이다.

8 이에 대한 기록과 설명은 손수신(孫修身), 『막고굴의 연기설화화(莫高窟の緣起說話畵)』, 236쪽 참고.

년 목판본[9] 안에는 그림들이 포함되어 있다. 이들 그림에 적힌 문구는 다음과 같다. "관리가 보광사의 주지로부터 돈을 빌리자, 주지가 수도승에게 돈을 나누어주라고 명한 부분이다(官人從普光寺主借錢, 寺主令小和尙分付處)."

북송(北宋) 말 또는 남송(南宋) 초의 것으로 추정되며 『법화경(法華經)』의 장면들을 묘사하고 있는 변상 한 벌[10]에는 그림의 내용을 설명해주는 비문의 윤곽들이 나타나 있다. 이 비문들 중 하나는 '처(處)'라는 글자로 끝을 맺고 있다.

가메타 츠토무(龜田孜)는 '화엄연기(華嚴緣起)'를 묘사한 일본 이야기 그림 두루마리 각 장면의 제목 리스트들을 모아 두었다.[11] 이 리스트의 많은 문장들이 'ところ(도코이, '곳'의 의미)'라는 단어로 끝난다.[12] 이들 두루마리 중 몇 점은 13세기 초(대략 1227~1231)로 거슬러 올라간다.

일본에는 〈불설목련구모경(佛說目連救母經)〉[13]이라는 제목의 중요한 그림 두루마리가 보존되어 있다. 이 두루마리 끝 부분의 간기에는 원(元)나라에서 1251년 5월에 인쇄된 판본과 같은 형태로 중인(重印)한 것이라는 설명이 있다.[14] 재인쇄 자체는 1346년 7월 15일이 되는 날

---

9 곽미거(郭味蕖), 『중국판화사략(中國版畫史略)』, 25쪽.

10 이와사키 고요타(岩崎小彌太)의 문집에 보인다. 마츠모토 에이치(松本榮一), 「법화경미술-법화경변상편(法華經美術-法華經變相篇)」, 『국화(國華)』, 428 : 175~184(1926.07) 참고.

11 각천서점 편집부(角川書店編集部) 편, 『화엄연기(華嚴緣起)』, 48~59쪽.

12 화엄연기(華嚴緣起)의 그림 두루마리에 쓰인 '도코이(ところ)'라는 용어는 가와구치 히사오(川口久雄)의 「돈황 변문의 성격과 일본문학-에토키의 세계(敦煌變文の性格と日本文學-繪解きの世界)」, 33쪽에서 민간문학 연구자들에게 처음으로 제시되었다. 가와구치의 논문은 바바라 러치(Barbara Ruch)가 소개해주었다.

13 이 두루마리는 미야 츠기오(宮次男)의 「목련구모설과 그 회화-목련구모경 그림의 출현에 관하여(目連救母說とその繪畫-目連救母經繪の出現に就きて-)」에서 연구된 적이 있다. 나의 주장은 이 논문, 그리고 논문과 함께 소개된 사진을 근거로 한 것이다.

14 나는 1304년 5월이라는 두루마리의 기록에도 주의를 기울였다.

에 교토(京都)에서 행해졌다. 두루마리는 전상평화(全相平話)처럼 위 부분에는 그림이 있고 아랫부분에는 통속적으로 다시 쓴 경문(經文)이 있는 형태로 되어 있다. 우리는 그 두루마리가 평화(平話, 또는 評話)가 가장 유행했던 시대와 같은 시대로 거슬러 올라간다는 점에 주의를 기울여야 한다. 더구나 이 두루마리의 주제가 돈황 변문 전체를 통틀어 가장 성행했던 주제라는 점 역시 중요하게 보지 않을 수 없다. 그러나 이 두루마리가 특별히 흥미를 끄는 점은 그림 위에 어떤 윤곽이 남아있다는 것, 그리고 그 윤곽 안의 기록은 일반적으로 '처(處)'라는 글자로 끝을 맺고 있는, 묘사된 장면에 대한 짧은 설명이라는 것이다. 예를 들면, '우란분을 만드는 부분(造盂蘭盆處)'과 '목련의 어머니가 부처 앞에서 수계하고 천국에서 다시 태어나는 부분(目連母於佛前受戒得生天處)' 등이다. 이러한 용례는 확실히 변문에서 운문을 이끄는 공식구 안에 있는 '처(處)'와 직접적으로 관계가 된다.[15]

더욱 의미심장한 것은 서사의 지점을 나타내는 이러한 표시가 이후 일본 민간 소설에서 종종 나타난다는 것이다. 여성들과 어린이들을 대상으로 한 이야기책의 일종인 '오토기조시(お伽草子)'는 그림 이야기 전통과 밀접하게 관련되어 있다. 이 중 '칠인비구니(七人比丘尼)'라는 제목을 가진 이야기[16]의 1635년 판에는 그림 바로 앞에 다음과 같은 내용의 기록이 있다 : "여기는 그들 집단을 이끄는 12살의 어린 후지와라 영주와 함께 미지의 목적지로 출발하는 부분(ところ)이다." 1682년 판은 '도코이(ところ)'라는 단어를 생략함으로써 글과 그림의

15 나는 『그림과 공연(*Painting and Performance*)』의 서문과 그 밖의 논문에서 변문과 평화 사이의 발전관계를 논했다.

16 『근대 일본문학 대계(近代日本文學大系)』, 동경, 국민도서(國民圖書), 1928, Ⅰ, 171~226쪽.

직접적인 관계를 무시해버렸다.[17] 1682년 판본에서 그 수가 줄어들었던 그림들은 이후의 이야기책들에서는 완전히 사라져버렸다. 이것은 민간 기록서사물이 어떻게 그림 이야기의 전통에서 점차 벗어나게 되었는가를 알려주는 독특한 하나의 예가 된다.

윌리엄 록힐 넬슨 미술관(William Rockhill Nelson Gallery of Art)에 소장되어 있는 정체불명의 12세기 서사방식 두루마리에는 '노남평이도(瀘南平夷圖)'라는 제목이 적혀 있다.[18] 이 그림의 여러 장면들에는 다음과 같은 표시가 있다 : "이 부분은 ~일을 그린 것이다(此段畵~事)" 여기서 '사(事)'는 한 시리즈의 일부로 그려진 각각의 서사 사건을 표시하는 것으로, 불화(佛畵)에 보이는 '처(處)'와 같은 역할을 한다.

1572년 한국어로 간행된 삽도본(揷圖本) 『불설아미타경(佛說阿彌陀經)』은 반은 그림이고 반은 글자로 된 쪽들로 구성되어 있어서, 그 형식이 '평화(平話)' 또는 '평화(評話)'와 대단히 흡사하다. 각 그림에는 그 내용을 설명하는 제목이 있으며, 이들 제목은 '장엄(莊嚴)'이라는 단어로 끝을 맺고 있다. 즉, "[이는~이 일어낸 장엄한 장면이다."라는 의미이다. 이 경우에는 '장엄(莊嚴)'이 중국과 일본의 불교 서사그림에서 보이는 '처(處)', '도코이(ところ)'와 같은 방식으로 쓰이고 있는 것이다.

「한장왕릉변(漢將王陵變)」에는 '변(變)'과 '처(處)'의 의미와 관련하여 심도 깊은 연구를 필요로 하는 대단히 중요한 문자 상의 문제가 있다. 이는 『돈황변문집(敦煌變文集)』 36쪽 11행에서 볼 수 있다. 필자는 먼

17 이 정보는 마가렛 차일드(Margaret Childs) 덕분에 얻을 수 있었다. 이 일곱 비구니에 대한 이야기가 에토키(繪解) 공연에서 유래했다는 주장의 근거에 대해서는 「중세 후기 일본의 종교 계몽 이야기 : 계몽주의의 원동력(Religious Awakening Stories in Late Medieval Japan : The Dynamics of Didacticism)」, 제3장, part1 참고.

18 스즈키 케이(鈴木敬)와 아키야마 테루카즈(秋山光和), 『중국미술(中國美術)』, Vol. I, 그림12.

저 전에는 소순미(邵洵美)의 소유였던 북경대학 도서관의 사본(9쪽 3~4행)에 근거하여 해당되는 부분 한 줄을 다음과 같이 해석하고자 한다. "[여기는] 두 장수가 왕을 떠나 적진을 공격하려고 하는 부분이다. 이 그림[문자적 의미로는 '배치하다', '펼치다']으로부터 바로 변의 시작이다(二將辭王便往斫營處從此一鋪便是變初) [여기서 '初'자는 『돈황변문집』, 편집자들의 교정에 따른 것이며 사본에는 '切'로 되어 있다]." S5437에는 "(…) 그들이 적의 군영을 공격하는 부분이다. 여기서 한 번 [그림 두루마리를] 돌리면 바로 변의 시작이다(斫營處從此一轉便是變初)"로, S3627에는 "(…) 그들이 적진을 공격한 부분을 펼치면 바로 그 부분(변)의 시작이다(斫營處一鋪便是處([→變]初)"라고 되어 있다. 이 세 가지 사본의 비교를 통해, 필자는 '처(處)'와 '변(變)' 사이에 의미상의 겹침이 있었다는 결론에 도달하게 된다. 왜냐하면 이 두 글자는 철자법이나 발음에 있어서 혼동될 소지가 없는 글자들이기 때문이다.[19] 이러한 의미의 겹침은 같은 구에 있는 '포(鋪, 그림/그림의 배치/펴다)'와 함께 '처(處)'와 '변(變)'이 둘 다 그림과 밀접한 관련이 있다는 나의 주장을 강력하게 뒷받침해주는 근거가 된다. P3867(『돈황변문집』, 47쪽 2행)의 꼬리제목에서도 '포(鋪)'와 '변(變)'이 함께 쓰이고 있다는 점 역시 이러한 주장을 뒷받침해주는 또 하나의 증거이다.[20]

'간(看)'이라는 글자가 선행하는 경우에는, 변문의 운문 앞 공식구에 있는 '처(處)'가 그림, 좀 더 정확하게는 그림에서 어떤 한 부분이나 지점과 관계된다는 것으로 생각하지 않을 수 없다. 그림 두루마리가 없

19 불교 용어에 대한 해설서인 S5600에서는 '변(變)'과 '화(化)' 그리고 '처(處)'를 함께 설명하고 있다.

20 메이어(Mair), 『목록(*Inventory*)』, 147항 참고.

이 기록된 변문을 읽는 독자들에게, 이 모의 상황은 '[그림에 있는] 부분', 즉 '[보여지는] 광경'이라는 의미를 자아내게 한다. 하지만 확장된 의미는 단순히 '서사 맥락에 있어서의 어떤 한 부분 또는 지점'이라는 의미로 이끌어지게 된다. 시간적 의미로의 전환이 확실하게 이루어지는 것이다.

서사의 맥락에서 '처(處)'가 시간적 의미를 가지고 있다는 점은 일본어의 '도코이(ところ, 處)'가 공간적인 면과 시간적인 면 양자를 모두 포괄하고 있다는 사실을 통해서도 알 수 있다. 일본의 '소로문(候文)'[21]과 그 외 다른 형식의 글들에서 '도코이(ところ)'는 대단히 흥미로운 용례들을 보여주고 있다. 최소한 1016년 이래로 이 단어는 앞 절과 뒤 절을 이어주는 접속사로 쓰여 왔다.[22] 이와 유사한 여러 가지 특수 용례들의 발전을 보여주고 있는 만주어 '*ba*(곳)'의 용례에는 '~때'라고 쓰인 예도 포함되어 있다.[23] 이러한 '도코이(ところ)'와 '*ba*'의 쓰임은 다음과 같이 발전되어 온 것으로 보인다. '~이 일어난 [서사] 지점' ⇒ '~이 일어난 [서사] 시각' ⇒ '~이 일어난 후 / 때에, ~이 발생.' 이 중 첫 번째 단계는 변문에서 서사 진행의 표시로 '처(處)'가 쓰인 용례와 대단히 유사하며 그 영향을 받은 것으로 볼 수도 있을 것이다.

일본에서 '도코이(ところ)'가 위와 같은 용례로 쓰이기 시작할 때와 거의 같은 시기에, 중국에서는 '처(處)'가 문언과 백화에서 서사 장면을 알려주는 표시로 기능하기 시작했다. 이는 『주자어류(朱子語類)』와

21 【역자주】 소로문(候文)은 일본 특유의 어려운 공문(公文) 또는 서한문체(書翰文體)를 말한다.

22 일본대사전간행회(日本大辭典刊行會) 편, 『일본국어대사전(日本國語大辭典)』, XIV, 624d.

23 가벨란츠(Gabelentz), 『만주어 문법 요소(*Elémens de la grammaire Mandchoue*)』, 128쪽 이하, 특히 261항.

같은 신유학(新儒學)의 문헌에서뿐만 아니라[24] 선종(禪宗)의 역사 문헌과 대화록에서도 분명하게 드러난다. 서사 장면을 알려주는 표시로서의 '처(處)'와 '도코이(ところ)'의 이와 같은 특수한 용법은 확실히 민간 불교의 환경 하에 발전한 듯하다. 변문 이외의 돈황 문서들에서 '처(處)'가 '지점(물론 여기서는 그림으로 묘사된 것은 아님)'을 표시하면서도 시간적인 혹은 연속된 장면의 의미 역시 가지고 있는 예로는, 『돈황변문집』, 441쪽 10행, 525쪽 12행, 623쪽 11행, 652쪽 15행[向前] 등을 참고하기 바란다.

'~하는 때'라는 의미로 '처(處)'가 쓰인 예는 8세기 중반 무렵의 시(詩)에서도 산발적으로 볼 수 있다.[25] 그리고 송사(宋詞)와 원잡극(元雜劇)에서는 그 예가 훨씬 더 빈번하다. 이러한 용례가 시에서 처음으로 보이는 때가 불교 서사에서 그 용법이 나타난 다음이라는 점에 주목할 필요가 있다. 심지어 어떤 시들은 돈황 벽화에서 '시(時, ~때)'와 '처(處)'를 병행해 쓴 것을 그대로 되풀이하고 있다.

7세기에 산티데바(Śāntideva, 寂天)가 편집한 『대승집보살학론(大乘集菩薩學論)(Śikṣāsamuccaya)』에는[26] 환상적인 창조 즉, 환현(幻現)과 지점[지역]의 관계를 설명하는 데 유용하게 쓰일 수 있는 '비타파나(viṭhapana)'

---

24 『주자어류(朱子語類)』. 관련 용법에 대한 논의는 거티 콜그렌(Gerty Kallgren), 「『주희전서(朱熹全書)』에 드러난 송대(宋代) 중국 백화문에 대한 연구(Studies in Sung Time Colloquial Chinese as Revealed in Chu Hsi's Ts'üanshu)」, 43쪽 참고. 콜그렌은 "주희가 (자신의 저서 또는 언설에서) 종종 '처(處)'를 '단(段, passage)'의 의미로 썼다"고 주장한다.

25 이는 왕영(王英)의 『시사곡어 사례 해석(詩詞曲語辭例釋)』, 23~24쪽에 보이는 많은 예문들을 보면 알 수 있다. 그 중 초기 시인들로는 두보(杜甫, 712~770), 유장경(劉長卿, 709~785?), 고황(顧況, 725~820?), 원진(元稹, 779~831) 그리고 이상은(李商隱, 813~858)의 시가 인용되었다.

26 아무리 늦어도 서기 800년 이전이며, 빠르면 대략 7세기 중반 정도일 것이다. 벤달(Bendall)의 『대승집보살학론(大乘集菩薩學論)(Çikshāsamuccaya)』, v~vi쪽 참고.

라는 용어가 두 곳에서 보인다.[27] 두 곳 모두에서[28] 다르마키르티(Dharmakīrti, 法称)는 산스크리트어 '마야(māyā)'를 중국어 '환화(幻化)'로, '비타파나(viṭhapana)'를 '처(處)'로 번역하고 있다. 나는 에드거튼(Edgerton)이 『불교의 산스크리트어 합성어 문법과 사전(Buddhist Hybrid Sanscrit Grammar and Dictionary)』에서 '비타파나(viṭhapana)'의 의미를 "고정(fixation), 건립(establishment), 창조(creation), 제작(making) : 특별히 환상적이고 덧없는 어떤 것이라는 의미를 내포함"으로 본 것은 적절한 해석이라고 생각한다. 중요한 것은 '비타파나(viṭhapana)'가 중국어로는 '변현(變現)'으로도 표현되어 왔다는 것이다. 이러한 점은 변문의 운문 앞 공식구에서 '처(處)'가 가지고 있는 본래의 의미를 이해하려고 하는 우리의 노력에 도움을 줄 수 있다. 나는 또 변문 공식구 내의 '처(處)'가 가지고 있는 이와 같은 변화의 측면과 이 장의 시작 부분에서 언급했던 인도 파르 바카노의 운문 앞 공식구 내에 있는 '지점(place)'의 의미 사이에 직접적인 대응관계가 있음을 지적해야겠다.

'변(變)'과 '처(處)'는 현장(玄奘, 594~664)이 바두반두(Vadubandhu, 世親)의 『유식이십론(唯識二十論, Vijñaptimãtratãsiddhi[Viṃśatikā])』을 번역하면서 썼던 철학 용어로 반복해서 등장한다.[29] 이 용어들은 보통 산스크

---

27 두 가지 모두 에드거튼(Edgerton)의 『불교의 산스크리트어 합성어 문법과 사전(*Buddhist Hybrid Sanscrit Grammar and Dictionary*)』, 486쪽 b에서 인용.

28 벤달(Bendall)과 로우즈(Rouse) 역, 『산티데바 편. 초기 대승경전을 중심으로 한 대승집보살학론(大乘集菩薩學論) : 불교교리 개설(*Śiksh ā-samuccaya : A Compendium of Buddhist Doctrine, compiled by S āntideva, Chiefly from Earlier Mah āy āna S ūtras*)』, 176쪽 11행, 221쪽 30~31행 및 벤달의 앞의 책 180쪽 4행, 236쪽 2~3행, 그리고 『대정신수대장경(大正新修大藏經)』 (1636)32.110c.25 이하, 122b.7 이하.

29 『대정신수대장경(大正新修大藏經)』(1590) 31.74 이하와 클라렌스 해밀턴(Clarence Hamilton)의 『유식이십론(唯識二十論)』 및 레비(Levi)의 『유식이십론(唯識二十論)(Vijñaptimàtratãsiddhi)』 곳곳을 참고. '시(時)' 역시 이 짧은 텍스트 안에서 현저하게 나타나고 있다. 나는 이와 관련하여 익명의 한 평자(評者)께 감사를 드려야 한다.

리트어 원본에 보이는 '파리나마(pariṇāma, 변화)'와 '아야타나(āyatana, 머무는 지역)'를 각각 대신한다. '아야타나(Āyatana)'는 변형 과정의 결과 또는 효과로 인식된다.

「한장왕릉변(漢將王陵變)」에 보이는 운문 앞 공식구의 다양한 형식(『돈황변문집(敦煌變文集)』, 38쪽 10행의 '處謹爲陳說'; 39쪽 11~12행의 '而爲轉說';[30] 41쪽 3행의 '處若爲陳說'; 42쪽 4~5행의 '遂爲陳說'; 43쪽 6행의 '若爲陳說'; 45쪽 10행의 '而爲轉說'; 46쪽 12행의 '處若爲陳說')[31]에는 실제로 질문하는 듯한 어기는 없는 것으로 결론지을 수 있다. 이는 『돈황변문집』, 99쪽 15행에 있는 「왕소군변문(王昭君變文)」의 '處有[32]爲陳'과 비교가 되는 것으로, "어떻게 이야기할까요?", "어떻게 될까요?", "이렇게 진행된다"와 같은 이야기꾼의 말투에서 유래한 상투적인 표현이라 할 수 있다.

변문의 운문 앞 공식구와 관련된 한 가지 흥미로운 예를 영악미술관(寧樂美術館)에 소장되어 있는 사본 조각에서 볼 수 있다.[33] 이 사본은 태자[즉, 부처]가 성도(成道)하는 이야기를 다루고 있다. 이 사본이 돈황에서 온 것인지는 확실치 않지만, 어쨌든 이것은 돈황에서 발견된 많은 사본들과 대단히 흡사하다. 문제가 되는 공식구는 다음과 같다. "어떻게 이야기할까? [이것은] 신선[같은 비범한 사람]이 부처의 관상을 보는 부분이다(若河[→何]解說? 仙人占相處)."[34] 여기서 눈길을 끄는 것은 영악미술관 사본과 변문 공식구가 순서상 거꾸로 되어 있는 점이다.

---

30 '전(轉)'은 특별히 주의를 기울여야 한다. 왜냐하면 이것은 운문부분으로 넘어가는 방식을 말하는 것으로 볼 수 있기 때문이다. '변' 이야기서술의 맥락에서 본 이 용어에 대한 논의는 제6장 주)35와 40 참고.

31 좀 더 상세한 분석과 번역은 나의 『돈황 민간서사(*Tun-huang Popular Narratives*)』 부록을 참고.

32 '유(有)'는 '약(若)' 자를 잘못 쓴 듯하다.

33 히라노 켄쇼(Hirano Kenshō), 『별본 태자성도변문에 관하여(別本太子成道變文について)』.

34 위의 책, 44쪽, 54쪽.

그림 제목의 끝 부분에 사용되거나 변문에서 운문을 이끄는 공식구로 쓰인 '처(處)' 자가 대체적으로 '[그림으로 표현되거나 또는 보여지는] [서사] 지점'을 의미한다는 것은 분명하다. 이 해석은 불교 문헌과 그림에 쓰인 '처(處)'와 자주 대비되어 '[그림으로 표현되거나 또는 보여지는] [서사] 시간'의 의미로 쓰이는 '시(時)'의 용례를 통해 구체화된다.[35]

'~한 때(時)'라는 표현은 비문 제목에서 흔히 볼 수 있다. 예를 들어, 돈황 제106굴(돈황연구소 72호)에 그려져 있는 '마하살타본생(摩訶薩埵本生, Mahāsattva Jātaka)' 장면들의 비문 중 하나는 "이 때[글자 그대로 보자면, 이 때 ~할 때!] 살타(薩埵)는 자신의 몸을 버리기로 결정하고서 주저하지 않고 자신의 옷을 벗어 나무 가지에 걸었다(爾時薩埵決定捨身而無疑悔卽脫衣服掛在樹枝時)"라고 적혀 있다. '시(時)'가 한 번 더 쓰인 것에 주의하자. 여기서 두 번째 '시(時)'는 일반적인 문법을 벗어나서 쓰이고 있는 것으로 보인다. 유사(類似) 처소격(處所格)으로서 이와 비슷한 비문에 쓰이고 있는 '~한 부분(處)' 역시 위와 같은 용법으로 볼 수 있을 것이다. 이것은 산스크리트어로 표현된 불교의 영향 아래 행해진 중국어의 발전에 있어 하나의 기지 넘치는 혁신이며, 이러한 혁신의 또 다른 예들은 곳곳에서 찾아볼 수 있다.[36]

서천불동(西千佛洞) 제9굴의 남벽 오른쪽 중간쯤에는 부처가 섬마(睒魔)로 살았던 본생담에 대한 그림이 있다. 또 이 석굴에는 여섯 외도(外道)들과 불법을 다투는 사리불(舍利弗)의 모습을 그린 수대(隋代) 벽화 뿐 아니라, 초당(初唐)과 송(宋) 그리고 위구르 통치 시기의 그림

---

35 92굴(돈황연구소 85호, 만당(晩唐) 시기의 굴)에서 나는 '시(時)'로 끝나는 많은 제목들을 보았으며, 제목들 중 몇몇은 '처(處)'로 끝나고 있었다.

36 나의 논문, 「인도와 중국 : 문화적 차용에 대한 관찰(India and China : Observation on Cultural Borrowing)」 참고.

들도 있다. 섬마(睒魔)는 "부모는 맹인이었고, 온몸은 사슴의 피부와 같았으며, 사냥을 하다가 왕의 손에 죽게 되자 천제께서 다시 눈먼 부모님 슬하로 환생을 시킨 한 보살이었다."[37] 벽화에 새겨진 비문 중에는 다음과 같은 내용이 있다.[38] "섬자가 눈먼 부모를 모시고 …… 초가집을 짓고 감초를 캐면서 부모님을 봉양하는 때(睒子將盲父母 …… 作草屋採甘草供養父母時)."

서사의 한 시점에 대한 표시로 사용되는 '시(時)'의 다른 많은 예들을 돈황에서 찾을 수 있다.[39] 제10굴의 동쪽 벽에는 기원(祇園)을 건설하는 이야기를 그린 총 11개의 그림이 있다. 각 그림에는 '시(時)'라는 표시로 끝나는 비문이 새겨져 있다. 그 중 첫 번째 그림의 비문을 예로 들면 다음과 같다. "수달장자가 부처를 떠나 사위국으로 향하여 사원을 지으려 하니, 부처가 사리불에게 말하여 수달과 함께 사원을 짓도록 하여 부처에게 하직인사를 올릴 때(須達長者辭佛[將]向舍衛國[造]精舍, 佛[告]舍利弗共[須][達]建告[→造]精舍, 辭佛之時)."[40] 98번 석굴에는 불법을

---

37 『산스크리트어와 영어 동의어, 산스크리트-팔리어 색인 포함 중국 불교용어 사전(*A Dictionary of Chinese Buddhist Terms with Sanskrit and English Equivalents and a Sanscrit-Pali Index*)』, 408쪽 b.

38 사치류(謝稚柳), 『돈황예술 서록(敦煌藝術叙錄)』, 413쪽 b.

39 사치류(謝稚柳)가 정리한, 돈황 벽화에서 '시(時)'로 끝나는 여타의 비문들은 다음과 같다 : 103쪽 b, 47번 석굴 동쪽 6번째 비문-당대(唐代) 투르판 점령시기; 105쪽 a, 같은 석굴 서쪽 13번째 비문; 105쪽 b, 같은 석굴 북쪽 7번째 비문. 나는 돈황을 방문하면서 이러한 형식의 비문을 수백 개나 보았다. 미쉘 소미에(Michel Soymié)는 자신의 「그림의 비문 모음 : P.3304 사본 뒷면(Un recueil d'inscriptions sur peintures : le manuscript P.3304 verso)」에서 사리불(舍利弗) 이야기-나의 『돈황 민간서사(*Tun-huang Popular Narratives*)』 첫 번째 작품 참고-를 내용으로 한 비문 60개가 실린 흥미 있는 자료(P3304v)를 번역 발표하였다(194~203쪽). 이 비문들은 모두 '시(時)'로 끝난다. 그는 이 표시를 'moment' 또는 'episode'로 번역하였으며, 그 자료가 확실히 그림과 관련이 있다고 주장하였다(177~179쪽). S4527에 대해 83쪽(번역본 178쪽)에서 밝힌 나의 주장 역시 참고.

40 아키야마 테루카즈(秋山光和)의 『돈황 변문과 회화-뇌도차투성변과 항마변을 중심으로(敦煌における變文と繪畫-再び牢度叉鬪聖變降魔變を中心に-)』, 439쪽 참고.

다투는 장면에 대한 훨씬 더 정밀한 비문이 있다. "외도인 노도차가 큰 나무로 변하여 사리불에게 그 나뭇잎의 수와 뿌리의 깊이를 물을 때(外道勞度差變作大樹問舍利弗其葉數其根深淺時)", "사리불이 잎사귀의 수를 답하고서 큰 뱀으로 모습을 바꾸어 나무를 뽑을 때(舍利弗答葉數訖, 化作大蛇拔樹時)", "바람의 신이 진노하여 노도차를 바람에 날려버릴 때(風神鎭[→震?]怒放風吹勞度差時)", "외도가 바람에 날리게 되자 급히 얼굴을 가릴 때(外道被風吹急遮面時)" 등이다.[41] 각각의 경우 모두 서사의 장면을 표시하는 '시(時)'로 끝나고 있다.[42] 비록 필자가 이 용어를 영어로 'the time when'으로 번역했지만, 사실 이 용어의 의미는 이보다 훨씬 더 모호하다. 문자의 표면상 의미를 벗어나 오히려 이 용어는 '~[해당] **시간**[에 순차적으로 일어난 사건이 여기서 묘사된다/설명된다]'과 같은 무언가를 의미하는 것으로 보아야 할 것이다. 동일한 비문이 서사 장면을 표시하는 '처(處)'를 취한다면, 이는 다음과 같이 번역되어야 할 것이다. '~[해당] **장소**[에서 순차적으로 일어난 사건이 여기서 묘사된다/설명된다].' 여기서 고딕체로 표시한 단어들은 '시(時)'와 '처(處)'에 기본적으로 포함되어 있는 함축적인 의미를 말해주고 있다. 묘사된 '사건'은 단순한 하나의 사건만을 의미하는 것이 아니라, 실은 독립적인 몇 개의 사건들이 하나로 압축되어 있는 것으로 볼 수 있다. 따라서 마찬가지로, 주어진 '시간'과 '장소'는 시간상 또는 공간상 일어난 사건의 전체적인 간격까지 포괄하게 되는 것이다.

이러한 형식의 비문을 가진 가장 흥미로운 벽화 중 하나를 돈황 제

41 위의 책, 444~445쪽. 김유락(金維諾), 『기원기도와 변문(祇園記圖與變文)』, 34~35쪽 역시 참고.

42 영어 번역문에서는 문장의 처음으로 자리가 옮겨져 있다(The time when~).

128굴에서 볼 수 있다. 다소 큰 규모인 이 석굴은 시대가 성당(盛唐)까지 거슬러 올라간다. 석굴의 북쪽 벽에는 일련의 서사 그림들이 있는데, 그 중 하나는 한(漢) 무제(武帝) 때(B.C.140~87) 서역으로 떠났던 사신인 장건(張騫)에 관한 것이다. 그 비문은 다음과 같이 쓰여 있다.

> 전한(前漢)의 중종(中宗)[!]이 이미 금인(金人)[43]을 구했지만 아무도 그 이름을 알지 못해서 박망후(博望侯) 장건(張騫)을 서역의 대완국(大宛國)[44]으로 보내 그[즉, 부처]의 이름을 물어보도록 하는 때.
>
> 前漢中宗旣獲金人, 莫知名号, 乃使博望侯張騫往西域大宛國問名号時.

> 한(漢) 무제(武帝)는 부(部)의 무리들을 이끌고 흉노 토벌에 나섰다가 길이가 한 길도 더 되는 금인(金人) 둘을 얻어 감천궁(甘泉宮)에 줄지어 두었는데, 황제가 무척 신성히 여기면서 늘 그곳으로 가서 배알을 하는 때.[45]
>
> 漢武帝將其部衆討匈奴, 獲二金人, 長丈余. 列於甘泉宮, 帝爲大神, 常行拜謁時.

서사 장면을 표시하는 '시(時)'의 특수한 쓰임은 돈황 제300굴에서도 볼 수 있다. 이 석굴에는 믿음이 깊은 신도들의 초상화가 그려져 있는데,[46] 이들 각각에는 모두 '시(時)'로 끝나는 비문이 적혀 있다. 여기서 '시(時)'의 기능은 '시(時)'의 원래 의미['시간']와 두 번째 의미['서사 시

43 즉, 부처의 형상을 말한다. 모로하시 테츠지(諸橋轍次)의 『대한화사전(大漢和辭典)』, XI권, 40152.624 참고. 여기서는 정사(正史)에 기록된 것과 같은 사료를 제공하고 있다.

44 대완국(大宛國)인 것으로 보인다. 대월지(大月氏)와 대하국(大夏國)일 가능성도 있다.

45 사치류(謝稚柳), 『돈황예술서록(敦煌藝術叙錄)』, 188쪽 b에 기록됨.

46 사암(史岩), 『돈황석실화상제식(敦煌石室畵象題識)』, 73쪽 ab에 기록됨.

간]의 범위를 뛰어 넘어, 단지 비문 제기(題記)를 마무리하는 역할만 한 것으로 보인다.

부처의 생애에 관한 장면들을 묘사하고 있는 영국박물관 소장의 한 이름 없는 8세기 비단 깃발(36.8×17.6㎝)[47] 역시 '시(時)'라는 서사 장면 표지를 쓰고 있다. 태자가 왕궁의 문을 나와 자신의 백마를 타고서 노인, 병자, 죽은 사람들 그리고 한 승려를 보는 총 네 가지 장면이 있었을 테지만, 지금은 그 중 처음의 두 장면만 남아 있다. 깃발의 제목에 보이는 '시(時)'가 어떻게 쓰이고 있는지를 보여주기 위해 나는 그 중 첫 번째 것을 예로 들어 다음과 같이 번역한다. "[이는] 태자[48]가 성동문을 나와 노인을 보고서 [노인의] 인연[49]을 물을 때[50][를 묘사하고 있는 서사 장면에서의] 때이다(爾時太子出城東門觀老人問因緣時)."

감숙성(甘肅省) 동남쪽 천수(天水) 마을 부근에 있는 맥적산(麥積山)에서,[51] 나는 그곳에 있는 벽화의 모든 비문 중 특정 의미를 표시하는 용어로서의 '변(變)'의 예는 단 하나도 보지 못했으며, 서사 지점의 표지로서 기능하는 '처(處)'의 쓰임 역시 전혀 발견하지 못했다. 그렇지만 나는 '시(時)'가 서사 시간의 표지로 기능하는 19곳의 예(126, 127, 160굴)

---

47 이 깃발은 여러 번 재제작된 적이 있으며, 가장 최근의 것은 『채색중화명화집람(彩色中華名畵輯覽)』의 61번 그림에서 볼 수 있다. 가장 초기에 재제작된 것 중 하나는 마츠모토 이이치(宋本榮一), 『돈황 회화의 연구(敦煌畵の硏究)』, LXXVIa으로, 이것은 스즈키 케이(鈴木敬)와 아키야마 테루카즈(秋山光和)의 『중국미술(中國美術)』 그림 70에 아주 잘 나타나 있다. 제목이 쓰여 있지 않은 네 가지 장면을 담고 있는 9세기 깃발에 대해서는 같은 책 그림 71을 볼 것. 오렐 스타인(Aurel Stein), 『천불(千佛) : 중국 서부 지역 돈황 석굴사원의 고대 불화(*The Thousand Buddhas : ancient Buddhist paintings from the Cave-Temples of Tun-huang on the western frontier of China*)』, XII, XXVI, 그리고 XXX 참고.

48 Kumārarāja, 즉 미래의 부처.

49 Hetupratyaya.

50 tasyāṃ velāyām 참고.

51 1985년 8월에 탐방.

와 공양한 사람들과 신도들의 이름을 적은 비문을 끝맺기 위한 단순한 하나의 표식으로 기능하는 15곳의 예[제110굴]에 주의를 기울였다. 이들 벽화의 시대를 고려하면 — 대부분 북위(北魏) 시대, AD 386~534 — 이러한 발견은 놀라운 것이 아니다.

같은 '시(時)'가 중앙아시아 토유크(Toyuk)에서 발견된 비단 불상(佛像) 그림[52] 위의 일부가 닳아진 제목 끝 부분에도 보인다. 이를 통해 중국 본토에서 발전된 장치를 빌려온 것인지 또는 중앙아시아와의 접경 지역에서 산스크리트 문화, 이란, 또는 돌궐의 서사 그림 제목을 중국화한 것인지는 확실히 결론지을 수 없다. 그러나 일반적으로 중앙아시아의 그림 속 제목이 그 시대가 더 빠르다는 점, 불교 예술과 문학은 서방으로부터 중국으로 유입되었다는 점, 그리고 내가 『그림과 공연(*Painting and Performance*)』의 '변' 이야기 서술에 대한 중앙아시아의 영향을 다룬 부분에서 들었던 또 다른 증거 모두를 통해서 볼 때, 둘 중에서 후자의 가능성이 더 큰 것으로 보인다.

서사 장면 표시로서의 '시(時)'의 쓰임은 사본들에서도 찾아볼 수 있다. S4527은 사리불과 여섯 외도들 간의 싸움 장면을 묘사하고 있는데, 각각의 서사 시간이 모두 '시(時)'로 표시되어 있다. 예를 들면, "바람이 불어 천막의 줄이 끊어지자 외도가 다시 이으려 하는 때(風吹幄帳繩斷, 外道卻欲繫時)", "바람이 불어 천막이 넘어지려 하자 외도가 사다리를 가지고 어떻게 할지를 생각하는 때(風吹幄帳欲倒, 外道將梯想時)" 등이다. 이것은 아마 한 세트의 서사 그림으로 맞춰진 장면들의 목록일 것이다.

---

52 오타니 코츠이(大谷光瑞), 『서역고고도보(西域考古圖譜)』 1권, 그림 45.3. 유키 소메이(結城素明), 『서역화취성(西域畫聚成)』, XIII권, 제4번에서는 「항마변(降魔變)」에서 사리불(舍利弗)이 모습을 바꾼 것일 가능성이 대단히 높은 중앙아시아 코끼리 그림을 볼 수 있다. 여기서 행동을 묘사하는 문장은 서사 장면의 때를 표시하는 '시(時)'로 끝나고 있다.

돈황 제76굴[송대(宋代) 동굴]의 한 벽화에 쓰여진 일련의 비문들은 '처(處)'와 '시(時)'의 기능적 연관성을 입증해주고 있다. 동쪽 벽의 왼쪽 아래에는 다음과 같은 비문이 보인다. "다섯 비구가 사체[53]의 법륜을 들을 때(五比丘聞四諦法輪時)" 위의 74쪽에서 예를 들었던 것처럼, 이와 동일한 벽의 최소한 세 비문이 역시 '처(處)'로 끝나고 있다. 이제 '시(時)'와 '처(處)'가 서사 장면의 어떤 사건을 표시하는 용법으로 동일하게 쓰였다는 것은 확실해졌다.[54]

『태자성도경(太子成道經)』에 있는 사건들을 P2299에서 '~한 형상(相)'으로 표제를 붙였다는 점은 시사하는 바가 상당히 크다.[55] [S2440v에서 확실히 볼 수 있듯이] 무인(舞人)들이 바로 이 장면들의 내용을 춤으로 추었다는 점을 기억할 때,[56] 또 현존하는 『대당삼장취경시화(大唐三藏取經詩話)』 15회 중 11회에 [서사 지점을 뜻하는] '처(處)'라는 표제어가 있다는 점을 상기할 때,[57] 그리고 '처(處)'가 연속적으로 등장하는 '변문'과 ('시각'을 뜻하는) '시(時)'가 계속해서 보이는 '변상' 사이의 생성관계를 반영해 볼 때, '처(處)'와 '시(時)'가 그림이나 조각상으로 또는 묘사적으로 표현되는 서사 사건들과 관계될 수 있는 것처럼 어떤 경우에는 '상(相)'이 드라마틱하게 표현되는 서사 사건들과 관계된다고 볼 수도 있다.

바루아(Barua)가 알려준 대로, 인도 바르후트(Bhārhut) 시대의 여러

---

53 【역자주】'사체(四諦)'는 고(苦)·집(集)·멸(滅)·도(道)의 4가지 진리, 즉 현상계의 괴로움과 그 원인 및 열반과 그에 이르는 길을 말한다.

54 폴 펠리오, 『돈황 석굴 : 노트 수첩(*Grottes de Touen-houang : Carnet de notes*)』, 15쪽, 그림 22 참고.

55 『돈황변문집』, 301쪽 7~8행 참고.

56 Jao Tsong-yi(饒宗頤)와 폴 드미에빌(Paul Demiéville), 『돈황곡(*Airs de Touen-houang*)』, 29~30쪽(편編), 37쪽(평론), 128~132(번역) 참고.

57 중국고전문학출판사(中國古典文學出版社) 1954년 판을 참고.

조각상 위에는 그 조각상과 관련된 표제들이 새겨져 있다.

> 바르후트 시대의 예술가들은 그들의 표제를 사용함에 있어 그다지 현명하지는 않았다. 왜냐하면 일렬로 되어 있는 돌기둥이 있을 때, 만약 한 기둥에 장면의 표제가 새겨져 있으면, 다음 기둥에는 새겨져 있지 않기 때문이다. (…) 하지만 그 조각상을 다시 보면 (…) 그 모두에 표제를 붙이려 했으며, 누락된 것은 예술가들이 신경을 쓰지 않고 소홀히 해서 그런 것이었음을 쉽게 가정할 수 있다. 따라서 만약 바르후트의 예들이 어떤 가치가 있다면, 그것은 바로 조각상의 표제를 실제로 새기는 작업을 선택적으로 할 수 있게 되는 과도기를 보여준다는 것이다.[58]

바르후트는 대단히 오래 전 시대이다(B.C. 3~2세기). 나중에는 보드가야(Bodh Gaya), 산치(Sāñcī), 마투라(Mathura), 타시라(Taxila), 아마라바티(Amarāvatī), 사르나트(Sarnath), 칼레(Karle), 아잔타(Ajaṇṭā)에서처럼 불상과 프레스코 그림에 표제를 넣지 않는 것이 일반화되었다.

묘사된 장면을 설명하는 표제가 붙어 있는 바르후트의 서사 조형물들 중 하나를 예로 들어 그곳에 새겨진 표제를 읽어보면 다음과 같다. "급고독(給孤獨) 장자(長者)가 천만금으로 기원(祇園)을 산 후 태자에게 바치다(Jatavana Ȧnādhapeḍiko deti koṭisaṃthatina Keto)."[59] 또 작은 돌기둥에는 "Maghādeviya-Jātakaṃ(대천본생도, 大天本生圖)"라고 적혀 있다.[60] 그리고 소형 기단의 부조에는 "Kiṃnara-Jātakaṃ(긴나라본생도, 緊

---

58 바루아(Barua), 『바르후트 I(*Barhut I*)』, 47쪽.
59 위의 책, II권, 27쪽. 본생도(本生圖) 45; II권 그림 XXVIII.3, LVIII.
60 위의 책, 82쪽. 본생도 82; III권의 그림 XLVIII.2, LVIII.

那羅本生圖)"[61]라는 표제가 있다. 나는 이들 표제문 중 어떤 것에서도 '~장소(處, 어디)'[62] 또는 '~때(時, 시간)'와 유사한 용어를 찾아볼 수 없었다. 위에서 암시적으로 표현했던 것처럼, 이 후자의 것들은 중국에서 고안된 것이며, (1) 변형된 불교 용어에서 각각 처소격과 탈격(奪格)에 가까워지도록, 그래서 (2) 서사 시간과 지점을 가리키도록 의도되었다는 점을 믿는 쪽으로 내 생각은 기울어져 있다. 현재 논의하고 있는 '시(時)'와 '처(處)'는 민간 분야에서 비롯된 것이기 때문에, 여기서 나는 결국 전통 경전의 방식으로 귀결되는 산스크리트어의 경우에 대해서는 다룰 필요가 없다고 본다.

코즐로프(Kozlov)가 카라코토(Kharakhoto)에서 발견한 자료 중에 12세기 초의 목판본 위경(僞經)인 『불설보부모은중경(佛說報父母恩重經)』이라는 것이 있다.[63] 파손이 되어 일부분만 남아 있는 경문의 앞쪽에는 효

---

61 위의 책, 135쪽. 본생도 125; III권 그림 XXVII.12.

62 그림이 포함되어 있는 티우(A. Teeuw)외 편, 『타나쿤의 시와라트리칼파 : 고대 자바의 시, 그 인도 기원과 발리의 그림(*Śiwarātrikalpa of Mpu Tanakuṇ : An Old Javanese Poem, Its Indian Source and Balinese Illustrations*)』에는 총 20개의 장면이 있다. 그 중 다섯 개의 표제에는 '장소'의 의미에 해당하는 발리어(gnah[ipune]?)가 포함되어 있다. 이러한 용법은 돈황 변문에서 쓰이는 '처(處)'의 용법과 확실히 같다고 할 수는 없다. 왜냐하면, 이것은 공식구의 끝에 위치하고 있지 않으며, 또 묘사된 장면의 실제 장소를 언급하고 있기 때문이다. 그럼에도 불구하고, 그 시가 인도에서 기원했다는 점, 그리고 좀 더 일반적인 이유에서는 '장소'[즉, '지점']라는 용어를 표제에 사용하는 일련의 서사 그림에 대한 경향을 보여주고 있다는 점에서 고려해 볼 가치가 있다. 미얀마의 서사 벽화에는 종종 'wo(이[곳])'라는 단어로 시작하는 비문과 표제들이 자주 보이는데, 그 중 Kubyaukkyi 210을 참고하면 다음과 같다 : "이곳에서, 용왕 카라가 불상을 만들어 다마소카왕에게 보여주었다(Wo smiṅ kālanāgarāj nimit rup kyek taḅaḥ smiṅ dhammāsoka)"(Shorto, 『*Dictionary of Mon*』, 214~215쪽). "환현(幻現), 인현(引現), 환현(喚現), 창조(創造), [모습]을 띠다" 등의 의미가 있는 'nimit(=팔리어 nimmita, 산스크리트어 nirmita)'가 쓰인 것에 유념하기 바란다. 이러한 'wo'의 사용은 두타바키암(Dūtavākyaṃ) 그림 이야기 서술에서 장면의 사건들을 가리킬 때 쓰였던 'eṣa(이것)'를 생각나게 한다. 이에 대해서는 나의 『그림과 공연(*Painting and Performance*)』 제1장 참고.

63 멘쉬코프(Men'shikov) 편, 『카라코토 수집품 중 중국 부분에 대한 서술(*Opisanie Kitaiskoi Chasti Kollektsii iz Khara-khoto*), Fond P.K.Kovlova』, 255~256쪽의 TK-119번.

행도(孝行圖) 즉 효자가 그의 부모님께 효를 행하는 장면의 그림들이 있다. 그리고 이 그림의 여러 장면에 붙어 있는 제기(題記)는 '처(處)' 자가 어떻게 변화되었는지를 이해시켜주는 유력한 증거가 되고 있다. 이 그림의 오른편에 적힌 일곱 개의 제기(題記)는 다음과 같다.

부모님을 위해 수미산을 에워싼 부분
(爲)[父母遶]須彌山處
부모님을 위해 살을 가르는 부분
爲父母割肉之處
부모님을 위해 눈을 도려내는 부분
爲父母剜眼睛之處
부모님을 위해 심장과 간을 가르는 부분
爲父母割心肝之處
부모님을 위해 뼈를 치는 부분
爲父母打骨之處
부모님을 위해 도륜(刀輪)을 받는 부분
爲父母受刀輪之處
부모님을 위해 철환(鐵丸)을 삼키는 부분
爲父母呑鐵丸之處

왼편의 제목은 다음과 같다.

부모님을 위해 제계를 받아서 지키다
爲父母受持祭戒

부모님을 위해 삼보를 공양하다

爲父母供養三寶

부모님을 위해 보시를 하고 복덕을 닦다

爲父母布施修福

부모님을 위해 경전을 글로 쓰다

爲父母書寫經典

부모님을 위해 경전을 독송하다

爲父母讀誦經典

부모님을 위해 죄를 참회하다

爲父母懺悔罪愆

송대 말기에 이르러 예술인들은 '처(處)' 자의 함의를 어느 정도 망각하여, 지옥에서 고통을 받는 특별한 장면들과 관련되어서만 그 흔적을 남기고 있다. 목련 고사는 가장 유행했던 변문이었고, 이 이야기에 익숙해 있던 사람들의 마음속에서 '처(處)'의 쓰임은 얼마간 계속해서 유지되었을 것이기 때문에, 위와 같은 점을 놀라운 현상이라고 말할 수는 없다.

우리는 이제 변문에서의 운문 앞 공식구가 구술성의 직접적인 증거로 작용하는가 그렇지 않은가라는 중요한 문제를 고려해보아야 한다. 한편으로, 이러한 공식구는 겉으로 보기에 몇몇 강경문에서 자주 볼 수 있는 청중을 향한 직접적인 언설이 발휘하는 효과보다는 못한 듯하다. 그리고 다른 한 편으로, 운문 앞 공식구는 구비연행물이라는 인상을 그대로 전달하려는 의도에서 사용되었으므로 [실제로는] 변문이 구술문학에서 어느 정도 이탈한 것처럼 보인다. 현존하는 변문의 구술성 정도를 고려하기 위해서는 반드시 다음의 사항들을 기본적으로 조사하여야 한다. 교정, 삭제, 첨가 등의 빈도, 이러한 수정이 최초의 필사자에 의한 것인지 아니면 다른 사람에 의한 것인지의 여부, 직접 구술한 흔적, 텍스트에서의 잔결(殘缺) 부분, 불완전한 용운(用韻), 운문 부분으로부터 떨어져 나온 것이 분명한 구절, 서법에 있어 잘못 쓰거나 급히 쓴 흔적, 정연하지 않은 행간(行間), 비논리적인 문장과 단락, 불합리한 추론(推論), 불필요한 반복, 텍스트가 사본임을 알려주는 간기의 누락 등등. 나는 이미 여러 사람들의 손을 거치면서 이루어지는 텍스트 수정의 중요성을 논의한 바가 있다.[64]

일반적으로 변문에서 구술과 직접적인 관계가 있다는 가장 명확한 증거는 운문을 이끄는 공식구라고 할 수 있다. 다양한 형태의 이 공식구들 중에서 "~한 [사건이 일어난] 부분을 보시지요. 어떻게 해설할까요(看……處, 若爲陳說)?"라는 문구가 구술과 밀접한 관계가 있음을 보여주는 비교적 설득력 있는 증거라고 생각한다. 그러나 이것은 매우 복잡한 문제이기 때문에 나는 이 문제를 뒤에서 따로 설명하도록 하겠다. 텍스트에 나타나는 괴리 현상은 기록자의 베끼는 속도가 늦어 구술되는 이야기를 잘못 연결시켰거나 순전히 초사자가 부주의했음을 보여준다. 이는 불완전한 용운, 따로 떨어져 나온 운문 부분, 비논리적인 문장, 잘못된 도입 부분, 그밖에 이와 유사한 특징들도 마찬가지 경우이다. 이전에 있던 텍스트의 '복사본'임을 알려주는 사본의 간기는, 해당 구술 행위와 사본 사이에 최소한 다른 하나의 중간 기록 단계가 분명히 있었다는 직접적인 증거가 된다. 텍스트가 계속해서 베껴

64 나의 「중국 강경문의 구술(口述)적, 기술(記述)적 측면(Oral and Written Aspects of Chinese Sūtra Lectures(chiang-ching-wen))」에서 논의.

지고 교정되면서 위 사항들의 거의 대부분이 점차 세련된 형태로 되었을 것이라는 가정은 설득력이 있다. 본래 구술에서 파생된 텍스트는 원형에 가까워지면 가까워질수록 점점 더 유동적이고 불안정하다. 왜냐하면 구술의 원형은 매번 되풀이되는 말과 함께 변하기 때문이다. 반대로, 여러 번 기록되고 재기록되고 복사되어 온 텍스트는 점차 고정된 형태를 취하게 된다. 앞으로 보게 되겠지만 예외도 있다. 예외란 규칙화된 후에도 구술의 흔적을 그대로 유지하려는 의식적인 시도로 남겨둔 운문 앞 공식구를 말한다.

앞 단락에서 언급한 사항들 중 어느 것도 그 자체로 구술성의 증거가 될 순 없다. 그러나, 만약 이들 특징들이 텍스트 내에서 다량으로 발견된다면, 구술된 이야기와 밀접하게 관련이 있을 것이라는 가능성은 높아진다. 이러한 기준에서 판단해 볼 때, 내가 조사한 변문 사본들 중 어떤 것도 실제로 구술적 배경에서 기원하였거나 그와 관계를 맺고 있으며 보다 덜 세련된 형식인 강경문에 근접해 있지는 않다. 사실, 변문들 중에는 기록된 상태가 상당히 양호하면서 실제로는 교정된 판본이 없는 몇몇 텍스트가 있다. 위의 기준들을 바탕으로 해서 다시 판단해 보면, 돈황본 「오자서고사(伍子胥故事)」나 「여산원공화(廬山遠公話)」[65]는 맨 처음 그들에게 영감을 주었을 본래의 구술 이야기(들)로부터 훨씬 더 벗어나 있다. 그것들이 애초부터 기록된 텍스트로만 존재했을지도 모르는 일이지만.

현존 자료를 통해 받을 수 있는 전체적인 인상은, 대부분의 변문이 자신을 낳아 준 최초의 구술 연행으로부터 이미 몇 세대 정도 격차가 벌어졌다는 것이다. 반대로, 그보다는 덜 세련된 강경문은 자신의 본

65 이 제목은 사본에 기록되어 있는 실제 제목이다. S2073.

래 구술 조상(들)의 후손들 중 첫 번째 세대 내에 자리 잡고 있다는 증거를 전반적으로 가지고 있다. 내가 살펴보았던 돈황 민간문학 사본 중 대만 32번 사본[66]만큼 노골적으로 뒤죽박죽인 사본은 거의 없었다. 좀 더 세련되게 다듬어진 강경문에서는 인용 공식구 '청창(請唱)'이나 '창장래(唱將來)'가 고정된 규칙성을 띠고 나타나는 반면, 이보다 덜 세련된 강경문에서는 단지 이따금씩만 나타나고 있다는 점 역시 중요하다. 마찬가지로 나는 지나치게 잘 지켜지고 있다는 점을 근거로 하여, 변문의 운문 앞 공식구를 구술 연행으로부터 직접 파생되었다는 증거로 간주하는 것을 매우 꺼리게 된다. 내가 알고 있는 이 세상의 다른 그림 이야기 서술 형식 중 그 어떤 것도 '이렇게 고정된 규칙성을 가진' 공식구를 사용하고 있지는 않다. 그러한 규칙성을 필요로 한다는 사실 그 자체가 즉흥적인 구술성보다는 문학적인 규범성의 기미를 보여주는 것이다. 그러나 이 점이 운문 앞 공식구가 그림 이야기꾼이 십중팔구 습관적으로 사용했던 어휘이자 자연스러운 규범이었지 그가 억지로 쓴 것이 아님을 부인하진 않는다. 명청대 백화 단편소설에는 이러한 이야기꾼의 어투가 변문의 운문 앞 공식구는 물론 좀 더 세련된 형식의 강경문에 보이는 인용 공식구보다 훨씬 더 틀에 박힌 형식을 띠고 있다. 이처럼 공식구 사용 혹은 그 밖의 다른 기교를 통해 '가상의 상황(simulated context)'을 만들어내려는 의식적 노력이야말로 기록된 문학으로서의 후대 소설의 본질적 특성을 드러내고 있다.

변문의 두 번째 기본 특징은 산운조합(散韻組合)의 배열 방식이다. 전형적인 돈황 변문의 형식은 산문과 운문 부분의 교차로 이루어져

66 메이어(Mair), 『중국의 강경문(講經文)(*Chinese Sūtra Lectures*)』 참고.

있다. 운문과 산문의 비율 그리고 그 쓰임은 변문 텍스트에 따라 다양하게 나타나고 있다. 예를 들어, 목련변(目連變)의 경우는 산문 행보다는 운문 행이 많다. 산문 부분에서는 이야기의 기본적인 줄거리가 담겨져 있는 반면, 운문 부분은 눈에 띠는 세부묘사를 강조하면서 이야기를 반복하거나 확장시킨다. 이와는 달리, 항마변(降魔變)은 운문보다는 산문 부분이 훨씬 더 많이 차지하고 있으며, 이릉변(李陵變)의 경우는 상당히 균등하게 쓰이고 있다. 왕릉변(王陵變)에서는 상당히 많은 부분에서 운문을 서사의 역할로 쓰기도 하지만, 또 어떤 때에는 요약 또는 논평이라는 부차적인 역할로 만들기도 한다. 왕소군변(王昭君變)의 산문 부분 역시 이와 마찬가지이다. 하지만, 돈황 텍스트에서 산문과 운문의 양 그리고 그 둘 사이의 관계가 어떤 특징을 보이고 있는가와는 상관없이, 산운조합 형식은 '변문'이라고 이름 붙여진 대부분 작품의 특성이 되고 있다. 더 중요하게 볼 수 있는 점은 이 형식이 변문 이후 중국에 등장한 다른 많은 민간문학 장르들의 특성이 되고 있다는 것이다. 산운조합의 형식이 변문이라는 외양을 가지고 혼자서 중국으로 들어온 것은 아니라는 점은 거듭 반복해서 말해야 할 것이다. 전통적이든 통속적이든, 인도의 전형적인 산운교차 형식을 사용하는 대단히 많은 불교문학 장르가 있었다. 이들 장르는 이미 2세기에 중국으로 유입되어 다양한 문화적 층위로 영향을 주어 왔다.

나는 프랑스어 'chantefable'보다는 영어 'prosimetric(al)'을 쓰고 있는 프라그 중국학 학파(Prague school of Sinology)의 견해를 따르기로 했다. 비교문학 연구자들이 운문과 산문이 교차하는 어떤 서사작품을 언급하기 위해 앞쪽의 단어를 써 왔지만, 이는 본래 중세 프랑스 서사의 특수형태를 의미하는 것이었다. 사실, 그 용어는 중세 프랑스 문학에서 단한 번, 즉 13세기 말 『오카생과 니콜레트(*Aucassin et Nicolette*)』 속의 "우리의 Chantefable은 종말을 고하고 만다(No chantefable prent fin)"라는 구절에 보일 뿐이다. 이 용어가 '노래-이야기[로 나뉜 부분]'를 의미하며, 중세 프랑스 단어인 'canter(노래하다)'와 'fabler(관련되다)'의 명사형으로부터 온 것임은 분명하다.[67] 이와 반대로, 'prosimetric'은 우리가 그 용어를 사용하려고 하는 의도에 들어맞는 라틴어 어원(prōsimetricus)을 가지고 있다. 그리고 지난 300년 동안은 쓰이지 않았다 하더라도, 이 용어는 이미 오래 전에 영어 내로 들어와 있었다. 토마스 블런트(Thomas Blount)의 『용어해설(*Glossolgraphia*)』(1656)에 따르면, 'prosimetric'은 '부분적으로는 산문으로, 부분적으로는 운율 또는 운문으로 구성된'을 의미한다.[68] 산문과 운문의 교차를 산스크리트어로는 'miśrakam(혼합된, 산문이 아닌, 다양한, 갖가지의)'으로 말할 수 있다.[69] 티베트어로 'miśrakam'의 동의어는 'spel-ma'이다.[70] 『번역명의대집(飜譯名義大集, *Mahāvyutpatti*)』(1456번)의 중국어 부문에서는 이 용어를 '장단구(長短句)', 즉 '사(詞)'라고 잘못 번역하고 있다.[71] 단딩(Daṇḍin, 檀丁)은 『시경(詩境, *Kāvyādarśa*)』(i.31)에서 산운이 교차하는 형식을 가리키기 위해 대략 10세기에 처음으로 사용

67 리리첸(Li-li Ch'en), 『변문의 산운조합 형식(*Pien-wen Chatefable*)』, 255쪽 주2와 『동서상제궁조(董西廂諸宮調)(*Master Tung's Western Chamber Romance*)』, ix쪽.

68 『옥스포드 영어사전 소형판(*The Compact Edition of the Oxford English Dictionary*)』, 1491쪽에서 인용.

69 모니어 윌리암스(Monier-Williams)의 『산스크리트어-영어사전(*A Sanskrit-English Dictionary*)』, 818쪽 a와 로스(Roth)의 『산스크리트어 사전 V(*Sanskrit-Wörterbuch V*)』, 786a

70 다스(Das)의 『산스크리트 동의어가 실린 티베트어-영어사전(*A Tibetan-English Dictionary with Sanskrit Synonyms*)』, 801쪽 참고.

71 이 유명한 산스크리트-티베트어 어휘집이 거의 9세기부터 존재했음에도 불구하고, 중국어 동의어들은 훨씬 더 나중에(18세기?) 첨가되었다. 더구나, 그것들은 산스크리트어보다는 티베트어에 기초를 두고 있었기 때문에, 중국어-산스크리트어 불교용어에 있어서는 전혀 믿을 만하지 못하다. 사카키(榊亮三郎)의 1916년판 서문 및 요종이(饒宗頤)와 드미에빌(Demiéville)의 『돈황곡(敦煌曲)(*Airs de Touen-houang : Touen-houang k'iu*)』, 23쪽 참고.

된 'Campū'라는 용어를 쓰고 있다.[72] 그러나 인도에서는 산운교차 형식의 서사가 대단히 풍부했기 때문에 문학비평가들이 그러한 형식에 무슨 특별한 용어를 부여해줄 필요가 거의 없었다.

'prosimetric'이라는 용어를 사용하는 것과 관련해서 또 한 가지 사전 고찰이 필요하다. '변문'을 'prosimetric(산운조합)'의 형식이라고 말할 수는 있어도, 이것이 그 '변문'이라는 용어 자체의 번역은 결코 아니라는 것이다. 나는 2장과 3장에서 '변문'의 의미에 대한 문제를 'transformation text'로 상세하게 논의하였다.

산운조합의 형식과 관계된 첫 번째 문제는 당연히 그것의 기원에 관한 문제이다. 현존하는 증거를 주의 깊게 살펴보면, 이 형식이 불교가 소개되기 전 중국에서는 존재하지 않았다는 결론을 도출해낼 수 있다. 그러나 중국에서 산운조합 형식의 기원에 관한 문제는 대단히 뜨겁게 논의되어 온 만큼, 그것이 중국 내에 본래부터 있었다고 주장하는 사람들의 반론을 무시할 수는 없다. 나는 먼저 그들의 주장을 살펴보는 것으로 논의를 시작하고자 한다.

반세기 전까지만 해도, 불교의 수입은 당대(唐代) 장편 산운조합 서사의 갑작스럽고 전례 없던 출현에 대한 가장 합리적인 설명으로 여겨졌지만, 이후의 몇몇 학자들은 불교의 영향에 대한 모든 가능성을 부인하기 시작했다. 그 결과, 산운조합 형식의 중국 내 기원을 설명하기 위해 여러 가지 논문들이 제출되어 왔다. 그래서 육간여(陸侃如)는 산운조합 형식의 불교적 기원을 주장했던 호적(胡適)을[73] 비판하면서,

---

72 수실쿠마르(Sushilkumar De), 『산스크리트 문학사(*History of Sanskrit Literature*)』, 433쪽.

73 『백화문학사(白話文學史)』, 150~153, 178쪽. '불교의 번역문학(佛教的飜譯文學)'이라는 제목의 두 장을 참고하기 바람.

『역경(易經)』, 『국어(國語)』, 선진(先秦)의 제자(諸子) 그리고 사부(辭賦)[74]를 산운조합 형식으로 보았다.[75] 육간여(陸侃如)는 사실 과거 중국의 모든 기간 동안 이러한 형식이 존재했었다고 말한다. 그러나, 자세히 살펴보면 그가 언급한 저작들 중 그 어떤 것도 산운조합 서사와 유사한 형식이 아님을 알 수 있다. 육간여(陸侃如)는 또 송대의 몇몇 민간 연행예술이 불교의 가타(gāthā, 偈)와 전혀 관련될 가능성이 없는 산운조합 형식이라는 주장을 하고 있다. 사실, [송대(宋代)보다 시기적으로 앞서는] 변문의 운문 부분이 불교 경전 내에서 같은 명칭(偈)으로 언급되었다는 당시의 분명한 증거가 있다. 이 증거는 P2319 「대목건련명간구모변문(大目乾連冥間救母變文)」의 제목에 붙어있는 주(註)에서 찾아진다. 이 사본은 전체 이야기를 축약해 놓은 것으로, "각 게는 매 2~3구 다음 '운료시'라는 표시에 의거해 [짧게 짤린다] (其偈子每槭[76]三兩句後云了是)"고 적힌 주(註)의 목적은 지속적으로 축약이 이루어졌음을 설명하기 위한 것이었다.

그러나 산운조합 서사의 인도 기원설에 대해 가장 진지하고도 집중적인 이의를 제기했던 사람은 정의중(程毅中)이었다.[77]

> 중국은 외래문화를 배척하지 않았을 뿐 아니라, 계속해서 적극적으로 그리고 창조적으로 외국 문화의 장점과 특성들을 흡수해 왔다. 그러나 중국 민

74 육간여(陸侃如)는 '사(辭)' 그리고 / 또는 '부(賦)'라고 생각하고 있는 것인가? 아니면 '부(賦)'의 사작(寫作)? 또는 애매한 문학 장르인 '사부(辭賦)'? 아니면 그저 '잡부(雜賦)'를 말하는 것인가?

75 「호적의 『백화문학사』를 비판함(批判胡適的『白話文學史』)」.

76 이 난해한 글자에 대한 논의는 5장의 주45 참고.

77 「변문에 관한 몇 가지 탐색(關於變文的幾點探索)」. 정의중(程毅中)의 기본 관점은 장석후(張錫厚)의 최근 저작인 『돈황문학(敦煌文學)』 66쪽, 83쪽에서 많은 부분 반복되고 있다.

족문화는 자신만의 전통을 가지고 있으며, 모든 외래의 영향은 반드시 민족적 전통과 결합되어야만 유익한 효과를 거둘 수 있는 것이다. 변문이라는 문학 형식은 주로 중국어(漢語)의 특징으로 간주되는 사륙문(四六文)과 칠언시(七言詩)로 이루어져 있다. 중국의 민족적 특징을 가장 잘 갖추고 있는 이러한 형식이 어떻게 인도에서 전래되어 온 것이라 할 수 있겠는가? 일종의 설창(說唱)문학으로서의 변문은 멀리 중국 고대의 '부(賦)'에서 그 원류를 찾을 수 있다.[78]

정의중(程毅中)은 설창체 속의 산운조합과 설창형 독립 장르를 혼동하고 있다. 그의 '부(賦)(rhapsody 또는 rhyme-prose)'에 대한 언급은 대단히 추상적이다. 그는 중국 고대 '부(賦)'의 제목들을 죽 나열하면서 이것들이 '아마도(可能)' — '아마', '그럴지도 모르는', '그럴 가능성이 있는' — 서사물이었을 것이라고 추측하고 있다. 하지만 그가 인용한 부(賦)들을 보면, 화려한 문체와 수식을 대단히 중시하는 변려문(駢麗文)의 양상을 띠고 있다. 무엇보다 서사적이라기보다는 묘사적이며, 긴 대화체도 전혀 포함되어 있지 않다. 간단히 말해서, 이 부(賦)들은 형식상, 내용상 그리고 문체상 변문과 닮아있지 않다. 정의중(程毅中)은 변문과 밀접한 관계가 있는 것으로 보인다는 잡부(雜賦)를 논하면서는 스스로 훨씬 더 불확실한 태도를 보이고 있다.[79] 철저하게 중국 본

---

78 위의 글, 82쪽.

79 위의 글, 83쪽. 료보숙(廖輔叔)은 『중국고대음악사(中國古代音樂史)』 61쪽에서 위 주장의 대부분을 반복하고 있다. 그가 언급하는 산운조합 형식의 특별한 '자국 내에서의 기원들' 중에서, 「공작동남비(孔雀東南飛)」는 서문은 산문이고 나머지는 운문이며, 한위(漢魏) 시대의 비지(碑誌)는 장편 허구 서사와는 전혀 관련이 없으며, 순자(荀子)가 지은 몇 편의 부(賦) 뿐만 아니라 그의 「성상(成相)」편 역시 이 문제와 관련해서는 고려해 볼 만한 가치가 거의 없는 것들이다.

토에서 변문의 기원을 찾으려 한 정의중(程毅中)의 노력은 설득력이 없다. 그가 인용하고 있는 잡부(雜賦) — 채옹(蔡邕, 133~192)과 조일(趙壹, 178년 전후로 주로 활동)의 작품 — 대부분은 초사체(楚辭體)가 사언체(四言體)와 섞여 있거나 작품의 끝 부분에 오언시(五言詩)를 더한 형식이다. 어쨌든 정의중(程毅中)이 이 부분 부분들을 기본적인 산운조합의 구조라고 주장한 것은 의아한 일이다. 계속해서 육조(六朝)의 소부(小賦)가 변문(變文)과 한층 닮았다는 언급을 하면서 그의 주장은 훨씬 엉뚱해진다. 그는 유신(庾信, 513~581)의 「춘부(春賦)」를 인용하고 있지만, 이 작품을 자세히 살펴보면 시작 부분과 끝 부분에 7언시를 덧붙인 사륙변려문(四六騈麗文)임을 알 수 있다.

부(賦)와 변문의 형식적 유사성과 관련된, 탄탄하지 못하면서도 영향력 있는 정의중(程毅中)의 가설은 상세한 고찰을 통해 완전히 무너지게 된다. 부(賦)에 서사적 요소들이 많지 않다는 것은 잘 알려진 사실이다. 이러한 서사적 요소가 가장 특징적으로 쓰일 때는 황제의 사냥, 도시, 자연 그리고 교외의 경치에 대한 묘사 같은 길고 상세한 묘사를 할 때, 그리고 때로는 철학적인 사고와 담론을 할 때이다. 정의중의 주장에서 보이는 또 하나의 약점은 그가 인용하고 있는 부(賦)가, 고대의 작품들임에도 불구하고 모두 잘 알려진 작가에 의해 쓰여졌다는 사실이다. 이 점은 뒤에서 정의중 자신이 변문은 민간에서 나온 것이라고 주장한 것과 모순이 된다.[80] 마지막으로, 정의중이 가지고 있는 잘못된 전제의 한 표본으로서 다음의 문장을 인용하고자 한다. "변문이 인도에서 전래되었다고 말하는 주요한 이유는, 이것이 불경의 고사를 부연한 것이며 불교는 인도에서 전해져 온 것이어서 변문

80 「변문에 관한 몇 가지 탐색(關於變文的幾點探索)」, 86쪽.

역시 단지 인도에서만 올 수 있다고 보기 때문이다."[81]

부(賦)를 변문의 조상으로 확정지으려는 소영휘(蘇瑩輝)의 시도[82]는 비판적인 분석을 통해 더 이상 대접을 받지 못하게 된다. 단지 두 줄 안에서 한편으로는 변문의 기원이 '대단히 이르다'고 했으면서 다른 한편으로는 [당대(唐代)의?] 승려가 이 '새로운 문학 형식'을 전파할 수 있는 자격이 주어졌다고 주장하는 것에서 알 수 있듯이 그의 주장은 여러 모순들로 가득 차 있다. 심지어 소영휘는 있지도 않은 한위(漢魏)의 '속부(俗賦)'를 고안해 내어 변문의 조상으로 추정하고 있기까지 하다.

산운조합 형식의 중국 기원을 찾기 위한 훨씬 더 심한 억지 시도를 한 사람은 양음심(楊蔭深)[83]이다. 그는 묘비명(墓碑銘)과 뇌문(誄文)을 변문에서 보이는 산운조합 문체의 조상으로 간주했다. 하지만 이러한 묘지명은 고문으로 쓰여졌고, 산문과 운문이 교차되어 있지도 않으며, 서사의 목적으로 쓰여진 것도 아니다. 따라서 그가 중국문학의 [발전] 과정 — 묘비명(墓碑銘)과 뇌문(誄文)도 그 중 일부 — 에서 불교의 창신 좀 더 정확하게 말해 산운조합 서사 형식의 유입을 결코 거부하지 않았다는 언급 이외에 양음심(楊蔭深)의 추론은 변문의 기원에 관한 논의와 아무런 관련이 없다. 사실 부(賦) 외에 산문과 운문의 중간에 있거나 다양한 방법으로 그 둘을 섞고 있는 중국 초기의 문학 장르들이 있다. 그것은 바로 '잠(箴)', '명(銘)', '송(頌)', '찬(贊)', '뇌(誄)', '조(弔)', '제문(祭文)' 등이다. 그런데 이상하게도 산운조합 형식의 중국 본토 기원설을 주장하는 그 누구도 이러한 장르를 언급하지 않았다. 거론하지 않은 이유는 자명하다. 위의 문체들은 진짜 설창문학에서

81 위의 글, 85쪽.

82 『돈황학개요(敦煌學概要)』, 53쪽.

83 『중국속문학개론(中國俗文學概論)』, 94쪽.

처럼 산문과 운문의 교차를 통해 서사를 전개한 것이 아니어서 증빙 자료로 사용할 수 없기 때문이다.

장홍훈(張鴻勛)은 중국 내 산운조합 전통에 대한 또 다른 두 가지 근거를 제출하였다.[84] 그 첫 번째 것은 『오월춘추(吳越春秋)』이다. 장홍훈은 이 작품이 초기 산운조합 이야기 서술의 예가 된다고 주장한다. 뒤의 주장 — 초기 이야기 서술의 예라는 것 — 은 실증할 수가 없고, 앞의 주장 — 산운조합이라는 것 — 은 이 역사 서사물 내의 운문이 그 길이가 짧고 매우 산발적으로만 보이며 서사의 역할을 수행하지 않는다는 점에서 받아들여질 수 없다.

장홍훈이 들고 있는 중국의 초기 산운조합 전통에 대한 두 번째 근거는 『열녀전(列女傳)』 제1권이다. 여기서 우리는 "옛날, 부인이 잉태를 하자……, 밤에 맹인[연행자]에게 시를 읊고 옳은 일들을 이야기하도록 했다(古者婦人娠子……, 夜則令瞽誦詩道正事)"[85]라는 구절을 찾을 수 있다. 장홍훈은 이 구절이 산운조합 형식의 공연을 언급한 것이라고 주장한다. 하지만 이러한 해석은 단순히 인용된 구절에만 기초해서 정당화될 수는 없으며, 그는 이에 수반된 어떠한 증거도 마련하고 있지 못하다.

산운조합 형식이 전적으로 중국 내에서 기원했다는 주장으로부터 도출된 결론의 한 표본으로서, 나는 55학번 북경사범대학 중문과 출신 학자들의 공동 저작인 『중국민간문학사(中國民間文學史)』를 인용하고자 한다. 그들은 "우리는 설창(說唱)이라는 형식은 변문에서 비롯된 것

84 「돈황 강창문학의 체제와 유형 초탐－몇 가지 중국문학사에서 제기한 문제도 겸하여 논함(敦煌講唱文學的體制及其類型初探－兼論幾種中國文學史有關提法的問題)」, 82쪽.

85 유향(劉向, B.C.77～06), 「열녀전(列女傳)」, 『사부비요(四部備要)』, 1338권, 1.4ab.

이 아니며, 중국 자체에 그 발전의 기원이 있다고 생각한다"[86]는 말로 이 문제에 대한 논의를 시작하고 있다. 그들은 중국 자체의 '기원'의 예로서 「공작동남비(孔雀東南飛)」와 「목란시(木蘭詩)」를 언급하고 있다.

위 인용문에서 변문의 외래적 기원을 은연 중 인정하고 있는 점을 제쳐두면 그들의 주장이 무슨 가치가 있을까? 우선, 책임 있는 어떤 학자도 중국에서 산운조합 형식의 기원이 변문뿐이라고 말하지는 않았다. 이러한 새로운 형식이 중국으로 들어온 과정은 여러 요소들 중 특히 불교 경전의 번역과 민간의 구비연행서사를 포함하는 대단히 복잡한 과정이었다. 55학번 학자들은 전혀 맞지 않는 주장 — 그래서 그들의 반론이 된 주장 — 을 하고 있는 하나의 허수아비를 소환한 것이다. 다음으로, 「공작동남비(孔雀東南飛)」와 「목란시(木蘭詩)」는 (외래 영향의 의문을 완전히 도외시할 수는 없는) 오언서사시(五言敍事詩)로 산운조합 형식의 중국 유입 문제와는 직접적인 관련이 없다.

자신들의 빈약한 주장을 의식했는지, 55학번 학자들은 곧바로 한 발 물러나 인도의 영향 가능성에 대해 좀 더 애매한 주장을 한다.

> 운문에서 산운의 결합으로 발전하는 과정에 있어, 우리는 인도에서 경문을 강창할 때 쓰인 산운병용 형식이 이에 대해 일정한 영향을 미쳤다는 것을 결코 부인하지는 않는다. 그러나 이러한 영향은 중국에 이미 존재하고 있었던 기초 위에서…….[87]

만약 그들이 '중국에 이미 존재하고 있었던 기초'를 '중국어와 그 고

86 북경사범대학 중문과 55학번 학자 편, 『중국민간문학사(中國民間文學史)』, 313쪽.
87 위의 책, 313~314쪽.

유의 문체상 특징'이라는 의미로 썼다면, 아무도 이 주장에 이의를 제기하진 않을 것이다.

상세한 고찰을 통해 볼 때 산운조합 형식의 중국 내에서의 기원에 대한 다양한 주장들이 설득력이 없다고 한다면, 인도에서 기원했다고 주장하는 사람들에 대해서는 어떻게 말할 수 있을까? 당연히 그들은 훨씬 더 좋은 대접을 받을 수 있다. 산운조합 형식은 산스크리트 경전과 그것의 한역(漢譯)에 있어서 대단히 일반적인 특징이기 때문에 모든 예들을 열거하는 것은 상당히 지루한 작업이 될 것이다. 1920년대에서 40년대까지의 중국 변문 연구자들은 이를 잘 알고 있었고, 또 이 두 가지를 관련짓는 것은 대단히 자연스러운 일이었다. 그래서 서사적인 목적을 위한 운문과 산문의 교차가 당대(唐代) 이전 중국문학에서 존재하지 않았다고 주장한 정진탁(鄭振鐸)은, 이 새로운 형식의 유입에 대한 가장 설득력 있는 가설은 그것이 불교문학 번역의 결과로서 들어왔다는 설이라고 주장하였다.[88] 양계초(梁啓超)는 이보다 좀 더 이른 시기에 불경 번역과 중국문학의 관계를 논한 자신의 논문에서 인도의 산운 교차 사용의 독특한 경향에 주목하였다. 변려문이 중국 고전문학의 독특한 특징인 것처럼 산운조합 형식은 인도 불교문학의 독특한 특징이다. 외국의 형식을 그들 자신의 필요에 맞게 채용하면서, 중국인들은 본질적으로 전혀 다른 이 두 가지 문학 형식을 새로운 하나의 형식으로 통합하였다.

"변문의 기원은 [중국] 본토의 문헌에서 전혀 찾아볼 수 없다"[89]는 정진탁(鄭振鐸)의 주장에 대해 반론을 제기할 수 있는 여지는 거의 없다.

---

88 『삽도본 중국문학사(揷圖本中國文學史)』, 448쪽.
89 『중국속문학사(中國俗文學史)』 I, 191쪽.

중국 문학에서 산운조합 형식이 신비할 정도로 갑작스럽게 출현한 것에 대해 정진탁(鄭振鐸)은 다음과 같은 대단히 의미 있는 조언을 하고 있다. "하지만, 새로운 문학 형식은 하늘로부터 곧바로 떨어질 수는 없는 것이다. 만약 본토의 뛰어난 인재가 창작한 것이 아니라면, 그것은 틀림없이 외래의 영향을 받은 것이다."[90]

상달(向達)은 「당대 불곡을 논함(論唐代佛曲)」이라는 논문[91]에서 초보적이나마 돈황 민간문학의 발전에 미쳤던 외래적 영향의 특성을 논증하였다. 진국녕(陳國寧)은 변문의 형식이 인도로부터 유입되었다는 주장을 하면서, 인도에서 서사의 목적으로 쓰인 초기의 한 예로서 아스바고사(Aśvaghoṣa, 馬鳴)[→아리수라(Āryaśūra, 聖猛)]의 '자타카 말라(Jātaka-mālā, 本生鬘)'를 인용하고 있다.[92]

허드리코바(Hrdličková)는 산운조합 문학의 중국 내 기원을 설명하려는 시도를 하면서 불경의 번역에 초점을 맞추었다. "설창문학의 발전을 잘 이해하기 위해서는, 중국문학에서 산운조합의 형식이 처음으로 나타나는 불경의 한역(漢譯)으로 거슬러 올라가야 한다."[93] 허드리코바는 기록된 산운조합의 형식은 실제로 불경이라는 매개를 통해 인도에서 유입되었다는 분명한 증거를 제시할 수 있었다. 허드리코바의 논문은 불교문학의 번역이 중국 산운조합 형식의 기원이었다는 점을 보여주었다.[94] 어느 날 한말(漢末)과 육조(六朝) 시대 산운조합 서

---

90 『삽도본 중국문학사(揷圖本中國文學史)』, 579쪽.

91 『당대 장안과 서역문명(唐代長安與西域文明)』에 있는 논문 중 네 번째(275~293쪽).

92 『돈황벽화 불상도 연구(敦煌壁畫佛像圖硏究)』, 29쪽.

93 「이야기 서술의 발전에 있어 중국문학에서 그리고 그 땅에서 처음 행해진 불경의 번역(The First Translations of Buddhist Sūtras in Chinese Literature and Their Place in the Development of Storytelling)」, 114쪽과 133쪽 참고.

94 허드리카(Zdeněk Hrdlička)와 함께 쓴 그녀의 논문 「'노래가 함께 섞여있는 서사형식'의 기원에 관하여(On the Origins of 'Narrations Combined with Song')」과 벨린게로바(Milena

사 전부가 담겨있는 서고가 통째로 발견된다 하더라도 여전히 불교의 영향을 사라지게 할 수는 없을 것이다. 허드리코바의 연구에는 단지 산운조합의 문학이 구술 분야에서도 동시에 중국으로 유입되고 있었을 가능성이 짙다는 점을 인정한다는 것만 첨가하면 된다. 그러나, 당대 이전에 이러한 점을 증명할 수 있는 확실한 방법은 없다.

중요한 가치를 지니면서도 거의 완전히 무시되고 있는 한 논문에서, 계선림(季羨林)은 산운조합 형식이 중국으로 유입될 때 중개 역할을 했을 토하라어(Tocharian) 텍스트의 가능성을 상세히 논했다.

> 이 체재는 중국 고유의 것이 아닌 인도에서 기원한 것이다. 『대사(大事, *Mahavastu*)』와 『보요경(普曜經, *Lalitavistara*)』이 바로 이러한 체재로 쓰여졌다. 『오권서(五卷書, *Pancatantra*)』 역시 산문과 운문의 교차로 쓰여졌다. 중국은 불전의 번역과 중앙아시아 고대 언어를 통해서 이 새로운 체재를 받아들였다. 목수와 화가에 관한 고사는 한역(漢譯) 대장경 안에 몇 개의 이본(異本)으로 존재하고 있는데, 이들 이본은 모두 산문으로 쓰여 있다. 하지만 고대 토하라어로는 동일한 고사가 산문과 운문의 교차 형식으로 쓰여 있다. 중국과 인도의 문화 교류에 있어 토하라어는 교량 역할을 한 것 중 하나이다. 이와 같은 체재가 중국으로 들어올 때도 역시 토하라어는 그 매개 작용을 했을 것이다.[95]

계선림(季羨林)의 주장을 통해 우리는 인도 그리고 그곳에 있는 산운조합 형식의 기원, 지역 그리고 기능에 대한 논의로 곧장 거슬러 올

Velingerová)의 「중국 이야기서술 기예(The Art of Chinese Storytelling)」 역시 참고.

95 「중국의 인도문학(Indian Literature in China)」, 125쪽. 계선림(季羨林)이 간략하게 만든 산스크리트어 사본은 아직 정식화되지 않았다.

라갈 수 있다.

피셸(Pischel)은 인도 서사문학의 전형적 틀을 마련하면서, 운문 부분은 고정된 문자로 되어 있고 산문 부분은 각각의 단위로 독립된 운문 사이를 연결시켜주는 작용을 주로 하는 것으로 보았다.

> 『리그베다』 그리고 『수파르나다야(*Suparṇādhyāya*)』 같은 기타 작품들의 대화체 찬가들은 그 형식을 거의 이해할 수가 없다. 각각 독립된 운문들 사이의 연결은 매우 느슨하여, 때로는 발견하기가 상당히 힘든 경우도 있다. 이를 이해하기 위해서는 브라마나들(Brahmanas, 婆羅門)이 지은 산문이나 『베다(吠陀, *Veda*)』를 풀이해 놓은 작품 같은 연관된 텍스트가 필요하다. 『마하바라타(摩訶婆羅多, *Mahābhārata*)』나 『왕세서(往世書, *Purāṇās*)』 같은 후자의 작품들은 때로는 온전한 서사 형식으로 이루어진 경우도 있지만, 종종 대단히 상이한 형식으로 나타나기도 한다. 이와 유사한 아일랜드 문학의 경우를 들어, 윈디쉬(Windisch)는 최초의 운문 부분은 바뀌서는 안 되며 읊는 사람이 산문 서사의 방법을 통해 그것들을 연결시켰다는 주장을 최초로 제안하였다[즉, 발전시켰다]. 이 관점은 의심의 여지없이 옳은 것이다. 이 점은 시를 읊는 사람(rhapsodist), 즉 연결자[또는 결합자]의 호칭—그란티카(granthika) 등—을 통해 입증된다. 산문 서사는 일반적으로 그 내용에 관계된 것만 정해졌을 뿐, 세부적인 전개는 읊는 사람의 판단에 맡겨졌다. 본래 이것은 희극(戲劇)과 정확히 일치하는 것이었다. 인도의 고전극은, 산문이 여러 가지 운율의 시 단락에 의해 계속해서 끊어지는 특수한 구조로 되어 있다. 고전 시기 이전에 이러한 시 단락은 연행자의 '고유 자산'의 역할을 했다. 또 산문 부분에 있어서는 엄청난 자유가 그에게 주어졌다. 지금까지도 이 형식은 민간극에서 나타나고 있다. 민간극은 인도에서 글로 쓰여진 적이 전혀 없다. 매니저는 그의 연기자에

게 그들이 연기해야 할 내용의 짧은 요약본만을 주며, 극의 전개는 연기자들의 즉흥 공연 능력에 맡긴다. 벵골과 네팔에는 민간극을 문학적으로 모방한 형식들이 있는데, 이들 역시 모두 같은 특징을 보여주고 있다. 운문은 고정되어 있으며, 산문은 단지 어떤 암시적인 것만이 주어진다. 그리고 네팔에서는 이 형식이 지방의 사투리로 되어 있다.[96]

위에서 볼 때, 우리는 인도 사람들에게 최초로 알려진 가장 신성한 문학으로부터 좀 더 최근의 대중적인 연행에 이르기까지, 문학 작품 내에서 비교적 고정적인 것은 항상 운문 부분이었고, 그 중간에 끼어 있는 산문 부분은 더 유동적이었음을 알 수 있다.[97]

고클다스(Gokuldas De)는 『불본생경(佛本生經, *Jātaka*)』의 본래 모습이 부처 본생(本生)의 몇몇 사건들을 구체적으로 표현하고 있는 하나의 운문 또는 여러 운문들로 구성되어 있음을 분명히 보여주었다.[98] 각

---

96 『괴뢰희의 본고장(*The Home of the Puppet Play*)』, 14~15쪽.

97 브래드케(von Bradke)는 「힌두 가정경(Uebur das Mānava-Gṛhya-Sūtra, 梵家庭經)」, 474쪽 이하에서 초기에는 시가 좀 더 중요하였고 산문은 나중에 덧붙여 진 것이라고 단정을 지었다. 올덴버그(Oldenberg)의 두 가지 중요한 연구인 「고대인도어 아키야나, 그리고 수파르나캬나에 대한 특별 연구(Die altindischen Âkhyâna, mit besondrer Rückicht auf das Suparṇâkyâna)」와 「리그베다의 아키야나 찬송가(Âkhyâna-Hymnen in Ṛigveda)」 역시 참고. 초기 그리스 서사시에서도 이와 유사한 모습이 보인다는 점은 주목할 만 하다. 스티븐 캘리(Stephen Kelly)의 논문 「초기 그리스 서사시의 호머풍 운율법과 그 특성(Homeric Metrics and the Nature of Greek Proto-Epic)」 참고. 부분 발췌 : "『일리아드』와 『오딧세이』의 담화에서 보이는 높은 수준의 correption(소위 말하는 그리스 시 운율법의 파격)은 호머 서사시의 담화 방식이 서사보다는 훨씬 더 고풍스럽고, 그리스 서사시는 시화(詩化)된 담화와 그 사이에 끼어있는 산문 서사로 구성되어 있다는 점을 보여주고 있다." 기타 다른 문학에서도 볼 수 있는 산운조합 형식에 대해서는, 체드윅(H. M. and N. K. Chadwick)의 『문학의 성장(*The Growth of Literature*) III』, 716쪽 참고. 하지만 세계의 어떤 곳도 인도의 불교 전통만큼 풍부하거나 전형적이지는 않았다.

98 「『불본생경』의 본성(Original Nature of the Jātakas)」. 고클다스 연구의 토대는 올덴버그(Oldenberg)의 「운산(韻散)서사형식과 『불본생경』(*The Prose-and-Verse Type of Narrative and the Jātakas*)」이었다.

사건들이 주는 교훈은 운문 속에 내포되어 있었지만, 이는 상황에 따라 달라지는 산문 서사의 첨가를 통해 좀 더 분명해졌다. 하나의 시선집으로서, 『불본생경(佛本生經)』은 거의 부처의 시대까지 거슬러 올라간다. 그러나 부처가 태어나기 전에 유행하던 이야기를 갖다 쓰거나 개작한 것 역시 다수 포함되어 있다.

『불본생경(佛本生經)』에 보이는 부처 본생 이야기의 창작과 전수의 오랜 전통 내에는 변문 연구자들을 일깨워줄 수 있는 여러 구절들이 있다. 산문과 운문의 다양한 조합으로 구성된 이 풍부한 이야기 모음을 연구하는 학자들의 가장 중요한 결론 중 하나는, 운문 부분이 항상 가장 안정된 부분이었다는 것이다. 래티럴 메타(Ratilal Mehta)는 이 문제에 대한 연구를 검토하면서 아래와 같은 개략적인 해석을 하였다.

> 본래는 『불본생경(佛本生經)』의 산문과 운문 부분이 모두 구술로 전해져 내려왔다. 하지만, 당연히 산문이 운문보다는 더 안정적이지 못하고 변형되고 확대될 소지가 더 많았기 때문에, 경전이 만들어지고 그리고 뒤이어 기원전 1세기에 그것이 글로 쓰여지면서……, 운문은 그 본래의 형태를 유지한 반면, 산문의 표현은 처음에는 산문보다는 운문을 좀 더 정확하게 읊을 수 있는 음송자(吟誦者)들에게 맡겨졌으며, 나중이 되어서야 이를 해석하는 사람들의 기록에 맡겨지게 되었다.[99]

99 『불교 이전의 인도 : 『불본생경』 고사에 근거한 고대 인도의 포괄적, 비평적, 과학적 조사(*Pre-Buddhist India : Being a Comprehensive, Critical and Scientific Survey of Ancient India on the Jātaka Stories*)』, xxi쪽. 이러한 발전의 과정은 "『불본생경』을 스리랑카 고어(古語)로 번역하고 다시 팔리어로 재번역하는 동안, 위와 같은 발전 과정이 드러난 것은 산문뿐이었으며, 팔리어에서 '게(偈)'는 변형되지 않은 채 그대로 유지되었다."고 주장하는 스리랑카의 전통에 의해 증명이 된다. 스리랑카의 바타가마니(Vaṭṭagāmaṇī) 왕 때(기원전 1세기)가 되어 처음 문자로 옮겨질 때까지, 이 경전 텍스트들은 구술로 전해져 왔다.

따라서, 민간문학이 구성되는 방식에 대한 신비스러움은 존재하지 않는다.

> 민간문학의 작가들은 항상 익명으로 남아왔다. 이야기는 어느 한 사람의 마음속에서 비롯된다. 그는 운문을 지은 다음 대중들에게 퍼뜨린다. 그 과정에서 이들 운문은 전 대중들의 공동 소유물이 된다. 따라서 운문은 거의 변형되지 않은 채 그대로 유지된다. 이들 운문에 대한 하나의 해설에 불과한 산문은, 결국 기록의 형식으로 굳어지기 전까지는 입에서 입을 거치면서 변하게 된다. 이것이 일반적인 민간 전설의 생애이다. 그리고 『불본생경』 고사 역시 이와 마찬가지라고 할 수 있다.[100]

마찬가지로 변과 변문에 대해서도 동일한 발생과 발전의 과정을 가정할 수 있다. 이러한 점에서 볼 때, 사리불(舍利弗)에 관한 그림 두루마리(P4524)의 뒷면에 운문만 쓰여 있다는 점은 주목할 만하다. 인도 전통 및 그 영향을 받은 기타 아시아 전통 내의 산운조합 민간서사에서 핵심적이고 안정적인 부분은 운문이었다. 현대에도, 중국의 많은 이야기꾼들은 '가(歌, the song)'는 침범하기 힘들고 바꿀 수 없는 부분이라고 주장한다.[101]

변문과 『불본생경』 전통 사이의 관계를 단순히 산운조합 형식에만 주목하여 동일선상에 있거나 유사한 성격을 지닌 것으로 볼 수는 없다. 무엇보다 양자는 불교 교화의 수단이었고 또 그림을 동반하고 있

---

100 위의 책, xxii쪽.

101 블래이더(Blader), 『세 번의 시험을 거친 안사산(顏查散) : 인쇄된 소설에서 구술 이야기로(*'Yan Chasan Thrice Tested' : Printed Novel to Oral Tale*)』, 87쪽.

다는 이유 때문에 반드시 서로 연관된 것으로 보아야 한다. 『불본생경』은 이미 기원전 3~2세기에는 바르후트(Bhārhut)와 산치(Sāñchī)의 석벽 기단에 부조로 묘사가 되었으며, 그리고 기원 후 2세기에는 아마라바티(Amarāvatī)와 아잔타(Ajaṇṭā)에서 묘사가 되었다. 5세기에 법현(法顯)은 실론 섬의 아바야기리(Abhayagiri)에서 『불본생경』이 조각으로 표현된 500점의 조상(彫像)들을 보았으며, 현장(玄奘)은 인도를 순례하면서 이 조상(彫像)들이 묘사되어 있는 많은 불탑들을 보았다. 『불본생경』은 또 돈황 벽화에 표현된 상상력의 중요한 원천이었다.

변문의 주요 특징 중 세 번째는 그림과 밀접한 관련이 있다는 것이다. 이 장의 도입 부분에서 자세히 논의했던, 운문 앞 공식구라는 첫 번째 특징이 이러한 관련성을 드러내주고 있다. 그러나 제6장에서 내가 인용한 당대의 몇몇 문학 자료들을 포함한 다른 많은 자료들 역시 증거로 제시될 수 있다.[102] 나는 강경문 그리고 승려들이 교리를 전파하기 위해 사용했던 여타의 공연에서도 역시 그림이 쓰였을 가능성은 결코 배제하고 싶지 않다. 내가 강조하는 것은 민간에서 구술로 전해오는 동안 가장 엄격하고 좁은 의미의 변문에 있어 그림의 사용은 필수적이었다는 것이다. 가나오카 쇼코(金岡照光)가 대단히 적절하게 말한 것처럼, "변문은 그림과 따로 분리되어 존재할 수는 없다."[103]

---

102 예를 들어, 나의 『돈황 민간서사(*Tun-huang Popular Narratives*)』 주M223.2와 『목록(*Inventory*)』 147, 296, 특히 555항 참고.

103 『돈황의 문학(敦煌の文學)』, 196쪽. 대단히 많은 돈황의 사본들이 그림으로 구성되어 있거나 그림을 포함하고 있으며, 또 이들 중 상당수가 서사적 특성을 강하게 띠고 있다. 예를 들어, P2002, 2003, 2010, 4513, 2013, 2544v, 2564v, 2598v, 2671v, 2682, 2683, 2695, 2703v, 2723v, 2868v, 2869v, 2870, 2993v, 2998, 3095, 3614, 3652v, 3666, 3882v, 3951, 4100, 4513, 4514a, 4517, 4518b, 4518.4, 4523, 4524, 4757, 4886, 5019, 6001, PTib.1293v, S259v, 705,

사리불(舍利弗)이 노도차(勞度差)와 법력을 다투는 장면이 그려진 그림 두루마리(P4524)는 순수 변문과 그림 사이의 유기적 관계에 대한 주요 증거자료 중 가장 중요한 자료이다.[104] 우선, 육사(六師)와 법력을 다투는[105] 이야기는 변문에서 가장 좋은 소재가 된다. 왜냐하면 법투(法鬪)와 이러한 장르 양자 모두 환상적인 사물과 그 현시(顯示)를 창조해내야 하기 때문이다. 아울러 주목할 것은, 지적이고 종교적인 싸움을 초자연적인 묘술(妙術)을 다투는 식으로 묘사하거나 또는 그러한 신비한 묘술을 동반하여 묘사하는 오랜 전통이 인도에 있다는 것이다.[106] 서로 적대되는 인물들이 마법을 동원해서 상대와 싸우는 것은 후대 중국 민간문학에서 자주 보이는 주제이다.[107] 사리불 그림 두루마리 위에 재현된 여섯 장면들은[108] 해당 변문 텍스트 — S5511 일부, 호적(胡適)이 가지고 있던 두루마리의 일부, S4398, P4615 그리고 나진옥(羅振玉)이 가지고 있던 사본 — 에 서술된 사건들과 완전히 일치한다.

1360v, 1586v, 1918v, 3961, 5407v, 5429v, 5638, 5655, 6983, 5642, S-Uighur frag. OR 12452.3[Kao 0111], PK5883v, 3905, 1863, 883, 6110v, San621v, D1277 참고.

104 이 사본에 쓰여 있는 대단히 중요한 기록에 대한 논의는, 『목록(*Inventory*)』, 207항 참고.

105 이 법투(法鬪)에 대해서는 와터스(Watters), 『서기 629～645에 걸친 위엔츠왕의 인도여행에 관하여(*On Yuan Chwang's Travels in India 629～645 A.D.*) I』, 394～395쪽 참고.

106 그라노프(Granoff), 「학자와 요술쟁이들 : 베단타 철학 성인열전(聖人列傳)의 철학적 투쟁에서 초자연적 힘의 역할에 대한 몇 가지 언급(Scholars and Wonder-Workers : Some Remarks on the Role of the Supernatural in Philosophical Contest in Vedānta Hagiographies)」

107 「백사전(白蛇傳)」이라고 하는 인기 있는 피영희(皮影戱)에서, 백낭자(白娘子)와 승려 법해(法海)는 자신의 묘술로 만들어낸 괴물과 용을 가지고 싸움을 벌인다. 『서유기(西遊記)』 초반부에서 가장 흥미로운 부분은, 미후왕(美猴王)이 자신의 모습을 바꾸어가며 옥황상제가 파견한 여러 영웅들과 싸움을 벌이는 부분이다. 이 점은 후에 삼장(三藏)이 거지국(車遲國)에서 그의 적수인 도사(道士)를 만날 때도 마찬가지이다.

108 이 그림들은 니콜라스(Vandier-Nicolas)의 『사리불과 육사의 법투(*Śāriputra et les six maîtres d'erreur*)』, 17～32쪽에 대단히 상세히 묘사되어 있다.

	육사(六師)	사리불(舍利弗)
마법(魔法)	산	몽둥이를 든 금강역사(金剛力士)
	물소	사자
	연못	흰 코끼리
	독룡(毒龍)	금시조(金翅鳥)
	노란 머리의 야차(夜叉)	비사문천왕(毘沙門天王)
	나무	바람

당연히 사리불은 이 불공정한 싸움에서 그의 적수를 물리친다. 그는 항상 두 번째로 [그리고 마지막으로] '변하기' 때문에, 그는 상대가 만들어낼 수 있는 어떤 것보다도 더 상위에 쉽게 올라선다. 두루마리 뒤편의 운문들은 변문의 해당 부분에 있는 운문들과 사실상 동일하다. 이 운문들이 같은 이야기가 들어있는 경전 자료인 「현우경(賢愚經)」 제10권 「수달기정사(須達起精舍)」의 운문들과는 전혀 다르다는 점 역시 주목할 만하다. 이 점은 그 운문들이 독립적인 — 아마 민간의 — 기원이 있음을 알려주는 것으로 보인다. 어쨌든, 만약 공연용 두루마리에 무언가를 기록한다면 그것은 운문이라고 이해될 수 있는 것이다. 우리는 인도의 설창문학 전통으로부터 운문은 비교적 고정되어 있으며 산문 단락은 매 회마다 새롭게 갱신된다는 점을 확인할 수 있다.

돈황 제146굴의 뒤쪽 벽화 상단에 적힌 글은 사리불과 노도차의 법투와 관련된 「항마변문」 내의 기록과 매우 흡사하다.[109] 벽화의 기록

---

109 아키야마 테루카즈(秋山光和), 「미륵하생경변 백묘 밑그림 S259V와 돈황 벽화의 제작 (彌勒下生經變白描粉本S二五九Vと敦煌壁畵の製作)」, 70쪽 참고. 92굴(돈황연구소 85호)에 있는 기록 역시 마찬가지이다. 펠리오의 티베트어 사본 1293(Lalou의 『*Inventaire*』와 비교)에는 사리불 고사의 몇몇 장면들에 대한 스케치가 포함되어 있다. 이들은 비록 스케치일 뿐이지만, P4524를 그린 사람보다는 더 솜씨가 좋은 예술인이 그린 듯한 인상을 준다. Tib.1293의 스케치들은 본래 계획되어 있던 사리불 고사 벽화를 위해 그려진 것으로 보인다(돈황에서 이러한 예는 흔히 보인다).

과 텍스트에는 단순히 그들이 같은 이야기라는 사실 이상의 관계가 있는 것으로 보인다. 내가 말하는 양자의 공통점은 둘 모두 변상과 밀접한 관계가 있다는 것이다.

「대목건련명간구모변문병도일권병서(大目乾連冥間救母變文幷圖一卷幷序)」라는 S2614(921)의 제목 자체는 변문과 그림 사이의 밀접한 관계에 대한 증거가 된다. '병도(幷圖)'라는 두 글자는 먹으로 그어져 있다. S2614 어떤 곳에도 그림은 전혀 없기 때문에, 빠져있는 그림과 텍스트와의 실제 관계를 고찰하는 것은 상당히 난감한 작업이다. 두루마리의 뒷면이라고 말해지는 곳에 본래 그림을 그려 넣을 의도였지만, 자금이 부족했거나, 적당한 화가가 없었거나, 또는 그 밖의 이유들로 인해 작품은 결국 완성되지 못했다고 가정할 수도 있다. 그러나 이 가정은 최소한 두 가지 이유 때문에 성립될 수 없을 것이다. 첫 번째, 두루마리의 다른 한 면에 적혀 있는 돈황 사원의 승려 이름은, 그 위치로 판단할 때 변문 텍스트 이전에 쓰여진 것으로 보인다. 그리고 처음부터 여기에 어떤 그림을 넣으려고 따로 공간을 마련해놓은 것 같지는 않다. 두 번째는 산문과 운문이 잘 갖추어진 이 변문은 분명 구술 공연보다는 독본용으로 만들어졌을 것이라는 점이다. 이는 앞면에 그림이 있고 뒷면에는 운문만 쓰여 있는 사리불 그림 두루마리(P4524)와 대조가 된다. 결국 호적(胡適)의 「항마변문」(S5511)처럼 어느 누구도 이 두루마리의 뒷면에서 공연용이 아닌 개인독본용으로 의도된 그림을 찾아낼 기대는 하지 않을 것이다. 비록 사본에 그림은 없지만, 처음부터 "옛날 부처가 세상에 계실 때……(昔佛在世時……)" 부분까지 이어지는 서문이 누락되어 있지는 않다.[110]

110 『돈황 민간서사(*Tun-huang Popular Narratives*)』에 있는 나의 번역을 참고.

S2614와 함께 할 의도였던 그림들은 오래도록 따로 떨어져 있었거나 어쩌면 아예 제작되지 않았을 수도 있지만, 우리는 제목 내의 용어—'병도(幷圖)'—를 액면 그대로 받아들여야 한다. 만약 우리가 그렇게 한다면, 누가 이러한 두루마리를 구입하여 소유하게 되었는지, 그들은 어떤 목적으로 이 두루마리를 필요로 했는지와 같은 문제들에 관심을 갖는 것은 필수적이다. 이와 관련하여, 구술 연행으로부터 파생된 이후의 그림 텍스트들과의 유사성을 살펴볼 수 있다. 예를 들어 명대(明代) 「목련구모권선희문(目連救母勸善戲文)」[111]의 존재 이유는 무엇일까? 분명 연기자들은 이렇듯 정교한 도안과 풍부한 묘사로 이루어진 대본을 필요로 하진 않았을 것이다. 텍스트와 함께 있는 그림들은 독자들에게 진짜 공연에 핍진한 장면들을 머릿속에 그리도록 하는 목적으로 쓰였다고 설명하는 것이 가장 타당하다. 「목련구모권선희문(目連救母勸善戲文)」의 인쇄본을 소유한 사람은 연기자들의 말과 행동을 상기하거나 또는 그들의 모습을 상상할 수 있었다(그것도 자기 집의 편안한 안방에서). S2614와 같이 그림을 동반하여 쓴 변문을 요구하게 된 것 역시 마찬가지로 설명할 수 있을 것이다.

내가 말한 대로, S2614가 공연용보다는 독본용으로 제작되었다는 점은 운문 단락과 함께 산문 단락이 포함되어 있다는 점을 통해 어느 정도 명백해진다. 결국 다음과 같은 필연적인 결론을 내릴 수 있다. 변문을 읽는 독자의 편의와 즐거움을 위해 그림 두루마리가 따로—따라서 제목을 '병도(幷圖)'라 한 것임—만들어졌지만[혹은 그럴 계획이 있었지만], 그것이 이후에 분실되었거나 또는 아예 만들어지지 않았다. [그래서 먹으로 지웠다] 『겐지모노가타리(源氏物語)』의 한 단락은 헤이안

111 정지진(鄭之珍), 「목련이 모친을 구해 선을 권장하는 희곡 문서(目連救母勸善戲文)」.

시대(9세기 후반~12세기)에 개인적인 독서와 관련하여 그림책이 쓰였음을 잘 시사해주고 있다.

> 공주들이 옛 전기(傳奇)의 그림을 꺼냈고, 우콘[112]이 글자를 읽는 동안 그들은 그림을 살펴보았다. 등잔 아래에서 그림에 푹 빠진 채 언니와 마주 대하고 있는 우키후네[113]는 여린 소녀 같은 완벽한 아름다움을 지니고 있었다. 눈가와 이마에 엷은 홍조를 띠고 있는 단아한 얼굴이 오이지미[114]와 너무나 닮아서, 나카노키미는 그림에는 거의 신경을 쓰지 않고 있었다.[115]

『겐지모노가타리 그림 두루마리(源氏物語繪卷)』에 묘사되어 있는 것처럼, 이 장면은 따로 분리되어 기록된 텍스트와 관련하여 그림 두루마리 또는 그림책이 개인적 오락을 위해 어떻게 사용되었는지를 생동감 있고 정확하게 묘사하고 있다.[116]

『삼보회(三寶繪[詞])』라는 제목을 가진 10세기 불교 고사집은 위와 같은 일본 중고시대의 관습에 대해 좀 더 확실한 정보를 제공해주고 있다. 작가인 미나모토 타메노리(源爲憲)는 서문에서 불행한 공주를 위로하기 위해 이 책을 지었다고 말한다. 그는 이 책이 이야기를 묘사해 놓은 그림 두루마리의 의미를 설명하기 위해 지어진 것임을 말하고 있다.[117]

---

112 시종.

113 나카노키미의 올케.

114 나카노키미의 죽은 언니.

115 무라사키 시키부(紫式部), 세이덴스티커(Seidensticker) 역, 『겐지모노가타리(源氏物語)』, 958쪽.

116 이 장면의 상세한 사진은, 각천서점(角川書店) 편, 『겐지모노가타리 그림 두루마리(源氏物語繪卷)』, 마지막 컬러 도판 및 그림 37(확대된 것); 아키야마 테루카즈(秋山光和) 편, 앞의 책; 아키야마 테루카즈, 『헤이안 시대의 세속화 연구(平安時代世俗畵の硏究)』, 그림 44r과 51; 히데오 오쿠다이라, 『서사 그림 두루마리(*Narrative Picture Scrolls*)』, 26쪽 그림 9 참고.

S2614의 제목 문제와 관련하여, 「대목건련명간구모변문일권병서(大目乾連冥間救母變文一卷并序)」라는 P3017의 제목에도 주의를 기울일 필요가 있다. 양자의 유사성은 의심의 여지가 없다. P3017은 도입부분만 현존하고 있지만, 이것이 S2614와 똑같은 유형에 속한다는 것은 확실하다. 그러나 이 사본에는 그림에 대한 언급이 전혀 없으며 제목에도 그림에 대한 언급이 없다. 이 점에 대해서는 다음과 같은 결론이 도출되어야 할 것이다 : S2614의 제목에 언급된 그림은 변문과는 독립적으로 생산되었고 따라서 그것과 따로 떨어질 수 있었다. P3017의 뒷면에는 "대목건련변문일권보호(大目乾連變文一卷寶護)"라고 기록되어 있다.[118]

목련변(目連變)의 또 다른 사본인 PK876에는 글자가 적힌 부분과 빈 공간들이 교차되어 나타난다.[119] 이 공간들은 두루마리의 소유자가 미처 손에 넣지 못한 그림들을 위해 남겨놓은 것으로 보인다. 만약 그렇다면, 이는 몇몇 변의 독자들에게는 글자와 그림 양자를 모두 보려고 하는 욕구가 있었음을 S2614보다 훨씬 더 강하게 시사해주고 있는 것이다. PK876에서 비어있는 부분은, 공연을 위한 배치에는 적절치 못한, 독자들을 겨냥한 그림이 있어야 했을 것이다.

변문과 변상에 대한 논의에서 상당히 중요하면서도 앞부분에서 언급하지 않은 돈황 사본으로, 잔결된 채 전하고 있는 P5019가 있다(책 앞쪽의 사진 자료 참고). 이 사본의 뒷면에는 거칠게 그려진 그림이 있는데,

---

117 미나모토 타메노리(源憲爲), 『삼보회집성(三寶繪集成)』, 3~6쪽.

118 '보호(寶護)'의 의미는 확실치 않다. 북경도서관 소장 목록의 편집자들은 목록 279쪽에서 이 용어가 아마 필사자의 이름일 것이라고 말하고 있다. 그러나 보통 두루마리의 뒷면에는 그러한 기록을 쓰지 않는다. 내가 보기에는 이 용어가 아마도 '보호(保護)' ([이것을]잘 보존할 것)의 의미로 쓰인 듯하다. 또는 이 두루마리의 소유자 이름일 수도 있을 것이다.

119 이 공간에 대한 설명과 분석에 대해서는, 『목록(*Inventory*)』, 555항 참고.

이 그림 오른편으로 등짐을 나르고 있는 어떤 사람이 그려져 있다. 그의 손은 등짐의 어깨끈을 잡느라 위로 올라가 있다. 짐은 상당히 무거워 보인다. 그는 꼭대기에 작은 깃발이 걸린 (성곽의? 안뜰의? 요새의?) 벽문을 통과하고 있는 듯 보인다. 같은 모습을 한 또 한 명의 사람은 왼편으로부터 문 안으로 들어가고 있다. 왼쪽 아래로는 아직 만들고 있는 듯한 구조물이 하나 있다. 아마 그 사람들은 아직 다 완성되지 않은 벽을 쌓을 돌을 운반하고 있을 것이다. 그림은 잘려나간 부분까지 좌우 양쪽으로 계속된다. 당연히 그림과 일치하는 문자 기록으로 되어 있는 (P4524의 형식 참고) 앞면은 대부분 7언구의 운문으로 쓰여 있으며, 그 중에는 4언으로 된 몇몇 행도 포함되어 있다. 비록 맹강녀(孟姜女) 자신과 남편인 기량(杞梁)의 이름은 전혀 언급되어 있지 않지만, 진왕(秦王) 그리고 '오랑캐' 유목민을 막을 장성(長城)을 짓기 위한 대규모의 징용에 대해 언급하고 있는 것으로 볼 때, 이 기록은 맹강녀 이야기를 다루고 있는 변의 일부일 가능성이 있다. 이 기록은 주로 징용 나간 사람의 고통과 슬픔을 다루고 있다. 여기서 언급된 지리적 위치는 맹강녀 고사의 내용과 서로 어울리고 있다. 『돈황변문집』, 32~35쪽에 있는 맹강녀 고사의 잔결 부분(P5039)은 내가 말했던 좁은 의미로서의 변문이 아니라는 것을 상기해야 한다. 왜냐하면 여기에는 운문을 이끄는 공식구가 없기 때문이다.[120]

S5511(「항마변문」의 시작 부분)의 도입 부분에는 어떤 한 사람이 몽둥이를 들고 있고, 그 몽둥이 끝에는 깃발이나 부채 혹은 큰 북채인 듯한 커다란 물체가 붙어 있는 그림이 있다.[121]의심의 여지없이 이 그림은

120 27쪽(번역본 78쪽)에서 제시했던 여타의 근거들 역시 참고.

121 스트라스버그(Strassberg)는 최근 논문 「돈황의 불교 이야기서술(Buddhist Storytelling

다른 종잇조각 위에 그려진 것이며, 나중에 이 종잇조각은 잔결된 텍스트의 앞부분에 갖다 붙여졌다. 아마도 이 그림은 본래의 서사 그림 두루마리에서 가지고 온 것으로 보인다. 따라서 S5511 도입부분에 이 그림을 붙이는 일을 맡았던 사람이 「항마변문」에 대한 그림 세트를 가지고 있었고, 또 그것들을 잘라 적당한 간격으로 글자 사이에 삽입하려 했었다고 생각할 수 있다.[122] 이전에는 호적(胡適)이 소유하고 있던 것으로, S5511의 잘려나간 부분을 이어주는 — 그리고 실제로는 같은 사본의 일부인 — 사본에는 전체적으로 그림의 흔적이 전혀 없다는 사실로 볼 때, 위와 같은 가정은 실제로는 현실화되지 않았음이 분명하다. 본래는 하나였을 사본을 이 두 부분으로 서로 떨어지게 한 그 찢어진 부분은 그림을 넣으려고 했던 시도와 관계되는 것으로 볼 수 있을 것이다. 현존하는 그림 사본 조각에 대해서는 두 가지 사실을 더 살펴보아야 한다. 첫 번째는 이 사본이 (왼쪽의) 글자가 있는 부분에 바짝 붙은 채 (오른쪽으로) 찢어졌다는 것이며, 두 번째는 그림의 방향이 독자들을 향하고 있다는 점이다. 이 중 후자의 사실은 특히 의미심장하다. 왜냐하면 지금 현존하고 있는 잔결된 사본이 청중들 앞에서 행하는 공연을 위해서라기보다는 개인 또는 기껏해야 친한 몇몇 사람들을 위해 만들어졌을 것임을 의미하기 때문이다.

나는 지금까지 당대 변 공연의 증거라고 확실히 믿을 수 있는 어떤 그림도 발견하지 못했다. 접해 본 증빙자료 중 좀 더 관심이 가는 것은

Texts from Tun-huang)」, 59~60쪽에서 내 가설을 확인시켜주고 있다. 자일스(Giles, 198쪽)와 가나오카 쇼코(金岡照光, 14쪽)는 각자의 목록에서, S5511(「항마변문」의 시작 부분) 도입 부분의 형상은 칼을 들고 있는 역사(力士)이며 이 스케치는 글자 부분에 대한 그림일 것이라고 주장한다.

122 중세 이탈리아에서도 이와 같은 방식이 행해졌다. 『그림과 공연(Painting and Performance)』, 5장 참고.

돈황 제70굴(펠리오 번호. 돈황연구소 217호)의 왼쪽 벽 중간 아래 부분이다.[123] 1985년 9월 돈황을 여행하는 동안, 나는 두루마리를 들고 있는 이 부분의 몇몇 사람들을 세밀히 살펴보았다. 이들 두루마리 중 최소한 두 개는 뒷면에 그림이 그려져 있는 것 같았는데, 왼쪽을 향하고 있는 나무 아래 사람의 두루마리가 특히 더 그랬다. 이러한 관찰이 다른 유사한 그림에서도 확인될 수 있을지 여부는 대단히 중요하다. 만일 돈황의 모든 석굴에 기꺼이 다가설 준비가 되어 있는 학자들이 이야기 서술과 강경의 증거를 위해 이 석굴과 기타 다른 석굴의 그림을 상세하게 조사한다면 대단히 큰 업적을 남기게 될 것이다. 중국에 있는 돈황과 그 외 석굴에 새겨진 모든 비문들이, 영원히 사라져버리기 전에 서둘러서 그리고 정확하게 기록되기를 바란다.[124]

123 펠리오,『돈황의 석굴 : 위당송(魏唐宋) 시대의 불교 그림과 조각(*Les grttes de Touen- houang : peintures et sculptures bounddhiques des époques des Wei, des T'ang et des Song*)』, 그림 CXXI. 이 석굴에는 강경문 등과 관련된 흥미로운 형상들이 많이 남아있다. 앞면 좌벽에는 고좌(高座)가 몇 개 있으며, 사람들이 그 위에 앉아 강경을 하고 있다(CXVIII). 좌벽의 왼편에서는 어떤 한 사람이 앉아서 자신이 들고 있는 두루마리를 읽고 있다. 오른쪽 꼭대기 천장 바로 아래는 여러 면으로 만들어진 구조물이 있다. 이 구조물의 앞쪽 판은 어떤 한 사람의 그림을 표현한 것일까 아니면 그 사람 자신을 표현한 것일까?(그림 CXIX) 그리고 왼쪽 벽 두 번째 부분 오른쪽 아래의 어떤 사람이 가지고 있는 물체는 과연 무엇일까?(그림 CXX)

124 내가 처음으로 돈황을 세 차례 방문했을 때(1981년 여름, 1983, 1985), 돈황문물연구소의 관계자는 이러한 계획이 현재 진행 중이라고 알려주었다.

|부록|

인도 가설

우리는 지금까지 변문의 가장 본질적인 특징들을 논의해왔는데, 그 가운데 많은 특징들은 이 장르의 인도(혹은 부분적인 인도) 기원설을 말해주는 것 같다. 초기작품이 불교적 내용 위주라는 사실(제2장), '변(變)'자가 내포하는 의미(제3장), 그리고 산문과 운문의 조합이라는 문체 형식(제4장) 등이 그 특징들에 포함된다. 특징들의 이 같은 유사성은 순전히 우연적인 현상일 수도 있어 고려할 가치가 없다고 볼 수도 있다. 요즘 문화전파 개념에 대한 명성이 바닥에 떨어졌으므로, 우리는 그것이 실제로 존재했음을 입증할 만한 명백한 증거가 나오지 않는 이상, 참고할 만한 어떤 흔적에도 의존하지 않는 것이 최선일 듯하다. 그렇지만 위에서 언급한 인도 배경의 근거들이 그저 정황상의 근거일 뿐이라 할지라도 이에 대해서는 숙고할 충분한 가치가 있다.

변문의 네 번째 특징(그림과의 연관성)을 고찰하다보면 우리는 또다시 고대 인도의 흔적과 마주치게 된다. 중국의 그림 이야기서술(Chinese picture storytelling)의 전신(前身)을 추적하다보면 연구자는 자신의 의지와는 정반대로 자신도 모르게 인도를 주목하게 된다. 그림 이야기서술의 한 유형으로서 '변'의 발전에 미친 인도의 영향은 사실상 그 영향으로 '변' 자체가 형성되었다 할 만큼 지대했다. 여기에는 더 이상 무시돼서는 안 될 정도의 많은 증거자료가 있다. 이 논문에서 그 많은 증거들을 모두 제시할 수 없으므로, 여기서 나는 보다 핵심적인 몇몇 측면들에 대해서만 간단히 언급하고자 한다. 이 부록에서 언급될 주제들에 대한 전면적인 문헌상의 연구 검토는 필자의 『그림과 공연 : 중국의 그림 구연, 그 인도 기원, 그리고 기타 지역의 유사형식들(*Painting and Performance : Chinese Picture Recitation, Its Indian Genesis, and Analogues Elsewhere*)』을 참고하기 바란다.

'인도 가설'은 어디에서 나온 것일까? 한마디로 말해 그것은 중국의 그림 이야기서술 전통을 시공간적으로 고찰하는 과정에서 생겨난 필연적인 결과물이다. 여기에는 더 이상 부인할 수 없는 전통이 존재한다. 이 방면의 가장 놀라운 발견 중 하나는 명대부터 20세기 중반에 이르기까지 보권(寶卷)의 공연자가 자신의 이야기를 설명하기 위해 그림을 사용했다는 사실이다. 송대와 원대의 그림 이야기서술에 관해서도 믿을 만한 자료가 있다. 당대 그림 이야기서술의 대표적 장르인 전변(轉變)이 변문을 선행(先行)하는 구술 형식이었음은 의심의 여지가 없다. 그러나 구술 공연 전변의 전신을 찾으려 한다면 우리는 중앙아시아로 눈을 돌리지 않을 수 없다. 당대의 그림 이야기서술의 전통을 『산해경(山海經)』이나 『초사(楚辭)』에서 찾으려는 시도가 있긴 했으나 이는 모호한 추측에 근거한 것일 뿐이고, 중국의 그림이야기 서술에 대한 당대 이전의 명백한 증거는 아직까지 제시된 적이 없다. 반면에 중앙아시아의 자료는 의심의 여지가 없다. 실제로 동투르키스탄(역자 주—중국 신강성을 말함)의 키질(Kyzil)석굴 벽화들에는 그림 구연을 묘사한 장면들이 일부 남아 있다.

중앙아시아의 증거와 관련된 문제의 대부분은 인도로 귀착된다. 변문의 자취를 찾아 붓다의 고향으로 들어가는 것을 우리는 바라지 않을 수도 있지만, 결국은 그 자취가 우리를 그 땅으로 끌어 들인다. 인도에 도착하는 순간부터 우리는 그림 이야기서술을 사방 어디서나 찾아볼 수 있다. 기원전 5세기까지 거슬러 올라가는 종교 경전, 정치와 문법 저작물, 소설, 희곡, 주석서들에서 다양한 형태의 그림 이야기서술이 자주 언급된다. 그림 이야기서술 공연자는 첩자들이 이들 공연자의 모습으로 신분을 위장할 만큼 고대 인도사회에서 매우 보편화된 신분이었다.

그림 연기자는 인도의 역사에서 줄곧 성행해왔고, 지난 백 년 동안 이들 공연자들에 대한 민족지학적(民族誌學的)인 묘사가 대단히 상세하게 남아있다는 것은 우리에게 커다란 행운이다. 나는 그들이 여전히 인도 대륙의 여러 지역에서 활동하고 있고, 그들의 수많은 공연이 영상으로 녹화되었다는 사실을 여기에 덧붙이고 싶다. 우리는 인도의 그림 이야기서술자들이 사회적 신분이 낮고 경제적 여건이 궁핍하며 종교적 위치가 성직자가 아닌 속인이라는 사실을 잘 알고 있다. 우리는 그들의 활동 방식과 활동 영역, 두루마리 그림을 제작한 화공들과의 관계, 그리고 그들이 기예를 배우는 방식에 대한 정확한 정보를 갖고 있다. 더욱 중요한 사실은, 그들은 일반적으로 문맹이고, 그들의 구연 형식은 구술과 그림을 이용한 다양한 정형화된 장치들에 의해 결정되며, 그들 이야기의 인쇄본은 지역 필사자와 출판인의 공로라는 점이다. 이처럼 풍부한 자료들을 통해 우리는 구술 전변 공연자에 대한 개략적인 이해를 할 수 있으며, 만약 우리가 인도 가설을 받아 들여 그것을 신중하게 운용한다면 그들에 대한 우리의 이해는 더욱 깊어질 것이다.

이 가설을 검증하는 한 가지 방법은 인도의 그림 이야기서술 전통이 세계의 다른 지역들로 전해졌는지 여부를 고찰하는 것인데, 만약 실제 그러했다면 당대의 구술 변(變)과 다른 지역의 그림 이야기서술 전통들 사이에 어떤 뚜렷한 유사성이 있는지를 찾아낼 필요가 있다. 그리고 유사성이 발견된다면 이 인도 가설은 사실로 판명될 것이다.

인도네시아에서는 거의 모든 유형의 연극 공연 형식을 와양(wayang)이라고 부른다. 이 용어와 '변' 사이의 어원상의 놀라운 유사점을 굳이 규명하지 않더라도, 와양의 한 유형인 와양 베베(wayang bèbèr)의 정황이 우리가 역사 기록이나 고고학적 기록을 통해 알 수 있는 '변'의 정황과 거의 정확히 일치하고 있음을 알 수 있다. 사실 와양 베베의 두루마리 그림은 크기와 모양 그리고 장면 배치면에서 현재 유일하게 남아 있는 변문 두루마리 그림(P4524)과 매우 비슷하다. 이 방면의 전문가들 대부분은 베베는 와양의 초기 형식이고, 그 발생 시기는 대략 중국의 당대로까지 거슬러 올라간다는 점에 동의한다. 놀랄만한 이러한 유사성에도 불구하고, 우리는 이 유사성들을 모두 우연적인 현상으로 치부하여 그 가치를 무시할 수도 있다. 그러나 명대 초기에 자바(Java)를 여행한 믿을 만한 두 여행자의 목격담은 쉽게 간과될 수 없다. 그들은 와양 베베 공연을 직접 관람하고 그것들이 중국의 '평화(平話)'와 매우 닮았다고 하였다. 이 증언은 우리에게 두 가지 사실을 알려준다. 하나는 구술 공연의 '평화(특히 '평화'라는 제목이 붙은, 그림을 넣은 원대 인쇄본 텍스트의 전신일 수 있는 것들)'에 그림이 사용되었을 것이라는 점, 또 하나는 이들 평화가 몇몇 측면에서 구술 공연의 '변'과 관련이 있을 것이라는 점이다.

인도의 그림 이야기서술 전통이 서쪽으로 페르시아까지 전해졌다는 확실한 증거가 있다. 이란에서는 같은 단어인 '파르다(parda : 산스크리트어로는 'paṭ')'가 이야기서술자가 관객들에게 보여주기 위해 준비된, 공연 내용이 담겨 있는 그림을 가리키는 말로 사용되었다. 훨씬 더 설득력 있는 사실은 이란의 그림 이야기서술자들이 보통 '인도 라가(rāga)'로 자신의 공연을 시작했다는 점이다. 나는 또 이집트, 터키, 이탈리아, 스위스, 독일 그리고 기타 대부분의 유럽 국가들에서도 초기 그림 이야기서술 전통을 찾을 수 있었다. 그림 이야기서술에 관한 역사 기록들을 연대순으로 정리해보면, 이것이 인도에서 점차 서쪽으로 전파된 후, 다시 북쪽으로 유럽까지 전해졌음을 확인할 수 있다.

서아시아와 유럽의 수많은 그림 이야기서술 전통들은 우리가 '변'과 관련하여 도출해 내었던 여러 내용들과 놀라울 정도로 닮아 있다. 그 중 하나만을 언급해보면, 중국 그림 이야기서술자의 "자, 이제 …… 장면을 보시지요(且看 …… 處)"라는 말은 온 세계에 울려 퍼졌고, 그 모두는 인도의 "dekhā …… para/mē"에서 기원을 찾을 수 있을 것 같다.

인도 가설을 제기하는 이유는 당대 변문의 갑작스런 출현에 대한 설득력 있는 해석이 아직까지 제시되지 않았다는 단순한 이유 때문이다. 우리는 이것이 더도 덜도 아닌, 작업을 위한 하나의 가설임을 강조해야 한다. 우리는 당대 혹은 그 이전 시기에 변문과 인도의 그림 이야기서술 전통 간의 연관성을 보여주는, 어떤 뚜렷한 문헌학적 혹은 고고학적 증거자료도 찾을 수 없다. 그러나 '변'과 인도 그림 이야기서술 전통 사이에 모종의 연관성이 있었음을 보여주는 자료들은 매우 많이 남아있다. 그동안 연구되어 온 변문 발전의 윤곽을 뒤엎을 어떤 극적인 발견이 없는 지금으로서는 인도 가설이 큰 설득력을 갖는다. 변문의 형식이나 그 초기 내용, 명칭 그리고 변문의 구조 모두가 인도의 영향을 보여주는 흔적이기 때문에, 변문이라는 장르가 전체적으로 인도의 원류와 접촉함으로써 발전되어 왔을 것이라는 결론이 합리적일 것 같다. 그렇다고 변문이 인도로부터 순전히 원형 그대로 수입된 것이라는 의미는 아니다. 인도와 중국이 수천 킬로미터의 사막과 수풀, 산맥, 대양을 사이에 두고 떨어져 있음을 고려한다면 그 같은 결론은 어불성설이다. 변문이 한자로 기록되었다는 사실만으로도 이 장르의 모든 요소가 인도에서 기원했다는 설이 터무니없음을 보여준다. 인도 가설을 통해 주장하고자 하는 바는, 남아시아 인도 대륙에서 받아들인 문화가 부분적 혹은 어쩌면 근본적으로 변문의 흥성에 기여했다는 사실을 알리고자 함이다.

제5장

연행자, 작자, 필사자

돈황 민간문학 연구자들에게 가장 큰 흥미를 불러일으키는 문제는 그것이 어느 정도의 구술적 연원을 가지고 있느냐 하는 점이다. 연행자와 필사자들은 자신이 어떻게 일을 했는지에 대한 명확한 기록을 남기지 않았기 때문에, 기록 과정의 전말을 명확히 설명하는 것은 불가능하다. 그러나 돈황 사본 자체로부터, 그리고 충분한 자료를 가지고 있는 기타 문학작품들의 유사한 상황으로부터 많은 것들을 추론해낼 수 있다.

어떻게 그리고 왜 변문이 기록되었는지에 대해서는 최소한 다음과 같은 가능성들로 설명할 수 있다.

1. 공연에서 쓸 목적으로 이야기꾼 자신들이 필사한 프롬프터용 대본, 메모 또는 초사본(抄寫本)들이었다.
2. 이야기꾼에게 전해주기 위해 다른 사람이 쓴 것이었다.
3. 본래 연행을 배우는 도제(徒弟)들이 기록한 것으로, 전문적인 교육의 목적으로 기록된 것이었다.

4. 개인적으로 쓰려고 또는 공연의 기록을 갖고 싶어 했던 다른 누군가를 위해 공연 중에 청중(또는 청중들)이 기록하였다.
5. 공연이 끝난 후 청중이 이야기의 대강을 기억해 쓴 것이었다—자신의 필요에 의해, 혹은 이 목적을 위해 특별히 고용된 누군가에 의해.
6. 구술적 환경 속에서 생겨난 것임에 틀림없지만, 변문은 엄밀히 말해 책상머리에서 구상되고 완성되고 감상된 기록문학이었다.

이들 중 어떤 가능성이 가장 그럴듯한지를 결정하기 위해서는, 먼저 다른 나라에서 전해오는 다양한 이야기 서술과 전통 희곡에 대한 고찰을 통해 구비 연행과 기록 텍스트 사이의 관계를 개괄적으로나마 이해해야 한다.

기록된 텍스트는 구술문학에 배경을 두고 생겨나서 그 정신에 완전히 물들어버렸을 수도 있다. 그러나 중국이나 다른 나라의 구술문학 연행자들이 스스로를 기록문학의 재생산이라는 테두리 안에 가두었다고 증명할 방법은 없다. 왜냐하면 어떤 텍스트도 연행 중의 음향이나 동작, 내용과 무관한 삽입어 등의 요소들 모두를 고스란히 담아낼 수는 없기 때문이다. 가장 빈약한 기교의 연행자들이라 하더라도 마찬가지다. 그림이 동반되는 아시아의 여러 전통적인 설서(說書, storytelling) 자료와 변문의 근친인 '피영희(皮影戲, the shadow-play)'로 판단해보건대,[1] '변(變)'의 연행자는 [결코] 텍스트에 의존하지 않았던 것으로 보인다. 문자로의 기록은 청중에 의해 이루어진 경우가 가장 많

1 메이어(Mair), 『그림과 공연(*Painting and Performance*)』, 3, 4, 5장 참고. '변'이야기꾼의 기예와 사회적 위치를 다른 전통의 연행자와 동일시하지는 않을 것이지만, 동시에 필자는 이러한 유사 근거들을 전혀 무시하고 싶지도 않다.

았을 것이다. 구비문학의 연행자 본인이 구술문학을 기록하고, 그리하여 구술문학을 기록화된 통속문학으로 변화시켰을 가능성은 거의 없다. 필자가 조사해 본 여러 전통적인 연행자들은 문맹인 경우가 일반적이다. 바바라 러치(Barbara Ruch)가 말한 것처럼, "구술문학은 이야기의 생산자나 청중, 혹은 양자 모두에서 문맹성을 일반적으로 내포하고 있다."[2] 전통적인 구술문학의 기록화는 대부분 약간의 문자를 아는 식자층이나 상업용 목적으로 텍스트를 제작하는 장사꾼들에 의해 이루어졌다.

웨일리(Waley)는 구술문학과 기록문학의 관계에 대해 아래와 같은 사려 깊은 의견을 내놓았다.

> 우리는 …… 양자 모두가 존재하는 사회를 다루면서, 그 둘 사이의 구분을 지나치게 명확하게 하려고 해서는 안 된다. 설령 극소수의 사람들만 텍스트를 접할 수 있다 하더라도, 텍스트가 존재하는 곳이면 어디든지 그 두 가지 전통은 서로에게 스며들게 된다. 부처의 생애에 관한 이야기를 풀어놓는 몽고의 한 농부는 대부분의 장면들을 부족의 다른 성원에게서 입을 통해 배웠을 것이며, 이 부족의 성원 역시 입을 통해 그것을 배웠다. 그러나 그가 책으로 이야기를 읽은 한 라마승으로부터 여타의 장면들을 배웠을 가능성도 충분히 있다. 마찬가지로, 이 라마승이 책을 쓰게 된다면 구술전통 내의 민간이야기 요소들을 결합시킬 가능성이 농후하다. 무어(Moor)인들에 관한 이야기를 하는 마조르카(Majorca)의 한 농부는 무어인들에 관한 어떤 책도 읽어본 적이 없을 것이며, 사실 책이라고는 전혀 읽어본 적이 없을 것이다. 그

2 『중세의 음유시인과 민족문학의 성립(*Medieval Jongleurs and the Making of a National Literature*)』, 286쪽.

러나 그가 말하는 것들 대부분은 궁극적으로는 인쇄된 텍스트로 거슬러 올라갈 수 있다.[3]

민간 이야기꾼과 독본용 이야기를 쓸 수 있는 능력을 가진 사람들 사이의 관계에 대한 연구에서, 허드리코바(Hrdličková)는 대단히 창조적인 민간 이야기꾼의 역할을 다음과 같이 명확하게 밝혔다.

특히 도시에서 민간 이야기꾼과 문인들 사이의 관계는 매우 밀접해서, 후자의 작품 역시 특히 제재의 측면에서 이러한 민간예술의 탄생에 영향을 미쳤다. 그러나 문자로 기록된 작품들에 대한 지식만을 이야기꾼의 소재에 대한 연구의 출발점으로 삼으면서, 이야기들을 기억해두고 중요하지 않은 세부적인 것들에만 수정을 가했던 이야기꾼들이 사용하기 위해 이 작품들이 기록되었다고 가정하는 것은 분명 잘못일 것이다. 이러한 가정은, 작품의 내용과 구성을 만들어낸 진정한 창작자는 텍스트의 작자들이며, 이야기꾼의 공헌은 부차적인 것이라는 의미를 내포하고 있다. 만약 우리가 구연 예술의 전형적인 특성 속으로 깊이 침투하여 이야기꾼들의 훈련방법을 좀 더 심도 있게 살펴본다면, 연구의 진행 방향이 뒤바뀌었음을 깨닫게 될 것이다. 즉 민간의 연행자는 기록된 텍스트에 의존하지 않았고, 오히려 그와는 정반대였다. 민간 창작물은 과거에는 문인들의 인정을 받지 못했으나, 오늘날 중국 문학에 있어 필수적이고 가치 있는 작품들의 기원은 민간 창작물의 뚜렷한 흐름 속에서 찾을 수 있음을 깨닫게 될 것이다.[4]

---

3 『논어(*The Analects of Confucius*)』, 51쪽.

4 「중국 이야기꾼의 전문적 훈련과 이야기꾼의 조직(The Professional Training of Chinese Storytellers and the Storytellers' Guilds)」, 226쪽.

말레이시아의 그림자극을 철저하게 연구한 애민 스위니(Amin Sweeny)는, 연행자는 기록된 텍스트를 거의 사용하지 않는다는 사실을 밝혔다. 설령 텍스트가 간혹 사용된다 할지라도, 그 텍스트들은 제3자가 하나의 독서물로 읽을 수 있는 그런 완전한 형태의 것은 아니었다.

> 와양 시암(Wayang Siam) 달랑(dalang)[5]들의 약 5% 정도가 그들 레퍼토리의 일부를 쓴 기록을 가지고 있는 것으로 보인다.[6] 이러한 사본들은 모두 소유자 자신들이 쓴 것이며, 그 원천은 거의 전적으로 구술이다. 조사 결과 그러한 기록물을 가지고 있는 달랑들은 그들의 레퍼토리를 모두 구술 형식으로 전해주고 있었으며, 비록 제자들이 그 사본들을 복사할 수 있도록 허락했을 가능성도 있지만, 달랑들은 제자들을 위해서보다는 자신들이 개인적으로 참고하기 위해 이 사본들을 쓴 것으로 보였다.[7] *더욱이 조사된 필사본의 반 정도는 필적이 대단히 급하고 또 많은 세부 사항들을 기억에 의존하고 있는 형태였기 때문에, 이 사본들의 소유자 외에는 어느 누구도 완전히 알아보기 힘들었을 것이다.* 더구나, 스승으로부터 제자로 전해지는 기록물에 관한 어떠한 전통도 알려진 바가 없으며, 대부분의 달랑들이 문맹 또는 반문맹이라는 사실이 이를 입증한다…….[8]

---

5 【역자주】 달랑(dalang) : 말레이인도네시아 그림자극에서 인형을 조종하고 이야기를 전개해 나가는 사람.

6 카림(Karim)은 문맹인 제자들을 위해 제자들이 말하게 될 레퍼토리 내의 다양한 장면들에 대한 스케치를 자주 그린다고 이야기했다. 후세인(Hussein. Pedu, Kedah)은 이와 유사한 스케치북을 가지고 있지만, 그의 경우에는 타이어로 된 표제와 함께 그림들이 설명되고 있다.

7 함자흐(Hamzah)는 내가 필사했던 아왕 라흐(Awang Lah)의 레퍼토리 중 일부를 베꼈지만, 이는 일반적인 관례는 아니다.

8 『라마야나와 말레이시아 피영희(*The Ramayana and the Malay Shadow-Play*)』, 52~53쪽. 인용의 이탤릭체는 필자.

힌즐러(H. I. R. Hinzler)는 어느 유명한 인도네시아 달랑의 연행 기술에 대해 철저한 연구를 하였다. 이 연구를 통해 그는 대단히 중요한 몇몇 사실들을 도출해낼 수 있었다. 우선, 그 달랑은 어느 정도는 읽고 쓸 줄 알아서 그가 공연에서 사용하기에 적합했던 고대 자바어 텍스트의 부분 부분들을 써 둘 수 있었지만, 그는 공연 전에 — 공연 중에는 더욱 — 그의 기록들을 결코 참고하지 않았다. 그는 주로 스승으로부터 구전을 통해 그 공연을 배웠다. 달랑이 산스크리트어 텍스트에 포함되어 있는 고사들을 참고할 때에도, 이들 이야기에 대한 그의 지식은 구술적 원천으로부터 나온 것들이었으며 결코 그 이야기들을 기록하지는 않았다. 힌즐러의 조사에서 무엇보다도 가장 주목할 만한 점은 "그 달랑은 [그의 공연에 대한] 녹음을 듣고 놀랐다. 그는 그 모든 단어들을 자신이 말했다는 사실을 상상하지도 기억하지도 못했다. 심지어 그는 알아듣기 힘들었던 부분을 채워 넣을 수도 없었다"[9]는 것이다. 그가 그렇게 할 수 없었던 이유는 아마 공연하는 동안 그 공연에 심취해있었기 때문일 것이다. 아이러니하게도, (자신의 제자이기도 한) 그 달랑의 아들이 빈 곳의 대부분을 채울 수 있었다. 하지만 결국 옮겨 적는 것이 불가능한 구절은 여전히 남게 되었다.

최상수(Choe Sang-su)는 한국 꼭두각시놀이의 연행자들이 일반적으로 농부이거나 때때로 농사일을 하는 사람들이라는 점을 지적했다.[10] 전근대 시대에 그들은 자신들의 공연을 문자화하여 독자들을 만족시킬 만큼의 충분한 능력을 가지고 있지 않았을 것이다. 다른 연행자들

---

9 힌즐러(Hinzler), 『발리어 와양의 비마 스와르가(*Bima Swarga in Balinese Wayang*)』, 84쪽(다른 정보는 주로 83쪽, 84쪽에서 가지고 옴).

10 『꼭두각시놀이(*Puppet Play*)』, 189쪽.

이 그들의 이야기를 단지 입으로만 전해주는 데 반해, 몇몇 극소수 북경 피영희(皮影戲) 연행자들은 초보적인 대본을 실제로 가지고 있다.[11]

아주 최근까지도 중국 민간극장의 연행자들은 보통 대본을 사용하지 않았다. 경우에 따라서는 그들이 공연했던 몇몇 연극의 텍스트들이 실제로 존재하기도 했지만, 이들은 '연극광' 또는 '팬'들이 쓴 것이지 배우들 자신이 쓴 것은 아니었다. 만약 옮겨 적는 것이 필요했다면, 이 일은 연행 이후에 그리고 사회의 지식인층이 아닌 어느 정도 읽고 쓸 수 있는 정도의 사람들에 의해 행해졌다. 사실 지식인들은 — 유명한 극단의 좀 더 공식적인 공연과는 달리 — 그러한 민간극에 참여하는 것을 꺼리는 경향이 있었다. 연기자들의 말을 직접 받아 적은 경우는, 필사자라고 할 수 있는 사람들이 공연이 끝난 후 기억에 의지하여 옮겨 적은 경우보다 훨씬 드물었을 것이다. 필사자의 기억에 의지한 것보다는 [공연자의] 말을 직접 받아 적은 텍스트가 실제 무대에서의 공연 모습에 더 가까울 것임은 물론이다. 그러나 두 방법 모두 생동하는 연행물로서의 공연을 완벽하게 반영할 수는 없다.[12]

피지우드(Pigeaud)는 인도네시아의 와양극(wayang plays)[13]과 관련된 기록 자료의 이용에 있어 가장 풍부한 역사적 근거들을 들고 있다. 그의 몇 가지 지적들은 아시아 내 다른 지역의 전통에서 알려진 것과 정확하게 일치한다.

---

11 관준철(關俊哲), 『북경피영희(北京皮影戲)』, 14쪽.

12 이 단락의 자료는 대만에서 이 주제에 대해 전문적으로 연구를 했던 볼프만 에버하드(Wolfman Eberhard)가 1982년 4월 30일에 필라델피아 동양학 클럽(Oriental Club of Philadelphia)에서 했던 강연에 기초한 것이다.

13 (그림 이야기서술, 꼭두각시놀이를 포함한) 인도네시아 극의 다양한 범주에 대해서는, 메이어(Mair), 『그림과 공연(*Painting and Performance*)』, 제3장에서 논의.

아마 자바의 와양극 연행자들은 18세기 고전문학의 부흥이 시작될 때까지 그들 극의 내용에 대해서 구술로 전해지는 전통에 의지했을 것이다. 몇몇 문인들은 새로운 극을 만들기 위해 세라트 칸다(Sěrat Kaṇḍa)의 내용으로부터 플롯을 빌려왔을 것이다. 그러나 당시 세라트 칸다의 이야기 자체는 전문적인 이야기꾼과 와양극 연행자들의 오랜 전통에 기초를 둔 것이었다.

18세기와 19세기 자바의 달랑들은 와양극의 플롯을 간결하게 담고 있는 책을 사용하는 데 익숙해졌다. 이 책들은 파켐스(pakěms)라 불리는 소책자였다. 그런 기록들은 대부분 너무나 간결해서 외부 사람들은 거의 이해할 수가 없었다. 19세기 중반, 몇몇 와양극의 파켐스는 산문 스토리로 확대되어 끼워졌으며, 때로는 인물들의 대화로 된 텍스트까지 그 안에 포함하게 되었다. 이렇게 해서 결국 몇몇 와양극의 온전한 텍스트가 이루어지게 된 것이다.[14]

그러나 피지우드는 이 소책자가 연행자들 자신에 의해 기록되었다고 말하지는 않는다. 그들 대부분은 완전 문맹 혹은 간신히 읽고 쓸 수 있는 정도의 능력밖에는 없었기 때문이다. 실제로 두 단락 뒤에 피지우드는 자바의 저자들에게 와양에 대한 글을 쓰도록 종용한 네덜란드 학자들의 역할을 언급하고 있다.

19세기와 20세기 네덜란드 학자들은 와양 예술과 와양 문학에 대해 많은 주의를 기울였다. 그들은 와양을 자바인의 모든 삶에 그 흔적을 남기고 있는, 자바 문화의 가장 중요한 특징 중 하나로 보았다. 그래서 네덜란드 학자들은 자바의 저자들에게 와양극 연행자들의 예술에 대한 논문을 쓰도록 독려했다. 당연히 19세기와 20세기에 보여 준 네덜란드 학자들의 관심은 자바의 와

14 『자바문학 I(*Literature of Java I*)』, 248쪽.

양 문학에 대한 연구영역을 확장시켜 주었다.[15]

나는 네덜란드 학자들의 행위를, 파켐스(소책자)와 라콘(lakons, 연극 줄거리)이 왜 달랑들 자신보다도 다른 사람들에게 더 접근하기 쉬운 형식으로 기록되었는지에 대한 주요 이유들 중의 하나로 보고 있다.

민간 대중문학의 구술에서 기록으로의 발전이라는 주제를 연구함에 있어 우리는 이러한 전환을 이끈 사람들의 목적에 대해 몇 가지 기본적인 의문을 가져야 한다. 연행자들은 자신이 말하는 이야기의 내용을 상기시켜줄 수 있는 기록된 무언가를 필요로 했을까? 그들은 자신의 이야기를 인쇄하고 출판하는 일에 관심이 있었을까? (일반적으로 그렇게 생각하는 것처럼) 이 두 질문에 대한 답이 부정적으로 나온다면, 누가 과연 그 책임을 맡았을까? 그리고 그들은 왜 이야기꾼들의 생산물을 필사하려고 했을까?

이 문제에 대해 사소(思蘇)는 「설서(說書)에는 각본이 있었을까?(說書有無脚本)」[16]라는 논문에서 간략하면서도 중요한 연구 성과를 보여주었다. 몇 년에 걸쳐 사소(思蘇)가 인터뷰를 했던 연행자들 대부분은 ― 말, 음성의 변화, 동작, 어투 등을 포함한 ― 대본 없이 입을 통해 이야기를 풀어냈다고 알려주었다. 그러나 이야기의 몇몇 부분은 기록된 텍스트가 있으며, 그 부분은 보통 운문 부분 ― 이 점에 주의할 것 ― 이라는 것 역시 인정했다. 이야기꾼들은 운문은 ― 한 단어도

15 에인싱크(Ensink), 「고대 자바의 캄타카파르와와 그 수타소마 이야기에 대하여(On the Old-Javanese Camtakaparwa and Its Tale of Sutasoma)」. 이 논문의 16항에서는 달랑들이 마지못해 텍스트를 쓴 것에 대해서도 언급하고 있다. 또 그는 서구학자들이 어떤 경우에는 달랑들에게 텍스트를 쓰도록 종용하는 역할을 했다는 점도 언급하고 있다.

16 「설서에는 각본이 있었을까?(說書有無脚本)」.

바꾸지 않고 — 완전히 암송해야 한다는 것을 강조했다. 그러나 산문 부분에 있어서는 훨씬 유동적이었다. 이것은 인도의 이야기 서술 패턴, 즉 산운조합 형태의 역사적 상황 및 그 관행과 완전히 일치한다.

사소에 따르면, 부분적인 대본이 있는 경우 그것들은 보통 장부나 종잇조각 같은 데에 연행자 자신이 직접 메모한 것들이었다.

> 문화적 수준의 한계로 인해 비문법적이거나 비논리적인 문장들 뿐 아니라 별자(別字)와 오자(誤字) 그리고 빠진 글자들이 대단히 많다. 게다가 필적까지 어지러워 이 글자들을 다 읽어내기는 힘들다.[17]

이러한 이유들 때문에 이야기 서술의 전통은 자연히 연행자들 내부에서만 전해지는 비전(秘傳)으로 간직되었다. 그러나 이것은 바로 이야기꾼들이 원하는 바였다.

사소가 조사한 대본들 중에는 장의 제목과 그 주요 사건들을 간략히 언급한 것들이 얼마간 존재하나, 동작에 대한 지시나 음악 등을 상세히 설명해 놓은 대본은 단 하나도 없었다. 만약 그렇게 하려고 시도했다 하더라도, 읽고 쓰는 능력의 한계로 인해 결국 단순화되고 많은 부분이 생략된 채 쓰여졌을 것이다. 이들 대본은 원대(元代) 나관중(羅貫中)의 『삼국지연의(三國志演義)』와 같은 확고한 기록 텍스트의 형태를 거의 따르지 않았던 것이다.

사소가 제기한 또 하나의 주장은, 만약 이야기꾼들이 기록의 형태로 무엇인가를 기록했다면 그들은 소중히 그것들을 숨겨 두었을 것이며 심지어는 그런 기록물이 존재한다는 사실 자체를 철저히 부정

17 위의 글.

했을 것이라는 점이다. 이 점은 독일의 반켈산저(Bäkelsänger, 길거리 가수, bench-singers)나 꼭두각시 기예인을 포함한 전 세계 이야기꾼들에 대해 알려진 바와 마찬가지이다. 연행자는 자신이 비밀리에 전한 전통이 대중화되는 것을 바라지 않았다. 왜냐하면 그렇게 공개가 되면 그 기예를 통해 돈을 버는 자신의 능력이 위협받을 수 있었기 때문이다. 대본을 필사해서 그 서사물을 유통시키고자 했던 사람은 이야기꾼 집단에 속해 있지 않은 중개인들이었다. 아이러니하게도 이야기꾼들의 이야기를 기록된 형태로 갖고자 하는 요구는 이야기를 좋아하되 실제 공연을 관람하는 것보다 더 영구적인 기록을 갖고 싶어 하는 사람들로부터 나왔다. 그녀 자신이 전문 이야기꾼인 루스 소이어(Ruth Sawyer)는 "어떤 이야기든지 그것이 말하는 사람을 떠나 점토판이나 인쇄된 지면 위에 붙박이게 된다면 그 이야기들은 일종의 죽음을 맞게 된다"고 말한다.[18] 전통적인 구술 연행자들이 그들의 이야기가 필사되거나 기록되어지기를 바라지 않았다는 것은 당연하다. 그들의 생계 자체가 타격을 입을 것이기 때문이다. 이것은 변문이 송대에 갑작스럽게 사라지는 이유와도 관련이 있다.[19]

필사자들이 상업적 목적으로 구술 공연과 노래 공연을 기록했다는 사실은 '경운대고(京韻大鼓)'에 관한 캐서린 스티븐스(Catherine Stevens)

---

18 『이야기꾼의 길(*The Way of the Storyteller*)』, 59쪽. 애민 스위니는 「전문적인 말레이시아 이야기서술 : 형식과 공연에 대한 몇 가지 문제(Professional Malay Story-Telling : Some Questions of Style and Presentation)」에서 이야기서술(민간 또는 구술문학)과 그로부터 파생된 기록 텍스트 사이의 질적인 차이를 논하고 있다. 필사자들은 거의 항상 자신이 기록한 것을 개작한다.

19 『목록(*Inventoty*)』에서 필자는 변문이 기록된 몇 가지 이유들을 밝히려 했다. 이 장의 후반부 역시 참고하기 바란다. 『그림과 공연(*Painting and Performance*)』의 서문에서는 변문이 사라지게 된 이유라고 판단되는 몇 가지 요소들에 대해 논의하였다.

의 연구로 확실히 입증되었다.[20] 대담한 사업가들은 기존의 공연을 필사하여 사원의 행사에서 그 초사본을 팔거나 빌려주곤 했을 것이다.[21] 이들 텍스트는 동의 없이, 심지어는 대고(大鼓)의 연행인 자신들도 모른 채 만들어졌을 것이다. 그러한 텍스트들에 대한 경제적 수요만으로, 대고 연행자들의 어떠한 저작권상의 압력도 없이 그 필사본들이 만들어지게 된 것이다. 만약 연행자들이 그 사실을 알았더라면 그들은 틀림없이 자신들의 사적 소유물에 대한 출판을 막으려 했을 것이다. 피셸(Pischel)의 주장에 따르면, 독일의 초기 유랑 꼭두각시 극단들은 외부인이 입수하지 못하도록 공연할 때 쓰는 말을 결코 기록하지 않기로 맹세했다고 한다.[22] 라자스탄(Rajasthan)의 보포(bhopo, 그림 이야기 설화자)와 파르(paṛ) 화가들은 자신들의 전통과 기술을 극비리에 전수한다.[23] 잠재해 있는 많은 유료 고객들이 그들만의 독특한 공연을 기록된 형태로 볼 수 있다면 '그들의 밥그릇은 깨지게' 된다. 그러나 이처럼 허락받지 못한 필사나 복사가 얼마나 위협적이었는지 연행자들은 자신들의 생산품을 가지고 이득을 내는 상인들의 끈질긴 노력에 무방비상태가 되고 말았다. 실제로 상인들은 흥미로운 이야기를 찾아 개작하고, 또 그 최종 결과물을 파는 데 대단히 뛰어난 수완을 발휘했다. 스티븐스는 '장백서(張百書)' — 그녀는 이 사람을 '옴니버스 장(Omnibus Chang)'이라고 부른다 — 라는 상인을 언급하기도 하였는데, 그는 18세기 후반 무렵 오랜 기간 명성을 날린 인물이었다.

---

20 『경운대고(京韻大鼓, *Peking Drumsinging*)』, 23쪽, 250쪽 주11.

21 물론 나는 변문의 필사자들이 반드시 상인들이었다는 입장은 아니다. 내가 말하는 것은 단지 필사본에 대한 요구가 있으면 연행자의 허락 없이 필사가 행해질 수 있었다는 것이다.

22 『괴뢰희의 본고장(*The Home of the Puppet-Play*)』, 15~16쪽.

23 조쉬(Joshi), 『인도의 민간 그림 전승물과 화가(라자스탄과 관계된 연구)(*Painted Folklore and Folklore Painters of India*(A Study with Reference to Rajasthan))』, 16쪽.

그러나 특별한 경우에는 민요 가수와 그림 이야기꾼들이 자신들의 공연과 관계된 인쇄물을 파는 데 직접 참여했음이 밝혀지기도 했다. 예를 들어, 일본 에토키(繪解, 그림을 보고 이야기를 하는 연희)의 상업적 측면은 다른 지역의 그림 이야기 서술에 대한 연구에 도움을 줄 수 있다. 쿠마노(熊野) 지방의 비구니는 돈을 벌기 위해 자신들이 해설했던 그림 사본들의 여분을 종종 가져오곤 했다. 더욱 흥미로운 것은 그들이 때로는 자신들의 구술 서사를 간단히 기록한 소책자를 팔기도 했다는 사실이다. 에토키의 상업적인 행위들에 관한 러치(Ruch)의 주장은,[24] 브레드니(Brednich)가 신문 사이즈의 광고용 인쇄지를 파는 것으로 생활을 유지했던 독일 반켈산저(Bänkelsänger) — 좀 더 정확하게는 그것의 선조들 — 에 대해 말한 내용,[25] 그리고 특히 칼리가트(Kālīghāṭ)의 사당 근처 가게에서 순례자들이 벵골의 파투아(paṭuā. 그림 음창자)가 말하는 신화의 거친 장면들을 몇 천 개씩 구입한다는 아처(Archer)의 언급과도 일치한다.[26] 그러나 내가 알고 있는 한 자신들의 공연 전체 대본을 파는 이야기꾼은 없었다. 보통 그들이 제공하는 것은 이야기의 간략한 개요나 노래의 한 소절 또는 주요 사건을 묘사한 그림 같은 것일 뿐이었다. 사실 이것은 사람들이 이야기의 전모를 듣고 싶게 만드는데 사용되었다. 확실히 누가 출판 업무와 대본 판매를 했는지는 알 수 없지만, 우리는 송대 민간문학의 성행이 오락과 상업적 자극의 조화에 따른 것이라는 정당한 추측을 할 수 있다.

---

24 『중세의 음유시인과 민족문학의 성립(*Medieval Jongleurs and the Making of a National Literature*)』, 304쪽. 에토키와 쿠마노 비구니의 의미에 대해서는, 메이어(Mair), 『그림과 공연(*Painting and Performance*)』, 제5장 참고.

25 「반켈산저의 조상(*Zur Vorgeshichte des Bänkelsangs*)」.

26 『캘커타의 잡화시장 그림(*Bazaar Paintings of Calcutta*)』. 반켈산저와 파투아의 의미에 대해서는, 메이어(Mair), 『그림과 공연(*Painting and Performance*)』, 4장과 5장 참고.

예를 들어, 『대당삼장법사취경기(大唐三藏法師取經記)』는 "중앙 와자 장씨 집에서 인쇄(中瓦子張家印)"[27]된 책이다. 이 책 서문을 쓴 왕국유(王國維)는 이 기록을 증거로 내세우며 『대당삼장법사취경기(大唐三藏法師取經記)』가 항주(杭州)에서 기원했다고 주장한 바 있다. 실제로 송대에는 '항주 중앙 와자(中瓦子)'가 있었고 장씨 성의 서적 판매상도 있었다.[28] 그러나 프루섹(Průšek)은 중앙 와자(中瓦子)는 다른 도시에도 있었고 장씨 역시 매우 흔한 성(姓)이었음을 거론하며 이 의견에 동의하지 않았다.[29] 그러나 이 작품이 어느 도시에서 인쇄되었든 간에, 그 간기(刊記)를 통해 최소한 우리는 이야기꾼이 자신들의 고사를 이야기했던 바로 그곳에서 인쇄자들 역시 활발한 활동을 했었다는 것을 알 수 있다. 이 사실은 상업적인 목적으로 민간의 기예와 관계되는 그림이나 기록들을 모아서 발행하는 것에 관심을 기울였던 명대(明代)의 작가 섭성(葉盛)에 의해 확인된다.[30]

한국의 판소리는 광대가 노래(창)와 이야기(아니리) 부분을 번갈아 진행하는 방식으로 공연된다.[31] 그림을 쓰지는 않지만 고수 한 명과 함께 공연을 하는 이 이야기꾼들은 동작을 종종 곁들인다. 그리고 이 동작들로 인해 그 연행은 변(變)과 마찬가지로 구술 서사와 연극 사이에 위치하게 된다. [판소리의] '광대'는 현재 우리의 논점에 있어서 대단히 흥미로운 존재이다. 왜냐하면 그들은 자기 자신만의 기억술을 가

27 나진옥(羅振玉) 출간본, 1.1, 1.2, 1.3 그리고 3장의 마지막 쪽(72쪽).

28 C. T. Lo, 「『서유기평화(西遊記平話)』의 발견을 이끄는 실마리(Clues Leading to the Discovery of *Hsi Yu Chi p'ing-hua*)」, 180~181쪽, 특히 180쪽 주9 역시 참고.

29 「중국 백화소설에 대한 새로운 연구(New Studies on the Chinese Colloquial Short Story)」, 454~455쪽.

30 『수동일기(水東日記)』, 21.11b~12a.

31 이 부분에 대한 자료는 마샬 필(Marshall Phil)의 「심청전 : 한국의 구술 서사(The Tale of Sim-Ch'ŏng : A Korean Oral Narrative)」에 주로 의지하였다.

지고 있었지만, 사람들에게 인쇄되어 팔린 판소리 대본은 광대라는 직업에 종사하지 않는 외부인들에 의해 기록되었기 때문이다.

본래 구술로 공연되었던 이야기를 누가 기록하였는가에 대해 마지막으로 살펴볼 것이 있다. 앞을 보지 못하는 것은 전 세계에 걸친 구술문학 연행자들에게 흔히 보이는 경향이었다. 고대의 위대한 음유시인 호머는 맹인이었던 것으로 알려져 있다. 중유럽의 여러 가수들도 앞을 보지 못하는 공통점이 있다.[32] 이는 고대 일본의 비파 가수와 중국 청대의 얼후(二胡) 이야기꾼들 역시 마찬가지였다.[33] 심지어 오늘날에도 광동(廣東) 지방의 많은 민간 가수들과 이야기꾼들은 앞을 보지 못한다.[34] 그런 그들에게 인쇄된 텍스트는 전혀 중요하지 않았을 것이다. 그럼에도 불구하고 그들의 노래와 이야기는 기록되었다. 팬들과 출판인, 그리고 학자들에 의해서.

변문 사본의 존재 이유를 논할 때, 우리는 그 사본들이 구술에서 기록으로 변화하는 과정을 보여주고 있음을 부인할 수 없다. 비록 희박하기는 하지만, 변문이 구술 연행과 어느 정도 관계를 맺고 있다는 사실은 명백하다고 할 수 있다. 대체로 변문에는 고도의 상상력이 엿보이기는 하나 문학적 세련도면에서는 낮은 수준을 보여준다. 동음이

---

32 새먼(Salmen), 『중세 유럽의 음유시인(*Der fahrende Musiker in europäischer Mittelalter*)』, 136쪽 이하.

33 비파 가수들이 앞을 보지 못한다는 것은 잘 알려진 사실이다. 중국의 얼후 가수들이 앞을 보지 못하는 것에 대한 기록은, 『북경민간풍속백도(北京民間風俗百圖)』, 65번에서 볼 수 있다.

34 1978년 12월 8일 마사토 니쉬무라와의 개인적인 담화와 1978년 12월 6일 하버드 대학의 홈스 웰치(Holmes Welch)가 보여준 옛 필름에 근거함. 앞을 보지 못하는 것은 아시아 전역의 많은 구술 연행자들의 오랜 특징이었다.

자(同音異字)의 오류가 자주 보인다는 것은 (비록 하나의 증거라고 할 순 없지만) 그 변문을 기록한 사람들이 문자의 영향보다는 이야기 구연의 영향을 더 강하게 받았음을 시사한다. 문자의 형태보다는 그 문자의 소리가 보통 가장 먼저 필사자의 뇌리에 떠오른다는 사실을 입증할 많은 예가 있다.[35] 그렇다면 가끔씩 보이는 철자상의 실수는 어떻게 설명해야 할까? 우선, 변문을 옮겨 적었던 사람들은 분명 적어도 부분적으로는 읽고 쓸 줄 알았을 것이다. 따라서 여러 번에 걸쳐 기존의 공연을 들어왔던 필사자들은 또한 같은 이야기의 여러 다른 민간 판본 및 고전 판본을 읽어왔을 것이다. 이렇게 해서 그는 — 유례없는 독특한 공연인 것으로 간주하면서 전사(轉寫)할 때에도 — 이전에 접한 적이 있는, 그 이야기와 관계된 텍스트들의 여러 인상들이 뇌리에 남아 있었을 것이다. 기록으로 옮기기 직전에 들었다 하더라도 필사자가 공연의 전부를 기억해내는 것은 불가능한 일이다. 세 시간 혹은 네 시간에 달하는 공연의 여러 사건들과 그 세부적인 묘사를 필사자는 일일이 다 적어낼 수 없다. 당시에는 어떤 한 공연을 속기(速記)[36]로 적거나 기계나 전자 장치로 그대로 전사(轉寫)해낼 수는 없었던 만큼, 기록된 내용이 여러 판본들의 것이 뒤죽박죽 섞인 특징을 보이는 것은 어쩔 수 없다. 왜냐하면 그 이야기와 관련되어 필사자가 이전에 접해보았던, 구술상의 혹은 기록상의 내용들이 그의 뇌리 속에 남아 필사에 어느 정도 영향을 미쳤을 것이기 때문이다. 따라서 돈황 민간 서사의

35 같은 이유로 임이북(任二北)은 돈황의 곡(曲)들이 구술 표현을 전사한 것임에 틀림없다는 결론을 내렸다(『돈황곡교록(敦煌曲校錄)』, 121쪽). 주41과 비교.

36 이것은 받아쓰기(필수[筆授]. 『대정신수대장경(大正新修大藏經)』 50[206]. 813c, 1.3.)를 통해 글자를 적는 것과는 다르다. 이때는 읽는 사람 또는 말하는 사람이 필사자가 요구하는 만큼 천천히 읽거나 말을 할 것이다. 그것은 또한 한 단어가 엄청난 길이로 늘려져 말해지고 몇 번씩 반복되기까지 하는 의식(儀式)에서의 구술 내용을 전사하는 것과도 다르다.

어떤 사본도 하나의 공연을 사실 그대로 기술한 것은 아니라고 결론 지을 수 있다. 설령 일부 사본들 속에 청중들에게 직접 말을 건네는 듯한 문구가 있음에도 불구하고 말이다.

이와 관련하여 패트릭 하난(Patric Hanan)의 '가상의 상황(simulated context)'이라는 개념은 중요하다. 그는 일련의 연구들에서[37] 현존하는 청대 및 그 이전의 백화소설들이 주로 기록문학이었음을 입증하였다.[38] 이어서 그는 여러 백화소설들이 구술의 흔적을 지니고 있다는 점에 주목하였다. '가상의 상황'이라는 개념에 대해 그는 다음과 같이 설명하였다.

> '가상의 상황'은 어떤 한 소설 작품에서 전달하려고 하는 배경 또는 상황을 의미한다. 당연히 중국 백화소설에서의 가상의 상황은, 청중들에게 강설을 해주는 설화자의 것이면서도 그 소설이 전달될 수 있도록 작가와 독자가 기꺼이 묵인하는 거짓 치장을 의미한다.[39]

좀 더 분명하게 말하면, '가상의 상황'은 이야기가 공연되는 연행 현장의 느낌을 살리고자 백화소설의 작가 또는 편집자가 사용한 구절, 문장 그리고 기법을 말한다. 따라서 송대로부터 청대의 소설에 보이는 많은 구술성의 흔적들은 의식적으로나 무의식적으로 구술문학의 외관을 마련하고자 한 작자들의 기법이었던 것이다. 이런 기법의 관례화를 위해 구술 공연에서 직접 가져온 어떤 공식구적인 표현들이

37 「송원백화소설(Sung and Yüan Vernacular Fiction)」, 『중국단편소설(*The Chinese Short Story*)』 등.

38 예를 들면, 「초기 중국 단편소설 : 개략적 비평(The Early Chinese Short Story : A Critical Theory in Outline)」, 171쪽.

39 「능몽초(凌濛初) 소설의 특징(The Nature of Ling Meng-chu's Fiction)」, 87쪽.

필요하였다. 그러나 [이야기꾼이 아닌] 외부인들이 — 아프리카, 페르시아, 인도네시아 또는 20세기 중국에 — 현존하는 진짜 이야기꾼들의 극소수밖에 되지 않을 대본을 직접 살펴본 사례는 극히 드물다는 점과, 공식구적인 표현은 대본에서 제일 먼저 삭제되어야 할 대상이라는 점은 강조되어야 할 것이다. 왜냐하면 이러한 표현은 이제 곧 공연을 시작할 연행자가 이야기의 내용을 상기하는 데 아무런 도움도 되지 않는 까닭이다. 연행자는 여러 가지 다양한 기교를 통해 내용을 상기시키는 효과를 거둘 수 있다. 오히려 그러한 공식구적인 표현은 연행자의 편의를 위해서라기보다는 청중들이 쉽게 공연에 빠져들 수 있는 장치 역할을 한다. 이러한 표현들은 연행자에 있어서는 반사적인 행위로 나타나는데, 이는 타고난 소질과 연습을 거친 호른 연주자가 미리 표시를 해두지 않아도 연주 중 어디에서 숨을 고를 것인가를 아는 것과 마찬가지이며, 천부적인 재능과 훈련을 겪은 콜로라투라 소프라노가 사전에 음색을 정해두지 않고도 어떤 부분을 어떻게 꾸며나갈지를 아는 것과 똑같다. 단편소설에 대량으로 보이는 공식구적인 표현들은 그 작품이 연행자가 아닌 독자들을 위해 마련된 것으로 이해해야 한다. 연행자는 그러한 표현을 필요로 하지 않았을 뿐더러 오히려 방해물이 된다고 보았을 것이다. 이에 반해 독자들에게 연행 현장의 느낌을 갖게 하고자 했던 작자들에게 공식구적인 표현은 필수적이었을 것이다.

그렇다고 해서 이 같은 구술성의 흔적과 실제 이야기 서술의 원형 사이에 존재하는, 진화 또는 발전적 의미의 관계를 부정하는 것은 아니다. 사실 백화소설의 발생 시기를 그 원류인 공연 예술과 융합되는 시기로까지 끄집어 올리는 것이 이 책의 주요 시도 중 하나이다. 두 말할 필요 없이 이야기 서술 전통은 지금까지도 중국에서 유지되고 있으며, 모든 시대의 소설 작가들은 주제, 모티프, 언어, 심지어는 공식구적인 표현에 있어서까지 이야기 서술을 자신들 창작의 원천으로 여겨왔다. 그러나 내가 앞에서 지적한 바와 같이, 공식구적 표현이 반드시 구술성을 의미하는 것은 아니다. 불경(佛經)은 명청대의 소설처럼 대단히 공식구적이면서도 기록문학의 형식을 확연하게 띠고 있다. 기록된 텍스트에서 공식구적 표현들이 명확하고도 반복적으로 보인다는 사실은 잃어버린 구술성을 다시 되찾으려는 목적에서 시도된 것이며, 그 표현들은 부차적인 구술성의 증거가 된다.

돈황의 사본들 중에 민간 서사문학이 존재하는 이유로 논의를 돌린다면, 그것은 바로 이들 사본들이 반드시 다수의 독자들을 위한 것은 아니었을 지라도, 후대의 소설처럼 사람들에게 읽혀질 목적으로 쓰여진 것이라는 사실이다. 물론 연행자의 소유물이었던 것으로 보이는 P4524(「항마변문(降魔變文)」그림 두루마리)는 이러한 이유에서 예외가 된다. 우리가 연구하고 있는 텍스트들의 일반적인 명칭은 어디까지나 '변문'인데, '문(文)'이라는 글자가 붙은 것은 이들이 기록문학의 범주와 관련되어 있음을 의미한다. 구술성의 명백한 증거로 보이는 문구들은 가상의 상황을 엮어내기 위한 노력을 보여주는 특징들이다. 그러나 인정할 수밖에 없는 것은, 사본에 따라서 철자상의 실수보다 동음이자의 오류들이 훨씬 더 빈번하게 나타나는데, 이는 그 작품들이 기록문학보다는 구술문학에 더 근접해 있다는 사실을 말해준다는 것이다.[40]

---

40 유진 에오양(Eugene Eoyang)은 「변과 변문의 구술 서사(Oral Narration in the Pien and Pien-wen)」라는 최근의 논문에서 이 문제를 설명하려 했다. 위에서 내가 말한 '구술문학'은

이들 텍스트가 공연 예술과 얼마나 밀접하게 관련되어 있는가를 보여주는 또 다른 중요한 증거는 하나의 이야기에 여러 종류의 사본이 존재한다는 사실이다. 이들 사본은 세부적으로는 서로 다를지 몰라도 이야기의 기본 틀에 있어서는 유사점이 많은데, 이는 하나의 이야기가 변형을 겪어 각각의 사본이 된 것으로 이해할 수 있다. 이 점에 대해서는, 이야기의 골격이 변문 연행자들에게 주어져 있었지만, 이들 이야기는 각각의 이야기꾼들이 실제로 이야기를 진행하면서 약간씩 변형시켰다는 설명이 가장 설득력 있다. 기록하는 일을 맡은 사람은 일생 동안 셀 수 없을 만큼 많은 이야기 더미에 노출되었을 것이다. 그는 자신에게 상세히 이야기를 들려주었을 수많은 이야기꾼들은 말할 것도 없이, 삼촌이나 어머니, 형, 누나 혹은 친구나 동료들로부터도 그 이야기 — 또는 그 일부 — 를 들었을 것이다.

일반적으로 이야기꾼들과 다양한 이야기 서술 장르들은 하나의 소재거리 안에 다양한 레퍼토리가 있음은 잘 알려진 사실인데, 몽고의 게사르(Gesar) 이야기[41]가 그 좋은 예이다. 이런 환경에서 기본적인 이야깃거리를 재창조하여 재현하는 것은 바로 이야기꾼의 몫이다. 그 과정에서 전통적인 이야기 형식으로부터 너무 멀리 떨어지면 칭찬보다는 비난을 받게 될 것이다. 필사자에 의해 유일무이한 공연이라고 여겨져 기록된 사본 내용은, 사실은 이야기꾼과 그 동료들의 측면에서는 오랜 실습을 통해, 그리고 필사자의 측면에서는 여러 번의 체험을 통해 숙성되고 정리되고 융합된 전통 일체인 것이다. 이야기는 개인

구술 장르에 그 기원을 두고 있는 텍스트를 의미하며, '기록문학'은 처음부터 종이에 기록한 텍스트를 말한다.

41 메이어(Mair), 『그림과 공연(*Painting and Performance*)』, 5장 참고.

소유물이 아니며 유일무이한 공연도 존재하지 않는 법이다. 어떤 연행자가 이야기를 독특하게 연출하여 이름을 날린다 해도, 그 이야기는 결코 그의 개인적인 소유물이 아니다. 경극을 매우 좋아하는 팬들은 비전통적인 방식으로 공연을 하는 가수들을 금방 알아보고 비난을 가한다. "정말 재미있고 독특하게 노래를 하는군"이라는 칭찬보다 "그건 본래 저렇게 부르는 것이 아니야"와 같은 불평이 더 자주 들리는 것이다. 하나의 변문에 다양한 사본들이 존재하고 있는데, 우리는 그 사본들 가운데 어떤 것이 원본이고 어떤 것이 거기에서 파생되어 나온 것인지 확실하게 결론지을 수는 없다. 상당히 많은 수의 동음이자가 있는 것으로 보아, 우리는 필사자가 (다양한 기록 판본으로 만들어진) 이야기의 형식 뿐 아니라 (주로 구술 연행에서 도출된) 음성까지 염두에 두고 있었음을 알아야 한다.[42] 그러나 (S2614와 P3485의 목련고사처럼) 두 사본 사이에 음성 혹은 철자, 그리고 그 밖의 다른 차이들이 있다 하더라도, 그 두 사본은 모두 하나의 골격이 되는 이야기를 표현한 것이라 볼 수 있다. 이러한 판단을 내릴 수 있는 것은, 두 사본 사이의 차이에도 불구하고 필사자는 동일한 이야기를 거의 같은 방식으로 연결 짓고자 했음이 확실하기 때문이다. 이러한 이유로, 『돈황변문집』의 편집자는 「목련변문」을 교정하면서(714~744쪽) 서로 다른 9종의 사본을 참고하였다. 이러한 편집 방법은 결국 학자들에게 뒤죽박죽 섞인 텍스트를 제공하는 셈이 되어, 사본의 원형을 참고해야만 한다는 당연한 불평들이 생겨나게 되었다.[43] 그러나 또 다른 의미에서, 9종 사본의 모든 작자 또는 필

42 한편으로 실제 구술적 배경과는 동떨어진 동음이자상의 오류 가능성에 대해서는 나의 「중국 강경문의 구술 및 기술적 측면(Oral and Written Aspects of Chinese Sutra Lectures(*chiang-ching-wen*))」 참고. 구술공연과 흡사한가 그렇지 않은가는 이와 같은 오류의 현저함과 빈번함의 문제가 된다.

사자들은 하나의 근간이 되는 이야기를 기록하고자 했기 때문에 차이점보다는 유사점을 더 중요시해야 한다는 주장도 타당성이 있어 보인다. 만약 이본(異本)의 수가 대단히 적다면, 이는 한 필사자가 다른 사람의 판본을 옮겨 적은 것일 수도 있다.

반면에, 같은 주제를 다루고 있다 할지라도 P2913(『돈황변문집』, 701~712쪽)과 PK2496(『돈황변문집』, 756~759쪽)을 위에서 언급한 9종의 사본과 함께 묶을 수는 없다. 왜냐하면, 이들은 분명 유사점보다는 차이점이 더 크기 때문이다. 실제로 이들 두 사본은 서로 다른 서술 전통을 대표하고 있다. 즉 P2193은 목련의 어머니에게 초점을 맞춘, 지극히 도덕적인 인과응보 고사 — 연기(緣起)를 말함 — 이고, PK2496 — 『돈황변문집』, 편집자는 이를 '변문(變文)'으로 잘못 명명함 — 은 목련 이야기에 대한 간략한 설명으로 산문 형식에 가깝다.

동일한 내용을 다루는 다양한 사본들 사이의 복잡한 관계를 논하면서, 나는 이제 그들의 차이점에 대한 몇 가지 타당한 근거들을 고찰하고자 한다. 사본들은 결코 동일하지 않으며, 각 사본들 사이에는 항상 최소한 어느 정도의 변이가 있게 마련인데, 때로는 서사의 기본적인 구조조차도 변하는 경우가 있다. 혹자는 동일한 이야기를 다룬 다양한 판본의 존재는, 그 필사본들이 전문적인 용도로 쓰이기 위해 기록된 것임을 보여주는 증거라고 주장하였다.[44] 그러나 이는 반드시 그렇다고 할 수는 없다. 왜냐하면 인기 있는 구술 서사물의 기록본에

43 다른 연구분야에서 『돈황변문집(敦煌變文集)』에 대한 불만이 지난 몇 년 동안 제기되어 왔다. 장금천(張金泉), 여숙상(呂叔湘), 곽재이(郭在貽)의 비평과 『돈황변문집신서(敦煌變文集新書)』에 보이는 반중규(潘重規)의 신론을 참고.

44 에오양(Eoyang), 『입말 : 변문의 이야기 구술(*Word of Mouth : Oras Storytelling in the Pien-wen*)』, 52쪽.

대한 수요가 매우 많았는데, 이 수요로 인해 다양한 복사본이 생겨난 것일 수도 있기 때문이다. 더군다나 이 수요는 잠재적인 연행자보다는 잠재적인 독자들로부터 나오는 것이다. 변문이 기록되던 그 무렵, 보잘것없으나마 다소의 학식을 지닌 불교도나 상인들이 등장하기 시작했고, 이제 막 글을 깨우친 부유층들이 나타나기 시작했다. 사본들 간의 — 종종 별것 아닌 — 차이는 필사자와 복사자의 비전문성, 서로 다른 공연의 영향 그리고 우리가 고찰하고 있는 텍스트가 인쇄된 것이 아니라 손으로 쓰인 것이라는 사실에서 비롯된다.

「목련변문」의 축약 형태인 P2319가 공연을 의식하여 기록되었을 것이라고 보기는 매우 힘들다. 왜냐하면 S2614와 비교했을 때 이 사본은 운문 부분이 매우 짧아졌기 때문이다. P2319의 제목 아래에서 우리는 다음과 같은 문구를 볼 수 있다. "각 게는 매 2~3구 후에 '운료시(云了是)'라는 표시로 [잘려진다](其偈子每緘[45]三兩句後云了是)" 그러나 우리가 이해하고 있는 바에 따르면, 운문은 연행자의 서사에 있어 가장 중요한 부분이었다. 이렇게 보면, 특이하게도 P2319 「목련변문」은 그림의 뒤쪽에 운문 부분만 쓰여 있는 P4524 「항마변문」과 정반대의 형태가 되는 것이다. 또 P2319에서는 다양한 기법들로 산문 부분을 요

45 캄(Kăm). 이는 파리 소장 목록의 편집자가 198~199쪽에서 쓴 독음이다. 이 음은 '감(緘)'과 통한다. 이 두 글자는 모두 '한 통의 편지'라는 의미를 가지고 있다. 그러나 두 글자 모두 '한 구절의 운문'을 의미하는 글자로 보기는 힘들다. 오타 타츠오(太田辰夫)는 『중국역대구어문(中國歷代口語文)』, 139쪽에서 이 글자를 '감(減)'으로 보았으며, 가나오카 쇼코(金岡照光)는 『돈황 출토 한문문학 문헌 분류 목록 및 해설(敦煌出土漢文文學文獻分類目錄附解說)』, 21쪽에서 이 글자를 '계(械)'로 보았다. 그러나 나는 이들 독법을 이해할 수가 없다. 사본에 쓰여진 그대로의 글자는 '緘'이다. 어쨌든, 이 구문은 변문이 기록된 시기 이전에 이미 쓰이고 있었던 '건(件)'과 같은 양사를 필요로 한다. 그러나 '件' 자가 이 난해한 글자로 바뀌었을 것 같지는 않다. 왜냐하면, 앞에서 언급했던 두 글자의 음과는 달리, 이 글자는 같은 운에 속해 있지 않기 때문이다.

약서술하고 있다.[46] 예를 들어, 목련이 아비지옥(阿鼻地獄)에 이르렀을 때, P2319에서는 "이곳의 참혹함은 이루 다 말할 수 없다(此中惡事說不可盡)"라는 구절을 썼다. 이에 반해 S2614는 다음과 같이 '이루 다 말할 수 없는 것들'을 상술하고 있다.

> 검극(劍戟)은 빽빽하고 칼과 창은 겹겹이 쌓여 있으며 검수(劍樹)는 천 심(尋)의 높이에 [지엽이] 촘촘히 자라 날카로운 칼끝이 서로를 찌르고 있었다. 도산(刀山)은 만(萬) 인(仞)에 달하고 횡으로 연이어져 있는데 가파르기 짝이 없고, 맹렬한 불길은 요란한 소리를 내며 이글이글 타올라 하늘을 가득 메웠으며, 수많은 검륜(劍輪)은 별빛 같은 화염을 뿌리며 이리저리 굴러다니니 [육신을] 태운 재가 온 땅을 뒤덮었다. 철사(鐵蛇)는 불을 토해내며 사면에 비늘을 곤두세우고 있고, 동구(銅狗)는 연기를 빨아들이며 주위를 향해 짖어대며, 마름쇠가 공중에서 어지러이 날아와 남자의 가슴을 꿰뚫고, 송곳이 하늘에서 날아와 여자의 등짝을 찔렀다. 쇠 고무래가 눈을 찔러 붉은 피가 서쪽으로 흐르고, 동(銅) 작살이 허리를 쪼개니 허연 고름이 동쪽으로 흐른다. 그리고 도산에 화로의 숯을 집어넣으니 촉루(髑髏)는 부서지고 골육은 문드러지며 살과 가죽은 갈라지고 간담은 끊어졌다. 찢겨진 살점들이 사문 밖에 흩어져 있고 엉겨 붙은 피는 담벼락 부근에 떨어져 널려 있다. 비명은 높고 멀리 하늘에 메아리치고 우레 소리 [우르릉] 땅을 [뒤흔든다]. 위로는 구름과 연기가 아득히 깔려 있고 아래로는 쇠 소리 요란하다. 전모귀(箭毛鬼)는 조르르 돌아다니고 동취조(銅觜鳥)는 꺄아꺄아 울어댄다. 옥졸은 수만여 인인

---

46 이 부분에 대한 충실한 주석은, 오타 타츠오(太田辰夫), 『중국역대구어문(中國歷代口語文)』, 138~149쪽 참고. 유진 에오양은 마유원(Ma Yaw-Woon)과 조셉 라우(Joseph S. M. Lau)가 편찬한 『중국 전통소설(*Traditional Chinese Stories*)』, 443~455쪽에서 이 P2319를 번역하였다.

데 모두가 우두마면(牛頭馬面)이다.

> 劍戟森林, 刀槍重疊. 劍樹千尋以芳發, 針刺相揩, 刀山萬仞橫連, 讒(巉)嵒亂倒. 猛火掣浚似雲吼, 咷踉滿天, 劍輪簇簇似星明, 灰塵撲地. 鐵蛇吐火, 四面張鱗, 銅狗吸煙, 三邊振吠. 蒺蔾空中亂下, 穿其男子之胸, 錐鑽天上旁飛, 剜刺女人之背. 鐵杷踔眼, 赤血西流, 銅叉剉腰, 白膏東引. 於是刀山入爐炭, 髑髏碎, 骨肉爛, 筋皮折, 手胆斷. 碎肉迸濺於四門之外, 凝血滂沛於獄牆之畔, 聲号叫天, 岌岌汗汗, 雷□□地, 隱隱岸岸. 向上雲煙散散漫漫, 向下鐵鏘撩撩亂亂. 箭毛鬼嘍嘍竄竄, 銅嘴鳥咤咤叫叫喚, 獄卒數萬余人, 總是牛頭馬面.

P2319에는 이와 같은 생생하고 처참한 세부 묘사들이 모두 빠져있다.

P2319에서 유독 운문 부분이 그렇게 줄어든 이유는 최소한 두 가지의 가능성으로 설명할 수 있다. 두루마리의 소유자가 될 사람은 필사자에게 변문 전체를 베낄 돈을 지불하려 하지 않았거나 지불할 수 없었을 것이지만, 그래도 공연 자체보다는 좀 더 영구적인 무언가를 기대하면서 그 사본에 흠뻑 매료되었을 것이다. 다소 급한 필적이긴 하나, 가는 줄이 그어진 종이 위에 글자들이 제법 가지런하게 놓여 있다. 그리고 이 사본에는 첨가된 내용들이 제법 눈에 띄는데, 이는 두루마리의 소유자 또는 그의 동료들이 자신들의 장서(藏書)들에 근거하여 필사자가 빠뜨렸던 부분을 보충해 넣은 것으로 보인다. 또 하나의 가능성은 사본의 소유자가 될 사람이 그림이 그려져 있었을 변문의 운문 부분 두루마리를 어떤 경로로 손에 넣은 뒤, 여기에 산문 부분을 끼워 넣으려 했다는 것이다. 그러나 이 가능성은 몇 가지 이유로 인해 대단히 회의적이다. 우선, P2319의 소유자가 될 사람이 산문 부분을 구

하는 일에 주로 흥미를 가졌다면, 산문 자체의 범위가 현저하게 축소되는 것을 스스로 용납했을 리 만무하다. 두 번째로, 결코 어떤 연행자도 운문 부분만 기록되어 있는 P4524 타입의 그림 두루마리를 따로 떼어내 버리지는 않았을 것이라는 점이다. 인도네시아와 인도의 증거를 보면 분명히 알 수 있듯이, 그러한 두루마리는 대대로 연행자들에 의해 철저하게 관리되었다. 이 점은 S2614의 제목에서 '병도(幷圖)'라는 글자를 X표시로 지워버린 이유까지 설명된다. 즉, 실제로 그림 두루마리를 구할 수 없었기 때문이라는 것이다.[47] 어쨌든 P2319는 그것이 구술의 영역을 이미 벗어난 또 다른 기록된 판본을 옮겨 적은 것이라는 인상을 갖게 한다.[48]

「목련변문」의 가장 중요한 사본(S2614)과 관련된 두 사람의 이름을 알게 된 것은 대단한 행운이다. 두 이름은 사본의 끝부분에 쓰여 있는데, 하나는 간기(刊記) 내에 있고 다른 하나는 따로 떨어져서 다른 필체로 쓰여 있다. 간기는 다음과 같다.

> 정명 7년 신사년 4월 16일 정토사의 학랑 설안준 씀.
>
> 貞明溙年辛巳歲四月十六日淨土寺學郎薛安俊寫.

위 날짜는 서기 921년 5월 26일에 해당된다. 위의 간기 아래에는 '장보달문서(張保達文書)'라는 문구가 있다. 자일스(Giles)는 이것을 '장보달의 작품(composition by Chang Pao-ta)'이라고 번역했는데, 그는 장보달

---

47 이러한 그림 두루마리의 소유와 관련된 자료는, 『목록(*Inventory*)』, 207과 307항 참고. 기록된 변문과 그림과의 관계에 대해서는 4장에서 논의하였다.

48 『목록(*Inventory*)』, 18항 참고.

을 목련변문의 저자로 이해하고 있는 것일까?[49] 변문과 관계되는 구술 연행의 전통이 어떤 것인가를 이해한다면 그럴 가능성은 없다고 해도 무리가 없다. 게다가 '문서(文書)'는 자일스가 말한 의미가 될 수 없다. 이러한 표현은 '저자'와는 관계가 없다. 오히려 이는 '기록, 공문서, 공문서를 쓴 비서, 문서 보관소 등'을 의미한다. 따라서 우리는 장보달을 설안준(薛安俊)이 필사한 사본을 보관하거나 소유하고 있는 사람으로 이해해야 한다. 다시 말해 S2614는 원래 '장보달의 도서'라는 것이다.

나는 돈황 사본에서 장보달에 관한 다른 자료들은 발견하지 못했다. 그러나 설안준이라는 이름은 이것 말고도 두 가지 사본에서 더 찾아볼 수 있다. 그 중 하나는 P2054로, 지엄(智嚴)이 지은 「십이시보권사중의교수행(十二時普勸四衆[50]依教修行)」이다. 사본의 간기는 다음과 같다.

> 동광 2년 갑신년 5월 17일 학생 설안준이 씀. 신심이 두터운 불제자 이길순이 일념으로 염송하며 착한 일을 권장함.
>
> 同光二年甲申歲蕤賓之月蓂彫二葉, 學子薛安俊書, 信心弟子李吉順專持念誦勸善.[51]

이 사본은 이길순이 음송을 하고 설안준이 글로 적어 완성한 것으

---

49 『장서목록(*Catalogue*)』, 212~213쪽.

50 불교의 모든 신도들. 비구(比丘), 비구니(比丘尼), 우바새(優婆塞), 우바이(優婆夷).

51 『돈황유서총목색인(敦煌遺書總目索引)』, 254쪽. 국립도서관(Bibliothèque Nationale), 『중국 돈황사본 목록(*Catalogue des manuscripts chinois de Touen-houang*)』, 39쪽과 임이북(任二北), 『돈황곡교록(敦煌曲校錄)』, 140~162쪽 참고. 마지막 구의 또 다른 해석에 대해서는, 『목록(*Inventory*)』, 4항 참고.

로 보인다. 어쨌든 이 간기를 통해 우리는 설안준이 어떤 유형의 사본을 또 기록했고, 불교 사찰에 머물던 속세의 학생이었던 그가 신심 깊은 신도들과 어떤 관계를 맺었는가를 알 수 있다.

설안준은 또 권계(勸戒)를 내용으로 하는 PK8668의 간기에서도 두 번 언급이 되고 있다.[52] 여기서는 비록 설안준을 정토사에서 공부하는 세속의 학생이라고 밝히고 있지는 않지만, 그와 관련을 맺고 있는 다른 두 사람은 정토사에서 공부하는 속세의 학생이라고 분명히 밝히고 있다. 1월 21일 — 서기 920년 2월 13일에 해당 — 로 표시된 이 사본은 설안준 자신이 사용하기(扎[=札?]用) 위한 것이었던 듯하다.

내가 설안준에 대해 이렇게 상세히 설명하는 이유는, 변문이 기록된 동기를 이해하고 이들 사본과 어떤 식으로든 관련이 있었을 사람들에 대해 많은 것을 알아내는 데 그가 매우 중요하다고 여기기 때문이다. S2614 「목련변문」의 경우, 그 사본이 돈황의 사원에서 세속의 한 학생에 의해 기록되었고, 이름 상으로 보아 속세의 일반인이 이 사본을 소유했다는 점은 의미심장하다.

세속의 학생에 의해 필사된 또 다른 변문은 바로 한(漢)나라 장수 왕릉(王陵)에 관한 변문이다.[53] 여기서 우리는 변문의 내용이 세속적이든 종교적이든 간에 변문의 필사에 학생들이 관여했음을 알 수 있다.

현존하는 변문 중 적어도 하나는 세속의 학생이 신성한 동기를 가지고 필사한 것이다. PK876 「목련변문」이 바로 그것인데 여기에는 다

---

52 허국림(許國霖), 『돈황석실 사경 제기와 돈황잡록(敦煌石室寫經題記與敦煌雜錄)』, AA.19a. 1982년 여름 북경 방문 시 이 사본은 연구에 이용할 수 없었다.

53 『목록(*Inventory*)』, 590쪽과 사본의 기록에 대한 자세한 연구는 필자의 「새롭게 밝혀진 '왕릉변' 사본조각(A Newly Identified Fragment of the 'Transformation on Wang Ling')」 참고. 『목록(*Inventory*)』은 돈황에서 세속의 학생들이 필사활동을 했다는 많은 증거를 보여주고 있다.

음과 같은 간기가 쓰여 있다.

태평 흥국 2년 정축년 윤[54]6월 5일[원문 그대로의 날짜], 현덕사의 학사랑 양원수 1인이 깊이 생각하여 복덕이 이루어지기를 발원하면서[55] 이 목련변 한 권을 끝까지 썼다. 후에는 석가모니불[56]과 함께 미륵[57]을 한 번[58] 만나 부처로 다시 태어날 것이다.[59] 후에, 중생[60]들이 마찬가지로 신심[61]을 발하여 목련변을 끝까지 쓴다면, 역시 마찬가지로 원력(願力)[62]이 보존되어 삼도(三[63]塗[64])에 떨어지지 않을 것이다.

---

54 위의 해에서 윤달은 7월 다음에 온다. 서력(西曆) 날짜는 이 달이 일부러 끼워진 달이고 실제 기록된 그대로의 6월은 아니라는 가정 하에 계산된다.

55 가나오카 쇼코(金岡照光)는 이 부분을 다르게 읽는다(『돈황에서 출토된 한문문학 문헌의 분류 목록 및 해설(敦煌出土漢文文學文獻分類目錄附解說)』, 250쪽 주7) : "楊顯, 受一人思, 微發……." 즉, "양현은 어떤 한 사람의(그로부터 받은?) 생각으로 남모르게(?) 발하여……"라는 것이다. 이 간기에는 분명 문제점이 있지만, 가나오카의 독법은 그 문제를 더욱 복잡하게 만들고 있다. '발원작복(發願作福)'은 하나의 구절로 부드럽게 읽혀지므로 '미(微)'와 연결이 되기는 힘들다. '원(願)'이 아닌 '현(顯)'으로 본 글자는 사본에 '㒸'로 쓰여 있다. 따라서 필사자의 이름이 양원인지 양원수인지는 간기의 방점을 어떻게 찍느냐에 달려 있다. 문제는 '미(微)'가 사본에는 '徵'로 되어 있다는 사실로 인해 좀 더 복잡해진다. 만약 이 글자가 '휘(徽)'를 의미하는 것으로 본다면, 아마 우리는 두 글자를 '은혜(恩惠)'로 읽어야 할 것이며, 이 경우 해석은 "양원이 어떤 사람의 은혜를 입어……"가 될 것이다. 그러나 나는 필사자가 '사미(思微)'를 불교 용어에서 '반성'이나 '생각' 등의 뜻으로 흔히 쓰이는 '사유(思惟)'의 의미로 보았음에 틀림없다고 생각하기 때문에 위와 같이 번역을 한 것이다. '양원수'라는 의견에 대한 좀 더 상세한 근거는, 『목록(*Inventory*)』, 385항과 555항 참고.

56 사본에는 '불(佛)'로 되어 있다.

57 미래불(未來佛).

58 사본에는 '壹'로 되어 있다. 이 부분의 번역은 확실치 않다.

59 『돈황변문집』, 755쪽 6행은 '생작(生作)'으로 되어 있으며, 허국림(許國霖)은 『돈황 석실 사경 제기와 돈황 잡록(敦煌石室寫經題記與敦煌雜錄)』 40a.12에서 '왕(王)'으로 읽고 있지만, 이는 납득하기 힘든 독법이다. 두 가지 모두 만족스럽진 않지만 나는 더 타당한 독법을 마련하지는 못했다.

60 글자 그대로는, '중생(衆生, living beings)'(sattva).

61 신심(信心, adhyāśaya).

62 원력(願力, praṇidhāna-balika 또는 bala).

63 『돈황 석실 사경 제기와 돈황 잡록(敦煌石室寫經題記與敦煌雜錄)』, 40b.1에서는 '三'이 아닌 '之'라는 납득하기 힘든 독법을 하고 있다.

太平興國二年, 歲在丁丑潤六月五日, 顯德寺學仕郎楊願受一人思微, 發願作福, 寫盡此目連變一卷. 後同釋迦牟尼佛一會彌勒生作佛爲定. 後有衆生同發信心, 寫盡目連變者, 同池願力, 莫墮三塗

양원수(楊願受)가 자신의 정신적인 만족을 위해서 뿐만 아니라 다른 사람에게도 권고하기 위해 목련변문을 필사했다는 것은 대단히 흥미로운 사실이다. 양원수라는 이름은 서기 980년(?) 2월 8일에 해당되는 날짜가 적힌, '첩사관(帖社官)'이라는 속세의 한 종교단체의 안내문(S5631)에도 보인다.[65]

「한장왕릉변」의 두 가지 사본 — 소책자 형식 — 에는 정부의 하급 관리에 관한 기록이 있다. P3627.1의 간기에는 "천복 4년 16일[서기 939년 10월 1일] 공목관 염물성이 썼다(天福四年八月十六日孔目官閻物成寫記)"고 적혀 있다. 염물성(閻物成)이라는 이름은 또 P3272 뒷면에서 '사두(使頭)'라는 호칭과 함께 등장하고 있다. 그는 정묘(丁卯)년[서기 907년?]에 해당 관청 앞으로 강도와 도적들에 관한 문서를 전달하기도 했다. 한때 소순미(邵洵美)가 소장하고 있다가 지금은 북경대학 도서관에 보관중인 한 사본의 겉표지와, 공백으로 남아 있는 다른 두 페이지에는 본문과는 다른 필체로 적힌 다음과 같은 기록이 있다.

1. 신사년 9월(A.D.921년?).
   辛巳年九月.
2. 태평흥국 3년(A.D.978년) 索淸子.

64 Gati.
65 자일스(Giles), 『장서목록(Catalogue)』, 259쪽.

太平興國三年索淸子.

3. 공목관 학사랑[66] 색청자(索淸子)가 씀. 이후에 누군가가 이것을 읽고 외더라도 나무라지 말아 주시기 바람.[67]

孔目官學仕郎索淸子書記耳. 後有人讀諷者, 請莫怪也了也.

여기서 우리는 색청자(索淸子)가 무엇이 옳은 이야기인가에 대해 자신의 주관을 가지고 있는 사람들이 이 사본을 읽어주기를 바랐다는 사실을 알 수 있다.

이러한 몇몇 사본들에 '공목관' 또는 이와 유사한 직위를 언급한 간기가 있다는 점은 주목할 필요가 있다.[68] 그러나 돈황의 이러한 직관은 중앙정부에서 임명된 것이라 볼 수 없으며, 그들의 직권 역시 중앙정부가 부여한 것과 동일하다고 여겨서는 안 된다. 두 가지 예에서 볼 때, 그것은 불교 사원에서 거주하는 속세 학생들에 대한 일반적인 호칭 — 학사랑(學仕郎) — 과 밀접한 관련이 있는 것으로 봐야한다. 아마도 이는 돈황의 지방정부가 중앙정부의 관명을 지방 관직에 차용한 것으로 보인다.[69]

색(索)이라는 성을 가진 관리가 필사한 또 하나의 비종교적 사본으

66 계포(季布)가 적진 앞에서 욕하는 것을 운문으로 쓴 이야기인 S5441의 전사자 또는 필사자는 음노아(陰奴兒, 위구르어의 영향을 보여주는 호칭)라는 특이한 이름에 '범공목 학사랑(氾孔目學仕郎)'이라는 유사한 직함으로 표기되어 있다. 관련 원문은 다음과 같다. "太平興國三年戊寅歲四月十日記. 氾孔目學仕郎陰奴兒手自寫季布一". 같은 성을 가진 공목관에 대한 언급은 P3757과 P2633.2에서도 보인다. 자일스, 『장서목록(*Catalogue*)』, 23쪽4b 참고. S5441의 끝 부분에 있는 기록은 978년 5월 19일에 해당한다.

67 이 사본과 해석에 대한 좀 더 상세한 설명은, 『목록(*Inventory*)』, 590항 참고.

68 로터스(Des Rotours), 『계약 관리와 군사 계약(*Traité fonctionnaires et traité de l'armée*)』, 198쪽과 567쪽.

69 가나오카 쇼코(金岡照光), 『돈황의 민중 – 그 생활과 사상(敦煌の民衆 – その生活と思想)』, 173쪽 참고.

로 「백조명(百鳥名)」(S3835)이 있다. 이 사본의 작성 시기는 경인(庚寅, 서기 930?)년 12월이고, 압아(押牙) 색불자(索不子)가 손수 기록했다는 간기가 있다.

P3485(「목련변문」) 뒷면에는 장대경(張大慶)이라는 자가 이 사본을 썼다는 기록이 있다. 당(唐)나라의 영향력 아래 있던 토번 일대 도시들에 대한 지리와 역사 기록인 S367에서 동일한 이름을 확인하게 된 것은 대단한 행운이다. S367의 간기는 다음과 같다.

> 광계 원년 12월 25일(886년 2월 2일) 영주의 안위사부, 대부 등이 주(州)에 이르자 장대경이 안위사부를 모시면서 이 문서를 씀.[70]
>
> 光啓元年十二月二十五日, 張大慶因靈州安慰使副大夫等來至州, 於副邊寫得此文書.

이 자료는 변문의 기록을 책임지는 또 한 사람의 직위에 대한 정보를 제공하고 있다는 점에서, 그리고 이 사본이 필사되었을 대략의 시간을 알려주고 있다는 점에서 중요하다.

변문에 속하지 않는 종교적 내용의 사본으로 「부모은중경(父母恩重經)」(P2418)과 「목련연기(目連緣起)」(P2913)가 있는데, 이 두 사본에는 분명 불교 신도도 아니고 세속의 학생도 아닌 사람들의 이름이 적혀 있다. 「목련연기(目連緣起)」(P2913)에는 '계도진본기(界道眞本記)'라는 문구가 있고,[71] 「부모은중경(父母恩重經)」(P2418)에는 천성 2년 8월 7일

70 번역은 자일스(Giles), 『장서목록(*Catalogue*)』, 138쪽에 근거. 또 그의 「9세기 중국의 지리문서(A Chinese Geographical Text of the Ninth Century)」와 나바 토시사다(那波利貞), 「속강과 변문(俗講と變文)」, 451쪽 참고.

71 이 짧은 기록에 대한 몇 가지 그럴듯한 해석들이 있으나 대부분 승려가 이 사본을 만들었

(927년 9월 5일)에 필사한 것이라는 문구가 '誘(산스크리트어 parikṣeptṛ[계도재와 비교)俗第六'이라는 문구 바로 뒤에 적혀 있다.

싯다르타의 성도(成道)에 관한 반백화(半白話)의 한 서사 사본(S548v)에는 다음과 같은 간기가 있다.

> 장흥 5년 갑오해 8월 19일 연대사의 승려 홍복(洪福)이 기록했다. 승려 혜정(惠定)은 이것을 독송하면서 지인들이 가져가지 말도록 했다.[72]
>
> 長興伍年甲午歲八月十九日蓮台寺僧洪福寫記諸耳. 僧惠定池(持?)念讀誦, 知人不取.

이 기록은 최소한 몇몇 돈황 사본들만큼은 소유자 본인 외에 다른 사람들에게도 돌려 읽혀졌음을 보여주는 기록이다.

7언 운문 107행으로 이루어진 종교적 내용의 사본 「고원감대사이십사효압좌문(故圓鑒大師二十四孝押座文)」(S1, P3361역시 참고)은 황제로부터 자색(紫色)의 관복을 하사받은,[73] 좌가(左街)의 승록(僧錄)[74]인 원감대사(圓鑒大師) 운변(雲辯)이 지은 것이다. 운변은 951년에 죽었으며[75] 일찍이 낙양(洛陽)에서 기녀들과 함께 시를 지었던 것으로 알려

다는 주장과 어긋나지 않는다.

72 자일스(Giles), 『장서목록(*Catalogues*)』, 138쪽의 번역에 근거. 『돈황변문집』, 314~315쪽, 교기 205 역시 참고.

73 사자(賜紫). 라이샤워(Reischauer) 역, 『엔닌의 일기 : 입당구법순례행기(入唐求法巡禮行紀)(*Ennin's Diary : The Record of a Pilgrimage to China in Search of the Law*)』, 298쪽 주1131참고. 사본은 두 글자의 빈칸이 있는데, 이는 '사문(沙門)'일 가능성이 가장 클 것으로 보인다. 그러나 마지막 세 글자－운변이 말했다는 뜻의 '운변술(雲辯述)'－는 좀 더 묽은 잉크를 사용하여 다른 필체로 쓴 것으로 보인다.

74 라이샤워(Reischauer) 역, 『엔닌의 일기 : 입당구법순례행기(入唐求法巡禮行紀, *Ennin's Diary : The Record of a Pilgrimage to China in Search of the Law*)』, 75쪽과 같은 쪽 주317을 참고.

75 그의 유언장인 S4472.3 참고. 이완(李琬)이라고 하는 사람이 954년의 한 기록에서 밝힌 정

져 있다.[76] 이름이 명기되어 있지는 않지만 「좌가승록대사압좌문(左街僧錄大師押座文)」(S3728) 역시 그가 지었을 가능성이 농후하다.[77]

이미 그 패턴이 분명해졌기 때문에, 여러 사본에서 발견되는 이름자들이 모두 포함된 리스트[78]를 더 이상 거론할 필요가 없을 것이다. 다양한 간기와 기록들에 대한 재검토를 통해 받게 된 전체적인 느낌은, 많은 변문들이 과거에는 급제하지 못하고 민간의 이야기 서술에 매료된 속세의 학생들[79]에 의해 필사되었다는 것이다. 사람들은 경전에 없는 이야기일지라도 종교적인 이야기의 필사는 신앙심을 표출하는 행동이라고 생각했다. 그리고 경전과 그에 대한 강경문들은 불교 신앙에 좀 더 깊이 귀의한 사람들에 의해 필사되는 경향이 있었다. 그러나 어떠한 경우에도 변문 작자의 이름은 드러나 있지 않다.[80] 구술적이고 집단적이라는 창작 특성상 변문이 한 개인의 이름으로 지어졌다고 기록될 수 없었기 때문에, 어떠한 경우에도 작가의 이름이 확

확한 날짜는 951년 7월 24일에 해당한다.

76 『돈황변문집』, 839쪽 4행 참고. 운변(雲辯)을 P3886 1권에서 오언시(五言詩)의 작자로 언급한 '우가 천복사내 도장 응제대덕 원감(右街千福寺內道場應制大德圓鑒)'과 혼동해서는 안 된다. 뒤의 원감은 운변보다 거의 100년 정도 이전 시대의 사람이다. 라이샤워(Reischauer) 역, 『엔닌의 일기 : 입당구법순례행기(*Ennin's Diary : The Record of a Pilgrimage to China in Search of the Law*)』, 289쪽, 311쪽 참고.

77 『돈황변문집』, 편집자들이 840쪽 1~2행에 옮긴 산문은 압좌문과 관계가 없다. 사본에서 그 제목은 27줄의 운문으로 된 압좌문 바로 앞에 위치해 있다. 이 제목은 같은 사본의 「이십사효압좌문(二十四孝押座文)」 뒤에 바로 붙어서 나온다. 이들 두 권계문(勸戒文)은 나중에 사본에 더해진 것임을 확실히 나타내주는 두껍고 거친 선으로 구분이 된다.

78 좀 더 상세한 사항은, 『목록(*Inventory*)』을 참고.

79 이러한 속세의 학생들에 의해 필사되거나 기록이 남겨진 돈황 민간문학 사본 중에는 영안사 학사랑 두우수(永安寺學士郎杜友遂)가 필사한 「연자부(鷰子賦)」(S214. 924년 1월 29일)도 있다.

80 그러나 돈황 민간문학에서 좀 더 세련된 형식으로 알려진 「다주론(茶酒論)」(P2718, 972년 2월 1일. 개보[開寶] 3년은 분명 개보 5년의 오류이다. 왜냐하면 개보 5년이 간기에 표시된 임신[壬申]년이기 때문이다)의 저자인 향공진사(鄕貢進士) 왕부(王敷)와 같이 예외인 경우도 있다. 이 사본의 필사자인 '염해진은 지술원의 학생(知術院弟子閻海眞)'이었다.

실히 알려지지는 않았을 것이다.

우리는 종종 주제와는 무관하게 진정한 변문이 속세의 학생이나 일반인들이 필사한 사본들 속에서 존재하고 있음을 발견하게 된다. 이는 비종교적 내용을 다룬 다른 유형의 민간 서사물(popular narratives) 역시 그러하다. 그러나 변문이 아닌, 종교적 내용을 다루고 있는 강경문이나 민간 서사물들은 승려 혹은 법명(法名)으로 보이는 아호를 가진 사람들과 관련되는 경향이 있다.[81] 그러나 승려들은 때때로 (대부분 비서사물이었을) 세속 문학의 필사에도 관여한 것으로 보인다. 예를 들어 백거이(白居易)를 비롯한 여러 시인들의 시를 모아놓은 P3759.2는 서기 877년 2월 20일 영도사(靈圖寺)의 한 비구에 의해서 필사된 것이다.

돈황 민간 서사물의 필사자와 관계되는 여러 자료를 찾으면서 나는 이 지역의 사원과 암자에 소속되어있던 승려들의 명부(名簿)에 관심을 갖게 되었다.[82] 이들 승적 명부에는 민간서사물 사본의 간기에 있는 기록과 동일한 이름의 사원과 암자가 몇몇 존재하나, 인명부에 나온 인명과 민간문학 필사자의 이름이 동일한 경우는 전혀 찾아볼 수 없었다. 이는 인명부와 사본의 시대가 서로 다르기 때문일 것이나, 부분적으로는 사본과 그 필사자들의 다양한 지리적 배경 때문일 수도 있다.

여러 돈황 사본들의 간기는 누가, 어떻게, 그리고 어떠한 목적으로 필사를 했는지에 관한 여러 흥미로운 사실들을 보여준다. 예를 들어,

---

81 참고할 수 있는 사본들에는 P3210, P3757, P2633.2, S610, S548, S2491, S1156v 그리고 러시아 소장 「유마힐경강경문(維摩詰經講經文)」이 있다.

82 몇 가지 목록들(S2614, S2669, S6542)이 중국과학원(中國科學院)의 『돈황자료(敦煌資料)』 I, 225～282쪽에 발표되었다. 이들 인명부에 대한 핵심적 연구는 후지에다 아키라(藤枝晃)의 「돈황의 승니적(敦煌の僧尼籍)」에서 볼 수 있다.

850년 1월 15일에 기록된 「태공가교(太公家教)」의 필사본 P2825의 간기에는, 이 글을 "학생 송문현이 읽고 안문덕이 썼다(學生宋文顯讀安文德寫)"고 적혀 있다. 이 문구는 구술 전사(轉寫)가 이 텍스트의 기록과 관련되어 있으며, 그래서 기존의 필사본을 사용했음에도 불구하고 동음이자상의 순수한 오류들은 피할 수 없었을 것임을 보여준다.

몇몇 돈황 민간문학 중의 간기는 생동적인 현장감으로 가득 차 있다. 예를 들어 「파마변(破魔變)」(P2187)[83]에는 다음과 같은 간기가 있다.

> 천복 9년 11월 10일 [944년 12월 28일], 추위로 얼어붙은 붓을 불어가며 이 사본을 쓴다.[84]
>
> 정토사에 거주하는 석문법률사문 원영(願榮)이 씀.[85]
>
> 天福九年甲辰祀, 黃鍾之月, 蓂生十葉, 冷凝呵筆而寫記.
>
> 居淨土寺釋門法律沙門願榮寫.

또 「금강반야바라밀경강경문(金剛般若波羅密經講經文)」(P2133v)의 끝부분은 다음과 같다.

> 정명 6년[920년] 1월 □일 식당 뒤편에서 필사. 청밀(清密)이 이에 따라 그것을 기록함.[86]

---

83 Māra-bhañjaka 또는 māra-pratyarthika.

84 털을 부드럽고 따뜻하게 하기 위해 얼어있는 붓을 입으로 분다는 묘사는 유악(劉鶚)의 『노잔유기(老殘游記)』에 나오는 다음과 같은 장면을 생각나게 한다. "벼루 위의 먹이 얼까봐 취환(翠環)은 쉬지 않고 입김을 불었지만, 붓은 여전히 작은 얼음들로 싸여 있어 쓰면 쓸수록 붓끝은 점점 더 무뎌졌다." 쉐드릭(Shadrick) 역, 『노잔유기(老殘游記, *The Travels of Lao Ts'an*)』, 140쪽.

85 『돈황변문집』, 355쪽 10~11행. '법률(法律)'은 원영(願榮)이 승정(僧政) 아래의 승관(僧官)이었음을 말해준다.

貞明六年正月□日, 食堂後面書抄, 淸密,[87] 故記之爾.

비록 인명은 나와 있지 않지만, 「항마변문(降魔變文)」의 간기는 이러한 문학 양식이 영감을 받아 연행되고 필사되고 교정되었다는 사실을 직접적으로 보여준다. 이 간기에는 "이 글을 읽는 누군가가 잘못된 부분을 발견하면 즉시 교정을 해 주십시오(或見不是處, 有人讀著, 卽与改著)"[88]라고 적혀 있는데, 만약 이 사본의 이야기가 널리 퍼지지 않았다면 이처럼 다른 사람이 수정을 해주기를 바랄 수 없었을 것이다. 이 독특한 간기는 변문이 여러 지역으로 전파되어 읽혀졌다는 내 주장을 뒷받침해준다.

착계포고사(捉季布故事)의 마지막 행은 다음과 같다. "내가 말한 모든 것은 『한서(漢書)』에 쓰여진 것이니 사인(詞人)의 노래가 진실하지 않았다고 말하지 마십시오(具說漢書修製了, 莫道詞人唱不眞)."(『돈황변문집』, 71쪽 4행). 이 행에 대한 만족스러운 해석은 찾기 힘들다. 그러나 이 행은 이 텍스트 — 변문이 아님 — 가 구술 강창과 어느 정도 관련이 있으며, 이야기의 출처가 되는 고전을 알고 있었던 누군가에 의해 쓰여진 것임을 말해준다.

「전한유가태자전(前漢劉家太子傳)」(P3645)은 문화적 소양이 상당했던 사람이 쓴 것으로 보인다. 이 작품에서는 고전 작품들이 수차례 인용되고 있으며, 사용된 언어 역시 대부분의 돈황 민간 서사물보다 문어적이다.

---

86 『돈황변문집』, 446쪽 14~15행.
87 사본을 보면, 몇 가지 흥미로운 추측을 하게 하는 이 두 글자를 지워버리려 한 흔적이 있다.
88 『돈황변문집』, 389쪽 10행.

P2794v 오자서고사(伍子胥故事)는 충분한 교육을 받지 못한 사람이 기존의 다른 텍스트를 옮겨 적은 것임에 틀림없다. 문법에 맞지 않는 구절들과 잘못 쓰여진 글자들이 많이 보이며, 수정이나 교정의 표시가 전혀 없이 어떤 한 구문의 중간 부분에서 다른 구문의 중간 부분으로 건너 뛰어버리는 오류도 자주 보인다. 예를 들면, 『돈황변문집』, 8쪽 10행 4번째 글자에서 8쪽 12행 11번째 글자로, 그리고 16쪽 2행 3번째 글자에서 16쪽 2행 25번째 글자 '합(合)'으로 건너 뛴 것 등이 그렇다. 이는 필사자가 건너뛰어 읽은 탓일 것이다. 또 이 사본은 단장취의(斷章取義)되거나 중복 서술되기도 하는데, 이는 세심하지 못하거나 경험이 부족한 필사자가 옮겨 적었기 때문이다. 글자를 연습한 흔적이 여기저기 널려 있는 것으로 보아, 경험이 부족한 필사자일 가능성이 더 크다.[89]

「유마힐경강경문(維摩詰經講經文)」(P2292)에는 다음과 같은 간기가 있다.

> 광정 10년 8월 9일[947년 9월 25일][90] 서천의 정진선원에서[?][91] 이 스무 번째 두루마리 문서를 썼다. 이제 막 날이 어두워질 때 쓰기를 마쳐 어떻게 마을로 돌아갈지 모르겠다.
>
> 지금 마흔 여덟 살로, 고을 안의 응명사(應明寺)에서 강의를 열고 있는데 대단히 무덥다.[92]

---

89 오자서고사(伍子胥故事)의 여러 부분들은 작가(들) 또는 필사자(들)이 오자서에 대한 광범위한 자료를 참고했음을 말해주고 있다. 돈황에서 발견된 이러한 자료 중 하나가 S2072이다.

90 가나오카 쇼코(金岡照光)는 『돈황의 문학(敦煌の文學)』, 181쪽에서 '년(年)'다음에 간지(干支)를 표시하는 네 글자가 빠져있다고 지적했다.

91 가나오카 쇼코(金岡照光)는 위 기록에서 서천(西川)을 서주(西州)라고 하였다. 만약 이 의견을 받아들인다면, 이 지역은 지금의 신강 투르판 지역이 된다.

廣政十年八月九日在西川靜眞禪院寫此第卄卷文書, 恰遇抵黑書了, 不知如何得到鄉地去.

年至四十八歲, 於州中應[93]明寺開講, 極是温熱.

이 사본은 예불을 할 때 소유자 자신이 쓰기 위한 사본이었던 것으로 보인다. 아래쪽의 간기는 두루마리의 내용이 청중들에게 강설되는 시간과 장소를 말한 것이다. 간기를 쓴 사람의 나이를 굳이 언급한 것은 이 사본이 개인소유물이었다는 인상을 심어준다. 그리고 날씨에 대한 언급은 강경의 직접성을 생동감 있게 전달해준다.

「빈파사라왕 후궁의 시녀인 공덕의가 불탑에 공양을 올려 하늘에 태어난 이야기(頻婆娑羅王后宮綵女功德意供養塔生天因緣[94]變)」(P3051)에는 돈황 민간 서사물을 통틀어 가장 긴 간기가 있다. 여기서는 저자[95]와 필사자의 이름 뿐 아니라, 왜 저자가 이 작품을 짓게 되었는가에 대한 이유를 분명히 보여주고 있다.

불법(佛法)은 넓고 넓어 중생을 제도함에 끝이 없으니 지심으로 구도하면 얻지 못할 과위(果位)가 없다. 그러나 보선(保宣)은 공문(空門)[96]이 박약하

---

92 『돈황변문집』, 618쪽 12~14행.

93 이 글자(應)는 해독하기가 다소 힘들지만 '응(應)'에 대한 돈황의 다양한 필법 중 하나라고 할 수 있다. 가나오카 쇼코(金岡照光)는 『돈황에서 출토된 한문문학 문헌의 분류 목록 및 해설(敦煌出土漢文文學文獻分類目錄附解說)』, 4쪽에서 이 글자를 '숙(宿)'으로 읽어야 한다고 주장한다. 스트라스버그(Strassberg)는 「돈황의 불교 이야기서술 텍스트(Buddhist Storytelling Texts from Tun-huang)」, 47쪽에서 위의 두 간기 모두 본문과 같은 필법으로 쓰여 있긴 하지만, 아래의 간기는 다음 종이에 좀 더 연한 먹물로 적혀 있다고 말하였다. 『목록(*Inventory*)』, 15항 참고.

94 인연(因緣) hetupratyaya or nedāna. 이 제목은 사실 S3491에 쓰여 있다.

95 이 이야기는 「찬집백연경(撰集百緣經)」 6권(『대정신수대장경(大正新修大藏經)』[200]4. 229c~230b)에 보이기 때문에 이 저자의 창작물은 아니다.

고 사찰에 거하면서 재주가 형편없다. 경전의 근원을 알지 못하고 논전(論典)[97]의 깊은 이치도 깨닫지 못하였다. 그럼에도 불구하고 이렇게 짧은 식견을 서술하고 비밀한 유래를 모아 부끄러움을 무릅쓰고 심오한 연유(緣喩)[98]를 엮었다.

대주(大周) 광순(廣順) 3년 계축년 4월 20일(953년 6월 4일)에 삼계사(三界寺) 선승 법보(法保)가 손수 적다

佛法寬廣, 濟度無涯, 至心求道, 無不獲果. 但保宣空門薄芸, 梵宇荒才, 經教不便於根源, 論典罔知於底漠. 輒陳短見, 綴秘密之因由; 不懼羞慚, 緝[99]甚深之緣喩.

維大周廣順參年癸丑歲肆月二十日三界寺禪僧法保自手寫紀.

동일한 사원에서 거의 같은 시기에 쓰여진 다른 사본들로는, 을묘년 7월[100] 6일(955년 7월 27일?) 승려 계정(戒淨)이 쓴 「환희국왕연(歡喜國王緣)」(P3375v)과 975년 7월 19일 학사랑(學士郎) 장영준(張英俊)이 쓴 서한(西漢) 시기 흉노의 포로 이릉(李陵)과 소무(蘇武) 사이의 편지글 사본들이 있다(S173).

돈황 민간문학 사본에 보이는 이 두 번째 부류의 간기는 첫 번째 간기 및 기타 유형의 자료에 대한 고찰을 통해 알게 되었던 사실을 다시 한 번 확인시켜준다. 즉, 강경문(講經文) 같이 종교성이 짙은 텍스트들은 실제 법회와 직접적으로 관련된 사람들이 기록하고 복사하고 소유

---

96 즉, 불교도

97 보선의 '논전(論典)'은 아마 '논장(論藏)', 즉 Abhidhqrma-pkṭaka을 의미할 것이다.

98 연(緣) pratyata.

99 '집(輯)'이라는 의미의 '집(緝)'

100 본래 나진옥(羅振玉)의 소유였다가 후에 상해문관회(上海文管會)에서 보관하게 된 또 다른 사본에는 '六月'로 되어 있다. 이 경우 날짜는 955년 6월 28일이 된다.

하였을 것이다. 또 이 작업에 참여한 사람들은 직업적인 불교도였을 가능성이 짙다. 한편, 변문 및 기타 돈황 서사 장르들은 독서물로 의도된 것이긴 하지만, 구술적 이야기가 기록화 되는 과정의 초기 단계를 대표하고 있는 것으로 보인다. 그러한 텍스트의 제작에 관여했던 사람들은 대부분 불교에 심취해 있던 속세의 지식인들이었을 것이다.

저명한 순례승인 의정(義淨)은 (672년부터) 인도를 여행하면서 불교 사원에 머물던 두 부류의 속세 학생들에 주목했다. 그 두 부류란, 불경을 공부하면서 실제로 승려가 되기를 바라는 마나바(mānava, 童子)와 세속의 학문을 닦으면서 자신의 생활 방식을 바꾸기를 원하지 않는 브라흐마카린(brahmacārin, 梵志)을 말한다.[101] "인도의 불교 사찰에는 비구들에게 위탁된 많은 '학생'들이 있었는데 그들은 비구들로부터 세속적인 학문을 교육받았다."[102] 이러한 교육 시스템이 중국의 불교 사원에 전해지지 못할 이유는 없다. 실제로 쥐르체(Zürcher)는 4세기에 사원이 이미 속세의 학문과 교육이라는 제2의 기능을 담당하고 있었음을 입증하였다.[103] 그리고 당대(唐代)에 많은 학생들이 세속의 학문을 연구하기 위해 불교 관할 지역 안으로 들어갔다는 것은 잘 알려져 있는 사실이다.

---

101 이는 인도의 초기 교육체계에 뿌리를 두고 있는 관례이다. 라다쿠무드 무케르지(Radhakumud Mookerji), 「힌두 교육 시스템(Hindu Education Systems)」, 『인도의 문화유산 III(*The Cultural Heritage of India III*)』, 247쪽. 역시 그의 『고대 인도의 교육 : 브라흐만과 불교도(*Ancient Indian Education : Brahmanical and Buddhist*)』와 두트(S. Dutt)의 『승려와 사원(*Buddhist Monks and Monastaries*)』 참고.

102 타카쿠수(Takakusu. J) 역, 『인도와 말레이시아 군도 불교에 대한 의정(義淨)의 기록(*A Record of the Buddhist Religion as Practised in India and Malay Archipelago*(A.D.671~659) by I-Tsing(634~713))』, 106쪽.

103 『불교의 중국 정복 : 중세 초기 중국의 불교 전파와 수용 I(*The Buddhist Conquest of China : The Spread and Adaptation of Buddhism in Early Medieval China I*)』, 9쪽.

이처럼 사원에서 속세의 학문 과정을 밟는 관례는 개원(開元) 연간(서기 713년 12월~742년 2월) 이후 가장 성행하였다.[104] 돈황은 학생들이 가장 선호하는 지역 중 하나였다.[105] 돈황 사본에 학사(學師), 학랑(學郎), 학사랑(學士郎, 學仕郎) 그리고 학생(學生) — 뒤의 세 용어는 모두 학생 신분임을 표시 — 이라는 용어가 자주 보이는 점이 이 사실을 뒷받침해준다.[106] 토번의 지배로부터 돈황을 구해낸 것으로 유명한 장의조(張議潮) 역시 이러한 학생이었다. P3620은 무제시(無題詩) 1수와 다음과 같은 간기로 이루어져 있다. "815(또는 827)년 3월 25일 학생 장의조 씀(未年三月二十五日學生張議潮寫)."[107]

두 『당서(唐書)』에는 장의조에 대한 열전이 보이지 않지만,[108] 나진옥(羅振玉)[109]과 상달(向達)[110]은 그에 대한 상세하고도 광범위한 전기(傳記)를 마련할 수 있을 정도의 충분한 자료를 수집하였다. 장의조의 가장 중요한 업적은 감숙(甘肅) 지역에서 토번(吐蕃, 티베트 왕국) 세력

---

104 엄경망(嚴耕望), 『당나라 사람들이 학업했던 산림사원의 풍경(唐人習業山林寺院之風尙)』, 414쪽.

105 위의 책, 374~375쪽과 엄경망(嚴耕望), 『당사연구총고(唐史硏究叢考)』, 3쪽.

106 예를 들어 P2609v, P2621, P2633v, P2712, P3189, P3381, P3393, P3466v, P3649, P3691v, 그리고 P3698v의 간기와 서명들을 참고. 나바 토시사다(那波利貞)의 『당초본잡초고(唐鈔本雜抄攷)』에서 발췌.

107 그러나 몇몇 경력에서 볼 때, 장의조는 실제 정식 불교신도가 된 것으로 보인다. S5835는 '순수한 믿음의 불제자 장의조가 쓴(淸信佛弟子張義潮書)' 「불설대승도간경(佛說大乘稻芉經)」에 대한 간략한 해설이다. 자일스(Giles)는 이 때 장의조는 아마 사원에 있던 세속의 학생이었을 것이라는 의견을 보인다(『장서목록(*Catalogue*)』, 173쪽). 그러나 나는 그가 세속의 학생이라는 신분을 벗어나면서 불제자가 되었을 것이라고 생각한다.

108 그는 『신당서(新唐書)』 216권(開明書店 4139.2)과 『송사(宋史)』 490권(開明書店 5719.1)에 언급되어 있다. 『자치통감(資治通鑑)』 IV권, 249.8048~8049 역시 참고.

109 「보당서 장의조전(補唐書張議潮傳)」

110 「나숙언(羅叔言) 「보당서 장의조전(補唐書張議潮傳」 보정(補正)」. 제임스 해밀턴(James Hamilton)의 『당오대 시기의 위구르족들(*Les Ouighours à l'époque des Cinq Dynasties*)』, 12~15쪽, 38쪽 주1과 47~49쪽의 긴 주석 역시 참고.

을 쫓아낸 일이다. 돈황은 781년에 토번의 지배하에 들어갔었다. 848년 장의조의 돈황 재탈환에 대한 초기의 간단한 언급은 S3329에서 볼 수 있다.[111] 장의조는 842년 토번왕 랑 다르마(郎達瑪)가 죽은 후 전쟁으로까지 이어졌던 토번족의 내분을 틈 타[112] 돈황을 탈환하고 귀의군을 창설하였는데, 이 귀의군[113]은 1030년 무렵 서하(西夏, 티베트계 탕구트)족이 침입하기 전까지 이 지역의 주요 세력으로 남게 된다. 이러한 업적으로 인해 장의조는 중앙 정부로부터 큰 영예를 하사 받았고, 현지 사람들로부터도 많은 존경을 받았다. S3329를 보건대, 장의조는 전쟁에서 승리한 직후 고진달(高進達)을 비롯한 몇몇 부하들을 장안으로 파견하여 황제에게 승전보를 전했다. 그리고 황제는 장의조에게 '병부상서 만호후(兵部尙書萬戶侯)'라는 작위를 수여하였다.[114] 이후 그는 하서절도사(河西節度使)의 자리를 잠시 맡았다가, 867년 장안으로 입성한 뒤 872년 그곳에서 죽었다. 사후에 주어진 작위는 '검교이부상서 하서만호후(檢校吏部尙書河西萬戶侯)'[115]였다.

장의조는 불교의 열렬한 지지자였다. 우리는 그가 초기의 학문적

---

111 이 사본에 대한 설명은, 자일스(Giles), 『장서목록(*Catalogue*)』, 233~234쪽과 가나오카 쇼코(金岡照光), 『돈황에서 출토된 한문문학 문헌의 분류 목록 및 해설(敦煌出土漢文文學文獻分類目錄附解說)』, 22쪽 참고.

112 드미에빌(Demiéville), 『라사의 종교회의-8세기 인도와 중국 불교 교리 사이의 논쟁(*Le Concile de Lhasa-Une controverse sur le quiétisme entre Bouddhistes de l'Inde et de la Chine au VIII siècle de l'ère chrétienne*)』 Vol I, 168쪽.

113 이 군대 및 사령관에 대한 가장 명확한 설명은, 후지에다 아키라(藤枝晃)의 「사주 귀의군 절도사의 처음과 끝(沙州歸義軍節度使始末)」 참고.

114 드미에빌(Demiéville), 위의 책, Vol I, 168쪽 주석 참고.

115 이 작위는 장의조의 조카 장회심(張淮深, 890년 사망)이 만든 281굴(펠리오 80호)의 비문(碑文)을 근거로 한 것이다. 장의조는 장안으로 떠나면서 하서지역의 관리를 장회심에게 맡긴다. 장의조는 비록 명목상으로는 만호후(萬戶侯)였지만, '식읍 2천 호에 실제로는 2백 호만 받았다(食邑二千戶實封二百戶).' 상달(向達), 「나숙언(羅叔言) 「보당서 장의조전(補唐書張議潮傳)」 보정(補正)」, 7・16쪽.

소양을 바로 사원에서 승려의 지도 아래 쌓았음을 앞서 살펴보았다. 그는 860년에 돈황 제156굴(펠리오 17호)을 개착(開鑿)하였으며, 「파마변(破魔變)」에는 그에 대한 찬사가 보인다.[116] 우리는 863년 3월 그가 자신의 지배하에 있던 지역의 법신(法信)이라는 승려가 쓴 한 논서(論書)를 황제에게 바친 사실을 알고 있다.[117] 돈황의 불교계 영수(領袖)인 오진(悟眞)은 「오경전(五更轉)」과 「십이시(十二時)」라는 두 연작시를 지어 그를 찬양한 바 있다.[118] 따라서 장의조가 젊었을 때 돈황 소재 한 사원의 일반 학생이었음은 전혀 놀라운 일이 아니다.

돈황의 교육체제는 학사(學士)나 학랑(學郎) 등의 단순 개념을 넘어, 교학과 관리와 시험을 담당하는 각종 기구들이 포함된, 훨씬 복잡한 모습이었다.[119] 본 장의 초반부에서 언급을 하고, 또 「백화 기록 서사의 형성(The Making of Written Vernacular Narrative)」이라는 내 논문에서 좀 더 자세히 밝혔듯이, 민간문학을 내용으로 하는 돈황의 많은 사본들은 위와 같은 범주 내에 있던 사람들에 의해 필사된 것들이다. 중앙아시아에 있는 불교사원들 역시 종교적으로나 세속적 측면에서 교육의 중심 역할을 담당했음을 상기해볼 때,[120] 인도의 교육 패턴이 이 지역

---

116 『돈황변문집』, 345쪽 9행, 345쪽 11행, 354쪽 13행, 355쪽 8행.

117 『대정신수대장경(大正新修大藏經)』(2061), 50.743b.

118 (P3554v에) 서문만 전해지고 있다. 원문 해석 및 주석은, 진조룡(陳祚龍), 「오진(悟眞)의 삶과 작품 : 돈황의 역사와 문화에 대한 공헌(La vie et les oeuvres de Wou-tchen(816~895) : Contribution à l'historie culturelle de Touen-houang)」, 101~109쪽 참고. 장의조의 불교에 대한 강한 지원을 입증해주는 기타 돈황 사본에 대한 언급은, 『당대사회문화사연구(唐代社會文化史研究)』, 38~39쪽과 멘쉬코프(Men'shikov), 『소련 과학원 아시아 민족연구소 소장 돈황 한문 사본 목록(*Opisanie Kitaikikh Rukopisei* Ⅰ)』, 319~320쪽(no.823, D566) 참고.

119 이 문제에 대해 도움이 되는 연구로는, 돈황사본과 정사(正史)의 자료에 기초하여 연구를 진행한 오가와 칸이치(小川貫一)의 「돈황 불교 사원의 학사랑(敦煌佛寺の學士郎)」이 있다.

120 리트빈스키(B. A. Litvinsky), 「중앙아시아 불교사(Outline History of Buddhism in Central Asia)」, Kushan Studies in U.S.S.R, 128~130쪽.

을 거쳐 중국으로 들어왔을 가능성이 있다.

중국에서 불교 사원의 지원을 받는 학교 — 즉 사학(私學) — 들은 본질적으로 개인학교(私塾)였는데,[121] 그곳에서는 불교적 성격의 교육뿐 만 아니라 어쩌면 완전히 세속적인 교육이 이루어졌을 수도 있다.

> 태화 5년(831년) 4월, 나는 혜산사(惠山寺)[122]에서 3년 동안 머물며 학업에 힘썼다. 이 때 읊었던 것들로는 『좌씨춘추』, 『시경』, 『주역』, 사마천과 반고의 사서, 굴원의 『이소』, 『장주』, 『한비』, 서(書), 기(記) 및 시(詩) 수백 편이 있다.[123]
>
> 太和五年四月, 予肄業於惠山寺, 居三歲. 其所諷念, 左氏春秋詩易, 司馬遷班固史, 屈原離騷, 莊周, 韓非, 書, 記及著歌詩數百篇

돈황본 「추호고사(秋胡故事)」(S133)에서 추호는 과거 준비를 위해 산에 들어가는데, 이때 가지고 가는 책들이 『효경(孝經)』, 『논어(論語)』, 『상서(尙書)』, 『좌전(左傳)』, 『공양전(公羊傳)』, 『곡량전(穀梁傳)』, 『모시(毛詩)』, 『예기(禮記)』, 『장자(莊子)』, 『문선(文選)』[124]이다. 『문선(文選)』이 포함되어 있는 것으로 보아 돈황본 추호고사는 소통(蕭統, 501~531)이 『문선』을 편찬했던 6세기 초엽 이후에 쓰여진 것임에 틀림없다. 사실 추호는 '『구경(九經)』에 통달하고 『칠략(七略)』에 정통한' 늙은 도사에게서 가르침을 받는다. 또 추호는 노나라 사람이었고, 그에 대한

121 나바 토시사다(那波利貞), 『당초본잡초고(唐鈔本雜抄攷)』.

122 혜산사(惠山寺)는 강소성(江蘇省) 무석현(無錫縣) 서쪽 5리 지점에 있다.

123 『흠정전당문(欽定全唐文)』, 724.11b(9438쪽 a)에 있는 「이즐제 혜산사 시서(李騭題惠山寺詩序)」에서 인용.

124 『돈황변문집』, 155쪽 6행. 배열순서에 주의할 것.

이야기는 한대(漢代)에 처음으로 쓰여졌기 때문에, 그가 불교 학자에게서 학문을 배웠다고 한다면 시대적으로 맞지 않게 된다. 우리는 이 작품 — 이 사본은 상당히 조잡하며 잘못된 점들로 가득하다 — 을 통해 지식인 교육에 대한 당대 민간사회의 인식을 일부 엿볼 수 있다.

돈황본 「순자고사(舜子故事)」에서는 주인공이 먼저 『논어(論語)』와 『효경(孝經)』을 공부하고, 그 다음에 『모시(毛詩)』와 『예기(禮記)』를 공부한다.[125]

혜교(慧皎) 『고승전(高僧傳)』 제13권의 '창도(唱導)'를 논한 부분에서는, 청중들의 신분에 따라 달리 창도를 진행해야 한다고 하였다.

> 가령 청중이 출가한 승려[126]들이라면, 일체의 무상(無常)[127]함을 설하여 진실한 마음으로 참회(懺悔)[128]할 것을 권한다. 만약 청중이 군주거나 장자(長者, 부귀한 사람)[129]들이라면 세속의 서적도 인용하면서 설명한다. 범속하고 어리석은 서민들이라면 구체적인 사물이나 보고들은 사실들을 설하여 보인다. 그리고 농사꾼들에게는 신변의 일들을 설명하되 구체적인 죄와 허물들을 지적한다. 이처럼 상황에 맞게 법을 설하면 그 청중을 이해했다고 말할 수 있을 것이다.[130]
>
> 如爲出家五衆, 則須切語無常, 苦陳懺悔. 若爲君王長者, 則須兼引俗典, 綺綜成辭. 若爲[131]悠悠凡庶, 則須指事造形, 直談聞見. 若爲山民野處, 則須

125 『돈황변문집』, 131쪽 8행, 132쪽 5행.
126 비구, 비구니, 식차마나(式叉摩那), 사미(沙彌), 사미니(沙彌尼).
127 Anitya.
128 Kṣama.
129 Gṛhapati.
130 『대정신수대장경(大正新修大藏經)』, (2059)50.417c. 당대(唐代) 불교 승려와 신도들의 포교활동이 갖는 사회적, 교육적 의미에 대한 연구는, 미시하타 료슈(道端良秀), 『당대불교사의 연구(唐代佛教史の研究)』, 210~270쪽 참고.

近局言辭, 陳斥罪目. 凡此變態, 与事而興, 可謂知時衆.

여기에서는 배우는 사람에게 걸맞은 포교의 방법이 택해져야 한다는 교육 철학을 보여주고 있다. 이러한 인식은 우파야(upāya., skill-in-means)[132] 개념을 받아들인 것임이 분명하다.

당대 불교 강사(講師)들의 문화적 인식 수준의 차이와, 무지한 사람들의 고통을 덜어주고자 했던 그들의 노력은 S2577의 기록을 통해 여실히 볼 수 있다.[133] 『법화경(法華經)』 제8권을 주내용으로 삼고 있는 이 사본에는 그에 관한 대단히 흥미롭고 시사적인 기록이 있다.

나는[134] 이 경을 처음 배운 것이라 구문을 알지 못하니, 방점에만 의지할 뿐, 단락은 보지 않고 시말(始末) 역시 논하지 않는다. 대부분 4자를 한 구로 삼고 있다. 만약 4자구 외의 구가 있게 되면 방점을 찍지만, 4자구에는 절대 방점을 찍지 않는다. 따로 구별된 구절과 행들의 끝부분은 새로운 문장을 구분 짓는데 사용한다.[135] 이와 같은 방식은 지나치게(耽) 다시 구분하게 되는 것이라, 나중에 보게 되는 사람들은 붉은 표시로 잘못 방점을 찍었다고[136] 탓하지는 말기 바란다.

余爲初學讀此經者, 不識句文, 故憑点, 亦不看科段, 亦不論起盡. 多以四

---

131 이곳 그리고 이하 각 구문의 첫 부분에 쓰인 접속사가 변문의 운문 앞 공식구에서 의문사의 역할을 하는 '약위(若爲)'인 것에 주의할 것.

132 불교용어 '방편(方便)'으로 번역된다.

133 『돈황유서총목색인(敦煌遺書總目索引)』, 161쪽. 돈황 사본에서 방점이 찍힌 텍스트는 특이한 경우가 아니다. 또 다른 사본으로는 S4510v 참고.

134 인칭 대명사 '여(余)'가 쓰인 것에 주의할 것.

135 이 부분은 축자적으로 해석한 것이 아니다. 나는 이 다소 혼란한 구절의 의미를 파악하기 위해 사본을 살펴보는 수밖에 없었다.

136 붉은 표시로 잘못 방점을 찍는 것으로?

字爲句. 若有四字外句者, 然点始之. 但是四字句者, 絶不加点. 別爲作爲, 別行作行. 如此之流, 耽夏分別, 後之見者, 勿怪下朱言錯点也.

마지막 문구는 몇몇 사본들이 독자들에게 어느 정도 읽혀졌음을 시사해주고 있다. 싯다르타 태자의 성도(成道)에 관한 S548v 사본과, 본래는 소순미(邵洵美)의 소유였다가 현재는 북경대학 도서관에 소장되어 있는 「한장왕릉변(漢將王陵變)」 사본 끝부분의 유사한 기록을 비교해 보기 바란다.[137]

P2249v[138]는 이제 새롭게 글을 깨쳤거나 겨우 글을 아는 사람이 불교의 저명한 성현들 이름을 정성을 들여 기록했음을 보여주고 있다. 이 사본의 첫 행은 '大大大大大目乹連神(원문 그대로임)第一'로 되어 있고, 몇 줄 다음에는 乹(즉, ga)가 한 줄에 다섯 번 쓰여 있다. 그리고는 다시 '大目乹連神通第一'이라 적혀 있다. 그 외 습자 연습으로 된 표제는 『왕범지서집(王梵志書集)』[139]과 유명한 계몽서인 『태공가교(太公家教)』에 (세 차례) 보인다.

돈황 지역의 유명한 승려인 홍변(洪䛒)의 소상(塑像) 안에서 그의 유골이 담긴 자루가 발견되었다. 자루는 두꺼운 종이에 싸여 있었고, 그 종이 위에는 교사의 설명이 곁들인 한 아이의 습자 글씨가 어지러이 적혀 있었다.[140]

당대(唐代)에 수준 낮은 식자(識字) 능력이 우리가 생각했던 것보다

137 『목록(Inventory)』, 251항, 590항 참고.
138 이 두루마리의 겉면에는 「마하반야바라밀다경」 233권의 일부가 쓰여 있다.
139 왕범지(王梵志)의 생졸연대는 590~660년.
140 마세장(馬世長), 「돈황 장경동의 몇 가지 문제에 관하여(關於敦煌藏經洞的幾個問題)」, 그림 4.2.

는 더 널리 퍼져 있었음을 보여주는 증거로 851년에 쓰여진 아라비아인의 여행기 『중국 인도 견문록(*Aḫbār aṣ-Ṣin wa l-Hind*)』을 들 수 있다. 이 여행기를 통해 우리는 "중국인들은 빈부노소 구분 없이 누구나 글자를 배웠고", "각 마을에는 가난한 사람과 그들의 자녀들을 가르칠 학교와 선생님이 있었으며, [이 교사들의] 급여는 중앙정부에서 나오는 자금으로 충당되었다"는 사실을 알 수 있다.[141] 난해한 한자(漢字) 체계로 인해 단지 극소수의 사람들만 서면어를 제대로 이해할 수 있었다. 그리고 내가 인용한 당시의 자료들은 당시 중국에는 자기 이름조차도 쓸 줄 모르는 문맹부터 몇몇 글자 밖에는 모르는 반문맹, 그리고 몇 백 글자 정도의 이해로 간신히 문맹을 면한 사람들에 이르는 다양한 문화적 수준의 사람들이 공존하고 있었음을 보여준다. 따라서 우리는 늦어도 당대 후반기에는 민간 문학작품에 대한 초보적인 독서인들이 존재했음을 추측할 수 있다. 그러한 독서인들의 존재는 민간문학 텍스트들의 필사에 강한 자극제가 되었을 것이며, 송대를 포함한 그 이후의 활자화된 민간문학의 번성에 발판이 되었을 것이다.

누가 변문을 쓰고, 누가 그 변문을 읽었는가에 대해서는 이미 어느 정도 논의가 되었으니, 이제는 어떤 사람들이 변을 공연했는지에 대해서 알아보아야 할 것이다. 이 문제는 그들에 대해 어떤 인식을 가졌는지부터 논의를 시작하면 된다.

변문에 관한 가장 흔한 오해 중 하나는 변문이 실제 구술 연행과 관

---

141 진 소버겟(Jean Sauvaget)의 프랑스어판 『중국과 인도의 관계(*Relation de la Chine et de l'Inde*)』, 17쪽§36과 21쪽§48. 58쪽 주36 역시 참고. 에버린 라우스키(Evelyn Rawski)는 18, 19세기 도시와 농촌 모두의 평민 남성들 사이에서 '기능적인' 교육이 (다양한 수준이긴 하지만) 대단히 널리 퍼져있었음을 말해주고 있다. 『청대(清代)의 교육 및 대중들의 교양 수준(*Education and Popular Literacy in Ch'ing China*)』 참고.

련되어 쓰여진 텍스트, 기록, 대본, 또는 메모라는 것이다. 이러한 오해는 "변문이란 속강(俗講)을 위한 화본(話本) 또는 저본(底本)"이라고 흔히 얘기된다.[142] 그러나 여러 나라에 대한 관찰과 역사적 기록을 조사해보건대, 이러한 의견은 우리가 알고 있는 이야기꾼들의 일반적인 기교 및 방식과는 정면으로 배치된다. 게다가 이 견해는 변문 사본 자체의 고찰만으로는 확신할 수 없는 추정일 뿐이며, 또 내가 알고 있는 중국의 어떠한 자료로도 증명되지 않는다. 속강 — 즉, 세속의 사람들을 위한 승려들의 강경 — 을 하면서 변문을 사용했다는 주장 역시 속강의 목적이 확실히 종교적이었던 것에 반하여, 변문에는 완전히 세속적인 주제가 자주 보인다는 사실로 인해 반박을 받을 수밖에 없다. 승려들이 청중들을 끌어들이기 위한 방편으로 세속적인 이야기를 했다는 주장은 설득력이 없다. 당대에 그런 관습의 존재 여부에 대해 어느 누구도 만족스런 설명을 내놓지 못하고 있는 까닭이다.

주숙가(周叔迦)는 「돈황 변문의 기원(敦煌變文的起源)」에서 강경문의 기원을 『고승전(高僧傳)』에서 찾고자 하였다. 그러나 거듭 말하지만, 강경문과 변문 — 또는 차라리 그에 앞선 구술형태 — 사이에는

142 많은 학자들 중 이러한 관점에 동의하는 대표적 학자들은 다음과 같다: 오가와 타마키(小川環樹), 「변문과 강사—중국 백화소설의 형성과 기원(變文と講史—中國白話小說の形式の起源)」, 128쪽; 칸다 키치이로(神田喜一郎), 『돈황학50년(敦煌學五十年)』, 69쪽; 서가령(徐嘉齡), 「변문에 관한 나의 몇 가지 초보적인 이해(我對變文的幾點初步認識)」; 이휘영(李輝英, 『돈황변문집』, 서문에서 向達을 따름), 『중국소설사(中國小說史)』, 117쪽; 소홍(邵紅), 『돈황 석실 강경문 연구(敦煌石室講經文硏究)』, 8쪽; 북경대학 중문과(北京大學中文系, 1955), 『중국문학사(中國文學史)』, 217쪽; 구진경(邱鎭京), 『돈황변문술론(敦煌變文述論)』, 9쪽; 胡士瑩, 「당대 민간, 궁정, 사원에서의 설화(唐代民間, 宮廷, 寺院中的說話)』; 정의중(程毅中), 「송대 강사의 연원에 대해 간략히 논함((略談宋元講史的淵源)」; 심지어 진관승(陳觀勝, Kenneth Ch'en)은 다음과 같은 주장을 한다. "변문은 본래 속강을 위한 텍스트로 만들어진 것이라는 의견에 모두들 동의한다(『중국 불교의 변천(*The Chinese Transformation of Buddhism*)』, 252쪽)." 그러나 최소한 나는 동의하지 않는다.

어떠한 직접적인 연관성도 갖고 있지 않기 때문에 그들의 유사성은 거론될 가치도 없다. 게다가 이들 두 구술문학의 형식을 제공했던 사람들은 사회적으로나 종교적으로 서로 다른 위치에 있었다. 『고승전』 내의 인물들은 정식 승려들이었던 반면, 변(變)을 이야기한 사람은 민간의 기예인들 혹은 불교의 공식 직위를 가지고 있지 않았던 속세의 신도들이었다. 속세의 변문 연행자와 정식 강경인과의 관계는 도교의 법사(法師)와 도사(道師) 사이의 관계와 대단히 흡사하다.[143]

그럼에도 불구하고, 유명한 불교 승려들이 속강에 관여했다는 의견이 많은 중국 민간문학 연구자들 사이에서 주장되어져 왔으며, 또 이러한 주장은 속강을 했던 사람들이 변문까지 공연했다는 결코 지지할 수 없는 주장으로 비약되었다. 이 중 앞의 주장은 당대(唐代) 불교계가 포교 방식으로 속강을 권장한 것으로 보이는 까닭에 좀 더 면밀히 고찰할 필요가 있다. 그러나 두 번째 주장은 뒷받침할 증거가 아직 부족하기 때문에 받아들일 수가 없다. 이 두 가지 주장은 문숙(文淑) 그리고/또는 문서(文溆)라는 사람(들)을 중심으로 진행되어 왔다. 지금까지는 흔히 동일인이라고 단언되어 왔지만, 어느 곳에서도 문숙(文淑)과 문서(文溆)가 동일인이라는 기록을 찾을 수 없기 때문에 나는 일부러 '그리고/또는'이라고 표현했다. 문숙(文淑) 그리고/또는 문

143 쉬퍼(Schipper)의 중요한 논문인 「도교의 통속 의식 및 고전 의식(Vernacular and Classical Ritual in Taoism)」 참고. 그는 위 논문 35쪽에서, 도사(道師)는 정통적 성격을 지니고, 일반적으로 사본을 통해서 전승된 의식을 파악하고, 명상을 강조하고, 전아한 음악을 쓰고, 주로 산문으로 된 문서를 사용하고, 직업적인 단체의 성원들이고, 비교적 높은 신분에 속하여 국가의 인정을 받은 반면, 법사(法師)는 민간적 성격을 지니고, 입으로 전해진 서사를 속으로 음송했으며, 몽환의 경지에 흔히 빠지고, 주로 7언의 운문으로 된 단조로운 문서를 가지고 음창하고, 이단교도들과 쉽게 관계를 맺고, 낮은 계층에 속하고, 국가의 인정을 받지 않았다는 설득력 있는 주장을 하고 있다. 이 외에도 그는 양자 간의 여러 가지 차이점들을 비교 정리하고 있는데, 이들은 모두 정식 불교 승려와 속세의 변 연행자의 차이와 흡사하다.

서(文漵)를 변문의 연행과 관련시키려 했던 사람들이 가장 즐겨 언급하는 기록은 당대 조린(趙璘)의 『인화록(因話錄)』에 보이는 다음의 대목이다.

> 문숙이라는 승려는 공공연히 청중들을 모아놓고 강설을 하였는데, 불교 경전을 빌어 행한 그의 이야기에는 음란하고 외설스럽지 않은 것이 없었다. 건달패들은 번갈아 가며 선동하고 부추겨댔으며, 어리석은 남자들과 단정치 못한 여자들은 그 이야기를 즐겨 들었다. 산사를 가득 매운 청중들은 예까지 갖추어 숭앙하면서 그를 화상[144]이라고 불렀다. 교방[145]에서는 그 소리의 곡조를 본 따 노래를 만들었다. [이처럼] 서민들은 쉽사리 유혹에 빠져들었으나, 불교 신도들은 진리를 깨닫고 경문의 의미를 차츰 정확히 알게 되면서 그를 대단히 천시하게 되었다.[146]
>
> 有文溆僧者, 公爲聚衆談說, 仮託經論, 所言無非淫穢鄙褻之事. 不逞之徒轉相鼓扇扶樹, 愚夫冶婦樂聞其說, 聽者塡咽寺舍, 瞻禮崇奉, 呼爲和尙. 教坊效其聲調以爲歌曲. 其甿庶易誘, 釋徒苟知眞理, 及文義稍精, 亦甚嗤鄙之.

첫째, 이 기록에는 변문에 대한 언급이 없다. 둘째, 문숙(文溆)의 모습에서 승려다움은 전혀 찾아볼 수 없고, 조린은 그를 사기꾼으로 평하고 있다. 셋째, 문숙은 경전의 의미를 깨우친 신도들로부터 천시 당했다. 문숙(文溆) 그리고/또는 문서(文漵)에 대한 다른 중요한 자료들

---

144 화상(和尙, 승려).

145 즉, 음악 학교.

146 『인화록(因話錄)』 권4, 94~95쪽.

을 살펴볼 때, 이 세 가지 사항은 반드시 염두에 두고 있어야 한다.

다음 자료는 단안절(段安節)의 『악부잡록(樂府雜錄)』에서 사조(詞調) 「문서자(文漵子)」를 언급하고 있는 부분이다.

> 장경 연간[821~824]에 속강승 문서(文漵)는 경전 음송을 잘 하였다. 구불구불 퍼지는 그의 목소리는 마을 사람들을 감동시켰다. 악사(樂士)인 황미반(黃米飯)은 그가 사성(四聲)으로 관세음보살을 읊는 방식에 따라 이 곡을 지었다.[147]
>
> 長慶中俗講僧文漵善吟經, 其聲宛揚, 感動里人. 樂工黃米飯依其念四聲觀世音菩薩乃撰此曲.

문서(文漵)에 대한 단안절의 태도는 조린의 문숙(文淑)에 대한 태도와 완전히 상반된다. 단안절과 조린의 태도가 극히 주관적이었다고 가정하지 않는 한, 문숙과 문서 두 사람을 동일 인물이라 보기는 매우 어렵다. 두 사람의 곡조 모두가 악공에 의해 채용되었다는 점에서 그 둘을 동일 인물시할 수도 있겠지만, 이것 이외의 다른 자료들에 근거하여 나는 그렇게 보지 않는다.

장안(長安)의 보리사(菩提寺)에 있는 장언원(張彦遠)의 『역대명화기(歷代名畫記)』에 따르면, "그 동쪽 벽에는 눈을 돌려 사람들을 보고 있는 보살이 있다.[148] 법사인 문서(文漵)는 아무런 이유도 없이 장인에게

147 『악부잡록(樂府雜錄)』 1, 40쪽. 짐(Gimm)의 역주본 제35장 500~507쪽 역시 참고.

148 눈길을 구경꾼에게 두는 듯한 모습을 하고 있는 그림은 흔히 볼 수 있다. 장안(長安)의 대운사(大雲寺)에는 "두 눈을 사람에 따라 돌리면서 보는(雙目隨人轉盼) 액막이 신[악귀와 싸우는 신, '종규('鍾馗)'인 듯함]"이 있었다(에이커(Acker), 299~300쪽). 그리고 경공사(景公寺)에는 "눈을 돌려 사람들을 바라보는 행승의 그림들(畫行僧轉目視人)"이 있었다(에이커(Acker), 270쪽).

색칠을 하게 하여 그것을 망쳐버렸다.(其東壁有菩薩轉目視人. 法師文溆亡何令工人佈色, 損矣)"[149] 이 두 구절만으로 문서가 변상(變相)을 강설하는 사람이었음이 증명되지는 않는다. 사실, 단성식의 『사탑기(寺塔記)』에서는[150] 문서를 변(變)의 연행자가 아닌 '속강승(俗講僧)'이라 특별히 명시하고 있다. 이 점은 앞서 언급한 단안절의 기록과 똑같다. 오노 가즈토시(小野勝年)는 문제의 구절에 대해 다음과 같은 주석을 달고 있다.

> 『학진토원(學津討源)』본과 『진체비서(津逮秘書)』본에서는 모두 '문서(文溆)'로 되어있는 반면, 『왕씨서화원(王氏書畵苑)』본과 단성식(段成式, ?~863)의 『사탑기(寺塔記)』(汲古閣本)에서는 '문숙(文淑)'으로 적혀 있다.[151]

계속해서 오노는 엔닌(圓仁)의 841년 1월 9일 일기를 인용하고 있는데, 이 부분에 대한 라이샤워의 해석을 소개하고자 한다.

> 천자께서는 좌우가(左右街)의 일곱 절에서 속인들을 위한 강의—속강((俗講)—를 시작하라는 칙령을 내렸다.……우가(右街)에는 세 곳의 절이 있다. 회창사(會昌寺)는 내공봉(內供奉)으로서 삼교를 강론하는 사자인가기거대덕(賜紫引駕起居大德) 문서법사(文溆法師)로 하여금『법화경』을 강의하도록 하였는데, 그는 이 성 안에서 속인을 위한 강의에 첫째가는 인물이다. 혜일사(惠日寺)와 숭복사(崇福寺)에서는 누가 강의를 하는지 알 수 없다.[152]

149 에이커(Acker), 268쪽.
150 메이어(Mair), 「변상의 기록(Records of Transformation Tableaux(*pien-hsiang*)」, 34쪽 참고.
151 에이커(Acker), 268쪽 주3에서 인용.
152 라이샤워, 298~299쪽. 이 단락에 대해 상세한 주석을 달고 있는 오노 가스토시의 『입당구

及敕於左右街七寺開俗講……右街三處. 會昌寺, 令內供奉三教講論賜紫引駕起居大德文漵法師講法華經, 城中俗講, 此法師爲第一. 惠日寺, 崇福寺, 講法師未得其名.

위에서 보이듯이, 문서(文漵)의 높은 지위와 자자한 명성은 당대(唐代)의 종교 상황을 누구보다도 진지하고 신빙성 있게 기록하고 있는 엔닌에 의해 확인되고 있다. 엔닌(圓仁)의 기록 내용은 다른 자료를 통해서도 입증할 수 있다.

『태평광기(太平廣記)』와 『벽계만지(碧雞漫誌)』는 모두 『노씨잡설(盧氏雜說)』에 실린 문서(文漵) 관련 단락을 인용하고 있다.[153] 이들 기록에 따르면, 대덕법사 문서는 궁궐 출입도 가능할 정도로 명성과 지위가 대단했는데, 어느 날 황제의 노여움을 사서 유배를 당하게 되었다. 이러한 사태가 벌어지자 제자들은 문서의 물품을 수집하고 그의 방식을 흉내 내어 강술을 계속해 나갔다. 음악에 능했던 문종(文宗, 827~840 재위)이 하루는 그 소리를 듣고 악보로 기록했으니, 이것이 '문서자(文漵子)'라는 곡조이다. 이 기록은 이 곡조의 발생을 논했던 『악부잡록(樂府雜錄)』의 내용과 대체로 동일하다.[154]

불행히도, 문숙(文淑) 그리고/또는 문서(文漵)의 문제는[155] 설령 그

법순례행기 연구(入唐求法巡禮行記の研究)』 III, 343~345쪽 주4, 348쪽 주14 역시 참고.

153 이방(李昉) 편, 『태평광기(太平廣記)』 204권, 1546쪽; 왕작(王灼), 『벽계만지(碧雞漫志)』 5권, 91쪽. 약간의 차이가 있긴 하지만 두 기록은 기본적으로는 동일하다.

154 단안절(段安節), 『악부잡록(樂府雜錄)』, 35장(위의 주석 147번 역시 참고).

155 이 문제에 대한 다른 관점은, 오노 가즈토시(小野勝年), 「문서와 문숙(文漵と文淑)」 그리고 가나오카 쇼코(金岡照光), 「문서법사를 재론함-속강의 제 양상(再論文漵法師-俗講の諸様相)」을 참고. 청중들에게 생계를 의지했던 문숙(文淑)은 아마도 (앤드류 존스(Andrew Jones)가 시사한 것처럼) 그 인기와 명성 때문에 문서(文漵)를 따라 자신의 이름을 지은 것으로 보인다.

들이 별개의 인물이었다 하더라도, 그들이 틀림없이 동시대 혹은 비슷한 시대를 살았을 것이라는 사실로 인해 더 복잡해지고 만다.[156] 그리고 호삼성(胡三省)이 반불교적인 편견으로 『자치통감(資治通鑑)』 주석을 달면서 이 문제는 더욱 심각해졌다. 사마광(司馬光)은 826년 6월 기묘(己卯)일의 기록에 "황제는 사문(沙門) 문서(文漵) 법사의 속강을 보기 위해 [수덕방(修德坊)에 있는] 흥복사(興福寺)로 행차하였다.(上幸興福寺觀沙門文漵俗講)"[157]고 썼다. 『불조통기(佛祖統記)』 826년의 내용[158] 중에는 다음과 같은 기록도 있다. "황제는 사문(沙門) 문서(文漵)의 강경을 보기 위해 흥복사로 행차하였는데, 황제는 그가 아주 잘한다고 칭찬했다(上幸興福寺, 觀沙門文敍講經, 上称善)."[159] 호삼성(胡三省)은 이 일을 두고 불교의 포교를 비난하는 입장에 서서 선의의 진지한 교리 논의에 비천한 목적이 개입되어 있다고 여겼다. 즉 "승려의 강설은 공(空)과 유(有)를 논의하는 것인데, 속강을 하는 자는 공(空)과 유(有)의 의미를 설하지 못하고 단지 속인들을 즐겁게 하여 보시를 바랄 뿐이다(釋氏講說, 類談空有, 而俗講者又不能演空有之義, 徒以悅俗邀佈施而已)"고 쓴 것이다. 문서(文漵) 법사의 속강이 있은 지 거의 500년 후에 호삼성(胡三省)은 이처럼 자신의 학식이 아닌 편견을 기록하였다. 문서에 대한 그의 폄하 발언은 이후에도 계속 영향을 미쳐서 그의 평을

156 가나오카 쇼코(金岡照光), 「돈황의 민중－그 생활과 사상(敦煌の民衆－その生活と思想)」, 99쪽에서는 820~841년을 연대기적으로 간략하게 고찰하고 있다.

157 『자치통감(資治通鑑)』 243권, 7,850쪽.

158 42장.

159 『대정신수대장경(大正新修大藏經)』, (2053)49.384c. 염운화(冉雲華, Jan Yun-hua) 역주, 『불조통기(佛祖統記, Fo-tsu t'ung-chi)』, 89쪽 참고. 89~90쪽의 주15에서, 염운화(冉雲華)는 『송고승전(宋高僧傳)』 또는 그 외의 사서(史書)에도 문서(文漵)의 전기(傳記)가 없다고 말한다. 그는 또 문서(文漵)가 변문의 발전에 있어 중요한 작용을 한 것으로 보는 상달(向達)의 「당대속강고(唐代俗講考)」를 따르고 있다.

읽었던 사람들은 한 유명한 승려를 부도덕한 인물로 여기는 경향을 갖게 되었다.

이름난 승려가 불명예스러운 변(變)의 공연에 관련된 것인지 아닌지에 대한 논란에 결정적인 해답을 줄 수 있다는 점에서 이 문제 — 즉, 문서(文漵)가 문숙(文淑)인지 아닌지 — 는 매우 중요하다. 나바 토시사다(那波利貞)는 이 문제에 대한 철저한 연구를 통해,[160] 문서(文漵)는 속인들에게 강의를 해 주었던 유명한 승려였을 것이며, 문숙(文淑)은 외설적인 노래들로 다양한 부류의 청중들을 만족시켜 주었던 연행자였을 것이라는 결론을 내렸다. 현존하는 자료에 기초해 볼 때, 문서(文漵)가 각양각색의 청중들 앞에서 외설적인 이야기를 했을 것이라는 주장은 전혀 설득력이 없다. 또 실제로 그런 외설적인 이야기를 했을 문숙(文淑)이 황제 앞에서 강연할 만큼 뛰어난 승려였다는 주장 역시 성립될 수 없다. 무엇보다 가장 중요한 것은, 문숙 또는 문서 둘 중 어느 누구도 변의 연행과 관련되어 있다는 증거가 전혀 없다는 사실이다. 그들을 동일인으로 본다 하더라도, 그가 실제로 변의 연행 및 변문 연구와 아무런 연관도 없다는 결론을 내릴 수 있다. 왜냐하면 문서나 문숙 어느 누구도 이러한 구술 민간문학의 형식들과는 어떠한 관련도 맺지 않은 것으로 보이기 때문이다. 내가 이렇게 상세하게 이 문제를 논하는 까닭은, 대부분의 중국 민간문학 연구자들이 그 — 혹은 그들 — 가 변문의 연행과 관련되어 있다고 기정사실화하고 있기 때문이다.

그러나 승려와 그림 이야기꾼을 혼동할 가능성은 분명 실재한다.

---

160 나바 토시사다(那波利貞), 「중당시대 속강승 문서 법사에 관한 의문 해명(中唐時代俗講僧文漵法師釋疑)」.

이야기꾼들은 보통 자신의 직업이 사람들로부터 보다 많은 존경을 받기를 원할 것이기 때문이다. 후대의 또 다른 예를 들어보자. 문강(文康, 1868년 전후 활약)의 『아녀영웅전(兒女英雄傳)』에 등장하는 '도교의 이야기꾼' 담이음(談爾音)은 항상 도사로 분장한다. 그는 사실 정식 도사가 아니라 도사 복장을 한 일개 이야기꾼에 불과했다. 그의 옷차림은 그가 가장했던 신분의 일상복이었다. 인도에서는 종교적인 도상(圖像)을 가지고 다니면서 그와 관련된 이야기들을 해주는 걸인들이 종종 자신을 신성한 남성이나 여성으로 속이려들곤 한다. 예를 들어, 1911년 무렵에 기록된 것으로 보이는 『하라프라사드 사스트리(*Haraprasād Sāstri*)』에는 이런 기록이 있다. "호우라흐(Howrah)와 미드나포레(Mīdnapore) 지역 출신으로, 손에 시탈라(Śītalā)의 상을 들고 구걸하는, 브라흐민(Brahmin)이라고 불리는 이들은 모두 다르마가리아 요기들(Dharmagharіā yogis)이다."[161] 소주(蘇州) 탄사(彈詞) 연행자인 양빈규(楊斌奎)는 주인공 점쟁이 역할을 하면서 도사(道士) 복장을 하고 등장하는데, 이것이 하나의 변장일 뿐임은 분명하다.[162] 중세 일본에서도 유사한 사례가 있었는데, 에토키(繪解, 그림을 보고 이야기를 진행하는 일본 전통 연희) 연행자의 사회적 지위에 대한 몇 가지 오해가 그러하다. 비슷한 연유로 당대의 변문 공연자를 연구하는 현대의 학자들은 줄곧 그들을 승려로 간주해 왔다. 만약 그들이 승려였다면 그것은 단지 대단히 제한된 의미에서만 그랬을 것이다.[163]

PK2496의 뒷면에는 승려들이 불경을 음송하고서 받은 금액 목록이

161 바수(Nagendra Nath Vasu), 『현대 불교(*The Modern Buddhism*)』, 서문, 17쪽.

162 Yang Pin-kuei, 「기우제 : 탄사 이야기(Praying for Rain : a tantzu Story)」.

163 내가 6장에서 인용하고 있는 당시 변 공연에 대한 자료 대부분은 그들을 승려가 아닌 연행자로 묘사하고 있다.

있다. 이 두루마리의 앞면이 목련구모(目連救母)에 대한 민간 산운조합 서사 — 변문(變文)이 아님 — 의 일부라는 데 착안하여 야보르스키(Jaworski)는 다음과 같이 추론하였다.

> 우리는 다음과 같이 추정할 수 있다. 공양하는 사람들은 축원의 비용을 지불하고 제물을 바침으로써 지옥에서 고통 받고 있는 영혼을 편히 쉬게 했을 뿐 아니라, 또 승려들에게는 변문을 강술해줄 것을 요구했다. 또 그들은 배우들에게 극장에서 연기를 하도록 요청했다. 1935년 여름 우란분절 동안, 나는 하얼빈에서 목련희 공연을 볼 기회가 있었다. 그 공연은 한 거상(巨商)의 출자로 마련된 것이었다.[164]

이 책의 다른 부분에서도 자주 지적한 것처럼,[165] 변(變)의 연행자가 실제 승려였음을 보여주는 믿을만한 증거는 없다. 돈황 사본들이 흔히 그렇듯이, PK2496의 뒷면과 앞면의 내용은 서로 필연적인 관계를 갖고 있는 것은 아니다. 게다가 대만의 여러 지역 장례희(葬禮戲)들이 정식 승려나 도사가 아닌, 다만 그렇게 변장한 연기자들에 의해 연행되고 있음은 잘 알려진 사실이다. 로렌스 톰슨(Laurence Thompson)은 이런 사람들을 '시골의 장례식에서 정식 불교도나 여러 가지 신령스러운 인물의 역을 맡으면서 전문적으로 장례를 치러주었던 연기자들'[166]로 간주한다. 그는 이 연기자들을 단순히 승려가 아닌 [인용 부호

164 「고대 중국 통속문학에 대한 노트(Notes sur l'ancienne littérature populaire en Chine)」, 192쪽. PK2496v에 대한 색다른 해석은 『목록(Inventory)』, 559항 참고.

165 변 공연자들의 세속적 지위에 대한 좀 더 그럴듯한 증거에 대해서는, 메이어(Mair), 「도해 형식의 기원(The Origins of an Iconographical Form)」 역시 참고.

166 「극으로서의 중국 종교에 대한 부언(Obiter Dicta on Chinese Religion as Play)」, 66쪽.

를 달며] '승려'라 부르고 있다. 청말(淸末) 민국초(民國初) 중국 북방의 장례식에 대한 수잔 네퀸(Susan Naquin)의 연구는 이 점을 뒷받침해 준다.[167] 그녀는 장례식에 참석한 각종 전문 직업인들의 명단에 가극단, 곡예사, 그리고 이야기꾼을 포함시켰다. 승려들과 그들을 돕는 세속의 조수들은 격식을 갖춘 전례(典禮)에 참여하는데, 여기서 그들은 몇몇 극적인 모습을 보여주는 기념 공연 — 즉 법사희(法事戲) — 을 한다. 그러나 [대만의 견망가(牽亡歌)와 같은] 원시적인 극이나 장례식과 관련하여 공연되는 다양한 목련희와 같은 빼어난 극들은 아마추어 연기자 또는 전문적인 극단에 의해 공연된다.[168] 게리 시먼(Gary Seaman)은 이러한 형태의 공연을 '희극 의식(drama-cum-ritual)'이라고 칭한다.[169]

야보르스키는 중국에서의 개인적인 경험을 통해, 종교적인 연행은 종교 예술과 마찬가지로 대부분 승려나 도사보다는 직업적인 혹은 반직업적인 속세의 사람들이 제공한다는 사실을 알게 되었다. 다시

167 「중국 북부의 장례식 : 동일성과 다양성(Funerals in North China : Uniformity and Variation)」, 출판 이전판, 50쪽.

168 이 정보는 하베이 몰(Harvey Molé)의 1981년 5월 6일 편지, 왕(C. K. Wang)의 1984년 7월 20일 편지, 존 라거웨이(John Lagerwey)의 1984년 6월 25일 편지, 그리고 1984년 6월 26일에 했던 수잔 네퀸(Susan Naquin)과의 대화를 통해 얻었다. 그들의 자료에는 대만에서의 개인적인 조사, 서양 사람들의 19세기 연구보고서, 그리고 청말의 지명(地名) 사전이 포함되어 있었다. 반 더 룬(van der Loon)의 「중국 극장 의식의 기원(Les origines rituelles du théâtre chinois)」, 158쪽, 160쪽 역시 참고. 여기서 저자는 12세기 초 개봉(開封)에 있었던 목련고사 직업 연기자의 공연, 그리고 이후 절강(浙江)에서 같은 극을 공연했던 직업적인 그리고 반직업적인 극단들에 대해 언급하고 있다. 또 같은 논문 141쪽에서 반 더 룬은 극장의 원형과 발전의 이해를 위해 최근의 그리고 당시의 자료를 사용하는 것에 대한 설득력 있는 논증을 하고 있다.
이하의 논의에서 나는 '전문적인(직업적인)'이라는 용어를 '생계를 위해서 특별한 활동에 늘 종사하는[사람]'의 의미로 쓸 것이다. 따라서 여기에는 (금전상의 보상 또는 급여를 위해 장례식에서 공연을 하는) '장례 전문가들'과 (보통 사찰이나 암자에 살면서 이들 시설로부터 수익을 얻는 정식 승려, 비구니, 도사들을 말하는) '종교상의 전문가들' 두 가지가 포함된다.

169 「인과응보의 성 정치학(The Sexual Politics of Karmic Retribution)」, 388쪽.

말하면, 종교적인 공연의 연기자는 — 교리에 맞는 공식적인 지도와 의식을 맡은 정식 종교인과는 달리 — 종교 단체의 회원도 아니었고 승려도 아니었다는 것이다. 그렇다고 해서 그들이 승려 또는 도사들과 긴밀한 관계를 맺고 있었다는 사실까지 부정하는 것은 아니다. 한 예로 오늘날 대만에서 직업적 종교인과 속세의 신도들은 많은 부분에서 긴밀한 공조를 통해 사회적 관계를 형성하고 있다. 에버스(Hans-Dieter Evers)의[170] 연구에 따르면, 실론(Ceylon)에서는 최저 계층을 제외한 각 사회 계층들에 '비구(Bhikku, 불교 승려)', '카푸라라(Kapurāla, 실론에서는 사람들의 도사[peoples' priest]라 불리기도 함)', 그리고 '에두라(Edurā, 무당)'라는 전문 종교인이 있었다. 그러나 이 중에서 승단(僧團)에서 인정한 계율을 받은 이들은 첫 번째 부류인 '비구'들 뿐이다.

대만 장례식의 연행자들을 가장 철저히 연구한 사람은 게리 시먼이다. 그는 대만의 포리(埔里) 및 그 주변 분지 지역의 극단(劇團)에 대해 세밀한 조사를 진행하였고, 이에 관한 영화도 수 편 제작하였다.[171] 이러한 장례극 배우를 대만에서는 '사공(師公)'이라 부르는데, 이 호칭은 '장례의 주관자' 정도의 의미를 지닌다. 포리 분지에서의 장례식은 대부분 불교식으로 진행된다. 신죽(新竹)이나 대북(臺北) 또는 다른 지역에서는 그 지역에서 활약하는 도교식 장례 전문가를 초청하는 경우도 있으나, 포리(埔里) 부근에서는 그런 경우가 거의 없다.

포리(埔里)에는 '용화(龍華)'와 '사문(沙門)'이라는 두 가지 불교식 장례 전통이 있다. 용화식 전통을 사용하는 극단의 장례극은 직업적인

---

170 「스리랑카 사회의 마술과 종교(Magic and Religion in Sinhalese Society)」, 98쪽.

171 시먼의 몇 가지 논문에 대해서는 참고문헌을 참고할 것. 관련 영상자료는 '중국의 장례식(Chinese Funeral Ritual)'과 '피그릇 깨기(Breaking the Blood Bowl)'이다. 이하의 정보는 시먼이 1984년 8월 5일 긴 편지로 친절하게 알려준 것이다.

배우들, 즉 속세의 삶을 포기하겠다는 맹세를 하지 않은 배우들에 의해 진행된다. 그들은 의식을 거행하고 용화문(龍華文)을 읽을 수 있다는 점 빼고는 속세의 일반 대중과 아무런 차이가 없다. 이들 중 절반 정도는 사람들로부터 능력을 인정받아 자신만의 '제단(祭壇, toa)'을 설치하기도 한다. 이것은 사례금을 받은 배우가 일을 맡긴 가족들에게 전체 장례식을 주관해주겠다는 의사 표명이다. 이때는 그들의 사업 수완이 장례식 수행 능력이나 지식보다 훨씬 더 중요하다. 왜냐하면 이러한 지식과 능력을 지녔으면서도 사업적인 감각이나 연줄, 또는 장례식에 쓰이는 법기(法器)들이 없어서 단독으로 장례식을 거행할 수 없는 자들을 그들이 고용할 수 있기 때문이다. 사문 전통의 사람들도 장례식을 거행할 수 있는데, 보통 근처의 사찰에서 온 독신 승려들, 혹은 가정을 지녔지만 계율상의 금기를 준수하는 재가신도들에 의해 거행된다.

거의 모든 용화파 극단에게 장례식은 일종의 부업(副業)이다. 단지 절반 정도만 자신의 행사 용구를 가지고 장례식을 주관하면서 생계의 많은 부분을 장례식에 의존하고 있다. 이러한 장례 전문가들은 단체 혹은 개인 자격으로 가격이 적당하거나 또는 그들을 필요로 하는 곳이면 어디든지 찾아갔을 테지만, 한정된 수요와 체계적이지 못한 사회 조직망 탓에 그들은 항상 포리 분지 범위 내에서만 활동했다.

사공(師公)의 사회적 지위는 낮은 편이었다.[172] 다른 사람의 불행을 통해 생계를 유지한다는 뜻의 "죽은 자의 밥을 먹는다"는 말은 그들이 가장 흔히 듣게 되는 모욕성 언사이다. 장례식 '계약'에서는 체면을 가

172 시먼은 「영혼의 돈 : 해석(Spirit Money : An Interpretation)」, 90쪽에서 사공(師公)을 '멸시받는 낮은 신분의 …… 장례 전문가'로 말한다.

리지 않는 많은 경쟁들까지 벌어지는데, 여기에는 말기 환자의 죽음을 기다린다는 내용도 포함되어 있다. 하지만 이런 볼썽사나운 모습이 꼭 사문(沙門) 전통의 승려에게까지 해당되는 것은 아니다. 왜냐하면 그들은 — 최소한 포리(埔里)에서는 — 분명 일부러 상사(喪事)를 찾아다니는 것이 아니라 유족들이 특별히 요구할 때만 장례식을 치러주기 때문이다. 결과적으로 우리는 용화식 장례극을 주관하는 자들이 차림새만 승려일 뿐 사실은 지역민들에 의해 진짜 승려와 쉽게 구분되는 직업인들이라는 사실을 알 수 있다.

당대(唐代)로 돌아와, 변(變)의 공연과 속강(俗講) 즉 속인을 대상으로 행했던 승려들의 통속적인 설법의 차이를 명확히 구분하기 위해서는 후자를 좀 더 자세히 살펴보아야 한다. '속강(俗講)'이라는 용어는 645년 도선(道宣, 596~667)이 편찬한 『속고승전(續高僧傳)』에 처음으로 보인다.[173] 이에 따르면 승려 지망생이었던 선복(善伏)은 692년에 상주(常州) 장관의 소개로 유교(儒教)학당에 입학한다. 하지만 그는 낮에는 늘 밖으로 나가 '속강'을 듣고, 저녁때는 불교의 교리를 파고들었다. 이 때문에 그는 자신의 스승인 박사(博士)들에게 호된 꾸지람을 들어야 했다.

지금도 속강의 특성과 내용을 엿볼 수 있는 여러 자료들이 남아 있다. P3849v에는 『유마힐경(維摩詰經)』의 속강 진행 순서를 개략적으로 보여주는 두 기록이 있는데, 속강이라는 단어는 둘 중 첫 번째 기록에 보인다.[174] 법사(法師)의 주관 하에 진행되는 이 속강은 제일 먼저 승

173 『대정신수대장경(大正新修大藏經)』, (2060)50.602c. 후쿠이 후미마사(福井文雅), 「당대 속강의식의 성립을 둘러싼 제 문제(唐代俗講儀式の成立をめぐる諸問題)」.

174 진조룡(陳祚龍) 역, 『오진(悟眞)의 삶과 작품 : 돈황의 역사와 문화에 대한 공헌(*La vie et les oeuvres de Wou-tchen(816 ~895) : Contribution à l'historie culturelle de Touen-houang)*』, 58~60쪽.

려 하나가 범패를 읊고 대중은 두 차례 보살의 명호를 부른다. 그런 다음에 압좌문이 낭송되고 이어서 '장엄(莊嚴)'과 염불을 포함한 강경(講經)의 각 단계가 이어진다. 강경이 끝나면 십바라밀다(十波羅蜜多)를 설하고 찬불을 하고, 발원문을 읊는다. 마지막으로 신도들은 다시 한 번 염불을 하고 다른 사람들에게 이 속강의 공덕을 돌리는 회향사(迴向詞)로 발원을 마친 후 흩어진다. P3770[175]은 「속강장엄회향문(俗講莊嚴迴向文)」이라는 제목을 가지고 있다. S4417 역시 속강의 순서를 보여준다. 원조(元照, 1048~1116)[176]의 『사분률행사초자지기(四分律行事抄資持記)』 제3권 「석도속편(釋導俗篇)」[177] 제3단에서는 돈황 속강의 순서와 유사한 명칭으로 속강을 묘사하였다. 도교도들은 불교의 이러한 속강이 포교에 효과적임을 깨닫고서 그 형식을 모방하여 도법(道法) 전교(傳敎)에 이용하였다.[178]

이와 같은 일차자료들과 그 외의 자료들을 고찰해봄으로써 우리는 속강이 종교의식의 명칭이며, 그 속에는 종교적이고 해설적인 각종 내용 — 예컨대, 염불이나 경전 강설 등 — 이 포함되어 있으며 변문은 포함되지 않음을 확인할 수 있다. 이것은 변의 연행자와 속강이라는 종교 의식의 주관자가 서로 다른 성격의 사람들이었음을 보여준다.

이 주제에 대한 세심한 고찰을 통해,[179] 후쿠이 후미마사(福井文雅)

---

175 진조룡(陳祚龍) 역, 위의 책, 61~65쪽.

176 부시(Bush)와 메이어(Mair), 「12~13세기 중국 율(律)과 선(禪) 종파의 몇몇 불화와 불상(Some Buddhist Portraits and Images of the Lü and Ch'an Sects on Twelfth-and Thirteenth-Century China)」, 33~34쪽, 49쪽, 주1~10.

177 『대정신수대장경(大正新修大藏經)』, 40.403c~409b.

178 미치마타 료슈(道端良秀), 『중국 불교, 사회와의 교섭(中國佛敎と社會との交涉)』, 192~200쪽의 「도교의 속강에 관하여(道教の俗講に就いて)」 참고.

179 「당대 속강의식의 성립에 있어서의 제 문제(唐代俗講儀式の成立をめぐる諸問題)」, 「속강의 의미에 대하여(俗講の意味について)」, 「속세 사람들을 위한 종교 강의인 '속강'의 기

는 속강의 관행이 인도에서 기원했다는 결론을 내렸다. 사실, 불교 의식 내에는 중국에서 거행되면서도 인도식 분위기를 그 안에 간직해 두려는 노력이 존재하고 있었다. 예를 들어, P3334 「성문창도문(聲聞唱道文)」에는 '범패를 읊는 계사가 고좌에 오르다(梵音戒師昇高座)'라는 문구가 적혀 있다.

시대의 변화에 따라 점점 진화 발전해 가는 중국 민간문학의 특성으로 볼 때, 승려들이 자신들의 설법 속으로 청중의 관심을 끌어들이기 위해 속세의 이야기를 의도적으로 채용했다기보다는, 불교고사(佛教故事) 변문이 세속적인 내용으로 확장된 것이 바로 역사고사(歷史故事) 변문을 포함한 비불교(非佛教) 변문이라고 보는 것이 훨씬 설득적이다. 현존하는 자료들은 종교적인 변문이 속세에서 연행되었고, 그들 작품들은 비교적 일찍 세속화되어 대중들에게 개방되었으며, 승려가 아닌 속세의 연행자들에 의해 공연되었음을 분명히 보여주고 있다. 내가 여기서 '일찍'이라는 표현을 쓴 것은, 세속적 성격의 변문이 널리 퍼졌음을 말해주는 증거가 종교적 성격의 변문이 등장한 후 75년이 채 안되어 세속적 내용의 변문이 출현했음을 보여주고 있기

원에 대한 몇 가지 문제(Some Problems about the Origin of the Religious Lectures for Layman, *su-chiang*)」. 이 중 마지막 논문은 속강에 관한 다른 논문들의 참고문헌을 싣고 있다. 이 주제에 대한 2차 자료는대단히 많다: 상달(向達)의 「당대속강고(唐代俗講考)」; 손해제(孫楷第)의 「당대 속강궤범과 그 저본의 체제(唐代俗講軌範與其本之體裁)」; 나바 토시사다의 「속강과 변문(俗講と變文)」; 사와다 미즈호(澤田瑞穗)의 「중국불교 창도문학의 생성(支那佛教唱導文學の生成)」; 야마자키 히로시(山崎宏)의 『중국 중세불교의 전개(支那中世佛教の展開)』, 3장; 미치하타 료슈(道端良秀)의 『당대 불교사의 연구(唐代佛教史の研究)』, 2장 228~270쪽; 주일량(周一良)의 「「당대속강고」를 읽고(讀唐代俗講考)」; [상(向)]각명(覺明), 「당대 속강의 두세 가지 사안에 대한 보충 해설(補說唐代俗講二三事)」; 관덕동(關德棟), 「「당대속강고」 논쟁(唐代俗講考的相榷)」; 상달(向達), 「「속강고」에 관하여 다시 몇 마디 함(關於「俗講考」再說幾句話)」 등. 이 주제가 인기 있는 주된 이유 중 하나는 속강이 변문과 관련되어 있다고 가정하기 때문이다.

때문이다[두 가지 모두 8세기에 출현했다]. 따라서 "관심을 끌기 위한 수단이었다"는 주장은 하나의 가설에 불과하다. 그러므로 불교의 승려가 청중들을 끌어 모으기 위해 음란한 이야기를 한 다음, 아무 거리낌 없이 다시 경건한 주제로 돌아갔다는 주장은 배제되어야 한다. 몇몇 유가적인 비평가들(Confucian critics)이 주장한대로, 색정적인 이야기를 하는 '승려들', 자신의 음악적인 재능으로 갈채를 받는 '불제자들', 그리고 종교적인 내용을 주제로 한 자리에서 매혹적인 이야기를 하는 예인(藝人)들도 물론 있었을 것이다. 그러나 이들 중 어떤 사람들도, 불법의 전파를 최우선시하는 설법사(說法師), 혹은 강사(講師)들과 혼동해서는 안 된다. 두 부류의 차이는 그들의 궁극적인 목적이 창도(唱導)에 있는지 아니면 오락에 있는지에 있다. 말하자면, 배제되어야 할 견해들이 정설로 인식되어서는 안 된다는 것이다.

혜교(慧皎, 497~554)의 『고승전(高僧傳)』 창도(唱導)편에는, 자신들의 행동거지를 비난하는 소문에도 전혀 흔들림 없는 불교 창도사(唱導師)들의 헌신적인 노력에 대한 풍부한 기록이 전한다. 이 기록들은 오락과 창도가 서로 다른 두 집단에 의해 행해진 별개의 활동이었음을 말해준다. 물론 창도사들은 자신의 강설에 오락적인 요소를 어느 정도 가미했을 것이고, 예인들 역시 어느 정도의 종교적 진리를 전달하기도 했을 것이다. 가끔은 이 두 집단의 구분이 그다지 명확하지 않았지만 — 특히 예인이 의도적으로 창도사의 설법을 모방했을 때 — 그래도 이들은 본질적으로 서로 다른 직업군이었다.

일반 평민들을 전문적으로 선도했던 '화속법사(化俗法師)'와 이 마을 저 마을을 돌아다니며 선도하는 '유행승(游行僧)'이 당시에 분명히 존재하고 있었다. 우리는 여기서 또 다시 이들 두 유형의 승려를 예인들과 동등한 사람들로 볼 것인가에 대해 신중하게 고려해보아야 한다. 전자는 보통 경전의 해석에 국한하여 선도를 하였으며, 후자는 정부의 엄격한 규정 내에서만 활동할 수 있었다.[180]

거의 500명에 달하는 승려들의 삶을 기록하고 있는 『고승전』에서 '변(變)' 또는 '변문(變文)'이라는 언급을 단 한 번도 하지 않고 있다는 점은 주목할 만하다. 이 사실은 다음의 두 가지 의미를 내포한다. ① 변문 — 또는 그것의 선행 구술형식 — 은 양대(梁代)까지도 아직 발전하지 않고 있었다. ② 고승들은 변(變)을 공연하지 않았다. 실제로 이 두 가지 의미는 모두 사실일 것이다. 당대 이전에 이미 변문이 존재했고 공연되고 있었음을 입증할 자료는 없으며, 심지어 당대에도 고승들이 변의 공연이나 변문의 기록을 맡았었다는 증거는 찾아볼 수 없다. 마찬가지로 나는 후대의 여러 『고승전』에서도 한 장르로서의 변문에 대한 언급은 전혀 찾을 수 없었다.

또 변문의 사회적 위치와 관련하여, 내가 읽었던 중국 대장경[181]의 어디에서도 장르 용어로서의 변문을 본 기억은 없다. 겉으로 드러난 모습이 불교적이고 당대에 널리 유행했음이 분명하다는 점에서 볼

180 엔닌의 일기는 속강을 연구하는 데 있어 대단히 귀중한 자료가 된다. 라이샤워의 번역본, 298~299쪽, 310~311쪽, 316쪽 참고. 여러 고승전(高僧傳)을 바탕으로 하고 있는 손해제(孫楷第)의 「당대 속강궤범과 그 저본의 체제(唐代俗講軌範與其本之體裁)」 역시 반드시 읽어 볼 것. 나종도(羅宗濤)는 『돈황 강경변문 연구(敦煌講經變文研究)』, 872~978쪽에 속강의 공연 특징에 대한 많은 자료들을 모아두었다.

181 청대(淸代) 및 그 이전 판본들. 『대정신수대장경(大正新修大藏經)』은 돈황의 자료들을 포함하고 있다. 사서(史書)를 통해 변문의 불교적 성격을 부정하고 있는 유일한 예외는 제6장에서 상세하게 논하고 있다. 많은 의문점을 가지고 있는 '변'의 또 다른 등장은 같은 장의 끝 부분에서 자세하게 논하고 있다. 수만 쪽에 달하는 대장경을 보면서 장르로서의 '변문'에 대한 언급을 잘못 지나쳤을 수도 있다. 이 광대한 경전에 '변문'이 한 번 또는 두 번 언급되어 있다고 가정한다 하더라도, 이것이 정식 불교의 맥락에서 변문은 극히 보기 힘든 것이었다는 나의 주장을 부인하지는 못한다.

때,[182] 우리는 변문이 일종의 민간 통속문화의 산물로서 경전의 위치에 오르지 못했고, 경전과 각종 문집들을 편집했던 고승들에 의해 무시당했다는 결론을 내릴 수밖에 없다. 그리고 변(變)의 공연은 본질적으로 인도 불교의 성격을 지닌 민간의 종교 오락물로 처음 시작되었다는 사실을 잊어서는 안 된다.

182 제6장 참고.

제6장

변變의 연행 사실에 대한 증거

변(變)의 연행 사실을 보여주는 당대(唐代)의 증거로, 이 주제에 대한 권위 있는 학자들 대부분이 인용해 온 두 가지 자료가 있다. 그 첫 번째는 길사로(吉師老)의 시 「촉녀의 왕소군변 연행을 보고(看蜀女轉[1] 昭君變)」이다.

> 이 매혹적인 여인이 석류빛 치마를 다 입기 전,
> 자기 집은 금수(錦水)[2]의 물가였다고 이야기하네.
> 그녀의 붉은 입술은 천년의 이야기를 풀어낼 줄 알고,
> 한탄 섞인 청아한 이야기는 슬픈 가을이야기를 전하네.[3]
> 비취색 눈썹을 찡그리니 초나라의 달인 듯 하고,
> 두루마리 그림을 펼칠 때, 변방 밖 구름이 몰려오네.
> 행복했던 시절을 후회하는 이야기를 모두 마치고는,
> 그녀의 생각은 소군(昭君)에서 고향의 여인인 문군(文君)으로 바뀌네.[4]

---

1 전(轉). 아래의 주37 참고.

2 사천(四川)의 주요 강 중 하나.

3 왕소군고사(王昭君故事)를 내용으로 하는 마치원(馬致遠, 1270~1330)의 원잡극(元雜劇) 『한궁추(漢宮秋)』와 비교.

妖姬未着石榴裙, 自道家連錦水濆.
檀口解知千載事, 淸詞堪嘆九秋文.
翠眉垂處楚邊月, 畵卷開時塞外雲.
說盡綺羅當日恨, 昭君傳意向文君.

길사로의 생애에 대해서는 잘 알려져 있지 않지만, 이 시는 출전인 위곡(韋穀)의 문집에 실려 있는 대부분의 시들과 마찬가지로 중당(中唐)이나 만당(晚唐) 때 쓰여진 것으로 보인다. 따라서 이 작품은 위곡이 자신의 문집을 완간했던 10세기 초 이전으로 거슬러 올라간다.

이 시는 사천(四川) 출신의 한 여성 연행자가 왕소군(王昭君)에 관한 변(變)을 공연하는 모습을 그리고 있다. 원제(元帝, B.C. 48~33) 때 궁녀로 뽑혔다가 흉노와의 강화를 위해 다시 선우(單于)의 왕비가 되어야 했던 소군(昭君)의 운명에 대해서는 이미 잘 알려져 있으므로 여기서 다시 언급할 필요는 없을 것이다. 그리고 이 여성 연행자가 자기 신세를 생각하면서 공연을 마치고 있는, 마지막 구의 탁문군(卓文君, 사천 출신)과 사마상여(司馬相如, 기원전 118년 사망)의 파란만장한 사랑 이야기에 대해서도 역시 언급할 필요는 없을 것이다. 이 시가 중요한 것은 변문 연행의 특성에 관한 중요한 단서들을 찾을 수 있다는 점에서다. 위의 기록을 볼 때, 연행은 단지 한 명에 의해 이루어지고 있으며 그 연행자가 여성이라는 점은 주목할 만하다. 그리고 그녀가 승려 출신이 아닌 세속의 전문 연행자라는 사실 역시 주목해야 할 것이며, 또 그녀가 사천 출신이라는 사실은 그 지역이 돈황과 중앙아시아까지 관계된다는 점에서 역시 중요하다고 할 수 있다(제1장의 부록 참고). 그녀

4 『전당시(全唐詩)』, XI, 8771; 『재조집(才調集)』 8권, 18쪽 a.

는 선명한 원색의 옷을 입었던 것으로 보인다. 공연하는 동안 손에 들고 있었는지 아니면 특정 장소에 보관해 두었는지는 알 수 없지만, 그녀의 가장 중요한 도구는 두루마리 그림이다. 어쨌든 이 시는 변의 공연이 두루마리 그림을 이용하였을 것임을 보여주는 것으로 이 책에서 내가 거론한 다른 자료들의 신뢰성을 뒷받침 해준다.

돈황 변문 중에 「왕소군변문(王昭君變文)」(P2553)[5]이 실제로 존재하는 까닭에, 이 시는 변(變)의 구비 연행과 기록화된 변문 간의 관계라는 근본적인 문제를 제기한다. 항마변(降魔變) 그림 두루마리 P4524와 맹강녀변문(孟姜女變文) P5019처럼 이 촉녀의 그림 두루마리 뒷면에도 창사(唱詞)나 간단한 대사가 적혀 있었을 수도 있지만, 그것을 사천 금수(錦水) 강가 출신의 이 노래하는 여인이 직접 적었을 것 같지는 않다. 어쨌든 이 시에서는 공연의 청각적 측면 — 붉은 입술의 연행자가 왕소군 이야기를 멋들어지게 풀어냄 — 뿐 아니라 시각적 측면 — 연행자의 아름다움, 그림 속의 장면, 그리고 그녀의 생동적인 묘사 — 역시 강조되고 있다. 길사로를 포함한 관중들은 확실히 멀티미디어적인 이벤트를 즐기고 있었던 것이지 단지 독송하는 모습만 보려고 온 것이 아니었다.

작품 안에 드러난 내용으로 볼 때,[6] 현존하는 「왕소군변문」의 창작 연대는 8세기 후반 혹은 9세기로 거슬러 올라간다.[7] 네모토 마코토(根本誠)는 이 작품이 772년과 780년 사이에 기록되었음을 증명하려고 했

5 『돈황변문집』, 98～107쪽.

6 『돈황변문집』, 105쪽 13행에는 "800여 년이 지난 지금도 그 무덤이 남아있다(八百餘年, 墳今上[尙]在)"라는 기록이 있다.

7 드미에빌(Demiéville), 「중국 당대 통속 설창형식의 몇 가지 특징(Quelques traits de moeurs barbares dans une chantefable chinoise des T'ang)」, 72쪽.

다.[8] 아무튼 길사로가 묘사하고 있는 구연된 변(變)의 방식이 지금 우리에게 전해져 내려오는 기록된 변문보다 선행하였음은 분명하다. 그리고 기록되어 있는 「왕소군변문」이 길사로의 시보다 시기적으로 약간 앞선다는 점에서, 구술 공연으로부터 기록 텍스트로의 이행이 곧 전자(前者)의 즉각적인 소멸을 의미하진 않음을 알 수 있다. 변의 구술 공연이 시기적으로 훨씬 앞선 것은 분명하나 두 양식은 한동안 병존하였을 것이다.

왕소군 스토리에 정통했던 운남(雲南), 사천(四川) 지역 출신의 연행자들이 그 고사가 변문으로 기록되기 이전에 중국 전역에 걸쳐 활동하고 있었다는 주장을 뒷받침하는 또 다른 증거들이 있다. 왕건(王建, 775년 진사에 급제)의 시 「사천 출신 기녀를 보며(觀蠻妓)」[9]는 "왕소군 이야기를 시작하려 하면서 아름다운 비취색 눈썹을 찌푸린다"(吉師老의 시 5구와 비교)로 시작해서, 청중 속의 젊은이들이 그녀에게 돈을 던지며 "잘한다! 잘한다!"를 외치는 것으로 끝을 맺는다.[10] 나는 사천 지역의 용어 사용에 대한 장태염(章太炎)의 설명[11]에 근거하여 '만(蠻, 남쪽 오랑캐)'을 '사천 사람'으로 번역하였다. 사천 사람들은 운남을 '만지(蠻

---

8 「왕소군변문의 성립연대 고찰(王昭君變文の成立年代考)」, 『동양문학연구(東洋文學研究)』 9권(1961.03), 57~80쪽.

9 『전당시(全唐詩)』, V, 3434.

10 【역자주】 시의 전문은 다음과 같다. "왕소군 이야기를 시작하려 하면서 아름다운 비취색 눈썹을 찌푸리고, 맑은 소리 부드러운 곡조의 노래는 원한에 사무치네. 뉘 집의 젊은이들인지 봄바람 부는 가운데, 돈을 던져 주니 노래 소리 더욱 좋아지네(欲說昭君斂翠蛾, 淸聲委曲怨于歌. 誰家年少春風裏, 抛与金錢唱好多)." 마지막 구의 '唱好多'는 빅터 메이어와 다르게 번역했음을 밝혀둔다.

11 장병린(章炳麟), 『신방언(新方言)』 III, 88쪽 a. 사와다 미즈호(澤田瑞穗)의 「중국 불교 창도문학의 생성(支那佛教唱導文學の生成)」, 45쪽 및 단췌(檀萃)의 『설만(說蠻)』과 비교. '만(蠻)'을 '사천의 [여인]'으로 번역한 것은 위 시의 문맥에서는 통하지만, 확실히 인정되고 있는 해석은 아니다.

地, 남쪽 오랑캐 땅)'라 불렀는데, 상당수의 사천 여자들은 운남과 관련된 혈연 배경을 가지고 있어서 간단히 '만(蠻)'이라 불렀고 남자 노비들은 '만남(彎男)'이라 불렀다. 이러한 호칭은 계급적 의미에서 상당히 경멸적인 것이었기 때문에 운남 출신이 아닌 하위 계층의 사람들을 가리킬 때도 쓰였다. 그런데 왕건의 이 짧은 시는 안타깝게도 연행자의 가창 능력에만 초점이 맞추어졌을 뿐 변(變)이나 그림 두루마리에 대한 언급은 없다.

명군(明君, 왕소군) 변(變)에 관한 또 다른 자료는 정(鄭)씨 성을 가진 한 여인의 미모와 재능을 노래한 이하(李賀, 790~816)의 시에서 찾을 수 있다. 기생의 신분으로 낙양에 온 그녀는 그곳에서 허(許)씨 가문의 공자(公子)가 가장 아끼는 사람으로 이름이 알려지게 되었다. 이하가 쓴 「허공자의 정희를 위한 노래(許公子鄭姬歌)」라는 시의 제17~20구를 프로드샴(Frodsham)은 다음과 같이 번역하였다.

> 값비싼 종이로 된 긴 두루마리 위 명군(明君)의 노래.
> 이 음(音)에서 저 음(音)으로 미끄러지면서 구름 같은 군중 사이로 스며드는구나.
> 그녀가 뺨에 연지를 찍은 채 동쪽 길을 지나니,
> 이제 홍등가 긴 눈썹 미인들은 손님들을 거의 볼 수 없구나.[12]
> 長翻蜀紙卷明君, 轉角含商破碧雲.
> 自從小靨來東道, 曲裏長眉少見人.

이 시에서 정희(鄭姬)는 길사로와 왕건의 시 속의 연행자처럼 '비취

12 『이하 가시 편(李賀歌詩編)』, 24쪽.

색 눈썹'를 지녔다고 얘기되지는 않았지만, 그녀가 '긴 눈썹을 가진 미인들'의 단골손님들을 매혹시킬 수 있었다는 점은 주목할 필요가 있다. 그러나 위 시에서 가장 중요한 구절은 '장번촉지권명군(長翻蜀紙卷明君)'이라는 첫 구이다. 프로드샴은 사이토 쇼(齊藤晌)와 스즈키 토라오(鈴木虎雅)의 의견[13]을 따라 이 구를 악부(樂府)의 노래로 보았다. 하지만 이렇게 본다면 전체 구에서 동사가 없게 되는 문제가 발생한다. 이 시구에 대해서는 여러 해석들이 존재한다. 왕기(王琦)는 두 번째 구가 그녀의 가창 능력을 표현한 반면 첫 번째 구는 그녀의 미술적 재능을 언급한 것이라고 보았다.[14] 그러나 그녀가 연행자였다고 해서 반드시 그림에도 익숙했으리라고 단정할 수는 없으며, 다른 어디에서도 그녀가 그림을 잘 그렸다는 기록을 찾을 수 없다. 결과적으로 이 구절에 대한 이 같은 해석은 상당 부분 곡해된 것이다. 송대의 오정자(吳正子)는 '번(翻)'은 곧 '번(番 : 차례, 순서)'이며 — 이렇게 해서 그는 '번(幡)' 또는 '번(旛)'의 의미로 보았을 것이다 — 결국 '장번(長翻)'은 '장폭(長幅, 긴 천조각)'을 의미한다고 했다.[15] 그러나 이 해석은 지나친 비약이다. 요문섭(姚文燮)은 '명군(明君)'을 멜로디, 즉 곡조(曲調)로 보고, '번(翻)'은 그것을 노래하는 것으로 해석했다.[16] 그러나 이 해석은 구절의 본래 의미에서 지나치게 벗어나 있다. 전음광(錢飮光)은 이 구절을 "그녀가 명군의 그림을 오래도록 펼쳐들고서 노는 것(似以明君圖長在手展玩耳)"이라고 보았다.[17] 이 해석은 그림을 언급하고 있다는 점에서 다

---

13 사이토 쇼(齊藤晌), 『이하(李賀)』, 343~344쪽. 스즈키 토라오(鈴木虎雅), 『이장길 가시집(李長吉歌詩集)』 II, 253쪽.

14 『이장길 가시(李長吉歌詩)』 4권, 25쪽 b.

15 위의 책, 29쪽 b.

16 『삼가평주 이장길 가시(三家評注李長吉歌詩)』, 277쪽.

17 진홍치(陳弘治), 『이장길 가시 교석(李長吉歌詩校釋)』, 558쪽에서 인용. 왕기(王琦) 역시

소 고무적이나, 이 구절이 그녀의 빼어난 연행 능력이 아닌 그녀의 단순한 소일거리를 얘기하고 있는 것으로 오인하고 있다. 구계정(丘季貞)은 '장번촉지(長翻蜀紙)'는 '곡조를 기록함(乃錄曲也)'을 의미하고, '권명군(卷明君)'은 '책자 안에 쓰여 있는 것(書於冊內)'을 의미한다고 보았다.[18] 그러나 문제가 되는 단어들의 일반적 의미를 생각해보면 이러한 해석은 전혀 설득력이 없다.

이하(李賀) 시 속의 이 한 구가 연행할 때 그림을 사용하고 있음을 언급한 것인지 밝히기 위해 기존의 해석들을 일일이 살펴보았다. 그 결과 그러한 의미로 해석한 사례는 보이지 않았다. 이하의 시를 길사로의 시와 연관시켜[19] 고찰해본다면 이하의 시는 확실히 정희가 변상(變相)을 사용하고 있는 장면에 대한 묘사로 이해해야 한다. 따라서 이 구는 "그녀는 촉(蜀) 지역의 긴 두루마리를 펼치고는 명군의 이야기를 풀어나갔다"[20]로 해석해야 할 것이다.

당대의 변(變) 연행과 관련하여 학자들이 자주 인용하는 또 하나의 자료는 백거이(白居易)와 장호(張祜) 사이에 있었던 재담인데, 그것은 당대(唐代)의 두 문헌과 한 총서에서 찾아볼 수 있다.[21] 세 자료들에는

이 문장을 인용하고 있다.

18 위의 책. 왕기(王琦) 역시 이 문장을 인용하고 있다.

19 특히 '촉(蜀)－즉, 사천(四川)－지(紙)'라는 표현에 주의할 것.

20 좀 더 축자식(逐字式)으로 번역한다면, "기다랗게, [그녀는] 촉지(蜀紙)를 넘기면서, 명군[의 그림 속 이야기]을 펼쳐가고 있네"가 될 것이다. '권(卷)'이 '전(轉)' 또는 '전(囀)'을 대신해 쓰였을 가능성이 있는데, 이 점에 대해서는 주1과 37을 참고. 왕기(王琦)는 '권(卷)'이라는 글자의 쓰임이 잘못된 것일 수도 있다고 보면서, 아마도 다음 구에서 '전(轉)'이 쓰이고 있기 때문에 이 구에서는 쓰지 않은 것으로 보인다고 주장한다. 그러나 나는 어떤 교정을 하기보다는 '권(卷)'을 상성(上聲)으로 가볍게 읽어서 '권서(卷舒)'의 의미 정도로 이해하게 되었다. 이리야 요시타카(入矢義高)는 가나오카 쇼코(金岡照光)의 『돈황에서 출토된 한문문학 문헌의 분류 목록 및 해설(敦煌出土漢文文學文獻分類目錄附解說)』에 대한 서평 97쪽에서 '권명군(卷明君)'이라는 구절을 두루마리 그림에 묘사되어 있는 왕소군의 이야기를 말하는 것으로 해석하였는데, 나는 이 해석에 기본적으로 동의하고 있다.

그간 간과되었던 중요한 사실이 숨겨 있다. 아래에서 나는 『태평광기(太平廣記)』의 기록을 먼저 살핀 후, 이 기록을 다른 두 텍스트의 기록과 비교하고자 한다.

825년 3월 중순 이후 소주(蘇州) 지역의 태수를 맡고 있었던 백거이에게 한 번도 만나본 적이 없던 장호가 찾아왔다.[22]

백거이가 말했다 "저는 오래도록 당신의 명성을 흠모해 왔고, 그대의 관두시(款頭詩, '관두'는 '심문하다'는 뜻—역자)를 기억하고 있습니다."[23]

장호가 놀라면서 물었다. "어떤 시 말씀이십니까?"

백거이가 대답했다. "'원앙이 상감된 띠는 어디에 버렸는가? 공작새가 장식된 비단저고리는 누구에게[24] 주었는가?[25] 이것이 심문하는 것이 아니고 무엇이겠습니까?"

장호는 끄덕이며 희미하게 미소짓더니 고개를 들며 대답했다. "저 또한 당신의 '목련변(目連變)'을 기억하고 있습니다."

백거이가 물었다. "뭐라구요?"

장호가 대답했다. "'푸른 하늘 끝으로 올라가고 황천으로 내려갔지만, 이 끝없는 곳 어디에도 보이지 않았다.'[26] 이것이 '목련변(目連變)'에서 나온 구절이 아니면 무엇입니까?"[27] 그러면서 그들은 하루 종일 즐거운 자리를 가졌다.

---

21 왕정보(王定保), 『당척언(唐摭言)』 13권, 148쪽; 맹계(孟棨), 『본사시(本事詩)』, 23쪽; 이방(李昉) 편, 『태평광기(太平廣記)』 251권, 1949쪽; 『당척언(唐摭言)』 인용부분.

22 히라노 켄쇼(平野顯照), 『당대문학과 불교 연구(唐代文學と佛教の研究)』, 4~8쪽.

23 아래의 주29 참고.

24 구어체인 '아수(阿誰)'가 쓰이고 있는 것에 주의할 것.

25 이방(李昉) 편, 『문원영화(文苑英華)』, 305.10b(1911쪽 b)에 있는 장호(張祜)의 시 「왕장군 자지기의 죽음을 접하여(感王將軍柘枝妓歿)」 참고.

26 백거이(白居易)의 유명한 시 「장한가(長恨歌)」 참고. 『백씨장경집(白氏長慶集)』(축쇄판), 12.64a; 『백향산집(白香山集)』, 사부비요(四部備要), 12.8b.

白謂曰"久欽藉甚, 嘗記得右款頭詩." 祜愕然曰"舍人何所謂?" 白曰"'鴛鴦鈿帶拋何處, 孔雀羅衫付阿誰.' 非款頭何邪?" 張頫微笑, 仰而答之曰"祜亦嘗記得舍人目連變." 白曰"何也?" 曰"'上窮碧落下黃泉, 兩處茫茫皆不見.' 非目連變何邪?" 遂歡宴竟日.

『태평광기(太平廣記)』와 『본사시(本事詩)』에서 이 부분은 아주 사소한 차이만 있을 뿐이다. 그러나 『당척언(唐摭言)』의 기록은 이들과 상당한 차이를 보이고 있기 때문에 별도로 언급할 필요가 있다.

장(張) 처사(處士)가 그의 '자지시(柘枝詩)'[28]를 생각하며 말했다. "원앙이 상감된 띠는 어디에 버렸는가? 공작새가 장식된 비단저고리는 누구에게 주었는가?"

백거이는 이 구절을 '문두(問頭)'라고 했다.[29]

장호가 그의 말을 되받았다. "저를 '문두'라고 책망하신 것에 대해 감히 회피하지는 않습니다. 하지만 당신 역시 목련경(目連經)을 가지고 있습니다. 당신이 [806년에] 쓰신 「장한사(長恨辭)」의 '푸른 하늘 끝으로 올라가고 황천

---

27 이 구들은 현존하는 「목련변문(目連變文)」에는 보이지 않지만, 고사의 개괄을 위해 앞부분에 쓰였던 것인지도 모른다.

28 자지(柘枝) : 이 용어는 페르시아어 이름인 Chaj(Tashkent)의 음역인 듯 하다. 또 다른 해석으로는 북위(北魏)를 세운 척발(拓跋, Toba 또는 좀 더 정확하게는 Tabgatch)의 글자를 바꿔 쓴 것이라는 주장이 있다.

29 문두(問頭). 선종(禪宗) 불교의 용어로, '선문답(禪問答, conundrum for meditation)'을 의미하는 당대(唐代)의 구어표현이다. 『조당집(祖堂集)』 I-180.10, III-47.1과 V-85.10, 103.13, 111.1 참고. 송대(宋代)에 이 단어는 보통 '화두(話頭)'라 말해졌으며, 현재 흔히 알고 있는 '공안(公案)'과 같은 의미이다. 그러나 '문두(問頭)'는 또 '신문(訊問)'에 대한 당대(唐代)의 구어표현이기도 하며, 내 번역은 이 의미에 근거하고 있다. 『돈황변문집』, 213쪽 4, 5, 6, 7, 8, 10, 15행 및 252쪽 9행 참고. 『태평광기(太平廣記)』와 『본사시(本事詩)』에서는 '관두(款頭)'라고 기록되어 있다.

으로 내려갔지만, 이 끝없는 곳 어디에서도 보이지 않았다'라는 구절이 어찌 목련이 그 어머니를 찾는 것이 아니겠습니까?"

張處士憶柘枝詩曰 "鴛鴦鈿帶抛何處, 孔雀羅衫屬阿誰." 白樂天呼爲'問頭'. 祜矛楯之曰 "鄙薄問頭之誚, 所不敢逃. 然明公亦有目連經. 長恨辭云, '上窮碧落下黃泉, 兩處茫茫都不見' 此豈不是目連訪母耶."

우리는 먼저 『태평광기』 속의 '목련변(目連變)'이 『당척언(唐摭言)』에서는 왜 '목련경'과 '목련방모(目連訪母)'로 되어 있는지에 대해 의문을 가져야 할 것이다. 이 문제에 대한 해답은 『당척언』의 여러 판본들에 대한 조사를 통해 얻을 수 있다. 『아우당총서(雅雨堂叢書)』(1756) 본[30]에는 위에서 언급한 '목련변'과 '목련방모' 두 가지가 모두 보이며, 『소원총서(嘯園叢書)』(1883)본[31]은 이 『아우당총서』본을 따르고 있다. 그러나 장해붕(張海鵬, 1755~1816)이 편찬한 『학진토원(學津討源)』본[32]은 내가 사용하고 있는 당대(當代) 판본과 동일하다. 그리고 『사부비요(四部備要)』와 『총서집성초편(叢書集成初編)』 역시 이 『학진토원』을 따르고 있다. 어떤 판본에는 '목련변'이라는 용어가 그대로 들어가 있는 반면 다른 판본에는 들어가 있지 않은 까닭은 바로 이것이다. 즉, 이해할 수 없는 용어에 직면하자, 몇몇 판본들은 본래의 문헌대로 남겨두었지만 몇몇 판본의 편자들은 그 용어를 대수롭지 않게 바꿔버린 것이다.

이러한 문헌상의 차이에도 불구하고, 위의 일화가 변문의 성격과 역사에 대해 시사해주는 바는 무엇일까? 첫째, 높은 문화적 소양을 가지고 있던 두 시인의 재담 거리로 자연스럽게 등장하고 있는 것으로

30 제34권, 13.4b.

31 제14권, 13.5a.

32 제159~160, 13.4b~5a.

보아 '목련변'은 그들에게 대단히 익숙한 대상이었으리라는 점이다. 그러나 그들이 '목련변'에 대해 익숙하게 된 것이 구술 공연을 통해서인지 아니면 기술된 텍스트를 통해서인지는 확인할 방법이 없다. 내 개인적인 생각은 그들이 실제로 공연을 참관하여 변문에 대한 지식을 얻었을 것이라는 쪽으로 기울어 있다. 어쨌든, 9세기 초 변문 고사의 전통은 이들에게 인용될 정도로 일정한 형식을 가지고 있었다는 점만은 분명하다. 둘째, 825년 소주(蘇州)에서의 이 일화는 변(變)의 연행이 그 시대 이전에 이미 중국 여러 지역에 걸쳐 탄탄한 기반을 형성하고 있었음을 말해준다. 그리고 이 시기는 변(變) 연행의 성행 시기를 알려주는 다른 자료들의 기록과도 일치한다. 셋째, 변(變)의 연행은 '관두(款頭)'와 동등하게 여겨질 만큼 널리 유행하고 있었다는 것이다.

청초(淸初)의 시론가(詩論家)인 왕세정(王世禎, 1634~1711)은 백거이에 관한 이러한 일화를 알고 있었다. 그는 '목련변'에 대한 정확한 이해는 없었지만, 만약 이것이 누군가의 시에 인용된다면 그 시의 가치를 떨어뜨릴 것이라고 생각하였다.[33]

당대(唐代)의 곽식(郭湜)은 『고력사외전(高力士外傳)』[34]에서 변(變)이 심지어 황제를 위해서도 공연되었다는 흥미로운 기록을 보여주고 있다. 이 글에는 사천으로 피난을 갔다가 돌아온 현종이 — 사랑하는 양귀비가 없어 — 고통스러워하는 것을 위로하기 위한 고력사의 노력이 엿보인다. 이 글의 시대적 배경은 760년 경이다.

---

33 『예원치언(藝苑巵言)』, 4.7a. "참으로 웃기는 말로 시의 병폐다(固是諢語, 然亦詩之病)" 왕세정의 비평에 대하여 내가 너무 과신하고 있는지도 모르겠다. 그가 말한 '변(變)'은 — 육조(六朝) 시대 이래 — 문학비평 용어로 굳혀진 '정변(正變)'의 의미일 수도 있다. 제3장의 주23 참고.

34 「고력사외전(高力士外傳)」, 『당대총서(唐代叢書)』 8책, 7b.

매일, 상황(上皇)과 고력사는 정원을 청소하고, 잔디를 깎고, 관목 정리하는 것을 몸소 보곤 했다. 간혹 그곳에서는 불경의 강연, 교리 논의,[35] 변(變)의 연행, 그리고 설화(說話) 공연[36] 등이 벌어지곤 했다. 이들은 참된 문학과는 거리가 멀었지만, 결국 성정(聖情)을 기쁘게 하기 위한 것들이었다.

每日上皇與高公親看掃除庭院, 芟薙草木. 或講經, 論議, 轉[37]變, 說話, 雖不近

35 '교리 설명', '설교'. 그러나 여기서 말하는 것은 당대(唐代) 불교적 내용의 '상성(相聲)' 형식이었을 가능성이 가장 크다. 장홍훈(張鴻勛), 「돈황 강창문학의 체제 및 유형 초탐－몇 가지 중국문학사에서 제기한 관련 문제도 겸하여 논함(敦煌講唱文學的體制及其類型初探－兼論幾種'中國文學史'有關提法的問題)」, 78쪽 참고.

36 『원씨장경집(元氏長慶集)』에는 「한림 백학사가 대신 쓴 100운 시에 답하여(酬翰林白學士代書一百韻)」(대략 800년 전후의 작품)라는 시가 있다. 이는 『백씨장경집(白氏長慶集)』, 13.1a～4b에 보이는 「100운 시를 대신 써서 원진에게 보냄(代書詩一百韻寄微之)」을 출전으로 하는 시이다. 원진은 그의 시에 다음과 같은 흥미로운 주석을 달고 있다. "백거이와 나는 매번 거리를 거닐면서 집의 담에 우리 이름을 쓰지 않은 적이 없었다. 그러다가 한번은 신창(新昌)에 있는 집에서 어떤 사람이 이와(李娃) 이야기를 하는 것을 들었는데, 이 이야기는 인시(寅時)에서 사시(巳時)가 될 때까지도 끝나지 않았다(樂天每與余遊, 從無不書名屋壁. 又嘗於新昌宅說一枝花話, 自寅至巳, 猶未畢詞也)." 이 주석은 당대(唐代) 고전 설화가 전문적으로 구연되었다는 주장의 근거로 흔히 인용되었다. 그러나 마유원(Y. W. Ma)의 주의 깊은 비평을 보면 더 이상 이러한 주장을 할 수 없게 된다. 그의 「중국에서의 전문 이야기 서술의 시작 : 현재의 이론과 증거에 대한 비평(The Beginnings of Professional Storytelling in China : A Critique of Current Theories and Evidence)」, 232～233, 238쪽 참고. 「이와전(李娃傳) : 9세기 중국 소설에 대한 연구와 원전 비평판(The Tale of Li Wa : Study and critical edition of a Chinese story from the ninth century)」에 보이는 두드브리지(Dudbridge)의 면밀한 분석과 비교. 그렇지만 곽식과 원진이 '설화(說話)'를 자연스럽게 언급하고 있다는 사실은, 최소한 그때까지 전해져 온 비공식적 전통이 있었음을 말해주는 것이다.

37 문자적 의미는 '돌다' 또는 '회전하다'로서, 두루마리를 실제로 다루는 모습을 표현한 것으로 보인다. 같은 선상에서 '전경(轉經)'과 '전독(轉讀)'은 한 손으로는 경전을 들고 두루마리를 돌려가면서 계속 읊는다는 의미가 된다. 류코쿠대학(龍谷大學) 편, 『불교대사휘(佛教大辭彙)』 VI, 3385; 나카무라 하지메(中村元), 『불교어대사전(佛教語大辭典)』, 988쪽 2와 989쪽 2 참고. 하지만 손해제(孫楷第)는 「중국 단편 백화소설의 발전과 예술적 특징(中國短篇白話小說的發展與藝術上的特點)」이란 논문에서 '전변(轉變)'의 '전(轉)'을 '전(囀)' 즉, '목을 떨며 소리를 내다(囀喉發調)'의 의미로 보았다. 사와다 미즈호(澤田瑞穗)가 『불교와 중국문학(佛教と中國文學)』, 44쪽에서 '리듬을 섞어 읊는 것'이라고 한 것과 비교. 증영의(曾永義)는 「변문의 제목명, 구조, 연원(關於變文的題名, 結構和淵源)」에서 단순히 '전독(轉讀)'이라는 주장을 하고 있다. 제임스 리우(James Liu)는 『중국의 협객(*The Chinese Knight-Errant*)』, 100쪽과 210쪽에서 '전변(轉變)'을 '기이한 것을 노래하다'의 의미로 보고 있다. 아래의 주42와 비교.

文律, 終冀悦聖情.

이 기록은 놀랍게도 민간문화의 연행물이 상류사회 사람들에게도 대단히 유용하게 쓰여 그들의 흥미를 불러일으켰음을 단적으로 보여준다. 이 인용문을 분석할 때 간과해서는 안 될 사항은—변의 공연이 확실히 변문으로 발전했다는 측면에서—인용문의 시대적 배경이 제법 이르다는 점과 고력사가 독실한 불교도였다는 점이다. 또 변의 공연 외의 나머지 세 형식 중에서 두 가지가 확실히 불교적 성격을 지니고 있는 점도 주목할 필요가 있다.

『태평광기』에는 변(變) 공연의 인기를 생생하게 보여주는 장면이 기록되어 있다.[38] 이것은 어떤 부류의 사람들이 공연을 벌이고, 또 그 공연을 지원했던 사람들이 때로는 사악한 동기를 가지고 있었음을 알려준다는 점에서, 중국 민간문화사를 연구하는 학자들에게 대단히 가치 있는 기록이라고 할 수 있다.

양국충(楊國忠)은 검남(劍南)[39]의 군사령관이 되었을 때 여남(瀘南)[40]으로의 긴 여정을 떠날 특사들을 소집하였다. 하지만 식량은 적고 길은 험하여 늘 돌아오지 못하곤 했다. 이에 그의 검남 조직에서는 매년 송욱(宋昱)과 위현(韋儇)을 황제의 사절로 명하여 지역의 장관과 지사들로 하여금 군대를 소집하도록 했다. 사람들은 죽을 것을 알고 있었기 때문에 장관과 지사들은 명

38 이방(李昉) 편, 『태평광기(太平廣記)』 269권, 2109쪽, 『담빈록(譚賓錄)』 인용 부분. 이 기록은 8세기 중엽 이전 사천에서는 변의 구술 공연 형식이 이미 확고하게 자리잡고 있었음을 시사해주고 있다.

39 당시의 행정구역으로 현재는 사천(四川)의 성도(成都).

40 당대에 세운 행정구역으로 지금의 운남(雲南).

령을 수행할 수 없었다. 그래서 그들은 거짓 계책을 세워 승려들에게 법회를 열거나 주요 도로를 따라 변(變)을 공연하도록 하는 방법에 의지했다. 그들은 군중들 사이에서 친척들이 없고 가난한 사람들을 묶어다가 밀실에 집어넣었다. 그런 다음 그들에게 거친 옷을 지급하고 칼을 씌운 채 열을 지어 즉시 종군하도록 했다.

楊國忠爲劍南, 召募使遠赴瀘南, 糧少路險, 常無回者. 其劍南行人, 每歲令宋昱韋儇爲御史, 迫促郡縣征之. 人知必死, 郡縣無以應命. 乃設詭計, 詐令[41]僧設齋, 或于要路轉變,[42] 其衆中有單貧者, 卽縛之, 置密室中, 授以絮衣, 連枷作隊, 急遞赴之.

이 단락은 변(變)에 대한 몇 가지 중요한 사실을 말해준다. 첫째, 내가 계속 반복 강조해왔던 사천지역과의 연관성이다. 둘째, 변의 연행이 사원이 아닌 넓은 도로에서 행해졌다는 것이다. 셋째, 극히 가난한 사람들까지도 모여 즐겼을 만큼 상당히 대중적인 연행물이었다는 사실이다. 넷째, 변(變)은 사람들에게 [의심스러운 것이긴 하지만] 불교적인 성격으로 인식되었다는 점이다. 다섯째, 사람들을 끌어 모으는 변(變)

41 '令'의 의미가 '승려'들에게 역시 '변을 공연(轉變)'하도록 했음을 의미하는 지에 대해서는 확실히 말할 수 없다. 그래서 나는 원문 그대로 애매한 의미로 번역하려 한다. 다음 구 역시 '혹은 변이 요로(要路, 중요한 길목)에서 공연되도록 [명령하다]' 또는 심지어 '요로(要路)에서 변을 공연하다'의 의미로도 볼 수 있을 것이다. 어쨌든, '승(僧)'은 불교관련 문헌이 아닌 곳에서도 널리 사용되고 있으며 반드시 정식 승려를 의미하는 것은 아니다. 따라서, 이 구절이 '승(僧)'에게 변을 공연하도록 했다는 의미가 된다고 할지라도, 오히려 그들은 승려처럼 꾸민 연행자였을 수도 있다(제5장 참고). 주목할 점은 공연이 사원 밖에서 행해졌다는 것이다. 더구나 '사(詐)'라는 단어는 다음에 이어지는 행위들이 과연 순수한 불교적 표현을 의미하고 있는지에 대해 의심을 갖게 한다.

42 여기서 '전(轉)'을 '전(囀)', 즉 '읊다', '노래하다'의 의미로도 볼 수 있을 것이다. 그러나 당시 변(變)의 형식과 관계된 자료를 전체적으로 살펴보면, '[그들의] 변(變) [두루마리]을 펴다' 따라서 '변을 공연하다'라는 의미가 틀리지 않은 해석임을 알 수 있다. 주37 참고.

의 강한 흡인력을 권력자들은 잘 알고 있었고, 그들은 그것을 이용하여 자신들의 목적을 이루었다는 사실이다.

설소온(薛昭蘊)의 『환영전(幻影傳)』[43]에는 이수재(李秀才)라는 인물에 대한 이야기가 있다. 이수재는 한 승려로부터 "주막집이나 기웃거리고 변(變) 공연장에나 얼쩡거리는 사람에게 무슨 좋은 구석이 있겠소?(望酒旗翫[玩]變場者, 豈有佳者乎)"라고 꾸짖음을 당한다. 나는 '완변장(玩變場)'이라는 용어를 설명해줄 만한 어떤 자료도 본 적이 없어 그 정확한 의미를 단언하지는 못한다. 그러나 이 용어가 환술적(幻術的) 내용을 다룬 이야기 속에 보인다는 사실은, 당대(唐代)의 변(變) — 이 변(變)은 아마 환상적인 마술을 의미할 것이다 — 을 정기적으로 공연했던 지역 센터가 있었음을 시사하는 것일 수도 있다. 그리고 만약 실제로 이러한 의미였다면, 승려가 그 같은 장소를 비난했다는 사실은 매우 큰 의미가 있다. 이와는 대조적으로 불경의 강연 즉 강경(講經)은 사원에 있는 '강원(講院)'에서 행해졌으며, 승려들은 불교도들에게 자주 그곳에 가서 듣기를 권장하였다.[44]

『유양잡조(酉陽雜俎)』에서 단성식(段成式)은 마술과 변상(變相) 사이의 관계를 보여주는 기이한 일화 한 편을 기록하고 있다.

> 대력(大歷) 시기(766~779), 형주(荊州)의 척기사(陟屺寺)에 남방 출신의 한 마술사가 와서 머물고 있었다. 그는 술을 좋아해서 깨어있을 때가 거의 없었다. 사원에서 큰 재(齋) 행사가 열려 수천 명의 사람들이 모이자, 갑자기 그

43 『환영전(幻影傳)』 11책, 22a. 이 이야기는 단성식(段成式)의 『유양잡조속집(酉陽雜俎續集)』 전집(前集) 5권, 4a.10에도 보인다.

44 『돈황변문집』, 670쪽 9행 참고.

마술사는 "저는 돌던지기의 즐거움을 대신할 기술을 가지고 있습니다."라고 말하고는 그릇에 몇 가지 색깔들을 섞고서 이리저리 뛰어다니다가 눈을 긁으면서 서서히 몇 마디 주문을 중얼거렸다. 그런 후 그 물을 홀짝홀짝 마셨다가 벽에 연거푸 뿜어대어 '유마문질변상(維摩問疾變相)'을 만들어냈다. 여러 색깔들은 새로 색칠한 것처럼 선명했고, 반나절이나 지나고 나서야 그 색깔들은 점차 희미해졌다. 저녁때까지 그 색깔들은 모두 사라졌지만, 국화로 장식된 비단두건을 쓴 사리불의 옷 위에 그려진 꽃만은 이틀이 지나고도 그대로 있었다.[45]

大歷中, 荊州幽術士從南來, 止於陟屺寺. 好酒, 少有醒時. 因寺中大齋會, 人衆數千, 術士忽曰 "余有一伎, 可代抃瓦盞珠之歡也. 乃合彩色於一器中, 驒步抓目, 徐祝數十言. 方歃水再三噀壁上, 成維摩問疾變相. 五色相宣如新寫, 逮半日余, 色漸薄. 至暮都滅, 唯金粟綸巾鶖子衣上一花, 經 兩日猶在.

이 장엄한 유마변상(維摩變相)을 만들어 낸 술사가 불가의 승려가 아닌 사원 밖의 인물이라는 사실에 주목해야 한다.

중국에서 변(變)이 널리 퍼져 있었다는 또 다른 증거는, 어느 한 선사(禪師)가 자신의 어록 속에 「목련변」에 나오는 운문의 한 행을 그대로 인용하고 있다는 것이다.[46]

947년에 일어났던 것으로 보이는 아래의 사건을 통해 지나치게 변(變)을 좋아했던, 신심이 의심스러운 한 '승려'의 모습을 볼 수 있다.

---

45 『유양잡조(酉陽雜俎)』 5권, 2b~3a, '괴술(怪術)' 제목 아래.

46 내가 번역한 『돈황 민간서사(Tunhuang Popular Narratives)』, 「목련변(目連變)」, 235쪽, 주 315 참고.

'귀머거리 승려' 이씨(李聾僧)

후촉(後蜀, 925~965) 광도현(廣都縣)[47] 삼성원(三聖院)의 승려 사원(辭遠)은 성(姓)이 이(李)씨였고, 학식은 보잘 것 없었지만 많은 것을 기억하고 암송할 수 있었다. 그의 스승은 사감(思鑒)이라는 이름의 어리석은 사람이었다. 사원은 늘 "내가 이 중의 제자라니 참 유감이로군!"이라고 말하면서 그의 스승을 얕잡아 보았다. 걸으면서도 앉아있으면서도 그는 늘 '후토부인변(后土夫人變)'을 중얼거렸다. 스승은 그만두도록 했지만, 그럴수록 더욱 심하게 하여 스승에게 전혀 인정을 받지 못했다. 하루는 그가 큰 소리로 변(變)을 공연하고 있을 때, 허공에서 어떤 사람의 손이 와서는 귀를 때려 그는 귀머거리가 되고 말았다. 본 왕조의 개보(開寶) 연간(968~976)까지 20년 이상 동안 그는 성도(成都)에 있는 의정원(義井院)에 머물렀다.[48]

僞蜀廣都縣, 三聖院僧辭遠姓李氏, 薄有文學多記誦, 其師曰思鑒愚夫也. 辭遠多鄙其師云, "可惜辭遠作此僧弟子" 行坐念后土夫人變. 師止之愈甚, 全無資禮. 或一日大叫轉[49]變次, 空中有人掌其耳, 遂聵. 二十余年至聖朝開寶中, 住成都義井院.

죄를 짓고 하늘의 벌을 받은 사원(辭遠)은 변(變)을 계속 읊지는 못했던 것 같다. 만약 계속 그러했다면 그는 남은 20년의 생애를 그 사원에서 보낼 수 없었을 것이기 때문이다.

---

47 지금의 사천성(四川省) 화양현(華陽縣) 남쪽.

48 황휴복(黃休復), 『모정객화(茅亭客話)』 13책, 4.7ab. (두 곳의 작은 착오와 함께) 섭덕균(葉德均)의 『희곡소설총고(戲曲小說叢考)』 II, 689쪽에 인용되고 있음. 섭덕균은 아래의 주 50과 52에 언급된 문헌들을 (개괄 형식으로) 인용하고 있다.

49 전(轉). 문자적 의미로는 '돌리다' 또는 '읊다'

그로부터 약 150년이 지난 후, 아직까지 의문에 싸여있는 한 텍스트에는 '변(變)'이 아닌 '사(詞)'라는 글자가 사용되고 있다.

'후토사'의 무례함(后土詞瀆慢)

금릉(金陵)의 소연(邵衍)은 자(字)가 중창(仲昌)으로, 성실하고 학문을 좋아해서 평생토록 학문에 싫증을 내지 않았다. 82세 되던 1110년 6월 4일, 그는 병에 걸리지 않은 채 생을 마감했다. 죽음에 임박한 어느 날 그는 조카 황자문(黃子文)에게 말하였다. "네 늙은 삼촌은 내일 네 곁을 떠날 것이다. 옛적 어느 날 밤, 나는 황색 옷을 입은 어떤 사람이 [즉, 수도승 또는 승려] 나를 관부(官府)로 불러서 데려가는 꿈을 꾸었다. 호위하는 이들은 엄숙했고, 그가 책상에 기대앉자, 임금과 비슷한 관복을 갖춘 사람이 내게 말했다. '세간에 전해지고 있는 후토사는 심히 해로운 것인데, 너는 어째서 그 사본을 가지고 있느냐?' 그 후 그는 황색 옷을 입은 사람에게 명하여 다시 나를 데리고 몇 개의 성문을 지나 어느 궁전의 정원에 이르도록 하였다. 내가 곁눈으로 궁전의 처마를 보니, 금과 푸른 옥으로 장식되어 눈길을 빼앗길 정도였지만, 적막할 뿐 사람들의 말소리는 들리지 않았다. 순간, 누군가가 갑자기 주렴 사이에서 '소연'이라 부르며 말했다. '황제께서 당신에게 진상을 잘 살펴보고 세상에 전해지고 있는 '후토사'를 금절(禁絶)하라 명하셨소. 이제 그 일을 어떻게 해나갈 작정이오?' 나는 그것을 전하는 사람들은 모두 죽게 될 것이라고 대답했다. 내 이름을 불렀던 그 사람은 '좋소'라고 대답했다. 그래서 나는 바로 그 날로 내 임무를 맡게 된 것이다. 그 명을 받고서 나는 문을 나서다가 넘어졌고, 바로 잠에서 깨어났다. 꿈은 너무나 선명했다. 지금 나는 내 가족들과 조카인 너 역시 이 사(詞)가 더 이상 전파되지 않아야 한다는 점을 알아두기 바란다. 명심해야 한다! 명심해야 한다!"

자문(子文)은 아직 깊이 믿지는 않고 있었다. 다음날 새벽 일찍, 그는 삼촌을 뵈러 갔다. 소연은 자문에게 말했다. "조카야, 내가 읊는 소리에 귀를 기울여라" 이윽고 그는 목소리를 높여 큰 소리로 창을 하였다.

"이제 만사가 끝나버려,
누군가를 만나 다시 말하는 것이 무슨 소용이 있겠는가만,
오늘 아침 소매를 털고 가는 것은,
명월의 윤회를 좇으려 하는 것이네."

이 말을 마치고 그는 숨을 거두었다. 자문은 내 조카사위이고, 나 역시 평소 소연과 즐겁게 지내곤 했다.[50]

金陵邵衍, 字仲昌, 篤實好學, 終老不倦. 年八十二, 以大觀四年五月十五日, 無疾而終. 臨終時, 一日顧謂其甥黃子文曰 "老子明日与甥訣矣. 疇昔之夜, 夢黃衣人召至一官居, 侍衛嚴肅, 據案而坐者冠服類王者, 謂余曰 '世傳后土詞瀆慢太甚, 汝亦藏本, 何也?' 即令黃衣人, 叓引余過數城闕, 止一殿庭. 余傍視殿廡, 金碧奪目, 但寂不聞人語聲. 須臾, 簾間忽有呼邵衍者曰 '帝命汝爲圓眞相, 俾汝禁絶世所傳后土詞, 當何以處之?' 余對以傳者應死. 呼者曰 '可也.' 仍即日莅職. 余拜命出門, 足蹶而覺. 所夢極明. 予亦欲吾家与甥知此詞之不可叓傳. 誌之, 誌之" 子文未之深信. 翌日凌晨, 往視之. 衍謂子文曰 "甥更聽吾一頌." 即舉聲高唱曰 "雖然萬事了絶, 何用逢人更說, 今朝拂袖便行, 要趂一輪明月." 言訖而終. 子文余姪婿也, 余亦素与仲昌遊云.

---

50 하원(何薳), 『춘저기문(春渚紀聞)』 2권.

조각상과 사당을 갖추고서 광범위하게 전파되는 숭배는 '후토부인(后土夫人)'의 형상을 핵심으로 하여 발전해 갔다. 그리고 이는 유가적 성향을 띤 도학자들의 분노를 불러일으키기에 충분했다. 더욱 나쁜 것은, 이 숭배 대상이 본성적으로 불경스럽다는 점이다. 첫째, 그녀는 존귀한 신의 모습으로 위장했다. 게다가 그녀는 뻔뻔스럽게도 위안도(韋安道)라는 사람을 유혹하여 아내가 되었다. 그런데 그녀를 좋아하지 않은 위안도의 부모는 승려 두 명과 도사(道士) 한 명을 고용하여 사악한 기운을 쫓아내려 했지만 그녀는 굴복하지 않았다. 결국 아버지는 위안도에게 그녀를 쫓아내라고 시켰다. 이에 그녀는 위안도를 영계(靈界)로 데리고 돌아감으로써 부친의 바람을 이루어주었다.

이로 보아, 후토부인은 확실히 예를 중시한 도학자들에게 달갑지 않은 탈선자로 비춰졌던 것 같다.또 일부 남성 우월주의자들은 후토부인을 이용하여 자신들의 공적(公賊)인 무후(武后)를 공격하기도 하였다.

> 당대 사람에 의해 쓰여진 『후토부인전(后土夫人傳)』[51]을 처음 읽었을 때, 나는 그 불경스러움과 무고(誣告)함을 대단히 혐오했다. 나는 진사도(陳師道, 1053~1101)가 자신의 시화(詩話)에서 "…… 당대 사람들이 후토의 일을 기록하여 무후를 비난한" 결과에 대해 언급한 것을 보았을 때, 무후가 어째서 비난받을 만한 사람이냐고 말했다. 여기에 후토를 가져다 쓴 것은 너무나 불경스러운 짓이었다. 이후 망령된 사람들이 또 그 이야기—'후토사(后土詞)'를 말함—를 악장(樂章)에 넣자, 무지한 사람들은 그것을 사실로 받아들이게 되었다.[52]

51 이방(李昉) 편, 『태평광기(太平廣記)』 299권, 「신류(神類)」 제9번 '위안도(韋安道)'. 『이문록(異聞錄)』, 인용 부분.

唐人作后土夫人傳, 予始讀之, 郡其瀆慢而且誣也. 比觀陳無己詩話云 "(…)唐人記后土事以譏武后耳." 予謂武后何足譏也. 而託之后土亦大褻矣. 後之妄人又叓塡入樂章, 而無知者遂以爲誠是也.

'후토부인변(后土夫人變)'과 '후토사(后土詞)'는 둘 다 남아 있지 않기 때문에 이들이 어떤 관계가 있었고, 또 현전하는 「후토부인전(后土夫人傳)」과는 어떤 차이가 있는지 알 수가 없다. 문체상의 이유에서 「후토부인전」은 다른 두 형식의 이야기에 비해 사람들의 반감이 적었을 것으로 보인다. 이것은 산실된 앞의 두 형식과는 달리 「후토부인전」이 보존될 수 있었던 이유일 것이다. 어쨌든 송대 세 학자의 위와 같은 언급들이, 10세기 중반 한 편의 변문의 주제에 대한 도덕적 위반과 문화적 분노를 보여주는 것이라면, 신유학의 정통성이 자유롭게 퍼져갔던 11세기 말에 '변'이라는 장르가 거의 사라지고 만 것은 놀라운 일이 아니다.

'변(變)'에 대한 문헌상의 마지막 언급은 『불조통기(佛祖統記)』 39권[53] 694년조에 보이는데, 여기에 있는 한 주석에는 『석문정통(釋門正統)』[54]에서 인용해온 대단히 중요한 기록이 있다. 『석문정통』은 오극기(吳克己)가 13세기 초반에 처음으로 간행하였고, 1237년경 양저(良渚)의 종감(宗鑑)이라는 승려에 의해 완성된 모습을 갖춘 책이다. 문제의 기록은 미르 오르무즈드(Mihr-Ormuzd)[55]라는 페르시아인 주교(拂多

52 호자(胡仔)의 『초계어은총화(苕溪漁隱叢話)』 18권, 539쪽에 인용된 송(宋) 엄유익(嚴有翼)의 「예원자황(藝苑雌黃)」.

53 『대정신수대장경(大正新修大藏經)』 39권, 370a.

54 『대일본속장경(大日本續藏經)』 650권, 412ab~ba. 위 부분은 1967년 홍콩에서 재발간한 『대일본속장경(大日本續藏經)』, CXXX(412쪽)에서 볼 수 있다.

55 펠리오(Pelliot), 『복건福建의 마니교 전통(*Les traditionsmanichéennes au Fou-kien*)』, 203쪽, 주6.

誕, 소그드어로는 Alftādān)[56]가 『이종경(二宗經)』이라는 위경(僞經, 마니교 위경을 말함)을 가지고 무측천(武則天)의 조정으로 들어왔다는 언급에서 비롯되었다. 그 경전은 천태(天台)의 승려이자 『불조통기』의 편찬자인 지반(志磐)이 보기에는 분명 정전(正典)에 속하지 않는 것이었다. 그 주석을 붙였던 종감(宗鑑)은 여기 뿐 아니라 다른 곳에서도[57] 불교 및 기타 분야에서 그의 예리한 판단을 보여주었다. 그 주석을 완전히 이해하기는 매우 어렵지만[58] 그 대강의 의미는 아래의 미숙한 번역을 통해서 파악될 수 있을 것이다.[59]

> 양저(良渚)[출신의 승려]가 말했다. "조정의 법령에 따라 '『이종경(二宗經)』 및 『대장경』에 근거하지 않는 경문을 미혹한 사람들에게 전파하는 사람들은 이단으로 죄를 논하게 될 것이다.' 이종(二宗)[60]이라는 것은 남녀가

---

56 헤닝(Henning), 『마니교의 역사에 대한 새로운 자료(*Neue Materialen zur Geschichte des Manichäismus*)』, 13~14쪽 주6과 『마니교의 불성(佛性)에 관한 연구(*Ein Manichäisches Bet-und Beichtbuch*)』, 119쪽.

57 『대정신수대장경(大正新修大藏經)』 49권, 475a.

58 샤바네스(Chavannes)와 펠리오(Pelliot)는 『중국에서 발견된 마니교 규약(*Un traité manichéen retrouvé en Chine*)』, 353~362쪽에 이 기록에 대한 대단히 가치 있는 번역과 주석을 달고 있다. 그러나 이 박학다식한 석학들도 어느 한 곳(356쪽 주2)에서는 어쩔 수 없었다("toute cette série de titres est d'une obsurité déscspérante"). 드베리아(Devéria)의 『무슬림과 중국 마니교(*Musulmans et manichéens chinois*)』, 458~463쪽 역시 참고. 종감의 기록에 대해 좀 더 충분한 이해를 바라는 독자들은 이들 연구를 참고해야만 할 것이다. 여기서 나는 대단히 간단한 설명만 하고 있을 뿐이다.

59 각 텍스트들에 몇 가지 일치하지 않는 곳이 있다. 나는 『불조통기(佛祖統記)』, 『석문정통(釋門正統)』, 『설산집(雪山集)』(주67 참고)에서 가장 타당하다고 생각되는 것들을 따랐다. 시대적으로 제일 이른 세 번째 자료가 가장 믿을 만하고, 다음으로는 두 번째 자료가 믿을 만하다.

60 이는 '사부흐라간(Šābuhragān)'이라 불리는 중세 페르시아 마니교 경전에 대한 한문 번역임에 분명하다. 이 마니교 경전의 제목 페이지에는 'dō bun wazarg(두 가지 대원칙)'와 'dō bun šābuhragān(Šābuhragān의 두 가지 원칙)' 같은 문구가 있다. 한자로 '종(宗, 원리)'은 중세 페르시아어의 'bun(기초 또는 근본)'과 같다. 데이비드 우츠(David Uts)의 미발표 논문인 「중국 마니교 전통의 파르티아 용어(The Parthian Words in the Chinese Manichaean

시집 장가를 가지 않고, 서로 말을 섞지 않는 것이며, 아파도 약을 복용하지 않고, 죽으면 관 없이 그대로 땅에 매장하는 것 등이다. 『대장경』에 근거하지 않는 경문이란 '불불토연사(佛佛吐戀師)', '불설제루(佛說啼淚)', '대소명왕출세경개원(大小明王[61]出世經開元)' '괄지변문(括地變文)',[62] '제천론(齊天論)', '오래자곡(五來子曲)'[63]과 같은 것들을 말한다 …….”

良渚曰 “準國朝法令, 諸以二宗經及非藏經所載不根經文, 傳習惑衆者, 以左道論罪. 二宗者, 謂男女不嫁娶, 互持不語, 病不服藥, 死則裸葬等. 不根經文者, 謂佛佛吐戀師, 佛說啼淚, 大小明王出世經開元 括地變文, 齊天論, 五來子曲之類 …….”

이 주석의 뒷부분은 마니교와 불교가 갖고 있는 교리 및 실천 측면에서의 복잡한 유사성에 대한 폭로가 이어진다. 이 기록을 통해 볼 때, 1237년 무렵 (당시에 알려진 것처럼) 변문은 (불교도들에게는) 이단적인 마니교의 것으로 인식되었음을 알 수 있다. 더욱이 이 마니교는 불교화된 마니교여서 종감(宗鑑)과 같은 순수 정통주의자들이 보기에는 그것과 불교의 구분이 충분히 드러나지 않은 상태였다. 그것은 불교도들에게 커다란 골칫거리였다. 왜냐하면 두 종교 사이의 불확실한 구

Tradition)」, 11쪽 참고. 반 더 룬(Piet van der Loon)은 『이종경(二宗經)』이 불교와 도교 경전의 관점으로는 성립할 수 없음을 말하고 있다(「송대 장서에 있어서의 도교 저서들(Taoist Books in the Libraries of the Sung Period)」, 44~45쪽과 주 62~63).

61 불교에서 명왕(明王)은 범어 비댜라자(vidyā-rāja)의 번역이며, 대일각왕(大日覺王)의 가르침으로 분노의 몸이 되어 모든 악(惡)을 항복시키는 진언(眞言)을 가진 영혼의 왕이다.

62 개원(開元)과 괄지(括地) 두 단어는 각각 고대 중국의 대표적인 천문학과 점성학 용어이다. 드베리아(Devéria)는 「무슬림과 중국 마니교(Musulmans et manichéens chinois)」, 459쪽에서 “천지의 시초에 대해 논한 글(Dissertations sur le commencement du Ciel et de la Terre)”이라는 해석을 하고 있다.

63 Māni?

분으로 인해 마니교에 대한 박해와 추방이 불교사원에까지 미쳤기 때문이다.[64] 따라서, 정통 불교도들은 자신들의 이익을 위해 가능한 한 분명하게 그들 자신과 마니교를 구분 짓고자 했다. 바로 이러한 이유 때문에, 한 강경사(講經師)는[65] 페르시아 종교,[66] 마니교, 조로아스터교를 비난하면서 서방에서 들어온 다른 종교와 불교 간에 명확한 구분을 짓고자 진력하였다. 『석문정통』에 보이는 '괄지변문(括地變文)'에 대한 위의 언급은 변문이 재발견되고 연구되어진 20세기까지 '변문'과 관련한 문헌상 가장 늦은 기록이다.

'괄지변문'을 기타 미신 경전과 연관시킨 것은 왕질(王質, 1160년 진사 급제, 1188년 사망)의 유명한 상소문 '논진도소(論鎭盜疏)'[67]이다. 이 상소문에서 그는 송대에 이단시된 마니교의 한 분파였던 '끽채사마(喫菜事魔)'[68]에 대한 체포 방안을 제기하였다. 842년의 극심한 박해 후 생기게 된 마니교의 다른 지하 교파와 마찬가지로, 이 집단은 통속적인 불교의 개념과 의식 및 용어들을 대대적으로 차용하였다. 약간의 차이가 있긴 하지만, 이 상소문에는 『석문정통』에서 종감이 제출한 것과 동일한 이단 경전 명단이 기록되어 있다. 이에 대한 가장 그럴듯한 설

64 두 교리 사이의 혼란이 최고 권력층 사이에서 벌어진 때는 732년 7월이었다. 그리고 이 해에 현종(玄宗)은 마니교가 "거짓으로 불교라 칭하고 있다(妄稱佛敎)"는 내용이 담긴 칙령을 발포했다. 두우(杜佑)의 『통전(通典)』, 40.229c 참고.

65 『돈황변문집』, 464쪽. 10, 12행 참고

66 네스토리우스교를 가리킴.

67 왕질(王質), 『설산집(雪山集)』 3권, 24~27쪽.

68 이 단체는 치쿠사 마사키(竺沙雅章)가 『중국불교사회사연구(中國佛敎社會史硏究)』에서 주의 깊게 연구해 왔다. 위에서 말한 기록은 220쪽에 인용되어 있다. 나는 위의 언급에 있어 반 더 룬(Piet van der Loon)의 도움을 많이 받았다(1984.3.16). '끽채사마(喫菜事魔)'에 대해 영문으로 길게 논한 것은 류(Lieu)의 「로마와 중국에서의 마니교 전파와 박해—비교 연구(The Diffusion and Persecution of Manichaeism in Rome and China—A Comparative Study)」, 102쪽 이후 참고.

명은 종감이 왕질의 기록에 근거하여 글을 썼다는 것이다. 어쨌든, 북송 말엽 최소한 한 편의 변문은 문화적 결정권자들이 받아들일 수 있는 범위를 벗어났음은 의심의 여지가 없다. 집권자들에게 변문은 전복(顚覆), 이단, 도적의 이미지로 다가왔던 것이다. 우리의 관점에 따라 이 문제를 다른 방식으로 본다면, 당대 이후 집권자들은 변문이 그 시대의 장면으로부터—단지 그 이름만—갑자기 사라지게 된 원인을 설명할 때 분명 큰 도움이 될 것이다. 당 사회가 훨씬 더 개방적이긴 했지만, 속문화를 억압하려는 세력은 그때에도 이미 존재하고 있었다. 사실, 돈황 사본의 거의 기적적인 보존이 없었더라면 변문은 다른 통속문화와 마찬가지로 송과 그 이후 시대뿐만 아니라, 당대의 역사 기록에서도 사라지고 말았을 것이다.

하지만 '변문'이라는 용어가 구술 공연 속에서 심지어 20세기 초엽까지도 살아남아 있었다는 것은 대단히 흥미로운 일이다. 옛 북경에는 남방 출신의 예인들로 구성되었음이 분명한 '남방기원(南方妓院)'이라는 오락 장소가 있었다. '남방의 기방'이라는 의미의 명칭으로 판단해 보건대, 연행자들의 사회적 지위는 낮았으며, 아마도 — 비구니들처럼[69] — 노래보다는 다른 형식의 공연을 했던 것으로 보인다. 가장 흥미를 끄는 점은 그들이 공연하는 '보권(寶卷)'이 남방에서는 '선권(宣卷)'으로, 북방에서는 '창변문(唱變文)'으로 불렸다는 사실이다.[70] 이 후자의 명칭이 오대(五代)로부터 20세기까지 어떻게 남아있게 되었는

69 『그림과 공연(*Painting and Performance*)』, 5장 참고.

70 이에 대한 정보는 1981년 8월 3일 오효령(吳曉鈴), 이세유(李世兪)와의 대화를 통해 얻을 수 있었다. 나는 또 '남방기원(南幫妓院)'이라는 언급을 하고 있는 자료도 볼 수 있었는데, 이는 오효령(吳曉鈴)과 이세유(李世兪)가 말한 '남방기원'과 같은 곳으로 보인다. 이가서(李家瑞) 편, 『북평풍속류징(北平風俗類徵)』, 385~386쪽 참고.

지는 여전히 수수께끼이다. 왜냐하면 내가 아는 한 이 용어는 그 동안에 생산된 문헌 속에서 단지 두 차례[71] 언급되고 있을 뿐이기 때문이다. 이것은 근대의 통속문화를 기록한 문자 기록이 완전하지 못했음을 보여준다. 변문과 보권의 관계는 역시 주목할 만하다. 더욱이 본래 명청대에는 통속 불교적 성격을 띤 보권이 20세기 초에는 때때로 기녀들 사이에 자리 잡고 있었다는 사실은 특별한 의미가 있다. 심지어 보권이 북방에서 '유가승경(瑜伽僧經)'[72] 또는 좀 더 문어적으로 '응부[승]경(應赴[僧]經)'이라고 불렀을 때에도 마찬가지였다.

최근 변문에 대한 당대(唐代)의 기록으로 추정되는 또 하나의 자료가 인도로 순례를 떠났던 현장(玄奘)의 전기 제9권에서 발견되어[73] 자주 언급되고 있다. 그러나 이 기록에는 몇 가지 의심스러운 점이 있어 주의 깊게 고찰해볼 필요가 있다. 『대정신수대장경(大正新修大藏經)』 50(2053).272b에는 1245년 간행된 『고려대장경(高麗大藏經)』 목판본을 근거로 다음과 같이 적고 있다.[74] "656년 12월 26일 (…) 법사 — 즉, 현장(玄奘) — 가 (…) [황제께] 경의를 표하며 말하기를 : '제가 감히 금으로 글자를 새긴 반야심경 한 권과 그 상자 그리고 보은경변(報恩經變) 한 부를 바칩니다(顯慶元年 (…) 十二月五日法師 (…) 表曰 : 輒敢進金

71 이전의 단락들을 참고. '변문'이라는 용어는 명대와 청대의 몇몇 문헌 속에서 저자 또는 편집자가 인용한 당대(唐代)의 자료에서 보이기도 한다. 내가 알고 있는 어떠한 경우에도 오대(五代) 이후 20세기가 시작되기 전까지의 자료는 '변문'이라는 용어를 충분히 이해하고 있지 못하다.

72 【역자주】 원문에는 'sutras of ['monks' who sponsor] vegetarian feasts'로 되어 있으며, 유가승경(瑜伽僧經)이 올바른 번역인지는 확실하지 않다. 참고로 밀종(密宗)의 '응부승(應赴僧)'은 '유가승(瑜伽僧)'으로도 불렸다.

73 반중규(潘重規), 『돈황변문집신서(敦煌變文集新書)』에 실린 「돈황변문신론(敦煌變文新論)」, 1297~1322쪽, 특히, 1303~1304쪽 참고.

74 『고려대장경(高麗大藏經)』, 영인(1975) XXXII, 721b.

字般若心經一卷幷函, 報恩經變一部).”[75] 이 전기의 앞부분 다섯 권을 지었던 혜립(慧立)은 670년 혹은 그보다 조금 뒤 사망했다. 하지만 그 후 바로 뒷부분 다섯 권을 맡았던 언종(彦悰)은 현장이 사망한 후 20년도 넘은 688년에야 전기를 완성했다.[76]

현존하는 이 전기의 가장 오래된 판본으로, 일본의 나라(南都) 흥복사(興福寺)에 보존되어 있는 1021년 판본의 기록을 살펴보면,[77] '변(變)'이 빠진 채 '보은경일부(報恩經一部)'로만 되어 있음을 알 수 있다. 현장의 전기는 10세기 초에 위구르어로 번역되었다. 그러나 불행히도 우루무치의 한 파렴치한 중국 책장사꾼의 탐욕으로 인해, 금세기까지 남아있었을지도 모르는 유일한 사본이 조각조각 찢겨져 팔리고 말았다. 그래서 지금 우리는 이 문구가 적혀 있는 페이지가 어디에 있는지 알 도리가 없다.[78]

'변(變)'이라는 글자가 혜립(慧立)과 언종(彦悰)이 쓴 — 지금도 약간 의심스러운 점이 있는 — 전기(傳記)의 원본에 실제로 쓰여 있었다고 가정

75 남경(南京) 및 전본(殿本)에 근거한다고 말하는(vii쪽) 줄리엔(Julien)은 '변'을 완전히 무시한 번역을 하고 있다.(328쪽) 리용시(Li Yung-hsi)는 혜립(慧立)의 『현장전(玄奘傳, *The Life of Hsuan-tsang*)』을 번역하면서 253쪽 11~12행의 난해한 구를 모두 빠뜨리고 있다. 웨일리(Waley)는 「대정신수대장경 진본 : 그 외 기타 작품들(The Real Tripitaka : and Other Pieces)」, 120쪽에서 '변'을 'legends' 로 번역하고 있다.

76 『사림(史林)』에 실린 우츠노미야 키요요시(宇都宮淸吉)의 논문 참고.

77 츠키시마 히로시(築島裕)의 『[흥복사본(興福社本)] 대자은사 삼장법사전 고대 방점의 국어학적 연구(大慈恩寺三藏法師傳古點の國語學的硏究)』, I권; 우츠노미야 키요요시(宇都宮淸吉) 편, 『대당 대자은사 삼장법사전의 특이점 고찰(大唐大慈恩寺三藏法師傳考異)』 II, 187쪽(9.94a). 이 텍스트의 초기 일본 편자는 행간에 'no hen(ノ變)'을 더했다. 이것은 텍스트에 '변'이 첨가된 것이 중국이 아닌 다른 곳에서의 교정 때문인 것으로 볼 수 있음을 시사하는 것이다. 나라 혹은 헤이안 시대의 것으로 보이는 현장 연대기의 최초 사본들(그 중 하나는 765년에 해당되는 시기로 명시되어 있다)은 『대정신수대장경(大正新修大藏經)』, 52(2119). 825a에 기록된 바와 마찬가지로 '보은경(報恩經)'뒤에 '변(變)'이라는 글자를 함께 쓰고 있다.

78 이 점을 알려준 카하르 바라(Kahar Barat)에게 깊은 감사를 드린다. 그는 위구르어로 된 현장 전기의 잔해들에 대한 철저한 조사를 준비하고 있다.

하더라도 문제는 여전히 남는다. 우선 양사 '부(部)'는 통상적으로 '경(經)'에 붙어 쓰이는 것으로, 나는 이 글자가 변(變)과 함께 쓰인 경우를 본 적이 없다. '변'에 일반적으로 쓰이는 양사로는 '권(卷)' 즉, '~변[문]일권(變[文]一卷)'이 유일하다. 그리고 그림이나 소상(塑像)이라는 의미에서의 변(變)에 적용되는 양사는 '포(鋪)' 즉, '~변[상]일포(變[相]一鋪)'이다.

『대정신수대장경(大正新修大藏經)』본 현장(玄奘)의 전기에 보이는 또 한 가지 특이점은 '경(經)'과 '변(變)'이 함께 쓰였다는 것이다. 그런데 이런 경우는 돈황의 몇몇 벽화와 같은 미술 작품의 제목에서만 보일 뿐, 돈황 사본 어디에서도 두 글자를 이렇게 병렬해서 쓰고 있진 않다. '~경변일부(經變一部)'라는 표현은 대단히 특별한 사례이기 때문에, 흥복사(興福寺)본에 나타나 있는 '丿變(주77 참고)'에 대해서 더욱 깊은 의구심을 갖게 된다.

계속해서 이 '보은경(변)일부[報恩經(變)一部]'는 이것이 F96(『목록(*Inventory*)』 440항), 즉 레닌그라드에 소장되어 있는 「쌍은기(雙恩記)」와 어떤 관계를 가지고 있는지에 대한 문제를 야기한다. 「쌍은기(雙恩記)」는 최소한 부분적으로는 분명히 「보은경(報恩經)」(예를 들어 『돈황변문집신서(敦煌變文集新書)』 62쪽 8a와 64쪽 7행)에 근거하고 있다. 강경문의 모범이라 할 수는 없지만, 형식과 내용면에서 볼 때 「쌍은기」가 강경문임은 쉽게 알 수 있다. 따라서 이 작품을 변문으로 규정짓고자 하는 어떠한 시도도 위험한 것이며, 현장의 전기에 보이는 문제의 제목과 동일시하는 시도 역시 억측에 불과하다.

현장(玄奘)의 전기에 '변' 자가 대단히 이례적으로 나타나는 것과 관련되어 이처럼 많은 문제점들이 발생하고 있기 때문에, 가장 현명한 대응책은 이를 근거로 하는 어떠한 복잡한 논점도 함부로 만들지 않는 것이다. 증명을 위해서든 또는 반박을 위해서든, 다수의 정확한 증거가 발견되기 전까지 우리가 할 수 있는 일은 — 의심 가는 부분이 상당히 많긴 하지만 — 그것이 고승과 관련되어 '변' 자가 쓰인 유일한 기록이라는 사실을 기억해두는 일 뿐이다. 변칙적으로 쓰인 '일부(一部)'라는 양사가 없다면 우리는 '보은경변'을 단지 미술작품으로 규정할 수 있을 것인데, 실제로 '변[상](變[相])'은 당대의 여러 문헌에서 언급되고 있기 때문에,[79] 위 경우는 전혀 특별한 사례가 되지 못할 것이다. 마지막으로, '보은경변일부'는 '불도를 닦는 도구(道具)'로서 황제에게 바쳐진 것이며, 이 도구에는 금자(金字)로 쓰인 불경, 가사(袈裟), 기타 보물들이 포함되어 있는 것으로 보아, 속인들을 위한 속강이 진상품의 하나였을 가능성은 대단히 희박하다. 현존하는 모든 변문과 강경문의 수준은 — 종이, 필적, 사용된 용어, 문체의 측면에서 — 황제에게 정식으로 바칠 수 있었던 경전이나 실록들의 수준에 훨씬 못 미친다. 더욱이 변상(變相)이 고승이나 불교적 성향을 가진 관리들이 흔히 가지고 있었던 물품이었던 반면, 변문과 강경문이 '불도를 닦는 도구'로 사용됐다는 기록은 어디에도 없다. 어쨌든 우리는 '보은경변일부'라는 특이한 제목으로부터 변문 또는 강경문에 관한 의미 있는 결론을 도출해낼 수 있을 만큼 충분한 자료를 갖고 있지 못하다.

유감스럽게도 근대 이전의 자료들 중에 변문에 대한 기록이 흔하지 않아서 학자들은 안이한 생각으로 실제로는 있지도 않은 곳에서 관련 기록들을 찾아내곤 했다. 이러한 잘못된 기록의 예로는 원대(元代) 후기 양유정(楊維楨, 1296~1370)의 『선유몽유이록(仙遊夢遊二錄)』을 명대의 작가인 장무순(臧懋循)이 편찬하면서 붙인 서문에 대해 양음

79 메이어(Mair), 「변상의 기록(Records of Transformation Tableaux(*pien-hsiang*))」 참고.

심(楊蔭深)이 언급한 내용을 들 수 있다.[80] 장무순이 '탄사(彈詞)'를 변문의 형태로 규정하고 있음을 증명하기 위해 양음심은 본래의 문맥은 고려하지 않은 채 다음 구절을 인용하고 있다. "탄사에 관해서 이야기하자면, 대로변(九衢)과 시장 거리에서 작은 북을 가지고 박자를 맞추면서 설창을 하는 사람들 대부분은 맹인들이었다. 그곳에는 또 현악기를 타는 여인들도 있었다. 이것은 마지막 변(變)이라고 할 수 있을 것이다(若有彈詞, 多瞽者以小鼓拍板說唱於九衢三市, 亦有婦女被絃索, 蓋變之最下者也)." 그러나 장무순은 사실 문학 형식과 관계된 몇 가지 변화들에 대한 이야기를 하고 있었다. 여기서의 '변(變)'은 장르적 측면에서의 '변(transformation)'이 아니라 '변화(change)'로 해석해야 하는 것이다. 따라서 장무순이 말하고자 하는 의도는, 탄사가 풍아(風雅)에서 악부(樂府), 사(詞), 곡(曲)으로 이어지는 변화의 선상에서 '가장 최근의' 또는 '가장 늦은' 발전 형태라는 것이었다. 이 견해[81]는 변문의 역사와는 아무런 관련도 없다.

변문에 관한 또 하나의 거짓 자료는 황보송(皇甫松)의 「대수변(大水變)」이다. 이 작품은 구진경(邱鎭京)이 『당척언(唐摭言)』 제10권에 실려 있다고 하였는데[82] 내가 이 작품의 여섯 개 판본을 조사해봤지만 어디에서도 이런 제목은 보이지 않았다. 황보송이 지은 작품은 「대수변(大水辨)」이었던 것이다.

'변'이 공연되던 그 시대의 문헌 속에 보이는 변문 관련 자료는 극소수

80 『중국속문학개론(中國俗文學概論)』, 108쪽. 변상에 대해 잘못 언급하고 있는 몇 가지 예에 대해서는, 메이어 「변상의 기록(Records of Transformation Tableaux(pien-hsiang))」을 참고.

81 전체 문장을 보려면 장무순(臧懋循)의 『부포당집(負苞堂集)』, 3권, 57쪽 참고. 맹요(孟瑤)는 『중국소설사(中國小說史)』 IV, 604~605쪽에서 같은 문장을 인용하면서 역시 문맥에 대한 이해부족으로 잘못된 번역을 하고 있다.

82 『돈황변문술론(敦煌變文述論)』, 18쪽.

일 뿐이지만 — 이것은 그 장르의 낮은 사회적 위치 때문이다 — 우리는 그 자료들을 통해 매우 많은 것을 알게 되었다. '변'은 세속적인 장소에서 전문 연기자들에 의해 공연되었는데, 그 중에는 여성들도 있었다. 그림 두루마리는 공연의 중요한 요소 중 하나였다. 유명한 시인들은 변(變)을 잘 알고 있었으며 재담거리로 그것들을 이야기했다. '정통문학'이 아니었음에도 불구하고, 고위 관리들 심지어는 황제마저도 변의 공연을 즐겼다. 정식 승려들에게 비난을 받았으면서도, 그것은 엄청난 관중 동원력을 가지고 있었다. 이것은 그 공연과 변문들이 미신적이고 외설스럽고 기이하고 환상적인 특성을 가지고 있었기 때문으로 보인다.

이 장에서 말한 모든 발견들과 여기서 언급한 여러 내용들은, 자체 연구를 통해[83] 그리고 비슷하거나 관련이 있는 다른 지역 전통과의 비교 연구를 통해[84] 이해하게 된 내용과 기본적으로 일치하고 있다. 요컨대, 변(變)은 당 중반부터 당 말기 사회의 하층계급 사이에 널리 퍼져 있던, 불교의 영향을 받은 — 일반적으로 그림을 동반한 — 산운(散韻) 조합의 이야기 서술(prosimetric storytelling)이었다.[85]

---

83 특히 4장과 5장 참고.

84 메이어(Mair), 『그림과 공연(*Painting and Performance*)』 참고.

85 '변'이라는 이름 자체가 사라진 후의 변(變) 전통의 생존에 대한 연구는, 메이어(Mair), 「변문이 후대 중국 통속문학에 미친 공헌(The Contributions of Transformation Texts (pien-wen) to Later Chinese Popular Literature)」 참고.

부록

당오대唐五代 변문變文이 후대 중국 통속문학에 미친 공헌

Victor H. Mair

「The Contributions of T'ang and Five Dynasties Transformation Texts(*pien-wen*) to Later Chinese Popular Literature」, *Sino-Platonic Papers*, 12 (1989, 8), University of Pennsylvania.

20세기로 전환될 무렵 돈황 사본이 발견되고 그 사본들 속에서 발견된 변문(變文)[1]을 연구하기 시작한 이래, 많은 사람들이 이 당오대의 민간 불교 서사 장르가 이후 중국문학의 발전에 중요한 영향을 미쳤다고 주장해 왔다. 그러나 불행히도 이러한 주장들은 그것을 뒷받침해줄 만한 충분한 근거와 자료들도 없이 제기되었다. 중국 강창형

1 변문의 배경과 특성에 대해서는 필자의 『돈황 민간 서사(*Tun-huang Popular Narratives*)』, Cambridge University Press, 1983; 『당대 변문(*T'ang Transformation Texts* : A Study of the Buddhist Contribution to the Rise of Vernacular Fiction and Drama in China)』, Harvard-Yenching Institute Monograph Series28(Cambridge, Massachusetts : Harvard University Council on East Asian Studies, 1989), 「세속의 학생들과 통속 기록서사물의 제작 : 돈황 사본 목록(Lay Students and the Making of Written Vernacular Narrative : An Inventory of Tun-huang Manuscripts」, Chinoperl Papers, 10 (1981), 5~96쪽, 「중국 민간 문학에 끼친 인도의 영향과 관련한 일부 참고문헌(A Partial Bibliography for the Study of Indian Influence on Chinese Popular Literature)」, Sino-Platonic Papers, 3 (1987. 3), iv+214쪽 참고. 그 밖의 참고자료들은 위 글들의 참고문헌 목록을 볼 것.

소설(prosimetric[chantefable] fiction)의 최초 형식으로 알려져 있는 변문은 장편 백화 서사(vernacular narrative)의 최초 모델을 대표하기도 한다. 1천여 년 전 중국에서 출현했던 변문이 최근 우리에게 다시 나타난 것은 대단히 중요한 의미를 가진다. 지금 우리에게 당면한 문제는 중국문학사에 있어서 이 변문이 어떠한 역할을 했는지 정확하고 세밀하게 밝혀내는 일이다.

중국 서사의 발전에 끼친 불교문학의 중대한 영향에 대해서는 프루섹(Průšek)이 이미 논의한 바 있다.

> 현재 전해지고 있는 송대(宋代, 960~1279)의 민간 고사들을 분석해 보면, 이들 형식이 당대의 변문을 수용, 발전시킨 것임을 알 수 있다. 따라서 당대의 세속적인 설화인들(narrators)까지도 이미 종교적 강론의 영향을 받았다는 가정이 가능하게 된다. 설화인들이 중국에서 몇 세대 동안 존재해 왔을 것이라는 사실에도 불구하고,[2] 당나라 시대의 민간예술은 통속 불교문학의 영향을 깊이 받아, 최소한 그 형태에 있어서는 한대(漢代)에 이미 출현한 바 있는 '소설(小說)'과 일치하는 점이 거의 없는 새로운 문학 장르로 변화되었다. 그러므로 우리는 근대 말까지 꾸준히 존재해왔던 중국 통속서사와 소설(novel)이 당대 이전에는 생겨나지 않았으며, 설령 이러한 문학작품이 그 발전과정에서 완전히 중국 고사를 소재거리로 삼았다 할지라도, 이 문학체재는 본질적으로 종교의 산물 즉 불교의 부산물이었으며, 오랜 세월동안 발생초기의 특징을 그 속에 간직하고 있었다고 말할 수 있다.[3]

---

2 에드워즈(E. D. Edwards), 『당대 중국 산문 문학(*Chinese Prose Literature of the T'ang Period*)』 Vol. II (London, 1938), 1쪽 이하와 비교[프루섹의 원주(原註)].

3 야로슬라프 프루섹(Jaroslav Průšek), 「중국 대중 소설의 시작에 관한 연구(Research into the Beginnings of the Popular Chinese Novel)」, Archiv Orientální, 11.1(1939), 91~132쪽과

위 인용문 후반에 보이는 프루섹의 관점은 중국 속문학사에서 대단히 중요한 의미를 지닌다. 이 글의 목적은 중국문학의 각종 장르를 연구하는 학자들의 중요한 발견들을 한데 모으고, 또 그것으로 프루섹의 관점을 뒷받침하려는 데 있다. 우리는 불교문학 뿐 아니라 민간의 불교 변 연행과 통속적인 변문이 후대 중국 서사문학 — 소설과 희곡 모두 — 에 대단히 큰 영향을 미쳤음을 알게 될 것이다.

리우 우츠(Liu Wu-chi, 柳無忌)는 "소설과 희곡의 맹아는…… 당 이전에 이미 출현했지만, 당 · 송대에 와서야 그 맹아적 단계를 벗어났다"[4]라고 했다. 이는 대단히 올바른 지적이지만, 이 '맹아'에서 싹이 터서 결국 열매를 맺게 해 준 당대와 송대의 영양분이 무엇이었지는 여전히 궁금증으로 남는다.

폴 드미에빌(Paul Demiéville)은 중국 통속 [민간 구술이 아닌 서면] 문학의 시작을 8~9세기 — 즉, 돈황 변문이 흥기한 시기 — 로 추산한다.[5] 그리고 자세하게 설명하고 있진 않지만, 그는 이 시기 속문학의 출현이 7~10세기에 중국 불교가 절정기에 있었다는 사실과 관련이 있다고 보았다.[6] 이는 아주 정확한 관점이다. 드미에빌의 분석은 중국 통속 서면 문학의 출현에 불교가 다방면에 걸쳐 영향을 미쳤음을 정교하게 지적한 것이다. 여기에는 불교가 중국의 사회, 교육, 종교, 문학, 예술, 언어, 그리고 중국인의 삶에 미친 영향이 포함된다.

23.4(1955), 620~662쪽(인용은 108~109쪽).

4 리우 우츠(Liu Wu-chi), 『중국문학개론(*An Introduction to Chinese Literature*)』, Bloomington and London : University of Indiana Press, 1966, 141쪽.

5 폴 드미에빌(Paul Demiéville), 「중국 통속문학의 시작(Les débuts de la littérature en Chinois vulgaire)」, Académie de Inscriptions et Belles-Letters, Comptes Redus (1952.11~12), 563~571쪽(인용은 564쪽).

6 위의 글, 566쪽.

손해제(孫楷第)는 중국 속문학 발전의 전체적인 궤적에서 불교의 이야기서술(storytelling)이 명대(1368~1644) 말까지 영향을 끼쳤다고 보았다.

> 예술 발전에 관한 지금까지의 연구에서 볼 때, 진(晋)이 남도(南渡, 317년)한 후부터 당오대까지 변(變)의 공연과 이야기서술(說話)이 없었다면 송대의 이야기서술과 원(1260~1368)·명대의 사화(詞話)는 존재하지 못했을 것이다. 그리고 송대의 이야기서술과 원·명대의 사화가 없었다면, 명말의 단편소설도 없었을 것이다.[7]

이러한 관점에 대해 내가 유일하게 제기할 수 있는 반론은 — 아직 온전하지 않은 형태의 것들을 제외한다면 — 변(變)의 공연은 당 이전에는 나타날 수 없었다는 점이다.

이 문제에 대해서 오가와 다마키(小川環樹)는 단도직입적으로 다음과 같이 말하였다.

> 중국에서 백화소설은 자생적으로 생기지 않았으며 그 형식 역시 독립적으로 발생하진 않았다. 좀 더 정확히 말하면, 그것은 인도의 영향 아래에서 태어났다. 즉, 기원이 인도에 있다고 자신 있게 말해도 될 것이다. 이 같은 외래 영향의 흔적은 여러 방면에서 이미 모호해진 상태다. 그러나 백화소설의 중국 내에서의 직접적 조상이 불교문학—특히 변문—이라고 가정한다면, 설령 일부 관점의 차이는 있을지라도, 나는 이것이 타당한 해석이라고 생각한다.[8]

---

7 손해제(孫楷第), 「중국 단편 백화소설의 발전(中國短篇白話小說的發展)」, 『창주집(滄州集)』, 北京 : 中華書局, 1965, 77쪽.

송대 이후 다양한 강창(prosimetric) 통속문학을 연구하는 대다수 학자들은 이들 장르의 기원을 변문으로 소급한다. 정진탁(鄭振鐸)은 중국 강창문학의 전반적 발전에 끼친 변문의 영향에 대해 기본적인 틀을 제시하였다.[9] 구진경(邱鎭京)은 변문을 송원대 평화와 이후 모든 강창문학의 선구로 규정하였다.[10] 이세유(李世瑜)는 '보권(寶卷)'을 변문과 송대의 '설경(說經)'이 발전한 것으로 보았다.[11] 부석화(傅惜華)는 청대(1644~1911)의 '자제서(子弟書)'가 '탄사(彈詞)'에서 온 것이지만 궁극적으로는 당대의 변문에서 파생된 것이라고 하였다.[12] 그렇지만 이 장르들이 변문과 어떻게 연관되는지, 더욱 중요하게는 속문학의 강창 형식이 왜 당 이전으로는 소급될 수 없는지에 대해서는 아직까지 타당한 설명을 내놓지 못하고 있다.

섭덕균(葉德均)은 강창 형식의 모든 문학 장르는 당오대 통속 불교문학에서 기원한다고 하였으며,[13] 이러한 관점에서 송 · 원 · 명대 설

---

8 오가와 다마키(小川環樹), 「변문과 강사－중국 백화소설의 형식과 기원(變文と講史－中國白話小說の形式の起源)」, 『중국소설사의 연구(中國小說史の硏究)』, 東京 : 岩波書店, 1968, 127쪽.

9 정진탁(鄭振鐸), 『중국속문학사(中國俗文學史)』 2권본, 『중국문화사총서(中國文化史叢書)』 제2집, 長沙 : 商務印書館, 1938, 1권, 180쪽 이하; 사무량(謝無量), 「불교의 동방 전래가 중국문학에 끼친 영향(佛教東來對中國文學之影響)」, 『현대불교학술총간(現代佛教學術叢刊)』, 臺北 : 大乘文化出版社, 1978, 제2집 9책, 『불교와 중국문학(佛教與中國文學)』, 15~32쪽 역시 참고. 특히 여러 가지 산운조합 이야기서술의 방식에 대한 변문의 영향은 29~32쪽 참고.

10 구진경(邱鎭京), 『돈황불경변문술론(敦煌佛經變文述論)』 1~2부, 『사자후(獅子吼)』, 6.7~8(1967.8), 24~27쪽과 6.9(1967.9), 9~23쪽(참고는 24쪽).

11 이세유(李世瑜), 『보권 종록(寶卷綜錄)』, 北京 : 中華書局, 1961, 1쪽.

12 부석화(傅惜華), 『자제서 총목(子弟書總目)』, 上海 : 上海文藝聯合出版社, 1954, 4쪽. 이 관점은 탄사를 변문에서 파생된 것으로 보는 담정벽(譚正壁)과 담심(譚尋)의 『탄사 서록(彈詞叙錄)』, 上海 : 上海古籍出版社, 235쪽에서 뒷받침되고 있다.

13 섭덕균(葉德均), 『송원명 강창문학(宋元明講唱文學)』, 『중국희곡이론총서(中國戲曲理論叢書)』, 上海 : 上雜出版社, 1953, 1쪽. 사와다 미즈호(澤田瑞穗) 역시 『불교와 중국문학(佛教と中國文學)』, 東京 : 國書刊行會, 1975, 43쪽에서 비슷한 주장을 한다.

창문학에 대한 자신의 중요한 연구를 진행하였다.[14] 아오키 마사루(青木正兒)는 [도호쿠(東北)대 교수 도이고치(土居光知)로부터 힌트를 얻어] 1941년 7월에 쓴 한 주석[15]에서 유럽의 소설 역시 인도의 이야기서술 형식으로부터 영향을 받았다고 지적하였다. 이를 통해 그는 불교문학이 중국 강창문학의 본보기가 되었다는 자신의 관점을 더욱 확고히 하였다. 부운자(傅芸子) 역시 송대 이야기서술 형식의 발전에 대한 돈황 통속문학의 결정적 역할을 강조했다.[16] 나진옥(羅振玉)은 송대 예인들의 '설경(說經)'이 변문에서 직접 파생된 것이라 하였다.[17] 이 밖에 변문과 송대 예인들의 '강사(講史)'와 이후의 역사소설 사이에 직접적 관련이 있다는 주장 역시 제기되었다.[18]

악형군(樂蘅軍)은 중국 백화 단편소설 연구를 위해서는 돈황 변문이 반드시 필요하다고 주장했다. "사실 변문이 없다면 화본(話本)의 기원을 이해할 방법은 없을 것이다. …… 그렇지만 화본과 변문의 이 같은 관계는 변문 연구에도 어떤 측면에서는 발판 역할을 할 수 있

14 섭덕균(葉德均)이 언급한 것들로는, 송대의 도진(陶眞), 애사(涯詞), 고자사(鼓子詞), 제궁조(諸宮調), 복잠(覆賺), 원대의 사화(詞話), 어설(馭說), 화랑아(貨郎兒), 명청대의 탄사(彈詞), 고사(鼓詞), 보권(寶卷)이 있다. 나는 이들 장르의 명칭에 대해 임시로 다음과 같이 번역을 할 것이다 : Amusing with the Truth, Horizon Lyrics, Little Drum Lyrics, Medley, Profit-Turning, Lyric Tales, Charioteer Tales, The Peddler, Strum Lyrics, Drum Lyrics, Precious Scrolls.

15 아오키 마사루(青木正兒), 『지나문학예술고(支那文學藝術考)』, 東京 : 弘文堂, 1949(5판), 181쪽에 기록.

16 부운자(傅芸子), 「돈황 속문학의 발견과 그 전개(敦煌俗文學之發現及其展開)」, 『백천집(白川集)』, 東京 : 文求堂, 1943, 192～193쪽.

17 「불곡(佛曲)」 부분의 간기 : 나진옥(羅振玉)은 '변문'이라는 용어를 넓은 의미로 썼다. 나진옥(羅振玉), 『송옹근고(松翁近稿)』, 저자 출판, 1925, 22쪽 a. 설경(說經)에는 '설참청(說參請)'과 '설원청(說諢請)'도 포함될 수 있다.

18 오가와 타마키(小川環樹), 「변문과 강사(變文と講史)」. 사해평(謝海平), 『강사 성향의 변문 연구(講史性之變文硏究)』, 대만정치대 중국문학연구소(臺灣政治大學中國文學硏究所) 석사논문, 臺北 : 天一出版社, 1970.

다.”[19] 여기서 악형군이 말한 ‘어떤 측면’은 끊임없이 변화 발전한다.

구진경(邱鎭京)은 후대 통속문학에 대한 변문의 중대한 영향으로 두 가지 측면, 즉 산운 조합이라는 형식과 스토리의 생동성을 거론하였다.[20] 이 중 전자는 보권(寶卷), 제궁조(諸宮調), 고사(鼓詞), 탄사(彈詞)[21] 등의 발전에 결정적 역할을 하였으며, 후자는 백화 단편 스토리와 소설(novel)의 발생에 중대한 역할을 하였다.[22] 구진경은 이 두 가지 측면이 중국 희곡의 성장에도 마찬가지로 영향을 주었다고 말한다. 앤서니 위(Anthony Yu) 역시 송원대의 설서(說書)와 희곡의 발전에 있어 변문과 이에 선행했을 것으로 보이는 초기 구술문학이 차지하는 중요한 위치를 인정하였다. 그는 비록 주요 소설 모두에 ‘구술적 요소’가 있다는 인식을 심어주지 않으려고 애썼지만, 이러한 조심스런 태도가 선행 구술 형식의 존재 가능성을 부인하려 했던 것은 결코 아니었다. 그는 “‘화설(話說)’이나 ‘차/각설(且/卻說)’과 같은 수사적 요소들과, 문언 장편소설의 각 회(回)를 열고 마감하는 공식구 — ‘상세한 내용을 알고 싶거든 다음회의 해설을 들으시길(欲知詳情 且聽下回分解)’ — 는 분명 구술 전통의 표현상 특징을 반영한다”[23]고 하였다.

이러한 수사상의 공식구들은 평화(平話)에서도 흔히 나타난다. 나

19 악형군(樂蘅軍), 『송대화본연구(宋代話本硏究)』, 『국립대만대학문사총간(國立臺灣大學文史叢刊)』 29, 臺北 : 淸華印書館, 1969, 11쪽.

20 구진경(邱鎭京), 『돈황변문술론(敦煌變文述論)』, 『인인문고(人人文庫)』 1325~1326, 臺北 : 商務印書館, 111쪽.

21 이들 장르의 명칭에 대한 임시 번역은 주14를 참고.

22 야보르스키(Jan Jaworski)는 「고대 중국 통속문학에 대한 노트(Notes sur l’ancienne littérature populaire en Chine)」, Rocznik Orientalistyczny 12(1936), 181~193쪽에서(참고는 193쪽) 발전의 과정을 변문 → 보권, 탄사, 고사 → 통속소설로 보았다.

23 앤서니 위(Anthony Yu), 「영웅시와 영웅적 임무 : 『서유기』의 서사시적 차원(*Heroic Verse and Heroic Mission* : Dimensions of the Epic in Hsi-yu chi)」, Journal of Asian Studies, 31.4 (1972. 8), 879~897쪽(인용은 882~883쪽).

는 아래에 이러한 특징과 관련된 몇몇 예들을 모아 보았다.[24]

> "얼마나 높았을까? (怎見得高?)" 〈운문 앞〉
>
> "달이 대낮처럼 밝은 자정 무렵 야경, 어떻게 표현했을까?(夜色二更, 月明如晝, 如何見得?)" 〈운문 앞〉
>
> "연회는 어떠했을까?(那筵會如何?)" 〈운문 앞〉
>
> "그녀는 뭐라고 했을까?(說個甚的?)" 〈특정 장면 앞〉
>
> "네 구는 무엇을 말한 것일까? (那四句道甚麽?)" 〈운문 앞〉
>
> "어떻게 말했을까?(怎道?)" 〈직접적으로 강설하기 전, 두 번 등장〉
>
> "저 대청에 앉아 있는 유수를 보면, 무엇이 떠오르는지요? (看那留守坐廳時如何?)"

이러한 표현이 변문의 운문 앞 공식구 및 돈황 통속문학에서 보이는 여타의 공식구들과 밀접한 관계가 있음은 분명하다. 이러한 운문 앞 공식구는 계속 이어져 후대의 백화 단편고사에서 "다만 보이는 것은(但見)", "시에 증거가 있으니(有詩爲證)" 등과 같은 표현으로 나타난다.

멘쉬코프(Men'shikov)는 '불교문학과의 유전적 관계 속에서' 이후의 여러 통속문학 장르 — 설화, 소설, 희곡 — 의 기원을 밝히기 위해 변문과 돈황 곡(曲)의 중요성에 주목하였다.[25] 주소량(周紹良)은 변문이

24 『신편오대사평화(新編五代史平話)』, 上海 : 中國古典文學出版社, 12～13쪽, 21쪽, 35쪽, 20쪽, 24쪽, 123쪽, 127쪽, 170쪽에서 인용.

25 멘쉬코프(L. N. Men'shikov), 「고대 중국의 기록 유적에 관한 연구(Izuchenie Drevnekitaĭskikh pis'menn'ikh Pamyatnikov)」, Vestnik Akademii Nauk SSSR 5(1967.5), 59～62쪽(인용은 61쪽). 진 켈리(Jeane Kelly)는 소련의 중국문학 연구 최근 목록에서 '제궁조를 변문과 원대 잡극의 연결고리로 놓고 있는' 멘쉬코프의 제궁조에 관한 논문(284번 항목, 나는 이 논문

후대의 통속문학에 미친 주된 공헌으로 다음 세 가지를 들었다.[26] 1. 보권, 탄사 등과 같은 속문학 형식은 변문의 직접적인 후손. 2. 소설에서 운문 구절의 사용. 3. 희곡에서의 강창 형식.

정진탁은 변문과 '탄사'의 발전 관계에 대해 논했다.[27] 그리고 히드리카(Hrdlička)는 20세기의 대고서(大鼓書)를 변문과 직접 연관시켰는데,[28] 둘 사이의 영향 관계에서는 송대의 통속 연행문학 장르인 고자사(鼓子詞)를 매개체로 삼았을 것이다.

강소성과 절강성에서는 50년 전까지도 '보권(寶卷)'의 이야기꾼이 활동하고 있었다. 그들 중 일부는 떠돌아다니는 거지들로 (이 점에 주의할 것) 승려 복장을 하고서 (실제로는 승려가 아님) 찻집 같은 곳을 출입하곤 했다. 이 사실을 보도했던 전남양(錢南揚)은 이들을 송대 설화인의 후손으로 보았다.[29] 송대의 산운조합 이야기서술이 '변'으로 거슬러 올라갈 수 있다는 사실에서 볼 때 이 주장은 충분히 설득력이 있으며 아울러 20세기 '보권'과 당대 민간불교문학사이의 일련의 관계들을

을 보지 못함)을 언급하고 있다. 한 장르로서의 변문의 역사를 다룬 멘쉬코프의 다른 논문에 대해서는 켈리의 목록 286항을 참고.「소련의 중국문학에 대한 최근 연구 조망(A Survey of Recent Soviet Studies on Chinese Literature)」, Chinese Litrerature : Essays, Articles, Reviews 2.1(1980.1), 101～136쪽(특히 131～132쪽).

26 주소량(周紹良),「돈황 출토 당변문 휘록(敦煌所出唐變文彙錄)」,『현대불학(現代佛學)』 1.10(1951.6.15), 7～10쪽(참고는 10쪽).

27 정진탁(鄭振鐸),「변문에서 탄사까지(從變文到彈詞)」,『중국문학연구(中國文學研究)』, vol.3, 北京 : 作家出版社, 1102～1105쪽. 류경암(劉經菴), 서부림(徐傅霖),『중국속문학 논문 휘편(中國俗文學論文彙編)』, 北京 : 西南書局, 1978, 159～162쪽 역시 참고.

28 히드리카(Zdeněk Hrdlička),「고대 중국의 민가에서 대고서까지(Old Chinese Ballads to the Accompaniment of the Big Drum)」, Archiv Orientální, 25.1(1957), 84～143쪽(참고는 84쪽).

29 전남양(錢南揚),「通訊」,『가요주간(歌謠周刊)』 1.90(1925), 5b～8a (참고는 8a). 사실, 보권의 예인은 1949년 혹은 정부가 다른 직업을 주어 보내기 직전까지 중국의 여러 지역에서 활동했다. 1984년 9월 20일 펜실베니아 대학 동아시아 연구 학회의 강연에서 관덕동(關德棟)은 몇 해 전 감숙(甘肅)에서 연행되었던 보권의 녹음테이프를 들려주었다.

입증해준다. 그래서 보권 연구자들 사이에서는 보권의 뿌리를 변문 및 그와 관련된 당대의 연행예술에서 찾을 수 있다는 견해가 보편적으로 인정되고 있다.[30] 실제로 일부 보권과 돈황 문서는 매우 흡사한데, 목건련(目犍連)과 열녀 맹강녀(孟姜女)에 관한 보권, 「백조명보권(百鳥名寶卷)」,[31] 「약명보권(藥名寶卷)」[32]이 그 예이다.

맹강녀 이야기의 역사를 살펴보면, 그 발전에 있어서 돈황의 판본들이 중요한 역할을 했음을 알 수 있다. 여주인공이 지금의 이름을 처음으로 갖게 된 것이 돈황 사본에서이다. 이밖에도 돈황사본에는 이전의 판본들과는 다르면서 이후의 여러 판본들에 계승되는 중요한 대목들이 있다. 예를 들어, 돈황 사본에서 맹강녀는 남편 기량(杞梁)에게 겨울옷을 주기 위해 긴 여정을 시작한다. 이는 산운조합 텍스트의 삽화적(episodic) 성격이 여정(旅程)이나 비행(飛行) 등에 관한 서술에 적합하다는 사실에서 볼 때 매우 중요한 의미를 지닌다.[33] 또 「왕릉변(王陵變)」과 같은 주제를 다루고 있는 이후의 소설이나 희곡에는 많은 유사점들이 보이는데,[34] 이러한 유사점들은 그 이전의 역사 자료에는 보이지 않는 것들이다. 왕소군에 관한 변문 역시 이 고사의 전승과정에서 대단히 핵심적인 위치를 점하고 있다.[35]

---

30 사와다 미즈호(澤田瑞穗), 『[증보]보권 연구(增補寶卷の硏究)』, 28쪽; 사카이 타다오(酒井忠夫), 『중국 선서 연구(中國善書の硏究)』, 東京 : 弘文堂, 1960; 1972 재판, 438~441쪽 참고.

31 왕중민(王重民) 외 편, 『돈황변문집(敦煌變文集)』 2권, 北京 : 人民文學出版社, 1957, 851~853쪽.

32 위의 책, 10쪽, 3~11행.

33 이 분석은 Wang Ch'iu-kuei(王秋桂), 『중국 민간 문학에서 맹강녀 이야기의 변화(*The Transformation of the Meng Chiang-nü Story in Chinese Popular Literature*)』, Cambridge : University of Cambridge Ph.D. dissertation, 1977, Chapter 3, 'The Tun-huang Versions', 36~51쪽에 근거.

34 왕중민(王重民), 『돈황고적서록(敦煌古籍叙錄)』, 上海 : 商務印書館, 1958, 348쪽.

35 장수림(張壽林), 「왕소군고사 연변의 소소한 문제(王昭君故事演變之點點滴滴)」, 『문학연보(文學年報)』 1, 1932.7, 쪽 표시 없음, 총 25쪽; 주소량(周紹良), 백화문(白化文) 편, 『돈

장경문(張敬文) 역시 변문이 이후 통속문학의 발전에 있어 중요한 역할을 했다고 하였다. 그는 "송대 화본(즉, 백화 단편소설) 뿐 아니라 이후의 희곡, 보권, 탄사, 고사 등의 기원이 밝혀질 수 있는 건 변문의 발견 때문이다. 그리고 이것은 근대문학사의 많은 문제점들도 해결해 주었다"고 말했으며,[36] 더불어 "희곡에서 노래(唱)와 대화(白)를 번갈아 사용하는 것은 의심의 여지없이 변문의 직접적인 영향 때문이다"[37]라고 주장하였다.

원 잡극이 송대의 제궁조를 비롯한 초기 희곡에서 직접 발전해 왔다는 것은 학계의 정설이다. 원 잡극 중 최소한 하나는 제목에 '제궁조'를 쓰고 있다.[38] 이는 좀 더 거슬러 올라가 원 잡극의 뿌리를 변문에서 찾을 수 있음을 의미한다. 왜냐하면 변문이 그 중간에 위치하는 송대의 희곡 형식들과 밀접하게 관련되어[39] 있기 때문이다. 시종문(施鍾雯, Chung-wen Shih)은 중국 희곡의 발전에 미친 돈황 서사의 중요한 영

황변문논문록(敦煌變文論文錄)』 2권, 上海 : 古籍出版社, 1982, 609~648쪽(참고는 645쪽); 유진 에오양(Eugene Eoyang), 「왕소군 전설 : 고전의 배열(The Wang Chao-chün Legend : Configurations of the Classic)」, Chinese Literature : Essays, Articles, Reviews 4.1(1982.7), 3~22쪽.

36 장경문(張敬文), 『중국시가사(中國詩歌史)』, 臺北 : 玉石書店, 1970, 169쪽.

37 위의 책, 173쪽. 중국 희곡에 대한 변문과 인도의 전반적 영향에 대해서는 주이백(周貽白), 『중국희극사(中國戲劇史)』 3권본, 上海 : 中華書局, 1953, 183쪽 이하 참고.

38 석군보(石君寶), 대선보(戴善甫), 「제궁조 풍월자운정(諸宮調風月紫雲亭)」; 부석화(傅惜華), 「원대잡극전목(元代雜劇全目)」; 중국희곡연구원(中國戲曲研究院) 편, 『중국희곡사료총간(中國戲曲史料叢刊) - 중국고전희곡총록(中國古典戲曲總錄)』 3, 北京 : 作家出版社, 1957, 181과 201쪽 참고.

39 천리리(Li-li Ch'en), 「변문, 사, 백화소설과 관련된 제궁조의 내외부 형식(Outer and Inner Forms of Chu-kung-tiao, with Reference to pien-wen, tz'u and Vernacular Fiction)」, Harvard Journal of Asiatic Studies, 32(1972), 124~124쪽(특히 141~143쪽). 천리리는 「오자서고사」와 두 제궁조 작품의 전투 장면에 대한 묘사에서 흡사한 점을 정리하였다. 나는 「오자서고사」가 당 이전에 소설화되었고 변이 여전히 성행하던 시기에도 존재했던 역사물들과 결합하여 변문 발전에 있어서의 한 지류가 되었다고 생각한다.

향을 잘 알고 있다. 그녀는 "원대 희곡문학의 출현에 가장 큰 역할을 한 것은 변문(초기 통속문학)과 송대의 구술 이야기서술이며" 또 "변문과 '제궁조'는 원대 잡극 텍스트 속 산문 창작(prose writing)의 맹아이다"[40]라고 하였다.

설사 우리가 송대의 희곡에 대해서 전혀 모른다 할지라도, 논리상으로 원 잡극과 당 변문 사이에 모종의 관련이 있음을 이해할 수 있다. 원 잡극과 당 변문은 형식, 주제, 서사상 유사한 특징을 보이고 있다. 심지어 원 잡극에 보이는 '대거(檯擧)[혹은 대거(臺擧)]'[41]와 '단송(斷送)'[42] 같은 표현들은 제궁조를 거쳐 당대(唐代)의 통속 불교 작품들로 거슬러 올라갈 수 있다. 그리고 데이비드 로이(David Roy)는 변문과 원 잡극을 "비교하기 힘든 것"으로 간주하면서도 양자를 함께 언급하고 있다.[43] 또 손현조(孫賢照)는 중국에서 성행했던 여러 희곡들의 기원에 대한 탐구를 통해, 변문 및 이와 관련된 예술 형식들이 작품의 줄거리를 구성하는 고사의 전승 과정에 있어서 매우 중요한 역할을 했다고

---

40 시종문(Chung-wen Shih), 『중국 희곡의 황금시대 : 원잡극(*The Golden Age of Chinese Drama : Yüan Tsa-chü*)』, Princeton : Princeton University Press, 1976, 11쪽, 136. 이 주제에 대해서는 가와구치 히사오(川口久雄), 「설화에서 희곡까지－돈황 변문의 성격과 일본문학(說話より戱劇へ－敦煌變文の性格と日本文學)」, 『가나자와대학 법문학부논집(金澤大學法文學部論集), 문학편(文學篇)』 12(1964), 1～11쪽 참고. 스티븐 웨스트(Stephen West)는 변문과 제궁조의 유기적 관계를 인정하면서도, 변문이 좀 더 서사적 형식이고 제궁조는 좀 더 희극적이라는 올바른 지적을 하고 있다. 그의 「보드빌과 서사 : 중국 연극의 측면(Vaudeville and Narrative : Aspects of Chin Theater)」, Münchener Ostasiatische Studien, 20 (Wiesbaden : Franz Steiner, 1977), 52～53쪽 참고.

41 장예홍(蔣禮鴻), 『돈황 변문 자의 통석(敦煌變文字義通釋)』, 北京 : 中華書局, 1962, 76～77쪽.

42 위의 책, 73～74쪽.

43 데이비드 로이(David T. Roy), 「천리리의 『동서상제궁조(董西廂諸宮調)』 리뷰(Review of Li-li Ch'en, Master Tung's Western Chamber Romance)」, Harvard Journal of Asiatic Studies, 37.1 (1977.6), 207～222쪽(인용은 212쪽).

밝혔다.[44] 상달(向達) 역시 제궁조, 원잡극, 통속소설 등의 기원을 연구하면서 돈황 자료가 언어적으로나 내용적으로 대단히 중요한 의의를 지님을 강조하였다.[45]

중국 희곡의 발전에 있어서 변문이 어떤 역할을 했는지를 올바르게 판단하기 위해서는 — 만약 있다면 — 변문 이전에 어떤 희곡적 전통이 있었는지에 대한 논의가 필요하다. 여기서 당대(唐代) 이전 희곡의 발전 과정을 상세하게 다룰 필요는 없을 것이다. 이 부분은 왕국유(王國維)[46]와 타듀즈 츠비콥스키(Tadeusz Żbikowski)[47]에 의해 이미 전문적으로 연구되었다. 나는 많은 학자들에 의해 '중국 희곡의 원형'으로 불렸던 연극 형식들만을 언급할 것이다.[48] 이들 관점에 대한 평가를 내리기 전에, 우선 무엇이 실제 희곡을 구성하는가에 대한 내 자신의 견해부터 밝혀야 할 것이다. 나는 주이백(周貽白)의 관점을 따른다. 그는 중국에서 희곡이 언제 독립적 예술이 되었는지를 밝히면서, 중국 희곡을 구성하는 필수 요소로서 '이야기의 연행'[49] 우리식 표현대로 하자면 '장편 에피소드식 서사의 연행'을 거론하였다. 이것은 바로 중국의 희곡 전통에 남긴 변문의 유산이기도 하다.[50]

---

44 손현조(孫賢照), 『국극고사의 연원(國劇故事溯源)』 7권본, 臺北 : 正中書局, 1976.

45 상달(向達), 『당대 장안과 서역문명(唐代長安與西域文明)』, 北京 : 三聯書店, 1957, 250~251쪽.

46 에듀어드 에르케스(Eduard Erkes)의 번역본 1장을 참고. 왕국유(王國維), 『송원희곡사(宋元戲曲史)』, 『문예총간(文藝叢刊)』, 上海 : 商務印書館, 1915; 「왕국유의 당대 이전 중국 희곡(Das Chinesische Theater vor der T'ang-Zeit von Wang Kuo-wei)」, Asia Major, 10.2, 1934~1935, 229~246쪽.

47 타듀즈 츠비콥스키(Tadeusz Żbikowski), 「초기 중국의 연극 공연에 대해여(On Early Chinese Theatrical Performances)」, Rocznik Orientalistyczny, 26.1(1962), 65~77쪽과 도판 6건.

48 필자는 『돈황 민간 서사(*Tun-huang Popular Narratives*)』 서문에서 이 연구의 다른 측면에 대한 좀 더 많은 정보를 소개했다.

49 주이백(周貽白), 「중국 희극의 기원과 발전(中國戲劇的起源和發展)」, 『희극논총(戲劇論叢)』 1, 北京 : 中國戲曲出版社, 1957, 3~24쪽과 도판 7건, 특히 3쪽을 참고.

왕국유는 『송원희곡사(宋元戲曲史)』에서 중국 희곡의 궁극적 원형은 상주(商周) 시대 샤먼(巫人)들의 가무(歌舞)라는 의견을 내놓았다. 샤먼들은 신령에게 제사를 지낼 때 춤과 노래로 신들을 위로하곤 했다. 물론 샤먼들의 연행과 전통 예인들의 연행 사이에 유사한 행동 양식과 종교적 친밀성이 존재함을 인정해야 하겠지만, 이 관점은 부분적 사실일 뿐임을 강조해야 한다. 왜냐하면 성숙한 중국의 희곡은 제사 의식이나 마술, 액막이 의식에서 파생되었을 것으로 보이는 성분보다 훨씬 풍부한 요소들로 구성되어 있기 때문이다. 예를 들어, 최근까지도 강서(江西)와 안휘(安徽) 지역에서 연행되었던 '나희(儺戲, exorcistic plays)'와 이것의 전신인 한대(漢代)의 '구나(驅儺)'를 동일시하는 것은 잘못된 인식이다. 구나는 악령을 쫓기 위한 의식이었지만, 나희는 희곡이 발달한 후에 이러한 의식이 가미된 연행물이었다. 다른 한편, 우리는 인도 라자스탄의 보포(bhopo)와 인도네시아의 와양 베베 달랑(wayang bèbè dalang),[51] 그리고 그 밖의 반(半)종교적 반(半)희극적 형식들의 원시-희극적 연행이 본질상 모두 무속적이었다는 점 역시 염두에 두어야 한다.

구가(九歌)로 알려진 초(楚) 나라의 남방 민가 역시 중국 연극의 선구로 거론되어 왔다. 이들 민가와 그 밖의 유사한 민가들이 중국 연극의 형성에 어느 정도 영향을 미쳤을 수는 있지만, 그렇다고 이들이 중국 연극 탄생의 유일한 원인이라고 볼 수는 없다. 이들 민가는 차라리 무속 문학을 대표한다고 할 수는 있으나,[52] 거기에는 성숙된 연극에

---

50 사무량(謝無量), 『불교의 동방 전래가 중국문학에 끼친 영향(佛教東來對中國文學之影響)』의 세 번째 부분 '불교 보급과 평민문학 그리고 변문 이후 새로운 문체의 발전(佛教普及平民文學及變文以後新體文學之發展)', 22~32쪽 참고.

51 변(變)과 유사한 이 두 가지 형식에 대해서는 메이어(Mair), 『그림과 공연(*Painting and Performance*)』, 3장과 4장 참고.

52 아서 웨일리(Arthur Waley), 『구가 : 고대 중국의 샤머니즘 연구(*The Nine Songs : A Study of*

서 보이는 연극의 본질적인 특징들이 많이 결여되어 있다.

『사기(史記)』「골계열전(滑稽列傳)」에는 '우맹(優孟)'에 대한 기록이 있다. 이 기록은 한대(漢代) 이전 중국 희곡의 존재를 증명할 때 자주 인용되곤 했다. 그러나 이는 틀린 주장이다. 왜냐하면『사기(史記)』에는 '우맹'이 단지 배우를 흉내 낸 것임을 분명히 밝히고 있고, 무대에서의 고사 연출에 대한 언급이 전혀 없기 때문이다.

『후한서(後漢書)』「채옹전(蔡邕傳)」에는 다음과 같은 기록이 있다.

> 여러 유생들이 이익을 다투며 소란스럽게 들끓었다. 높은 이들은 경전의 뜻을 인용하여 풍유의 말을 했고, 아래 사람들은 배우인 것처럼 속어들을 잇기도 했다. 또 어떤 이는 온전한 글을 훔쳐 헛되이 '이름난 명성'을 탐하기도 했다.
>
> 而諸生競利, 作者鼎沸. 其高者頗引經訓風喩之言; 下則連偶俗語, 有類俳優; 或竊成文, 虛冒名氏.[53]

이 기록은 후한대(後漢代) 배우의 공연 내용이 축각(丑角 : 어릿광대), 무언극, 골계(滑稽)에 한정된 것이 아니었음을 말해주고는 있지만, 이 기록만으로 한대의 연극에 긴 시나리오가 갖추어져 있었다는 결론을 도출할 수는 없다.

한대의 '백희(百戲)' 역시 중국 연극의 맹아로 흔히 거론된다. 장형(張衡, 78~139)의「서경부(西京賦)」(107년에 지어짐)[54]에는 백희 속의 여러 연희들에 대한 간략한 묘사 장면이 있는데, 여기에는 무거운 물건 들

Shamanism in Ancient China)』, London : Allen and Unwin, 1955.

53 『후한서(後漢書)』 개명(開明)판 권90 하, 833.4.

54 『문선(文選)』 권2.

기(擧重物), 막대 오르기(爬桿), 공중제비(翻筋斗), 나무공 춤(舞木球), 씨름(角力), 줄타기(走索), 용춤(舞龍) 등이 포함되어 있다. 이들 한대 백희의 대부분은 외래의 영향을 받은 것이며,[55] 또 복잡한 장편의 이야기를 보여주는 게 아니기 때문에 이들 중 어느 것도 연극으로 간주할 수는 없다.

청초(清初)의 작가인 납란성덕(納蘭性德)은 중국 연극의 발생과 서역과의 관계를 정확하게 이해하였다. 그는 "우령(優伶)은 원대(元代)에 성행하였다. 양대(梁代)의 '대운지악(大雲之樂)'[56]에서는 한 노인이 서역 신선의 변신 이야기를 풀어나가는데, 사실 우령은 여기에서 비롯되었다"[57]고 했다. 하지만 '우령'이 이 연행에서 비롯되었다고 주장할 수는 있을지 몰라도 연극이 여기서 생겨났다고 말할 수는 없다. 왜냐하면 '대운지악(大雲之樂)'에 관한 기록에서 알 수 있는 것은 이 연행이 음악과 춤으로 이루어졌다는 것뿐이지, 복잡한 장편의 이야기가 연

55 예를 들어, 장형(張衡)은 불골(佛骨) 즉 사리(舍利)에 대한 산스크리트어를 분명히 언급하고 있다. 놀라울 정도로 다양한 오락물들—여기에는 여러 가지 마술과 요술이 포함된다—이 중앙아시아, 남아시아, 서아시아로부터 한(漢)으로 흘러들었다. 안작장(安作璋), 『양한과 서역관계사(兩漢與西域關係史)』, 山東 : 齊魯書社, 1979; 초판, 山東人民出版社, 1959, 171~174쪽 참고. 한대 백희의 고고학적 증거는 쥬디스 볼쯔(Judith Magee Boltz), 「서한의 연희(Divertissement in Western Han)」, Early China, 1(1975), 56~63쪽 참고. 남북조 이후부터는 '백희(百戲)'가 '산악(散樂)'이라 칭해지기도 했다. 중국음악사전 편집부(中國音樂辭典編輯部) 편, 『중국음악사전(中國音樂辭典)』, 北京 : 人民音樂出版社, 1984, 333쪽 b 참고. 이러한 다양한 오락들을 실제 희극과 연관 짓고자 많은 희극사가들이 산악을 교겐(狂言)과 노(能)의 전신인 일본의 사루가쿠(猿樂)와 동일시하려고 노력한다(분명 두 용어가 발음상 미세한 유사성을 보이기 때문에). 하겐 불로(Hagen Blau), 「사루가쿠와 슈시(Sarugaku und Shushi)」, Studien zur Japanologie, 6 (Wiesbaden : Otto Harrassowitz, 1966) 참고. 전혀 설득력이 없는 이 이론의 가장 큰 문제는 이 연행 예술과 관련된 고대 일본의 그림 두루마리와 사본에 근거해 볼 때, 사루가쿠는 그 이름이 의미하고 있는 것처럼 글자 그대로 '원숭이의 음악'을 말한다는 것이다.

56 양무제(梁武帝)의 작품 7수를 말한다. 『악부시집(樂府詩集)』, 51쪽.

57 납란성덕(納蘭性德), 『녹수정잡식(淥水亭雜識)』, 『소대총서(昭代叢書)』 69, 세해당(世楷堂), 1833, 24.22a.

출되었다는 증거는 거기서 찾을 수 없기 때문이다.

중국 연극의 기원에 대한 좀 더 실질적이고 정확한 이해를 위해서는 이것이 노래, 대사, 음악, 동작, 춤, 복장 등으로 구성된 복잡한 예술 형식이라는 사실을 고려해야 한다. 위에서 언급했던 다양한 연행 형식들은 모두 연극 전통의 발전에 있어 중요한 요소가 되었다. 중국 연극의 기원 문제와 관련하여 타듀즈 츠비콥스키(Taduesz Żbikowski)의 다음과 같은 관점은 매우 주목할 만하다. "중국에서 연극은 다음 두 가지 요소의 영향을 받아 생겨났다. 하나는 모방과 우령(優伶 : 전통극 배우) 예술이고, 또 하나는 설서(說書)와 민가의 연행 전통이다."[58] 하지만 츠비콥스키의 주장은 자신이 연구하던 남방의 연극보다는 북방의 연극에 더 부합된다. 구드리치(L. Carrington Goodrich)는 중국 연극이 완전히 성숙되는 과정에서 당대(唐代)에 외래의 영향이 가져다 준 중요한 측면을 간접적으로 언급하였다. "연극 분야에서, 궁정의 농신(弄臣)들이 행했던 초기의 짧은 극들이 어느 정도의 길이를 가진 극들로 발전했는데, 이 발전 과정 속에는 중앙아시아로부터 온 것도 포함될 것이다."[59]

위에서 내가 말한 모든 관점들의 주요 논지는 다음과 같다. 불교 서사 예술은 결코 중국 희극의 탄생과 발전에 있어서 유일한 원천은 아니며, 그 원천은 그것을 구성하는 요소들만큼이나 많다. 그러나 주목해야 할 것은 다양한 무대 전통을 포함한 대다수 중국 연행 예술의 산운조합과 삽화 형식이 불교의 이야기서술, 설법, 강경으로 소급될 수

---

58 츠비콥스키(Taduesz Żbikowski), 『남송 대의 초기 남희(*Early Nan-hsi Plays of the Southern Song Period*)』, Warsaw : Wydawnictwa University Warszawskiego, 1974, 16쪽.

59 구드리치(L. Carrington Goodrich), 『중국 민족 약사(*A Short History of Chinese People*)』, New York : Harper and Row, 1969, 139~140쪽.

있다는 점이다. 이러한 중국 연극의 특징들의 원천을 중국 내에서 찾기 위해 많은 노력을 기울여왔지만, 이를 뒷받침할 수 있는 근거가 부족해서 모두 실패하고 말았다. 그에 반해 불교 구술문학에는 중국 연극의 특징들의 원천임을 보여주는 증거들이 대단히 많다. 이 점을 소홀히 해서는 안 될 것이다.

이 글은 중국 소설과 희극의 발전에 대한 변문의 중요성을 평가하기 위한 시도이기 때문에 중국 연극에 대한 인도의 영향 전체를 논할 수는 없다. 그러나 변문은 불교적이며 또 인도에서 기원한 특징을 분명히 가지고 있기 때문에, 최소한 우리는 변문을 발생시킨 초기의 연행 예술에 대해서는 이해를 해 두어야 한다. 중국 연극의 기원을 더 잘 이해하기 위해 인도 연극의 여러 가지 측면들을 살펴볼 수 있겠지만, 여기서는 그 중에 한 가지만 언급하고자 한다. 인도 연극이 중국 전통 연극에 준 영향을 연구하면서, 나는 늘 '개(介)'와 '과(科)' — '동작', '무대에서의 동작'을 뜻하며 과범(科范), 과범(科汎), 과범(科泛) 등으로도 적는다 — 의 어원이 궁금했다. 문학사가들은 아직까지 이 용어의 기원에 대해 확실한 해석을 내리지 못하고 있다. 희곡이 진행될 때 주요 시점에서 반복적으로 출현하는 두 용어는 통상적으로 '개(介)'는 '계(界)' — '교차', '중단', 혹은 '분리' — 와 같으며, '과(科)'는 등장인물의 특징적인 '동작'으로 해석한다. 그러나 사실 이는 아무런 해석도 내리지 못한 것이나 마찬가지이다. 나는 이들 용어 중 하나 혹은 둘 모두가 '자세'를 의미하는 산스크리트어 '카라나(karaṇa)'에서 왔을 것이라고 생각한다. 인도 연극학을 확립했던 바라타(Bharata)의 『나탸샤츠트라(*Nāṭyaśātstra*)』에는 108가지의 자세가 묘사되어 있다.[60] 이 자세는 모두

60 바사(Bhāsa, 2세기 말 사람)가 바라타(Bharata)를 언급하고 있는 것을 보면 바라타가 바사보

치담바람(Chidambaram)에 있는 돌에 새겨져 있다. 나는 원 잡극과 인도 연극에서의 기본자세들을 체계적으로 비교 연구해 본 적이 있는데,[61] 초보 단계이긴 했지만 그 성과는 놀랄만한 것이었고, 이 분야를 좀 더 깊게 연구할 필요성을 느꼈다.

중국 희곡 전통의 발전에 대한 논의에서 고려되어야 할 또 다른 중요한 사항은 피영희(皮影戲)와 괴뢰희(傀儡戲)의 공헌이다. 나는 이 두 가지 연행 양식이 당대(唐代)의 변문 이후에 발전했다고 믿는데, 이러한 나의 관점이 주목받길 바란다. 사람들은 이 두 가지 연행 양식의 기원을 한대(漢代)로 소급하곤 하지만 사실 이에 대해서는 엄밀한 검토가 필요하다.[62] 응소(應劭, 178년 전후 활동)의 『풍속통의(風俗通義)』에는 괴뢰희 연행자(魁櫑, puppet performers)에 대한 기록이 있다.[63] 그러나 이 연행의 성격과 의미에 대한 결론을 내리기 전에, 중국 괴뢰희의 역사와 관련된 몇 가지 본질적 사실들에 주목해야 한다. 우선 첫째로 당대

다 훨씬 나이가 많았을 것으로 보이진 않는다. 하지만 이는 가장 후대로 잡았을 때이고, 어떤 학자들은 그를 기원전 2세기 사람으로 보기도 한다. 바라타의 이름으로 정리된 희극 전통에는 기원 몇 세기 전의 것임에 틀림없는 요소들이 다수 포함되어 있다. 고살(S. N. Ghosal), 『인도 연극(*Das Indische Drama*)』의 번역본인 스텐 코노우(Sten Konow), 『인도 연극(*The Indian Drama*)』, Calcutta : General Printers and Publishers, 1969, 1xxxii, 3, 81쪽 참고.

61 나는 돈황 벽화와 당대의 다른 그림들에 묘사되어 있는 춤동작과 인도의 전통춤 서적에 정리된 춤동작의 유사성에 대한 증거를 다량 확보했다. 그리고 이란의 춤 전통 역시 관계가 있는 것으로 판명되었다.

62 윌리엄 돌비(William Dolby), 「중국 괴뢰희의 기원(The Origins of Chinese Puppetry)」, Bulletin of the School of Oriental and African Studies, 61.1(1978), 97~120쪽은 꼭두각시에 관한 중국어 참고문헌을 유용하게 모아두었지만, 최근의 연구 성과 특히 일본어와 서방 언어로 된 연구 성과들은 전혀 언급하지 않고 있다. 돌비는 끈을 당겨서 공연하는 중국의 꼭두각시가 외래에서 전해졌을 가능성이 대단히 높다는 사실을 완전히 무시하는 듯하다. 중국 괴뢰희 연구저작에 대한 좀 더 많은 이해는 이리야 요시타카(入矢義高), 매원욱(梅原郁) 역주, 『동경몽화록－송대의 도시와 생활(東京夢華錄－宋代の都市と生活)』, 東京 : 岩波書店, 1983, 174쪽 주6 참고.

63 응소(應劭), 『풍속통의(風俗通義)』, 불역본 『*Le Fong Sou T'ong Yi* [Comprehensive Configuration of Customs]』, Peking : Centre Franco-chinois d'Études Sinologiques, 1943, ch.4, 112쪽.

(唐代)와 그 이전의 권위 있는 비평가들은 괴뢰희가 한(漢)의 영제(靈帝, 168~188) 이전에 출현했을 가능성은 없고, 노래와 춤으로 이루어져 있으며, 발생 초기부터 장례 음악의 일부로 사용됐다고 하였다. 송대 이전에는 괴뢰희가 이야기 서술과 연출에 쓰였다는 기록을 어디서도 찾을 수 없다. 이러한 몇 가지 자료들을 통해 우리는 중국 괴뢰희의 역사에 대해 다음과 같은 결론을 도출할 수 있다. '괴뢰'는 장례식에 사용된 인형(俑)[64]에서 시작되었는데, 이 인형은 사람을 순장하는 대신 사용되었으며 상대(商代) 무덤의 발굴로 널리 알려졌다. 최근 중국의 고고학적 발견들은 이 인형이 널리 사용되었음을 확인시켜준다. 일본의 장례용 토용(埴輪) 역시 먼 고대로 거슬러 올라가나, 중국의 인형(俑)과 마찬가지로 이 토용이 연극의 연출에 사용되었다는 증거는 없다. 괴뢰희의 발전은 앞선 시대의 이야기서술 전통에 힘입은 것으로, 앞서의 문제와는 전혀 무관하다. 그렇다고 해서 다양한 형태의 인형과 장례식에 사용된 형상들을 만드는 제조 기술이 괴뢰희에 필요한 인형을 만드는 데에 충분히 발휘되었을 것이라는 점을 부인하는 것은 아니다. 중요한 것은 바로, 구술 서사 없이 꼭두각시 인형 하나만으로는 연극이 이루어질 수 없다는 사실이다. 실이 연결되어 조종이 가능한 인형은 한대에 중국으로 유입되었으며, 이것은 움직일 수 없는 장례용 인형들보다 기술적으로 발달한 것이었다.[65] 그러나 이 꼭

64 주대(周代)의 장례에 사용된 용(俑)에 대해서는, 『십삼경주소(十三經注疏)』, 臺北 : 藝文, 1976. 1896년판의 영인[출판자가 간기에 1815년이라고 한 것은 착오임), 『예기(禮記)』「단궁하(檀弓下)」 9, 20b (172쪽 b) 참고. 도용(陶俑)은 고대 이집트에서도 비슷한 용도로 쓰였다. 프란시스코 포라스(Francisco Porras), 『민간 인형극(*Titelles Teatro Popular*)』, Madrid : Editora Nacional, 1981, 24쪽 이하 참고.

65 실로 이은 높이 1.93m의 분절식 꼭두각시가 1979년에 산동(山東) 내서(萊西)의 서한(西漢) 중엽 무덤에서 발견되었다. 하나만 발견된 이 꼭두각시가 어떤 용도로 쓰였는지는 아직 명

두각시 인형은 중국에 전래된 이후 서사물의 연행과는 거리가 먼 용도로 사용되었다. 이 새로운 도구는 가무와 결합되어 연회석상에서 사람들을 즐겁게 하는 데 사용되었던 것이다.[66] 다시 말하지만, 송대 이전까지 꼭두각시가 연극 및 서사 전통과 결합한 적은 없었다.

나금당(羅錦堂)은 간략하면서도 인상적인 한 논문에서 괴뢰희의 한대 기원설에 대해 강한 회의를 제기했다.[67] 그는 또 계선림(李羨林)의 의견을 따라,[68] 『열자(列子)』에서 괴뢰를 언급한 것이 괴뢰희의 기원을 중국 내에서 찾으려는 시도에 아무런 도움도 되지 못한다고 결론지었다.[69] 우선 『열자(列子)』는 전체적으로 봤을 때 진대(晋代)의 위서이다. 그리고 『열자』가 비록 도가 경전으로 알려져 있지만,[70] 두 가지

확히 밝혀지지 않았다. 아마 이 꼭두각시는 순장과 관련된 묘구(墓具)로 사용되었을 것이다. 유위민(兪爲民), 「괴뢰희 기원 소고(傀儡戱起源小考)」, 『남경대학학보(南京大學學報)』, 철학사회과학(哲學社會科學) 3(1980.8), 98~100쪽(참고는 98쪽); 구곤량(邱坤良), 「대만의 괴뢰희(台灣的傀儡戱)」, 『민속곡예(民俗曲藝)』 괴뢰희전집(傀儡戱專輯) 23~24(1983.5), 1~24쪽 참고(참고는 2쪽).

66 (역시 연회와 관련되어) 오락의 목적으로 사용된 목괴뢰(木傀儡)에 대한 최초의 언급은 크세노폰(기원전 430[?]~355[?])에게서 볼 수 있다. 휴고 블룸너(Hugo Blümner), 「고대의 유랑연예인(Fahrendes Volk in Altertum)」, Sitzungsberichte der Königlich Bayrischen Akademie der Wissenschaften, Philosophisch-philologische und historische Klasse, 6.9.2(1918), 23쪽 참고.

67 나금당(羅錦堂), 「괴뢰희의 유래(傀儡戱的由來)」, 『대륙잡지(大陸雜誌)』 41.12(1970.12), 3~5쪽. 상임협(常任俠) 선주(選注), 『불경문학고사선(佛經文學故事選)』, 北京 : 中華書局, 1961, 18~19쪽(특히 19쪽 주1 참고).

68 계선림(Hiän-lin Dschi), 「『열자』와 불교 경전 : 『열자』의 작가와 그 구성 시기에 대한 해설(Lieh-tzu and Buddhist Sūtra : A Note on the Author of Lieh-tzu and the Date of Its Composition)」, Studia Serica 9.1(1950), 18~32쪽. 그러나 유감스럽게도 나금당(羅錦堂)은 계선림의 뛰어난 연구 성과를 받아들이지 않고 있다. 위 단락 이하는 나금당(羅錦堂)보다는 계선림의 의견을 더 참고한 것이다. 곽립성(郭立誠), 「소승경전과 중국소설희곡(小乘經典與中國小說戱曲)」, 『불교와 중국문학(佛教與中國文學)』, 161쪽 역시 참고.

69 그래햄(A. C. Graham) 역, 『열자(*The Book of Lieh-tzu*)』, London : Murray, 1960, '당의 문제들(The Questions of T'ang)', 110~111쪽 참고.

70 그래햄(A. C. Graham), 『「열자」의 시대와 구성(*The Date and Composition of Liehtzyy*)』, Asia Major, n.s.8.2(1961), 139~198쪽.

중요한 측면에서 불교의 영향을 강하게 보여주고 있다. 첫째, 현전하는 『열자』의 편자로 알려진 4세기 무렵의 장담(張湛)[71]이 쓴 서문에서는 불교와 도교가 사실상 같은 것이라고 공언하고 있다. 둘째, 『열자』에서 꼭두각시 인형을 언급한 대목은 축법호(竺法護, Dharmarakṣa)가 285년에 번역한 『생경(生經, *Jātaka-nidāna*)』의 관련부분과 세부적인 부분까지 대단히 흡사하다.[72] 이 두 기록은 모두 마치 살아있는 것 처럼 꼭두각시를 만드는 장인의 기술과 그것을 본 왕의 반응을 이야기하고 있으며, 또 꼭두각시가 왕후를 응시하자 왕이 크게 화를 내는 장면 등을 적고 있다. 계선림은 이 같은 유사함이 결코 우연일 수 없다고 하였다. 똑같은 이야기가 『대사(大事, *Mahāvastu*)』[73]와 토하라어(Thocharian) 문헌[74]에도 보인다.

실이 달린 꼭두각시에 대한 한자어에 여러 개의 변체자가 있는데, 이 사실만으로도 이것이 외래에서 기원한 것임을 짐작하게 한다.[75] 이 단어가 유라시아의 많은 언어들에서 '꼭두각시'를 의미하는 '쿠크라(kukla)'[76]와 동일한 말임은 의심의 여지가 없다. 실이 달린 꼭두각시

---

71 그의 아버지나 할아버지 역시 여러 가지 신・구 자료들을 모아 책을 편집하는 일을 했을 것이다.

72 해당 고사의 번역은, 에두아르드 차베네스(Édouard Chavannes), 『*Cinq Cents Contes et Apologues —extraits du Tripiṭaka Chinois et traduits en francais*』 4권본(Paris : Librairie Ernest Leroux, 1910~1911), 3권, 170~172쪽 참고.

73 세나르트(É. Senart) 편, 『마하바스투(*Le Mahâvastu*)』 3권본, Paris : l'Imprimerie Nationale, 1882~1897, 3권, 33~41쪽.

74 지그(E. Sieg), 『토하라어 판본 장인과 화가 이야기(*Das Märchen von dem Mechaniker und dem Maler in tocharischer Fassung*)』, Festschrift für Friedrich Hirth zu seinem75. Gebursag, 16, April 1920 (Berlin : Oesterheld, 1920), special number of *Ostasiatische Zeitschrift*, 8 (1920), 362~369쪽. 지그(Emil Sieg), 지글링(W. Siegling) 편, 『토하라어의 흔적(*Tokharische Sprachreste*)』, vol 1 (Berlin and Leipzig : W. de Gruyter, 1921), 1~14쪽.

75 메이어(Mair), 『돈황 민간 서사(*Tun-huang Popular Narratives*)』, 서문 참고.

76 이 단어의 어원에 대한 연구를 살펴보려면, 오또 스파이스(Otto Spies), 「터키 인형극

에 관한 현전하는 자료들로 판단해보건대, 이러한 연행 예술은 아시아와 유럽에서 광범위하게 퍼져 있었으며, 이는 유랑하던 집시들이 자신들의 고향인 인도 서북부와 중북부에서 가지고 나온 것으로 보인다.[77] 서력 기원 전후 무렵부터 수많은 인도의 음악가, 설화인, 마술사 및 그 외 예인들이 중동, 유럽, 중앙아시아 등지로 퍼져 나갔는데,[78] 그들 중에는 동아시아로 오는 사람들도 있었다.

(Türkisches Puppentheater : Versuch einer Geschichte des Puppentheaters im Morgenland)」, Die Schaubühne, 50 (Emsdetten : Lechte, 1959), 7~12쪽 참고.

77 오또 스파이스, 위의 글, 9쪽.

78 바샴(A. L. Basham), 『인도였던 경이로움 : 무슬림이 오기 전 인도 아대륙 문화에 대한 연구(*The Wonder that Was India : A Survey of the Culture of the Indian Sub-Continent before the Coming of the Muslims*』, New York : Grove Press, 1959, "Appendix XII : The Gypsis". 저자는 이 문제에 대해 다음과 같이 언급한다(513~514쪽).

이슬람화 되기 전 페르시아의 많은 전설과 전통들을 "Book of Kings"(Shāh-nāmah)에 모아 놓은 11세기 페르시아 시인 Firdūsi에 따르면, 5세기 사산조(Sāsānian)의 왕 Bahrām Gūr는 자신의 왕궁으로 1만 명의 인도 음악가들을 초청하여, 소와 곡물과 당나귀를 주면서 그 땅에 정착하여 가난한 사람들을 즐겁게 해주도록 했다고 한다. 왜냐하면 당시 가난한 사람들이 음악과 춤의 즐거움을 부자들만 독차지한다고 불평하고 있었기 때문이다. 그러나 음악가들은 정착하기를 거부했다. 그들은 왕이 준 소와 곡식의 씨를 먹으면서 승냥이나 들개처럼 그 땅을 이리저리 돌아다녔다고 한다.

비록 Firdūsi의 이야기가 전부 사실이라고 할 순 없지만, 위 이야기는 신분이 낮은 인도의 음악가들이 대단히 이른 시기부터 중동에 잘 알려져 있었음을 말해준다. 8세기 초 아랍이 신드(Sind)를 정복하면서 더 많은 인도의 예인들이 서쪽으로 이동할 방법을 찾아야했고 나중에는 아프리카와 유럽까지 이동을 해야 했다. 아틴가노이(Athinganoi)라 불렸던 사람들이 810년에 콘스탄티노플에 살고 있었다는 기록이 있는데, 나중에 비잔틴의 문헌에서는 이 아틴가노이 혹은 아진가노이(Azinganoi)를 마술사 혹은 환술사로 기록하고 있다. 이들은 중세 후반 중서 유럽에 등장했던 Tsigany 악단의 선조였던 것으로 보인다. 발칸 이외 유럽 지역 유랑인들에 관한 최초의 기록은 독일 힐데스하임(Hildesheim)시에서 나왔으며, 기록에는 한 무리의 유랑인들이 1407년에 이 지역을 지났다고 되어 있다. 대단히 많은 유랑인 무리가 1422년에 배슬(Basel)을 지나쳤으며, 스스로를 이집트 왕자 미카엘(Michael)이라고 부른 사람이 이 무리를 이끌었다. 이후 몇 십 년 동안 그들은 유럽 전역으로 퍼졌다. 이들에 대한 최초의 기록을 보면, 이들은 자신의 후손이 가진 모든 특징들을 가지고 있었다. 즉, 그들은 근심이 없고 게으르고 지저분하고 쾌활하고 금속의 가공과 수리를 잘했던 뛰어난 음악가들이자 춤꾼들이었다. 몸은 현란한 옷과 보석들로 장식하고, 남자들은 말장사를 잘 했고, 여자들은 예언가들이었으며, 남자든 여자든 모두 아무런 의심이 없었던 gorjo(비유랑인들)을 도둑질할 기회를 놓치지 않았다.

우리는 당대 후반 중국에 이미 진정한 괴뢰희가 있었다고 단정할 수 있는데, 이는 『진주임제혜조선사어록(鎭州臨濟慧照禪師語錄)』(867)에 실린 다음과 같은 기록을 통해 증명된다.

선사가 말하기를,	師云
시렁 끝에서 괴뢰가 노는 것을 보니,	看取棚頭弄傀儡
당기고 끄는 건 모두 안쪽 사람이 한다	抽牽都來裏有人[79]

돈황 문서(S3872) 중에도 줄로 조정하는 괴뢰에 관해 은유적으로 제법 상세히 묘사한 부분이 있다. 다음은 『유마힐경강경문(維摩詰經講經文)』 중의 일부분이다.

기계처럼 꼭두각시가 움직이는 건	也似機開傀儡
모두 줄과 끈을 당기고 끌기 때문이다	皆因繩索抽牽
춤을 추기도 노래를 부르기도 하고	或舞或歌
걷기도 하고 뛰기도 한다	或行或走
하지만 곡이 끝나면 이야기도 끝나	曲罷事畢
한쪽으로 치워 진다	拋向一邊[80]

79 Hui-jan(慧然) 편, 『*The Recorded Sayings of Ch'an Master Lin-chi Hui-chao of Chen Prefecture*』, 루흐 사사키(Rugh Fuller Sasaki) 역, Kyoto : The Institute for Zen Studies, 1975, 6쪽 (중국어 원문은 3쪽).

80 『돈황변문집(敦煌變文集)』, 581쪽, 15행. 당대 시인 양굉(梁鍠)은 위 내용과 대단히 흡사한 시를 쓴 적이 있다. 허유공(許有功, 1126년 경 활동) 편, 『당시기사(唐詩紀事)』(『사부총간(四部叢刊)』 본), 29.6b. 팽정구(彭定求) 외 편, 『전당시(全唐詩)』 12권본 1권, 北京 : 中華書局, 1960, 42쪽. 이곳의 주석에는 현종이 반란군에게 빼앗긴 장안을 버리고 서천(西遷)할 때 이 시를 읊었다고 되어 있다.

성숙한 희곡의 기본 요소들 뿐 아니라 '이야기(事)'가 언급되고 있음에 특히 주목하기 바란다. 꼭두각시를 언급하고 있는 또 다른 돈황 사본은 S4037과 레닌그라드 아시아민족 연구소 소장 Flug365이다. S4037에는 13번째 줄에 '농괴뢰(弄傀儡)'라는 문구가 있으며, Flug365 사본에는 꼭두각시의 몇몇 측면들을 사마디(samādhi, 三昧)에 비교한 대목이 있다.

줄로 조종하는 꼭두각시가 돈황에서 종교적 희극을 연행할 때 사용되었다고 생각할 수 있다. 파리 국가도서관 소장 P2975v[81]에는 한 종교단체가 회원들에게 알리는 통지문이 적혀 있는데, 여기에는 단체의 규약을 어겼을 때 부과되는 벌금이 나열되어 있다. 그런데 부과된 벌금 품목 — 이들 벌금은 모두 모임을 가질 때 협회가 썼던 것으로 보인다 — 중에는 '외뢰자(隗儡子, string puppet[s])'[82]라는 것이 있다. 속세의 불교도들로 구성된 불교단체에서 꼭두각시가 왜 필요했는지 궁금하지 않을 수 없다.

만약 당대 이전에 실제적인 괴뢰희를 찾을 수 없다면, 송대 이전에 피영희가 이미 나타났음을 보여주는 증거 역시 찾을 수 없다. 『한서(漢書)』「외척전(外戚傳)」에는 제(齊) 땅 출신의 '소옹(少翁)'이라고 불리는 신비한 방사에 대한 기록이 있다.[83] 이 사람은 무제(武帝)에게 기원전 121년에 죽은 무제의 연인 이부인(李夫人)의 모습을 보여준다. 방

81 나바 토시사다(那波利貞), 「당대의 사읍에 관하여(唐代の社邑に就きて)」, 1~3부, 『사림(史林)』, 23.2(1938.4), 15~57쪽; 23.3(1938.7), 71~110쪽, 도판 2건; 23.4(1930.10) 93~157쪽, 도판 2건. 이 논문은 같은 저자의 「당대사회문화사연구(唐代社會文化史硏究)」, 『동양학총서(東洋學叢書)』 8, 東京 : 創文社, 1974, 459~574쪽에서 "On the Shê-i(Voluntary Association) in the Tang Periods"라는 영어제목으로 재발표됨.

82 이 용어는 'string puppeteer(괴뢰를 줄로 작동하는 사람)'으로 번역할 수도 있다.

83 『한서(漢書)』, 중화판(中華版), 3,952쪽.

사는 휘장을 치고 양초를 사용하여 밤에 그 모습을 보여주었다. 『남사(南史)』「후비전(后妃傳)」에도 이와 대단히 흡사한 유송(劉宋) 황제 효무제(孝武帝, 재위 452~464)에 대한 기록이 있다.[84] 여기서는 한 무인(巫人)이 효무제에게 은숙의(殷淑儀)의 사후 모습을 보여준다. 이 두 기록은 중국에서 한대부터 이미 피영희가 존재했음을 보여주는 증거로 흔히 사용되어 왔다.[85] 그러나 이 두 기록이 너무도 흡사하다는 점, 특히 이부인을 기리기 위해 쓰인 부(賦)를 똑같이 언급하고 있다는 점 때문에 『남사』의 기록은 의심이 가지 않을 수 없다. 그리고 행여 『남사』의 기록이 옳다 하더라도, 휘장에 형상을 비추는 기술은 (그것이 유행한) 송대 이전에는 극히 드물었다고 해야 할 것이다. 왜냐하면 이 기술은 5백 년 이상이나 차이가 나는 위의 두 기록에만[86] 언급되어 있기 때문이다. 또 설사 이러한 기술이 한대와 유송 시기에 실제로 존재했다고 가정하더라도, 이를 근거로 피영희가 중국에서 처음으로 등장

84 『남사(南史)』, 중화본(中華本), 324쪽.

85 중국 희극사가들 대부분은 소옹이 이부인의 움직이는 형상을 연출해낸다는 『한서』의 기록을 아무런 비평 없이 인용한다. 그러나 이들 중 어느 누구도 이후의 발전(즉 송대 이후)과 이 기록을 의미 있게 연관시키려는 시도는 하지 않았다. 『중국의 과학과 문명(*Science and Civilization in China*)』의 'Physics'에 대한 부분 26.g.6, 12쪽 이하에서, 조셉 니담(Joseph Needam)은 시각적 환영을 만들 때 사용하는 많은 장치와 기술에 대해 소개하고 있다. 소옹에 관한 일화를 언급하면서, 니담은 이 이야기가 『사기(史記)』에도 나온다는 것을 알려주고 있다(개명본(開明本) 12.43b와 28.11c, 중화본(中華本) 12.458과 28.1387~1388). 『사기』의 기록은 좀더 간략하며, 부엌신의 형상과 함께 불려진 여인의 성이 王이라고 하고 있다. 니담 역시 이 기록이 영희(影戲)에 관한 초기의 기록이라고 주장한다. 그러나 위 두 곳의 기록은 너무 간략해서 무엇을 하는 것인지 정확히 말할 수 없다. 황제가 양쪽의 휘장 뒤에 앉아있던 것으로 보이기 때문에, 소옹은 여인이 그 휘장들 사이에서 앞뒤로 움직이도록 했을 것이다. 깜박거리는 불빛, 휘장, 넌지시 비춰주는 소옹의 행동, 간절히 보고 싶어 하는 황제의 상상력이 사랑하는 여인의 형상을 불러내는데 충분한 조건이 되었을 것이다. 하지만 어쨌든 여기에는 어떤 희극적 표현이 쓰였다는 증거는 없다. 소옹은 단순히 황제의 눈앞에서 죽은 연인의 형상을 불러냈을 뿐이다. 그 밖의 어떤 결론을 추론해내는 것은 옳지 않다.

86 그리고 『사기(史記)』(앞의 주석을 참고).

한 시기가 언제인가에 대한 질문에 답할 수는 없다. 왜냐하면 이 두 기록 모두 상사병을 앓는 황제에게 사별한 후궁의 모습을 꼭 닮은 화상을 보여줬다는 것 외에는 어떤 정보도 보여주지 않기 때문이다. 이 기록들은 서사 혹은 연극 연행에 관한 증거가 전혀 없기 때문에, 중국 피영희 역사의 연구와는 아무런 관련도 없다.

방원영(龐元英, 1078～1082에 활발히 활동함)의 『담수(談藪)』는 소옹(少翁)이 한무제에게 신선을 나타나게 하는 고사를 간략히 언급한 뒤 다음과 같은 평어를 덧붙였다.

> 이후로 세간에는 영희(影戲 : 그림자극)가 있게 되었다. 그러나 한무제 이래로는 더 이상 보이지 않았다. 송조 인종(1023～1063) 때에 저자 사람들 중에는 삼국시대의 고사를 이야기할 수 있는 사람들이 있었다. 그 중 어떤 사람은 이야기를 꾸미고 영인(影人)을 만들었다.[87] 이렇게 해서 처음으로 위촉오 삼국 전쟁의 형상(像)이 만들어지게 되었다. 이 상들은 지금까지도 전해지고 있다.
>
> 由是世間有影戲. 歷代自漢武以來無所見. 宋朝仁宗時, 市人有能談三國事者, 或採其說加緣飾作影人, 始爲魏吳蜀三戰爭之像. 流傳至今.[88]

이 구절을 쓴 저자의 활동 시기를 볼 때, 소옹의 일화와 송대의 실질적 피영희가 나타난 시기 사이에 1천년 이상의 차이가 있음을 주시해야 한다. 고승의 『사물기원(事物紀原)』 중 '영희(影戲)'라는 제목 아래

---

87 이 부분은 "…… 그림자를 만들어서, 사람들은 처음으로 ……"라고 읽을 수도 있다.

88 진몽뢰(陳夢雷, 1651～대략 1723) 주편, 『고금도서집성(古今圖書集成)』, 1628권본, 제17, 「예술전(藝術典)」, 上海 : 圖書集成監版印書局, 1884, 805.2b.

에는 이와 똑같은 내용이 적혀 있는데, 고승의 이 글은 중국 피영희의 역사에 관한 중요한 정보들을 보여준다. 여기서 고승은 위 단락을 인용하기 전에, 먼저 소옹이 한무제를 위해 이부인의 영상을 보여주었다는 이야기에 의심의 눈초리를 보낸다.[89] 고승이 말한 대로, 위 단락은 최소한 삼국의 고사와 관련되어서는 피영희가 송대의 이야기서술에서 발전했음을 직접적으로 보여주고 있다.

중국에서 송초부터 계속해서 피영희가 번성했다는 사실은 장뢰(張耒, 1052~1112)가 편찬한 『명도잡지(明道雜誌)』에서 확인된다. 이 책에는 변량(汴梁) — 오늘날 개봉(開封) — 의 한 부유한 청년이 여러 차례 피영희를 즐겼다는 내용이 나온다.[90]

그렇다면 무엇이 당대 이후 피영희를 탄생시켰을까? 손해제(孫楷第)는 이 문제를 다음과 같이 당시의 풍속과 연계시켜 설명하였다. "만약 당오대 속강승[91]들이 강을 하는 자리(講席)에 도상(圖像)을 설치하지 않았다면 송대에 피영희가 탄생할 수 없었을 것이다."[92]

불교 서사문학의 목적 가운데 하나가 붓다의 표현을 빌자면, '이 세상의 헛된 본질을 가르치는' 것임은 명심할 필요가 있다. 이러한 측면에서 볼 때, 피영희나 그림이 동반된 이야기서술은 이 목적에 특히 효과적이었다. 왜냐하면 이것들은 등불이나 촛불의 조명 아래서 공연되었기 때문이다. 인공조명은 피영희의 공연에 필수요건이었는데, 우리는 그림을 도구로 사용하는 현대 인도의 이야기서사 예술을 통

---

89 고승(高承), 『사물기원(事物紀原)』(『총서집성초편(叢書集成初編)』 본) 권9, 351쪽.

90 장뢰(張耒) 편, 『명도잡지(明道雜誌)』(『총서집성초편(叢書集成初編)』 본), 14~15쪽.

91 여기서 말하는 '승려'는 특별한 의미에서의 '승려'를 말하는 것이며, 또 '속강'은 '속세 사람들에게 하는 불경 강연'이라는 일반적 의미와는 다르다.

92 손해제(孫楷第), 「근세희곡 연행 형식의 괴뢰희·영희 연원 고찰(近世戲曲的唱演形式出自傀儡戲影戲考)」, 『창주집(滄州集)』, 238~307쪽(인용은 261쪽, 303쪽 역시 참고).

해 공연 중 해설되어지는 그림에도 불빛이 비춰지는 것을 알 수 있다. 깜박이는 불빛은 그림 속의 장면과 그 속의 인물들이 텅 빈 허공에서 갑자기 나타난 것처럼 보이게 한다. 나는 와양 쿨리트(wayang kulit, 인도네시아 피영희)가 주는 불가사의한 효과를 목격한 적이 있다. 1976년 10월 25일 나는 하버드 대학의 사우스 하우스(South House)에서 솜씨 좋은 미국인 달랑(dalang)의 공연을 구경할 기회가 있었다. 나는 기름 램프를 통해 희미하게 비춰지는 춤추는 형상에서, 선명하고 안정적인 현대 영화의 느낌보다 훨씬 더 강렬한 인상을 받았다. 이 효과는 연행자의 숙련된 무속적 행위로 더욱 고조되었다. 전체적인 형식면에서 볼 때, 인도네시아의 전통 와양(wayang)은 인도의 그림 서사 연행이 하나의 관념, 즉 실존하는 것으로 보이는 이 세계가 사실은 환상일 뿐이라는 메시지를 직접적으로 표현하는 데 이용될 수 있음을 증명하였다. 클레어 홀트(Claire Holt)가 말한 것처럼, 다채로운 모습의 모든 와양은 "환상적이고 몽롱한 우주를 비춰주는데, 거기에는 초자연적인 힘이 깃들여 있고 긴장감이 팽배해 있다……."[93]

피영희는 명대 하북 지방에서 '선권(宣卷)'으로 불렸는데, 이는 피영

---

93 클레어 홀트(Claire Holt), 『인도네시아 예술 : 지속과 변화(*Art in Indonesia : Continuities and Change*)』, Ithaca : Cornell University Press, 1967, 128쪽. 발렌티나 로센(Valentina Stache-Rosen), 「그림자극과 그림 연기자(Shadow Players and Picture Showmen)」, Quarterly Journal of the Mythic Society, 66.3～4 , Bangalore, July-December, 1975, 43～55쪽에서도 인도의 몇몇 통속오락에 보이는 신비한 밤의 분위기를 강조하고 있다(50쪽). 인도, 인도네시아와 그 외 지역의 피영희에 대한 탁월한 연구는, 권터 스피트징(Günter Spitzing), 『인도네시아의 그림자놀이 : 발리, 자바, 롬복(*Das indonesische Schattenspiel : Bali, Java, Lombok*)』, Köln : DuMont, 1981과 피터 던켈(Peter F. Dunkel), 『그림자 인형, 그림자극 : 역사, 생산, 놀이(*Schattenfiguren, Schattenspiel : Geschichte, Herstellung, Spiel*)』 Köln : DuMont, c. 1984 참고. 프리드리히 셀트만(Friedrich Seltmann), 『케랄라의 그림자 놀이 : 수드－인디안의 사크라레스 극장(*Schattenspiel in Kerala : Sakrales Theater in Süd-Indien*)』, Stuttgart : Franz Steiner[Wiesbaden], 1986 역시 참고.

희가 종교적인 설교 목적으로 연행되었음을 보여준다.[94] '선권(宣卷)'이라는 호칭은 장강 하류 지역에서도 사용되었으며, 황하 유역에서는 같은 의미의 '염권(念卷)'이라는 용어가 사용되었다. 특히 지역 농민들이 백련교도의 난에 연루되었던 중국 북방에서는, 정부가 난의 책임 일부를 피영희 연행자들에게 전가했다. 그들은 "종이 사람을 만들어 귀신을 불러내고 반란을 일으켰다"는 혐의를 받았다. 관아에서는 이 예인들을 '현등비(玄燈匪)'로 부르면서 대대적으로 체포하였다.[95]

복건과 대만에서 피영희는 '피후희(皮猴戱)'로 불린다. 이 용어를 보면 인도의 후왕(猴王, 원숭이 왕) 하누만(Hanuman)과 중국에서의 그 후예인 손오공이 자연스럽게 떠오른다. 피영희가 뛰어난 초자연적 변신 능력으로 유명한 이들 두 주인공의 이름을 딴 것은 상당히 적절하다.

다시 한 번 우리는 중국 피영희의 외국 전래설 문제를 제기해야만 한다. 이 문제에 대한 답변은 긍정적이며, 그림 서사 연행(picture-storytelling)[96]이나 인형극(puppet plays)과 마찬가지로 피영희는 중앙아시아를 통해서 중국으로 들어온 것이 분명하다. 당대 및 그 이전 시기 중앙아시아의 불교국에 인도로부터 전해진 피영희가 존재했다는 증거는 코탄어 문헌에서 프라크리트어 명사 차야-나라이(chāyā-nālai)를 언급한 부분에서 찾을 수 있다.[97] 차야(Chāyā)의 축자적 의미는 '그림

94 관준철(關俊哲), 『북경피영희(北京皮影戱)』, 北京[?] : 北京出版社, 1959, 6쪽. 이 용어는 특히 남방에서는 '보권(寶卷)'이라 칭해지기도 하였다. 선권(宣卷)은 보통 '선강보권(宣講寶卷)'의 축약형으로 해석된다. 릴리 창(Lily Chang), 『중국 피영희의 잃어버린 뿌리 : 중국 배우극과의 비교(*The Lost Roots of Chinese Shadow Theater : A Comparison with the Actor's Theater of China*)』, University of California at Los Angeles, Ph.D. dissertation, 1982, 212~213쪽과 인용된 참고문헌.

95 아유(阿維), 『피영희(皮影戱)』, 北京 : 朝花美術出版社, 1955, 1~2쪽과 관준철(關俊哲), 『북경피영희(北京皮影戱)』, 6쪽.

96 중국에서 이 이야기서술 형식은 구술된 변문의 전신에 의해 표현되었다.

자'이며 — 그리스어 6xia 참고[98] — 나라이(nālai)의 산스크리트어 표현은 '춤' 혹은 '극'을 의미하는 나타카(nāṭaka)이다.[99] 이른바 『찬파사탑서(贊巴斯塔書, Book of Zambasta)』(V.98)에서 차야-나라이(chāyā-nālai)는 비현실적인 것을 가리키는 몇몇 단어들과 함께 쓰이고 있다.

그 역시 이 속임수를 알고 있다. 그건 꿈 같기도 신기루 같기도 하다. 깨달

97 베일리(H. W. Bailey), 「중국 투르케스탄 내 고대 코탄의 이란 왕국 문화 : 북아시아에까지 미친 인도의 영향(The Culture of the Iranian Kingdom of Ancient Khotan in Chinese Turkestan : The Expansion of Early Indian Influence into Northern Asia)」, Memories of the Research Department of the Toyo Bunko(The Oriental Library, 29 (1971), 17~29쪽(참고는 27쪽; 이 논문은 기원전 100년부터 기원후 400년까지를 다룸). 같은 저자의 「불교 중앙아시아의 이야기서술(Story-Telling in Buddhist Central Asia)」, Acta Asiatica—Bulletin of the Institute of Eastern Culture, 23 (1972. 9), 73~77쪽(참고는 66쪽).

98 만프레드 메이로퍼(Manfred Mayrhofer), 『산스크리트어 간략 어원 사전(*Kurzgefasstes etymologisches Wörterbuch des Altindischen*)』, Heidelberg : Carl Winter, Universitätsverlag, 1956~1963과 그 이후, vol.1, 407쪽.

99 스시쿠마르(Sushikumar De), 『산스크리트 문학사(*History of Sanskrit Literature*)』, Calcutta : University of Calcutta, 1947, 501쪽. 502쪽의 주2는 (Dūtāṅgada와 Mahāhāṭaka 같은) chāyā-nāṭaka와 산스크리트 희극의 발전 사이의 필연적 관계에 대해 의심을 하고 있다. 그는 이러한 경우에는 chāyā-nāṭaka라는 표현이 '피영희'를 의미하는 것이 전혀 아니라고 보고 있으며, 그보다는 "해당 주제에 대한 이전의 극을 요약 각색한 것"으로 보인다는 주장을 한다. 하지만 최근에 지완 패니(Jiwan Pani)는 『라바나 치하야(*Ravana Chhaya*)』, New Delhi : Sangeet Natak Akademi, n.d, 8~9쪽에서 Meghaprabhācārya의 'Dharmābhyudayan'과 Someśvara의 'Ullagharaghva' 같은 몇몇 chāyā-nāṭaka에서 이들이 진짜 피영희였다는 내재적 증거를 볼 수 있음을 확실히 증명해냈다. 게오르그 야콥(Georg Jacob), 한스 옌센(Hans Jensen), 한스 로쉬(Hans Losch) 편역, 『인도의 그림자극(*Das indische Schattentheater*)』, Stuttgart : W.Kohlhammer, 1931 참고. 사실, 중앙아시아에 존재한 것으로 알려진 위의 chāyā-nālai는 의심할 나위 없는 피영희였다. 토마스(F. W. Thomas) 선역, 『중국 투르케스탄에 관한 티베트어 문학 텍스트와 문서(*Tibetan Literary Texts and Documents Concerning Chinese Turkestan*)』, part i-iv, Oriental Translation Fund, n.s. 32, 37, 40~41(London Royal Asiatic Society, 1935~1963), vol.1, 116쪽과 vol.2, 312쪽, 엠머릭(R. E. Emmerick) 편역 『코탄에 관한 티베트어 텍스트(*Tibetan Texts Concerning Khotan*)』, London Oriental Series, 19, London : Oxford University Press, 1967, 42~45쪽, 151쪽; 베일리(H. W. Bailey) 편, 『인도-스키타이 연구, 코탄어 텍스트(*Indo-Scythian Studies, Khotanese Texts*)』, vol.6, Prolexis to the Book of Zambasta, Cambridge : At the University Press, 1967, 131~132쪽 참고.

음을 얻기 전까지 그것은 신비한 환상과 같다. 그저 피영희가 공연되고 있는 것이다.

tta ttuto parikalpo paysendä hūni māñanda marice yā--va balysūstä kho māya samu chāyā-nālai ggeiste[100]

이 용어는 후기 코탄어 문헌에서 좀 더 진화된 형태인 '나우레(naule)'라는 말로 바뀌는데, 이 용어는 성숙한 연희를 뜻하는 것으로 보인다.[101]

피영희 공연에 필요한 장비는 아주 간단해서 두 손과 흰 천 그리고 램프만 있으면 충분하다. 이는 혜명(惠明)이라는 불교 승려가 쓴 「수영희자(手影戲者, 손가락 그림자 연희자)」라는 시를 통해 알 수 있다. 이 시는 12세기 홍매(洪邁)의 『이견지(夷堅志)』에 실려 있다.

명주 석 자로 희대를 만들고
열 손가락만 의지해 우스개 이야기 펼치네
밝은 달이 뜨면 등불 창문 아래
한 바탕 웃음이 손바닥에서 나오네[102]
三尺生綃作戲台,

100 엠머릭(R. E. Emmerick) 편역, 『찬파사탑서 : 불교에 관한 코탄어 시(*The Book of Zambasta : A Khotanese Poem on Buddhism*)』, London Oriental Series, 21, London : Oxford University Press, 1968, 92~93쪽; 에른스트 로이만(Ernst Leuman) 편역, 『북아리안의 불교 교훈시(*cht des Buddhismus*)』, Abhandlungen für die Kunde des Morgenlandes, 20.1~3, Leipzig : F. A. Brockhaus for Deustche Morgenländische Gesellschaft, 1933~1936, 66~67쪽과 비교.

101 베일리(H. W. Bailey), 「마흐야라(Mā'hyāra)」, Bulletin of the Deccan College Research Institute, 20.1~4(1960), 276~280쪽에서 논의.

102 홍매(洪邁)(1123~1202), 『이견지(夷堅志)』 「삼지(三志)」, 3.3b~4a.

全憑十指逞詼諧.

有時明月灯窗下,

一笑還從掌握來.

손가락 그림자극은 정교한 장비들을 아주 먼 곳으로 옮기는 데 아무런 문제가 없었다. 설령 그림자극에 인형 세트를 사용할 경우도 공연자 스스로가 필요한 모든 도구들을 손쉽게 옮길 수가 있었다.

각종 자료들을 종합해보건대, 중국 피영희의 기원은 불교 서사문학과 연극 체재의 전래와 관련이 있다. 구체적으로 어떻게 전래되고 또 현지에 적응했는지는 알기 힘들겠지만, 앞서 언급한 역사 자료들은 그러한 관계가 존재함을 증명하기에 충분하다. 이러한 관계에 대하여 유무재(劉茂才, Liu Mau-tsai)는 피영희와 괴뢰희 대본의 스타일이 변문을 닮았다고 주장했다.[103]

손해제(孫楷第)의 중요한 논문인 「근세 희곡 연행 형식의 괴뢰희 · 영희 연원 고찰(近世戲曲的唱演形式出自傀儡戲影戲考)」[104]은 모든 학자들에게 인정을 받지는 못했지만, 그렇다고 철저하게 반박되지도 않았다.[105] 여기서 손해제가 논술한 세부 내용을 모두 언급할 필요는 없

103 리우마오차이(Liu Mau-tsai), 「송 왕조의 인형극과 그림자극. 그 탄생과 형식(Puppenspiel und Schattentheater unter der Sung-Dynastie. Ihre Enstehung und ihre Formen)」, Oriens Extremus, 14.2(1967.12), 129～142(참고는 129쪽과 134～135쪽).

104 주92 참고. 중국 희극 연출의 중요한 원천으로서의 괴뢰희에 대한 또 다른 간략한 논의에 대해서는, 왕국유(王國維), 「녹곡여담(錄曲餘談)」, 『증보곡원(增補曲苑)』 제6칙(杭州 : 六藝書局, 1932, 제3판) 참고.

105 최근 주이백(周貽白)은 「중국 희극과 괴뢰희 · 영희(中國戲劇與傀儡戲影戲)」 『희극논문선(戲劇論文選)』, 長沙 : 湖南人民出版社, 1982, 32～80쪽에서 손해제의 이론에 대해 처음으로 전반적인 비평을 하였다. 그러나 주이백은 손해제의 주장을 반박하지 못한 것으로 보인다. 왜냐하면 그의 주장은 억지가 있으며 대부분 부정적인 관점에 기반하고 있기 때문이다. 이는 그가 강한 반문구(反問句)를 자주 사용하고 있는 점에서 알 수 있다. 주이백은 손해

다. 다만 그가 괴뢰희와 피영희에서 직접 발전했다고 지적한[106] 중국 희곡의 세 가지 특징을 아래에 적어 둔다.

1. 연기자가 무대에 등장한 후 관중을 향해 독백을 하는데(이렇게 해서 그는 다른 연기자들과 혼동되지 않는다), 그 독백에서는 자신이 누구인지를 알려주고 항상 자신이 어떤 역할을 할 것인지를 소개한다.

2. 각종 얼굴 분장(臉譜)의 효과

   a. 등장인물의 특성을 표시

   b. 등장인물의 사회적 지위를 표시

   c. 등장인물의 극중의 지위를 표시

3. 연기자의 손짓과 동작은 대단히 부자연스러우며 의도적으로 꼭두각시를 모방하고 있다. 이는 중국 희곡 배우들의 특징적인 모습이다. 무릎을 일정한 각도로 구부려, 수직으로 그리고 기계적으로 뛰었다가 떨어진다. 끈으로 움직이는 괴뢰의 동작과 일치한다는 사실을 모른다면, 이 동작을 이해하기 쉽지 않을 것이다.

중국 희곡의 이러한 특징들은 그것이 괴뢰희와 피영희에서 나왔음

제가 보지 못한 새로운 자료는 거의 제시하지 못하고 있으며, 그보다는 손해제의 발견을 새로운 관점에서 재해석하려고만 한다. 물론 이 역시 괜찮은 방법이긴 하지만, 손해제의 이론이 일관적이고 온전한 반면 주이백의 주장은 전혀 그렇지 못하다. '포(鋪)'가 그림 재현 방식과는 무관하다고 보려 한 주이백의 시도는 억지이며 따라서 받아들여질 수 없다. 괴뢰희와 피영희가 중국 희극의 발전에 영향을 주었다는 손해제의 이론은 춤, 기예 그리고 다른 공연물들 역시 희극 발전의 요소였다는 주이백 등의 주장과 전혀 상치되지 않는다. 주이백이 자신의 많은 연구에서 주장한 이론—이야기가 희극의 등장에 중심 역할을 했다는 것—은 사실 손해제도 적극적으로 지지하는 바이다. 주이백이 괴뢰희와 피영희의 중요한 측면을 이해하지 못한 것은 불행한 일이다.

106 『창주집(滄州集)』, 291~305쪽.

을 보여주는 증거들이다. 내가 보기에 손해제보다 더 논리적인 해석은 없는 것 같다. 이는 이미 잘 알려져 있는 인도네시아와 터키 연극의 발전 과정을 보면 더 분명해진다.[107]

손해제가 순전히 이론적 진술로 설명한 이 관점은 그보다 몇 해 전에 이미 제기되었다. 예를 들어, 제네비에브 윔셋(Genevieve Wimsatt)은 일찍이 1936년에 매란방(梅蘭芳)의 견해에 기초하여 다음과 같은 깊이 있는 분석을 내놓았다.

> 중국 희곡 배우들의 많은 특징적 몸짓은 사실 줄에 매달려 흔들리는 꼭두각시의 동작을 모방한 것이다. 따라서 연기 동작들이 사람들에게 자연스럽게 느껴지지 않는다. 유명한 배우이자 중국 희곡의 모든 면에 해박한 학자인 매란방은, 배우는 움직이는 꼭두각시의 직접적인 후손으로, 이 정신적인 조상으로부터 자세와 동작의 관습을 물려받았으며, 이 관습들이 여전히 중국 희곡 기법의 특징이 되고 있다고 주장한다. 매란방 박사가 지적한 중국 희곡의 특징 중 하나는 원을 그리며 맴도는 배우의 턴 동작이다. 이러한 동작은 꼭두각시의 동작 양식으로부터 나오지 않은 게 없다. 또 일본의 무대 예술은 끈으로 움직이는 목우(木偶)에서 파생되었음이 분명하다.[108]

손해제는 원 잡극(雜劇) 중에 보이는 노래 가사(唱詞)들은 모두 한 사람의 배역이 노래한다는 점을 지적한 바 있다. 그는 이 특징을 원 잡극

---

107 필자의 『그림과 공연(*Painting and Performance*)』3장과 메틴 앤드(Metin And)의 『카라고즈 : 터키 그림자극(*Karag Öz : Turkish Shadow Theatre*)』, Ankara : Dost Yayinlarli, 1975, 36~37쪽 참고.

108 제네비에브 윔셋(Genevieve Blanche Wimsatt), 『중국 그림자극(*Chinsese Shadow Shows*)』, Cambridge, Massachusetts : Harvard University Press, 1936, 44쪽.

이 비교적 순수한 서사문학 형식에서 발전했기 때문인 것으로 보았다.[109] 아래에서 보게 되겠지만, 사람이 배우가 되는 완숙한 연극과 구비 서사문학 사이에는 많은 과도기적인 통속서사 연극 장르가 존재한다. 괴뢰희와 피영희는 이야기 원형에서 연극으로 분리되어 나오는 초기 단계쯤에 위치해 있다. 기본적으로 그림 구연 서사 장르인 변은 이 진화의 갈림길에서 시기적으로 훨씬 앞서 있다. 이 모든 예술들의 목적은 공연자(들)가 제공하는 이야기가 진짜라는 인상을 심어주는 데 있다. 흥미로운 사실을 하나 덧붙이자면, 경극에서는 종종 색깔 있는 연기를 피워 일종의 환상적인 분위기를 만들어내곤 한다. 여기서 우리는 경극의 이러한 기법이 송대의 '약발괴뢰(藥發傀儡)'와 어떤 식으로든 연관이 있을 거라는 생각을 갖게 된다.

송대 도시의 삶을 묘사한 기록들에는 통속 공연과 관련된 중요한 정보들이 들어 있는데, 그 중에는 우리의 연구와 직접 관련되는 것들도 있다. 『동경몽화록(東京夢華錄)』에는 중원절이 되면 변경(卞京)에서 "점포의 악사가 초이렛날부터 〈목련구모〉 잡극을 공연하는데, 15일이 되어 마칠 때는 관중이 곱절로 늘어난다[構肆樂人, 自過七夕, 便般目連救母雜劇, 直至十五日止, 觀者增]"[110]는 기록이 있다. 이 문장이 흥미로운 것은, 가장 인기 있는 변문 스토리 중 하나가 북송대에 이미 잡극 형식이 되었고, 많은 사람들의 환영을 받으며 장장 9일 동안이나 계속되었으며, 공연자는 승려가 아닌 직업적인 배우였다는 사실을 말해

---

109 『창주집(滄州集)』, 291쪽.

110 『동경몽화록 외 4종(東京夢華錄[外四種])』, 上海 : 上海古典文學出版社, 1956, 『동경몽화록(東京夢華錄)』 8권, 49쪽; 사와다 미즈호(澤田瑞穗), 『지옥변(地獄變)』(京都 : 法藏館, 1968)의 이 부분에 대한 분석과 비교. 주유지(朱維之), 「사공달랍과 송원 남희(沙恭達拉與宋元南戲)」, 『복주협화대학학술(福州協和大學學術)』 3 (1935), 추인본 8쪽 역시 참고.

주기 때문이다.

『도성기승(都城紀勝)』「와사중기(瓦舍衆妓)」에는 남송의 수도 항주(杭州)의 피영희에 관한 중요한 기록이 있다.

> 영희는 수도 사람들이 처음에는 흰 종이에 새겨 잘라 만들었는데, 나중에는 여러 색깔로 장식된 가죽으로 만들었다. 그 화본은 강사서와 흡사해서 반은 사실이고 반은 꾸며낸 것이다. 애국심 있고 충성스런 사람은 올바른 모습으로 잘랐으나 간사한 사람은 추악한 모습으로 잘랐다. 이것은 극을 보는 세상 사람들의 눈에 칭찬과 폄하를 맡기기 위함이다.
>
> 凡影戲乃京師人初以素紙雕鏃(?),[111] 後用彩色裝皮爲之, 其話本与講史書者頗同, 大抵眞仮相半, 公忠者雕以正貌, 奸邪者与之醜貌, 蓋亦寓褒貶於市俗之眼戲也.[112]

이 기록에서 가장 흥미로운 것은 피영희의 배역들을 처음에는 흰 종이로 된 두루마리 위에 그린 그림들을 오려서 만들었음을 암시하고 있다는 점이다. 이것은 내가 인도네시아의 와양과 인도의 구연 서사 전통에 대한 분석에 바탕하여 추론해낸 중국 희곡의 발전 과정과

---

111 와양 쿨리트(wayang kulit, 皮影)의 또 다른 이름은 레카 카르마(rekha-carmma)로, 이것을 산스크리트어로 하면 바루랑 인퀴르(valulang inkuir, 새겨진 가죽)가 될 것이다. 하지만 이 산스크리트어는 아직 인도의 문헌에 나타난 적이 없다. 엔신크(J. Ensink), 「레카카르마, 발리섬과 특히 관련된 인도네시아 그림자극에 대하여(Rekhacarmma, On the Indonesian Shadow-Play with Special Reference to the Island of Bali)」, [Brahmavidyā] Adyar Library Bulletin, Dr. V. Raghavan Felicitation Volume, 31-32 (1967~1968), 412~441쪽(참고는 414쪽 주5). 이 글은 위의 '족(鏃)'의 의미에 대한 몇 가지 해석을 제시할 수 있다는 점에서 흥미롭다. 산스크리트어 카르마 루파(carma rupa : 프라크리트어[Prakrit] camma rupa, 오리아어[Oriya] carma ṇataka)에서 파생된 것이 분명한 camma rupa(가죽 괴뢰)와도 비교.

112 『동경몽화록 외 4종(東京夢華錄[外四種]』, 『도성기승(都城紀勝)』, 97~98쪽. 『동경몽화록 외 4종(東京夢華錄[外四種]』, 『몽양록(夢梁錄)』, 311쪽과 비교.

정확히 일치한다. 또 한 가지 흥미로운 점은, 피영희에서 공연된 스토리의 내용이 이야기꾼이 이야기한 내용과 똑같다는 사실이다. 이것은 중국의 소설과 희곡은 사실상 동전의 양면이라는 나의 주장과 일치한다.

또 『도성기승(都城紀勝)』「와사중기(瓦舍衆妓)」에서는 '잡수예(雜手藝)'의 '변선아(變線兒)'에 대해 언급하고 있는데,[113] 여기서의 '변(變)'은 일종의 마술이나 요술을 가리키는 것으로 보인다. 이렇게 되면 이것과 그림 해설이 딸린 구연 서술이자 마술의 일종이었던 고대 인도 소비야(śaubhika, sobhiya)와의 유사성에 주목하게 될 것이다.

마지막으로, 위의 자료에서는 "설경은 불서를 강설함을 말한다[說經, 謂演說佛書]"고 적고 있는데,[114] 『몽양록(夢梁錄)』「소설강경사(小說講經史)」에도 거의 동일한 내용의 문구가 적혀 있다.[115] 그리고 『무림구사(武林旧事)』 「제색기예인(諸色伎藝人)」에는 '불경을 해학적으로 재미있게 강설하는(說經諢經)' 17명의 예인이 열거되어 있다. 그들 중 네 명만이 '화상(和尙, 승려)'으로 불리고 있으며, 여기에는 '장소화상(長嘯和尙)'이라는 매우 특색 있는 이름을 지닌 자도 있다.[116] 이는 종교적인 변문(變文)과 강경문(講經文) — 돈황 불교 통속문학의 한 종류 — 이 발전해서 생겨난 것임에 틀림없는 몇 가지 문학 유형이 송대에 존재했었음을 말해준다.[117] '변(變)'이라는 글자 자체는 이 글자가 함축

---

113 『동경몽화록 외 4종(東京夢華錄[外四種])』, 97쪽.

114 위의 책, 98쪽.

115 『동경몽화록 외 4종(東京夢華錄[外四種]』, 『몽양록(夢梁錄)』 제20권, 313쪽.

116 『동경몽화록 외 4종(東京夢華錄[外四種]』, 『무림구사(武林舊事)』 제6권, 455쪽. 이들 네 연행자가 실제로 수계를 받은 승려로 보이진 않는다. 【역자주】 빅터 메이어의 논문 원문에는 주석 116번이 빠져 있다. 여기서는 주석번호를 순서대로 수정한다.

117 나진옥(羅振玉)의 불곡(佛曲)에 대한 설명을 참고. 『돈황영습(敦煌零拾)』(저자 간행, 1924[?]), 4.11a. 강경문에 대한 좀더 많은 정보는 필자의 「중국 강경문의 구술 및 기술적 측

하고 있는 외래적 의미 때문에 빠졌을 것이다. 이들 기예에 관한 송대의 기록을 대략적으로라도 살펴본다면 중국화된 불교 서사문학의 주제와 형식들이 당시에 존재하고 있었음을 분명히 알 수 있다. 이것은 골계와 흉내, 잡기를 위주로 한 당대 이전의 기예 관련 자료들과는 선명한 대비를 이루고 있다. 이로부터 우리는 당대(唐代)의 불교 연행 예술이 중국 희곡 발전에 깊은 영향을 미쳤음에 틀림없다고 결론지을 수 있다.

주숙가(周叔迦)는 중국 소설이 당대(唐代)의 불교 변문에 기원을 둔다는 주장이 학자들 사이에 널리 인정되고 있다고 말한다.[118] 하지만 몇몇 학자들은 영향의 근거가 충분치 않다는 이유로 이 주장에 회의적이다. 그렇다면 이제 우리가 그 충분치 않은 부분을 메울 수 있을지 검토해 보자.

곽세휴(霍世休)에 따르면, 당대에 이룩한 두 가지 중요한 문학적 발전은 시가(詩歌)와 전기(傳奇)이다.[119] 그는 이 두 가지 장르가 육조 시대로 거슬러 올라간다고 보면서, 시가는 불교 번역가들의 성률(聲律) 연구에, 그리고 전기(傳奇)는 인도의 영향을 직접 받은 '지괴(志怪)' 전통에 그 원류가 있다고 주장한다. 곽세휴는 "육조 시대의 많은 지괴가 불경이나 외래의 전설에서 이야기를 슬쩍 훔쳐왔다"고 말한다.[120] 전

면(Oral and Written Aspects of Chinese Sutra Lectures[chiang-ching-wen])」, 『한학연구(漢學研究)』, 4.2 (1986. 12), 311～334와 「세속의 학생들과 통속 기록서사물의 제작 : 돈황 사본 목록(Lay Students and the Making of Written Vernacular Narrative : An Inventory of Tun-huang Manuscripts)」(앞의 주1 참고), 5, 91쪽을 참고.

118 주숙가(周叔迦), 「변문 기원 만담(漫談變文的起源)」, 『현대불학(現代佛學)』 2(1954.2), 13～15(참고는 13쪽).

119 곽세휴(霍世休), 「당대 전기문과 인도 고사(唐代傳奇文與印度故事)」, 『문학(文學)』, 『중국문학연구사호(中國文學研究事號)』 2.6(1934.6), 1051～1066.

120 위의 책, 1051b.

기의 작가는 육조 시대의 선배들보다 더 좋은 기교와 솜씨로 이들 외국의 이야기를 받아들이고 각색했다. 당대(唐代) 전기(傳奇)가 인도의 구연 서술 전통에 빚을 지고 있다는 것은 『오권서(五卷書, *Panchatantra*)』, 『고사해(故事海, *Kathā-sarit-sāgara*)』, 그리고 당연히 불경 자료를 통해서도 충분히 검증될 수 있다. 내용 — 주제, 모티프, 심지어 전체 플롯까지 빌림 — 뿐 아니라 형식면에서도 분명한 영향을 받았다. 곽세휴는 가장 유명한 전기 중의 하나인 심기제(沈旣濟)의 「침중기(枕中記)」 — 「황량몽(黃粱夢)」이라고도 함 — 의 원형이 불교 고사집에[121] 있다고 자신 있게 주장한다.[122] 잘 알려진 「두자춘(杜子春)」[123]이나 박진감 넘치는 검객 이야기[124] 외의 많은 당 전기들 역시 마찬가지이다.

인도에 풍부한 서사문학 전통이 진작부터 있었음은 의심의 여지가 없다. "상좌부(上座部, Theravada) 불교의 많은 경전들 중에는 547편의 이야기가 실린 고사집이 있다.[125] 이것을 영어로 옮기면 1800페이지나 된다.[126] 지구상의 다른 어떤 문명이 가진 서사문학보다도 풍부하고 훌륭하다고 할 수 있는 팔리어 『본생경(本生經, Jataka)』 — 흔히 『본생고사(本

---

121 다카쿠스 준지로(高楠順次郎), 와타나베 가이교쿠(渡邊海旭) 편, 『대정신수대장경(大正新修大藏經)』 100책(東京 : 大正一切經刊行會, 1922～1934) 중 제4책 203호 「잡보장경(雜寶藏經)」 권2. 이 고사집은 5세기 후반 담요(曇曜)와 Kiṃkāra(吉迦夜)가 만들었다. 위와 같은 영향의 다른 예들을 보려면 호회침(胡懷琛), 「중국고대소설의 외국자료(中國古代小說之外國資料)」, 『일경(逸經)』, 1.4(1936.4.20), 3～7 참고.

122 곽세휴(霍世休), 앞의 책, 1052b～1053a.

123 곽립성(郭立誠), 「소승경전과 중국 소설·희곡(小乘經典與中國小說戱曲)」, 168～169쪽.

124 대정농(臺靜農), 「불교고사와 중국소설(佛敎故事與中國小說)」, 『불교와 중국문학(佛敎與中國文學)』, 61～126쪽.

125 라우스볼(V. Fausbøll), 『본생경(*The Jātaka*)』 표준판, 총 7권 (London : Kegan, Paul, Trench, and Trübner, 1875～1897).

126 코웰(E. B. Cowell) 편, 『본생경, 또는 붓다의 전생 이야기(*The Jātaka, or Stories of the Buddha's Former Births*)』, 팔리어 본을 여러 사람이 번역, 총 6권, London : Luzac for the Pāli Text Society, 1895～1907.

生故事, *The Jatakas*)』로 불림 — 은 이 이야기들로 구성되어 있다."[127]

에버하드(Eberhard)는 "중국의 동물 고사 혹은 그 밖의 고사들은 6세기나 그 이전으로까지 거슬러 올라갈 수 있다. 이 이야기들은 인도에 기원을 두고 있으며, 이는 인도 불교 서적의 한역본을 통해 분명히 증명될 수 있다"는 놀라운 주장을 했다.[128] 그러나 좀 더 유심히 살펴보면, 이 주장은 중국 초기 소설을 전공한 학자들이 설득력 있는 증거를 제시하고 있기 때문에 그리 놀랄만한 것이 아니다. 곽세휴 역시 "당대(唐代)의 많은 유명한 전기(傳奇)들 거의 모두가 불경 혹은 인도의 고사에서 그 원형을 찾을 수 있다"며 위와 비슷한 주장을 했다.[129] 그는 자신의 주장을 입증할 많은 증거들을 내놓고 있다. 호회침(胡懷琛) 역시 "문인들에 의해 쓰여진 고대 중국의 통속 고사(故事)와 소설들은 예외 없이 불경이나 다른 외국 문학에서 온 이야기들을 소재로 삼았다"고 주장했다.[130] 대정농(臺靜農)이 말한 것처럼 "결론적으로, 인도의 고사가 민간의 작품에 깊은 영향을 미쳐 사람들은 더 이상 그 안에 내포된

---

127 바샴(A. L. Basham), 「팔리어 본생고사(The Pali Jatakas)」, Literature East and West, 12.2~4 (1968), 114~128쪽(인용은 114쪽).

128 볼프람 에버하드(Wolfram Eberhard), 「새가 된 소녀(The Girl that Became a Bird)」, 피쉘(Walter J. Fischel) 편, 『셈족과 동양 연구 : 윌리엄 포퍼에게 드리는 책(Semitic and Oriental Studies : A Volume Presented to William Popper)』, University of California Publications in Semitic Philology, 11, Berkeley : University of California, 1951, 79~86쪽 (인용은 79쪽).

129 「당대 전기문(唐代傳奇文)」, 1052쪽. 계선림(季羨林, Chi Hsien-lin) 역시 「중국에서의 인도 문학(Indian Literature in China)」, 『중국문학(*Chinese Literature*)』 4(1958.7~8), 123~130쪽(참고는 125쪽)에서 당대 전기에 대한 인도 문학의 강한 영향을 인식하고 있다.

130 「중국고대소설의 외국자료(中國古代小說之外國資料)」, 3쪽 a. 호회침(胡懷琛)은 이 논문에 앞서 중국 소설에 대한 외래의 영향에 관한 논문을 쓴 적이 있다. 「중국고대소설의 국제관계(中國古代小說的國際關係)」, 『세계잡지(世界雜誌)』 1.4(1931.4.5), 629~638과 2.4(1931.10.5), 631~636. 이 논문에서 그는 다음과 같이 다소 조심스러운 태도를 보인다. "진당(晉唐)의 소설은 모두 괴이한 사건을 다루고 있는데, 이들은 항상 불경에서 제재를 택하거나 인도의 고사들을 슬쩍 훔친 것으로 보이기도 한다. 그러나 결정적인 증거는 아직 없어 반드시 그렇다고 단언할 수는 없다."

외래사상을 인식하지 못했다."[131] 유개영(劉開榮) 역시 인도 (특히 불교) 문학이 내용과 형식 모두에서 육조 시기 중국 소설의 형성에 미친 영향을 논하였다.[132] 더 나아가 그는 이 영향으로 인해 당대(唐代)에 진정한 단편소설이 형성되었고 송원대 통속문학의 성장 역시 인도 영향의 직접적인 결과라고 주장하였다.

변문 자체 — 다른 불교문학 체재와는 구별되는 양식 — 와 당(唐) 전기(傳奇)의 관계는 분명히 말하기 어렵다. 유개영은 이 두 장르가 직접적이고 밀접하게 관련되어 있다고 보지만,[133] 어떻게 관련이 있는지에 대해서는 명쾌히 밝히지 않았다. 한편 마에노 나오아키(前野直彬)는 유씨의 주장에 대해 유보적 태도를 취하였다. 그는 연행 예술에서 발전된 형식인 변문은 기껏해야 전기의 저급한 형식으로 볼 수밖에 없다고 주장하였다.[134]

좀 더 깊은 논의를 하기 전에, 우선 관련 용어에 대한 개념 정의부터 해야 할 필요가 있다. 'fiction'에 대한 중국어는 '소설(小說)' — 글자 그대로의 의미는 '작은 이야기(small talk)', '사소한 이야기(minor talk)' — 이다. 이 용어는 영어의 '픽션(fiction)'과 근본적으로 차이가 있다. 왜냐하면, 영어 '픽션(fiction)'은 라틴어 'fingere' 즉 '형성하다', '만들다'에서 파생되었기 때문이다. 중국어의 '소설(小說)'이 한담이나 일화 등을 의미하는 반면, '픽션(fiction)'은 작가나 저자에 의해 구성되거나 창조된 그

---

131 「불교고사와 중국소설(佛敎故事與中國小說)」, 122쪽.

132 유개영(劉開榮), 『당대소설연구(唐代小說硏究)』, 「서문」, 上海 : 商務印書館, 1946, 1~2쪽.

133 위의 책, 서문 3쪽. 정의중(程毅中) 역시 당 전기에 끼친 변문의 영향에 대해 논했다. 「변문의 몇 가지 점에 관한 탐색(關於變文的幾點探索)」, 『문학유산증간(文學遺産增刊)』, 10기, 北京 : 中華書局, 1962, 80~101쪽(참고는 89~90쪽).

134 마에노 나오아키(前野直彬), 『중국소설사고(中國小說史考)』, 東京 : 秋山書店, 1975, 170쪽.

무엇을 가리킨다. '소설(小說)'은 — 중대한 어떤 순간은 아니지만 — 실제로 일어났던 일이라고 여겨지는 무언가를 가리키지만, '픽션(fiction)'은 작가가 마음속으로 창작해낸 무언가를 의미한다. 자신의 작품을 '픽션(fiction)'이라고 부름으로써, 작가는 자신의 작품이 실제 사건이나 사람을 직접적으로 반영한 것임을 부인하며, 어떤 문학 작품이 '소설(小說)'이라고 불린다면 우리는 그것을 풍문이나 소문으로 이해하게 된다. 이러한 이유로, 많은 '소설(小說)'의 기록자들은 누구로부터 들은 이야기인지를 알려주기 위해 갖은 애를 쓴다. 위의 기준으로 볼 때, 당대 이전에 좁은 의미의 '픽션(fiction)'으로 규정될 만한 작품은 거의 없었던 것으로 보인다.

『한서(漢書)』「예문지(藝文志)」에서는 '소설(小說)'이라는 용어의 기원을 설명하려 하였다.[135] 「예문지」에서는 '소설(小說)'의 작가가 아마 패관(稗官)에서 나왔을 것이라고 말한다. "이는 거리에 떠돌아다니는 이야기나 잡담들, 길에서 듣고 말하는 것들로 만들어진다." 이런 일화들은 악부시(樂府詩)와 마찬가지로 백성들이 실제로 어떤 생각을 갖고 있는지를 알아보기 위해 정부에 의해 수집되었을 것이다. 이 기록에서는 한대에 진정한 소설(fiction) 창작의 전통이 있었다는 증거를 찾을 수 없고, 또 그 당시에 이야기서술의 전통이 있었다는 증거 역시 존

135 『한서(漢書)』 중화본(中華本), 1745쪽. 『중국고대단편소설선주(中國古代短篇小說選注)』(臺北 : 臺灣 學生書局, 1976)에서 반중규(潘重規)는 중국 소설이 오랜 전통을 갖고 있다는 주장을 하기 위해 "소설을 꾸며 벼슬을 구함은 큰 도리에 이르는 것에서 또한 먼 것이다(飾小說以干縣令, 其於大達亦遠矣)"라는 『장자』의 구절을 인용한다. 내가 참고했던 이 부분에 대한 6가지 주석 중 어떤 것도 인용문의 '소설(小說)'을 'fiction'의 의미로 보지 않았다. 이 주석들에서는 '소설(小說)'을 모두 사소하거나 시시한 생각들로 인식했다. 버튼 왓슨(Burton Watson) 역, 『장자(*The Complete Works of Chuang Tzu*)』, New York : Columbia University Press, 1968, 296쪽 : "하찮은 이론을 뽐내며 현령 자리를 꿰차려 한다면 그건 크게 깨닫는 바와 거리가 한참 멀다."

재하지 않는다. 그렇다고 해서 당대(唐代) 이전에 서사 전통이 없었다는 의미는 전혀 아니다. 『좌전(左傳)』과 『사기(史記)』와 같은 빼어난 저작물은 매우 세련된 역사 서사의 전통이 존재했음을 충분히 대변해준다. 하지만 이러한 저작물은 '픽션(fiction)'이 아니다. 그렇지만 대략 한대 무렵부터 『전국책(戰國策)』, 『오월춘추(吳越春秋)』, 『월절서(越絶書)』[136] 등과 같은 저작에서 소설화된(fictionalized) 역사라고 불릴 수 있는 것들이 등장하게 된다. 좀 더 지나면 『한무제내전(漢武帝內傳)』, 『서경잡기(西京雜記)』 등과 같은 작품이 출현하는데, 이들은 픽션(fiction)이라기보다는 궁정 속사정에 밝은 자가 궁정의 일화들을 기록한 것으로 보인다.

중국 소설의 등장을 올바르게 인식하기 위해서는 당대 이후의 거의 모든 통속적이고 허구적인 서사가 설화인의 모습을 빌린다는 사실에 유념해야 한다. 이는 매우 보편적인 현상이기 때문에 어떤 중국문학사라 하더라도 소설의 기원을 논할 때 꼭 고려하게 된다. 그래서 1950년대 후반에 사천 성도(成都) 부근 천회진(天廻鎭)의 동한 시대 무덤에서 제사에 쓰이는 악사의 도용(陶俑)이 발견되었을 때 많은 사람들이 흥분을 감추지 못했다. 이 익살스러운 예술품은 가슴에 살이 찐 남자가 작은 북을 힘차게 두드리는 모습을 하고 있다. 발견 후 얼마 지나지 않아 그 도용은 설화인으로 간주되었으며,[137] 이후 많은 문학사가들은 이 도용을 동한(東漢)대에 구연 서술의 전통이 있었음을 알려

---

136 『Book of Demise of Yüeh(?)』.

137 예를 들어, 『인민화보(人民畵報)』 9(1959), 31, 「송원 소설화본의 예술적 성취(宋元小說話本的藝術成就)」, 『북경사범대학학보(北京師範大學學報)』 4(총13)(1959.7.20), 41～47(참고는 41쪽)과 「이야기서술과 민가의 연행(A Performance of Story-Telling and Ballads)」, 『*Chinese Literature*』(1961.7), 131～134쪽.

주는 실질적인 증거로 삼았다. 그 후 사천성 신도현(新都縣)에서 이와 비슷한 인물상 하나가 발견되었는데, 사람들은 그것을 '설창예인(說唱藝人)'이라 불렀다.[138] 하지만 이것은 있을 수 없는 일이다. 왜냐하면 필자가 『당대변문(*T'ang Transformation Texts*)』 제4장에서 밝혔듯이, 한대로부터 몇 백 년 후까지도 중국 설창 전통에 관한 믿을만한 증거는 없기 때문이다. 설령 동한 시기 설창의 존재에 대한 기록이 있다 하더라도, 이 도용들을 설창예술과 연관 지을 수는 없다. 이 매력적인 예인들이 설창 설화자라고 주장하는 것은 기껏해야 그렇게 되기를 바라는 억측이거나, 좀 심하게 말하면, 무책임하고 비(非)학술적인 그릇된 견해이다. 이 천회진의 도용을 상세하게 다룬 최초의 고고학적 보고서에서는 이 도용을 '격고용(擊鼓俑)'이라고만 기록하고 있다.[139]

---

138 Los Angeles County Museum of Art and Overseas Archaeological Exhibition Corporation(PRC) 편, 『영원에 대한탐구 : 중국의 자기 조각(*The Quest for Eternity : Chinese Ceramic Sculptures from the People's Republic of China*)』, San Francisco : Chronicle Books and Los Angeles County Museum of Art, 1987, 117쪽, 그림 38. 로스 테릴과 캐리 볼린스키(Ross Terrill and Cary Wolinsky), 「사천 : 중국이 길을 바꾼 곳(Sichuan : Where China Changes Course)」, 『*National Geographic*』, 168.3(1985.9), 280~317쪽(참고는 298쪽). 다행히 최근에는 위의 인물상들의 처리에 대해 훨씬 더 책임 있는 태도를 취하고 있다. 루시 림(Lucy Lim)의 전시회 『중국 과거로부터의 이야기 : 중국 사천 지방 한묘(漢墓)의 그림 부장품과 고고학 유물들(Stories form China's Past : Han Dynasty Pictorial Tomb Reliefs and Archaeological Objects from Sichuan Province, People's Republic of China)』의 목록 (San Francisco : The Chinese Cultural Foundation of San Francisco, 1987), 133~134, 139쪽, 컬러 도판 2, 3과 도판 42, 46(설명과 함께), 도상 6, 7. 이 목록에서는 최소한 10개 이상의 동한 시대 '설화인' 인물상이 사천에서 발견되었다고 밝히고 있다. 저자들(Lucy Lim과 Kenneth J. DeWoskin)은 이들 인물상들의 난쟁이 같은 모습에 주의한다. 사실, 몇몇 인물상들 특히 앉아 있는 모습의 인물상들은 각종 곱사병 혹은 발육부진 증상을 보인다. 이 외에 과장되게 찌푸린 얼굴과 기묘한 몸짓을 보면, 고대에 세계의 다른 여러 지역에서도 흔히 볼 수 있었던 궁정의 어릿광대(흔히 추한 모습이나 난쟁이로 묘사) 중 하나가 떠오른다. 림(Lim)과 드워스킨(DeWoskin)은 이들 채색 인물상들을 연예인으로 올바르게 보면서, 그들의 행동과 관련된 역사적 문학적 기록을 언급하고 있다. 그들은 분명 잡기 연기자, 가수, 무용수, 마술사와 관련이 있었으며, 자신은 북소리에 맞춰 우스운 이야기를 하고 힘 있게 풍자극을 하고, 위트 넘치는 말을 재잘거렸을 것이다. 하지만 그들이 설과 창을 함께 한 설화인이었다는 증거는 전혀 없다.

1987년 3월 29일에 필라델피아 예술 박물관(Philadelphia Museum of Art)에서 나와 함께 신도(新都)의 인물상을 본 중국 친구들은 이 인물상을 '춤추는 사람', '잡기단(雜技團)의 고수(鼓手)', '가슴을 드러낸 악사' 등으로 묘사했다. 나는 흥겹기 짝이 없는 이 예술품의 '공식적' 설명에 영향을 받지 않게 하기 위해 그들에게 박물관의 라벨을 보지 말도록 했다. 이 매력적이면서도 수수께끼 같은 조각상에 근거하여 한대의 구연 서술 전통을 꾸며내는 것은 전혀 옳지 못하다.[140] 조준현(趙俊賢)은 전문적인 구연 서술이 한대에 존재했다는 주장을 뒷받침할 적절한 근거가 아직 없다고 하였다.[141] 설령 당시에 전문적인 설화인이 존재했을 가능성이 있다 할지라도, 그것을 증명할 구체적인 증거가 없기 때문에 우리는 한대 전문적인 설화인의 존재를 사실로 인정할 수는 없다.

이는 글로 쓴 소설에도 그대로 적용된다. 명말의 문학비평가 호응린(胡應麟)은 당대와 그 이전의 작가들은 소설을 창작한다는 생각으로 글을 쓰진 않았다고 주장한다.

> 기이한 이야기가 육조 시대에 널리 유행했다. 그러나 그것들 대부분은 잘못 와전된 것들이었지 전부가 다 상상으로 지어낸 이야기는 아니었다. 당대

139 유지원(劉志遠), 「성도 천회산 언덕 무덤 정리 기록(成都天迴山崖墓淸理記)」, 『고고학보(考古學報)』, 1.19(1958.3), 87~103, 104, 도판 12쪽 포함(참고는 98~99쪽과 도판 13).

140 내가 이 부분을 끝낸 후에, 앤서니위(Anthony Yu)는 이 인물상이 설화인이라는 주장을 철저하게 파헤친 마유원(馬幼垣, Yau-Woon Ma)의 중요한 논문을 소개해 주었다. "중국에서의 직업적 이야기서술의 시작: 현재의 이론과 증거에 대한 비평(The Beginnings of Professional Storytelling in China: A Critique of Current Theories and Evidence)" *Études d'histoire et de littérature chinoises offertes au Professeur Jaroslav Průšek*, Bibliothèque de l'Institut des Hautes Études chinoises, 24 (Paris: Presses Universitaires de France, 1976), 227~245쪽.

141 조준현(趙俊賢), 「설서의 기원 문제 질의(說書起源問題質疑)」, 『문학유산증간(文學遺產增刊)』, 10기, 北京: 中華書局, 1962, 102~107쪽.

사람들에 와서야 의식적으로 기이한 것을 즐기면서 '작은 이야기(小說, 즉 fiction)'를 빌어 글쓰기의 구실로 삼았다.

凡變異之談, 盛於六朝, 然多是傳錄舛訛, 未必盡幻設語, 至唐人乃作意好奇, 假小說以寄筆端.[142]

현대 문학사가인 곽세휴(霍世休) 역시 위와 비슷한 주장을 하면서, 소설에 대한 중국인의 태도에 근본적인 변화가 생긴 것은 외국문학의 유입 때문이라고 지적한다.

우리에게 진작부터 '소설(小說)'이라는 용어가 있었지만, 의식적인 창작은 당대 전기(傳奇)에 와서야 시작되었다. 또 외국의 고사, 특히 인도의 고사를 대량으로 받아들여 중국소설은 풍부해지고 활기를 띨 수 있었으며, 이로 인해 이후 소설 발전의 무한한 가능성이 열리게 되었다.[143]

류무기(柳無忌, Liu Wu-chi) 역시 당대(唐代)와 당대 이전 서사문학의 질적 차이를 다음과 같이 보았다. "이들 당대 이전의 일화들은 글이 거칠고 저급하며 플롯이나 인물의 성격 묘사가 빈약하여 문학의 질로 따진다면 이후의 고사(故事)들과 비교가 되지 않는다. 중국 소설이 큰 진보를 이루게 된 것은 당대에 와서이다."[144] 따라서 우리는 불교가 소개되기 전까지는 중국에 의식적으로 지어진 소설 서사 혹은 연극 서사의 전통이 없었다고 말할 수 있다. 물론 불교 전래 이전에도 많은 역사 서

142 호응린(胡應麟, 1590년 무렵 생존), 「이유철유(二酉綴遺)」, 『소실산방필총(少室山房筆叢)』, 北京, 中華書局, 1958, 486쪽.

143 「당대 전기문(唐代傳奇文)」, 1066쪽.

144 『중국문학개론(*An Introduction to Chinese Literature*)』, 150쪽.

사, 신화, 전설이 존재했음을 부인하는 것은 아니나, 진정한 소설 창작의 가능성은 불교 전래 이후의 일이다. 이것은 불교와 함께 새로운 세계관의 유입에 따른 결과이다.[145] 소설의 발전 과정 면에서 육조 시대는 그 이행기에 속하며, 이 시기는 당대 초반까지도 계속되었다.

『법원주림(法苑珠林)』의 편자인 도세(道世, 668년 무렵 활동)는 자신이 모은 이야기들을 — 그 중 일부는 초자연적인 내용 때문에 대단히 믿기 힘든 것들이다 — 오늘날의 신문기사 스크랩 정도로 여겼다.[146] 도세에게 있어 그 고사들은 영적 사건들에 대한 진실된 기록이었다. 간보(干寶, 300년 무렵 생존) 역시 『수신기(搜神記)』 서문에서 자신의 목적이 객관적이고 증명될 수 있는 신이한 행적을 기록하는 데 있음을 분명히 밝혔다. 간보는 인간계를 다룬 사마천의 『사기』를 보완하기 위해 영적 세계의 진실한 역사를 기록하려 했음을 밝히고 있다. 여기에 실린 기괴한 이야기들은 대체적으로 매우 간략한데, 이것은 작자의 관심이 고사의 내용에 있지 서사나 서사의 구성 요소에 있지 않았음을 말해준다. 여기에 실린 많은 고사들은 분명 불교 혹은 인도의 전설에서 유래한 것이며, 중국 초기 신화나 전설의 흔적을 띤 고사들도 일부 존재하나 내용이 난잡하고 지리멸렬하다. 고사집 자체의 특성 및 편집자의 몇몇 주석들을 보면, 이 기이한 고사들이 구술 전통에 기초했을 가능성이 있음을 알 수 있다. 하지만 우리는 이 고사들이 전문적인 설화인에 의해 전해졌는지 아니면 단순히 여러 개인들에 의해 비

145 좀더 깊은 논의는 필자의 「중국 문학의 서사혁명 : 존재론적 전제(The Narrative Revolution in Chinese Literature : Ontological Presuppositions)」, Chinese Literature : Essays, Articles, Reviews, 5.1(1983.7), 1～27쪽 참고.

146 콴웨이 루(Kuen-wei Lu Sundararajan), 『업과 환생의 중국 이야기(*Chinese Stories of Karma and Transmigration*)』, Cambridge, Massachusetts : Harvard University Ph.D. dissertation, 1979, 특히 "Introduction (iv. Choice of Material)"을 참고.

공식적으로 우연히 이야기된 것이었는지에 대해서는 확실히 알 길이 없다. 고사 자체의 증거를 보면 이 중에서 후자의 가능성이 더 높다.

이와 관련하여 육조의 지괴 고사에 대한 노신(魯迅)의 다음과 같은 평가는 시사하는 바가 크다. "당시 사람들은 유명(幽明)의 길이 비록 다르지만, 사람이나 귀신이나 모두 실재한다고 믿었다. 따라서 인간사를 벗어난 기이한 일을 쓸 때 사람들의 일과 마찬가지로 기록했으며, 사람의 일을 사실로, 기이한 일을 허구로 보진 않았다."[147] 조단 페이퍼(Jordan Paper)는 지괴에 대해 "본래적 의미의 소설이 아니며, 신문 기사 형식으로 기록된 이야기이다"[148]라고 했으며, 또 지괴를 "길이는 보통 짧은 편이며, 기이하나 실제 있었을 법한 이야기들을, 소설보다는 기사의 형식으로 기록한 것"이라 규정했다.[149] 서가서(徐嘉瑞)는 당대(唐代) 이전에는 장편소설(extented fiction)이 없었다고 주장하였다.[150] 그는 송대의 평화(平話)가 변문으로부터 불교의 영향을 받아 발전했으며, 따라서 중국 소설의 궁극적 기원은 인도에서 찾아야 한다고 하였다.

육조 시기 소설 발전의 과정에서 또 하나의 중요한 성취는 '청담(淸談)'이라 불리는 동인들 간의 담화이다. 이는 익살스러우면서도 지적인 교류 방식으로, 죽림칠현(竹林七賢) 같은 집단 사이에서 유행했다. 사회적이면서도 철학적이었던 이 담화는 '현학(玄學)' 사조에서 성장

---

147 노신(Lu Hsun), 『중국소설사략(*A Brief History of Chinese Fiction*)』, 양헌익(楊憲益, Yang Hsien-yi)·대내질(戴乃迭, Gladys Yang) 역, Peking, Foreign Language Press, 1959, 45쪽.

148 조단 페이퍼(Jordan D. Paper), 『중국 산문 가이드(*Guide to Chinese Prose*)』, The Asian Literature Bibliography Series (Boston : G. K. Hall, 1973), 13쪽.

149 위의 책, 82쪽.

150 서가서(徐嘉瑞), 「중국 장편소설의 기원(中國長篇小說的起源)」, 『속문학(俗文學)』 61, 상해중앙일보(上海中央日報), 1948.4.2.

한 것이다. 청담은 서구 학자들 사이에서 '신도교(neo-Taoism)'라 불리기도 했지만, 여기에 불교와 유교의 요소가 포함되어 있었다는 것을 잊어서는 안 된다. 청담 이야기 역시 매우 짧으며, 여기에 담겨 있는 사상은 종종 너무 난해하여 이해하기 어렵다. 이들 이야기는 소설이라기보다는 사실적인 대화나 담화의 기록에 가깝다.[151]

이제 당대(唐代)로 눈을 돌려보자. 이 시기에는 소설 — 문언과 백화 모두 — 의 전파와 창작에 있어서 매우 근본적인 변화들이 일어나게 된다. 이러한 변화 중에서 가장 중요한 것들 예컨대 산운조합 형식, 편폭의 확장, 실증 가능한 역사적 사실을 기록한다는 방침의 포기 등은 불교의 대규모적인 유입과 이로 인한 인도 문화의 침투에서 생겨난 것이며, 이는 문헌을 통해 증명될 수 있다. 여기서 우리는 이런 의문을 갖게 된다. 왜 이러한 변화들이 당대 이전에는 보이지 않고 꼭 당대에 발생한 것일까? 늦어도 한대 말엽에 이미 중국에 불교가 전파되지 않았는가? 소설에 있어 이 중요한 발전들이 당대 이전에 보이지 않은 이유는, 당대에 이르러서야 불교가 실질적으로 중국에 정착할 수 있었기 때문이다. 중국에서 진정한 불교 종파가 성립된 때가 바로 당대(唐代)이다. 당시 많은 중국의 구법승들이 인도로 떠났는데, 이름이 알려진 구법승만 1백 명이 넘는다. 또 수많은 인도인과 중앙아시아의 불교도들이 중국으로 들어왔다. 이처럼 강력한 불교문화의 홍수를 버티기 힘들게 되자 결국 중국의 사상계는 이러한 흐름과 타협하며 인도의 세계관에 적응해갔다. 이 세계관의 기본 바탕에는 일체는 허

---

151 이러한 일화들을 잘 모아둔 것으로는 유의경(劉義慶, 403~444)의 『세설신어(世說新語)』가 있다. 리차드 매더(Richard B. Mather)는 이 고사집을 "A New Account of Tales of the World" 라는 제목을 붙여 훌륭하게 번역하였다.

망한 것이고, 모든 것은 '조화(造化)' 혹은 '허구(fiction)'라는 사상이 깔려 있다. 정통적인 중국의 시각에 따르면 일체 사물은 실재하는 것이고, 사물은 마음의 산물이 아니라 경험적, 역사적으로 증명될 수 있는 물질적 힘으로 구성된 것이다. 때로는 우주의 물질적 힘이 경시되는 경우도 있었지만, 그렇다고 현상 세계가 결코 상상의 산물로 간주되지는 않았다. 이러한 존재론적 차이로 말미암아, 허구적인 소설이 인도에서는 쉽게 유행한 반면, 실질을 중시하는 중국에서는 그렇지가 못했다. 때문에 불교가 중국 사회의 각 계층 속으로 철저히 침투된 이후에야 중국인들 — 최소한 일부 — 은 인도의 철학사상에 익숙해지고 습관화될 수 있었으며, 이로 인해 진정한 소설 창작 또한 이루어질 수 있었다.

만약 불교가 들어오기 이전 중국에서 상상력이 풍부한 장편 서사의 예를 찾을 수 없다면 연속물 형식의 서사를 예술적으로 재현한 것 역시 발견할 수 없다.[152]

불링(Bulling)은 추론적 성격이 강한 일련의 논문들[153]에서 한대의 몇몇 무덤 벽화들이 연극의 한 장면을 재현한 것이거나 혹은 공연 장면을 그림으로 옮긴 것이라는 해석을 내린 바 있다. 그녀의 가설이 사

152 최근 고대 초(楚) 지역에서 행해진 고고학 발굴에서 남방의 신화를 복원하는 데 도움이 될 흥미로운 그림이 나왔다. 그러나 내가 본 것 중 어느 것도 사건의 흐름을 묘사하기 위해 장편 서사로 지어진 것은 없었다.

153 불링(A. Bulling), 「동한의 장례 연희(Die Kunst der Totenspiele in der östlichen Han-Zeit)」, Oriens Extremus, 3.1(1956), 28～56; 「한대 예술의 역사적 연희들(Historical Plays in the Art of the Han Period)」, Archives of Asian Art, 21(1967～1968), 20～38; 「동한 예술에서 유행한 세 가지 모티브: 세발솥 들기, 다리 건너기, 신(Three Popular Motives in the Art of the Eastern Han Period : The Lifting of the Tripod, the Crossing of a Bridge, Divinities)」, Archives of Asian Art, 20(1966～1967), 25～53쪽(특히 27～28쪽).

실로 증명된다 하더라도, 우리는 이들 '연극'에 실제로 대화나 방백(傍白)이 사용되었는지는 알 길이 없다. 어찌 되었든 간에 이들 벽화는 대부분 역사 속에서 소재를 취한 것이지 허구적인 내용을 다룬 것이 아니다. 게다가 한 장면만을 표현하고 있을 뿐이라서 장편 서사 혹은 연극 공연다운 인상을 주지도 않는다. 따라서 이 벽화들을 후대에 출현하게 되는 장편 서사나 연극 장르와 연관지을 수 없다.

뒤벤닥(Duyvendak)은 자신의 논문 「전한(前漢) 시대의 그림 전쟁기(An Illustrated Battle-Account in the History of the Former Han Dynasy)」에서 한대의 몇몇 역사 서사가 실제로 그림에 기원을 둔 것임을 논증하였다. 그러나 이 주장이 사실이라 하더라도, 그 서사는 여전히 역사에서 제재를 취한 것이지 허구적인 것이 될 수는 없다.

우리는 『산해경(山海經)』의 삽화가 과거 어느 시기에 첨부되었던 것으로 확신하고 있다.[154] 예를 들어 도잠(陶潛, 372~427)의 '유유히 산해도를 바라보네(流觀山海圖)'라는 시구에서 이 사실을 엿볼 수 있다.[155] 그러나 이 기록들은 또 다음의 사실도 말해준다. 즉 그림은 텍스트에서 나중에 묘사되는―『해경(海經)』에 나오는 부분들로 보이는―각각의 장면들이었거나 혹은 이미 존재하던 텍스트의 한 부분

154 이 주제에 대한 간략한 논의는, 『중국신화고사(中國神話故事)』(臺北 : 河洛圖書出版社, 1976), 4~6쪽 참고. 매응운(梅應運), 「돈황 변문과 불사 벽화의 관계 : 변문과 변상(敦煌變文與佛寺壁畫之關係 : 變文與變相)」, 『신아서원학술연간(新兒書院學術年刊)』, 11(1969), 291~316, 14 도판(참고는 295, 307~309쪽).

155 하이타워(James Robert Hightower) 역, 『도잠시(*The Poetry of T'ao Ch'ien*)』, Oxford : The Clarendon Press, 1970, 229쪽, "On Readin g the Seas and Mountains Classic", 과 230쪽 주3의 삽화에 대한 설명. 데이비스(A. R. Davis) 역주, 『도연명 : 그의 작품과 그 의미(*T'ao Yüan-ming*[AD 365~427] : His Works and Their Meaning)』, 2vols. Cambridge : Cambridge University Press, 1983, vol. 1, 154쪽에서는 이 구를 "나는 산과 바다의 그림들을 훑어본다"라고 번역하였다. 데이비스의 주석(152쪽)에서는 이 그림들이 아마 한대까지 거슬러 올라갈 것이라고 말한다.

을 묘사하기 위해 그린 개별 장면들이었다는 것이다. 그러나 이 그림들에는 연속적이거나 서사적 성격을 띠고 있었음을 보여주는 흔적이 전혀 없다. 게다가 설령 있다 하더라도, 이들 그림이 '허구(fictional)' 서사의 증거라고 볼 수는 없다. 왜냐하면 이 삽화들은 실제 지리학 서적인 『산해경』을 보충할 의도로 그려진 것이기 때문이다.

이와는 달리, 불교 예술의 역사를 대강 훑어보기만 해도 우리는 불교가 인도에서 생겨난 후 아시아의 다른 나라들로 전파될 때까지 시종일관 서사적 특징을 뚜렷이 지니고 있었음을 알 수 있다. 바르후트(Bhārhut)와 산치(Sāñchi)의 많은 석각 예술은 대단히 이른 시기 — 기원전 2세기 및 그 이전 — 부터 그림 서사(故事畵)가 불교 전통에서 중요한 위치를 차지하고 있었음을 보여주는 좋은 증거가 된다. 아잔타(Ajaṇṭā) 석굴 제16굴에는 15세기 말에 쓰인 명문(銘文)이 있는데, 여기에는 종교 건축물 내의 회화에 대한 다음과 같은 기록이 있다. "그것은 창문, 문, 아름다운 화랑, 암석, 인드라 소녀상 등으로 장식되어 있고, 아름다운 돌기둥과 계단, 그리고 부처를 모시는 사찰로 꾸며져 있다."[156]

시각적인 효과는 불교의 포교와 숭배에 있어 언제나 중요한 역할을 했다. 스타인(Stein)은 단단윌릭(Dandan-oilik)에서 설교하는 두 명의 승려 그림을 발견했는데, 그 중 한 승려의 손에는 그림으로 보이는 카드가 들려 있다.[157] 또 스타인의 수집품 중에는[158] 『유마경(維摩經)』 그림

---

156 미라시(V. V. Mirashi) 편역, 『아잔타 제16굴의 바카타카 명문(*Vākāṭaka Inscription in Cave XVI at Ajaṇṭā*)』, Hyderabad Archaeological Series, 14 (Calcutta : The Archaeological Department of His Exalted Highness the Nizam's Government, 1941), 2, 12, 14쪽 (verse 24), 주4와 15쪽. 쉐이라 베이너(Sheila Weiner)는 불교 서사 예술의 전통에서 아잔타가 차지하는 중요성에 대해 논했다. 『아잔타 : 불교 예술에서의 위치(*Ajaṇṭā : Its Place in Buddhist Art*)』, Berkeley : University of California Press, 1977, 80쪽 이하, "The Narrative Tradition of the Buddha Image."

을 스케치한 것들도 있는데, 이것은 시각화된 예술이 종교적 이야기를 제대로 이해하는 데 매우 중요한 요소였음을 말해준다. 이와 흡사한 스케치들이 『미륵하생경(彌勒下生經)』 같은 불경에서도 발견되었는데, 이에 대해서는 야키야마 테루카즈(秋山光和)가 제대로 설명한 바 있다.[159] 또 에드워드 콘즈(Edward Conze)는 탄트라(Tantra) 예술을 논하면서 그럴 듯한 근거를 제시하였다. "이 예술적 형상은 신을 목도하기 위한 토대로 봐야 한다. 그것은 일종의 보조물로서, 정식 설법 중에 이른바 신의 '환상'이 생겨나게 되면, 그것은 곧 치워져야 한다."[160] 콘즈는 신의 현시에 대해 이야기하면서 그에 필수적인 서사 맥락에 대해서 말하지 않았지만, 불교의 고사를 보면 위와 마찬가지로 처음에는 구체적이었다가 나중에는 추상화되는 정서상의 변화가 생기게 된다. 상상 속의 형상이 예술 형상보다 더 사실적이라 생각했던 것이다. 그러나 예술 형상의 도움이 없다면 상상 속의 형상 역시 이루어질 수 없다. 이 점은 평범한 불교 신도들에게라면 더더욱 그러하다.

태국 북동부 마을에서는 분 프라워즈(Bun Phraawes) 축제 기간 동안 그림이 그려진 ― 40피트가 넘는 ― 거대한 천 앞에서 위산다운(Wesan daun) 고사가 공연된다. 이 천은 몇 개 부분으로 나뉘어져 있는데, 각

157 오렐 스타인(Mark Aurel Stein), 『고대 중앙아시아의 흔적 : 아시아의 가장 깊은 곳과 중국 북서부에 대한 세 차례의 탐사 기록(*On Ancient Central-Asian Tracks : Brief Narrative of Three Expeditions in Innermost Asia and North-western China*)』, London : Macmillan, 1933, 도판 29.

158 Ch.00144, in Mark Aurel Stein, 『세린디아 : 중앙아시아 및 중국 서부 탐험기(*Serindia : Detailed Report of Explorations in Central Asia and Western China*)』, 5 vols. (Oxford : Clarendon Press, 1921), vol.4, 도판 XCV.

159 야키야마 테루카즈(秋山光和), 「미륵하생경변 백묘본S259v과 돈황 벽화의 제작(彌勒下生經變白描粉本S259vと敦煌壁畵の製作)」, 『서역문화연구(西域文化研究)』 총 6책, (京都 : 法藏館), 1958~1963 중 제6책, 47[53]~74쪽; 프랑스어 개요; 도판 2폭과 다수의 삽도

160 에드워드 콘즈(Edward Conze), 『불교 : 그 본질과 발전(*Buddhism : Its Essence and Development*)』, New York : Harper Torchbooks, 1965, 186~187쪽.

부분은 여러 개의 그림판으로 교체할 수 있도록 되어 있다.[161] 윈스턴 킹(Winston King)은 종교화(宗教畫)가 미얀마의 일반 대중들에게 얼마나 중요한 지에 대해 얘기한 적이 있다. "…… 일반인들은 주기적으로 불탑을 참배하는 방식으로 자신들의 신앙을 표현한다. 그들은 이러한 방식으로 우상이나 불탑에 대한 숭배를 드러내며, 또 불탑에 그려져 있는 그림에서 가르침을 얻기도 하고, 간혹 승려의 설법을 전해 듣기도 한다."[162] 미얀마의 티라우카꾸루(Tilawkaguru) 동굴에는 『본생경(本生經)』 이야기를 그린 서사 벽화들이 남아 있다. 이 벽화들은 높이가 약 1피트 쯤 되며 여러 개의 띠에 묶여 길게 늘어서 있다.[163] 일련의 그림 아랫부분에는 그림에 대한 간략한 해설이 적혀 있는데, 이는 벽에 평평하게 붙어 있는 와양 베베 두루마리 그림과 매우 흡사하다. 각각의 장면들은 바위나 나무, 풀 등으로 구분되어 있으며 — 바위와 나무는 항마변문 두루마리 그림[P4524]에서도 같은 용도로 사용된 바 있다 — 가끔은 건축물이 사용되기도 한다.

아영(阿英)은 중국 서사 그림의 발전사에 관한 가치 있는 연구를 통해, 한대와 그 이전에는 아직 연속성을 띤 서사 그림이 발견되지 않았을 것이라는 우리의 추측을 확인시켜주고 있다.[164] 그가 말하는 최초의 연속 서사 그림은 부처의 생애를 묘사하고 있는 서기 527년의 조각

161 탐비아(S. J. Tambiah), 『불교와 태국 북동부의 영혼 숭배 종파(*Buddhism and the Spirit Cults in North-East Thailand*)』, Cambridge : Cambridge University Press, 1970, 도판3(160쪽).

162 윈스턴 킹(Winston King), 『저 먼곳의 천개의 삶(*A Thousand Lives Away*)』, Cambridge, Massachusetts : Harvard University Press, 1964, 50쪽.

163 제인 베일리(Jane Terry Bailey), 「17세기와 그 이후의 몇몇 버마 그림들, 파트 I : 세게잉 인근의 17세기 그림(Some Burmese Paintings of the Seventeenth Century and Later, Part I : A Seventeenth-Century Painting Style Near Sagaing)」, Artibus Aside, 38.4 (1976), 267～286.

164 아영(阿英) · 전행촌(錢杏村), 『중국연환도화사화(中國連環圖畫史話)』, 北京 : 中國古典美術出版社, 1957, 2쪽.

작품이다. 또 하나의 초기 연속 서사 그림은 543년의 것이다.[165] 아영은 법화경 에피소드와 부처의 전생 이야기를 다룬 돈황 벽화가 이후 중국 연속 서사 그림의 발전에 있어 중요한 위치를 차지한다고 하였다. 그는 돈황에서 20종 이상 발견된 비단 그림(絹畵)의 중요성도 강조한다.[166] 이 비단 그림들은 대부분 부처가 겪은 에피소드들을 묘사하고 있으며, 그림 윗부분에 꿰매져 있는 3개의 고리와 그림 둘레의 표구 모양으로 보아 사원의 벽에 걸 목적으로 만들었음이 분명하다. 이 비단 그림들은 보통 하나가 네 부분으로 나뉘어 있는데, 이는 부처의 삶에서 일어났던 큰 사건들의 중요성을 알려주기 위한 보조 그림이었음에 틀림없다. 삽화를 넣어 인쇄한 최초의 소설 혹은 희곡 텍스트는 각각 원대와 명대의 것으로 알려져 있다.[167] 결론적으로, 아영의 『중국연환도화사화(中國連環圖畵史話)』는 중국의 연속 서사 그림의 발전에 있어 불교가 매우 중요한 역할을 했음을 깊이 있게 보여준다.

지금까지 중국 소설과 희곡의 기원에 대한 전체적, 이론적 논의에 도움이 될 몇몇 논제에 대해 살펴보았으므로, 이제 중국 소설과 희곡의 초기적 형태를 보여주는 구체적 텍스트와 형식들에 대해 살펴보자.

『대당삼장취경시화(大唐三藏取經詩話)』와 변문은 언어(문학적인 허사는 거의 사용되지 않고 매우 구어적임)와 풍격(4자구를 빈번히 사용함), 비유(비교적 구체적임), 불교적 소재 등 측면에서 서로 닮아 있는데,[168] 이는 양

---

165 위의 책, 3쪽. 필라델피아 대학 박물관의 연구원이자 고전의 세계를 벗어난 그리스 로마 예술 전문가인 엘프레데 쿠나워(Elfriede R. Knauer)는 중앙아시아와 중국의 서사 패널화의 발전에 끼친—스키타이인이나 다른 중계자를 통한—서구의 영향과 관련하여 많은 증거를 보여주었다.

166 위의 책, 7쪽.

167 위의 책, 7쪽. 삽화를 넣은 다른 유형의 중국 책의 역사를 보려면, 곽미거(郭味蕖), 『중국판화사략(中國版畵史略)』, 北京 : 朝花美術出版社, 1962 참고.

자가 서로 밀접하게 관련되어 있음을 설명해준다. 그러나 훨씬 더 놀라운 것은 불경을 구하러 인도로 간 중국 구법승 현장의 이야기인 이 작품의 각 권의 제목이 '처(處)' 자로 끝난다는 사실인데, 이 '처(處)' 자는 운문을 이끌어내는 변문 속의 '처(處)' 자와 똑같은 역할을 하는 것으로 봐도 무방하다.[169] 현장에 관한 이 시화(詩話)와 변문 사이의 명백한 관계를 통해 우리는 『서유기』의 형성 과정을 다음과 같이 가정할 수 있다. 즉, [현장의 구법 여행에 관한, 그러나 서로 연관성이 없는 이야기들] →[고정된 구술 서사(들)] →[그림을 곁들인 구연 서사] →[글로 쓰인 변문(들)] → 『대당삼장취경시화』 → 『서유기』.[170] 사실 불교가 『서유기』나 『봉신연의(封神演義)』 같은 장편소설(novel)에 미친 영향은 굳이 따로 증명할 필요가 없을 정도로 확실하다.[171]

서소정(徐筱汀)은 중국 통속소설의 구조와 관련된 주요 단어인 '회(回)'[172]가 불교에서 기원함을 증명했다.[173] 서소정은 당대(唐代) 이전

---

168 라이밍(Lai Ming)은 현장의 이 이야기는 "로맨틱 판타지와 상상력으로 쓰여진 극소수의 소설들 중 하나이다. 이는 분명히 불교문학의 영향을 받은 것이다. 불교문학이 전해지기 전 중국의 고사들은 단지 사건의 개요일 뿐이었다"라고 말하면서 이 서사 작품의 상상적 특징에 끼친 불교의 영향에 대해 이야기하고 있다. 『중국문학사(*A History of Chinese Literature*)』, New York : John Day, 1964, 280쪽.

169 이 공식구 즉 '처약위진설(處, 若爲陳說)'에 대한 논의는, 필자의 『돈황 민간 서사(*Tun-huang Popular Narratives*)』의 부록과 『당대 변문(*T'ang Transformation Texts*)』 제3장을 참고.

170 위에서 [] 표시한 단계는 공식적으로 인정되는 증거가 부족하다. 물론 『서유기』의 발전 과정은 도식적으로 가정한 위의 단계보다 훨씬 더 복잡하다. 좀 더 자세한 설명을 보려면, 글렌 두드브릿지(Glen Dudbridge), 『서유기 : The Hsi-yu chi : 16세기 중국 장편소설의 선조에 관한 연구(*A Study of Antecedents to the Sixteenth-Century Chinese Novel*)』, Cambridge : Cambridge University Press, 1970 참고.

171 류존인(Liu Ts'un-yan, 柳存仁), 『중국 장편소설에 대한 도교와 불교의 영향(*Buddhist and Taoist Influences on Chinese Novels*)』, Vol. I, The Authorship of the Feng Shên Yen I (Wiesbaden : Otto Harrassowitz, 1962).

172 류존인(Liu Ts'un-yan), 『런던의 두 도서관에 있는 중국 대중 소설(*Chinese Popular Fiction in Two London Libraries*)』, Hong Kong : Lung Men Bookstore, 1967, 19~20쪽 참고.

173 서소정(徐筱汀), 「소설·희극 속 '회', '절', '척' 3가지의 내력(小說戲劇中'回', '折', '齣'三字的

에 '회(回)'는 대부분 '돌아오다(回來)', '돌아가다(回去)' 등의 의미로 쓰였을 뿐 '~번, 회'라는 뜻으로 사용되지 않았음을 말하면서, '회(回)' 자의 용법이 불교 전문용어인 '回向(pariṇāmanā)'에서 기원한다고 주장했다.[174] 불교 문헌들은 — 예를 들어, 『대승기신론(大乘起信論)』 — 일단의 '회향게(回向偈)'로 끝나는 경우가 많은데, 이는 해당 문헌의 법력을 모든 중생들에게 '돌린다(즉, 바친다)'는 의미이다.[175] 불교 법회 역시 항상 '회향문(回向文)'으로 끝을 맺는다. 예를 들어, 일본의 유명한 입당(入唐) 구법승 엔닌(圓仁)은 산동(山東) 문등현(文登縣) 청녕향(青寧鄉)의 한국(신라) 수도원인 적산원(赤山院)에 머물며 강경을 들은 적이 있는데, 강경이 끝나면 강사는 회향문을 낭독하고 연단을 떠났다고 기록했다. 엔닌의 『입당구법순례행기(入唐求法巡禮行記)』를 번역한 라이샤워(Reischauer)는 이 부분에 대한 역주에서 "'회향문(回向文)' — 여기서는 회향사(廻向詞) — 은 강경 의식 마지막에 불리는 찬미시 혹은 기도사(祈禱詞)로서, 그 목적은 강경 의식에서 나온 법력을 중생들에게 미치게 하기 위함이다"라고 하였다.[176] 종교 의식을 끝마칠 때 이러한 기도사가 사용되었다는 사실을 인식하면, '일회(一回)'라는 이야기 서사의 단락에 대한 정의가 쉽게 내려질 수 있다. 만약 통속 종교

來歷)」, 『동방잡지(東方雜誌)』, 42.2(1946.2.15), 55~59쪽.

174 위의 글, 55쪽.

175 진조룡(陳祚龍, Chen Tsu-lung), 「당오대 돈황의 유명인물에 대한 찬사(Éloges de personnages éminents de Touen-houang－sous les T'ang et les cinq dynasties)」, Partie I－avant-props, textes chinois; Publications de l'École Francaise d'Extrême-Orient, 80 , Paris : École Francaise d'Extrême-Orient, 1970, 61~68쪽, 속강에 쓰인 위와 같은 유형의 실제 문헌(P3770).

176 에드윈 라이샤워(Edwin O. Reischauer) 역, 『엔닌의 일기 : 입당구법순례행기(*Ennin's diary : The Record of a Pilgrimage to China in Search of the Law*)』, New York : The Ronald Press, 1955, 153쪽 주614.

의식에서의 '압좌문(押座文)'이 설화인의 '입화(入話)' 혹은 희곡의 '인자(引子)'에 비견될 수 있다면, 속강 말미의 '회향(回向)'은 설화인이 해당 회의 이야기를 총괄 짓는 요약글에 해당하고 또한 희곡 맨 끝머리에 사용하는 상투어라고 말할 수 있다. 한 가지 덧붙이자면, 구연 서사의 단락이나 희곡 작품의 말미에 쓰는 '산장(散場)'이라는 용어는 본래 선종(禪宗)에서 '사망'을 완곡하게 표현한 말이다.

지금까지 필자는 중국 소설과 희곡이 불교 서사의 전통으로부터 지대한 영향을 받았음을 설명하였다. 만약 불교가 중국 속문학의 형성에 미친 영향을 인정한다면, 우리는 중국 소설과 희곡 속에 같은 조상으로부터 물려받은 어떤 특징들이 존재할 것이라고 추정할 수 있다. 이러한 추정은 사실 근거가 있는 것이며 쉽게 증명될 수도 있다.

마에노 나오아키(前野直彬)는 "중국 문학에는 유난히도 뒤늦게 등장한 두 분야가 있는데, 그건 바로 희곡과 소설이다"라고 말했다.[177] 이 난제에 대한 해답은 간단치 않다. 중국 희곡과 소설의 발전을 억제한 요인은 매우 많은데, 이에 대해서 철저하게 파헤치는 것은 또 하나의 과제가 될 것이다. 하지만 우리는 당대(唐代) 이후 소설과 희곡의 발전을 촉진시킨 요인들만큼은 비교적 어렵지 않게 찾아낼 수 있다. 그 발전에 있어 불교 속문학, 특히 구연된 변(變)과 변문의 중대한 역할은 간과될 수 없다.

멘쉬코프(Men'shikov)는 변문이 후대의 모든 중국 속문학에 미친 전반적인 영향에 대해 가장 설득력 있는 주장을 하고 있다.

177 마에노 나오아키(Maeno Naoaki), 「중국 소설의 기원(The Origin of Fiction in China)」, Acta Asiatica, 16(1969), 27~37쪽(인용은 27쪽).

변문은 후대 중국문학에 지대한 영향을 미쳤다. …… 이러한 영향을 가져올 수 있었던 주된 원인은 무엇보다도 이전과 전혀 다른 변문의 새로운 형식에 있었다. …… 변문의 영향을 밝혀줄 또 다른 특징들도 있다. 많든 적든 이러한 특징들을 갖고 있는 후대의 중국문학 장르들—희곡, 단편 소설, 초기 장편소설, 송대의 각종 서사물—은 모두 변문과의 직간접적 관계를 보여준다.[178]

에버하드(Eberhard) 역시 "장편소설, 설서(說書), 그리고 희곡 사이에 기본적으로 일치하는 특징"에 주목했다.[179]

송대의 민간 예인들, 이를테면 설서인(說書人)이나 괴뢰희와 피영희 연행자들은 모두 '화본(話本)' — 프롬프트용의 상연 대본이 아니라 줄거리를 개략적으로 적어놓은 것 — 에 의거하여 이야기를 진행하였다.[180] 이러한 각종 장르에서 사용되는 화본은 사실상 기본적으로 모두 똑같은 것인 까닭에, 이들 통속 문예형식들 사이에 모종의 계승 발전 관계가 존재할 것이라 추론할 수 있다. 그렇다면 구체적 예를 들어 어떤 관계가 있었는지 살펴보자.

이가서(李家瑞)는 훌륭한 내용에도 불구하고 별로 주목을 받지 못했던 「설서에서 희극으로의 변화 흔적(由說書變成戲劇的痕跡)」에서 소설과 희곡이 긴밀한 관계를 가질 수 있었던 역사적 원인을 대단히 설득력 있게 설명했다.[181] 이 논문에서 이씨는 제궁조(諸宮調)와 등영희

---

178 L. N. Men'shikov 편역, *Byan'ven' o Veimotsze; Byan'ven' Desyat'blagikh znamenii* (Moscow: Izdatel'stvo Vostochnoi Literatury, 1963), 28~29쪽(강조된 부분 포함).

179 볼프람에버하드(Wolfram Eberhard), 「중국설서인들에 대한 해설(Notes on Chinese Storytellers)」 *Fabula*, 11.1~2(1970), 1~31쪽(인용은 30쪽).

180 『동경몽화록 외 4종(東京夢華錄[外四種])』, 『몽양록(夢梁錄)』 권20, 311쪽.

181 이가서(李家瑞), 「설서에서 희극으로의 변화 흔적(由說書變成戲劇的痕跡)」, 『중앙연구원 역사어언연구소 집간(中央硏究院歷史語言硏究所集刊)』, 7.3(1937.11.1), 405~418.

(灯影戲)를 포함한 중국 희곡의 다양한 양식들이 모두 설서(說書)의 발전으로 생겨난 것임을 보여주는 분명한 특징들이 존재한다고 주장하였다.

> …… 과거로부터 지금까지, 어떤 유형의 희곡이든, 시작할 때는 항상 두 구의 인자를 부르거나 상장시 한 수를 읊는다. 이는 설서를 시작할 때 쓰이던 치어(致語) – 입화(入話)라고도 함 – 의 흔적이다. 또 극중 인물이 스스로 성명을 밝히면서 자신의 내력을 말하는데, 이러한 것들이 설서의 영향을 받지 않았다고 말할 수 없다. 중국 희곡을 처음 본 사람들은 이러한 체제를 이상하게 생각하기도 하지만, 이것이 설서의 변형으로 생겨난 것임을 이해한다면 이상하게 느껴지지 않을 것이다.[182]

나는 이제 이들 과도기적 형식들 중 하나인 '타련상(打連厢, Performance with Four Consecutive Sets of Dancers)'에 대해 상세히 논의하고자 한다. 이 '타련상'은 금요(金遼)의 대악(大樂)을 기초로 하여 발전해 온 것으로 알려져 있다. 극단은 무대(勾欄)에서 이리저리 움직이며 동작만 할 뿐 말은 하지 않는 배우 — 남자 배우는 말니(末泥)라 부르고, 여자 배우는 단아(旦兒)라 부름 — 와 무대 밖 청중들 사이에 앉아 있는 서술자(司唱), 그리고 (비파, 생황, 피리를 다루는) 악사들로 구성되었다. 서술자는 산문과 운문을 섞어가며 이야기를 진행하고, 배우들은 서술자의 지휘에 따르며 동작을 서술자의 말에 일치시킨다. 모기령(毛奇齡)은 '타련상(打連厢)'의 여러 특징 가운데 하나로 "춤추는 사람은 노래를 하지 않고, 노래하는 사람은 춤추지 않는다"는 것을 지적한 바 있

182 위의 글, 418쪽.

다.[183] 이가서(李家瑞)가 말한 것처럼, "설서인은 사람을 꼭두각시 삼아 자신이 말하려는 고사 속 인물을 표현한다."[184] 이 점은 '분라쿠(文樂)'라 불리는 일본의 전통 인형극을 연상시킨다. 다만 일본의 그것은 꼭두각시 역할을 사람이 전부 대신하는 것은 아니라는 점만 다를 뿐이다. 더욱 주목할 만한 사실은 구술 서사와 진정한 희곡 사이의 과도기적 형식으로서 '타련상' 같은 유형의 극이 청대에 이르러 서술자(司唱)가 없는 형식으로 발전했다는 것이다. 이름은 그대로 '타련상'이었지만, 배우들은 자기 스스로 말을 하기 시작했던 것이다. 그러나 여기서 다시 한 번 '분라쿠'와 닮은 점을 볼 수 있다. 왜냐하면, 예를 들어 지카마쓰(近松)의 연극은 잘 알려진 것처럼 처음에는 인형극의 각본이었으나 오늘날에는 사람이 꼭두각시를 대신하여 공연하기 때문이다. 이러한 유형의 연극 공연은 20세기까지 북경에 남아 있었다. 간단히 말해, 본래 사람 모양의 꼭두각시에 의해 해설조로 공연되었던 구술 서사(oral narrative)가 나중에는 진짜 희곡으로 변화한 것이다. 이는 (보조 그림이 있거나 없는) 구술 서사에서 피영희와 괴뢰희로, 그 다음에는 사람이 '꼭두각시'를 모방한 극으로, 그리고 결국은 진짜 사람이 하는 연극으로 발전하는 과정을 밟았음을 의미한다. 구술 서사에서 희곡으로의 변화 과정이 완성된 것은 꼭두각시와 그림자를 대신해서 사람이 배우가 되어 최초로 스스로 말을 하고 노래를 부르는 바로 그 때였다. 그러나 무대 밖 해설자가 이야기를 서술하는 흔적은 여전히

183 모기령(毛奇齡, 1623~1716), 『서하사화(西河詞話)』, 『사화총편(詞話叢編)』 제4책 (南京 : 詞話叢編社, 1935), 2.4b. 모기령은 또 원잡극의 4절(折)이 '타련상(打連廂)'에서 온 것이라고 주장한다. 후대 잡기 공연의 한 형식으로서의 '타련상(打連廂)'에 대해서는 이가서(李家瑞), 『북평풍속류징(北平風俗類徵)』 총 2권, 『중앙연구원 역사어언연구소 집간전간(中央硏究院歷史語言硏究所集刊專刊)』 제14종, 上海 : 商務印書館, 1937, 371쪽을 참고.

184 「설서에서 희극으로의 변화 흔적(由說書變成戲劇的痕跡)」, 409쪽.

남아 있다. 이러한 진화의 과정을 거쳤기에 희곡 속에는 그 원형(原形)이라 할 수 있는 구술 서사의 뚜렷한 특징이 남아 있는 것이다.

도널드 킨(Donald Keene)은 일본의 '분라쿠'에 대해 논하면서, 구술 서사의 유형만큼 갖가지 연극 양식이 존재한다고 분명히 밝히고 있다.

> 분라쿠는 …… 기본적으로 서사 예술이다. 연행자(太夫)는 대화에서 자신의 목소리를 무사, 여자 혹은 아이의 톤으로 바꾸어가면서 큰 소리로 스토리를 풀어간다. 그리고 가끔씩 운문 부분에서는 이야기에서 노래로 바꾼다. 그러나 그는 배우도 가수도 아닌 단지 설화인일 뿐이다. …… 일본의 어떤 공연예술은 꼭두각시 없이 연행자 홀로 진행하는 방식이 선호되기도 하는데, 이 때 꼭두각시는 연행자가 연출을 할 때 필요가 없거나 심지어 아무런 쓸모도 없는 부가물인 듯하다. 분라쿠 극은 오로지 이야기 서술자를 위한 것이지 배우를 위해서 만들어진 것이 아니다. "그가 이렇게 말하는데" 또는 "그가 웃으며 말하기를"과 같은 맺음말이 거의 아무런 변화 없이 사용되고 있다는 사실에서 이런 결론을 내릴 수 있다. 이러한 부가어는 서사에서는 자연스럽지만 배우가 연기하는 극에서는 아무런 필요도 없다. 그러므로 분라쿠는 음악 반주가 따르는 무대에서 꼭두각시에 의해 구체적으로 표현되는 이야기 서술 형식의 하나이다.[185]

도널드 킨은 또 다른 글에서 오늘날에도 가부키(歌舞伎) 극을 공연할 때 "배우는 종종 꼭두각시의 행동을 흉내 내는데, 이를 통해 가부

---

185 도널드 킨(Donald Keene), 『분라쿠 : 일본 꼭두각시극 예술(*Bunraku : The Art of the Japanese Puppet Theatre*)』, Tokyo and Palo Alto, California : Kodansha International, revised paperback edition, 1973, 25쪽.

키가 이전의 오랜 전통에 빚을 지고 있음을 알 수 있다"고 주장하였다.[186] 이러한 주장은 중국 희곡의 발전에 관한 손해제(孫楷第)의 이론과 완전히 일치한다.

1863년에 시암(Siam, 태국의 예전 명칭－역자)을 여행한 바스티안(Bastian)은 '렌 코온(Len Khon)'이라 불리는 가면극의 독특한 특징을 고찰하였다.[187] 가면극 렌 코온은 배우 자신이 직접 말하지 않고 해설자가 그 말을 대신해주고 있는 점이 독특했다. 만일 바스티안이 시암의 연극이 인도에서 전해진 것임을 알았다면, 이러한 특징에 그렇게 놀라지는 않았을 것이다.

시암 서부 피영희의 달랑(dalang)은 어린 아이들을 위해 이야기를 풀어갈 때 "X가 이러이러하게 말하니", "Y가 여차여차 대답했다"는 식의 어투를 사용하였다. 그런데 실제 공연에서 달랑은 서로 다른 목소리로 서로 다른 등장인물을 표현함으로써 주고받는 대화에 극적 효과를 더하였다. 스위니(Sweeny)는 같은 연행자에 의해 연출되는 이 두 가지 유형의 표현방식을 분석하면서, 하나는 비정식(非正式) '서사 형식'으로, 다른 하나는 정식 '연극 양식'으로 정의하였다.[188]

인도네시아의 와양 베베(wayang bèbèr, 그림 구연 서술)와 와양 쿨릿(wayang kulit, 그림자 인형극)이 서로 무관한 독자적 형식이 아니라는 것은 의심의 여지가 없다. 둘은 모두 동일 유형의 고사들을 이야기하기 위해 사용되고, 공연을 하는 악단(gamelan)이 서로 유사하며, 등장인물

---

186 바바라 아다치(Barbara Adachi), 『분라쿠의 목소리와 손(*The Voices and Hands of Bunraku*)』, Tokyo, New York, and San Francisco : Kodansha International, 1978의 "Introduction".

187 아돌프 바스타인(Adolf Bastian), 『1863년의 시암 여행(*Reisen in Siam im Jahre 1863*)』, Die Voelker des oestlichen Asien; studien und reisen, 3, Jena : Hermann Costenoble, 1867, 503쪽.

188 스위니(P. L. Amin Sweeney), 『라마야나와 말레이 그림자극(*The Ramayana and the Malay Shadow-Play*)』, Kuala Lumpur : The National University of Malaysia Press, 1867, 503쪽.

역시 완전히 같은 모습을 하고 있다. 틀림없는 사실은, 이 중 하나는 다른 하나가 발전된 것이라는 점인데, 기술적인 진전에서 판단해보건대, 단순한 것이 복잡한 것의 전신(前身)임이 분명하다. 와양 베베가 좀 더 이른 형식일 것이라고 보는 또 다른 근거들이 있다. 그 중 하나는 인도의 그림 설화인이 자신의 공연에 생동감을 더하기 위해 꼭두각시와 그림자 인형을 종종 사용한다는 사실이다. 발생 시기면에서 삽화는 원시적이고 초기 형태임에 반해, 그림자 인형과 꼭두각시는 그 이후에 발생한 것이다. 따라서 와양 베베는 "삽화가 있는 이야기 서술이며 한계성을 띤 희극 형식"[189]의 일종이라는 베첼더(Batchelder)의 판단은 대단히 정확하다. 다시 말해, 와양 베베는 와양 쿨릿(wayang kulit)의 전신임과 동시에, 후에 등장하는 와양 웡(wayang wong, 사람을 배우로 하는 극)의 전신이기도 하다.

자바(Java)의 고전 무용에 관한 소리프노(Soeripno)의 연구는 그림자극과 꼭두각시극이 사람을 배우로 한 연극의 조상이라는 주장을 뒷받침해 준다.

> 무용극은 스크린에 그림자를 비추는 와양 포에와(Wayang Poerwa) 혹은 와양 코엘릿(Wayang Koelit)이라는 그림자 꼭두각시극에서 온 것이다. 와양(Wayang)은 그림자를 의미하며, 사람을 배우로 쓰는 희극 역시 와양(Wayang), 즉 와양 웡(Wayang Wong)으로 불린다는 사실은 그림자 꼭두각시극이 연극의 원시 형태임을 설명해준다. 이러한 사실은 무용극의 다른 두

189 마조리 배취엘더(Marjorie Hope Batchelder), 『막대-꼭두각시와 사람 배우 연극(*Rod-Puppets and the Human Theatre*)』, Contributions in Fine Arts, 3, Columbus : The Ohio State University Press, 1947, 22쪽.

가지 특징에서도 잘 나타난다. 즉, 춤꾼의 얼굴은 마치 가면이라도 쓴 것처럼 무표정하고, 그들의 동작 역시 가죽을 오려 만든 피영희의 꼭두각시 동작을 흉내 내면서 상하, 좌우의 두 방향으로만 움직인다는 것이다.[190]

그런데 소리프노는 그림자극과 꼭두각시극의 발생에 대한 그림 구연 서술의 가치를 탐구하는 일에는 소홀했다. 클레어 홀트(Claire Holt) 역시 자바 고전 무용극의 형성에 미친 그림자극의 영향에 대해 논한 바 있다.[191]

피셸(Pischel)은 사람을 배우로 하는 아시아의 연극이 그림자극과 꼭두각시극에서 왔다는 주장에 동의하고 있다.

> 꼭두각시극은 지역의 차이를 막론하고 가장 오래된 연극 형식일 것이다. 인도 역시 그러할 것임은 의심의 여지가 없다. 그리고 우리는 바로 이 인도에서 연극의 기원을 찾을 수 있다.[192]

인도에서는 지금도 연극의 무대 감독을 '실을 조종하는 사람'이란 뜻의 '수트라다라(sūtradhāra)'라 부르는데, 이 말은 분명 꼭두각시극에서 생겨난 것이다. 이 용어를 "[서사의] 맥을 잡는 사람"이라고 해석하는 것은 지나친 견강부회이다. 사실, 인도에서 '수트라다(sūtradhār)'는 지금도 꼭두각시극 연행자에 대한 호칭으로 사용되고 있다.[193] 초기

---

190 소리프노(R. M. Soeripno), 「자바 고전 무용(Javanese Classical Dances)」, London Geographical Magazine, 19 (1946, 9), 220~221쪽과 8개의 도판(인용은 220쪽).

191 클레어홀트Claire Holt), 「자바의 무용(The Dance in Java)」 *Asia* 37, 1937.12, 843~846쪽, 2개의 도판 포함.

192 리차드피셸(Richard Pischel), 『꼭두각시극의 고향(*The Home of the Puppet Play*)』, Mildred C. Tawney가 독일어를 번역 (London : Luzac, 1902), 5쪽.

인도 연극에는 무대감독을 보조하는 '스타파카(sthāpaka)'라는 직책이 있었는데, 오늘날 이 스타파카는 '배치하는 사람'을 의미하며, 이 용어는 그림자극이나 꼭두각시극에서 왔을 가능성이 대단히 크다.[194]

인도의 무대 예술 연구 권위자인 카필라 밧샤얀(Kapila Vatsyayan)은 꼭두각시극과 그림자극, 그림 구연 서술 및 서사극이 사람이 배우로 등장하는 희극과 어떤 관계에 있는지를 상세히 논술한 바 있다.[195] 예를 들어, 그 뿌리가 최소한 16세기로 거슬러 올라가는 남인도 케랄라 칼라만달람(Kerala Kalamandalam) 지방의 카타칼리(Kathakali)[라고 불리는 무용극]가 종종 '이야기극'으로 불리는 것은 결코 우연이 아니다. 또 랑가나스(H. K. Ranganath)는 인도의 이야기 서술을 '1인극' 혹은 '모노드라마'[196]라고 간주하였다.

한편 가르기(Gargi)는 영화 촬영기법과 마술의 시각에서 현대 인도 민간 연극의 특징을 도출하였는데, 그 결과는 우리가 이해하고 있는, 아시아 각지의 그림 구연 서술 전통의 특징과 놀랍도록 닮아있다.

> 수트라다(Sutradhar)—무대 감독, 문자적 의미는 '실을 조종하는 사람'—는 영화 편집자처럼 극중의 단편적인 장면들을 취합하여 몽타주 효과를 만든다. 이로 인해 하나의 무대가 시시각각 변화하여 상이한 광경이 연출된다. 그는 소도구를 아주 조금만 사용하면서 궁전, 강, 숲, 전투 장면, 궁궐 등을 마술처럼 창조해낸다.[197]

---

193 위의 책, 9쪽.

194 위의 책, 10~12쪽.

195 카필라 밧사얀(Kapila Vatsyayan), 『인도 전통 연극: 다수의 흐름들(*Traditional Indian Theatre : Multiple Streams*)』, New Delhi : National Book Trust, 1981, 10~13쪽, 113쪽 이후.

196 캐시스 패그놀리(Cathy Spagnoli), 「이야기서술인들의 인도(A Storyteller's India)」, The National Storytelling Journal, 1.2 (Spring, 1984), 3~6쪽에서 인용(참고는 3쪽 주석).

사와다 미즈호(澤田瑞穗)는 「목련변문」에 나오는 에피소드들의 배치와 전개가 영화 속의 연속 장면들과 매우 닮았다고 지적하였다.[198] 이는 아마 변문의 기본 형식이 장면이 연속되는 서사 그림 두루마리에 의해 결정되었기 때문일 것이다. 이는 「항마변문」에도 그대로 적용된다. 서사 텍스트와 서사 그림의 관계처럼, 변(變)의 전통에서 그림이 가장 중요하다는 것은 의심의 여지가 없다. 그런데 "작품 속에 그림이 삽입되기 위한 첫 번째 조건은 그 작품이 인기가 있어야 한다는 것이다"[199]라는 와이츠먼(Weitzman)의 단언은 위의 내용과 완전히 부합되지는 않는다. 사실 그의 주장은 글자로 쓰여진 서사 텍스트가 먼저 생기고 난 다음, 이것이 대중들에게 널리 알려진 다음에야 그림을 넣고자 하는 욕구가 생긴다는 것이다. 그러나 와이츠먼은 이러한 결론을 내리는 과정에서 남아시아와 동아시아의 기타 문학전통은 염두에 두지 않았다. 이들 지방에서 문자 텍스트는 거의 항상 구술로 전해지는 서사의 인기에 의존해 왔다. 어떤 구전되는 이야기가 대중들에게 익숙해지고 그 내용이 고정화되면, 그 이야기에는 이해에 도움이 되는 그림이나 조소(彫塑)들이 덧붙여질 것이다. 그런 후 이 도상이 비교적 고정된 서사 장면의 묘사로 발전하면 정반대 현상이 일어난다. 즉, 그림이 문자로 쓰여진 텍스트의 토대가 되는 것이다. 물론 그 사이에도 구술 서사는 계속 발전한다. 최소한 일본의 그림 이야기 서술에서는 그림이 더 주요한 것으로 인식되어 왔다. 이 점은 에토키(繪

197 발완트 가르기(Balwant Gargi), 「인도의 대중연극(Folk Theatre in India)」, in *Indian Drama*, ed. H. H. Anniah Gowda, Mysore : Prasaranga, University of Mysore, 1974, 106~107쪽.

198 사와다 미즈호(澤田瑞穗), 『지옥변(地獄變)』, 京都 : 法藏館, 1968, 138쪽.

199 쿠르트 와이츠먼(Kurt Weitzman), 『고대 도서의 그림 장식(*Ancient Book Illumination*)』, Cambridge, Massachusetts : Harvard University Press, 1959, 31쪽.

解)에서 분명히 확인할 수 있다. 당연히 그림은 아무런 원인 없이 생겨난 게 아니다. 내가 앞서 설명한 바와 같이, 그것은 많은 인기가 있었던 기존의 구술 서사에서 기원한다. 중국의 작품 중에는 '병도(並圖)'를 제목에 넣은 것들이 있는데, 이를 통해 우리는 이 작품의 그림과 문자가 서로 보조 관계에 있음을 알 수 있다. 하지만 변문과 변상의 관계를 총체적으로 살펴보면, 중국에서도 문자 텍스트와 그림 중에서 주체가 되는 것은 후자이고, 전자는 그것을 해설해 놓은 것이라고 결론지을 수 있다. 「한장왕릉변(漢將王陵變)」의 "이 그림부터 바로 변이 시작된다(從此一鋪, 便是變初)"라는 문구가 바로 이 점을 확인시켜준다.[200] 글로 쓰여진 변문이 이전에 있었던 혹은 당시에도 있었을 그림과 조합을 이루었다는 사실은 매우 중요한 특징이기 때문에 아무리 강조를 해도 지나치지 않다. 중국과 일본에서는 일단 구술 서사가 충분한 인기를 끌어 그림으로 묘사되고 나면, 이후 문자 텍스트와의 관계에서 주도적인 위치를 차지하게 된다. 물론 문자 텍스트가 오랜 기간 동안 발전한 다음에는 문자 텍스트 부분이 나중에 삽입되는 그림들과의 관계에서 상대적으로 주도적인 위치를 점하게 된다.

그러나 위에서 와이츠먼이 말한 상황은 고대 이집트에는 적용될 수 있을 것으로 보인다. 가스통 마스페로(Gaston Maspero)는 이집트의 무덤 그림은 이미 고정화된 문자 서사를 그림으로 옮긴 것이라고 주장했다. "테베스(Thebes)의 고분에 있는 벽화는 「두 형제 이야기(Tale of Two Brothers)」의 시작 부분을 묘사한 것일 가능성이 크다. 벽화와 문자 기록의 줄거리가 대부분 잘 맞아 들어가는 까닭이다."[201]

---

200 『돈황변문집(敦煌變文集)』, 36쪽, 12째 줄.

201 가스통 마스페로(Gaston Maspero), 『고대 이집트의 대중 소설(*Popular Stories of Ancient Egypt*)』,

구테르보크(Güterbock)는 아시리아(Assyria) 궁전의 서사 벽화에 대해 논하면서 텍스트와 그림이 갖는 두 가지 방식의 관계에 대해 다음과 같이 단정지었다. "'라벨에 적힌 명문(銘文)은 그림을 설명한 것이며, 이는 그림으로 작품을 해설하는 것과는 정반대이다."[202] 이 구분은 인도와 중국, 인도네시아에도 그대로 적용된다. 그림이 주가 되면 그림을 해설한 문자는 간략하고 제한적이며, 기껏해야 명문과 라벨 정도에 머문다. 돈황과 중앙아시아의 그림에 공백의 테두리무늬가 많다는 사실은 복합적인 서사물에서 문자는 그다지 중요하지 않은 요소였음을 의미한다. 반면 두루마리 그림, 서적, 그림 깃발, 벽화 등에서 문자가 보다 많은 부분을 차지한다면,[203] 그림은 상대적으로 부수적인 성분이 된다. 그러나 문자나 그림 중에서 어느 것이 주가 되느냐에 관계없이, 서사는 항상 그보다 앞서 존재해 있다. 이 서사는 문자 형식 혹은 비(非)문자 형식으로 예술가와 설화인에게 알려졌을 것이고, 아시아의 민간문학에서는 비문자 형식이 줄곧 우위를 차지하였다.

아시리아의 진본 텍스트 삽화들 중에서 가장 오래된 것은 앗수르바니팔 왕(King Ashurbanipal) 도서관에 소장되어 있는 그림으로, 여기에는 예언의 글이 적갈색으로 함께 적혀 있다.[204] 관심을 끄는 점은 이

---

tr. from the fourth French edition by A. S. John (New Hyde Park, New York : University Books, 1967), xliii쪽; 마스페로 역, "The Tale of Two Brothers"는 위의 책, 1~20쪽.

202 1955년 12월 29일 시카고에서 열린 미국 고고학연구소(Archaeological Institute of America) 제57차 회의의 "고대 미술에서의 서사"(Narration in Ancient Art)에 관한 심포지엄에서 한스 구테르보크(Hans G. Güterbock)가 아나톨리아, 시리아, 아시리아의 그림 서사에 대해 논한 부분. American Journal of Archaeology, 61 (1957), 43~91에 발표. 도판 11~36 포함(참고는 70쪽).

203 문자와 그림 중에서 어떤 것이 더 주요한 것인지를 결정하는 명확한 규정은 없다. 그러나 내 경험으로 볼 때, 문자 부분이 대략 한 면의 1/3 이상을 차지하면, 그에 수반하는 그림은 일반적으로 해당 문자 부분을 묘사한 것으로 간주될 수 있다.

204 구테르보크(Güterbock), 『고대 미술에서의 서사』, 70~71쪽.

중 한 텍스트 안의 삽화들 앞에 "이는 그것을 그린 그림이다"라고 해석되는 문구가 있다는 사실이다.[205] 이것은 변문에서 먼저 '~處(~부분)'를 쓰고 다음에 '若爲陳說(어떻게 풀어갈까요?)'라는 질문을 함으로써 그림이 제시됨을 알리는 것을 연상시킨다.

기원 1천 년 전, 인도와 중동 문명 사이의 문화적 교류 가능성에 대해 추측하는 것은 아직 많은 어려움이 따른다. 왜냐하면 이렇게 이른 시대에 어떤 방식의 교류가 있었는지 우리는 아직 잘 알고 있지 못하기 때문이다. 게다가 서사 삽화가 (기원전 3천년의) 모헨조다로와 하라파 유적 모두에서 발견되었는데, 이는 이러한 예술이 인도에서 독자적으로 발전했을 가능성을 보여주는 까닭이다.

와이츠먼은 연속 서사 그림의 기본적 특징을 다음과 같이 설명했다.

> 서사 그림의 진정한 본질은 절정에 다다른 줄거리의 한 장면을 화폭 속에 담아 놓는 것이 아니라 …… 어떤 이야기를 일련의 연속적인 그림으로 나타낸 것이며, 이야기 속의 등장인물은 그림 속에서 반복적으로 출현한다. …… 나열식의 이러한 서사화는 …… 오늘날의 애니메이션에서 비로소 완벽한 경지에 이르렀다.[206]

내가 앞서 말한 것처럼, 중국 속문학은 삽화가 있는 설서예술의 영향을 강하게 받았기 때문에, 삽화(揷話)적이라는 특징이 중국 속문학 속에 기본적으로 내재해있다고 추론할 수 있다. 다음은 이 점에 대해

---

205 『대영박물관 바빌로니아 테이블의 설형 문자 텍스트(*Cuneiform Texts from Babylonian Tables, &c., in the British Museum*)』 31, London : Trustees of the British Museum, 1911, 도판 10 이하. 특히 도판 14 (K2089)와 40(K1999) 참고.

206 『고대 도서의 그림 장식(*Ancient Book Illumination*)』, 31쪽.

논하기로 한다.

중국문학 연구자들은 흔히 왜 중국에는 주인공의 절망적 투쟁을 카타르시스 넘치게 보여주는 비극이나 일관된 플롯을 가지고 등장인물의 심리 전개를 강조하는 장편소설이 없는가와 같은, 사실상 무익하기만 한 문제들에 대해 의문을 가져왔다. 우선, 이러한 문학 장르가 중국에 반드시 있어야 할 필요는 전혀 없다. 중국은 철학적 세계관과 가치관 면에서 서양과는 매우 달랐기 때문에, 그 속에서 발생된 문학 장르도 서양과는 당연히 달랐다. 나는 여태껏 "왜 서구에는 대련(對聯, parallel prose)이 없는가?", "왜 서구에서는 연시(聯詩, linked verse)의 전통이 발달하지 않았는가?"와 같은 질문을 하는 사람을 본 적이 없다. 중국에는 서구에는 전혀 없는 문학 장르가 대단히 많다. 어떤 민족이든 그들에게는 자신들만의 문학 장르를 창조하고 발전시킬 자격이 있다. 그 장르가 다른 민족의 입맛이나 창작 방법에 들어맞을지 어떨지를 따져볼 필요는 없다.

이와 관련된 또 하나의 사실은, 어떤 문학 장르도 영원하지 않으며 탄생, 성장, 개조, 소멸이라는 공통된 과정을 거친다는 것이다. 우리는 서구에서 장편소설이 좋은 방향이든 나쁜 방향이든 자신의 전통적 외관에서 벗어나는 걸 목격할 수 있다. 제임스 조이스(James Joyce)의 「피네간의 경야(Finnegan's Wake)」와 귄터 그라스(Günter Grass)의 작품들은 플롯의 직선적인 전개라는 전통 장편소설의 서사양식이 붕괴된 예들이다. 직선적이라는 특징의 붕괴는 미술계에서도 나타났는데, 피카소(Pablo Picasso)와 몬드리안(Pieter Mondrian)의 그림들, 그리고 헨리 무어(Henry Moore)의 조각에서 그 예를 찾을 수 있다. 마샬 맥루한(Marshall McLuhan)은 이러한 변화를 서구의 '미디어시대' 문화와 관련지어 논했다. 문학비평가들은 특히 장편소설의 역사에 이와 유사한 발전의 경향이 있음을 발견했다. 심지어 해체주의자들은 서구식 논리적 사고의 뿌리가 되는 직선적 특징의 해체를 자기 학파의 중심 강령으로 삼았다. 이러한 변화가 지나가는 유행일 뿐인지는 더 두고 봐야 한다. 그러나 우리가 내릴 수 있는 결론은, 장편소설을 비롯한 만물의 형식과 특징을 고정불변의 것으로 간주해서는 안 된다는 것이다

우리는 왜 중국 작가들이 연속성을 띤 허구서사(sustained fictional narrative)를 창작하지 '못 했는가' 같은 문제들에 지나치게 신경을 써서는 안 된다. 중국문학 장르를 유럽의 장르와 비교해서 어느 것이 좋다 나쁘다를 판단하기 보다는, 중국문학 장르 자체의 진정한 진화과정은 무엇인지를 살펴보는 것이 더 옳다. 예를 들어, 『유림외사(儒林外史)』(1739~1750년 사이에 지어져, 1768~1777년 사이에 첫 출간)나 심지어 노사(老舍)의 몇몇 초기 장편소설의 삽화식(episodic) 구조처럼, 지금도 중국 소설의 삽화식 구조는 이러한 구조를 처음 접하는 사람들에게는 매우 인상적이다. 사실 중국의 희곡 서사와 소설 서사는, 순차적인 방식으로 제공되는(presented in a sequential fashion) 추상적 시간과 장소를 중시했던 구술 이야기 서술의 일반적 전통에 역사적 뿌리를 두기 때문에, 연속적(sustained)이라기보다는 삽화적(episodic)인 특징을 지니게 된 것이다. 이 점을 중국 소설과 희곡의 선천적 결함으로 이해한다면 이는 경솔한 판단이다. 따라서 나는 중국 소설과 희곡의 역사에 기반을 둔, 두 장르 모두에 적용 가능한 '삽화식 플롯 구조(episodic plot structure)'라는 개념을 제시하고자 한다.

이 모든 것들을 통해 중국 소설과 희곡의 기본 요소가 서사 시간(時)과 서사 장소(處)임을 알 수 있다. 이처럼 시간과 장소가 앞뒤로 이어

지면서 삽화식 서사를 구성하는데, 이것은 중국의 모든 산운조합 소설과 희곡의 전형적인 형식이다. 따라서 고대 중국에서 서구식 연극과 소설을 찾으려는 시도는 무의미하다. 중국에서 소설과 희곡은 공통된 역사적 기원을 가지고 있기 때문에, 서사적 희곡 혹은 희곡적 소설 — 여기서 소설은 서술(narration)의 범주에 포함된다 — 이라는 용어를 쓰는 것이 적합하다. 이는 소설이나 희곡 중, 어느 하나의 장르에 속하는 작품 대부분은 다소의 차이는 있을망정 또 다른 하나의 장르적 요소를 지니고 있다는 의미이기도 하다. 서구의 서사시적 — 즉, 서사적 — 플롯과 연극적 플롯의 차이에 관한 스크바르진스카(Skwarczyńska)의 분석은, 이처럼 철저한 이분법이 존재하지 않는 중국문학과는 현저한 대비가 되기 때문에 주목할 필요가 있다.

주지하는 바와 같이 서사시(Zepic)와 연극(drama)은 대단히 유사한데, 양자 모두 플롯의 구성을 기초로 한다. 그러나 전형적인 서사시 플롯과 전형적인 연극 플롯에는 중요한 차이가 있다. 의심의 여지없이 서사시와 연극은 모두 시작과 결말의 구조를 통해 사건을 연속적으로 전개한다. 이때 사건들은 주인공의 운명을 결정하는데, 그 전후 순서에 의해서 뿐 아니라 그 속에 내재된 인과관계에 의해서도 사건들은 서로 연관되어 있다. 전형적인 서사시 플롯은 대부분의 사건이 주인공 자신과는 무관하게 외부로부터 언제까지나 달라짐 없이 발생하고, 또 외부로부터 주인공의 운명을 결정지어야 만족스러워질 것이다. 그러나 전형적인 연극 플롯은 대부분의 사건들이 주인공의 의지로 결정되며 이에 따라 주인공의 행위에 의미가 부여된다. 게다가 전형적인 서사시 플롯은 사실의 흐름을 바꾸어 내부적으로 연결되고 서로 꼬리를 무는 직선으로 사건의 전개를 표현할 수 있다. 이에 반해 연극의 플롯은 대립

되는 두 세력의 갈등과 충돌로 사건을 전개해나간다. 서사시는 사건의 발전을 보여주기만 하면 되지만, 연극은 반드시 이러한 사건의 전개가 어떤 갈등에서 비롯되었는지를 보여주어야 한다.[207]

서구의 문학 장르를 연구할 때, 소설과 연극이 상호 의존적이라는 관점은 매우 적합하지 않음을 알 수 있다. 그러나 이 관점은 중국 속문학의 특징을 이해하는 데 핵심적인 의미를 가진다.

중국문학의 경우, '서사적 희곡(narrational drama)'과 '희곡적 서사(dramatic narrative)'라는 두 개념은 단지 적용이 가능할 뿐만 아니라 연구자들이 여러 작품들을 정확히 해석하고 설명하기 위해 반드시 필요한 도구이다. 기존의 어떤 한 작품이 위 두 개념 중에서 어느 하나에 더 가까울 수는 있지만, 희곡적이든 서사적 — 혹은 소설적 — 이든 어느 한 특성을 완전히 무시하진 않는다. 중국 통속문학의 이러한 본질적 특징은 잘 알려진 희곡과 소설을 심도 있게 고찰함으로써 얻어낸 결과이다. 따라서 스콜스(Scholes)와 켈로그(Kellog)가 제기한 서사(narrative)의 개념이 아시아 고전의 경우에는 완벽히 적용된다고 할 수 없다.

서사란 스토리의 전개와 그 스토리를 이야기하는 설화자(storyteller)라는 두 가지 특징을 가진 문학 작품을 의미한다. 연극은 설화자가 없는 서사이며, 연극의 배우는 아리스토텔레스의 표현을 빌자면, 우리의 일상생활 속 행위를 '모방'하여 직접 연기한다. 연극과 마찬가지로 서정시 역시 일종의 직접적인 표현 방식이다. 시 속에서는 단 한 명의 배우, 즉 시인이나 그 대리인이 우리가 귀기울여 경청하거나 우연히 들을 수 있도록 노래하고 깊이 생각하고

207 즈키코프스키(Żbikowski)의 인용과 번역, 『초기 남희 연극(*Early Nan-hsi Plays*)』, 129쪽.

이야기를 한다. 여기에 제2의 설화자가 더해지면, 프로스트(Robert Frost)가 「고용인의 죽음(The Death of a Hired Man)」에서 그런 것처럼, 그것은 연극이 된다. 만일 이 설화자가 사건을 이야기하기 시작하면, 프로스트가 「사라지는 붉은 색(The Vanishing Red)」에서 그런 것처럼, 그것은 서사체 작품이 된다. 어떤 작품이 서사체 작품이 되기 위한 필요조건은 한 명의 서술자와 한 편의 스토리가 전부다.[208]

장르의 유형을 연구하는 서구의 문학이론가들에게는 모순으로 보일지 몰라도, 인도, 중국, 인도네시아, 일본의 일부 연극에서는 서술자(narrator)가 등장한다. 그리고 아시아의 여러 구연 서술 장르는 꼭두각시나 그림자를 사용하기도 하고, 심지어는 시각적 도구로써 배우를 활용하기도 한다.

프랜시스 웨스트브룩(Francis Westbrook)은 중국 소설의 연극적, 에피소드적 본질에 대해 인식하면서, "……『홍루몽』은 빠르게 전환되는 간결한 '장면'들과 토막극으로 이루어져 있으며, 작자의 삽입어는 종종 무대 연출이나 다름없는 경우도 있다"[209]고 지적하였다. 창(H. C. Chang)은 중국 단편소설에 소설과 연극적 요소가 결합되어 있음을 지적하면서 "「입심 좋은 이취련 이야기(快嘴李翠蓮記)」는 두 가지 기본적 요소 …… 스토리텔링과 연극적 공연(dramatic perfomance)을 융합하고 있다"[210]고 하였다.

208 로버트 스콜스와 로버트 켈로그(Robert Scholes and Robert Kellogg), 『서사의 본질(*The Nature of Narrative*)』, New York : Oxford University Press, 1966, 4쪽.

209 프랜시스 웨스트브룩(Francis A. Westbook), 「꿈, 성인 그리고 타락한 천사에 관하여 : 『홍루몽』과 『백치』의 실제와 환상(On Dreams, Saints, and Fallen Angels : Reality and Illusion in Dream of the Red Chamber and The Idiot)」, Literature East and West, 15.3(1971), 371～391쪽(인용은 372쪽).

15세기 초에 편찬된『영락대전(永樂大典)』제13, 991권에서 '장협장원(張協狀元)'에 관한 극본이 발견되었다. 이 극본에서는 제궁조 형식의 서막 다음에 이런 질문이 따라온다. "이렇듯 제궁조를 노래하고 이야기했으니, 이 이야기를 극으로 공연하는 것이 어떨까(似恁唱說諸宮調, 何如把此話文敷演)?"[211] 이 문장은 구술 서사(oral narrative)와 희곡(drama) 간의 전환이 명대에도 순조롭게 이루어졌음을 보여준다.

「최녕을 잘못 죽인 이야기(錯斬崔寧)」와 같은 작품의 모호한 특징은 이야기 속 서술자의 개입을 고찰해보면 분명해진다. '각설하고(却說)'와 '잡담은 그만하고(閑話休題)'와 같은 말이 들어 있는 이 작품에서 우리는 서술자가 '관중 여러분, 이야기 좀 들어보소(看官聽說)'라는 말로 청중의 주의를 끌고 있음을 발견할 수 있다. '관중 여러분, 이야기 좀 들어보소(看官聽說)' 다음에는 상황을 서술하는 문장과 직접적인 질문이 이어진다. '간관(看官)'은 보통 '독자(讀者)'로 해석된다. 그런데 이러한 해석은 문맥적으로 맞지 않아 보인다. 이는 아마도 이야기 서술(說書, storytelling session)에서 '간(看)'과 '청(聽)'이 똑같이 중요시되었던 시대의 유산일 것이다.

일반적으로 피영희(皮影戲)는 제1인칭 시점의 직접적인 대화체만을 사용한다고 생각하기 쉬운데, 사실 중국의 피영희 연행자들은 종종 제3인칭 시점으로 등장인물의 동작을 설명하기도 한다.[212] 이것은 이야기 서술 형식으로 발전하는 과정임을 보여주는 명백한 증거이다.

---

210 창(H. C. Chang),『중국문학 : 대중소설과 희곡(*Chinese Literature : Popular Fiction and Drama*)』, Edinburgh : Edinburgh University Press, 1973, 23쪽.

211 『영락대전(永樂大典)』, 臺北, 世界書局, 1962, 146쪽. 축쇄본(上海 : 商務印書館, 1954)으로도 볼 수 있음.

212 손해제(孫楷第),「근세 희곡 연행 형식의 괴뢰희·영희 기원 고찰(近世戲曲的演唱形式出自傀儡戲影戲考)」, 262쪽.

이 문제와 관련하여 인도의 공공 도서관(India Office Library)에 소장되어 있는 두탄가다(Dūtāṇgada) 필사본에 대한 에겔링(Eggeling)의 다음과 같은 해설은 시사하는 바가 크다. "이 판본은 많은 단락을 삽입하여 대화 자체를 상당히 늘린 외에 또 서사 운문까지 삽입하여 무대 지시어가 포함된 극본과 서사시의 기묘한 혼합물로 의도적으로 만든 작품이다."[213] 우리는 이 텍스트가 여러 가지 필사본에서 '차야―나타카(chāyā-nāṭaka)' — 문자상으로 '그림자극'을 뜻함 : 위에서 논의한 중앙아시아 불교의 '차야-나라이(chāyā-nālai)'를 참고 — 로 불린다는 점에 주목할 필요가 있다. 다른 한편, '보권(寶卷)' —일반적으로 서사 장르의 하나로 여겨짐 — 에서 서술자가 배역을 바꿔가며 이야기를 엮어가고 있다는 점 역시 대단히 흥미롭다. 따라서 「하문수보권(何文秀寶卷)」 같은 보권 작품은 소설 서사(fictional narrative)와 희곡 서사(dramatic narrative) 사이의 매개적, 발전적 단계를 대표한다.

산동(山東) 지방의 '고서(鼓書)'라는 설창(說唱)예술에는 두 명의 설화자가 등장하는데, 한 명은 주연 역할을, 또 한 명은 조연 역할을 맡아 서로 번갈아가며 이야기를 진행한다. 이 공연의 예술적 효과는 구술 서사와 희곡 사이의 과도기라는 데 있다.

최근에 나는 심양(瀋陽) 지역에서 지금도 공연되는 희곡적 서사의 한 형식 혹은 무용극을 알게 되었다.[214] '이인전(二人轉)'이라 불리는, 제법 큰 규모의 악단 — 피리, 쟁, 세 개의 비파, 몇 개의 캐스터네츠,

---

213 줄리우스 에겔링(Julius Eggeling) 편, 『인도 공공 도서관의 산스크리트 사본 목록(*Catalogue of the Sanskrit Manuscripts in the Library of the India Office*)』, London : By Order of the Secretary of State for India in Council, 1904, 1604쪽, no.4189, 1520e.

214 아이리스 피앤(Iris Pian)이 소개함. 그는 1982년 4월 3일 시카고에서 열린 아시아 연구 협회 연간 모임의 CHINOPERL 회의에서 비디오자료를 보여주며 이 주제에 대해 강연했다.

하모니카, 나팔, 첼로 등 악기로 구성 — 이 동원되는 이 공연은 두 명의 배우 즉 설화자가 무대 의상을 입고 동작과 춤과 노래, 대화 등으로 공연을 진행한다. 때때로 그들은 제3인칭 시점에서 이야기를 서술하며, 두 사람이 서로 번갈아가며 이야기를 진행한다. 이보다 좀 더 고급화된 '이인전(二人傳)'으로, 무대에서 공연되는 '납장희(拉場戱)'라 불리는 형식이 있는데, 여기서 공연자는 고정화된 역할만을 담당한다. 공연에는 두 명 이상의 배우가 참여하지만 무대 위에는 항상 두 명만 등장한다. 또 노래와 춤으로만 장면이 구성되는 '이인전'과 달리, '납장희(拉場戱)'에서는 도구와 무대 장치가 사용된다. 그리고 '이인전'에서는 사용하지 않는 경극의 타악기가 '납장희'의 악단에서는 사용된다. 이러한 희곡 중에서 가장 발달된 형식으로 '길극(吉劇)'이라 불리는 것이 있다. 이 희곡에는 무대 위에 제3의 배우 뿐 아니라 합창단과 같은 무리도 등장할 수 있다. 배우들은 성숙한 가극(歌劇) 형식의 대화를 사용하며, 가극 배우처럼 긴 나무 막대기를 발에 묶은 채 걷고 긴소매의 옷을 입는다. 그래서 우리는 서사로부터 희극까지의 스펙트럼을 따라 배열된 관련 공연예술의 전체적인 시리즈를 지금도 중국의 같은 지역에서 볼 수 있다.

원대와 명대의 희곡에서는 그 기원이 이야기서술에 있음을 보여주는 부분들이 흔히 발견되는데, 희곡의 대사와는 완연히 다른 뚜렷한 서사성이 바로 그것이다. 중국희곡에 대한 배경 지식이 없다면 이러한 부분의 출현을 이해하기란 쉽지 않다.

심지어 현재까지도 중국의 수많은 이야기 서술 연행자들은 다양하고 풍부한 동작과 자세를 사용하고 있는데, 이 점은 연행예술의 성격이 순수한 서사와 연극의 중간에 위치해 있다는 생각을 갖게 한다.

있는 힘을 다해 뛰고 있다는 것을 보여주기 위해 그는 팔을 흔들며 어깨를 바짝 끌어올린다. '도구'는 부채와 손수건뿐이다. 부채를 접으면 칼이나 채찍이 될 수 있으며, 부채를 펴면 모자나 침대 시트나 돛이 될 수 있다. 손수건은 편지, 고발장 외에 여러 가지 것들이 될 수 있다. 서술자는 아주 조금만 움직이면서도, 한번 휙 훑는 눈빛을 보인다거나 손이나 부채로 어떤 상징적 행동을 취함으로써 등장인물의 특성을 표현한다. 과거에는 젊은 사람이 4~5년의 도제 교육을 거친 후에야 기본 훈련을 마치고, 평생토록 실습을 한 다음에야 대가가 될 수 있다고 생각했다.[215]

중국 이야기구연 예술의 반(半)서사, 반(半)희곡적 성격은 소주(蘇州)의 한 배우가 공연한 『서상기(西廂記)』의 다음과 같은 대사에서 분명하게 드러난다.

[설백(說白)] : 사실, 앵앵은 잠들지 않았지요. …… 홍낭이 간 후 그녀는 자신이 한 일에 놀라며 이렇게 생각했어요. [앵앵 역을 흉내 내며] : "나는 재상의 딸이면서, 결국 시비를 시켜 장생에게 편지를 전하라고 했구나. 나는 그녀가 이 일을 다른 사람한테 알리지 않을 거라고 믿어. 하지만 뒤에서 나를 비웃으면 어떡하지." [다시 설백(說白)] : 아가씨는 침상에 누웠지만 머릿속은 온통 복잡하기만 했어요. 그녀는 홍낭이 계단을 올라오는 소리를 들었어

---

215 천종시엔(Chen Chung-hsien), 「수저우 설서(Soochow Storytelling)」, China Reconstructs, 10.10 (1961, 10), 19~21쪽(인용은 20쪽). 증영의(曾永義) 역시 설창 예인이 옷을 입고, 일어나고, 동작을 취하고, 배우의 특징을 흉내 내는 과정에 대해 상세히 묘사했다. 그는 또 괴뢰희가 사람을 배우로 하는 연극과 어떤 관계가 있는지에 대해서도 의견을 밝혔다. 1986년 12월 29~31일까지 타이베이에서 열린 제2회 국제한학(國際漢學)회의에서 배부한 논문 「중국 지방희곡의 형성과 발전 경로(中國地方戲曲形成與發展的經路)」 참고. 이 논문은 나중에 학술회의 논문집에 실림.

> 요. 홍낭이 들어오자 앵앵은 눈을 감고 자는 척 했지요. …… 홍낭이 침상 휘장을 걷어 올렸어요. 그러자 앵앵이 화를 냈어요. 홍낭의 행동이 너무 무례하다고 생각한 거죠. 홍낭이 바로 말을 걸었어요. "아가씨는 한밤중에는 주무시지 않고 낮에 잠을 청하시니, 무슨 근심이라도 있는 건 아닌가요?"
>
> 앵앵은 무척 화가 났어요. [앵앵 역으로] : "그녀는 자기가 나보다 더 높은 사람인 것처럼 얘기를 해. …… 내가 편지를 갖다 주라고 해서 감히 나한테 이러는 것 아니겠어? 우쭐대면서 자기가 무슨 큰 도움이라도 주는 것처럼 말이야 ……." [설백(說白)] : 앵앵은 가슴 속으로 화가 치밀어 올랐지요. 하지만 두 눈을 꼭 감고 아무 말도 하지 않았어요.[216]

위에서 말한 소주의 탄사 연행자는 자신이 연기하는 모든 인물에 어울리는 목소리와 표현법을 가지고 있다. 또 서술과 대화, 몸동작 등의 공연 수단을 계속해서 바꿔가며 갖가지 소리, 시간과 장소 등을 만들어낸다. 이러한 공연을 서술 혹은 연극이라고 엄격하게 규정지을 수는 없다. '삼현(三弦)'을 연주하는 주연 배우는 비파를 연주하는 배우를 대동하는 경우가 많은데, 비파 연주자 역시 임시적으로 배역을 맡을 수 있었다. 20세기 들어서 탄사 공연에는 종종 다른 악기들이 더해졌으며, 악기를 연주하는 배우도 노래나 연기를 할 수 있었다. 따라서 본래는 서사였을 이 형식은 가극(歌劇)과 거의 차이가 없게 되었다.

중국 민간문학에는 '변(變)'에 대한 기억이 서사방식을 조정한 채로 아직까지 일부 잔존해 있다. 소주 평화(評話) 연행자인 금성백(金聲伯)은 1983년 12월에 이렇게 말했다. "만약 내 설서 예술의 특징을 한마디로 표현해야 한다면, 그것은 바로 '변(變)'이다." '변(變)'이 무엇을 가리키는

216 천종시엔(Chen Chung-hsien), 「수저우 설서(Soochow Storytelling)」, 20~21쪽.

지 묻자, 김성백 본인도 그 의미에 대해 분명한 해석을 내놓지 못했다.[217] 그는 다만 '다변화(多變化, variety)'의 의미로 썼던 것으로 보인다. 그러나 어쨌든 중요한 것은, 그가 중국 산운조합 희곡 서사(prosimetric dramatic narrative)의 불교적 원류로 거슬러 올라갈 수 있는 용어를 사용하여 자신의 예술을 설명하였다는 사실이다.

장백잠(蔣伯潛) 역시 중국 구술 공연예술의 이중적 성격에 주목하면서 지적하길, "요즘도 유행하고 있는 고사(鼓詞), 보권(寶卷), 탄사(彈詞)는 엄밀히 말해 진정한 소설도 아니고 그렇다고 희곡도 아니다"라고 하였다.[218]

17세기의 극작가이자 문학이론가인 이어(李漁, 1611~1680)는 서사와 무대의 관계를 대단히 강조하였다. 패트릭 해넌(Patrick Hanan)이 말한 것처럼 "…… 그는 희곡 작품을 논하면서 가끔씩 스토리를 언급하였고, 자신의 소설에 많은 평점을 달면서 희곡 용어를 자주 사용하였다."[219]

결론적으로 말해, 중국소설에는 강한 희곡적 요소가 담겨 있고, 중국희곡에는 뚜렷한 서사적 특징이 엿보인다. 간혹 갈등이 고조되는 경우도 없지 않지만, 이것은 주요한 특징이 아니다. 서구적 기준으로는 설령 코미디의 경우라도 반드시 충돌 혹은 절정 단계가 있어야만 한다. 그러나 중국의 희곡은 서사적 본질을 가진 에피소드들로 이야

---

217 금성백(金聲伯)을 인터뷰한 수잔 블래이더(Susan Blader)는 「세 번의 시험을 거친 안사산(顔查散) : 인쇄된 소설에서 구술 이야기로('Yan Chasan Thrice Tested' : Printed Novel to Oral Tale)」, *Chinoperl Papers*, 12 (1983), 84~111쪽(인용은 87쪽)에서, 금성백은 '변(變)'의 두 가지 기본적 유형을 '풍부(豊富)'와 '개조(改造)'로 보았다고 썼다. 금성백이 '변(變)'의 정확한 의미에 대해 머뭇거리거나 그 의미를 알지 못했다는 것은 이 개념이 이전 세대의 설화인으로부터 전해 내려온 개념임을 암시한다.

218 장백잠(蔣伯潛), 『소설과 희극(小說與戱劇)』, 臺北 : 世界書局, 1956, 90쪽.

219 패트릭 해넌(Patrick Hanan), 『중국 백화소설(*The Chinese Vernacular Story*)』 Cambridge, Massachusetts : Harvard University Press, 1981, 168쪽.

기가 전개된다. 따라서 나는 '서사적 희곡'과 '희곡적 서사'라는 용어로 사고할 것을 다시 한 번 강조하고자 한다. 왜냐하면 중국에서 소설과 희곡은 여태껏 진정으로 분리된 적이 없기 때문이다. 내가 말하는 '희곡적 서사'와 '서사적 희곡'은 밀접하게 관련된 두 부류의 문학을 의미한다. 이 두 용어에는 순수한 서사적 소설의 느낌도, 순수한 희곡 성격의 느낌도 없으며, 많든 적든 서로 상대되는 요소가 얼마간 포함되어 있다. 이것은 서사와 희곡의 획일적인 이분법에 익숙해진 비평가들이 중국 속문학의 결함을 찾아내려는 경향을 어느 정도 고려한 것이다. 이 책에서 나는 진화론적 시각에서 중국의 희곡과 소설의 일부 특징들은 그들의 공통된 조상, 즉 불교의 이야기서사 예술에서 유래했음을 논증하고자 하였다. 그러므로 나는 변문을 "서사 형식과 희극 형식의 중간 매개물"[220]로 본 방디에르 니꼴라(Vandier-Nicolas)의 관점에 전적으로 동의한다. 다만 이를 역사상 단 한번 일어났던 발전의 과정으로 이해해서는 안 된다. 다시 말해, 인도불교에서 기원한 변문이 중국의 소설과 희극 발전의 첫 번째 연결 고리가 된다 할지라도, 이후에도 다양한 형식의 이야기서술이 살아남아 그 맥을 이어가고 또 새로운 종류의 희곡과 새로운 '매개' 장르 역시 계속 생산되었다는 의미이다. 내가 지금까지 논한, 이야기서술(storytelling)로부터 소설과 희곡으로의 발전 과정은 아래와 같은 도식으로 나타낼 수 있다. 여기에 그려진 몇몇 발전 단계들은 여러 번 반복되거나 변경되었을 것이다. 따라서 이 도식은 변화 발전의 과정 및 유형의 연계 관계를 보여주는

220 니꼴 방디에르 니꼴라(Nicole Vandier-Nicolas) 역주, 『사리불과 육사의 법투(*Śāriputra et les Six Maitres d'Erreur*)』, Mission Pelliot en Asie Centrale, Série i n-Quarto, V (Paris : Imprimerie Nationale, 1954), 2쪽.

것일 뿐 연대기적인 순서도로 이해해서는 안 된다. 또 희곡과 소설은 처음 발생한 이후로 진화의 모든 단계에서 끊임없이 서로를 풍부하게 했을 뿐 아니라, 이 두 장르는 서로 간에 그리고 다른 장르들 — 정사(正史)에서 격률시(格律詩)까지 — 간에도 서로 영향을 주고받았음에 주목해야 한다. 이 도식에는 발전 과정에서 등장하는 많은 부수적 영향들 — 춤, 마임, 잡기, 그 밖의 무대 공연예술 — 과 중간 단계인 제궁조(諸宮調)와 원본(院本) 그리고 부산물인 보권(寶卷)과 탄사(彈詞), 혼합 장르인 사절(四折)과 고서(鼓書)가 생략되어 있다.

우리는 송대 이후 소설과 희곡의 발전이 당대(唐代) 통속 불교 이야기서술(popular Buddhist storytelling)과 밀접하게 관련되어 있음을 보았다. 산운조합 형식, 백화(白話), 삽화적 특성, 그리고 기타 희곡적 서사의 다양한 특징들은 지난 1천 년에 걸친 중국 속문학의 발전에 대한 변문의 결정적 영향을 보여주는 증거들이다.

중국 백화소설과 희곡의 발전에 미친 영향

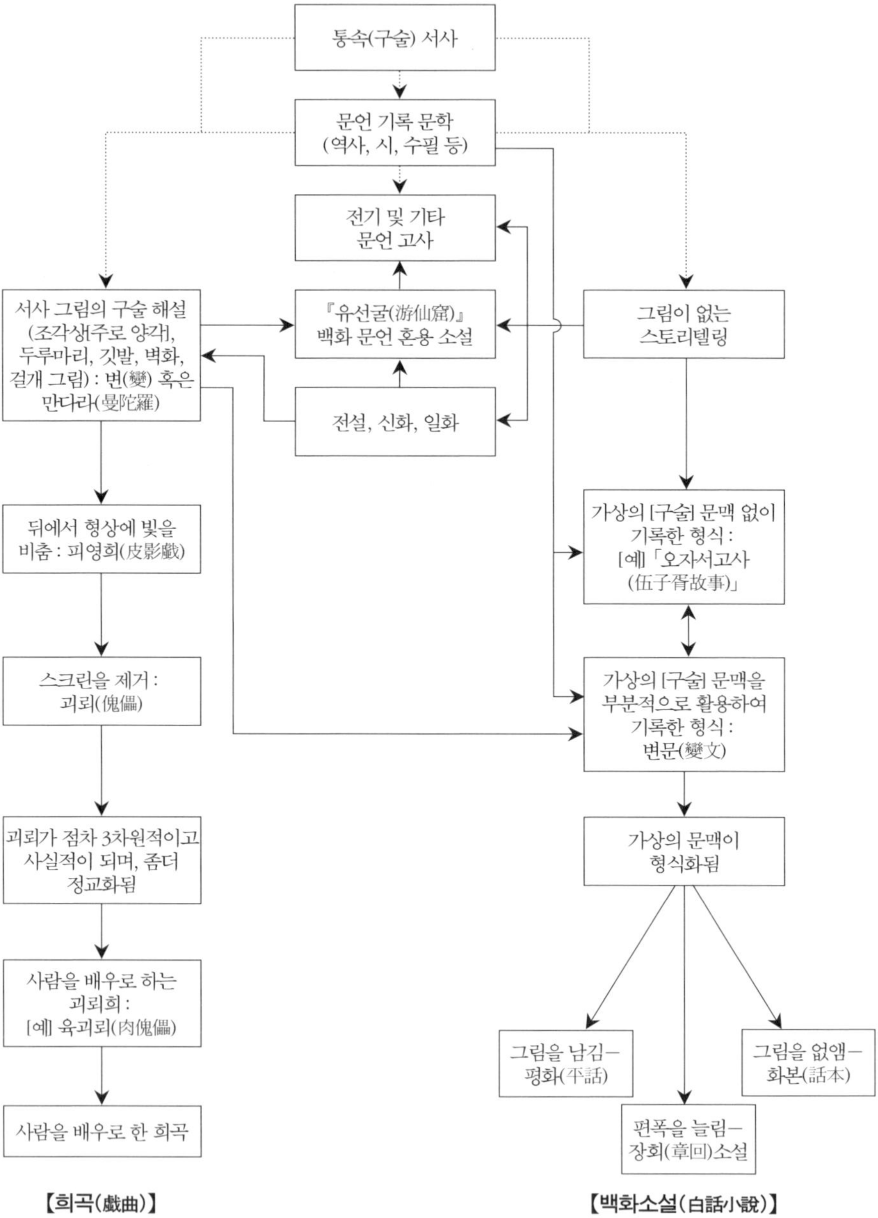

참|고|문|헌

아래의 참고문헌은 상당히 광범위하다. 그러나 넓게는 돈황 문학, 더욱 특별하게는 돈황 변문에 대한 참고문헌 모두를 소개할 의도로 이 참고문헌을 적은 것은 아니다. 참고문헌은 주로 이 책에서 인용한 저작들 그리고 이 연구를 진행하면서 참고했던 관련 출판물 혹은 연구 성과들로 구성되어 있다. 나는 내가 알고 있던 변문의 일반적, 이론적, 역사적 측면들을 다룬 중요한 연구 성과들을 되도록 빠짐없이 모으려고 노력했다. 그러나 여기에 변문과 관련된 언어, 종교, 철학 및 기타 문제들을 단독으로 다루거나 개별 변문 작품을 논한 글과 논문들이 모두 포함된 것은 아니다(변문에 대한 가장 중요한 중국어 논문들은 周紹良, 白化文 편, 『敦煌變文論文錄』 上 · 下, 上海古籍出版社, 1982에 모여 있다). 각 언어들을 위한 추가 참고자료는 목록과 참고문헌을 열거한 부분을 보면 된다. 변문과 관련된 다른 많은 연구 성과들은 필자의 다른 저서와 논문들에 붙인 참고문헌에서도 찾아볼 수 있다. 필요하다면 필자의 "중국 민간 문학에 미친 인도의 영향에 대한 연구의 일부 참고문헌(A Partial Bibliography for the Study of the Influence of India on Chinese Popular Literature)"(총 215쪽)을 참고해도 된다. 어떤 경우에는, 나는 검토할 수 없었지만 해당 내용들을 계속 연구하고자 하는 사람들에게 특별히 참고가 될 수 있는 자료들을 포함시키기도 했다. 이런 자료들은 참고문헌 마지막 부분에 열거했다. 본문과 주석에서 인용한 자료 전부를 참고문헌에 넣은 것은 아님을 밝혀둔다.

중국어, 일본어, 한국어 제목들은 모두 로마자와 원래 문자 뿐 아니라 영어로도 적었다. 꺾쇠괄호에 넣은 번역은 모두 필자의 것이다. 괄호 안의 것들은 확실한 동의어이거나 관련 자료의 저자 혹은 편자가 넣은 것이다. 공인된 영어 문법과 용례에 일치시키기 위해 경우에 따라서는 이들의 번역에 약간의 수정을 가하기도 했다. 내가 제공한 동아시아어 자료 제목들의 번역은 대부분 결코 훌륭하다고 볼 수 없다. 그 주된 목적은 동아시아 언어의 글자모양에 익숙하지 않은 독자들이 이 자료를 알아볼 수 있도록 하기 위함이다.

중국어 참고문헌 항목에는 열거한 자료들에 대한 기본적인 정보가 기록되어 있다. 20세기 이전 자료에 대해서는 다음 저자들의 참고문헌에서 좀 더 완벽하게 기술해 놓았다 : Gimm(특히 583~620쪽), des Rotours(특히 71~118쪽), Pian(특히 235~237쪽), Teng and Biggerstaff, 그리고 Edwards. 이 저자들이 다루지 않은 중요한 자료들의 경우에는, 내가 책의 본문 또는 주석의 적당한 곳에 자료의 정확성, 날짜, 판본 등의 문제에 대해 아주 자세하게 논했다. 20세기 이전의 모든 자료들에 대해 나는 저자, 역자, 편자가 살았던 시대를 알 수 있는 정보를 제공하려고 노력했다. 그렇지 못한 경우에는 보통 첫 출판 날짜 혹은 서문의 날짜를 적었다.

주석에서는 저자와 참고문헌에 열거한 제목들의 축약 형식을 썼다. 이렇게 해도 충분히 구별이 가능하고, 짧게 만든 제목을 굳이 늘릴 필요는 없을 것 같았기 때문이다.

중국어와 티베트어 불교 경전 자료는 참고문헌에 개별적으로 목록화하지 않았으며, 이들 자료에 대한 특별한 언급은 주석에서 했다. 중국 정통 왕조의 역사와 돈황 사본 역시 마찬가지다. 돈황 사본의 경우, 나는 주석에서 사본의 출처에 대해 특별히 언급하진 않았다. 이 자료들은 런던, 파리, 레닌그라드, 타이베이, 베이징에 있는 사본이거나 내 개인소장품, Harvard-Yenching Library, Van Pelt Library of the University of Pennsylvania 그리고 Olin Library of Cornell University의 마이크로필름, 사진, 복사본들이다.*

---

* 【역자주】 원문의 참고문헌은 언어의 종류를 막론하고 저자명의 알파벳 순서로 배열하였으나, 본 번역본에서는 한자에 익숙한 한국 독자들을 고려하여 유럽 언어와 중국어, 일본어, 기타 자료를 따로 떼어 기록하였다. 이 과정에서 원문에서 로마자로 표기한 중국어와 일본어 발음은 생략했다. 아울러 원문에서는 자주 인용되거나 제목이 긴 참고문헌을 축약어로 만들어 표시했으나, 본 번역본에서는 독자들이 다시 찾아보는 수고를 덜기 위해 원래의 제목 그대로 옮겨 적었음을 밝혀둔다.

Bibliothèque Nationale, Départment des Manuscrits. *Catalogue des manuscrits chinois de Touen-houang*(Fonds Pelliot chinois). I : Paris : Bibliothèque Nationale, 1970. III : Paris : Foundation Singer-Polignac, 1983.

Demiéville, Paul. “Récents travaux sur Touen-houang; aperçu bibliographique et notes critiques,” *Toung Pao* 56.1-3 : 1-95(1970). Reprinted separately Leiden : Brill, 1970.

Giles, Lionel. *Descriptive Catalogue of the Chinese Manuscripts from Tunhuang in the British Museum*. London : The Trustees of the British Museum, 1957.

Lalou, M. *Inventaire des manuscrits tibétains de Touen-houang conservés à la Bibliothèque Nationale*(Fonds Pelliot tibétain), 3parts. Paris : Librairie d’Amérique et d’Orient, Adrien-Maisonneuve, and Bibliothèque Nationale, 1939-1961.

de La Vallée Poussin, Louis. *Catalogue of the Tibetan Manuscripts from Tun-huang in the India Office Library*, with an Appendix on the Chinese Manuscripts by Kazuo Enoki. London : Oxford University Press for the Commonwealth Relations Office 1962.

Mair, Victor H. “Lay Student and the Making of Written Vernacular Narrative : An Inventory of Tun-huang Manuscripts.” *CHINOPERL Papers* 10 : 5-96(1981).

______, comp. “A Partial Bibliography for the Study of Indian Influence on Chinese Popular Literature.” In *Sino-Platonic Papers* 3(March 1987).

Men’shikov, L. N., ed. *Opisanie Kitaiskoi Chasti Kollektsii iz Khara-khoto(Fond P. K. Kozlova)*. Moscow : Glavanaya Redaktsiya Vostochnoi Literatur’i, 1984.

Men’shikov, Lev Nikolaevich, with M. I. Vorob’eva-Desyatovskaya, I. S. Gurevich, V. S. Spirin, and S. A. Shkolyar(Vol. I); with M. I. Vorb’eva-Desyatovskaya, I. T. Zograf, A. S. Martinov, and B. L. Smirnov(Vol. II). *Opisanie Kitaiskikh Rukopisei*. 2vols. Dun’-khuanskogo Fonda Instituta Narodov Azii, Akademiya nauk SSSR. Moscow : Izdatel’stvo Vostochnoi Literatury and Nauka, 1963-1967.

陳垣,『敦煌劫餘錄』,『中央研究院歷史語言研究所集刊』專刊4. 北平：中央研究院歷史語言研究所, 1931.

黃永武 編,『敦煌遺書最新目錄』臺北：新文豐出版社, 1986.

鄺士元,『敦煌學研究論著目錄』臺北：新文豐出版社, 1987.

李並成,「敦煌吐魯番學工具書目」,『敦煌學輯刊』7 : 158-166.

婁子匡・朱允凡,『五十年來的中國俗文學』, 臺北：正中書局, 1963.

盧善煥, 師勤,『中國敦煌吐魯番學著述資料 (1909～1984)』,『中國敦煌吐魯番學叢書』, 西安：陝西省社會科學院出版社發行室, 1985.
羅宗濤,『敦煌講經變文研究』.
商務印書館 編,『敦煌遺書總目索引』, 北京：商務印書館, 1962. 北京：中華書局, 1983 重印.
王重民外 主編,『敦煌變文集』, 北京：人民文學出版社, 1957.
王永興,「七十年來我國敦煌研究文獻目錄」, 絲綢之路考察隊 編,『絲路訪古』, 蘭州：甘肅人民出版社, 1982.
鄭阿財 編,『近五年來臺灣地區敦煌學研究論著選介 (上)』,『漢學研究通訊』5.1 : 1-8 (總第17期), 1986.3;『近五年來臺灣地區敦煌學研究論著選介 (下)』, 同上, 5.2 : 53-57(總第18期), 1986..
______ 編,「敦煌學研究論文著作目錄初稿」,『華岡文科學報』14 : 1-8l, 1982; 15 : 1-16, 1983.
______ 編,「敦煌學研究論文著作目錄稿 (中文篇)」,『敦煌學』5 : 71-120, 1982; 6 : 116-121, 1983; 7 : 123-130, 1984; 8 : 65-70, 1984.
鄭阿財, 朱鳳玉 編,『敦煌學研究論著漢學研究資料及服務中心叢刊目錄類第四種』, 臺北：漢學研究資料及服務中心, 1987.
中華學術院佛教文化研究所 編,『二十年來佛教經書論文索引』, 陽明山：中華大典編印會, 1972.
周丕顯,「敦煌遺書目錄再探」, 1985 油印本.
吉岡義豐,『敦煌文獻分類目錄道教之部』,『西域出土漢文文獻分類目錄』第3種, 東京：東洋文庫敦煌文獻研究委員會, 1969.
金岡照光,「敦煌變文研究の動向(一)資料研究を中心に」,『東洋學報』46.3 : 118-125, 1963.12.
_______,「敦煌變文研究の動向(二)變文の本質, 總論に關する研究」,『東洋學報』46.4 : 106-116, 1964.3.
_______,「參考文獻」,『敦煌の文學』.
_______,「主要參考文獻」,『敦煌の民衆』.
_______,『敦煌出土漢文文學文獻分類目錄附解說』,『西域出土漢文文獻分類目錄』第4種, 東京：東洋文庫敦煌文獻研究委員會, 1971.
橘瑞超, 429件에 달하는 敦煌文書의 目錄을 羅振玉『雪堂叢刻』第10卷에 수록..
石濱純太郎, 眞田有美, 井ノ口泰淳. "Bibliography of Central Asiatic Studies,"『西域

文化研究』, 제1권(서구 언어 부분).
太田純夫,「敦煌文學研究書目」,『神戶外大論叢』5.2, 1954.7.
土肥義和,『西域出土漢文文獻分類目錄初稿II—非佛教文獻之部, 寺院文書類』, 東京：東洋文庫敦煌文獻研究委員會, 1964.
敦煌文獻研究連絡委員會,『敦煌文獻研究論文目錄』, 東京 : 東京文庫, 1959

유럽 언어 자료

Acker, William Reynolds, tr. and annot., *Some T'ang and Pre-T'ang Texts on Chinese Painting.* Vol.I. Leiden : E.J. Brill, 1954. Vol. II, parts 1 and 2. Leiden : E.J. Brill, 1974.

'Ahbār as-Sīn wa l-Hind. Relation de la Chine et de l' Inde, rédigée en 851. ed. and tr. Jean Sauvaget., Paris : Societe d' Edition "Les Belles Lettres", 1948

Aldrich, Richard Lewis., "Tun-huang : The Rise of the Kansu Port in the T"ang Dynasty", PhD dissertation, University of Michigan, 1942.

And, Metin., *Karagöz, Turkish Shadow Theatre.* Ankara : Dost Yayinlarli, 1975.

Archer, W.G., *Bazaar Paintings of Calcutta*, London : Her Majesty's Stationery Office for the Victoria and Albert Museum, 1953.

Bailey, H.W., *The Culture of the Sakas in Ancient Iranian Khotan.* Columbia Lectures on Iranian Studies l. Delmar, New York : Caravan, 1982.

__________, "Ttaugara," *Bulletin of the School of Oriental Studies* 8. 4 : 883-921, 1937.

Barat, Kahar., [Two old Uighur fragments]回鶻文兩件. Unpublished paper presented at the International Conference on Tun-huang and Turfan Studies, Urumuchi, Sinkiang, August 1985.

__________, Letters of 4 October and 14 November 1986.

Barua, Benimadhab., *Barhut, Book 1, Stone as a Story-Teller* and *Book 2, Jātaka Scenes.* Indian Research Institute Publications, Fine Arts Series 1 and 2. Calcutta : Satis Chandra Seal, 1934.

Basham, A. L., ed., *Papers on the Date of Kaniska.* Submitted to the Conference on the Date of Kaniska, London, 20-22 April 1960. Australian National University Centre of Oriental Studies, Oriental Monograph Series 4. Leiden : E. J. Brill, 1968.

Bendall, Cecil, ed., *Cikshāsamuccaya.* Bibliotheca Buddhica 1. Osnabrück : Biblio Verlag,

1970. Originally published 1897-1902 by the Imperial Academy of Sciences, St. Petersburg. Aiso reprited by the Editorial Board of the *Indo-Iranian Journal* ('s-Gravenhage : Mouton, 1957).

_____and W. H. D. Rouse, trs., *Sikshā-samuccaya : A Compendium of Buddhist Doctrine, compiled by Santideva, Chiefly from Earlier Māhayana Sūtras.* London : John Murray, 1922.

Benveniste, Émile., *Études sogdiennes.* Beiträge zur Iranistik 9. Wiesbaden : Ludwig Reichert, 1979.

Bhikkhu Ñānananda., *The Magic of the Mind in Buddhist Perspective : An Exposition of the Kālakārāma Sutta.* Kandy : Buddhist Publication Society, 1974.

Birch, Cyril, ed., *Studies in Chinese Literary Genres.* Berkeley : University of California Press, 1974.

Bishop, John L., "Prosodic Elements in T'ang Poetry". In Horst Frenz, ed., *Indiana Conference.*

Blader, Susan., "'Yan Chasan Thrice Tested' : Printed Novel to Oral Tale," *Chinoperl Papers* 12 : 84-111, 1983.

Blofeld, John., *Bodhisattva of Compassion : the Mystical Tradition of Kuan Yin.* Boulder : Shambala, 1978.

Böhtlingk, Otto and Rudolph Roth., *Sanskrit-Wörterbuch.* 7 vols, St. Petersburg : Buchdruckerei der Kaiserlichen Akademie der Wissenschaften, 1855-1875.

von Bradke, Peter, "Ueber das Mānava-Grhya-Sūtra," *Zeitschrift der Deutschen Morgenländischen Gesellschaft* 36.3-4 : 417-477, 1882.

Brednich, Rolf Wilh., "Zur Vorgeschichte des Bändelsangs," *Jahrbuch des Österreichischen Volksliederwerkes* 21 : 78-92 (Vienna, 1972), plus four plates.

Brough, John., "The Chinese Pseudo-Translation of *Árya-Sūtra's Jātaka-málā*," *Asia Major*, n. s. 11. 1 : 27-53, 1964.

__________, "Nugae Indo-Sericae." In *W. B. Henning Memorial Volume.* Ed. Mary Boyce and Ilya Gershevitch. London : Lund Humphries, 1970.

Brown, William Ira., "The Distinction between *Pien-wen* and *Chiang-ching-wen* : An Analysis of the Literary Forms and Preaching Methods of the *Overcoming Demons Story and Exposition of the Diamond Sutra.*" PhD dissertation, University of Wisconsin, 1981.

_____, "From Sutra to *Pien-wen* : A Study of 'Sudatta Erects a Monastery' and the

Hsiang-mo Pien-wen," *Tamkang Review* 9.1 : 67-101, Fall 1978.

Bush, Susan H. and Victor H. Mair., "Some Buddhist Portraits and Images of the Lü and Ch'an Sects in Twelfth-and Thirteen-Century China," *Archives of Asian Art* 31 : 32-51 (1977-1978).

Cadonna, Alfredo., *Il Taoista di Sua Maestà : Dodici episodi da un manoscritto cinese di Dunhuang*. Venice : Cafoscarina, 1984.

Chadwick, Hector Munro and Nora Kershaw Chadwick., *The Growth of Literature*. 3 vols. Cambridge; Cambridge University Press, 1932-1940. Reprint 1968.

Chang, H[sin]-c[hang]., *Chinese Literature : Popular Fiction and Drama*. Edinburgh : Edinburgh University Press, 1973.

Chang, Kwang-chih., Private communication after his trip to Tun-huang in late 1978.

Chang Yi., "West Szechwan and East India : Studies in Early Sino-Indian Relations." N. P., 1980 (?), mimeograph.

Chavannes, Ed. and P. Pelliot, trs. and annots., "Un traité manichéen retrouvé en Chine" *Journal Asiatique* 2 : 499-617 (November-December 1911); second part, series 11, 1 : 99-199 (January-February 1913) and 261-394 (March-April 1913), plus two plates.

Chen Chien., "Preliminary Research on the Ancient Passage to India from Szechwan via Yunnan and Burma." The History Research Institute of Yunnan, May 1980, mimeograph.

Ch'en Kenneth K. S., *Buddhism in China : A Historical Survey*. Princeton : Princeton University Press, 1964.

__________________, *The Chinese Transformation of Buddhism*. Princeton : Princeton University Press, 1973.

__________________, "Filial Piety in Chinese Buddhism," *Harvard Journal of Asiatic Studies* 28 : 81-97, 1968.

__________________, "A Study of the Svāgata Story in the *Divyāvadāna* in its Sanskrit, Pāli, Tibetan, and Chinese Versions," *Harvard Journal of Asiatic Studies* 9.3-4 : 207-314, February 1947.

Ch'en Li-li, tr. and intro., *Master Tung's Western Chamber Romance* (Tung Hsi-hsiang Chu-kung-tiao) : *A Chinese Chantefable*. Cambridge and London : to Cambrige University Press, 1976.

__________________, "Outer and Inner Forms of *Chu-kung-tiao*, with Reference to *pien-wen, tz'u* and Vernacular Fiction," *Harvard Journal of Asiatic Studies* 32 : 124-149, 1972.

__________________, "*Pien-wen* Chantefable and *Aucassin et Nicolette*," *Comparative Literature* 23.3 : 255-261, 1971.

Cheng Te-k'un., *Tun-huang Studies in China.* Chengtu : West China Union University, 1947.

Cheung, Hung-nin Samuel., "The Language of the Tun-huang *Pien-wen.*" PhD dissertation, University of California, Berkeley, 1974.

________________________, "Perfective Particles in the *bian-wen* Language," *Journal of Chinese Linguistics* 5 : 55-74, 1977.

________________________, "The Use of Verse in the Dun-huang Bian-wen," *Journal of Chinese Linguistics* 8, 1 : 149-162, 1980, with Chinese and English summaries.

Chi Hsien-lin., "Indian Literature in China," *Chinese Literature* 4 : 123-130, July-August, 1958.

Childs, Margaret Helen., "Religious Awakening Stories in Late Medieval Japan : The Dynamics of Didacticism." PhD dissertation, University of Pennsylvania, 1983.

A Concordance of Chuang Tzu. Harvard-Yenching Institute Sinological Index Series, Supplement No. 20. Cambridge : Harvard University Press, 1956.

Conze, Edward., *Buddhism : Its Essence and Development.* New York : Harper Torchbooks, 1965.

_____________. tr., *Buddhist Scriptures.* Baltimore : Penguin Books, 1959.

Coomaraswamy, Ananda K., "Nirmāna-kāya," *Journal of the Royal Asiatic Society of Great Britain and Ireland,* January 1938.

_____________, "On Translation : Māyā, Deva, Tapas," *Isis* 19.1 (55) : 74-91, April 1933.

Cowell, E. B. and R. A. Neil, eds. *The Divyâvadâna.* Cambridge : Cambridge University Press, 1886.

Crump, J. I., "Dans un écran de radar : un thème de la littérature vulgaire du Moyen Âge. chinois," *Journal Asiatique* 249, 4 : 477-485, 1961.

__________, Review of *Ballads and Stories from Tun-huang, An Anthology*, by Arthur Waley, *Journal of Asian Studies* 21.3 : 389-391, May 1962.

Čuguevskiĭ, L. I., "Touen-houang du VIIIe au Xe siècle." In Michel Soymié, ed., *Nouvelles contributions.*

Daffinà, Paolo., "L' Itinerario di Hui Shêng," *Rivista degli Studi Orientali* 38.3 : 235-267, 1963.

Das, Sarat Chandra., *A Tibetan-English Dictionary with Sanskrit Synonyms.* Calcutta : Bengal Secretariat Book Depot, 1902.

Davidson, J. Leroy., *The Lotus Sutra in Chinese Art—A Study in Buddhist Art to the Year 1000.* Yale Studies in the History of Art, New Haven : Yale University Press, 1954.

De, Gokuldas., "Original Nature of the Jātakas," *Calcutta Review*, 3rd series, 34 : 78-97, January-March, 1930.

De, Sushilkumar., *History of Sanskrit Literature.* Calcutta : University of Calcutta, 1957.

Demiéville, Paul., *Le concile de Lhasa—Une controverse sur le quiétisme entre Bouddhistes de l'Inde et de la Chine au VIIIe siècle de l'ère chrétienne*, Vol. I. Bibliothèque de l'Institut des Hautes Etudes Chinoises, Vol. VII. Paris : Imprimerie Nationale de France, 1952.

______________, "Les débuts de la littérature en Chinois vulgaire." *Académie des Inscriptions et Belles-Lettres, Comptes Rendus,* November-December, 1952.

______________, "L' Introduction au Tibet du Bouddhism sinisé d'après les manuscrits de Touen -houang : Analyse de récents travaux japonais." In Michel Soymié, ed., *Contributions aux études sur Touen-houang.*

______________, "Langue et littérature chinoises," *Annuaire du College de France* 53 : 218-223, 1953; 54, 1954, not seen, 55, 1955, not seen., 56 : 284-290, 1956; 57 : 349-357, 1957; 58 : 381-391, 1958; 59 : 435-438, 1959; 60 : 317-320, 1960; 61 : 289-310, 1961; 62 : 329-335, 1962; 63 : 325-336, 1963.

______________, "Manuscrits chinois de Touen-houang à Leningrad," *T'oung Pao* 51.4-5 : 355-376, 1964.

______________, "Quelques traits de moeurs barbares dans une chantefable chinoise des T'ang," *Acta Orientalia* 15.1-3 : 71-85, 1962.

______________, Review of L. N. Men'shikov and I. T. Zograf, *Bjan' ven'o vozdajanii za milosti* (q. v.), *T'oung Pao* 61.1-3 : 161-169, 1975.

______________, "Tun-huang Texts." In *Dictionary of Oriental Literatures*, Vol. I : *East Asia*, ed. Zbigniew Slupski, under the general editorship of Jaroslav Průšek. New York : Basic Books, 1974.

van der Loon, Piet., "Les origines rituelles du théâtre chinois," *Journal Asiatique* 265.1-2 : 141-168, 1977, with English summary.

______________, *Taoist Books in the Libraries of the Sung Period : A Critical Study and Index.*

Oxford Oriental Institute Monographs 7. London : Ithaca Press, 1984.

Devéria, M. G., "Masulmans et manichéens chinois," *Journal Asiatique* n. s. 10 : 445-484, November-December, 1897.

Dolby, William., *A History of Chinese Drama.* New York : Barnes and Noble Import Division of Harper and Row, 1976.

Drège, Jean-Pierre., "Clefs des songes de Touen-houang." In Michel Soymié, ed., *Nouvelles contributions*, plus plates 24-38.

Dudbridge, Glen., *The Tale of Li Wa : Study and critical edition of a Chinese story from the ninth century.* Oxford Oriental Monographs 4. London : Ithaca Press for the Board of the Faculty of Oriental Studies, 1983.

Dunn, Robert., Letter of 22 May 1978.

Dutt, Nalinaksha, ed., with the assistance of Vidyavaridhi Pandit Shiv Nath Shastri Sahityacharya. *Gilgit Manuscripts*, Vol. III, part 1. Srinagar, Kashmir : J. C. Sarkhel, 1941 (?). Vol. III, part 2. Srinagar, Kashmir : J. C. Sarkhel, 1942. Vol. III, part 3. Srinagar, Kashmir : J. C. Sarkhel, 1943. Vol. III, part 4, Calcutta : Oriental Press, 1950.

Dutt, Sukumar., *Buddhist Monks and Monasteries of India : Their History and Their Contribution to Indian Culture.* London : Allen and Unwin, 1962.

_____________, "The Origin of the Commoners in Ancient Tun-huang," *Sinologica* 4.3 : 141-155, 1955.

_____________, *Studies in Chinese Folklore and Related Essays.* Indiana University Folklore Institute Monograph Series 23. Bloomington and the Hague : Indiana University Research Center for the Language Sciences and Mouton, 1970.

Eberhard, Wolfram., Lecture on Chinese theatre delivered to the Oriental Club of Philadelphia, 30 April 1982.

Edgerton, Franklin., *Buddhist Hybrid Sanskrit Grammar and Dictionary.* 2 vols. New Haven : Yale University Press, 1953.

Edwards, E. D., *Chinese Prose Literature of the T'ang Period (A. D. 618-906).* 2 vols. London : Arthur Probsthain, 1937-1938. Reprint New York : AMS Press, 1974.

Egami, Namio., "The K' uai-t' i 駃騠, the T'ao-yu 騊駼, and the Tan-hsi 驒騱, the Strange Domestic Animals of the Hsiung-nu 匈奴," *Memoirs of the Research Department of the Toyo Bunko* 13 : 87-123, 1951.

Emmerick, R. E., ed. and tr., *The Book of Zambasta : A Khotanese Poem on Buddhism.* London

Oriental Series 21. London : Oxford University Press, 1968.

__________, ed. and tr., *Tibetan Texts Concerning Khotan.* London Oriental Series 19. London : Oxford University Press, 1967.

Ensink, J., "On the Old-Javanese Cantakaparwa and Its Tale of Sutasoma." *Verhandelingen van het Koninklijk Instituut voor Taal-, Land-en Volkenkunde*, 54. 's-Gravenhage : Martinus Nijhoff, 1967.

Eoyang, Eugene., "The Historical Context for the Tun-huang pien-wen," *Literature East and West* 15.3 : 339-357, 1971.

____________, "Oral Narration in the Pien and Pien-wen," *Archiv Orientální* 46.3 : 232-252, 1978.

____________, "The Wang Chao-chün Legend : Configurations of the Classic," CLEAR 4.1 : 3-22, January 1982.

____________, "Word of Mouth : Oral Storytelling in the *Pien-wen.*" PhD dissertation, Indiana University, 1971.

Evers, Hans-Dieter., "Magic and Religion in Sinhalese Society," *American Anthropologist* 67.1 : 97-99, February 1965.

Fausboll, V., ed., *The Jātaka.* 7 vols. London : Kegan, Paul, Trench, and Trübner, 1875-1897.

Frenz, Horst and G. L. Anderson, eds., *Conference on Oriental-Western Literary Relations, Indiana University*, First. University of North Carolina Studies in Comparative Literature 13. Chapel Hill : North Carolina University Press, 1955.

Frodsham, J. D., tr. and intro., *The Poems of Li Ho (719-817).* Oxford : Clarendon Press, 1970.

Fukui, Fumimasa-Bunga., "Some Problems about the Origin of the Religious Lectures for Laymen, *su-chiang.*" In *The Proceedings of the 27th International Congress of Orientalists*, 1967. Ed. Denis Sinor. Wiesbaden : Otto Harrassowitz, 1971.

von Gabain, Annemarie., *Einführung in die Zentralasienkunde.* Darmstadt : Wissenschaftliche Buchgesellschaft, 1979.

Gabelentz, H. Conon de la., *Elémens de la grammaire Mandchoue.* Altenbourg : Comptoir de la littérature, 1832.

Gershevitch, Ilya., *A Grammar of Manichean Sogdian.* Publications of the Philological Society. Oxford : Basil Blackwell, 1954.

Giles, Lionel., "A Chinese Geographical Text of the Ninth Century," *Bulletin of the School of Oriental Studies* 6.4 : 825-846, 1932, plus 4 plates.

__________, "Dated Chinese Manuscripts in the Stein Collection." *Bulletin of the School of Oriental and African Studies* 7.4 : 809-836, 1933-1935, plus 1 plate; 8.1 : 1-26, 1935-1937, plus 1 plate; 9.1 : 1-26, 1937-1939, plus 1 plate; 10.1 : 317-344, 1939-1942, plus 1 plate; and 11.1 : 148-173, 1943-1946.

__________, *Six Centuries at Tunhuang*. A Short Account of the Stein Collection of Chinese Mss. in the British Museum. In W. Perceval Yetts, ed., China Society Sinological Series 2. London : The China Society, 1944.

__________, "A Topographical Fragment from Tunhuang," *Bulletin of the School of Oriental Studies* 7.3 : 545-573 (1933-1935), plus 2 plates.

__________, "Tun Huang Lu : Notes on the District of Tun-huang," *Journal of the Royal Asiatic Society of Great Britain and Ireland* 703-728, July 1914, plus 3 plates.

Gimm, Martin, tr., *Das Yüeh-fu tsa-lu des Tuan An-chieh* [fl. 894-898] : *Studien zur Geshichte von Musik, Schauspiel und Tanz in der T'ang-Dynastie*. Wiesbaden : Harrassowitz, 1966.

Gnoli, Raniero, ed., with the assistance of T. Venkatacharya. *The Gilgit Manuscript of the Sanghabhedavastu : Being the 17th and Last Section of the Vinaya of the Mūlasarvāstivādin*. Serie Orientale Roma, Vols. XLIX. 1and 2. Rome : Istituto Italiano per il Medio ed Estremo Oriente, 1977 and 1978.

Graham, Thomas E., "The Reconstruction of Popular Buddhism in Medieval China : Using Selected Pien-wen from Tun-huang." PhD dissertation, University of Iowa, Ann Arbor : Xerox University Microfilms, 1975.

Granoff, Phyllis., "Scholars and Wonder-Workers : Some Remarks on the Role of the Supernatural in philosophical Contests in Vedānta Hagiogrphies," *Journal of the American Oriental Society* 105.3 : 459-467, July-September 1985.

Gray, Basil., *Buddhist Cave Paintings at Tun-huang*. Photographs by J. B. Vincent, Chicago : University of Chicago Press, 1959.

Grousset, René., *Chinese Art and Culture*, Tr. Haakon Chevalier, New York : Orion, 1959. Originally published as *La Chine et son art*. Paris : Plon, 1951.

von Gulik, R. H., *Siddham : An Essay on the History of Sanskrit Studies in China and Japan*. Nagpur : International Academy of Indian Culture, 1956.

Gurevich, I. S., "Fragment Byan'ven'iz tsikla 'O Zhizini Budd'i'" *Kratkie*

Soobshcheniya(Instituta Narodov Azil) 69 : 99-115, 1965, plus three plates.

______, "K Voprosu o Zhanre Nebuddiiskikh byan'ven'(na Materiale byan'wen' ob U Tsz'i-syue)." In *Dal'nii vostok*. Moscow : Vostochnoi Literatur'i. 1961.

Hamilton, Clarence H, *Wei shih er shih lun* (唯識二十論) or *The Treatise in Twenty Stanzas on Representation-Only by* Vasubandhu 世親. Translated from the Chinese Version of Hsuan Tsang (玄奘), Tripitaka Master of the T'ang dynasty. American Oriental Series 13, New Haven : American Oriental Society, 1938.

Hamilton, James Russell, ed. and tr., *Le conte bouddhique du bon et du mauvais prince en version ouïgoure*. Mission Paul Pelliot, Documents conservés a la Bibliothèque nationale, III. Manuscrits ouïgours de Touen-Houang. Paris : Klincksieck, 1971.

_______, *Les Ouighours à 1'époque des Cinq Dynasties*. Paris : Presses Universitaires de France, 1955.

Hanan, Patrick., *The Chinese Short Story : Studies in Dating, Authorship, and Composition*. Harvard-Yenching Institute Monograph Series 21. Cambridge : Harvard University Press, 1973.

___________, *The Chinese Vernacular Story*. Cambridge : Harvard University Press, 1981.

___________, "The Early Chinese Short Story : A Critical Theory in Outline," *Harvard Journal of Asiatic Studies* 27 : 168-207, 1967, Reprinted in Birch, Genres.

___________, Letter of 28 September 1982.

___________, "The Nature of Ling Meng-ch' u's Fiction." In Andrew Plaks, ed., *Chinese Narrative : Critical and Theoretical Essays*. Princeton : Princeton University Press, 1977.

___________, "Sung and Yüan Vernacular Fiction : A Critique of Modern Methods of Dating," *Harvard Journal of Asiatic Studies* 30 : 159-184, 1970.

Henning, W. B., "Ein manichäisches Bet-und Beichtbuch." In his *Selected Papers*. 2vols. Acta Iranica, series 2, Vols. V and VI. Teheran-Liège : Bibliothèque Pahlavi, 1977. Vol. I, pp. 417-557 (3-143). Originally appeared as *Abhandlungen der Königlich Preussischen Akademie der Wissenschaften* 10, 1936.

___________, "Neue Materialen zur Geschichte des Manichäicmus," *Zeitschrift der Deutschen Morgenländischen Gesellschaft* 90 : 1-18, 1936.

___________, *Sogdica*. James G. Forlong Fund, Vol. XXI. London, 1940. As reprinted in the author's *Selected Papers*, II (see second entry above), with errata and addenda.

Hiang Ta., "Amendements au Pou T'ang-chou Tchang Yi-tch'ao tchouan de Lo Tchen-yu." In *Mélanges sinologiques*. Peking, 1951. For the Chinese version of this article, see 向達, 『唐代長安與西域文明』, 北京 : 生活讀書新知 三聯書店, 1957.

Hinzler, H. I. R., *Bima Swarga in Balinese Wayang*. Verhandelingen van het Koninklijk Instituut voor Taal-, Land-en Volkenkunde 90. The Hague : Martinus Nijhoff, 1981.

Horner, I. B., tr., *The Book of the Discipline* [*Vinayapītaka*]. 6 vols, London : H. Milford for Oxford University Press and L. Luzac, 1938-1966. and Vol. III (Suttavibhanga). Sacred Books of the Buddhists, Vol. XIII 1942; Vol. V (Cullavagga), 1952; and Vol. VI (Parivāra). Sacred Books of the Buddhists, Vol. XXV, 1966.

Hrdlička, Vera and Zbeněk., "On the Origins of 'Narrations Combined with Song,'" *New Orient* 3.4 : 116-119, August 1962.

Hrdličková, Věra., "The First Translations of Buddhist Sūtras in Chinese Literature and Their Place in the Development of Storytelling," *Archiv Orientální* 26.1 : 114-144, 1958.

______________, "The Professional Training of Chinese Storytellers and the Storytellers' Guilds," *Archiv Orientální* 33.2 : 225-248, 1965.

______________, "Some Questions Connected with Tun-huang pien-wen." *Archiv Orientální* 30.2 : 211-230, 1962.

______________, *Tun-chuangské pien-weny o "Oddaném synovi Mu-lienovi"*. Prague : Universita Karlova, 1958. Summary in Russian and in English.

Hsu, Winnifred Wang-hua W. Tung., "A Study of Four Historical *pien-wen* Stories." PhD dissertation, Ohio State University, 1984.

Hui-li., *The Life of Hsuan-tsang, The Tripitaka-Master of the Great Tzun En Monastery*. Tr. Li Yung-hsi. Peking : The Chinese Buddhist Association, 1959.

Hulsewé, A.F.P., with an introduction by M.A.N. Loewe. *China in Central Asia : The Early Stage : 125 B. C.-A. D. 23*. An Annotated Translation of Chapters 61 and 96 of the History of the Former Han Dynasty. Sinica Leidensia, Institutum Sinologicum Lugduno Batavum 14, Leiden : E. J. Brill, 1979.

Hurvitz, Leon, tr., *Scripture of the Lotus Blossom of the Fine Dharma*. New York : Columbia University Press, 1976.

Ingalls, Daniel H. H., "Sanskrit Poetry and Sanskrit Poetics." In Frenz and Anderson, eds., *Indiana Conference.*

Inoue Yasushi., *Tun-huang : A Novel.* Tr. Jean Oda Moy. Tokyo, New York, and San Francisco : Kodansha, 1978.

Jacob, Georg., "Zur Geschichte des Schattenspiels," *Keleti Szemle* 1 : 233-236 (1900).

Jan Yun-hua, ed., tr., annot., and intro. *A Chronicle of Buddhism in China—581-960 A. D.* Translations from Monk Chih-p'an's *Fo-tsu t'ung-chi*『佛祖統紀』. Santiniketan : Visva-Bharati, 1966.

Jao Tsong-yi and Paul Demiéville. *Airs de Touen-houang : Touen-houang k' iu. Textes a chanter des VIIIe-Xe siècles.* Mission Paul Pelliot. Documents conservés a la Bibliothèque Nationale 2. Paris : Editions du Centre National de la recherche scientifique, 1971.

Jao Tsong-yi, Pierre Ryckmans, and Paul Demieville. *Peintures monochromes de Dunhuang (Dunhuang Baihua).* École francaise d' Extrême-Orient, Mémoire archéologique 13. Paris : École francaise d' Extremê-Orient, 1978.

Jäschke, H. A., *A Tibetan-English Dictionary.* London : Kegan, Paul, Trench, and Trübner, 1934.

Jaworski, Jan., "Notes sur l'ancienne littérature populaire en Chine," *Rocznik Orjentalistyczny* 12 : 181-193, 1936.

Jenner, W. J. G., tr. and intro. *Memories of Loyang : Yang Hsüan-chih and the Lost Capital (493-534)*, Oxford : Clarendon, 1981.

Johnson, David., "The Wu Tzu-hsü *pien-wen* and Its Sources," *Harvard Journal of Asiatic Studies* 40.1 : 93-156, June 1980 and 40.2 : 465-505, December 1980.

Joshi, Om Prakash., *Painted Folklore and Folklore Painters of India (A Study with Reference to Rajasthan).* Delhi : Concept Publishing Company, 1976.

Julien, Stanislas, tr., *Histoire de la Vie de Hiouen-thsang.* Paris : L'Imprimerie Impériale, 1853.

Kallgren, Gerty., "Studies in Sung Time Colloquial Chinese as Revealed in Chu Hsi's Ts' üanshu", *Bulletin of the Museum of Far Eastern Antiquities* 30 : 1-165, 1958.

Katō, Bunnō, Yoshirō Tamura, and Kōjirō Miyasaka. trs.; W. E. Soothill, Wilhelm Schiffer, and Pier P. Del Campana, revs. *The Threefold Lotus Sutra.* New York and Tokyo : Weatherhill/Kosei, 1975. 2nd printing, 1975.

Kelly, Stephen T., "Homeric Metrics and the Nature of Greek Proto-Epic." Bowdoin Graduate Prize Essays at Harvard University, 1975.

Kern, H., tr., *Saddharma-Pundarika or the Lotus of the True Law.* New York : Dover, 1963. Republication of Vol. XXI of The Sacred Books of the East. Oxford : Clarendon Press, 1884.

______ and Bunyin Nanjio, eds. *Saddharmapundarīka.* Bibliotheca Buddhica 10, St. Petersburg : Imprimerie de 1'Academie Impériale des Sciences, 1912.

Knechtges, David R. Review of W. J. G. Jenner, *Memories of Loyang, Journal of the American Oriental Society* 104.2 : 347-349, 1984.

________, "Whither The Asper?" *CLEAR* 1.2 : 271-272, July 1979.

Lai Ming., *A History of Chinese Literature.* New York : John Day, 1964.

Lamotte, Etienne, tr. *Le traite de la grande vertu de sagesse de Nāgārjuna (Mahāprajñāpāramitāsāstra) avec une étude sur la vacuité.* Vols. II and IV. Bibliothèque du Muséon, 18 and Publications de 1'Institut Orientaliste de Louvain, 2 and 12. Louvain : Bureaux du Muséon, 1944, and Université de Louvain, Institut Orientaliste, 1976.

Lanciotti, Lionello., "Alcune osservazioni terminologiche sui *bianwen* 變文." In *Studi di Cinese classico.* Ed. Manurizio Scarpari, Venice : Cafoscarina, 1983.

________________, Review of Arthur Waley, *Ballads and Stories from Tun-huang : An Anthology.* London : George Allen and Unwin, 1960. In *East and West*, n. s. 12.2-3 : 213, June -September 1961.

Lane, Edward William., *An Arabic-English Lexicon*, in 8 parts, Beirut : Librairie du Liban, 1968. Reprint of London : Williams and Norgate, 1872.

Legge, James, tr. and annot., *The Chinese Classics.* 5vols. Hong Kong : Hong Kong University Press, 1960 reprint。

______, tr. Z. D. Sung, ed. *The Text of Yi King (and Its Appendixes) : Chinese Original with English Translation.* Shanghai : The China Modern Education Company, 1935. Rpt. Taipei : Wen-hua t'u-shu kung-ssu (文化圖書公司), 1975.

Leslie, Donald, Colin Mackerras and Wang Gungwu, eds. *Essays on the Sources for Chinese History.* Columbia : University of South Carolina Press, 1973.

Leumann, Ernst, ed. and tr. *Das nordarische (sakische) Lehrgedicht des Buddhismus.* Abhandlungen für die Kunde des Morgenländes Vol. XX, nos. 1, 3, Leipzig : F. A. Brocdhaus für Deutsche Morgenländische Gesellschaft, 1933-1936.

Lieu, Samuel Nan Chiang. "The Diffusion and Persecution of Manichaeism in Rome and China—A Comparative Study." DPhil dissertation, Oxford University, 1981.

Revised as *Manichaeism in the Later Roman Empire and Medieval China : A Historical Survey*. Foreword by Mary Boyce. Manchester : Manchester University Press, 1985.

Litvinsky, B. A. "Outline History of Buddhism in Central Asia." In *Kushan Studies in U. S. S. R.* Calcutta : Indian Studies, past and Present, 1970.

Liu, , james J. Y. *The Chinese Knight－Errant*. London : Routledge and Kegan Paul, 1967.

__________, *Chines Theories of Literature*. Chicago : The University of Chicago Press, 1975.

Liu T'ieh－yun (Liu E). *The Travels of Lao Ts'an*. Tr. And annot. Harold Shadick, Ithaca : Cornell University Press, 1952. Reissued 1966.

Liu Ts' un－yan. *Chinese Popular Fiction in Two London Libraries*. Hong Kong : Lung Men Bookstore, 1967.

Liu Wu－chi. *An Introduction to Chinese Literature*. Bloomington and London : University of Indiana press, 1966.

Lo, C. T.[Chin－t'ang]. "Clues Leading to the Discovery of *Hsi Yu Chi P'ing－hua*," *Journal of Oriental studies* 7. 2 : 176-194, July 1969.

Lo Tzung－t'ao. "Au sujet du terme *bian*變 : Les procédés d'adaptation des textes bouddhiques aux *bianwen*," *Journal Asiatique*, 269. 1-2 : 151-157, 1981.

Ma Yaw－Woon, "Traditional Chinese Fiction in Modern Scholarship, 1920- 1980." A large, unpublished annotated bibliography.

__________, "The Beginnings of Professional Storytelling in China : A Critique Of Current Theories and Evidence." In *Etudes d'histoire et de littérature chinoises offertes au Professeur Jaroslav Průšek*. Bibliothèque de l'Institut des Hautes Etudes chinoises, Vol. XXIV. Paris : Universitaires de France, 1976.

______and Joseph S. M. Lau, eds. *Traditional Chinese Stories*. New York : Columbia University Press, 1978.

MacKenzie, D.N., ed. and tr. *The Buddhist Sogdian texts of the British Library*. Acta Iranica, Series 3, Vol. III. Teheran－Liège : Bibliothèque Pahlavi, 1977.

__________, "Buddhist Terminology in Sogdian : a Glossary" *Asia Major*, n.s. 17. 1 : 28-89, 1971.

__________, ed. and tr. *The 'Sūtra of the Causes and Effects of Actions' in Sogdian*. London Orienatal Series 22. London : Oxford University Press, 1970.

Mair, Victor H., "The Buddhist Tradition of Prosimetric Oral Narrative in Chinese Literature." Forthcoming in Oral Tradition.

__________, "The Contributions of Transformation Texts (*pien－wen*) to Later Chinese Popual Literature." Forthcoming.

__________, "India and China : observations on Cultural Borrowing." Forthcoming.

__________, "Lay Students and the Making of Written Vernacular Narrative : An Inventory of Tun-huang Manuscripts." *CHINOPERL Papers* 10 : 5-96, 1981.

__________, "The Narrative Revolution in Chinese Literature : Ontological Presuppositions," *CLEAR* 5.1 : 1-27, July 1983.

__________, "A newly Identified Fragment of the 'Transformation on Wang Ling,'" *Chinoperl Papers* 12 : 130-142, 1983.

__________, "Notes on the Maudgalyāyana Legend in East Asia." *Monumenta Serca* (in press).

__________, "Oral and Written Aspects of Chinese Sutra Lectures (*chiang-ching-wen*)," *Han-hsueh yen-chiu*(Chinese Studies)漢學硏究 4·2 (cumulative 8) : 311-334, December 1986.

__________, "The Origins of an Iconographical Form of the Pilgrim, Hsüan-tsang, " *T' ang Studies* 4 : 29-41, 1986, plus 7 Plates.

__________, *Painting and Performance : chinese Picture Recitation, Its Indian Genesis, and Analogues Elsewhere.* Honolulu : University of Hawaii Press, 1988.

__________, "Popular Narratives from Tun-huang." Cambridge, Massachusetts : PhD dissertation, Harvard University, 1976.

__________, "Records of Transformation Tableaux (pien－hsiang)," *T'oung Pao* 72 : 3-43, 1986.

__________, "Scroll Presentation in the T'ang Dynasty," *Harvard Journal of Asiatic Studies* 38.1 : 35- 60, June 1978.

______. tr., annot, and intro. *Tun-huang Popuar Narratives.* Cambridge : Cambridge University Press, 1983.

______and Marsha Wagner. "Tun-huang wen－hsüeh[Literature]." In William H. Nienhauser, ed., *The Indiana Companion to Traditional Chinese Literature.* Bloomington : Indiana University Press, 1986

______and Maxine Belmont Weinstein. "Folk Literature." In Nienhauser, ed., *Companion* (see previous entry).

al-Maqrīzī, Ahmad ibn 'Alī (1364-1442), *Histoire des Sultans Mamlouks, de l' Égypte.* Tr. and ed., Étienne Marc Quatremère. 2 vols, Paris : The Oriental Translation Fund of

Great Britain and Ireland, 1845.

Mehta, Ratilal N. *Pre-Buddhist India ; Beging a Comprehensive, Critical and Scientific Survey of Ancient India Based on the Jātaka Stories.* Bombay : Examiner Press, 1939.

Men'shikov, L.N., ed. and tr. *Byan'ven' o Veimotsze; Byan'ven' Desyat'blagikh znamenii.* Neizvestnye rukopisi byan'ven'iz Dun'khuanskogo fonda Instituta Narodov Azii. Moscow : Izdatel'stvo Vostochnoi Literatury, 1963.

______, ed. and tr. *Byan'ven' o Vozdayanii za Milosti.* Rukopis'iz Dun'-khuanskogo fonda. With a grammatical sketch by I. T. Zograf in Vol. II Instituta Vostokovedeniya. 2vols. Moscow : Nauka, 1972.

______,tr. and annot. *Byan'ven' po Lotesovoi Sutre.* Moscow : Nauka, Glavnaya Redaktsiya Vostochnoi Literatur'i, 1984. English summary pages 526-534.

______., "Fragment neizvestinoi Leishu iz Dun'xuana," *Kratkie soobscheniya*(Instituta Narodov Azil) 69. Moscow, 1965.

______., "Izuchenie Drevnekitaiskikh Pis'menn'ikh Pamyatnikov," *Vestink Akademii Nauk SSSR* 5 : 59-62, May 1967.

______, ed. *Kitaiskie rukopisi iz Dun'khuana. Pamyatniki buddiskoi literatury suven'siue.* Akademiya nauk SSSR. Institut Narodov Azii, Dun'khuanskii Fond. Moscow : Izdatel'stvo Vostochnoi Literatury, 1963.

______., "Problem'i Izucheniya Okruzheniya byan'ven'," *Teoreticheskie problem'i vostochn'ikh literatur.* Moscow : Nauka, 1969.

Monier-Williams, Monier. *A sanskrit-English Dictionary.* Oxford : Clarendon press, 1899.

Mookerji, Radhakumud., *Ancient Indian Education : Brahmaīncal and Buddhist.* 2nd ed. London : Macmillan, 1951.

____________________, "Hindu Educational systems." In *The Cultural Heritage of India.* 3 vols, Calcutta : Sri Ramakrishna centenary committee, 1936 -1944. Vol. III.

Murasaki Shikibu (b.987?)., *The Tale of Genji.* Tr. Edward Seidensticker. 2 vols. New York : Knopf, 1976.

Naquin, Susan., "Funerals in North China : Uniformity and Variation." In James L. Watson and Evelyn S.Rawski, eds. *Death Ritual in Late Imperial and Modern China.* Berkeley : University of California press, 1988.

Needham, Joseph., *Science and Civilisation in China.* Vol. I, *Introductory Orientations*, with the assistance of Wang Ling. Cambridge : Cambridge University Press, 1954.Vol. II, *History of Scientific Thought*, with the assistance of Wang Ling. Cambridge : Cambridge University Press, 1956; reprint 1975. Vol. IV, *Physics and Physical Technology*, pt.1, *Physics*, with the collaboration of Wang Ling and the special cooperation of Kenneth Girdwood Robinson. Cambridge : Cambridge University Press, 1962; reprint 1977.

Nelson, Howard., Letter of 1 June 1978.

Okudaira, Hideo., *Narrative Picture Scrolls*. Tr. and adapted by Elizabeth ten Grotenhuis. Arts of Japan, 5. New York : Weatherhill, 1973.

Oldenburg, Hermann., "Âkhyâna-Hymnen im Rigveda," *Zeitschrift der Deutschen Morgenländischen Gesellschaft* 39. 1 : 52-90, 1885.

__________________, "Die altindischen Âkhyâna, mit besondrer Rücksicht auf das Suparnâkyâna," *Zeitschrift der Deutschen Morgenländischen Gesellschaft* 37.1 : 54-86, 1883.

__________________, "The Prose-and Verse Type of Narrative and Jātakas," *Journal of the pāli text Society*, 1910-1912.

__________________ ed. *The Vinaya Pitakam*. Vol. II, *The Cullavagga*. London : Williams and Norgate, 1880.

Pelliot, Paul (see also Po Hsi-ho伯希和). *Les grottes de Touen-houang : peintures et sculptures bouddhiques des époques des Wei, des T'ang et des Song*. 6 vols. Série In-Quarto, l. Paris : Paul Geuthner, 1914-1924.

_________, "Les traditions manichéennes au Fou-kien," *T'oung Pao* 22 : 192-208, 1923.

_________, "Une bibliothèque médiéval retrouvee au kan-sou," *Bulletin de l'École Française d'Extrême-Orient* 8 : 501-529, 1908.

Pian, Rulan Chao. *Song Dynasty Musical Sources and Their Interpretation*. Harvard-Yenching Institute Monograph Series 16. Cambridge : Harvard University Press, 1967.

P igeaud, Th. G. Th. *Literature of Java*. Catalogue Raisonné of Javanese Manuscripts in the Library of the University of Leiden and Other Public Collections in the Netherlands. 3 vols. *Koninklijk Instituut voor Taal-, Land-en Volkenkunde*, Leiden. The Hague : Martinus Nijhoff, 1967-1970.

Pihl, Marshall R. "Korea in the Bardic Tradition : *P'ansori* as Oral Art," *Korean Studies Forum* 2 : 1-105, Spring-Summer, 1977.

______________, "The Tale of Sim Ch'ŏng : A Korean Oral Narrtive." PhD dissertation, Harvard University, 1974.

Pischel, Richard. *Die Heimat des Puppenspiels.* Address to Friedrichs-universität. Halle a. S. : M. Niemayer, 1900. Translated by Mildred C. Tawney as *The Home of the Puppet Play.* London : Luzac, 1902.

Porkert, Manfred. *The Theoretical Foundations of Chinese Medicine : Systems of Correspondence.* M.I.T. East Asian Science Series 3. Cambridge and London : The MIT Press. 1974.

Průšek, Jaroslav. "The Beginnings of Popular Chinese Literature : Urban Centres—The Cradle of Popular Fiction," *Archiv Orientální* 36. 1 : 67-121, 1968. Reprinted in Birch, *Genres.*

______________, "The Narrators of Buddhist Scriptures and Religious Tales in the Sung Period," *Archiv Orientální* 10. 3 : 375-389, December 1938, plus 5 plates.

______________, "New Studies on the Chinese Colloquial Short Story," *Archiv Orientální* 25. 2 : 452-499, 1957.

______________, "Research into the Beginnings of the Popular Chinese Novel," *Archiv Orientální* 11. 1 : 91-132, 1939, and 23.4 : 620-662, 1955.

______________, Review of Arthur Waley, *Ballads and Stories from Tun-Huang, an Anthology*, *Archiv Orientální* 31.3 : 488-491, 1963.

Quaritch Wales, H. G. *The Indianization of china and of South-East Asia.* London : Bernard Quaritch, 1967.

Rawski, Evelyn Sakakida. *Education and Popular Literacy in Ch'ing China.* Ann Arbor : The University of Michigan Press, 1979.

Régamey, Konstanty, ed. and tr. *The Bhadramāyākāravyākarana.* The Warsaw Society of Sciences and Letters, Publications of the Oriental Commission 3. Warsaw : Nakladem Towarzystwa naukowego warszawskiego, 1938. A simultaneous reference to Ch. 1 is to the translation attributed to Dhramaraksa(fl. 266-317) entitled *Fo-shuo huan-shih jen-hsien ching*佛說幻士仁賢經, 『大正新修大藏經』(324) 12.31a-37a. A reference to Ch. 2 is to the translation by Bodhiruci done between 693 and 713 entitled *Shou huan-shih Po-t'u-lo chi hui*授幻師跋陀羅記會, 『大正新修大藏經』(310, sect.21) 11.486b-492b.

Reischauer, Edwin O., tr. *Ennin's Diary : The Record of a Pilgrimage to China in Search of the Law.* New York : The Ronald Press, 1955.

Rhys Davids and Thomas William, trs. *Buddhist Birth Stories : or, Jataka Tales.* Vol. I. London : Trübner, 1880.

Robertson, Maureen. "Periodization in the Arts and Patterns of Change in Traditional Chinese Literary History." In Susan Bush and Christian Murck, eds., *Theories of the Art in China.* Princeton : Princeton University Press, 1983.

Robinet, Isablle. "Metamorphosis and Deliverance From the Corpse in Taoism," *History of Religions* 19. 1 : 37-70, August 1976.

RÓna-tas, A. "A Brief Note on the Chronology of the Tunhuang Collections," *Acta Orientalia, Academiae Scientiarum Hungaricae* 21. 3 : 313-316, 1968.

des Rotours, Robert. *Traité fonctionnaires et traité de l'armée.* Traduits de la Nouvelle Histoire des T'ang (Chap. XLVI-L). 2 vols. Bibliothèque de l'Institut des Hautes Etudes Chinoises, 6. Leiden : E. J. Brill, 1947-1948.

Ruch, Barbara. "Medieval Jongleurs and the Making of a National Literature." In John W. Hall and Toyoda Takeshi, eds., *Japan in the Muromachi Age.* Berkeley : University of California Press, 1977.

Saeki, P. Y. *The Nestorian Documents and Relics in China.* Tokyo : The Maruzen Company, 1951.

Salmen, Walter. *Der fahrende Musiker in europäischer Mittelalter.* Kassel : Johann Philipp Hinnenthal, 1960.

Sāntideva (seventh century), compl. *Śikshā-samuccaya : A Compendium of Buddhist Doctrine.* See Bendall and Rouse.

Sawyer, Ruth. *The Way of the Storyteller.* New York : The Viking Press, 1962. Originally published 1942.

Schipper, Kristofer. "Vernacular and Classical Ritual in Taoism," *Journal of Asian Studies* 14. 1 : 21-57, November 1985.

Seamean, Gary., "The Chinese Cult of the Dead." Unpublished bibliography.

____________, *The Chinese Cult of the Dead*, a series of films. Cedar Park, Texas : Far Eastern Audio Visual, 1977.

____________, Letter of 3 August 1978 and August 1984.

____________, "The Sexual Politics of Karmic Retribution." In Emily Martin Ahern and Hill Gates, eds., *The Anthropology of Taiwanese Society.* Stanford : Stanford University Press, 1981.

_____________, "Spirit Money : An Interpretation," *Journal of chinese Religions* 10 : 80-91, 1982.

Shorto, H. L. *A Dictionary of the Mon Inscriptions from the Sixth to the Sixteenth Centuries.* London Oriental Series 24. London : Oxford University Press, 1971.

Simon, Walter. "Two Final Consonant Clusters in Archaic Tibetan," 中央研究院歷史語言研究所集刊.*Studies Presented tu Yuen Ren Chao on His Sixty-Fifth Birthday*(趙元任先生65壽辰紀念專輯) 29. 1 : 87-90, December 1957.

Sivin, Nathan. "Preliminary Reflections on the Words *pien* 變, *hua*化, and *t'ung*通 in the Great Commentary to the Book of Changes." Unpublished paper, December 1977.

Soymié, Michel, ed. *Contributions aux études sur Touen-Houang.* Hautes études orientales 10. Geneva and Paris : Librairie Droz, 1979.

_____________, "L'Entrevue de Confucius et de Hiang T'o," *Journal Asiatique* 242. 3-4 : 311-392 (1954). Published separately as no. 2 in Manuscrits de Haute Asie Conservés à la Bibliothèque de Paris (Fonds Pelliot).

_____________, ed. *Nouvelles contributions aux études de Touen-houang.* Hautes études orientales 17. Geneva : Droz, 1981.

_____________, "Un recueil d'inscriptions sur peintures : le manuscrits P.3304 verso." In Soymié, ed., *Nouvelles contributions*, plus plates 17-23.

Stein, Mark Aurel., *On Ancient Central-Asian Tracks : Brief Narrative of Three Expeditions in Innermost Asia and North-western China.* London : Macmillan, 1933.

_______________, *Ruins of Desert Cathay.* 2 vols. London : Macmillan, 1912.

_______________, *Serindia : Detailed Report of Explorations in Central Asia and Westermost China.* 5 vols. Oxford : Clarendon Press, 1921.

_______________, *The Thousand Buddhas : ancient Buddhist paintings from the Cave-Temples of Tun-huang on the western frontier of China*, with an introductory essay by Laurence Binyon. London : B. Quaritch, 1921.

Stein, Rolf A. "Un ensemble sémantque tibétain : créer et procréer, être et devenir, vivre, nourrir et guérir," *Bulletin of the School of Oriental and African Studies* 36. 2 : 412-423, 1973.

Stevens Catherine. "Peking Drumsinging." PhD dissertation, Harvard University, 1972.

Strassberg, Richard E. "Buddhist Storytelling Texts from Tun-huang," *Chinoperl papers* 8

: 39-99, 1978.

Sweeney, (P. L.) Amin. "Professional Malay Story-Telling : Some Questions of Style and Presentation." In *Studies in Malaysian Oral and Musical Traditions.* Michigan Papers on South and Southeast Asia 8. Ann Arbor : Center for South and Southeast Asian Studies, The University of Michigan, 1974. Reprinted from the *Journal of the Malaysian Branch of the Royal Asiatic Society.*

______, *The Ramayana and the Malay Shadow-Play.* Kuala Lumpur : The National University of Malayasia Press, 1972.

Takakusu, J. and Makoto Nagai, eds. *Samantapāsādikā : Buddhaghosa's Commentary on the Vinaya Pitaka.* Vol. VI. London : Pali Text Society, 1947.

Teeuw, A., et al. *Śiwarātrikalpa* of Mpu Tanakun : *An Old Javanese Pome, Its Indian Source and Balinese Illustrations.* Bibliotheca Indonseca (*Koninklijk Instituut voor Taal-, Land-en Volkenkunde*) 3. The Hague : Martinus Nijhoff, 1969.

Teng, Ssu-yü and Knight Biggerstaff. *An Annotated Bibliography Of Selected Chinese Reference Works.* Harvard-Yenching Institute Studies 2. Cambridge : Harvard University Press, 1971. 3rd ed.

Thomas, F.W. and Sten Konow, eds. *Two Medieval Documents From Tun-huang.* Oslo : A.W. Brogger, 1929.

Thompson, Laurence G. "Obiter Dicta on Chinese Religion as Play." In 中央研究院國際漢學會議論文集(Proceedings of the International Conference on Sinology, Section on Folklore and Culture). Taipei, 1981.

Tibetan Buddhist Canon.

a. Peking block-print edition kept in the Harvard-Yenching Library. Completed in the year 1700.

b. Lhasa block-print edition kept in the Harvard-Yenching Library. Perhaps completed under the 13th Dalai Lama in 1933(?)

c. Derge block-print edition kept in the Harvard-Yenching Library. Completed in 1733.

TöKei, Ferenc. *Genre Theory in China in the 3rd-6th Centuries (Liu Hsieh's Theory on Poetic Genres).* Bibliotheca Orientalis Hungarica 15. Budapest : Akadémiai Kiadó, 1971.

Twitchett, Denis C. "Chinese Social History from the Seventh to the Tenth Centuries : The Tun-huang Documents and Their Implications," *Past and Present* 35 : 28-53,

December 1966.

Utz, David A. "Two Parthian Words in the Chinese Manichaean Tradition." Unpublished paper, 1985 (?).

Vandier-Nicolas, Nicole, tr. and comm. *Śāriputra et les six maitres d'erreur.* Facsimilé du Manuscit Chinois 4524 de la Bibliothèque Nationale. Mission Pelliot en Asie Centrale, Série in-Quarto, V. Paris : Imprimerie National, 1954.

Vasu, Nagendra Nath. *The Modern Buddhism and Its Followers in Orissa.* Calcutta : By the author, 1911.

Velingerová, Milena. "The Art of Chinese Storytelling," *New Orient* 2.5 : 153-154, October 1961.

de Visser, M. W. *Ancient Buddhism in Japan : Sūtras and Ceremonies in Use in the Seventh and Eighth Centuries A.D. and Their History in Later Times.* Leden : E.J.Brill, 1935.

Vogel, Claus, ed. and tr. *The Teachings of the Six Heretics : According to the Pravrajyāvastu of the Tibetan Mūlasarvāstivāda Vinaya.* Abhandlungen für die Kunde des Morgenlandes (Herausgegeben von der Deutschen Morgenländischen Gesellschaft) 39.4. Wiesbaden : Franz Stein for Deutsche Morgerländische Gesellschaft, 1970.

Waley, Arthur, tr. *The Analects of Confucius.* New York : George Allen and Unwin, 1938 : Vintage (Alfred A. Knopf and Random House) rpt.

____________, tr. *Ballads and Stories from Tun-huang : An Anthology.* NewYork : Macmillan, 1960.

____________, *The Real Tripitaka : and Other Pieces.* New York : Macmillan, 1952.

____________, "Some References to Iranian Temples in the Tun-huang Region." 中央研究院歷史語言研究所集刊. *Studies Presented to Hu Shih on His Sixty-Fifth Birthday* (胡適先生65壽辰紀念專輯), Part 1, Vol. XXVIII. December 1956.

Wang ch'iu-Kuei. "The Transformation of the Meng Chiang-nü Story in Chinese Popular Literature." PhD Dissertation, University of Cambridge, 1977.

Wang, Jing. "The Mythology of Stone : A study of Intertextuality of Ancient Chinese Stonelore and Three Classic Novels." Phd dissertation, University of Massachusetts, 1985.

Wang Yi-t'ung, tr. and comm. *A Record of Buddhist Monasteries in Lo-yang.* Princeton University Press, 1984.

Watson, Burton, tr. *The Complete Works of Chuang Tzu.* NewYork : Columbia University,

1968.

Watters, Thomas. *On yuan Chwang's Travel in India 629-645 A. D.* Ed. T. W. Rhys Davids and S. W. Bushell. 2 vols. London : Royal Asiatic Society, 1904-1905.

Weller, Friedrich, ed. *Zum Lalita Vistara, I : Über die Prosa des Lalita Vistara.* Leipzig : G. Kreysing, 1915.

______________, *Zum Soghdischen Vimalakīrtinirdeśasūtra.* Leipzig : Deutsche Morgenländische Gesellschaft, kom. F. A. Brockhaus, 1937.

Wiese, E., tr. and intro. *Enter the Comics.* Rodolphe Töpffer's (1799-1846) Essay on Physiognomy and The True Story of Monsieur Crepin. Lincoln : University of Nebraska Press, 1965.

Wogihara, Unrai. *Bodhisattvabhūmi : A Statement of Whole Course of the Boddhisattva (Being Fifteenth Section of Yogācārabhūmi).* Tokyo : Published by the author, 1930.

Wu chi-yu."Les manuscrits de Touen-Houang." In Vol. II of *Aspects de la Chine.* 2vols. Musée Guimet Bibliothèque de diffusion 63. Paris : Presses Universitaires de France, 1959.

Yang Pin-Kuei. "Praying for Rain : a *tantzu* Story," *Chinese Literature* 8 : 120-138, August 1959. Reprinted in Walter J. Meserve and Ruth Meserve, eds., *Modern Literature from China.* New York University Press, 1974.

Yuyama, Akira, comp. *Systemtische Übersicht die buddhistische Sanskrit-Literatur / A Systematic Survey of Buddhist Sanskrit Literature.* Wiesbaden : Franz Steiner, 1979.

Zurcher, E. *The Buddhist Conquest of china : The Spread and Adaptation of Buddhism in Early Medieval China.* 2 vols. Leiden : E. J. Brill, 1972, rpt. with additions and corrections.

중국어, 일본어, 한국어 자료

巴宙,『敦煌韻文集』, 臺灣：佛教文化服務處, 1965.

白化文,「什麽是變文?」,『敦煌變文論文錄』第一冊.

白居易,『白氏長慶集』,『四部叢刊』本.

北京大學中文系,『中國小說史』, 北京：人民文學出版社, 1978.

北京大學中文系文學專門化一九五五年級集體 編著,『中國文學史』第一・二冊, 北京：人民文學出版社, 1959.

『北京民間風俗百圖』, 原名『北京民間生活彩圖』, 北京圖書館에 소장된 清代畫冊을 影印, 北京：書目文獻出版社, 1983.
北京師範大學中文系五五級學生集體 編寫, 『中國民間文學史』 第一冊, 北京：人民文學出版社, 一九五九年第二版.
『彩色中華名畫輯覽』, 臺北：河洛圖書出版社, 1976.
陳國甯, 『敦煌壁畫佛像圖研究』, 臺北：嘉興水泥公司文化基金會, 1973.
陳弘治, 『李長吉歌詩校釋』, 『國文研究所輯刊』 12, 臺北：國文研究所, 1967.
陳世福, 『敦煌賦研究』, 臺北：天一出版社.
陳鐵凡, 『敦煌本孝經類纂』, 臺北：燕京文化事業, 1977.
陳寅恪, 「須達起精舍因緣跋」, 『國學論叢』 4 : 189-191, 1928.10.
陳元龍 主編, 『禦定歷代賦匯』 四冊, 京都：中文出版社, 1974. 1706年本을 影印.
陳祚龍, 「中世敦煌與成都之間的交通路線－敦煌散策之一」, 『敦煌學』 1 : 79-86 , 1974. 저자의 『敦煌資料考屑』 第二冊에도 실림.
程毅中, 「關於變文的幾點探索」, 『文學遺產』 增刊 10, 北京：中華書局, 1962.
_______, 「略談宋元講史的淵源」, 『文學遺產』 211, 1958.7.1.
『大唐三藏取經詩話』, 『大唐三藏法師取經記』, 北京：文學古籍刊行社, 1955; 上海：古典文學出版社, 1954.
董作賓, 「敦煌紀年」, 저자의 『平廬文存』 2冊에 실림, 臺北：藝文, 1963.1.2.31～62.
_______, 「敦煌紀年表」, 『平廬文存』 1.2.63-106. 『東方學報』 1.2 : 1-50, 1958.12.1에도 실림.
杜佑, 『通典』, 上海：商務印書館, 1935.
段安節, 『樂府雜錄』, 『中國文學參考資料小叢書』, 上海：古典文學出版社, 1957.
段成式, 『酉陽雜俎續集』, 『中國美術論著叢刊』, 北京：人民文學出版社, 1964. 『津逮秘書』 本에 근거하여 정리.
_______, 『酉陽雜俎』, 『四部叢刊』 本.
『敦煌卷子』 六冊, 臺北：石門圖書公司, 1976.
蘭州大學敦煌學研究組 編, 『敦煌學輯刊』, 1980.2. 創刊.
方回(向達), 「記倫敦的敦煌俗文學」, 『新中華』 5.13 : 123-128, 1937.7.10.
馮承鈞 編, 陸峻嶺審, 『西域地名』, 北京：中華書局, 1980, 1982, 第一版 1930.
馮宇, 「漫談‘變文’的名稱, 形式, 淵源及影響」, 『哈爾濱師範學院學報(人文科學)』 1, 1960, 『敦煌變文論文錄』 第一冊.
傅芸子, 「醜女緣起與賢愚經金剛品」, 『藝文雜誌』 3.3 : 8-11, 1945.3.1.

______, 「關於破魔變文倫—倫敦足本之發見」, 『藝文雜誌』 1.3 : 13-16, 1943.9.
______, 「俗講新考」, 『新思潮』 1.2 : 39-41, 1946.9.1. 『敦煌變文論文錄』 上冊에도 수록.
______, 「敦煌俗文學之發見及其展開」, 『白川集』, 東京, 1943. 『中央亞細亞』 1.2 : 36-42, 1942.10에 처음 발표.
傅振倫, 「敦煌千佛洞文物發現的經過」, 『文物參考資料』, 敦煌文物展覽特刊 (上).
穀懷, 「大衆文藝與口語詩—從變文談到說部」, 『口語文藝叢談』, 臺北 : 菩提文藝出版社, 1960.
顧野王, 『玉篇』.
關德棟, 「醜女緣起故事的根據」, 『曲藝論集』, 『通俗文學』 9호에 처음 발표, 上海 『中央日報』, 1947.12.19.
______, 『曲藝論集』, 北京 : 中華書局, 1958 第一版, 1960 第二版.
______, 1985년 3월 14일의 편지
______, 「略說'變'字的來源」, 『曲藝論集』. 『通俗文學』 25호에 처음 발표, 『上海大晚報』, 1947.4.14.
______, 「變文目」, 『曲藝論集』. 『俗文學』 64호에 처음 발표, 上海 『中央日報』 (날짜는 불확실함. 1948년 4월 23일 즈음으로 추정).
______, 「談'變文'」, 『佛教與中國文學』, 『現代佛教學術叢刊』 19. 『覺群叢刊』 1.1 및 9.11 (1964?)에 처음 발표. 『敦煌變文論文錄』 上冊에도 수록.
______, 「讀唐代俗講考的商榷」, 『圖書周刊』 15, 『天津大公報』, 1947.4.20.
關俊哲, 『北京皮影戲』, 北京 : 北京出版社, 1959.
郭味蕖, 『中國版畫史略』, 北京 : 朝花美術出版社, 1962.
郭在貽, 「敦煌變文校刊拾遺續補」, 『杭州大學學報』 13.3 : 41-47, 1983.9.
韓道昭(金), 『五音類聚四聲篇海』, 1575～1589 연간에 刻印.
何薳(宋), 『春渚紀聞』, 『學津討原』本.
洪誠, 「評蔣禮鴻『敦煌變文字義通釋』」, 『文學遺產』 282, 1959.10.11.
胡適, 『白話文學史』, 第一卷, 第二版, 上海 : 商務印書館, 1934.
胡士瑩, 「唐代民間, 宮廷, 寺院中的說話」, 『文學遺產』 456, 1963.3.24.
胡竹安, 「敦煌變文中的雙音連詞」, 『中國語文』 10-11 (總第109期) : 41-46, 1961.10～11.
胡仔(宋), 『苕溪漁隱叢話』, 『叢書集成初編』 本.
黃休複, 『茅亭客話』, 『琳琅秘室叢書』 本.
慧立, 彥悰, 『大慈恩寺三藏法師傳』, 『中外交通史籍叢刊』, 北京 : 中華書局, 1983.

霍世休, 「王昭君的故事在中國文學上的演變」, 『清華中國文學會月刊』 1.4 : 13-29, 1931.8.15.
蔣伯潛, 『小說與戲劇』, 『世界文庫·世界青年文庫·國文自學輔導叢書』, 臺北 : 世界書局, 1956.
蔣斧, 羅福萇, 『沙州文錄』, 羅振玉 1924.
蔣禮鴻, 『敦煌變文字義通釋』, 北京 : 中華書局, 1962 增訂本. 初版 1959. 臺灣 重印本 및 上海 : 古籍出版社, 1981 增訂本.
姜亮夫, 「敦煌經卷在中國學術文化上之價值」, 『說文月刊』 3.10 : 73-81, 1943.5.15.
蔣禮鴻, 『敦煌—偉大的文化寶藏』, 上海 : 古典文學出版社, 1956.
金啓綜, 「唐末沙州(敦煌)張議潮的起義—敦煌寫本張議潮變文」, 『歷史教學』 38 : 1-35, 1954.2.
金榮華編, 『敦煌俗字索引』, 臺北 : 石門圖書公司, 1980.
金維諾, 「祇園記圖與變文」, 『文物參考資料』 11 (總第99期) : 32-35, 1958.11.
______, 「敦煌壁畵祇園記圖考」, 『文物參考資料』 10 (總第98期) : 8-13, 1958.10.8, 두 개의 도판.
靜庵(王國維), 「敦煌發現唐朝之通俗詩及通俗小說」, 『東方雜誌』 17.8 : 95-100, 1920.4.25.
覺明(向達), 「論唐代佛曲」, 『小說月報』 20.10 : 1579-1588, 1929.10.10.
覺先, 「從變文的產生說到佛教文學在社會上之地位」, 『現代佛教學術叢刊』 19. 『人海灯』 4.1(1937)에 처음 발표.
卡哈爾·巴拉提, 「回鶻文兩件」, 1985年 8月 新疆 우루무치에서 열린 〈國際敦煌及吐魯番學會議〉에 제출한 미발표 논문.
卡哈爾·巴拉提, 1986.10.4 및 11.14의 편지.
勞榦, 「敦煌及敦煌的新史料」, 『大陸雜誌』 1.3 : 6-9, 1950.8.15.
李昉, 『太平廣記』 五冊, 北京 : 人民文學出版社, 1959.
____, 『文苑英華』, 臺北 : 華文書局, 1965.
李賀, 『李賀歌詩編』, 『四部叢刊』 本.
李輝英, 『中國小說史』, 香港 : 東亞書局, 1970.
李家瑞 編, 『北平風俗類征』 兩冊, 『中央研究院歷史語言研究所集刊』 專刊14, 上海 : 商務印書館, 1937.
梁榮基, 「變相與揷圖話本」, 『新社學報』 1, 1967.12. 『佛教与中國文學』에도 수록, 『現代佛教學術叢刊』 19.

廖輔叔,『中國古代音樂史』, 北京：音樂出版社, 1964.
林聰明,『敦煌俗文學研究』, 臺北：蘇州大學及中國學術著作獎助委員會, 1984.
林玫儀,『敦煌曲研究』, 臺北：1976(?).
劉大傑,『中國文學發展史』, 上海：中華書局, 1962.
劉複,『敦煌掇瑣』, 南京：國立中央研究院歷史語言研究所, 1925.
劉開榮,「〈遊仙窟〉與'變文'的關係」,『唐代小說研究』, 上海：商務印書館, 1946.
『人人文庫』에도 수록, 台北：商務印書館, 1966.
劉向,『列女傳』,『四部備要』本.
劉修業,「敦煌本〈伍子胥變文〉之研究」,『圖書副刊』184,『天津大公報』, 1937.6.3.
路工,「唐代的說話與變文」,『民間文學』6(總第87期) : 106-111, 1962.12.4.
陸侃如,「批評胡適的『白話文學史』」,『文學遺產』54, 1955.5.15.
呂淑湘,「新版『敦煌變文字義通釋』讀後」,『中國語文』168 : 233-236, 1982 第3期.
羅福萇,『沙州文錄一卷, 補遺一卷, 附錄一卷』, 羅振玉刊, 1924.
羅振玉,『貞松堂藏西陲秘笈叢殘』, 1933.
______,『吉石盦叢書』第一集 六冊, 1914～1917.
______,「佛曲三種跋」,『松翁近稿』.
______,『鳴沙石室佚書』, 東方學會, 1928.
______,『鳴沙石室古籍叢殘』.
______,「莫高窟石室秘錄」,『東方文庫』71.『考古學零簡』, 上海：商務印書館, 1923. 第三版, 1925.7.
______,「(補唐書)張議潮傳」,『雪堂叢刻』, 저자가 직접 간행, 1914.『丙寅稿』에도 수록, 1926.
______,『敦煌零拾』, 1924.
______,『敦煌石室遺書』, 1909.
羅宗濤,「變歌變相與變文」,『政大中國文學研究所中華學苑』7 : 73-99, 1971.3.
______,『敦煌講經變文研究』, 臺北：文史哲出版社, 1972.
______,『敦煌變文社會風俗事物考』, 臺北：文史哲出版社, 1974.
馬世長,「關於敦煌藏經洞的幾個問題」,『文物』12 : 21-30, 20, 1978.
馬泰來,「釋'立鋪'」,『饒宗頤教授南游贈別論文集』, 香港：饒宗頤教授南游贈別論文集編輯委員會, 1970.
孟啓,『本事詩』, 上海：古典文學出版社, 1957.
孟瑤,『中國小說史』四冊,『文星叢刊』145(1～4), 臺北：文星書店, 1966.

潘重規,「國立中央圖書館所藏敦煌卷子題記」,『敦煌學』2 : 1-55, 1975.
______,「國立中央圖書館所藏敦煌卷子題記」,『新亞學報』抽印本, 8.2 : 321-373, 1968.8.1, 16개 도판 및 英文提要 수록.
潘重規 編,『敦煌俗字譜』, 臺北：石門圖書, 1978.
龐朴,『公孫龍子研究』, 北京：中華書局, 1979.
彭定求 主編,『全唐詩』12冊, 北京：中華書局, 1960.
『皮影戲劇本』, 哈佛—燕京圖書館珍本室所藏文獻, 목록번호 T5722/4622(1～24).
『欽定全唐文』, 匡亞書局 1901 刻本.
邱鎭京,「敦煌佛經變文述論」,『獅子吼』6.7-8 : 24-27, 1967.8; 6.9 : 19-23, 1967.12.
______,『敦煌變文述論』,『人人文庫』1325-1326. 臺北：商務印書館, 1970.
______,「敦煌變文研究」, 臺北：中國文化大學 學位論文, 1965.
秋樂,「變文與中國文學」,『現代佛學』11(總第99期) : 17-21, 1958.11.3;『現代佛學叢刊』에도 수록.
饒宗頤, 「從'啖變'論變文與圖繪之關係」, 『池田末利博士古稀紀念東洋學論集』, 池田末利博士古稀紀念事業會, 1980.
任半塘(任二北),『唐戲弄』, 北京：作家出版社, 1958.
______,『敦煌曲校錄』, 上海：上海文藝聯合出版社, 1955.
______,『敦煌曲初探』, 上海：上海文藝聯合出版社, 1954.
邵紅,「敦煌石室講經文研究」,『文史叢刊』33, 臺北：淸華印書館, 1970.
邵榮芬,「敦煌俗文學中的別字異文和唐五代西北方音」,『中國語文』3(總第124期) : 193-217, 1963.6.22.
石壘,『文心雕龍原道與佛道義疏證』, 香港, 1971.
『十三經注疏』, 臺北：藝文, 1976.
史惟亮,『音樂向歷史求證』, 臺北：中華書局, 1974.
史岩,『敦煌石室畫像題識』, 成都：比較文化研究所, 國立敦煌藝術研究所, 華西大學博物館, 1947.
思蘇,「說書有無脚本」,『曲藝』52 : 44-45, 1962.7.18.
宿白,「敦煌莫高窟中的'五臺山圖'」,『文物參考資料』(敦煌文物展覽 特別刊行).
蘇瑩輝,「跋黑城所出西夏時寫本佛教偈名卷子—兼論敦煌石室封閉年代」,『大陸雜誌』42.9 : 6-9, 1971.9.15.
______,『敦煌學概要』, 臺北：中華叢書編審委員會, 1964.
______,『敦煌論集』, 臺北：學生書局, 1969.

孫楷第,「唐代俗講之科範與體裁」,『國立北京大學國學季刊』6.2 : 1-52, 1936.
______,「中國短篇白話小說的發展」,『滄州集』. 1951년에 처음 작성.
______,「中國短篇白話小說的發展與藝術上的特點」,『文藝報』4.3, 1951에 처음 실림. 논문의 전반부가『滄州集』에 다시 실림.
______,『論中國短篇白話小說』,『中國古典文學研究叢刊』, 上海 : 棠棣出版社, 1953 第二版.
______,『俗講, 說話與白話小說』, 北京 : 作家出版社, 1956. 저자의『論中國短篇白話小說』에 수정본이 실림.
______,「唐代俗講軌範與其本之體裁」,『論中國短篇白話小說』.『俗講, 說話與白話小說』와『滄州集』에도 수록.
______,「讀變文」,『滄州集』, 1936년에 처음 작성
______,「讀變文雜識」,『現代佛學』1.10 : 3-6, 1951.6.15.
______,「燉煌寫奉張淮深變文跋」,『中央研究院歷史語言研究所集刊』7. 3 : 385-404, 1937.11.
______,「燉煌寫本張議潮變文跋」,『圖書季刊』(中文本)3.3 : 97-105, 1936.9;『滄州集』에 다시 실림.
譚正壁,『中國小說發達史』, 上海 : 光明書局, 1935.
______,「變文的起來與俗文的遺留」,『中國小說發達史』에 수록.
檀萃,『說蠻』,『昭代叢書』本.
王重民,「張議潮變文」,『敦煌古籍敘錄』에 수록;『大公報』,『圖書副刊』145, 1936.8.27에 처음 발표.
______,「巴黎敦煌殘卷敘錄」第一部份, 北平 : 國立北平圖書館, 1936.
______,「跋倫敦本王陵變文」,『文史週刊』75,『南京中央日報』, 1948.1.5.
______ 編,『敦煌曲子詞集』, 上海 : 商務印書館, 1956 重訂本.
______,『敦煌古籍敘錄』, 上海 : 商務印書館, 1958.
______,「敦煌本董永變文跋」,『圖書季刊』2.3 : 359-360, 1940.9.
______,「敦煌本王陵變文」,『國立北平圖書館館刊』10.6 : 1-16, 1936.11～12.
______,「敦煌變文研究」,『敦煌變文論文錄』上冊에 수록.
王定保,『唐摭言』, 北京 : 中華書局, 1959.
王國維,「錄曲叢談」,『增補曲苑』第六則, 上海杭州 : 六藝書局, 1931 제3판;『王觀堂先生全集』第十五冊에도 수록, 臺北 : 文化出版公司, 1968.
______,「敦煌發現唐朝之通俗詩與通俗小說」,『東方文庫』71,『考古學零簡』, 上

海：商務印書館, 1923. 1925 제3판.
汪季蘭, 『中國民間藝術的今昔』, 臺北：大華晩報社, 1972.
王沛綸, 『戲曲辭典』, 臺北：中華書局, 1969.
王琦注, 『李長吉歌詩』, 『四部備要』 本.
王慶菽, 「試談‘變文’的產生和影響」, 『新建設』 3(總第102期) : 21-26, 1957.3.
王仁俊 編, 『敦煌石室眞跡錄』, 臺北：藝文印書館, 1974.
王世禎, 『藝苑卮言』, 丁福保 編 『歷代詩話續編』에 수록, 上海：醫學書局, 1939.
王維, 趙殿成 注, 『王右丞集箋注』, 上海：中華書局, 1962.
王文才, 「俗講儀式考」, 甘肅省社會科學院文學研究所 編, 『敦煌學論集』, 蘭州：甘肅人民出版社, 1985.
王鍈, 『詩詞曲語辭釋例』, 北京：中華書局, 1980.
王貞民, 「讀增訂本『敦煌變文字義通釋』」, 『文學遺產增刊』 8 : 231-236, 北京：中華書局, 1961.
王質, 『雪山集』, 『叢書集成初編』, 1990～1992.
王灼, 『碧溪漫志』, 上海：古典文學出版社, 1957.
韋穀, 『才調集』, 『四部叢刊』 本.
吳承恩, 『西遊記』, 北京：作家出版社, 1954.
吳汝綸 注, 『李長吉詩評注』, 藝文書局, 1922.
吳曉鈴, 「關於俗講考也說幾句話—就正于向覺明先生」, 『俗文學』 增刊 第1, 11期, 『華北日報』, 1947.7.4 및 9.12.
吳正子, 『李長吉歌詩』, 東京：東京大學圖書館, 1952.
西諦(鄭振鐸), 「佛曲敘錄」, 鄭振鐸 編, 『中國文學研究』, 『小說月報』 17期 專刊, 上海：商務印書館, 1927.
向達(覺明, 方回 역시 참고), 「敦煌叢抄」, 『國立北平圖書館館刊』 5.6 : 53-79, 1931.11～12 및 6.2 : 21-56, 1932.3～4.
____, 「記倫敦所藏的敦煌俗文學」, 『唐代長安與西域文明』에 수록. 北京 : 生活讀書新知 三聯書店, 1957.
____, 「關於俗講考再說幾句話附記」, 『圖書週刊』 21, 『天津大公報』, 1947.6.
____, 「羅叔言 ‘補唐書張議潮傳’ 補正」, 『唐代長安與西域文明』. Hiang Ta. “Amendements au Pou T’ang-chou Tchang Yi-tch’ao tchouan de Lo Tchen-yu.” 역시 참고. *Mélanges Sinologiques.* Peking, 1951.
____, 「論唐代佛曲」, 『唐代長安與西域文明』에 수록. 『小說月報』 20.10 :

1579-1588, 1929.10.10에 처음 발표.
_____, 「倫敦所藏敦煌卷子經眼目錄」, 『唐代長安與西域文明』에 수록.
_____, 「補說唐代俗講二三事兼答周一良關德棟兩先生」, 『圖書週刊』 18, 『天津大公報』, 1947.5.14.
_____, 「唐代俗講考」, 『唐代長安與西域文明』에 수록. 『文史雜誌』 3.9-10 : 40-60 , 1944.5에 처음 발표. 이 논문은 『燕京學報』 16 : 119-132, 1934.12에 실은 같은 제목의 논문 (영문 제목 「Story-telling in the Tang Dynasty」)에 기초하여 편폭을 훨씬 늘리고 내용을 보충하여 발표한 것임.
_____, 「敦煌所出俗講文學作品目錄」, 「唐代俗講考」 附錄二, 『文史雜誌』 3.9-10 : 59-60, 1944.5.
謝春聘, 『敦煌講經變文箋』, 臺北 : 天一出版社, 1975.
謝稚柳, 『敦煌藝術敘錄』, 上海 : 上海出版公司, 1955.
謝海平, 『講史性之變文研究』, 臺北 : 天一出版社, 1970.
行均, 『龍龕手鑑』, 『四部叢刊』 本.
許國霖, 『敦煌石室寫經題記與敦煌雜錄』, 上海 : 商務印書館, 1937.
徐嘉瑞, 『近古文學概論』, 上海 : 北新書局, 1947.
_______, 「敦煌佛曲」. 저자의 『近古文學概論』을 볼 것.
徐嘉齡, 「我對變文的幾點初步認識」, 『文學遺產選集』 3, 北京 : 中華書局, 1960.
徐復, 「評『敦煌變文字義通釋』 (增訂本)」, 『中國語文』 10-11(總第109期) : 88-89, 1961.11.22.
_____, 「敦煌變文詞語研究」, 『中國語文』 8 (總第107期)29-34, 1961.8.22.
徐調孚, 「講唱文學的遠祖—'八相變文'及其他」, 『中學生』 189 : 55-60, 1947.7.1. 부제는 「中國文學名著講話之六」.
薛昭蘊, 『幻影傳』, 『唐代叢書』 本.
嚴耕望, 「唐人習業山林寺院之風尚」, 『中央研究院歷史語言研究所集刊』 30.2 : 689-728, 1959.10. 부제는 「兼論書院制度之起源」.
_______, 『唐史研究叢稿』, 九龍 : 新亞研究所, 1969.
閻文儒, 「敦煌史地雜考」, 『文物』, 『敦煌文物展覽特刊』 下.
楊家駱, 『小說與講唱文學』, 『單元式國文選刊』, 臺北 : 世界書局, 1953.
楊衒之, 『重刊洛陽伽藍記』, 徐高阮 注, 『中央研究院歷史語言研究所集刊』 專刊 42, 臺北 : 清華印書館, 1960; 範祥雍 校注, 『洛陽伽藍記校注』, 上海 : 古典文學出版社, 1958.

楊蔭深,『中國俗文學概論』, 上海：世界書局, 1946.
姚文燮,『三家評注李長吉歌詩』, 北京：中華書局, 1959.
葉德均,『戲曲小說叢考』二冊, 北京：中華書局, 1979.
葉盛,『水東日記』,『中國史學叢書』25, 臺北：學生書局, 1965.
兪劍華 注,『歷代名畫記』, 上海：人民美術出版社, 1964.
于夏龍,「敦煌變文'是'字用法分析」,『中國語文』4 (總第137期) : 293-295, 1965.8.22.
尉天聰,「唐代的俗講與變文」,『幼獅學志』5.1, 1966.8.20.
元稹,『元氏長慶集』,『四部叢刊』本.
袁賓,「『敦煌變文集』校補」,『西北師院學報社會科學版』增刊,『敦煌學研究專輯』.
臧懋循,『負苞堂集』, 上海：古典文學出版社, 1958.
曾永義,「關於變文的題名, 結構和淵源」,『現代文學』38 : 191-220, 1969. 저자의『說俗文學』에 수록, 臺北：聯經出版事業公司, 1980.
章炳麟,『新方言』,『章氏叢書』, 浙江圖書館, 1917～1919.
張鴻勛,「敦煌講唱文學的體制及其類型初探—兼論幾種'中國文學史'有關提法的問題」, 蘭州大學敦煌研究組 編,『敦煌學輯刊』2 : 73-86, 1982;『文學遺產』2 : 62-73, 1982에도 수록.
張金泉,「重版『敦煌變文集』試議」,『杭州大學學報』12.4 : 51-57, 1982.12.
張壽林,「王昭君故事演變之點點滴滴」,『文學年報1』, 1932.7;『敦煌變文論文錄』下冊에도 수록.
張錫厚,『敦煌文學』,『中國古典文學基本知識叢書』, 上海：上海古籍出版社, 1980.
張彥遠,『歷代名畫記』, 847.
張永言,「讀『敦煌變文字義通釋』偶記」,『中國語文』3(總第130期) 238-239, 1964.6.22.
趙景深,「目連救母的演變」,『讀曲小記』, 上海：中華書局, 1959.
______,「目連故事的演變」,『銀字集』, 上海：永祥印書館, 1957.
趙璘,『因話錄』,『中國文學參考資料小叢書』第一套 第三本, 上海：古典文學出版社, 1957.
鄭振鐸,『插圖本中國文學史』4冊, 北京：作家出版社, 1957. 초판은 1932.
______,『中國俗文學史』2冊,『中國文化史叢書』第二套, 長沙：商務印書館, 1938.
______,「八相變文」,『世界文庫』9, 上海：生活書店, 1936.
______,「變文」,『中國俗文學史』.
______,「變文的出現」,『插圖本中國文學史』第二冊 第33章.
______,「什麼叫作'變文'?和後來的'寶卷', '諸宮調', '彈詞', '鼓詞'等文體有怎樣的關係?」, 傅東華 編,『文學百題』, 上海：生活書店, 1949 重版.
鄭振鐸 編,「舜子至孝變文」,『世界文庫』12, 上海：生活書店, 1936.
______,「大目犍連冥間救母變文」,『世界文庫』10, 上海：生活書店, 1936.
______,「唐代的民間歌賦」,『中國俗文學史』.
______,「從變文到彈詞」,『中國文學研究』, 北京：作家出版社, 1957.
______,「敦煌俗文學」,『小說月報』20.3 : 475-496, 1929.3.10.
______,「王昭君變文」,『世界文庫』12, 上海：生活書店, 1936.
______,「維摩詰經變文第二十卷」,『世界文庫』11, 上海：生活書店, 1936.
______,『繡像音注目連救母勸善記』, 金陵：富春堂
鄭之珍,『新編目連救母勸善戲文』,『古本戲曲叢刊』一輯 67種, 上海：商務印書館, 1954.80-82卷.
摯誼,「關於唐代民間文學研究的幾點意見」,『敦煌變文論文錄』下冊.
中國科學院歷史研究所資料室 編,『敦煌資料』第一冊, 北京：中華書局, 1961;『中華大字典』縮印二卷本, 臺北：中華, 1974. 臺灣 第四次 印刷.
周紹良,「談唐代民間文學」,『新建設』169 : 75～81, 1963.1;『敦煌變文論文錄』에도 수록.
______,『敦煌變文匯錄』,『中國文藝研究叢書』, 上海：上海出版公司, 1955.
______,「敦煌所出唐變文匯錄」,『現代佛學』1.10 : 7-10, 1951.6.
周叔迦,「漫談變文的起源」,『現代佛學』2 : 13-15, 1954.2;『現代佛教學術叢刊』에도 수록.
周一良,「關於俗講考再說幾句話」,『圖書週刊』21,『天津大公報』, 1947.6.20.
______,「讀唐代俗講考」,『魏晉南北朝史論集』, 北京：中華書局, 1963.
______,「讀唐代俗講考」,『圖書週刊』6,『天津大公報』, 1947.2.8.
______,「敦煌壁畫與佛經」,『文物參考資料』,『敦煌文物展覽特刊(上)』.
朱介凡,「敦煌變文目錄及'孔子項托相問書'之傳承」,『大陸雜誌』22.7 : 10-15, 1961.4.15.
朱熹,『朱子語類』, 臺北：正中書局, 1973 第三版; 1962 第一版. 이 판본은 1473 明代本을 底本으로 삼았으며, 明代本은 1269 宋本에 의거해 重刻한 것임.
阪井健一,「敦煌變文の押韻字になられる音韻上の特色」,『中國文化研究』1 : 1-11, 1958.8.
倉石武四郎,「寫在'目連變文'介紹之後」, 汪馥泉 譯,『中國文學研究譯叢』.
__________,「'目連變文'紹介の後に」,『支那』4.3 : 130-138(432-440), 1927.10.

長廣敏雄 譯,『歷代名畫記』, 東京：平凡社, 1977.
長澤規矩也,「學術上文學」, 石田幹之助 編,『隋唐の盛世』,『東洋文化史大系』第3冊, 東京：淸文堂, 1938.
池田溫,「敦煌」,『東アジア世界の變貌』,『世界の歷史』6, 東京：築摩書房, 1961.
川口久雄,「アーサー·のウエイリー—生涯を貫く敦煌硏究」,『西域の虎』. 사진 3장 포함.
________,「繪解きのルーツ敦煌」第1 및 第2 部分,『朝日新聞』晩刊, 1978.2.20; 1978.2.21.
________,『繪解きの世界—敦煌からの影』, 東京：明治書院, 1981.
________,「八相成道變文と今昔物語集佛傳說話—我が國說話文學の演變と敦煌資料」,『金澤大學法文學部論集·文學篇』4 : 1-36, 1956.
________,「華嚴緣起の說話」, 角川書店編集部 編,『華嚴緣起』.
________,「說話より戲劇へ—敦煌變文の性格と日本文學」,『金澤大學法文學部論集・文學篇』12 : 1-11, 1964.
________,「ニヴェートにある敦煌資料—日本文學上との關係」,『文學』38.12 : 13-118, 1970.12.
________,「敦煌本舜子變文・董永變文と我が國說話文學」,『東方學』40 : 64-81, 1970.9.
________,「敦煌變文の性格七日本文學—繪解きの世界」,『日本文學』12.10 : 27-41(761～765), 1963.10.
________,「敦煌變文の素材と日本文學—目蓮變文, 降魔變文」,『日本中國學會報』8 : 116-133, 1956.10.
________,「敦煌變文の素材と日本文學—孟薑女說話と記紀神話」,『金澤大學法文學部論集・文學篇』3 : 16-31, 1955.
________,「敦煌變文の素材と日本文學—唐太宗人冥記と北野天神緣起」,『佛教文學硏究』5, 英文 提要가 수록됨.
________,「敦煌變文の性格と日本文學—敦煌變文の概念」,『漢文敎室』50 : 1-8, 1960.9.
大穀光瑞 編,『西域考古圖譜』2卷, 東京：國家社, 1915.
道端良秀,『中國佛教と社會との交涉』, 京都：平樂寺書店, 1980.
________,「支那に於ける佛教の民衆敎化」,『日本佛教學敎會年報』12 : 47-89, 1940.12.

________, 『唐代佛教史の研究』, 京都：法藏館, 1957.
敦煌文物研究所 編, 『敦煌莫高窟』, 東京：平凡社, 1980～1982.
佛教文學研究會 編, 『佛教文學研究』 2, 5, 6. 京都：法藏館, 1964, 1967, 1968.
服部克彦, 『北魏洛陽の社會と文化』, 京都, 1965.
福井文雅, 「唐代俗講儀式の成立をめぐる諸問題」, 『大正大學研究紀要・文學部・佛教學部』 54, 1968.
高田時雄, 『敦煌資料による中國語史の研究—九・十世紀の河西方言』, 『東洋學叢書』 33, 東京：創文社, 1988.
根本誠, 「中國文學の一特徵 (上)—伍子胥變文の人物描寫の限界性」, 『東洋文學研究』 14 : 7-16, 1966.3; 續篇은 『東洋文學研究』 15 : 38-49, 1967.3.
______, 「王昭君變文の成立年代考」, 『東洋文學研究』 9 : 57-80, 1961.3.
宮次男, 「目連救母說とその繪畫—目連救母經繪の出現に就きて」, 『美術研究』 255 : 1-24, 1968.1.
龜田孜, 『佛教說話繪の研究』, 東京：東京美術, 1979.
龜田孜 編, List of identifying inscriptions of scenes on the *Kegon engi* scrolls, 角川書店 編, 『華嚴緣起』.
吉村修基, 土橋秀高, 井ノ口泰淳, 「敦煌佛教史年表」, 『西域文化研究』 第1卷.
加地哲定, 『中國佛教文學研究』, 東京：同朋舍, 1979 重版.
________, 「俗文學としての佛教文學」, 『中國佛教文學研究』.
家永三郎, 「地獄變に就いこ」, 『歷史地理』 76.5 : 1-16, 1940.11.
________, 「地獄變上六道繪」, 『上代佛教思想史研究』, 京都：法藏館, 1966; 『美術研究』 150, 1948.10에 처음 수록.
『講座敦煌』(총 13권), 東京大東出版社, 1980～.

1. 榎一雄 編, 『敦煌の自然と現狀』.
2. 榎一雄 編, 『敦煌の歷史』.
3. 池田溫 編, 『敦煌の社會』.
4. 秋山光和 編, 『敦煌美術』.
5. 池田溫 編, 『敦煌漢文文獻』.
6. 山口瑞鳳 編, 『敦煌胡語文獻』.
7. 牧田諦亮 編, 『敦煌佛典上中國佛教』.
8. 篠原壽雄, 田中良昭 編, 『敦煌佛典と禪』.
9. 福井文雅 編, 『敦煌佛教と中國文化』.

10. 吉岡義豐 編,『敦煌と中國道教』.
11. 金岡照光 編,『敦煌の文學と言語』.
12. 編委會 編,『敦煌學の現狀と展望』.
13. 金岡照光 編,『敦煌ハニドブツク』.

角川書店編集部,『源氏物語繪卷』,『日本繪卷物全集』第1卷, 東京：角川書店, 1958.

______________,『華嚴緣起』,『日本繪卷物全集』第7卷, 東京：角川書店, 1959.

結城素明,『西域畫聚成』15卷, 東京：淸筆書院, 1940～1941.

金岡照光,「中國民間における目連說話の性格」,『佛教史學』7.4 : 16-37(224-245), 1959.2.

_________,「變文」,『中國文化叢書』第5卷, 東京：大習館書店, 1968.

_________,「變・變相・變文札記」,『東洋大學文學部紀要』30 : 1-33,『佛教學科, 中國哲學文學科篇』II,『東洋學論叢』, 1977.3.

_________,「變と變文：敦煌の繪解き」,『國文學解釋と監賞』47.11, 1982.10.

_________,「目連變文」,『中國の名著』, 東京：勁草書房, 1961.

_________, "On the Word '*pien*'", *Tōyō University Asian Studies* 1 : 15-23, 1961.

_________,「押座考」,『東洋大學紀要文學部篇』18 : 41-69, 1964.9.

_________,「再論文漵法師—俗講の諸樣相」,『東洋學硏究』3 : 69-84, 1969.3.

_________,「敦煌本八相押座文校釋」,『東方宗教』32 : 1-27, 1968.11, 영문 요약 포함.

_________,『敦煌の文學』, 東京：大藏出版, 1971.

_________,『敦煌の繪物語』, 東京：東方書店, 1981.

_________,『敦煌の民衆—その生活と思想』,『東洋人の行動と思想』第8卷, 東京：評論社, 1972.

鈴木敬・秋山光和,『中國美術』第1卷, 繪畫, 東京：講談社, 1973.

鈴木虎雄 編注,『李長吉歌詩集』2卷, 東京：岩波書店, 1961.

龍穀太學 編,『佛教大辭彙』7卷, 東京：富山房, 1975.

梅津次郎,『繪卷物叢志』, 京都：法藏館, 1972.

_________,「變と變文—繪解の繪畫史的考察」,『國華』760 : 191-207, 1955.7.

_________,『華嚴緣起』,『日本の名畫』第7卷, 東京：平凡社, 1957.

_________, "Pien and Pien-wen." In *The Japan Science Review* (Literature, Philosophy, and History), Vol. VIII, Tokyo：Union of Japan Societies of Literature, Philosophy, and History, 1957.

那波利貞,「晩唐時代の撰述と考察せられたるる茶に關する通俗的滑稽文學作

品」,『史林』30.3 : 60-90, 1946.3.
________,「佛教信仰に基きて組織せられたる中晩唐五代時代の社邑に就きて」, 第1과 第2 부분,『史林』24.3 : 1-72, 1939.7 과 24.4 : 81-122, 1939.10.
________, 「文化史上より觀察する四川省成都」, 1-2, 『歷史地理』 12.5 : 28-44, 1923, 11 및 12.6 : 15-40, 1923.12.
________ 譯,「茶酒問答」,「茶酒論」의 飜譯,『茶道古典全集』2 : 271-280, 1958.7.
________, 「中晩唐五代の佛教寺院の俗講の座に于ける變文の演出方式に就きて」,『甲南大學文學會論集』2 : 1-74, 1955.2.
________,「中晩唐時代に於ける僞濫僧に關する一根本史料の研究」,『龍谷大學佛教史學論叢』, 東京 : 富山房, 1939.
________,「中晩唐時代俗講僧文漵法師釋疑」,『東洋史研究』4.6 : 1-24, 1939.7～8.
________,「變文探源」,『立命館文學』180 : 130-154(496-520), 1960.6;『橋本博士古稀紀念東洋學論叢』, 京都 : 立命館大學人文學會, 1960에도 수록.
________,「韓朋賦考」,『歷史地理』34.4-5 : 170-199, 1934.11.
________,「千佛岩莫高窟と敦煌文書」,『西域文化研究』第2卷.
________,「悉達太子修道因緣解說」,『西域文化研究』第1卷.
________,「唐代の社邑に就きて」, 1～3,『史林』23.2 : 15-27, 1938.4; 23.3 : 71-110 , 1938.7, 도판 2건; 23.4 : 9-157, 1938.10;『唐代社會文化史研究』, 東京 : 創文社, 1974에도 수록.
________,「唐の鄉貢進士王敷撰の茶酒論の研究」,『甲南大學文學會論集』8 : 1-62 , 1958.11, 2건의 도판 포함.
________,「唐鈔本雜抄考」,『唐代社會文化史研究』;『支那學』, 1942.4에 처음 게재.
________,「俗講と變文」, 1～3,『佛教史學』1.2 : 61-72 , 1950.1; 1.3 : 73-91, 1950.6 및 1.4 : 39-65, 1950.10;『唐代社會文化史研究』에도 수록.
內田道夫,「中國古小說の展開—神話, 傳說, 文藝」,『文化』25.4 : 1-29, 625～653, 1961 겨울.
________,『中國小說の世界』, 東京 : 評論社, 1970.
平野顯照,「別奉太子成道變文について」,『佛教文學研究』.
________,『唐代文學と佛教の研究』, 京都 : 朋友書店, 1978.
________,「敦煌本講經文と佛教經疏上との關係」,『大穀學報』40.2 : 21-32, 1960.9.
齊藤晌,『李賀』,『漢詩大系』13, 東京 : 集英社, 1967.
青木正兒,『支那文學藝術考』, 東京 : 弘文堂, 1942 第1版, 1949 第5版.

________, 「敦煌遺書「目蓮綠起」, 「大目干連冥間救母變文」及び「降魔變押座文」に就いて」, 『支那學』 4.3 : 123-130, 1927.10. 저자의 『支那文學藝術考』에도 내용을 보충하여 수록.
秋山光和, 「源氏物語繪卷」, 『平凡社ギヤラリー』 29, 東京 : 平凡社, 1974.
________, 「平安時代世俗畫の研究」, 東京 : 古川弘文館, 1964.
________, 「彌勒下生經變白描粉本 (S259v)と敦煌壁畫の製作」, 『西域文化研究』 第6卷.
________, 「敦煌本降魔變(牢度叉鬪聖變)畫卷について」, 『美術研究』 187 : 1-35(43-77), 1956.7.
________, 「敦煌における變文と繪畫—再び牢度叉鬪聖變(降魔變)を中心に」, 『美術研究』 211 : 1-28, 1960.7.
日本大辭典刊行會 編, 『日本國語大辭典』 20卷, 東京 : 初學館, 1972～1976.
入矢義高, 『佛教文學集』, 『中國古典文學大系』 60, 東京 : 平凡社, 1975.
________, 「變文二則」, 『鳥居久靖先生華甲紀念論集』 (中國の言語と文學)에 수록, 奈良 : 天理大學, 1972.
________ 譯注, 『洛陽伽藍記·水經注 (抄)』, 『中國古典文學大系』 21, 東京 : 平凡社, 1974.
________, 「ウエーリー・譯注敦煌の歌謠と說話」, 『中國文學報』 16 : 115-25, 1962.4.
________ 書評, 「敦煌變文字義通釋」, 『中國文學報』 11 : 175-180, 1959.10
________ 書評, 「敦煌變文匯錄」, 『中國文學報』 5 : 122-145, 1956.10.
________ 書評, 金岡照光『敦煌の文學』, 『中國文學報』 23 : 93-98, 1972.10.
入矢義高 編, 『敦煌變文集口語語彙索引』, 1961.
山口益, 『山口博士還曆紀念印度學佛教學論叢』, 京都 : 法藏館, 1955.
山崎宏, 『支那中世佛教の展開』, 京都 : 法藏館, 1971.
神田喜一郎 編, 『敦煌本文選注』, 東京, 1965.
________, 『敦煌學五十年』, 東京 : 二玄社, 1960.
榊亮三郎 編, 『翻譯名義大集』 2卷, 『京都帝國大學文科大學叢書』 3, 京都 : 京都大學, 1916～1925; 『復刊叢書』, 東京 : 鈴木學術財團, 1965 第3版에도 수록.
________, 『翻譯名義大集梵藏索引』, 『復刊叢書』 1, 東京 : 鈴木學術財團, 1965 第3版.
矢吹慶輝 編, 『鳴沙餘韻』, 東京 : 岩波書店, 1930.
狩野直喜, 「支那俗文學史の材料」, 1～2, 『藝文』 7.1 : 104-109, 1916.1; 『藝文』 7.3 : 95-102, 1916.3; 『支那學文藪』, 東京 : 弘文堂, 1930에도 수록.

水谷眞成,「'一鋪'の意義について—變文演出法に關する一試論」,『支那學報』2 : 29-32, 1957.
松本榮一,「法華經美術－法華經變相篇」, 1～3,『國華』427 : 155-160, 1926.6; 428 : 175-184, 1926.7; 433 : 340-344, 1926. 12.
_______,「牢度叉闘聖變相の一斷片」,『建築史』2.5 : 32-37, 1940.9.
_______,「敦煌地方に流行せし牢度闘闞聖變相」,『佛教美術』19 : 2-11, 1933.10.
_______,『敦煌畫の研究』, 2卷, 東京：東方文化學院東京研究所, 1937.
孫修身,「莫高窟の緣起說話畫」, 敦煌文物研究所編,『敦煌莫高窟』, 第4卷.
太田辰夫,『中國歷代口語文』, 東京：江南書院, 1957.
藤井淸,「唐代蜀地方に於ける庶民と佛教」,『佛教史學』3.4 : 13-26, 1953.12.
藤野岩友,『中國の文學と禮俗』, 東京, 角川書店, 1976;「中國の民俗文藝」,『國學院雜誌』54.1, 1953.4에 처음 게재.
藤枝晃,「オアシス敦煌」,『圖說世界文化史大係』中國 II 第16卷, 東京：角川書店, 1959.
______,「吐蕃支配期の敦煌」,『東方學報』31 : 199-292, 1961.3.
______,「敦煌の僧尼籍」,『東方學報』29 : 285-338, 1959.3.
______, "The Tun-huang Manuscripts", In Leslie, Mackerras, and Wang.
______, "The Tunhuang Manuscripts—A General Description," Parts1 and 2, *Zinbun*, Memoirs of the Research Institute for Humanistic Studies 9 : 1-32, 1966, and 10 : 17-39, 1969.
______,「沙州歸義軍節度使始末」, Parts1-4,『東方學報』(1)12.3 : 58-98, 1941.12; (2)12.4 : 42-75, 1942.3; (3)13.1 : 63-95, 1942.6; (4)13.2 : 46-98, 1943.1.
田中謙二,「變文の一句法について」,『塚本博士頌壽紀念佛教史學論集』, 京都, 1961.
望月信亨 主編,『佛教大辭典』10卷, 東京佛教大辭典發行所, 1931～1963.
西野貞治,「董永傳說について」,『人文研究』6.6 : 67-81, 1955.7.
________,「敦煌俗文學の素材とその展開」,『人文研究』10.11 : 57-73; 148-164, 1959.11.
西域文化研究會,『中央アヅア古代語文獻』,『西域文化研究』第4卷.
小川貫弌,「佛教文化の中國大衆化」,『佛教文化史研究』, 京都：水田文昌堂, 1973.
________,「目蓮救母變文の源流」,『佛教文學研究』第2卷; 저자의『佛教文化史研究』에도 수록.
________,「敦煌佛寺の學士郎」,『龍谷大學論集』400-401; 488-506, 1973.3.

小川環樹, 「變文と講史－中國白話小說の形式の起源」, 『日本中國學會報』 6 : 72-82, 1954.10; 『中國小說史の研究』, 東京 : 岩波書店, 1968에도 수록.
小川陽一, 「佛教と語り物 ('變文'の世界)」, 內田道夫編, 『中國小說の世界』.
________, 「變文の構造―孝子談に見られる「くりかえし」を中心に」, 『集刊東洋學』 3 : 38-51, 1960.5.
________, 「變文の周邊―父母恩重經文, 雜抄の素材論的考察」, 『集刊東洋學』 7 : 58-70, 1962.5.
________, 「孟姜女變文の成立について」, 『文化』 25 : 16-49, 1962.5.
小野玄妙, 『佛教の美術及び歷史』, 東京, 1916.
小野勝年, 「文溆上文淑」, 『東洋史研究』 5.1 : 59, 1939.9～10.
________, 『入唐求法巡禮行記の研究』 4卷, 東京 : 鈴木學術財團, 1964～1969.
岩本裕, 『佛教說話研究』 第2卷, 東京 : 開明書院, 1978.
______, 「緣起の文學」, 『東方學』 30 : 92-101, 1965.7.
______, 『地獄めぐりの文學』, 『佛教說話研究』 第4卷, 東京 : 開明書院, 1979.
______, 『目連傳說と盂蘭盆』, 京都 : 法藏館, 1968.
______, 「目連『地獄めぐ』說話の源流」, 『佛教文學研究』 5.
______, 「目連救母傳說考」, 『國語語文』 35.9 : 1-22, 1966.9.
鹽谷溫, 『支那文學槪論』 2卷, 東京 : 黃道館, 1946～1947.
野村耀昌, 『法華經信仰の諸形態』, 『法華經研究』 第6卷, 京都 : 平樂寺書店, 1976.
宇都宮淸吉, 『大唐大慈恩寺三藏法師傳考異』, 京都 : 朋友書店, 1979.
__________, 「慈恩傳の成立に就いて」, 『史林』 17.4 : 91-132, 1932.10.
羽田亨, Paul Pelliot 編, 『敦煌遺書』, 上海 : 東亞講究會, 1926.
源爲憲, 『三寶繪集成』, 小泉弘・高橋伸幸 編, 東京 : 風間書院, 1980.
早川光三郎, 「變文に系が日本所傳中國說話」, 『東京支那學報』 6 : 53-68, 1960.6.
澤田瑞穗, 『地獄變』, 京都 : 法藏館, 1968.
________, 「支那佛教唱導文學の生成」, 『佛教と中國文學』, 東京 : 國書刊行會, 1975; 『智山學報』, n.s.13-14, 1939.12 및 1940.12에 처음 게재.
枥尾武, 「敦煌變文孝子傳と舜子變の比較」, 『櫻美林大學中國文學論叢』 1 : 89-101, 1968.3.
中村元, 『佛教語大辭典』 3卷, 東京 : 東京書籍株式會社, 1975.
中野美代子, 『敦煌物語』, 『中國の都城』 第3卷, 東京 : 集英社, 1987.
竺沙雅章, 『中國佛教社會史研究』, 『東洋史研究叢刊』 34, 京都 : 同朋舍, 1982.

________, 「敦煌の寺戶について」, 『史林』 44.5 : 40-73, 1961.9.
________, 「敦煌の僧官制度」, 『東方學報』 31 : 117-198, 1961.3.
________, 「敦煌出土'社'文書の研究」, 『東方學報』 35 : 215～288, 1964. 3.
築島裕, 『(興福寺本)大慈恩寺三藏法師傳古點點の國語學的硏究』 3卷, 東京 : 東京大學出版社, 1965～1967.
최상수(Choe Sang-su), "꼭두각시 놀이(Puppet Play)", In Survey of Korean Arts, Seoul : National Academy of Arts, 1974.
Pulsŏl Amita-gyŏng [*Amitābha-sūtra* spoken by the Buddha] 佛說阿彌陁經. Ch'ungch'ong-do, Chungju-ji, Wŏrak-san : Dŏkchu-sa월악산 덕주사 1572.

참고하지 못한 도서와 논문

刁汝鈞, 「變文硏究」, 『文藝先鋒』 8.1, 1945.
東初, 「敦煌遺書與中國文化」, 『佛教文化』 1.5, 1966.9.19.
董康, 「舜子至孝變文跋, 昭君變文跋」, 『書舶庸譚』, 上海 : 大通書局, 1920 혹은 1928.
傅芸子, 「俗文學硏究」, 강의 필기. 발표하지는 않은 듯.
關德棟, 「醜女綠起故事的根據」, 『新文學』 9, 1947.12.19.
______, 「降魔變文押座文與目連緣起」, 『文藝復興與中國文學硏究號』 第二冊, 대략 1949.
胡穀懷, 「從'目連變文'說起」, 『公論報』 6, 1963.4.8.
洪亮, 「敦煌石室裡的民俗文學」, 『中國民俗文學史略』 第六章 第三部份, 上海 : 群衆, 1934.
梅若, 「唐代的民間佛教文學—變文」, 『佛學月刊』 1.12, 1942.
彭楚珩, 「變文與我國民間文學之淵源」, 『學人』, 『臺北中央日報』, 1959.7.24?.
如眞 譯 (?), 「敦煌變文與佛[教]」, 『新學生』 4.3, 1970.3.16.
汪偉, 「從變文到彈詞」, 『民鐸半月刊』 3.
王重民, 「敦煌本董永變文跋」, 『新文學』 3, 『北平華北日報』, 1947. 8.22 및 29.
______, 「敦煌本王陵變文跋」, 『新文學』 8 및 9, 『北平華北日報』, 1947.7.18.
王慶菽, 「小說至唐代始達成立時期之原因」, 『文史週刊』 62, 『南京中央日報』, 1947.10.6.

翁同文, 「敦煌石室封閉年代之謎」, 『論衡』, 『南洋商報副刊』, 4.5(?) 혹은 1971.4.5(?).
吳曉鈴, 「目連救母故事演變研究」, 『謠俗月刊』 5, 『北平晨報』, 1937.7.4.
徐家瑞, 「敦煌發現佛曲俗文時代之推定」, 『文學週報』 199, 1925.
徐鳴亞, 「從變文到諸宮調」, 『暢流』 21.8, 1960.6.
閻萬章, 「說諸宮調與俗講的關係」, 『新文學』 68, 『北平華北日報』, 1948.10.15.
楊公驥, 『唐代民歌考釋及變文考論』, 長春：吉林人民出版社, 1962.
周作人, 「有關目連的文章」, 『民間』 6, 1931.
波多野太郎, 「敦煌變文字義通釋讀後」, 『橫濱市立大學紀要』 11.2, 1960.
金岡照光, 「'王陵', '李陵'變文等について—敦煌本講史類の一側面—」, 『東洋學研究』 2 : 55-64, 1967.
________, 「バリ藏本目連變文三種附注」, 『大倉山學院紀要』 3 : 169-193, 1959.
________, 「舜子至孝變文の諸問題」, 『大倉山學院紀要』 2 : 167-190, 1956.
________, 「敦煌本董永傳試探」, 『東洋大學紀要』 20, 1966.
秋山光和, 「變文と繪卷—ペリオ將來木降魔變圖卷について」, 『文化史懇談會報』 32, 1955.
小野勝年, 『歷代名畫記』 2卷, 東京：岩波書店, 1938.
小野玄妙, 「降魔成道圖の研究」, 『宗教界』 5.10-11, 1909.

당 대 변 문 ▌찾 아 보 기

지명

인명

서명 및 작품명

주제어